U0610357

厦门大学考古学系列教材

礼制考古经典选读

高崇文　张闻捷　主编

科学出版社

北　京

内 容 简 介

本书是国内礼制考古的第一本教材，在内容上分为"礼制文明概观""都城礼制""丧葬礼制""器以藏礼"四部分，囊括礼制考古学最重要的内容。其中，"礼制文明概观"主要从宏观视角论述中国古代礼制文明的发展演变；"都城礼制"主要以先秦秦汉时期的都城及礼制建筑为个案，探讨不同时空都城与建筑所体现的礼制文化；"丧葬礼制"既有从个案出发探讨墓葬、陵园丧葬制度者，也有从考古材料出发探讨三礼文献相关内容者；"器以藏礼"多从先秦秦汉时期礼乐器的角度出发，探讨这一时期礼制变革与不同功能器物的情况。

本书可供考古学、历史学等学科研究者，以及高等院校相关专业师生和广大文物考古爱好者阅读、参考。

图书在版编目（**CIP**）数据

礼制考古经典选读 / 高崇文，张闻捷主编. -- 北京：科学出版社，2024. 9. --（厦门大学考古学系列教材）.
ISBN 978-7-03-079139-9

Ⅰ. K892. 9

中国国家版本馆CIP数据核字第2024FT5163号

责任编辑：王光明 / 责任校对：邹慧卿
责任印制：赵 博 / 封面设计：张 放

科学出版社 出版
北京东黄城根北街 16 号
邮政编码：100717
http://www.sciencep.com

北京厚诚则铭印刷科技有限公司印刷
科学出版社发行 各地新华书店经销
*
2024年 9 月第 一 版 开本：787×1092 1/16
2025年10月第二次印刷 印张：36 1/4
字数：860 000

定价：268.00元
（如有印装质量问题，我社负责调换）

前　言

"礼制"是中国史学及考古学研究的重要内容。20世纪70年代末，以俞伟超、高明先生《周代用鼎制度研究》①为代表的考古学礼制研究，无疑推动了"礼制考古"研究领域的发展。不过，以往研究虽然以礼仪或礼制为主题进行了相当深入的思考与探索，本书编者之一也曾提出过"考古学礼制文化"②等概念，但大多数研究集中在对相关史实或"礼的起源"等问题的讨论，较少对"礼制考古"的相关定义、重要研究领域等进行总结。我们在编写本书时，也曾结合自身研究对上述问题进行了一些思考，故不揣浅陋，略述于此。

一、礼制考古的概念与定位

讨论"礼制考古"，首先需要认识"礼"与"礼制"。

"礼"是中国文化中非常重要的概念，林沄先生《豊豐辨》③等文细致回顾了"礼"字的形成过程与含义，认为"豊"（礼的本字）从珏从壴，而古代行礼时常用玉和鼓，故中原地区在造字之初，以玉鼓之形（豊）表达"礼"这一概念。至于随后礼演化出的各种内涵，前辈学者讨论甚夥，兹不赘举。概而言之，"礼"是古代社会发展到一定程度而形成的，由统治阶层用于维护社会秩序的礼节仪式（礼仪）、政治制度（礼制）与思想观念（礼义）等构成。礼的内涵丰富，不仅塑造了中国人的精神品格，也为我们带来"礼义之邦"④的美誉。此外，"按现在一般的用法，礼仪和礼制

---

① 俞伟超、高明：《周代用鼎制度研究》，《北京大学学报（哲学社会科学版）》1978年第1、2期，1979年第1期。

② 高崇文：《古礼足征：礼制文化的考古学研究》，上海古籍出版社，2017年，前言，第i页。

③ 林沄：《豊豐辨》，《古文字研究》（第十二辑），中华书局，1985年；林沄：《豊豐再辨》，《古文字研究》（第三十二辑），中华书局，2018年。

④ 钱秀程：《"礼仪之邦"应为"礼义之邦"》，《语文知识》2004年第6期；王能宪：《岂止一字之差——"礼义之邦"考辨》，《光明日报》2012年12月17日第15版；许建良：《"礼义之邦"与"礼仪之邦"的是正》，《东南大学学报（哲学社会科学版）》2020年第3期。

可以视为两个具有包容关系的概念……礼仪包括民间礼仪和国家礼仪，国家礼仪即为礼制"①，因此礼仪是一个更宽泛的概念，而礼制则是一个相对狭窄的概念，处在更为程式化、标准化、政治化的层次。这是我们在使用与理解时需要注意的。

中国考古学有着明显的"历史主义特征与传统"②或者说"历史传统"③，而文献史学"制度文化考释传统"④也为中国考古学所继承。20世纪80年代以来，以中国古代礼制演变发展为主要内容的礼制史研究兴起⑤，其中也包含大量考古学研究。当然，相比于经学史或思想史研究者重视对礼义的探索，考古学者无疑对礼节仪式与相关制度的研究更加得心应手，这与考古学者更多地接触物质文化材料密切相关。大量礼节仪式尤其是礼制的推行都需要一定的礼仪空间（如宗庙、墓葬）与礼仪用具（礼器），因此通过对这类物质文化资料的积累、整理与研究，并借助"三礼"文献等资料，考古学者往往可以分析复原各类礼仪活动，总结不同时段礼制的基本面貌。此外，尽管对礼俗的研究往往偏向社会学、民俗学，但由于礼俗与礼制的密切关系，甚至相互转化（如"礼源于俗"），考古学礼制研究也应关注礼俗层面。

考古学是"通过实物资料来研究人类古代社会历史的科学"⑥，而"礼制考古"则是以礼制遗存（考古学礼制文化）为主要研究对象的考古学分支。从研究时段和对象来看，"礼制考古"又可归入历史考古学、专门考古学的范畴。

此外，"礼制考古"与宗教考古、仪式考古等关系密切，但并不完全一致，我们在借鉴相关理论与方法时，也要注意是否与我们的研究对象相适应。

二、重要研究领域

礼的内涵丰富，可大致划分为礼仪、礼制、礼义三个层次。礼仪包括各种可见的进退程式，也涉及各类可触的礼仪用具（如鼎、簋）与礼仪空间（如墓葬、宗庙）。礼制重在制度层面，礼义则指礼的思想层面。这三个层次的内涵相互交融，也孕育出独特的中国古代礼制文明，成为礼制考古研究的题中之义。从物质层面入手，考古学者既可探索各类礼器的使用规范，也可研究各类礼仪空间的营建、用途与变革等。而通过对各类礼制遗存的一般性现象的梳理、归纳与研究，考古学者又可进一步探索相

---

① 胡新生：《礼制的特性与中国文化的礼制印记》，《文史哲》2014年第3期。

② 张海：《中国考古学的历史主义特征与传统》，《华夏考古》2011年第4期。

③ 霍巍：《中国考古学的历史传统与时代使命》，《考古学报》2021年第4期。

④ 冯天瑜：《中国史学的制度文化考释传统》，《湖北大学学报（哲学社会科学版）》2022年第6期。

⑤ 胡新生：《礼制的特性与中国文化的礼制印记》，《文史哲》2014年第3期。

⑥ 《考古学概论》编写组编：《考古学概论》，高等教育出版社，2015年，第3页。

关礼制、礼俗乃至其背后的思想文化。因此，礼制考古的研究内容涉及礼仪的各类层次。当然，有学者指出，"礼节仪式和相关制度是中国礼制史研究的主要对象"[①]，而礼义层面的探索往往不易着手，过去专及的研究相对较少。由于考古学者更多接触物质文化资料，这方面的表现也更为明显。为了方便阐释与理解，以下便结合个人研究方向与本书中的部分篇目，简要回顾以往礼制考古的重要领域，也方便读者对本书所选部分篇目有一个初步的了解。

（一）器用制度

器用制度指礼仪中器物的使月规范，这涉及礼器的用途、使用场合、使用等级等。"礼器"有广义和狭义之分，狭义的礼器专指容器（即ritual vessel），尤其是三代以来的青铜容器，如以周代为代表的中原礼仪中使用的鼎、簋等容器。广义的礼器则泛指各类礼节仪式运行过程中使用的仪式器具，从材质、用途均可再细分。过去考古学者口中的礼器多指狭义的礼器，近年来，一些学者也开始强调更广义语境下的礼器[②]。事实上，无论是三代的鼎、簋还是明清的五供，礼器的形态、材质虽有所变化，但"器以藏礼"的核心特征始终延续。在相关研究越来越深入的同时，我们也要注意礼器在不同语境下的内涵。

器用制度研究的内容繁复，下面以我们熟悉的青铜礼乐器制度简要介绍。

1. 青铜礼器制度

本节讨论的青铜礼器主要指狭义的青铜礼（容）器。

夏商周时期的礼器除玉器外，多为青铜铸造，又被称为"青铜礼器"或"青铜彝器"。自有宋以来，对青铜礼器的著录与定名工作广泛开展，这也是金石学对礼器研究最大的贡献之一。王国维先生曾著有《说斝》《说觥》[③]等几篇短小精悍的研究，运用"二重证据法"将出土遗存与传世文献相结合，成为今天历史考古及礼制考古的先声。随着大量墓葬的发掘，一些学者注意到礼器实物与古代文献往往能相互印证，进而对各类青铜礼器制度开展了探讨。其中，最具代表性的莫过于对周代用鼎制度的研究。

中华人民共和国成立初期，一些学者便注意到周代墓葬中的铜鼎往往成套出现，

---

① 胡新生：《礼制的特性与中国文化的礼制印记》，《文史哲》2014年第3期。

② 如徐坚先生认为青铜兵器就是青铜礼器，只是其表达方式可能有别于青铜酒器和食器组合。见徐坚：《时惟礼崇：东周之前青铜兵器的物质文化研究（修订本）》，上海古籍出版社，2021年，第181页。

③ 王国维：《观堂集林》，中华书局，1959年，第123～159页。

并结合文献将之称为"列鼎制度"①，同时也指出镬鼎、列鼎、陪鼎（或铏鼎）存在的可能性，但并未对各类鼎的器用制度做详细分析。1978～1979年，俞伟超、高明先生合作发表了《周代用鼎制度研究》，结合出土遗存与传世文献，对周代用鼎制度做了一次全面考察。该文首先阐释鼎类三分法，在此基础上，又对周代用鼎制度做了长时段的观察，将用鼎制度的变化与礼制变革、社会变革联系在一起，奠定了礼制考古利用礼器探讨古代社会结构、社会变革的研究范式。当然，其中的讨论并非毫无问题。林沄先生后来发表了《周代用鼎制度商榷》②，该文首先指出文献记载鼎制的矛盾性与片面性，在回顾前人研究的基础上，也指出过分关注杂配成套的可能性，容易陷入主观"数字游戏"的危险，并进一步提出了鼎类四分法。林文再一次深化了用鼎制度的研究，其提出的四分法也对今天的研究提供了思路。此后，以用鼎制度为基础分析墓葬等级及其背后社会面貌的研究理路继续沿用。除了继续围绕某时段（如商代、周代、汉代）或某区域（如江南、海岱、楚地）鼎制开展研究外，也开始进行横向对比与纵向对比。以张闻捷《周代用鼎制度疏证》③为例。该文从鼎食角度结合实物资料对文献中的四类鼎进行了梳理，又从中原、楚地的材料分别探索南北鼎制上的差异，并据此反观礼书写作时的参考蓝本。张文进一步分析了南方楚地与中原地区在鼎制上的差异，也为学界分析周代不同区域墓葬等级提供了参照。

　　从最初借助文字材料为鼎划分名实、种类，到利用鼎制梳理墓葬等级、探讨社会变革，再到对各地、各时段用鼎制度的比较研究并反观礼书的写作背景，相关研究越来越深入。某种程度上来说，用鼎制度研究成为礼器制度研究最具代表性的部分。这种强调考古学本位、并注重结合文献（尤其是礼制文献）等材料的研究理路，同样可以运用到其他礼器制度（如粢盛器、盛酒器制度等）与礼仪活动的研究中，囿于篇幅，在此就不过多赘述了。

2. 青铜乐器制度

　　乐器制度是器用制度研究的又一重要组成部分。早期研究较少关注乐器制度，随着相关乐器遗存的发现，音乐史学者与考古学者接触增多，音乐考古研究层出不穷，乐器制度也成为礼制研究的重要组成部分。"乐合同，礼别异"④，礼乐相辅相成，"乐器同礼器一样，都是礼乐制度的外显形式，是礼乐制度的表征"⑤。换言之，乐器

① 郭宝钧：《山彪镇与琉璃阁》，科学出版社，1959年，第11～13页；杜迺松：《从列鼎制度看"克己复礼"的反动性》，《考古》1976年第1期；邹衡、徐自强：《整理后记》，《商周铜器群综合研究》，文物出版社，1981年，第197、198页。
② 林沄：《周代用鼎制度商榷》，《史学集刊》1990年第3期。
③ 张闻捷：《周代用鼎制度疏证》，《考古学报》2012年第2期。
④ （清）王先谦撰，沈啸寰、王星贤整理：《荀子集解》，中华书局，2012年，第371页。
⑤ 方建军：《商周乐器文化结构与社会功能研究》，上海音乐学院出版社，2006年，第233页。

本身也是礼器。

　　三代时期，常用于礼仪活动的乐器往往以金属和石质乐器为代表，就这两大类乐器的研究而言，学界对钟磬尤其是青铜乐钟制度研究较为深入。因此，以下选择乐钟制度研究简要介绍。

　　近代以前，商周乐钟多为零星出土，组合不全。故金石学家主要重视对乐钟的著录与铭文考释，以补史料之缺。如宋代《考古图》①等均有著录当时所见周代乐钟资料，部分资料在今天仍有重要的参考意义。同时，宋清学者还依据这些出土乐钟实物来探索古代音律问题，力图复原上古时期的乐律、乐制，其中尤以清代乾嘉学派创见甚多，影响深远②。民国时期，为古器物摹绘图形、铭文拓片并详加考释的做法得到延续，而唐兰先生《古乐器小记》③首次将乐器从彝器中分离出来，对乐钟的名称、形制、起源及功用等都进行了开创性的探讨。

　　中华人民共和国成立之后，随着地下成套编钟资料的陆续出土，利用这些完整的考古资料，并佐以现代测音技术，来探讨周代乐钟组合、音律的变化，进而认识周代乐钟等级制度的发展变迁便成为新的趋势。尤其是1978年曾侯乙编钟的出土，更促成了"音乐考古学"学科的蓬勃兴起。诸多学者都结合考古资料从音律、组合、调音方法等角度对周代乐钟进行了深入的探讨④，先后提出了"双音钟说""周乐戒商

---

① （宋）吕大临：《考古图》，上海书店出版社，2016年。

② 孙晓辉：《乾嘉音乐学术论略》，《中国音乐学》2016年第3期。

③ 唐兰：《古乐器小记》，《燕京学报》1933年第14期。

④ 杨荫浏：《中国古代音乐史稿》，人民音乐出版社，1981年。黄翔鹏先生著述颇丰，有代表性者如《新石器和青铜时代的已知音响资料与我国音阶发展史问题》，《音乐论丛》第一辑（人民音乐出版社，1978年）、第三辑（人民音乐出版社，1980年）；《先秦编钟音阶结构的断代研究》，《江汉考古》1982年第2期等，可参看《黄翔鹏文存》，山东文艺出版社，2007年。关于"双音钟"的发现问题，马承源先生与黄翔鹏先生约略同时。参看马承源：《商周青铜双音钟》，《考古学报》1981年第1期。需要指出的是，据吕大临《考古图》收录五件"走"编钟的描述，宋代或已对编钟的双音现象有所发现。参看方建军：《音乐考古学通论》，人民音乐出版社，2020年；王世民、蒋定穗：《最近十多年来编钟的发现与研究》，《黄钟（武汉音乐学院学报）》1999年第3期；李纯一：《曾侯乙墓编钟的编次和乐悬》，《音乐研究》1985年第2期；李纯一：《中国上古出土乐器综论》，文物出版社，1996年；王子初：《中国音乐考古学》，福建教育出版社，2003年；王子初：《音乐考古》，文物出版社，2006年；马光生：《周代编钟的双音技术及应用》，《中国音乐学》2002年第1期；方建军：《中国古代乐器概论（远古—汉代）》，陕西人民出版社，1996年；方建军：《商周乐器文化结构与社会功能研究》，上海音乐学院出版社，2006年；方建军：《音乐考古学研究》，中央音乐学院出版社，2019年；李幼平：《论楚乐的分期与演进》，《江汉考古》1991年第1期；项阳：《中国古代礼乐制度四阶段论纲》，《音乐艺术》2010年第1期；王清雷：《西周乐悬制度的音乐考古学研究》，文物出版社，2007年等。这些学者的专题研究及指导的相关博士论文颇多，可参看王清雷：《音乐考古发现与研究》，《中国考古学百年史（1921—2021）》（第四卷），中国社会科学出版社，2021年，第170～403页。

说""旋宫转律说""锉磨调音法"等重要的学术观点，不仅基本厘清了周代不同阶段乐钟组合、音律搭配的变化情况，更打破了传统经学唯郑注是从的弊病，而不再偏信"二八之说"，转而采用动态的视角来全面梳理、考察周代的乐钟制度问题。而且，"中国音乐文物大系"丛书[①]详尽地收集了中国境内出土的周代乐钟资料，也为后续研究建立了良好的数据库系统。在此基础上，许多学者也对周代的乐钟组合、音律等做出了新的系统性讨论[②]。

考古学方面，相较于音乐史学者偏重音律的复原研究，考古学者更关注以下三个方面的问题：①乐钟的铭文、形制与年代及其反映的文化系统。前人多侧重于通过类型学研究方法并佐以编钟铭文来探索编钟的年代及地域性问题，并发现了西周时期编钟显著的拼凑性特点，进而提出了"庙制"与"葬制"的区别[③]。②编钟数量、组合与身份等级的关系。早年郭宝钧先生就已十分关注编钟数量与贵族身份的对应情况[④]，而王世民先生则重点探讨了春秋战国时期乐器与礼器的组合关系[⑤]，常怀颖先生又梳理

---

① 《中国音乐文物大系》总编辑部：《中国音乐文物大系》，大象出版社，1996～2011年。全书目前共出版16卷，涵盖北京、河北、河南等绝大多数省份。

② 如陈荃友：《中国青铜乐钟研究》，上海音乐学院出版社，2005年；孔义龙：《弦动乐悬——两周编钟音列研究》，文化艺术出版社，2008年；王友华：《先秦编钟研究》，广西师范大学出版社，2013年；邵晓洁：《楚钟研究》，人民音乐出版社，2015年等。此外，王子初先生又陆续主持编纂了"中国音乐考古丛书"6大卷，其中亦多涉及两周秦汉时期的青铜乐钟问题，可兹参看。

③ 如曹淑琴、殷玮璋：《早期甬钟的区、系、型研究》，《考古学文化论集》（二），文物出版社，1989年；殷玮璋、曹淑琴：《长江流域早期甬钟的形态学分析》，《文物与考古论集》，文物出版社，1986年；马承源：《中国青铜器》，上海古籍出版社，1994年，第285～291页；张亚初：《论楚公豪钟和楚公逆镈的年代》，《江汉考古》1983年第4期；王世民、陈公柔、张长寿：《西周青铜器分期断代研究》，文物出版社，1990年；高至喜：《两湖两广出土春秋越式甬钟研究》，《湖南省博物馆馆刊》（第一辑），船山学刊，2004年；刘彬徽：《楚系编钟与徐吴越编钟比较研究》，《湖南省博物馆馆刊》（第二辑），岳麓书社，2005年；李朝远：《楚公逆钟的成编方式及其他》，《青铜器学步集》，文物出版社，2007年，第169～176页；刘彬徽：《楚季编钟及其他新见楚铭铜器研究》，《湖南省博物馆馆刊》（第九辑），岳麓书社，2013年；刘彬徽：《随州叶家山西周曾侯墓出土的甬钟和镈钟初论》，《湖南省博物馆馆刊》（第十一辑），岳麓书社，2015年；高西省：《商周时代南北甬钟之关系及南北文化交流之检讨》，《东南文化》1991年第6期；高西省：《西周早期甬钟比较研究》，《文博》1995年第1期；高西省：《关于商周钟一些问题的探讨》，《文物》1996年第1期；高西省：《楚公编钟及有关问题》，《文物》2015年第1期；Lothar von Falkenhausen. Suspended Music: Chime-Bells in the Culture of Bronze Age China. Berkeley and Los Angeles: University of California Press, 1993；张昌平：《曾国青铜器研究》，科学出版社，2008年，第220、221页；张昌平：《早期镈钟》，《南方文物》2014年第1期。其他研究成果众多，想未能一一列举。

④ 郭宝钧：《山彪镇与琉璃阁》，科学出版社，1959年。

⑤ 王世民：《春秋战国葬制中乐器和礼器的组合情况》，《曾侯乙编钟研究》，湖北人民出版社，1992年，第98～112页。

了晚商、西周时期铙、钟的随葬制度①。③乐钟的出土位置。如赵世纲先生即依据乐钟的出土位置复原了王孙诰编钟的悬挂方式②。不过这些研究仍以个案居多，且以往偏重西周时期，近来虽也有部分对东周乐钟制度的探索③，但仍需从更宏观的视角进行长时段、系统性的考察。

此外，"乐悬制度"仍是这一时期被持续关注的议题。裘锡圭、李家浩、饶宗颐、陈双新等学者从古文字角度探讨了乐钟的名实、"肆、堵"之义、乐律及编列等问题④。曾永义先生则依据《仪礼》所载复原了"乐悬制度"的具体组合方式⑤。曾侯乙墓编钟被发现之后，多被认为是"轩悬"制度的范本，并屡有学者论及，但实际上，曾侯乙编钟本身仅有两面，尚需依靠北面的编磬方能构成三面"轩悬"之制，如若这样取舍，士一等级"特悬"又如何理解呢？近来学界也对此有所讨论⑥。

对乐钟制度的探索从最初的著录、考释到如今音乐史与考古学相结合的研究越发深入，而日益新见的实物资料，也将乐钟制度的探索推向新的领域。乐钟制度乃至乐器制度探索的成功范式，也启发着我们开展对不同类别礼器的研究探索。

上面我们以用鼎制度与乐钟制度为例，简要回顾了器用制度的相关研究。除了上述内容外，从铜器铭文入手探索古代相关礼仪⑦，或对某些特殊用途器物的探索，也是器用制度研究的重要内容，如巫鸿先生对明器、生器的讨论⑧，杨华先生对行器的讨论⑨等，无疑丰富了我们对器用制度的认识。此外，礼器的材质丰富，诸如对玉礼器、漆礼器的研究⑩也颇为重要，同样值得关注。当然，器用制度研究浩繁，不胜枚举，在此便不再赘述了。

---

① 常怀颖：《西周钟镈组合与器主身份、等级研究》，《考古与文物》2010年第2期；常怀颖：《论商周之际铙钟随葬》，《江汉考古》2014年第1期。

② 赵世纲：《淅川下寺春秋楚墓出土编钟的音高与音律》，《淅川下寺春秋楚墓》附录十，文物出版社，1991年。

③ 如张闻捷：《东周青铜乐钟制度研究》，厦门大学出版社，2021年。

④ 有关肆、堵的讨论可参看李朝元：《从新出青铜钟再论"堵"与"肆"》，《青铜器学步集》，第48~51页；陈双新：《编钟"肆""堵"问题新探》，《中国学术》2001年第1期；王清雷：《也谈痰钟的堵与肆》，《音乐研究》2007年第1期。

⑤ 曾永义：《仪礼乐器考》，台北中华书局，1986年。

⑥ 张闻捷：《周代葬钟制度与乐悬制度》，《考古学报》2017年第1期。

⑦ 如冯时：《我方鼎铭文与西周裦奠礼》，《考古学报》2013年第2期；黄益飞：《霸伯盂铭文与西周朝聘礼——兼论穆王制礼》，《考古学报》2018年第1期。

⑧ 巫鸿：《"明器"的理论和实践——战国时期礼仪美术中的观念化倾向》，《文物》2006年第6期；巫鸿：《"生器"的概念与实践》，《文物》2010年第1期。

⑨ 杨华：《"大行"与"行器"——关于上古丧葬礼制的一个新考察》，《湖南大学学报（社会科学版）》2018年第2期。

⑩ 如孙庆伟、邓淑苹先生对玉礼器的探索，可参看孙庆伟：《出土资料所见的西周礼仪用玉》，《南方文物》2007年第1期；邓淑苹：《玉礼器与玉礼制初探》，《南方文物》2017年第1期。

（二）丧葬制度综合研究

丧葬礼仪可分为三大环节，即对死者的装殓、埋葬及葬后祭祀①，相关仪节的程式繁多，也因此将生者与死者、现实世界与死后世界联系在一起。丧葬礼制研究内容丰富，前已提及的器用制度研究，极大部分便与丧葬礼制相关。此外，丧葬礼仪复原、装殓制度、棺椁制度、墓地制度及陵寝制度、赙赗制度等也是丧葬礼制的研究范畴。

夏商周三代是礼制性社会，礼制在当时"是一套不成文法"②，而其中丧葬礼制往往是国家礼制建设的重要层面。因此，作为丧葬礼仪的遗存，墓葬资料与其他礼仪遗存一样也反映了当时的礼制面貌与社会变迁。加之考古材料的局限性，墓葬遗存往往成为考古学者探索古代礼制发展演变与观念变迁的重要资料。当然，除了从某一方面（如前述器用制度）出发对古代丧葬礼制展开研究外，越来越多的研究重视从多方面入手，宏观进行丧葬礼制的综合探索。

陈公柔、沈文倬先生早年已结合出土遗存对礼书记载的丧葬制度有所考论③，而俞伟超先生《汉代诸侯王与列侯墓葬的形制分析——兼论"周制"、"汉制"与"晋制"的三阶段性》④一文，不仅从墓葬资料出发正式提出了"周制""汉制""晋制"，也指出"楚制"承自周制，并将丧葬礼制的转变与当时社会经济背景相联系。俞文发表以后，对"周制"等"三制"乃至其他时段丧葬礼制、礼俗的探索成为礼制考古研究的重要组成部分。例如，韩国河、杨泓、高崇文等先生分别对秦汉前后的丧葬礼制、礼俗进行了长时段论述⑤；李如森先生《汉代丧葬制度》⑥、黄晓芬先生《汉墓的考古学研究》⑦则针对汉代丧葬制度进行了专门讨论；齐东方先生除先后对"唐制""晋制"进行了论述外，也注重对"丧葬观念""丧葬习俗""丧葬礼仪""丧

---

① 高崇文：《试论先秦两汉丧葬礼俗的演变》，《古礼足征：礼制文化的考古学研究》，上海古籍出版社，2017年，第141页。

② 俞伟超、高明：《周代用鼎制度研究》，《北京大学学报（哲学社会科学版）》1978年第1、2期，1979年第1期。

③ 陈公柔：《〈士丧礼〉〈既夕礼〉中所记载的丧葬制度》，《考古学报》1956年第4期；沈文倬：《对〈《士丧礼》《既夕礼》中所记载的丧葬制度〉几点意见》，《考古学报》1958年第2期。

④ 俞伟超：《汉代诸侯王与列侯墓葬的形制分析——兼论"周制"、"汉制"与"晋制"的三阶段性》，《中国考古学会第一次年会论文集》，文物出版社，1980年，第332～337页。

⑤ 韩国河：《秦汉魏晋丧葬制度研究》，陕西人民出版社，1999年；杨泓：《谈中国汉唐之间葬俗的演变》，《文物》1999年第10期；高崇文：《试论先秦两汉丧葬礼俗的演变》，《古礼足征：礼制文化的考古学研究》，上海古籍出版社，2017年。

⑥ 李如森：《汉代丧葬制度》，吉林大学出版社，1995年。

⑦ 黄晓芬：《汉墓的考古学研究》，岳麓书社，2003年。

葬制度"等相关概念展开辨析①，为丧葬礼制研究起到了很好的示范作用。此后的相关研究还有许多，如张闻捷《从墓葬考古看楚汉文化的传承》②对"楚制"与"汉制"传承演变的讨论②，倪润安先生《光宅中原：拓跋至北魏的墓葬文化与社会演进》③、李梅田先生《葬之以礼：魏晋南北朝丧葬礼俗与文化变迁》④对魏晋南北朝时期礼制、礼俗的讨论等。相关成果颇丰，此不赘述。

　　总体而言，学界开展的丧葬礼制综合研究不断深化与突破。从时段来看，除继续深化"三制"的研究，也将视野拓展到"晋制"以后。从研究内容来看，除了对各类丧葬礼制的具体面貌予以整理、讨论外，也重视对不同时期丧葬礼制背后的思想观念如丧葬观念、生死观念展开讨论，重视社会观念变迁在丧葬礼制、礼俗演变中所起到的作用。当然，一些学者也指出丧葬礼制研究中提出的各种"制"主要是对考古遗存现象的归纳，相当于史前考古中"考古学文化"一样的概念，它们并不等同于历史文献记载的丧葬礼制，只是一定时空范围内的丧葬模式（burial mode）⑤。这一点也值得我们继续思考。

（三）都城礼制

　　城市是人类社会发展到一定阶段的产物，与文明、国家、礼制的出现密切相关。中国古代城市文明有其自身的发展特点，是以一种礼制性的城市文明不断发展和完善的⑥，等级越高的城市，其内部结构与设施往往也越完善，故而在研究古代城邑、城市礼制时，都城礼制往往是人们关注的核心。其中又涉及城郭规划礼制、宫城规划礼制、宗庙与社稷规划礼制等多方面。

　　较早记载古代都城礼制的文献以《周礼·考工记》为代表，其载："匠人营国，方九里，旁三门。国中九经九纬，经涂九轨。左祖右社，面朝后市，市朝一夫。"⑦这段文字对早期都城营建与礼制的记载虽然具有理想性，但却影响了秦汉以来两千多年中国古代都城的建设与发展。此后历代史地文献如《汉书·地理志》《水经注》等为我们留下了大量有关都城礼制方面的资料。此外，一些大儒对礼书中记载的礼制建

---

　　①　齐东方：《唐代的丧葬观念习俗与礼仪制度》，《考古学报》2006年第1期；《中国古代丧葬中的晋制》，《考古学报》2015年第3期。

　　②　张闻捷：《从墓葬考古看楚汉文化的传承》，《厦门大学学报（哲学社会科学版）》2015年第2期。

　　③　倪润安：《光宅中原：拓跋至北魏的墓葬文化与社会演进》，上海古籍出版社，2017年。

　　④　李梅田：《葬之以礼：魏晋南北朝丧葬礼俗与文化变迁》，上海古籍出版社，2022年。

　　⑤　李梅田：《中古丧葬模式与礼仪空间》，上海古籍出版社，2023年，第18页。

　　⑥　高崇文：《从夏商周都城建制谈集权制的产生》，《中原文化研究》2018年第3期。

　　⑦　（汉）郑玄注，（唐）贾公彦疏：《周礼注疏》，上海古籍出版社，2010年，第1663、1664页。

筑的研究或复原图谱，也为我们认识相关都城礼制建筑提供了帮助。这方面，李如圭《仪礼释宫》、任启运《宫室考》、焦循《群经宫室图》[①]等至今也还有一定的价值。近现代以来，以安阳殷墟为代表的各地都城遗址相继开展了长期的田野考古工作，为都城礼制的个案研究与长时段观察提供了丰富的材料。

王仲殊先生《中国古代都城概说》[②]以长安城与洛阳城为核心，较早对两汉至隋唐都城建制的发展演变进行了总结，而俞伟超先生《中国古代都城规划的发展阶段性——为中国考古学会第五次年会而作》[③]一文，较早提出了中国古代都城规划礼制的"四分说"，具有开创意义。杨宽先生的《中国古代都城制度史研究》[④]则较早对中国古代都城礼制进行长时段的详细考察，尽管随着考古工作的开展，其部分认识已值得商榷，但其将古代都城制度划分为"封闭式都城制度"与"开放式都城制度"两种都城制度与发展阶段，即使在今天来看也是十分有益的探索。徐苹芳先生《中国古代城市考古与古史研究》[⑤]首提宫城加郭城的"两城制"概念。许宏先生《先秦城市考古学研究》《大都无城：中国古都的动态解读》等[⑥]著作则针对先秦时期的城邑、城市及都城进行了较为细致的研究，其提出的先秦城市分期与"大都无城"的观点，对深化都城礼制研究具有重要意义。张国硕先生《夏商时代都城制度研究》[⑦]对夏商时期的都城礼制进行了综合研究，并提出了主辅都制度、离宫别馆制度等。姜波先生《汉唐都城礼制建筑研究》[⑧]则对秦至唐代的都城礼制建筑进行了长时段的研究，也是学界较早对汉唐都城礼制建筑展开研究的专著，意义重大。孟凡人先生《宋代至清代都城形制布局研究》则是对历史时期晚段都城礼制研究的大作[⑨]。钱国祥先生《汉魏洛阳城的祭祀

---

① （宋）李如圭：《仪礼释宫》，《景印文渊阁四库全书》，台北商务印书馆，1986年；（清）任启运：《宫室考》，《景印文渊阁四库全书》，台北商务印书馆，1986年；（清）焦循：《群经宫室图》，《续修四库全书》，上海古籍出版社，1996年。

② 王仲殊：《中国古代都城概说》，《考古》1982年第5期。

③ 俞伟超：《中国古代都城规划的发展阶段性——为中国考古学会第五次年会而作》，《文物》1985年第2期。

④ 杨宽：《中国古代都城制度史研究》，上海人民出版社，2016年，序言，第1~9页。

⑤ 徐苹芳：《中国古代城市考古与古史研究》，《中国城市考古学论集》，上海古籍出版社，2015年，第1~16页。

⑥ 许宏：《先秦城市考古学研究》，北京燕山出版社，2000年；《先秦城邑考古》，金城出版社、西苑出版社，2017年；《大都无城：中国古都的动态解读》，生活·读书·新知三联书店，2016年。

⑦ 张国硕：《夏商时代都城制度研究》，河南人民出版社，2001年。

⑧ 姜波：《汉唐都城礼制建筑研究》，文物出版社，2003年。

⑨ 孟凡人：《宋代至清代都城形制布局研究》，中国社会科学出版社，2019年。

礼制建筑空间》等文①，以汉魏洛阳城为中心，对古代都城礼制面貌进行了长期探索，成果丰硕。高崇文《古代都城礼制文化的形成》《东周列国都城的礼制文化》等文②，也对中国古代都城礼制文化进行了十分有益的探索。此外，徐良高、王巍先生《陕西扶风云塘西周建筑基址的初步认识》③、孙庆伟《凤雏三号建筑基址与周代的亳社》④等众多个案研究，也丰富了我们对周代礼制建筑的认识。当然，都城考古及都城礼制的研究繁多，近年来也出现不少对此前研究的总结梳理之作，刘庆柱先生主编的《中国古代都城考古发现与研究》⑤对以往中国古代都城的发现、演变与研究进行了系统的梳理，其中也大量涉及都城礼制的内容，是近年来都城考古及都城礼制研究的集大成之作。

经夏商周三代逐渐形成的都城礼制为后来都城的发展奠定了基础，而随后汉唐长安城、明清北京城等都城建设，不仅延续了先秦都城的礼制特征，也为中国古代都城礼制注入了活力。中国古代的都城是中国乃至世界宝贵的文化遗产，也是礼制考古的重要研究对象，值得继续深入探索。

（四）礼制文明概观

当然，除了上述领域外，礼制考古最终也应该着眼于中国古代的礼制文明。礼制是中国古代社会发展运行的独特制度，也孕育了中国古代独特的文明模式。前述城市、丧葬等礼制建设，均是中国古代礼制文明的重要内容，但如何从宏观层面探索中国古代的礼制文明并非易事，需要长期的坚守和宏大的视野。三代以来逐渐形成的礼制文明在我国持续运行，礼乐文化、礼制文明的起源曾是过去讨论的热点，但哪些因素推动礼制文明后续的发展运行，其间又有着怎样的变革与延续？还需要我们去一一

---

① 钱国祥：《中国古代汉唐都城形制的演进——由曹魏太极殿谈唐长安城形制的渊源》，《中原文物》2016年第4期；《北魏洛阳内城的空间格局复原研究——北魏洛阳城遗址复原研究之一》，《华夏考古》2019年第4期；《北魏洛阳外郭城的空间格局复原研究——北魏洛阳城遗址复原研究之二》，《华夏考古》2019年第6期；《北魏洛阳宫城的空间格局复原研究——北魏洛阳城遗址复原研究之三》，《华夏考古》2020年第5期；《汉魏洛阳城的祭祀礼制建筑空间》，《中原文物》2022年第4期等。

② 高崇文：《古代都城礼制文化的形成》，《揖芬集——张政烺先生九十华诞纪念文集》，社会科学文献出版社，2002年；《东周列国都城的礼制文化》，《古礼足征：礼制文化的考古学研究》，上海古籍出版社，2015年；《东汉都城洛阳礼制文化研究》，《中原文化研究》2023年第11期。

③ 徐良高、王巍：《陕西扶风云塘西周建筑基址的初步认识》，《考古》2002年第9期。

④ 孙庆伟：《凤雏三号建筑基址与周代的亳社》，《中国国家博物馆馆刊》2016年第3期。

⑤ 刘庆柱：《中国古代都城考古发现与研究》，社会科学文献出版社，2016年。

探寻。史学方面，近来汤勤福先生主编的《中华礼制变迁史》①与冯天瑜先生的遗作《周制与秦制》②都对中国古代的制度及礼制演化展开了宏观研究，颇具贡献。考古学方面，我们也曾撰写有《中国古代礼制文明的考古学观察》一文，尝试从考古学角度对我国古代礼制文明进行一些阐释。不过这方面的礼制文明综合探索尚较少，相关问题仍值得继续探索。

三、展　望

基于上述视角，我们从"礼制文明概观""都城礼制""丧葬礼制""器以藏礼"四个方面选取了以往研究中的部分经典篇目。"礼制文明概观"部分作为开篇部分，既从宏观层面介绍了中国古代礼制文明的发展演变，也结合考古学、古文字学揭示了古代"礼"字与礼乐文化的起源。"都城礼制"部分既有对中国古代都城礼制的长时段观察，也有对礼制建筑的个案研究，方便读者了解古代都城礼制的部分研究成果。"丧葬礼制"部分既有从个案出发探讨丧葬制度者，也有从考古材料出发，探讨三礼文献相关内容者。"器以藏礼"部分多从先秦秦汉时期礼乐器的角度出发，探讨这一时期礼制变革与不同功能器物的情况。

上述选取的研究并不局限于老一辈学者的成果，部分中青年学者在相关领域也有一定的建树，我们也适当选取了一些成果编入。希望这些新鲜血液的融入，能为本书增加更多的活力。当然，我们更希望读者在阅读过程中了解礼制考古的研究旨趣，并能收获一些启发，甚至开展相关研究，那将是我们所乐见的。

礼制考古经过长期的发展，已经在许多方面建立了相当深厚的基础。在未来发展中，礼制考古领域或许也可加强以下方面的工作，如：①关注多元语境下的礼器；②开展礼制考古的分期分区研究；③开展对不同礼制系统的比较研究等。本书编写工作的完成仅仅是一个开始，礼制考古的研究工作还有很长的路要走，我们希望借本书将礼制考古研究加以推广，也希望能有更多朋友加入到礼制考古的"广阔天地"之中，学海无涯，让我们继续前行。

---

① 汤勤福：《中华礼制变迁史》，中华书局，2022年。
② 冯天瑜：《周制与秦制》，商务印书馆，2024年。

目　录

礼制文明概观

都 城 礼 制

丧 葬 礼 制

器 以 藏 礼

礼制文明概观

中国古代礼制文明的考古学观察

高崇文

夏商周三代是礼制性社会，三代的礼制既是生活习俗，又是思想信仰，更重要的还是政治制度，三代的统治者正是凭借礼制来保证等级关系、维系社会秩序的，"礼，经国家，定社稷，序民人，利后嗣者也"[①]。礼成了治国安民之根本，形成了中国古代独特的礼仪制度与礼制文明之模式。在世界古代史中，夏商周三代的礼制性社会是独一无二的，显示了中华古代文明有别于其他古代文明的独特性。因此，研究三代的文明史，不能不涉及当时的礼制文明。为什么夏商周三代会形成礼制性社会？这种独特的礼制文明又是怎样形成的？这是学术界长期以来认真探讨的问题。以往研究者多根据文献来研究礼制文明的起源，虽各有所据，自成一说，但对于夏礼、殷礼或更早的礼来讲，毕竟如孔子所言"文献不足故也"[②]。由于考古资料的大量发现，从考古学遗存中来探讨礼制文明的起源及形成过程，也应当是一个有效的途径。

一、夏商周三代礼制文明的特质

近现代学者对于古代礼与礼制文明的起源提出了许多不同的观点，归纳起来主要有以下几种：①礼起源于祭祀说。郭沫若认为："大概礼之起，起于祀神，故其字后来从示，其后扩展而为人，更其后扩展而为吉、凶、军、宾、嘉的各种仪制。"[③]②礼起源于风俗说。认为俗先于礼，礼本于俗。刘师培认为："古代礼制悉赅于祭礼之中，舍祭礼而外，固无所谓礼制也。"然在考察冠、婚、丧、祭等礼之后则称："观此四端，足证上古之时礼源于俗。"[④]③礼起源于人情说。李安宅提出："礼的起

---

①　杨伯峻：《春秋左传注》，中华书局，1990年，第76页。
②　（清）刘宝楠撰，高流水点校：《论语正义》，中华书局，1990年，第92页。
③　郭沫若：《十批判书》，东方出版社，1996年，第96页。
④　刘师培：《刘申叔遗书·礼俗原始论》，江苏古籍出版社，1997年，第678～683页。

源，自于人情。"①何联奎也认为："礼的来源，是出于人类一种自然的表示，如叩头跪拜，打躬作揖，对神表示崇拜及对人表示敬意。"②④礼起源于礼仪说。杨宽认为："礼的起源很早，远在原始氏族社会中，人们已惯于把重要行为加上特殊的礼仪。原始人常以具有象征意义的物品，连同一系列的象征性动作，构成种种仪式，用来表达自己的感情和愿望。这些礼仪，不仅长期成为社会生活的传统习惯，而且常被用作维护秩序、巩固社会组织和加强部落之间联络的手段。进入阶级社会后，许多礼仪还被大家沿用着，其中部分礼仪往往被统治阶级所利用和改变，作为巩固统治阶级内部组织和统治人民的一种手段。"③⑤礼起源于古代人的交往说。杨向奎认为，原始社会的"礼尚往来"实际上是货物交易。中国封建社会初期的交换带有浓厚的礼仪性质，自周公、孔子始，礼的含义才完全摆脱了原来的意义，去掉了"礼仪"中的商业性质④。另外，还有礼起源于"巫术""父权制""阶级压迫"等观点⑤。

以上诸观点都是从某一方面或某一形式来谈礼的起源，只是观其形，而没有探其实。考察上述所举的某些方面，或祭祀，或习俗，或形式，或信仰，抑或是阶级分化等，在世界大多数地区的古代民族、古代国家都是普遍存在的，但都没有形成礼制性的社会，唯独中国的夏商周三代形成了礼制性的社会，为什么？只能是有其特殊原因和发展路径，这就需要从夏商周三代礼制的特质中探讨其来源及形成过程。

夏商周三代之所以用礼来治理国家，形成一种独特的礼制性社会，是因为这种礼具有一定的约束性、权威性的特质，三代的统治者正是利用这种礼的特质制定了礼仪制度，来维护统治秩序的。而一般的礼俗、人情、礼尚往来等，没有产生约束性、权威性的特质，只有古代的神权和祖权才具有绝对的权威性、约束性，而这种神权和祖权的权威性，又是原始先民在长期与自然界、与各族群的斗争中，通过祭祀的形式逐渐树立起来的。从这一角度讲，礼源于祭祀，只是说对了一部分，如果没有三代统治者将祭祀中所逐渐形成的神权用在对国家的治理上，也不会形成三代独特的礼制性社会。三代的统治者正是利用祭祀中出现的神权和祖权的权威性来维护社会秩序，实现了神权、祖权与政权紧密结合的国家体制，这样就形成了夏商周三代独特的礼制性社会。

我们先从文字资料来探讨三代礼制的特质。

---

① 李安宅：《仪礼与礼记之社会学的研究》，商务印书馆，1931年，第10页。

② 何联奎：《中国礼俗研究·导言》，台北中华书局，1973年。

③ 杨宽：《"冠礼"新探》，《古史新探》，中华书局，1965年，第234页。

④ 杨向奎：《礼的起源》，《孔子研究》，齐鲁书社，1986年创刊号。

⑤ 曹建敦、郭江珍：《近代以来礼制起源研究的回顾与展望》，《平顶山学院学报》2005年第6期。

（一）夏代礼制的特质

对于夏礼，古代文献有记载。孔子在谈及三代礼时曾说："夏礼吾能言之，杞不足征也。殷礼吾能言之，宋不足征也。文献不足故也。足，则吾能征之矣。"①又曰："吾说夏礼，杞不足征也。吾学殷礼，有宋存焉。吾学周礼，今用之，吾从周。"②春秋时期的孔子对于夏礼、殷礼还是了解一些的，只是没有充足的文献材料，即使有夏族之后杞，殷族之后宋，也不能完成对夏礼和殷礼的整理。但这说明夏代是有夏礼存在的。并且文献记载，夏代有行礼的主要场所庙和社。夏商周三代对庙祭和社祭是非常重视的。社是祭祀土地神的地方，后来又与五谷之神连称为社稷，象征整个国家。庙是祭祀祖先的地方。《左传·庄公二十八年》记："凡邑，有宗庙先君之主曰都，无曰邑。"《礼记·曲礼下》载："君子将营宫室，宗庙为先，厩库为次，居室为后。"这说明，作为国都，宗庙是不可或缺的主要祭祀场所。《墨子·明鬼下》也明确记载，夏商周三代建国营都必须先筑社坛和宗庙："昔者虞夏商周三代之圣王，其始建国营都日，必择国之正坛，置以为宗庙，必择木之修茂者，立以为丛社。"《尚书·甘誓》记禹子启征伐有扈氏："威侮五行，怠弃三正，天用剿绝其命，今予惟恭行天之罚。……用命赏于祖，弗用命戮于社。"孙星衍《尚书今古文注疏》云："祖者庙主，社者社主。"顾颉刚、刘起釪对《尚书·甘誓》考证说："大概在夏王朝是作为重要祖训历世口耳相传，终于形成一种史料流传到殷代，其较稳定地写成文字，大概就在殷代，所以用了在殷代后期已出现的'五行'、'三正'字样。"他们认为"这件历史故事当然是夏代的"，"到西周可能写成基本定型的定本"③。《墨子·明鬼下》对此解释得更清楚："是以赏于祖而僇于社。赏于祖者何也？言分命之均也；僇于社者何也？言听狱之事也。故古圣王必以鬼神为赏贤而罚暴，是故赏必于祖，而僇必于社。"这些史料可证，夏代的国都应当有进行祭社、祭祖之礼的社坛和宗庙等礼制建筑。《尚书·甘誓》还表明，夏启伐有扈氏是"天用剿绝其命，今予惟恭行天之罚"。这就是说，夏启是遵照上天之命率军讨伐有扈氏的，完成此天命的，在宗庙中得以封赏，没有完成此天命的，则在社坛中将其处死。因古圣王是依照天神、祖神的旨意来处理国之大事的，所以，国之大事均要在祖庙和社坛中进行。这就很明显地透露出夏代神权、祖权与政权的关系，夏王是靠神权、祖权来进行统治的。这也说明三代的都城中首先建社坛和宗庙的原因所在。

这些虽都是传统文献的记载，但这些记载并不是无稽之谈，应有所据，这些记载还可利用考古的实际资料来印证。

---

① （清）刘宝楠撰，高流水点校：《论语正义》，中华书局，1999年，第91、92页。

② 杨伯峻：《春秋左传》，中华书局，1990年，第242页。

③ 顾颉刚、刘起釪：《〈尚书·甘誓〉校释译论》，《中国史研究》1979年第1期，第61、62页。

（二）商代礼制的特质

由殷墟甲骨文记载可以看出，殷人的祭祀礼制文化是非常丰富的，也逐渐系统起来。甲骨文的内容是商王进行占卜、贞问和祭祀天帝诸神及祖先神的原始记录，这既是商王祭祀档案，又是商王施政档案，因殷人凡事都要贞问天帝诸神和祖先神，征得他们的同意才能施行。

从甲骨文的内容看，殷人将天帝奉为最高主宰，信仰天帝，崇信天命，一切都要遵从上天的旨意。甲骨文中有大量的祭天卜辞：

> 庚午卜，内，贞王乍邑帝若。八月，二告。（《合集》14201）①
> 壬子卜，争，贞我其乍邑，帝弗佐若。三月。
> 癸丑卜，争，贞我宅兹邑大（甲）宾帝若。三月。
> 癸丑卜，争，贞帝弗若。（《合集》14206）

这是为了建邑造房屋反复贞问天帝，征得天帝同意才能动工兴建：

> 辛亥卜，内，贞帝于北方曰（夗）风曰（役），㞢年。
> 辛亥卜，内，贞帝于南方曰微，风夷，㞢年。
> 贞帝于东方曰析，风曰劦，㞢年。
> 贞帝于西方曰彝，风曰夷，㞢年。
> 辛亥卜，内，贞今一月帝令雨，四日甲寅夕（雨）。
> 辛亥卜，内，贞今一月（帝）不其令雨。（《合集》14295）

这是贞告天帝降雨、祈求丰年等内容的卜辞：

> 辛未卜，殻，贞王勿逆伐舌方，上下弗若，不我其受又。（《合集》06203）
> 丁巳卜，殻，贞王㞢沚馘从伐土方。（《合集》06416）
> 辛巳卜，宾，贞□燎。贞王㞢沚从伐巴方，帝受我又。（《合集》06473）

---

① 郭沫若：《甲骨文合集》，中华书局，1978～1982年。凡引用此书均简称《合集》。凡《合集》释文参照胡厚宣主编：《甲骨文合集释文》，中国社会科学出版社，1999年。

这是出兵征伐之前告祭于天帝的卜辞：

> 壬戌卜，争，贞既出斫燎于土宰。

殷人祭地与祭天一样，同样非常重视，殷墟卜辞中关于祭"土"即祭"社"①的内容颇为丰富，说明商代祭社是一项经常的礼仪活动：

> 贞燎于土一牛俎宰。（《合集》14396）
> 癸未卜，争，贞燎于土，秦于岳。（《合集》14399）
> 戊子卜，其有岁于亳土三小宰，十小宰。（《合集》28109）

还有大量祭祀山、岳、河、洹、泉等山川诸神的卜辞。

诸多学者对甲骨文卜辞的研究，说明商人对先祖的祭祀更加规范化和制度化，使用周祭制度②。所谓周祭，是指殷商王室用五种祭奠方式轮流而又周而复始地祭祀成系列的先公、先王、先妣。除周祭外，还有一些对祖先的不成系统的祭祀典礼，被称为"特祭"或"选祭"。卜辞中还记载，商王祭祀祖先主要是在"宗"或"必"中进行。从字形上分析，"宗"上面宝盖是屋宇之形，"示"则是神主的象征。故《说文》云："宗，尊祖庙也。"于省吾考证"必"为"祀神之室"③。"宗"和"必"正是商代祭祀祖先的宗庙。除宗、必外，也有学者认为，甲骨文中的"□"或"匚"就是后世"庙"字的初形，因在这些方框内往往还有"甲""乙""丙""丁"等商王庙号词，此也是商王之庙④。据研究，殷墟卜辞所见商先王宗庙有：大乙宗、大丁宗、大甲宗、大庚宗、大戊宗、中丁宗、祖乙宗、祖辛宗、祖丁宗、小乙宗、武丁宗、祖甲宗、康丁宗、武乙宗、文丁宗⑤。从直系先王汤至文丁，几乎都立有宗庙。这是否也反映了殷商时期没有迁庙、毁庙制度，也就是说没有"殷六庙"之制⑥？殷墟卜辞中，不但记有商代各王的庙，而且还记有王后的庙，如有"妣庚宗""妣庚必""母辛

---

① 《诗·大雅·绵》："乃立冢土。"毛传云："冢土，大社也。起大事，动大众，必先有事乎社而后出谓之宜。"郑笺："大社者，出大众将所告而行也。"《毛诗正义》见：（清）阮元校刻：《十三经注疏》，中华书局，1980年，第511页·上；陈梦家："亳土即亳地之社。"见：陈梦家：《殷墟卜辞综述》，中华书局，1983年，第584页。

② 常玉芝：《商代周祭制度》，中国社会科学出版社，1987年。

③ 于省吾：《甲骨文字释林·释必》，中华书局，1979年。

④ 李立新：《甲骨文"□"字考释与洹北商城1号宫殿基址的性质探讨》，《中国历史文物》2004年第1期。

⑤ 王贵民：《商周制度考信》，明文书局，1989年，第61页，附"商代宗庙宫室表"。

⑥ 《礼记·王制》"天子七庙"郑玄注云："此周制，……殷则六庙，契及汤与二昭二穆。夏则五庙，无大祖，禹与二昭二穆而已。"

宗"等，这应当是商王大庚的王后庙和祖辛王后的庙。

陈梦家根据甲骨文归纳出殷人所祭祀的对象分为三大类：

（1）天神：上帝、日、东母、西母、云、风、雨、雪；

（2）地祇：社、四方、四戈、四巫、山、川；

（3）人鬼：先王、先公、先妣、诸子、诸母、旧臣[1]。

我们从甲骨文卜辞中可以看到，商王凡事都要贞问天地诸神和祖先神，对天地神、祖神进行祭祀之礼以取得行政之命，充分体现了神权、祖权与政权紧密结合的政体形态。

（三）西周礼制的特质

西周王朝祭祀的主要对象与商类似，还是天神、地神和祖神，其祭祀的目的更为明确，即借用神权来治理国家。《周礼·春官·大宗伯》："大宗伯之职，掌建邦之天神人鬼地示之礼，以佐王建保邦国。"周人认为，天神、地神、祖神（人鬼）是立国之本，对其进行虔诚的祭祀，才能安邦治国。

文献中较多地记载了周人对天、地、祖神的祭祀：

> 已！予惟小子，不敢替上帝命。[2]
> 今天其命哲，命吉凶，命历年。[3]
> 维此文王，小心翼翼，昭事上帝，聿怀多福。[4]

以上引文均记载了周王崇信天命。

《诗·大雅·云汉》载："王曰：于乎！何辜今之人！天降丧乱，饥馑荐臻。靡神不举，靡爱斯牲。圭璧既卒，宁莫我听？……不殄禋祀，自郊徂宫，上下奠瘗，靡神不宗。……祈年孔夙，方社不莫。昊天上帝，则不我虞。敬恭明神，宜无悔怒。"毛传云："上祭天，下祭地，奠其礼，瘗其物。宗，尊也。国有凶荒，则索鬼神而祭之。"郑笺云："言王为旱之故求于群神，无不祭也。无所爱于三牲，礼神之圭璧又已尽矣，曾无听聆我之精诚而兴云雨。"又云："宫，宗庙也。为旱故洁祀不绝，从郊而至宗庙，奠瘗天地之神，无不斋肃而尊敬之。"此是颂扬周宣王为了禳除特大旱

---

① 陈梦家：《殷墟卜辞综述》，中华书局，1988年，第562页。

② （汉）孔安国传，（唐）孔颖达正义，黄怀信整理：《尚书正义》，上海古籍出版社，2007年，第513页。

③ （汉）孔安国传，（唐）孔颖达正义，黄怀信整理：《尚书正义》，上海古籍出版社，2007年，第587页。

④ （清）阮元刻：《十三经注疏》，中华书局，1980年，第507页·上。

灾，在都城之郊、宗庙、社坛举行祭祀天神、地神、祖神之礼，祈求降雨之事。

《尚书·召诰》载："越三日丁巳，用牲于郊，牛二。越翼日戊午，乃社于新邑，牛一、羊一、豕一。……旦曰：'其作大邑，其自时配皇天，毖祀于上下，……'"此是周公作新邑于洛邑，在洛邑的"郊""社"举行祭天神、地神之礼。

西周的甲骨文与铜器铭文也屡记周王祭天之礼，与文献记载可相互印证。

周原甲骨文记载了周人祭天之礼：

> 川告于天，囟亡咎。
> 燎于□。
> 其微、楚厥燎，师氏受燎。[①]

燎，是一种祭天的方式，积柴焚烧牲体或玉帛以达于天。周原甲骨文所记的"燎"祭，即是周王所进行的祭天之礼。

西周铜器铭文记载了周王举行祭天之礼：

> 天王簋："乙亥，王有大礼。王汎三方，王祀于天室，降，天亡佑。王衣祀于王丕显考文王，事喜上帝。"（《集成》4261）[②]
>
> 何尊："隹武王既克大邑商，则廷告于天，……尔有唯小子，亡识视于公氏，有毖于天，彻命，敬享哉！"[③]
>
> 大盂鼎："文王受天有（佑）大命，……虘酒无敢酖，有髭烝祀，无敢醸，故天翼临子，法保先王。'（《集成》2837）

上述西周铜器铭文均是记录的周王祭天之礼。

周人对天的信仰比起商人来似乎有些变化，从甲骨文中可以看出，商人无论何事都要占卜，贞问上帝，笃信上帝的旨意，唯上帝之命是从，听天由命。而周人对天地神、祖先神的祭祀更具实际意义，强调周王受命在天，是上天之子，是直接替天行命，这比商代王权与神权的关系更进了一步。《诗·大雅·大明》："有命自天，命此文王。"《诗·周颂·昊天有成命》："昊天有成命，二后受之。"（二后即文王、武王，言二王受天命而王天下。）《尚书·康诰》："天乃大命文王，殪戎殷，诞受厥命。"大盂鼎铭文："文王受天有（佑）大命。" 逨盘铭："文王、武王达

① 曹玮：《周原甲骨文》，世界图书出版公司，2002年，第4、26、70页。

② 中国社会科学院考古研究所：《殷周金文集成释文》，香港中文大学中国文化研究所出版，2001年，第三卷第374页、第二卷第410、411页。凡引此书均简称《集成》。

③ 李学勤：《何尊新释》，《中原文物》1981年第1期。

殷，膺受天鲁令，匍有四方，并宅厥勤疆土，用配上帝。"①史墙盘铭："曰古文王，初彔龢于政，上帝降懿德大甹，匍有上下，迨受万邦。"（《集成》10175）这实际上是周王首创"王权神授"的思想观念，以此来加强周王的统治权力。周王成了上天的儿子，称为"天子"，即"周天子"。并且只有周天子才有祭天的资格，也就是只有周天子才有替天行命的权力。《礼记·丧服小记》云："礼，不王不禘。"孔颖达疏云："礼，唯天子得郊天，诸侯以下否，故云：'礼，不王不禘。'"《礼记·王制》曰："天子祭天地，诸侯祭社稷，大夫祭五祀。"因此，祭天成为周天子受天命的特权，假借天命来表明周王政权的神圣性和绝对的权威。

因为周王是受天命而王天下，是上天之子，所以，周王室对受命于天的先王祭祀更是隆重备至，将受命于天的先王神灵配祀于天神，以进一步加强周天子的神圣地位。《诗·大雅·文王》："文王在上，于昭于天，……文王陟降，在帝左右。"《诗·大雅·下武》："三后在天，王配于京。"毛传云："三后，太王、王季、文王也。王，武王也。"言死后的先王神灵已达于天，所以周王室祭天要以祖配祀。南宫乎钟铭："天子其万年眉寿，畯永保四方，配皇天。"（《集成》181）《礼记·丧服小记》云："王者禘其祖之所自出，以其祖配之。"郑玄注："禘，大祭也。始祖感天神灵而生，祭天则以祖配之。""禘"本是祭天之大祭祀，周人对祖神的祭祀与对天神、地神同样，均行禘祭。郑玄注《周礼·春官·大司乐》云："（天神、地祇、人鬼）三者皆禘，大祭也。"西周铜器铭文多有对祖先进行禘祭的记录。如小盂鼎铭文："用牲，禘周王、武王、成王……"（《集成》2839）剌鼎铭文："王禘用牡于大室，禘昭王。"（《集成》2776）"燎祭"原本也是祭天之仪式，周人多在宗庙用"燎祭"祭祀祖先。《逸周书·世俘》："武王在祀，……燎于周庙。"西周铜器铭文中多有用"燎祭"祭祀祖先的记录。小盂鼎铭文记盂伐鬼方凯旋向周天子告捷，并燎祭于周庙："王呼费伯令盂，以人馘入门，献西旅。以（馘）入燎周庙。"表明周王相信自己的祖先也在天上，在上帝左右，显示出先祖与天神的密切关系。

陈来根据《周礼》等文献记载，将周人祭祀的诸神也分为三大类：

（1）天神：天、昊天、上帝、帝、五帝、日月、星辰、司命、司中、风师、雨师；

（2）地祇：地、社稷、四望、五祀、五岳、山林、川泽、四方四物、群小祀；

（3）人鬼：先王、先公、先妣、先祖、祖庙②。

可以看出，周人祭祀的对象仍然是天神、地祇、人鬼三大类，周人之所以虔诚地对天神、地神、祖神进行祭祀，是因为其认为此三者是周王朝长治久安的根本保证。利用天神、地神、祖神来统治天下，此正是周代礼制之根本性的特质。

---

① 钟柏生、陈昭容、黄铭崇等：《新收殷周青铜器铭文暨器影汇编》，艺文图书馆，2006年，第552、553页。

② 陈来：《古代宗教与伦理——儒家思想的根源》，生活·读书·新知三联书店，1996年。

（四）东周时期对礼制起源及特质的研究

东周时期的研究者就非常明确地指明了礼与政的关系：

礼，国之干也。[①]

礼，政之舆也。[②]

夫礼，国之纪也。[③]

礼以体政，政以正民，是以政成而民听，易则生乱。[④]

礼者，政之挽也。为政不以礼，政不行矣。[⑤]

见其礼而知其政，闻其乐而知其德，由百世之后，等百世之王，莫之能违也。[⑥]

礼典，以和邦国，以统百官，以谐万民。[⑦]

礼者，君之大柄也，所以别嫌明微，傧鬼神，考制度，别仁义，所以治政安君也。[⑧]

为政先礼，礼其政之本与。[⑨]

可以看出，三代之"礼"与一般的礼俗习惯、人情世故等寻常之礼不同，有其特定的内涵，是一种治国安邦的制度，具有有效治理国家的政治功能和协调等级的整合功能。这才是三代礼制之真谛。

东周时就有人非常透彻地指出三代礼制的特质。《荀子·礼论》云："礼有三本：天地者，生之本也；先祖者，类之本也；君师者，治之本也。"《大戴礼记·礼三本》也有如是说："礼有三本：天地者，性之本也；先祖者，类之本也；君师者，治之本也。无天地焉生？无先祖焉出？无君师焉治？三者偏亡，无安之人。故礼上事天，下事地，宗事先祖，而宠君师，是礼之三本也。"此是讲，万物本于天地，人本

---

① 杨伯峻：《春秋左传注》，中华书局，1990年，第338页。

② 杨伯峻：《春秋左传注》，中华书局，1990年，第1063页。

③ 徐元诰撰，王树民、沈长云点校：《国语集解》，中华书局，2002年，第326页。

④ 杨伯峻：《春秋左传注》，中华书局，1990年，第92页。

⑤ （清）王先谦撰，沈啸寰、王星贤点校：《荀子集解》，中华书局，1988年，第492页。

⑥ （清）焦循撰，沈文倬点校：《孟子正义》，中华书局，1987年，第217页。

⑦ （汉）郑玄注，（唐）贾公彦疏：《周礼注疏》，上海古籍出版社，2010年，第37页。

⑧ （汉）郑玄注，（唐）孔颖达正义，吕友仁整理：《礼记正义》，上海古籍出版社，2008年，第907页。

⑨ （汉）郑玄注，（唐）孔颖达正义，吕友仁整理：《礼记正义》，上海古籍出版社，2008年，第1916页。

于先祖，遵从君师事天神、事地神、事先祖，此谓礼之三本。此也说明礼是在人类对天地间的自然现象、人类的繁衍和社会发展的认识中逐渐产生形成的。在原始社会，由于人们对自然的变化无法理解而产生敬畏，便进行祭祀，以求禳灾致福。《左传·昭公元年》载："山川之神，则水旱疠疫之灾，于是乎祭之。日月星辰之神，则雪霜风雨之不时，于是乎祭之。"当人类发展到分为社会群体，形成部落，为了本部落群体的繁衍生存，于是乎便开始祭祀先祖，乞求先祖保佑子孙的繁昌。到社会分为阶级、出现国家、出现君王之后，为维护统治、维护等级关系的礼仪制度也就应运而生了，礼也就成了治之所本。

孔子对礼的特质讲得更清楚："夫礼，先王以承天之道，以治人之情，故失之者死，得之者生。……是故夫礼必本于天，殽于地，列于鬼神。……故圣人以礼示之，故天下国家可得而正也。"郑玄注："圣人则天之明，因地之利，取法度于鬼神以制礼，下教令也。既又祀之，尽其敬也，教民严上也。"孔颖达疏："孔子乃答以礼所用，既上以承天之道，下以治民之情。……圣人既法天地鬼神以制礼，本谓制礼以教民，故祀天禋地，享宗庙，祭山川，一则报其礼之所来之功，二则教民报上之义。"[①]这就是说，礼是凭借天地鬼神之权威而制定的，其目的是以"神"来"治"民，"礼制"即"以礼来治"，这就是三代"礼治"之由来。

所谓"礼之三本"，实际上就明确地指出了中国古代礼制发展的大体路径及特质，礼起源于对天地诸神及祖先神的祭祀，国家产生后，统治者借助天地神和祖先神来维护统治，将对天地神、祖先神的祭祀与政权统治紧密结合，制定了维护统治秩序的礼仪制度，成为三代王朝"经国家、定社稷、序民人、利后嗣"的治国安邦根本之策，这就形成了夏商周三代独特的礼制性社会。

二、礼制文明的考古学观察

关于"礼之三本"的神权、祖权、政权之形成过程，乃史前礼制文明之发端，仅凭文献就难以阐明了，毕竟"文献不足故也"。我们则可以利用考古资料来分析和印证，从而揭示三代礼制文明形成的实际发展轨迹。

（一）新石器时代祭祀文化的出现

从目前发现的新石器时代考古学文化看，在全国呈现出几个最为突出而集中的文化中心区域。至新石器时代后期，各区域内纷纷出现了以祭祀为特征的礼制文化，尤

---

① （汉）郑玄注，（唐）孔颖达正义，吕友仁整理：《礼记正义》，上海古籍出版社，2008年，第882、883页。

其以江浙文化区、两湖文化区和燕辽文化区最为显著。

江浙文化区是发现祭祀性遗址最多的一个区域，最为突出的是良渚文化（距今约5300～4300年）祭坛墓地的发现。1987年，在浙江余杭瑶山遗址最早发现此类祭坛[①]。瑶山是一座人工堆筑的土山，在其顶部筑边长约20米的方形祭坛。祭坛中央是方形红土台，四周是回字形灰土沟，灰土沟外侧是黄褐土筑成的土台，上铺砾石，形成了不同颜色对比的三重台面（图一）。在祭坛的南半部，有规律地排列着12座大墓，墓中随葬品丰富而精美，以玉器为大宗。1991年，在余杭县瓶窑镇汇观山又发现一座良渚文化祭坛[②]，其形制与瑶山祭坛非常相似。祭

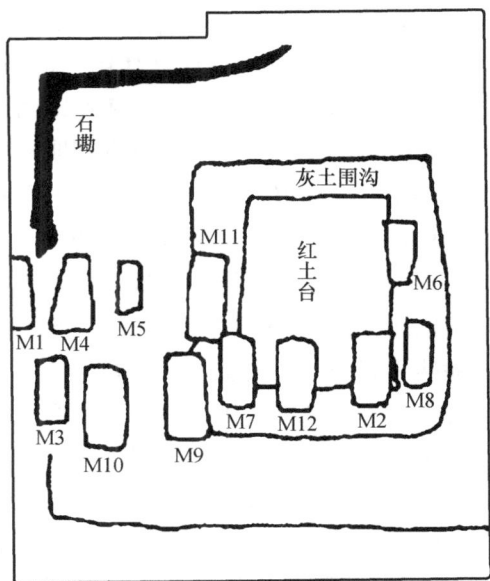

图一　瑶山祭坛与墓地平面图

坛也是建于土山顶部，坛面由内外套合的三重土色构成。祭坛东、西两侧由坛面至底部形成三层台阶。祭坛的西南部分布有4座大墓，其中4号墓随葬品尤为丰富，仅石钺就有48件之多。类似的祭坛在上海福泉山、浙江余杭反山、卢村、江苏武进寺墩、海宁大坟墩、昆山赵陵山等地均有发现[③]。实际上，在此区域内早于良渚文化的崧泽文化时期（距今约5900～5300年）此类祭坛墓地就出现了。浙江嘉兴南河浜遗址崧泽文化祭坛[④]，是用不同颜色的土分块垒叠筑成的方形土坛，南边略遭破坏，保留面积约100平方米，垂直高度约90厘米。经解剖，该土坛分三次筑成，并在第一次建筑的土台中发现动物肢骨。值得注意的是，在祭坛使用时和废弃后两个时期都埋有墓葬，且出土有

① 浙江省文物考古研究所：《余杭瑶山良渚文化祭坛遗址发掘简报》，《文物》1988年第1期。

② 浙江省文物考古研究所、余杭市文物管理委员会：《浙江余杭汇观山良渚文化祭坛与墓地发掘简报》，《文物》1997年第7期。

③ 黄宣佩：《福泉山遗址发现的文明迹象》，《考古》1993年第2期；浙江省文物考古研究所反山考古队：《浙江余杭反山良渚墓地发掘简报》，《文物》1988年第1期；浙江省文物考古研究所、余杭市文物管理委员会：《浙江余杭汇观山良渚文化祭坛与墓地发掘简报》，《文物》1997年第7期；费国平：《浙江余杭良渚文化遗址群考察报告》，《东南文化》1995年第2期；陈丽华：《江苏武进寺墩遗址的新石器时代遗物》，《文物》1984年第2期；《海宁清理良渚文化祭坛和墓葬》，《中国文物报》1993年9月19日第1版；《赵陵山遗址发掘获重大成果》，《中国文物报》1992年8月2日第1版。

④ 刘斌、蒋卫东：《嘉兴南河浜遗址发掘取得丰硕成果》，《中国文物报》1996年12月15日第1版。

陶龟等明显具有宗教意义的随葬品及玉钺、玉璜等器物。

　　这些人工修筑的祭坛之功用，应当与祭天有关。祭坛均筑在山顶之上，坛面上多发现火烧痕迹及灰烬，有的还有动物肢骨等，故被认为是进行"燎祭"的遗迹。如在上海福泉山良渚文化祭坛就发现明显的燎祭遗迹，祭坛呈三层台阶状，经过大火烧烤，并撒有介壳屑。在祭坛北侧台地上有一灰坑，长约19、宽约7、深1米多，内填纯净的草灰，因坑壁、坑底皆无火烧痕迹，可以断定是在祭坛上举行燎祭后，把燃烧柴草留下的灰烬清扫至坑内所致。在黄土层第一期墓群的东西两侧，各见一大片经过火烧的地面，其上有一层灰烬、介壳屑、红烧土块和陶鼎残块等①。《礼记·祭法》载："燔柴于泰坛，祭天也。"孔颖达疏："燔柴于泰坛者，谓积薪于坛上，而取玉及牲置柴上燔之，使气达于天也。"《周礼·春官·大宗伯》："以禋祀祀昊天上帝；以实柴祀日月星辰；以槱燎祀司中、司命、风师、雨师。"郑玄注："三祀皆积柴实牲体焉，或有玉帛，燔燎而升烟，所以报阳也。"这些虽是后期文献所记，但良渚文化祭坛的考古资料，说明燎祭祭天的礼俗由来已久。

　　我们还可利用祭坛上墓葬的随葬品推测祭坛的功用。考古发掘证实，祭坛上的墓葬与祭坛是紧密相关的，尤其葬于祭坛顶部的大墓，一般只随葬玉石器，很少有陶器。玉石器中以玉璧、琮、冠状饰、三叉形饰和玉石钺等为大宗，这些器物被研究者认定为祭祀用的礼器。《周礼·春官·大宗伯》载："以玉作六器，以礼天地四方，以苍璧礼天，以黄琮礼地。"《周礼》是东周时期成书的，所记载用玉器进行祭祀更加专门化、制度化，但这种礼俗的产生应有更早的来源。邓淑苹指出："中国的古代人相信天圆地方，天苍地黄，所以用'苍'璧来礼拜天神，用'黄'琮来礼拜地祇。但是这种宗教仪式究竟始于何时，却始终未有田野考古的现象可以加以证实，而今良渚文化中，璧、琮的伴随出土，大量且集中地出土于特殊墓葬中，尚遗留特殊仪式如火烧等的痕迹，使吾等不免考虑，这个深植于后世民心的宇宙观，或创始于良渚的居民。"②张光直认为，"把琮的圆方相套的形状用'天圆地方'的观念来解释，由来已久"，"内圆象天，外方象地，这种解释在琮的形象上说是很合理的"，"琮的实物的实际形象是兼含圆方的，而且琮的形状最显著也是最重要的特征，是把方和圆相贯串起来，也就是把地和天相贯通起来。专从形状上看，我们可以说琮是天地贯通的象征，也便是贯通天地的一项手段或法器。"③从大宗的璧、琮等玉器多集中在祭坛顶部的大墓之中，祭坛上又多有燎祭的痕迹来看，学者推断这些璧、琮等是祭天礼地的法器不无道理。此正是"礼之三本"中"天地者生之本"思想观念在考古遗存中的实际体现。

---

　　① 黄宣佩：《福泉山遗址发现的文明迹象》，《考古》1993年第2期。

　　② 邓淑苹：《新石器时代的玉璧》，《良渚学文集（1949~2001）——玉器一》，国际良渚学中心，2001年。

　　③ 张光直：《谈"琮"及其在中国古史上的意义》，《文物与考古论集》，文物出版社，1986年。

关于良渚祭坛大墓墓主的身份，有人认为是巫师，有人认为是部族首领，还有人认为是巫师兼酋长。从这类墓均葬于祭坛之上，随葬品主要是祭祀用的玉礼器来看，墓主肯定与祭祀有着密切的关系，他们生前应是执掌祭祀仪式的巫师。在原始社会，人们普遍认为万物均本于天地诸神的情况下，这些能贯通天地的巫师也应是这一地域或者部族的最高首领，他们既执掌祭天礼地的祭祀权，又握有这一地域或部族的领导权，是集神权与领导权于一身的首领。

在安徽巢湖地区凌家滩文化（距今5500年左右）中也发现了类似的祭坛墓地[①]。含山凌家滩祭坛位于一丘陵的最高处，面积约600平方米，上下分三层，最下部系以纯净黄斑土铺底，然后以较大石块和石英、硅质岩类的小石子与黄沙铺设，最上面的一层用大小不等的鹅卵石与黏土搅拌铺设而成，形成中间高四周低的土坛。在祭坛的第一层表面，发现有3处祭祀坑和4处积石圈。在祭坛的东南角有一片红烧土遗迹，局部似是焚烧后的灰烬堆积所致，应是祭坛使用时的遗留。祭坛也埋有墓葬，大型墓都排列在祭坛的南部和西部，祭坛南端的大墓出土大批精美的玉器、石器和陶器，随葬玉器有玉人、玉璧、玉璜、玉龙、玉猪、玉蝉、玉龟、玉鹰等，这些多是具有宗教意义和用于祭祀的器物。特别是2007年发掘的23号墓共出土200件玉器，其中有3件用于占卜的玉龟，龟腹中还装有玉签，显示了当时占卜、祀神等仪式已比较完备（图二）。出土于4号墓的玉龟腔体之内的玉版，更显示出当时的祭祀观念（图三、图四）。玉版中心刻有一个内含八角形的正圆形，外围大圆形内的四个正方向和四角刻有八个"树叶形"图案，大圆外四角又刻有四个"树叶形"图案。俞伟超先生认为，中间圆形是太阳的象征，外围八个"树叶形"应当是社神的象征，社是土地崇拜的场所。认为这是表示文献中记载的"八极，八方之极也"，"是一种把大地分为八方的观念"。并指出："玉牌上的整个图案是在表现天地的总体，即是宇宙的象征。""在那信仰万物有灵的时代，这个宇宙之神或天地之神，无疑具有至高无上的地位，是诸神信仰中的主神。"[②]当然，俞先生将八个"树叶形"图案认定为社神的象征还可再研究。不过，这件极特殊的玉版是放置在玉龟腹腔中，而后来发掘的23号墓所出3件玉龟的腹腔中则装有占卜用的玉签。从这种情况来看，是否此种图案的玉版也是用于占卜？玉版上的所谓"树叶形"图案与所出玉签形状非常相似，有可能是刻画的玉签图案，用以

① 安徽省文物考古研究所：《安徽含山凌家滩新石器时代墓地发掘简报》，《文物》1989年第4期；张敬国：《安徽含山凌家滩新石器时代墓地第二次发掘的主要收获》，《文物研究》（第七辑），黄山书社，1991年；安徽省文物考古研究所、含山县文物管理所：《安徽含山县凌家滩遗址第三次发掘简报》，《考古》1999年第11期；安徽省文物考古研究所：《安徽含山县凌家滩遗址第五次发掘的新发现》，《考古》2008年第3期；安徽省文物考古研究所：《凌家滩》，文物出版社，2006年。

② 俞伟超：《含山凌家滩玉器反映的信仰状况》，《古史的考古学探索》，文物出版社，2002年。

图二　凌家滩07M23出土带玉签的玉龟

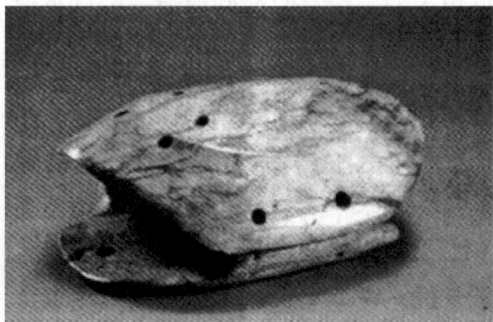

图三　凌家滩87M4出土玉龟

图四　凌家滩87M4出土玉龟腔体内玉版

表示天地间的四面八方，玉龟、玉签用于摇卦，对照玉版上所示方向来占吉凶，实际上也是占问天地神祇的一种方式。这与商代用龟卜的方式来贞问天地神祇有些类似，只是用具与形式不同，但二者似乎应有某些渊源关系。由此看来，此又是一处体现"天地者生之本"思想观念的典型考古实例。俞先生还进一步指出："从上述玉牌、玉龟同出一墓的现象看，墓主在生前不仅对这两件玉器有使用的特权，而且还有占有的特权。就使用的特权而言，其身份应当是专职的巫师。就占有的特权而言，则恐怕还是具有某种世袭特权的氏族、部落的首领。"此人也是集神权与领导权于一身的人物。

　　长江中游地区的原始文化中，也发现了祭祀遗迹。如湖北天门石家河城址中[①]，发现了许多塔形陶器和缸形陶器，器形特异，有时各器相套排列成弧形，有些陶器上刻

---

　　①　北京大学考古系、湖北省文物考古研究所、湖北省荆州地区博物馆石家河考古队：《石家河遗址群调查报告》，《南方民族考古》（第五辑），四川科学技术出版社，1993年；石河考古队：《湖北省石河遗址群1987年发掘简报》，《文物》1990年第8期。

画有符号。另有几千件陶塑动物集中出土,有猪、狗、牛、羊、鸡、猴、象、鸟、鱼等,还有成百件人抱鱼陶塑,大量的红陶杯,有数十万之巨。杯子十分粗糙,显然不是实用器。这些都被推测为宗教用品,陶杯可盛酒以祭,人抱鱼陶塑也可能是献祭之状。另外,塔形器和缸形器或被认为是陶祖之形。据此分析,这些宗教之器也应是祭祀神的祭器。

湖南澧县城头山城址内发现了大溪时期(距今约6400～5300年)的祭坛遗址①。祭坛平面呈椭圆形,中间高四周低,面积约250平方米。经发掘得知,祭坛有两次大的修筑过程。第一次建造的祭坛是围绕一座屈肢葬墓修筑,在其东西两侧还各有两座墓。在祭坛使用过程中,其南部边缘之外留下了大量的祭祀坑,坑内有与祭祀有关的遗物多种。第二次修筑主要是进行加固和扩大,早期的祭祀坑均被叠压。在祭坛的边缘及坡面上均有大量与祭祀有关的遗迹。祭坛的东坡面有大量灰烬层,包含许多兽骨和一具人骨残肢,此应是祭祀用火所致。在祭坛的南侧,有一批修造规整的祭祀坑,坑内多有陶器、兽骨、石块和红烧土块等。在祭坛的东北也有一批祭祀坑,有一方坑内全是稻叶和稻米。在祭坛的坛面上有两组圆形坑,都比较浅,有的坑内放置石块。所有这些遗迹肯定与祭祀有关,至于祭祀的是何神,还要进一步研究。

在辽宁西部凌源与建平交界处,发现红山文化时期(距今约6000～5000年)的牛河梁大型坛、庙、冢统一整体规划的遗址群②。遗址分布在南北走向的山梁上,女神庙遗址位于北部近山梁顶处,主体部分是由大型山台和南北各一座庙组成。对南区的女神庙进行了局部发掘,发现其主体部分是半地穴式土木结构七室布局。庙内发现大量的祭器、泥塑动物,最主要的发现则是人物塑像,已清理出可辨认形状的有上臀部、腿部、肩部、乳房、手部、眼球等,都不同程度表现出女性或孕妇特征。从规模大小看,可分属三个等级,相当于真人3倍的只见一尊,另有相当于真人2倍者和原大者。从出土位置看,2倍者和原大者均出土于主室四周各室,唯有真人3倍巨大者一尊出土于主室中央。这是一尊较完整的女性头像,大鼻,大耳,眼眶内嵌入圆形玉片为睛,使眼睛炯炯有神,形象逼真而神化。郭大顺先生认为:"这表明,在多层次的众神中有一尊主神,这尊主神个体最大,位置在庙的中心部位,是整个神庙所要突出的主要对象,也是被崇拜的偶像群中最主要的崇拜对象。""这样的女神塑像,应是被神化了的祖先形象。"③许倬云指出:"红山神庙的女神,为孕妇的造型,自然是生产力的

---

① 湖南省文物考古研究所:《澧县城头山古城址1997～1998年度发掘简报》,《文物》1999年第6期。

② 辽宁省文物考古研究所:《牛河梁红山文化遗址与玉器精粹》,文物出版社,1997年。

③ 郭大顺:《中华五千年文明的象征——牛河梁红山文化坛庙冢》,《牛河梁红山文化遗址与玉器精粹》,文物出版社,1997年。

象征。女神庙地居礼仪中心遗址的最高处，具有君临礼仪中心的气势。"①如果如前所述，良渚文化祭坛墓地是"天地者生之本"思想观念的体现，那么，此红山文化女神庙遗址则是"先祖者类之本"思想观念的反映。

在女神庙遗址北约8米处，有一南北、东西各约200米的巨大山顶平台，由东西并列的两座台址和北部的一座台址组成。台址周边多以人工石砌边墙，方向与女神庙完全一致，台面则高出女神庙地面近2米。在山台址的北墙外，散布有大面积红烧土堆积，出土有人塑像残件、陶祭器和各类建筑构件等。从山台位置、构筑形式及遗迹来看，其肯定是一处祭祀遗址，且因其地势高于女神庙又处于山梁顶处，女神庙是祭祖神之处，此山台就有可能是祭天神、地神之处。

在牛河梁地区内已发现20多处遗址点，其中有编号的16个地点中13个都是积石冢，经过发掘的第二、三、五地点位于女神庙遗址正南约1千米处。每一地点积石冢数量不等。第二地点由一石筑的三层圆形祭坛和东西两侧的4座大型积石冢组成，1、2号冢在圆坛之西，3、4号冢在圆坛之东。每冢内墓葬数量不一，1号冢在东西轴线上发现2座并列的大型石棺墓，其南为4排共20余座中、小型石棺墓。2号冢在正中心部位有一座大型石椁石棺墓，遭严重盗扰，其南也有等级较低的墓葬。4、5号冢的形制与前述两冢有异，4号冢平面呈前方后圆形，5号冢则呈南北长、东西宽的椭圆形，两冢内墓葬数量不详。第三地点位于第二地点正北，相距约200米，仅发现一冢，冢的中心部位有一座土圹石棺墓，其南有8座小墓。第五地点在第三地点之西882米处，中间是一石砌方形祭坛，东、西两侧各有一冢。东侧一冢经发掘，中心位置是一座土坑竖穴石棺大墓。从第二、五地点墓地的布局看，一般是祭坛居中，积石冢分居两侧，以突出祭坛的重要位置。积石冢中墓葬大小有别，但各冢至少有1座主墓居中，规模大且随葬品丰富，墓内一般只随葬玉器。由这些现象来看，墓地中间的祭坛应是墓祭之处，后世子孙在此祭坛祭祀其祖神。研究者多认为大墓的墓主应是执掌祭祀的巫师，这一推断是有道理的。积石冢各墓随葬品占主流的是玉器，主要有马蹄状箍、勾云形佩、猪龙、龟、鸟、蝉、蚕及神兽、神人像等一批充满神秘意味且与宗教祭祀活动密切相关的玉器。关于马蹄状玉箍的功用说法不一，有人认为是臂饰或腕饰，也有人认为是舀米用的实用器，还有人推测其功用与束发有关。我们还可将其形制与安徽含山凌家滩07M23出土的玉龟进行比较，该墓所出玉龟为扁圆形，一端为平口，另一端为斜口，上腹面平口一端两边及中间各有一个对钻圆孔，腹腔内置玉签。此形制与红山文化的马蹄状玉箍非常相似，张敬国先生指出："红山文化出土的斜口箍形玉器与07M23的玉龟形器相似，可能也是与占卜有关的用具，这有助于解决红山文化斜口箍形器的功能和作用问题，为研究红山文化增添了新的内容，凌家滩遗址和红山文化出土的玉人都是双手置于胸前，表示一种信仰仪式。凌家滩文化和红山文化出土器物表明，距今

① 许倬云：《神祇与祖灵》，《玉魂国魄——中国古代玉器与传统文化学术讨论会文集》，北京燕山出版社，2002年。

5300多年前相距遥远的两种文化存在某种相通性，反映出中国文明起源具有多源一体的发展趋势。"①这种马蹄形玉箍是牛河梁发掘出土最多的一种典型玉器，多放置于墓主的头下，可见其重要性，其应为祭祀通神用的一种法器。墓中多出土的玉雕龙和玉龟，显然也是祭祀用的神器。牛河梁第五地点1号冢M1"双玉龟出土时握在墓主人手中，更是神权具体而形象的象征"②。郭大顺先生引用《越绝书》有关记载以及《说文·玉部》对"灵"字下部之"巫"字及王国维对"礼"字的解释，认为："古人一直是把玉器作为通神工具来对待的。掌握通神权力的巫者也以玉示名。红山文化墓葬随葬玉器的情况对此有很好的说明。"③李伯谦先生指出："对红山文化玉器分类及其具体功能的认识，也许会有不同意见，但没有人否认其与通神有关。可见在红山文化时期，特别是它的晚段，当时社会虽已发生分化，凌驾于社会之上的所谓'公共权力'已经存在，但掌握、行使这种'公共权力'的并非世俗的'王'，而是这些掌握着通神权力的巫师或曰'神王'，神的权力高于一切，神的威望高于一切，社会的运转、社会矛盾的调解都靠神来解决，而神的意志和命令则统统要由能与神沟通的巫者来传达来贯彻。"④这些研究已将专门随葬玉神器墓主的身份、等级及职能讲得很清楚，他们是执掌祭祀权、能与神沟通的巫者，也是集神权与部族领导权于一身的人物。

在其他新石器时代文化区域内，目前还没有发现如上述这般规模宏大的祭祀遗址，但建筑遗址中的奠基坑、墓地中的祭祀台以及墓中随葬的祭祀、占卜器具等屡有发现⑤，充分反映了这一时期人们对自然神或祖先神崇拜和祭祀风俗的盛行，从考古学的角度反映了"天地者生之本""先祖者类之本"思想观念产生和发展的轨迹。

（二）史前城址反映出王权的出现与神权的集中

城市是人类社会发展到一定阶段的产物，是伴随着人类文明社会的形成、国家的出现而产生和发展的。因此，城市文明能够比较集中地体现社会进化的程度及特点。中国古代城市文明有其自身的发展特点，是以一种礼制性的城市文明不断发展和完善

---

①　安徽省文物考古研究所：《安徽含山县凌家滩遗址第五次发掘的新发现》，《考古》2008年第3期。

②　郭大顺：《中华五千年文明的象征——牛河梁红山文化坛庙冢》，《牛河梁红山文化遗址与玉器精粹》，文物出版社，1997年。

③　郭大顺：《从"唯玉为礼"到"以玉比德"——再谈红山文化的"唯玉为葬"》，《玉魂国魄——中国古代玉器与传统文化学术讨论会文集》，北京燕山出版社，2002年。

④　李伯谦：《中国古代文明演进的两种模式——红山、良渚、仰韶大墓随葬玉器观察随想》，《文物》2009年第3期。

⑤　王芬：《中国新石器时代的宗教遗迹》，《四川文物》2004年第4期；井中伟：《我国史前祭祀遗迹初探》，《北方文物》2002年第2期。

的。这种礼制性的城市文明既是物象的行政规划形式，又体现了政治的和意识的形式，通过这种形式承载复杂的国家机器，来处理人与人、人与神、国与国等诸关系，维护统一的社会秩序。这就构成了中国古代城市文明的显著特色，形成了典型的中国古代城市礼制文明之模式。

新石器时代后期，几大文化区内都明显地出现了较为集中的聚落群，各聚落群中往往有规模巨大的中心聚落，这些中心聚落中的居住区、公共活动区、祭祀区、埋葬区及手工业区等，布局分明，排列有序。一些中心聚落遗址中，多发现有数百座房子有规划地安排，分为若干组并围成一圈，门向中心，中心为广场，有的外围还有壕沟围绕，是一种向心式的大型聚落。以向心式的大型聚落为中心，在其周围数十千米甚至上百千米范围内又有众多中小型聚落，形成一个大的聚落群整体。生活在这一范围内的人们便成为一个有联系的相对稳定的社会群体。这种聚落形态及社会体系为史前城市的产生奠定了基础。

目前发现最早的史前城址，有属于仰韶文化（距今约7000～5000年）晚期的郑州西山城址[①]和属于大溪文化的湖南澧县城头山城址[②]，各地发现的龙山时期（距今约5000～4000年）的城址就比较多了。这些史前城址大小相差悬殊，有的只有一两万平方米，有的则达二三百万平方米。一些小城的性质还不会达到政治上的最高层面，充其量只是发挥军事城堡作用，或为了防御洪水等自然灾害而筑。而那些二三百万平方米的大城，如中原文化区的陶寺古城、两湖文化区的石家河古城、江浙文化区的良渚古城等[③]，从规模、布局、文化内涵及所在聚落群中的位置来看，应当是当时一定区域的政治经济文化中心所在。

陶寺古城位于山西省襄汾县汾河东岸的塔尔山西麓（图五）[④]。该城属于龙山时期的城址，其年代上限约在公元前2500年至公元前2400年，下限不晚于公元前2000年。陶寺古城分为早期城址与中期城址两个阶段，城墙均是用夯土夯筑而成，外围有

---

① 国家文物局考古领队培训班：《郑州西山仰韶时代城址的发掘》，《文物》1999年第7期。

② 湖南省文物考古研究所、湖南省澧县文物管理所：《澧县城头山屈家岭文化城址调查与试掘》，《文物》1993年第12期；湖南省文物考古研究所：《澧县城头山古城址1997～1998年度发掘简报》，《文物》1999年第6期。

③ 解希恭：《襄汾陶寺遗址研究》，科学出版社，2007年；高江涛：《陶寺遗址聚落形态的初步考察》，《中原文物》2007年第3期；北京大学考古系、湖北省文物考古研究所、湖北荆州地区博物馆石家河考古队：《石家河遗址调查报告》，《南方民族考古》（第五辑），四川科学技术出版社，1993年；浙江省文物考古研究所：《杭州市余杭区良渚古城遗址2006～2007年的发掘》，《考古》2008年第7期。

④ 解希恭：《襄汾陶寺遗址研究》，科学出版社，2007年；高江涛：《陶寺遗址聚落形态的初步考察》，《中原文物》2007年第3期。

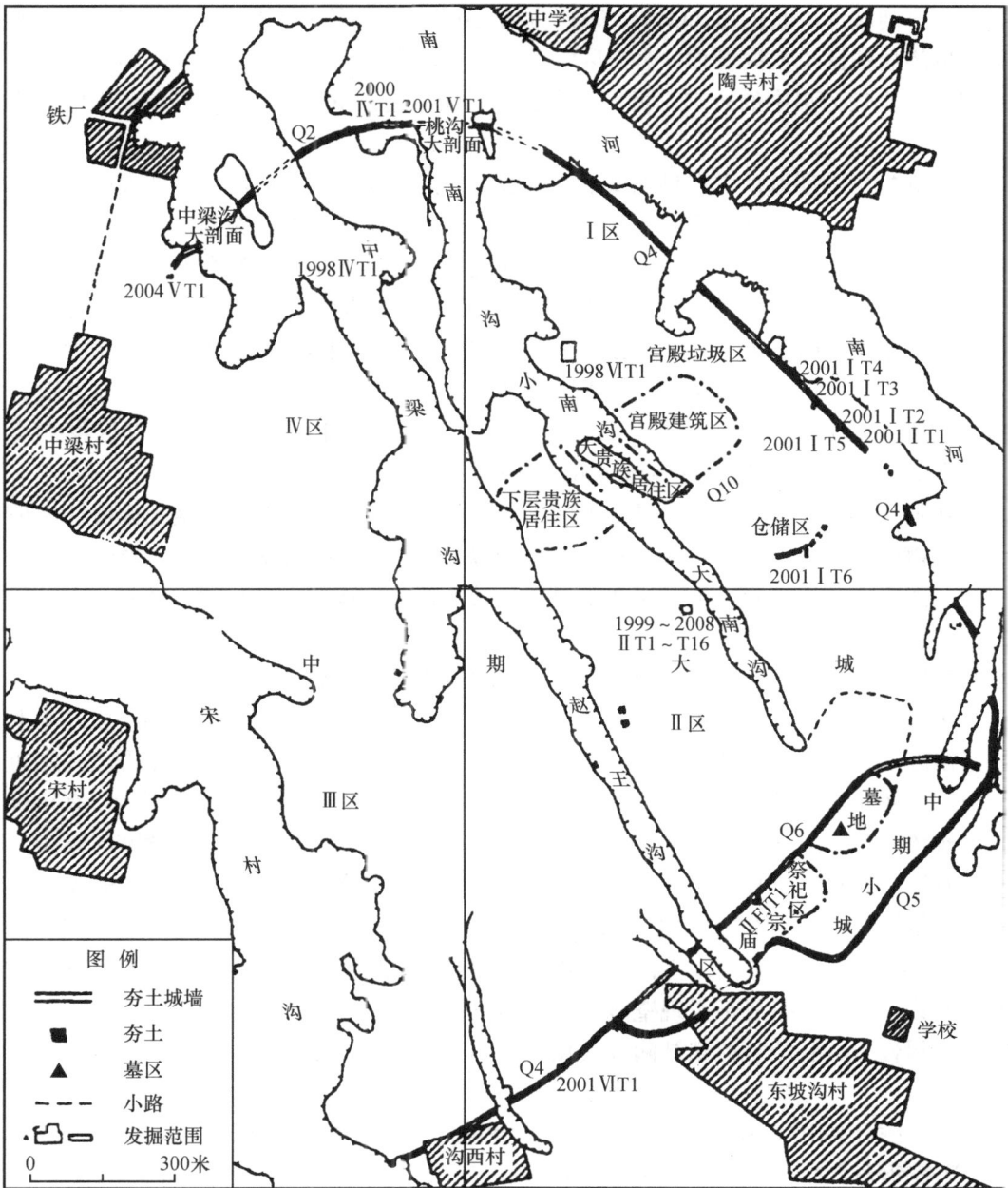

图五　陶寺城址平面图

壕沟。早期城址南北长约1000米，东西宽约560米，面积约56万平方米^①。在城内发现上层贵族居住区（发掘者称"宫殿区"）、下层贵族居住区、生活垃圾区等。在城外东南部发现较为集中的窖穴，可能是仓储区。城东南近600米处，是陶寺文化早期的墓地。

陶寺文化中期城址是在早期城址的基础上向南、向西扩大而成，中期大城南部又扩出一小城，形成大小两城相连的形式，总面积为280万平方米，是目前发现的黄河流域最大的史前城址。原早期"宫殿区"继续使用，已是处于大城的东部中间的显著位置，并发现有高规格的大型夯土建筑基址。已发掘的主体殿堂的台基达1万余平方米，台基夯土层中发现多处以人牲、玉器奠基的遗迹^②。这说明这一殿堂不但工程巨大，而且在构筑过程中进行过多次以人牲等进行隆重祭祀的仪式，是城中的最为重要宫殿，应是陶寺古城的权力中心所在。其西侧仍是一般贵族居住区。南部的仓储区继续使用。南部小城是专门用于埋葬和祭祀的特定区域。

小城中部是祭祀区，右边是墓地区，左边是宗庙区。中部发现的祭祀区被认为是集观象授时与祭祀为一体的多功能大型建筑遗址^③。该遗址已发掘部分为半圆形，由三道圆弧形夯土墙筑起上下三层夯土台基。最下部第一道夯土台基的边缘距圆心半径25米，台基正东筑有"品"字形三级台阶，东南角筑有角门。第二层台基的边缘距圆心半径22米，台基正东有一生土半月台，其方向正对第一级台基的正东"品"字形台阶。第三层台基的边缘距圆心半径12.25米，由夯土墙、夯土柱、生土台心组成。夯土柱紧挨夯土墙内侧，已发现11个，排列成圆弧状，距圆心半径10.5米。11个夯土柱之间形成20~30厘米的缝隙，各缝之间缝中心线夹角多为7.5°。发掘者根据周围遗留有碎石片的现象，认为夯土柱基础之上原来可能竖立有石柱。发掘者根据天文学家的建议，于台基圆心通过夯土柱缝进行了观日的模拟观测，从而推测此台基可能是"兼观天象授时与祭祀功能为一体的多功能建筑"^④。

在墓地区已发掘墓葬22座，其中M22规模巨大，随葬品丰富^⑤。此墓经过特殊的构筑和装饰，墓室四壁底部发现壁龛11个，均放置随葬品。在墓口内填土中发现一具被腰斩的男性人牲骨架。此墓被陶寺文化晚期偏早的扰坑打破，墓主骨骸被扰乱，扰坑

---

① 中国社会科学院考古研究所山西队、山西省考古研究所、临汾市文物局：《山西襄汾陶寺城址2002年发掘报告》，《考古学报》2005年第3期。

② 中国社会科学院考古研究所山西队、山西省考古研究所、临汾市文物局：《山西襄汾县陶寺城址发现陶寺文化中期大型夯土建筑基址》，《考古》2008年第3期。

③ 中国社会科学院考古研究所山西队、山西省考古研究所、临汾市文物局：《山西襄汾县陶寺城址祭祀区大型建筑基址2003年发掘简报》，《考古》2004年第7期。

④ 中国社会科学院考古研究所山西队、山西省考古研究所、临汾市文物局：《山西襄汾县陶寺城址祭祀区大型建筑基址2003年发掘简报》，《考古》2004年第7期。

⑤ 中国社会科学院考古研究所山西队、山西省考古研究所、临汾市文物局：《陶寺城址发现陶寺文化中期墓葬》，《考古》2003年第9期。

中有人骨残肢碎片及小的饰物，坑底还有被随意抛弃的人颅骨5个，此有可能也是该墓所用的人牲。从此墓的规模及用人牲情况看，墓主绝非一般贵族。这还可从随葬品来判断，此墓被扰乱后残余随葬品还有118件，有彩陶器、漆木器、石厨刀、骨镞以及10头猪骨等，还有多件玉器，其中玉钺5件，玉戚3件，玉琮、玉璧各1件，玉璜3组，兽面玉1组。有研究者认为，这类墓的墓主已经不是部落的首领，也不是酋邦的酋长，而是阶级社会里早期国家的最高统治者①。"此类墓墓主似乎同时拥有了军权、神权和族权，这类墓的墓主当为'王者'。"②

宗庙区的详细考古资料还没见报道，发掘者将此区域定位为宗庙区应有所据，肯定此处有大型宗庙建筑遗址。由此看来，此小城是专门用于埋葬和祭祀的特定区域，凸显神权之重要地位，同时也反映出，是古城的"王者"将神权、祖权给紧紧地掌握起来。

在陶寺古城周围数十千米范围内，有数十个大中小型聚落拱卫，它们都属于同一个文化体系，是以陶寺古城为中心分布的。这凸显了陶寺古城的重要地位，表明其是这一区域政治经济文化的中心。从社会学的角度来分析，这就形成了最初期的国家形态，陶寺古城内握有神权、祖权和军权的"王者"成为这个初期国家的最高统治者。

石家河古城位于江汉平原东部的天门县，是在8平方千米范围内分布30多处遗址群的中心部位建起的（图六）③。该城始建于屈家岭文化时期，沿用至石家河文化的中期，其年代约在公元前2600～前2000年。城址平面呈不规则的四边形，每边长1100～1200米，总面积120万平方米。城墙均是用夯土夯筑而成，现存墙段底部宽达50余米，有些地段的墙高尚存5～6米。紧靠城垣的外侧环绕一周沟壕，主要是人工开挖而成，局部也利用了自然冲沟加以连通。城壕周长4800米左右，一般宽80～100米。通过对城内外遗址的调查和发掘可以看出，一些遗址的布局、构成及所反映的功能有所不同。谭家岭遗址位于城内中央，面积约20万平方米，存在着屈家岭、石家河文化时期的大批平地起建的单间式或分间式的房屋遗迹，此应是居住区。用直径达40厘米的柱子构建的大型房子位于居住区的中心位置，此也可称为"宫殿"。城内西北部邓家湾遗址出土石家河文化时期的大量陶塑小动物二十余种和跪坐抱鱼的陶塑像，此可能为专业生产地。另外还发现屈家岭文化时期和石家河文化时期的用多节特异形陶筒形器或陶缸套接长达数米的遗存，这些特殊的遗存可能与原始宗教信仰有关，或为进行祭祀活动的场所。城内西南部三房湾遗址发现有石家河文化时期的房址，特别是集中出土了大量非日常实用的粗泥质红陶小杯，形制相近，制造粗糙，并成层堆积，数量之巨，以数十万计，此很可能是专用的宗教祭祀用具，此处也可能是一个经常性的宗

① 李学勤：《中国古代文明与国家形成研究》，云南人民出版社，1997年，第49页。
② 高江涛：《陶寺遗址聚落形态的初步考察》，《中原文物》2007年第3期。
③ 北京大学考古系、湖北省文物考古研究所、湖北省荆州地区博物馆石家河考古队：《石家河遗址调查报告》，《南方民族考古》（第五辑），四川科学技术出版社，1993年。

44.2

51.5

37.5

41.2

45.9

39.2

邓家湾

石
40.8
家
41.9
谭家岭

38.9
河

38.2

36.5
古

46.8
城

41.7

三房湾

41.8

38.8

35.2

石板冲

33.2

29.5

32.

40.2

36.5

39.5
土
城

31.2

35.9

35.8

36.6

34.3

34.2

东
30.5

35.2

金
38.9
岭
37.9

33.8

34.1

32.1

33.3　　杨家湾

罗家柏岭

30.2

31.9

河

33.3

肖
家
屋
脊
窑

31.3

天
京
公
路

石河镇

西

河

图　例	
▬	发掘探方
▬	城墙
≡	公路
⌒	水塘
≈	河流
◯	台地

0　　　　200米

图六　石家河城址平面图

教活动场所。城的西北角是一片墓地，墓葬的规模不大，随葬品也不丰富，应是普通居民的墓葬区。城外东南的肖家屋脊地点发现另一处墓地，一些规模较大的墓葬中随葬品达上百件之多。有的墓中出土玉器多达50余件，除一部分是装饰玉外，还有玉人头像、玉鹰、玉虎、玉蝉等，其中应蕴含着宗教信仰的内涵。可以看出，石家河古城也应是这一区域初期国家之都。

　　良渚古城位于浙江省杭州市余杭区瓶窑镇，平面略呈圆角长方形，正南北方向。古城东西长1500～1700米，南北长1800～1900米，总面积达290多万平方米（图七）[1]。城墙底部普遍铺垫石块作为基础，宽40～60米，石头基础以上用较纯净的黄土堆筑，部

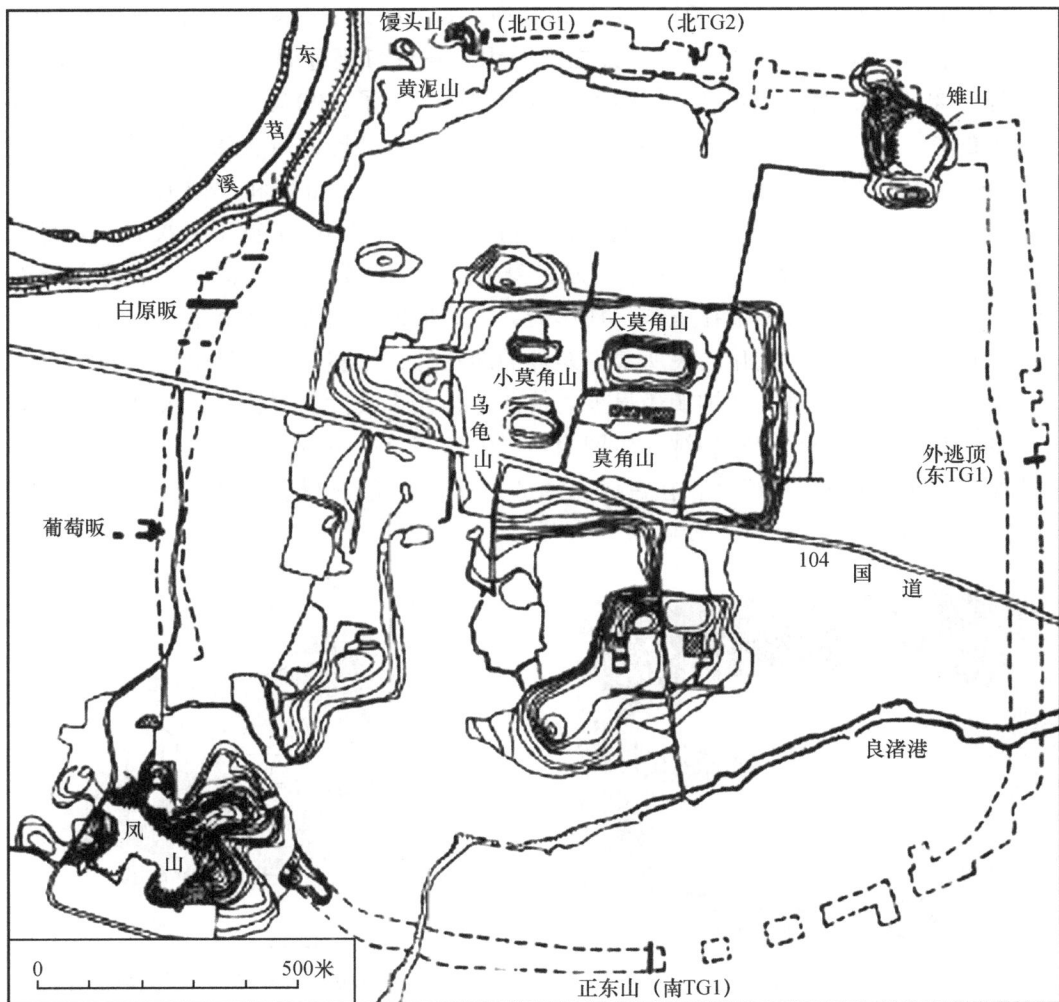

图七　良渚城址平面图

①　浙江省文物考古研究所：《杭州市余杭区良渚古城遗址2006～2007年的发掘》，《考古》2008年第7期。

分地段地表还残留4米多高的城墙。根据城墙外侧叠压的堆积中出土的陶片判断,良渚古城使用的下限不晚于良渚文化晚期。古城的中心是莫角山遗址,是一座人工筑成的长方形土台,东西长约670米,南北长约450米,高5～8米,面积约30万平方米。其上有大莫角山、小莫角山、乌龟山3个人工堆筑的土堆,呈三足鼎立之势。对大莫角山南侧的考古发掘证实,这是一处用大木柱、大木枋及数以万计的土坯构筑成的大型建筑群,其面积不少于3万平方米。据此推测,莫角山遗址上的大莫角山、小莫角山、乌龟山3个人工堆筑的土堆可能是祭坛,其侧的大型房屋很可能是用于祭祀、聚会等活动的礼制性建筑。

在莫角山遗址西北不足200米处是反山墓地,是一座人工堆筑的坟山,面积约3000平方米,高约6米[①]。在已发掘的三分之一面积内发现11座墓葬,随葬品以玉器为大宗,还有象牙器、漆器、石器、陶器等,仅玉器就出土了1100余件(组),其中有用于仪仗的斧、钺,有用于宗教法事的琮、璧等,有用于装饰的璜、珠、项饰、佩饰、手镯等。M12仅出土玉器就有647件之多,号称"琮王"的玉琮和"钺王"的玉钺就出在此墓。玉琮高8.8厘米,射口直径17.1～17.6厘米,重达6.5千克(图八),上面雕刻了8个神人兽面纹图案,神人头戴羽冠,身披皮甲,并戴一兽面护胸,显得十分威严神圣(图九)。这种图案在玉钺、柱形器、三叉形器、璜等玉礼器上也有雕刻。这说明,这一神像是良渚文化居民所集中崇拜的图腾神,是整个良渚社会统一的宗教信仰。有研究者认为,这类"神像最显著的特征是神人头戴大羽冠,这种大羽冠应即是古代的'皇',戴着大羽冠的神人应即为当时的皇王。……所以,良渚文化的神人徽像应是良渚人始祖的神像"[②]。在古代,钺是兵权的象征,也是王权的象征[③]。该墓出

图八　反山M12出土玉琮

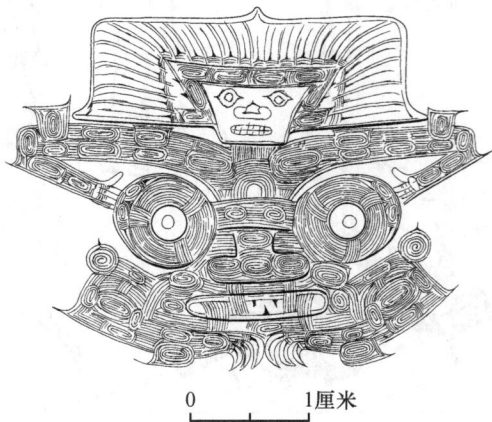

图九　反山M12出土玉琮上所刻神人徽像

----

① 浙江省文物考古研究所反山考古队:《浙江余杭反山良渚墓地发掘简报》,《文物》1988年第1期。

② 杜金鹏:《良渚神祇与祭坛》,《考古》1997年第2期。

③ 林沄:《说王》,《考古》1965年第6期。

土的"钺王"之上也刻有神徽图像，说明此兵权、王权也由神权来统帅。李伯谦先生指出："良渚文化中玉石钺大量而普遍的存在，表明当时凌驾于良渚社会之上的权力中枢中，军权、王权和神权是合为一体的，军权、王权已占有一定的地位，但权衡起来，神权仍高于王权和军权，余杭反山M12出土的玉钺上、瑶山M7出土玉钺柄端饰上也雕有神人兽面纹即可为证，它不仅说明在举行盛大祭典时要充当仪仗，即使在刑杀和征伐等活动时也要听命于神的指挥，而更为重要的，则是证明了能行使军权和王权的也正是能交接人神、沟通天地掌握祭祀大权的巫师本人，巫师既握有神权，也握有军权和王权。"[①]由此看来，反山墓地的墓主应是集神权、军权和王权于一身的"王者"，生前应是莫角山大型礼制性建筑的主人，也就是说，他是这座良渚古城的最高统治者。李伯谦先生进一步指出："良渚文化古国是神权、军权、王权相结合的以神权为主的神权国家。"

据调查，莫角山遗址西南约200米的桑树头遗址，曾出土过大型玉璧等物，可能也是一处贵族墓地。莫角山遗址东北约500米处的马金口遗址，有许多红烧土块和良渚文化的陶片，还曾出土过大木柱或横梁等建筑材料，应是一处重要的建筑遗址。莫角山遗址东南约500米处的钟家村遗址也发现过玉器和石筑墙基等，也是一处重要的遗址[②]。可以看出，这些遗址、墓地，均以莫角山礼制建筑群为中心，拱卫其周围，凸显莫角山礼制建筑群的神圣地位。

在良渚古城周围约40千米的范围内发现各类遗址百余处[③]，有瑶山、汇观山、卢村、子母墩等构筑规整的祭坛遗址，有构建复杂的卞家山码头遗址，有塘山芦村段、长坟、文家山等玉器、陶器与石器制作的手工业作坊遗址，有姚家墩、庙前等仅次于莫角山大型聚落而自成格局的聚落遗址，有瑶山、汇观山、卢村、文家山等数十处贵族墓地，在这些集中遗址之西北部有长4.3千米的塘山土垣防洪工程遗址。可以看出，这一地域良渚时期的各类遗址分布密集，规模宏大，分布有序，呈现出以良渚古城为中心的一个庞大聚落群体系。良渚古城应是这一地域最高统治集团的权力机构所在地，从考古学方面呈现出早期国家的政治组织形态。

约在公元前3000年前后，中国史前社会进入龙山时代，也即进入发生巨大变化的时代。由于社会生产力的发展，财富的分配逐渐失衡，社会成员开始出现等级的分化，各成员、各群体之间的利益冲突变得复杂而激烈。这就需要有一种权势来协调、处理这些复杂的矛盾，这种权势最初可能是氏族长或部落酋长，随着地域的扩张，部族的加盟，这种权势逐渐成为凌驾于各部族之上的专门权力组织，也可称之为某一地域初期国家机器的雏形。龙山文化时期，各大文化区比较普遍出现的城址，正是上述

① 李伯谦：《中国古代文明演进的两种模式——红山、良渚、仰韶大墓随葬玉器观察随想》，《文物》2009年第3期。

② 严文明：《良渚随笔》，《文物》1996年第3期。

③ 浙江省文物考古研究所：《余杭良渚遗址群调查简报》，《文物》2002年第10期。

社会发展的产物，各地的大中型古城应是各地区初期邦国机器的载体。

通过对史前城址的考察，可以总结出一系列史前古城文明的特质。

（1）古城是一定地域的政治经济文化中心。龙山时期各大中型古城的出现，标志着以地域为基础的政治经济文化中心的形成。目前发现的各大中型古城，其周围数十千米范围内都分布着比较密集的中小型聚落，它们是互有联系的统一集聚区域。从社会学的角度分析，古城肯定是这一地域居民的政治经济文化的中心。

（2）古城内有强势的权力机构。目前发现的大中型城址，均工程巨大，修筑这样的巨大工程，如果没有强势的权力机构来统一组织是不可能完成的。而城内那些精心规划、居于突出位置的巨大"宫殿"，即是这一权力机构所在之处。城内的布局已摆脱以血缘氏族组织原则规划的聚落形态，而是按功能、按等级进行规划。如良渚古城，莫角山巨大台基位于古城中央，上面建有大型宫殿及祭坛，应是最高的权力机构所居之地；与其紧邻的反山墓地出二有表示宗教权力的"琮王"和表示军事权力的"钺王"，其墓主应是此城的最高统治者；莫角山宫殿区周围分布有不同级别的贵族居住区和墓地。可以看出，此古城是专为这一权力机构而筑的。

（3）社会结构出现了等级分化。这一时期墓地可按规格区分成不同等级的墓地，墓葬的大小、随葬品的多寡也明显地呈现出不同等级。如陶寺墓地存在明显的金字塔式等级结构，专门的高级贵族墓地随葬品极其丰富，有带彩绘柄的玉钺、众多石镞、骨镞等，可能表示墓主生前是握有军权的人物；而随葬品中的鼍鼓、特磬、蟠龙陶盘、彩绘木案、彩绘木俎等礼器，应是墓主社会地位和特权的象征。有学者研究认为，陶寺文化时期社会的上、中层已普遍使用了礼器，并已形成按贵族的等级身份依次有序地成套使用礼器的制度[①]。绝大多数小墓，墓圹仅能容身，只随葬几件陶器或根本无随葬品，墓主应是社会中的平民阶层。这些现象反映出当时社会的等级分化已很明显，充分说明了社会的复杂化程度和文明化进程。良渚古城除了反山的可能是王者墓地外，瑶山、汇观山也是高级贵族的祭坛墓地[②]，瑶山的7号墓出土679件随葬品，其中玉器多达667件。这一切都反映了这是一个等级分明、结构严谨的社会。考古还发现，在一些大的建筑工程中出现了人祭现象。如仰韶文化晚期郑州西山古城址内房基下以幼童为奠基的牺牲[③]，河南登封三城岗城址发现人祭坑[④]，山东寿光边线王龙山城

① 高炜：《中原龙山文化葬制研究》，《中国考古学论丛》，科学出版社，1993年。

② 浙江省文物考古研究所：《瑶山》，文物出版社，2003年；浙江省文物考古研究所、余杭市文物管理委员会：《浙江余杭汇观山良渚文化祭坛与墓地发掘简报》，《文物》1997年第7期。

③ 国家文物局考古领队培训班：《郑州西山仰韶时代城址的发掘》，《文物》1999年第7期。

④ 河南省文物研究所、中国历史博物馆考古部：《登封王城岗与阳城》，文物出版社，1992年，第38~42页。

墙的基槽填土中也发现有完整的人骨架以及猪、狗骨架①，山西陶寺古城发现多处被处死的人的骨骼。这说明，最高统治者不仅拥有大量的财富，而且拥有剥夺他人生命的权力。种种现象都表明，此时期已经形成等级性的社会，极少数上层人物成为拥有各种特权的最高统治者。

（4）神权成为意识形态领域最为神圣的权威，也就成了王者用以治理初期国家的最为得力的手段。文献记载，原始社会早期，"民神杂糅"，"夫人作享，家为巫史"，因而"民匮于祀，而不知其福。烝享无度，民神同位。民渎齐盟，无有严威"。颛顼"乃命南正重司天以属神，命火正黎司地以属民，……是谓绝地天通"②。这就是说，自颛顼开始，将祭天礼地的祭祀权力集中在少数人手里。徐旭生将此文献解释得更清楚："人人祭神，家家有巫史，是原始社会末期，巫术流行时候的普通情形，……'天地'可以相通，在当日人的精神里面，是一种非常具体的事实，绝不只是一种抽象的观念。……帝颛顼出来，快刀斩乱麻，使少昊氏的大巫重为南正'司天以属神'。……说只有他同帝颛顼才管得天上的事情，把群神的命令汇集起来，传达下来，此外无论何巫全不得升天，妄传群神的命令。又使'火正黎司地以属民'，就是说使他管理地上的群巫，使他们好好地给万民治病和祈福。"并进一步指出，颛顼"把宗教的事业变成了限于少数人的事业"③。当社会发展出现国家，出现王者，这种祭祀权力便逐渐为王者所垄断。正如陈梦家指出的："由巫而史而为王者的行政官吏，王者自己虽为政治领袖，同时仍为群巫。"④这就实现了世俗王权与神权的紧密结合。新石器时代后期，各地古城纷纷出现，大中型城址中，祭祀性遗迹均处于重要位置，各大墓中以祭祀性遗物为大宗，所有这些重要的考古现象，正反映了王权的出现与神权的集中。各地的大中型古城，不仅是政治经济文化的中心，同时也是宗教信仰中心。这表明当时是一种神权与王权紧密结合且神权至上的社会形态。李伯谦先生将此时期出现的一些古国认定为"神权国家"⑤是有道理的。

---

① 张学海：《寿光县边线王龙山文化城堡遗址》，《中国考古学年鉴·1985》，文物出版社，1985年；佟佩华：《寿光县边线王龙山文化城堡遗址》，《中国考古学年鉴·1987》，文物出版社，1988年；杜在忠：《边线王龙山文化古城堡的发现及其意义》，《中国文物报》1988年7月15日第3版。

② 徐元诰撰，王树民、沈长云点校：《国语集解》，中华书局，2002年，第515页。

③ 徐旭生：《中国古史的传说时代》，文物出版社，1985年，第79~83页。

④ 陈梦家：《商代的神话与巫术》，《燕京学报》1936年第20期。

⑤ 李伯谦：《中国古代文明演进的两种模式——红山、良渚、仰韶大墓随葬玉器观察随想》，《文物》2009年第3期。

（三）夏商周都城所体现的礼制文明

文字资料强调了夏商周三代帝王对天神、地神、祖神行祭祀之礼的重要性，这也可从三代都城考古发现的祭祀遗址得以印证。

1. 二里头遗址的礼制文明

在豫西晋南地区考古发现的二里头文化是夏文化，在这一考古学文化中心地区发现的河南偃师二里头遗址被确认为夏后期都城遗址，这基本上已是学术界的共识。二里头遗址之所以能确定为夏都，是因为其除了时代合适、规模庞大、有宏伟的宫殿建筑群址外，还体现了中国古代都城所特有的礼制建筑规划和礼制文化。

二里头遗址的宫城为纵向方形，东西宽292～295米，南北长359～378米，是一座非常正规的宫城，外围是否有郭城目前还没有发现①。宫城内主要发现东、西两组宫殿遗址及宫城北部大规模祭祀遗址（图一〇）。1号宫殿基址坐落在宫城内西南部，略呈方形，长、宽各约100米，台基底座高出当时地表0.8米，是一座四周筑有廊庑的封闭式庭院。南部廊庑正中辟一大门，北部廊庑偏东处和东部廊庑偏北处各辟一小门。主殿址坐落在庭院的北部正中处，坐北朝南，台基东西长36米，南北宽25米，在殿基上发现两圈柱洞。在庭院内及主殿基边缘、廊庑边缘发掘出许多祭祀坑和墓葬。2号宫殿基址坐落在宫城内东部，其与南部的4号宫殿组成一组建筑。2号宫殿整体布局也是一座四周筑有廊庑的封闭式方形庭院，南北长约73米，东西宽约58米。南部廊庑正中辟一大门。主殿堂坐落在庭院北部正中处，坐北朝南，台基东西长约33米，南北宽约13米。在台基四周有一圈柱洞。台基中央用木骨泥墙筑成东西相连的三个大房间。在庭院中部有一烧土坑，主殿北部有一"大墓"。在2号宫殿基址的南部发现同时期的4号宫殿基址，与2号宫殿基址方向一致，建在南北同一中轴线上，也是由主殿、东西廊庑、庭院组成的方形建筑②。

关于西部1号主体宫殿的性质，学术界有不同的认识，有人认为是进行政治活动的场所，即朝堂或前朝后寝的施政宫殿③，有人认为是宗庙或庙寝合一的建筑④，还有人

---

① 中国社会科学院考古研究所二里头工作队：《河南偃师市二里头遗址宫城及宫殿区外围道路的勘察与发掘》，《考古》2004年第11期。

② 中国社会科学院考古研究所二里头工作队：《河南偃师市二里头遗址4号夯土基址发掘简报》，《考古》2004年第11期。

③ 杨鸿勋：《初论二里头宫室的复原问题》，《建筑考古学论文集》，文物出版社，1987年，第78页。

④ 北京大学历史系考古教研室商周组：《商周考古》，文物出版社，1979年，第27、28页；杜正胜：《古代社会与国家》，允晨文化实业股份有限公司，1992年，第759页，第五章第二节"宫室、礼制与伦理"。

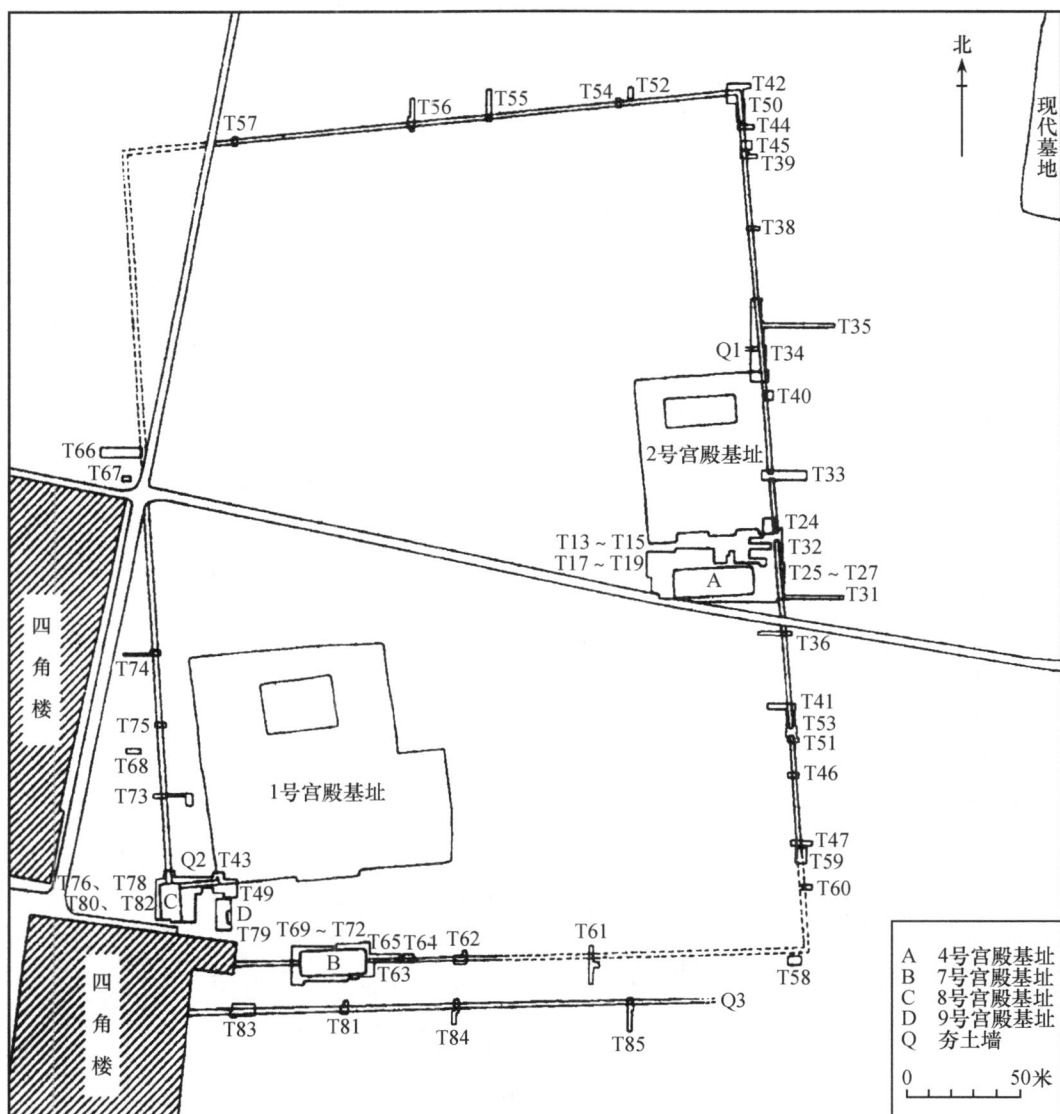

北

现代墓地

T57

T56 T55 T54 T52 T42
T50
T44
T45
T39

T38

T35
Q1 T34
T40

2号宫殿基址

T66 T67

T33

T13～T15 T24
T17～T19 T32
T25～T27
A
T31

T36

四角楼

T74

T41
T53
T51

T75
T68 T73

1号宫殿基址

T46

T47
T59
T60

Q2 T43

T76、T78 C
T80、T82 D
T49
T79 T69～T72 T65 T64 T62 T61

四角楼

B T63

T58

T83 T81 T84 T85 Q3

A	4号宫殿基址
B	7号宫殿基址
C	8号宫殿基址
D	9号宫殿基址
Q	夯土墙

0   50米

图一〇　二里头遗址宫城平面图

认为是夏社遗址①。1号宫殿基址除了设计规整、规模宏大外，在庭院内还发现与该遗址同时的许多墓葬和祭祀坑，这也是其最为显著的特征之一（图一一）。在庭院内发掘出6个"灰坑"（即祭祀坑）、8座墓葬和2个兽骨坑。这些"灰坑"中，多埋有被捆绑处死的人骨，有的还与兽骨埋在一起。所谓"墓葬"中，也是埋的被处死的人骨，死者多俯身，两臂曲折于背后，似被捆绑而处死。有的手、足、腿被砍断，呈跪姿埋

———————

① 杜金鹏：《二里头遗址宫殿建筑基址初步研究》，《考古学集刊》（第16集），科学出版社，2006年。

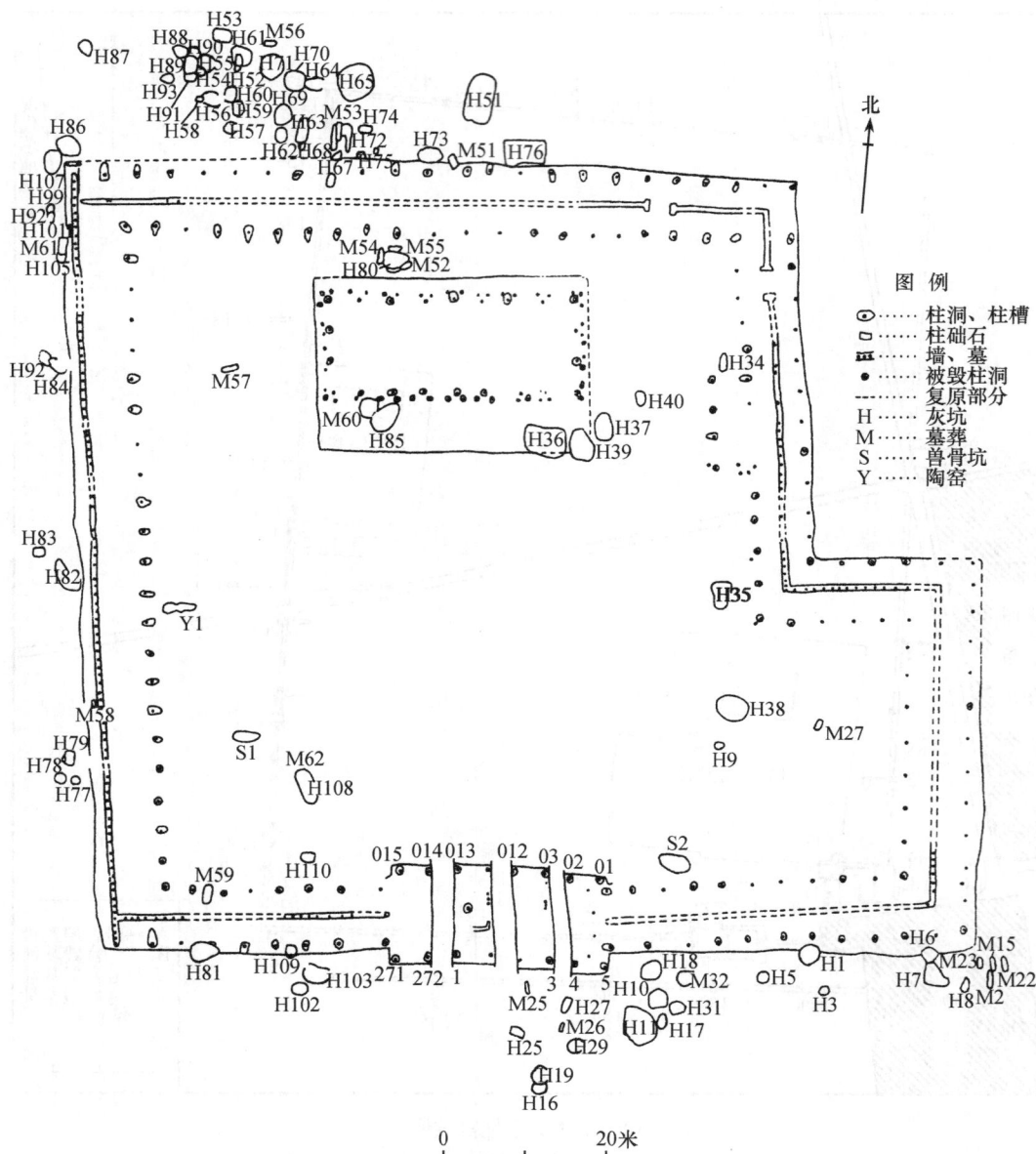

图一一　二里头遗址1号宫殿基址平面图

葬。比较特殊的是主殿后面的一大圆坑，上口直径2.25～3米，向下先增大又逐渐缩小，深至3.9米见地下水。在坑口四周边缘有3座墓葬和1座疑似墓葬的空坑。其中两座墓内死者似被捆绑状，头骨均面下。另一座中死者下肢作折跪状。上述庭院内的这些"灰坑"、"墓葬"及"兽骨坑"，杜金鹏先生认为均是祭祀遗迹，1号宫殿应当是一座举行祭祀活动的礼仪建筑。并根据《考工记》中"左祖右社"的记载，推测此坐落于宫城右方的1号宫殿基址是夏社遗址。

　　将此遗址推定为用于祭祀的礼制建筑是正确的，其也有可能是夏社遗址。社是专门祭祀地神之所，并且东周文献中也记载夏王朝有"社"的存在。前引《尚书·甘誓》曰："用命赏于祖，弗用命戮于社。"《尚书·汤誓》曰："汤既胜夏，欲迁其社。"汉代文献则记载自夏禹时开始有社祀，《史记·封禅书》曰："自禹兴而修社祀。"《淮南子·氾论训》载："禹劳天下，死而为社。"从人类早期的祭祀活动看，人们最早是从对地神、天神的祭祀开始的。地能生万物，被认为是地神主宰，所以要祭祀地；天有雷雨风雪之变化，被认为是天神所为，所以要祭天。祭社的目的很广泛，祈求风调雨顺、五谷丰登、征战得胜、辟除灾疫等，均祈祷于社，社祀具有很广泛的社会性。二里头遗址1号宫殿后部深3.9米还没到底的祭祀坑，可能就是为祭祀地神所设。社的形状是封土成坛，《管子·轻重戊》载，有虞氏"封土为社"。商代甲骨文有祭土的记录，祭土即祭社。《公羊传·僖公三十一年》载："诸侯祭土。"何休注："土为社也。"到后来，还在坛上或立石，或立木，或植树为社神。1号宫殿的主殿台基高于庭院地面10～20厘米，台基上没有发现隔墙遗迹，只发现四周的柱洞，这说明，这是一座上有大屋盖而四面通透的土坛建筑。此种形制与文献讲的社无屋盖有别，而似于有屋盖、四面无壁的堂。也有可能，在夏代祭祀建筑的专门分野还没有形成，凡国之大事，均在此进行祭祀，以祈祷于天地诸神，这正反映了其还为原始祭祀的一方面。其祭祀遗址四周用廊庑组成封闭式的庭院，这与原始社会众人参与的祭祀广场不同，进入此庭院参与祭祀天地诸神的只能是有一定地位的人。这正反映了祭祀权的集中，通过祭祀权的集中以加强行政权的权威。这大概也反映了早期国家产生的一个特点。

　　关于东部2号宫殿的性质，学术界也有不同的认识，或认为是宗庙[①]、陵寝[②]、夏社[③]者。从建筑结构和布局看，2号宫殿与1号宫殿最大的不同是，主殿基上筑有三间大房间，庭院内没有那么多的祭祀遗迹，庭院中央只有一个烧土坑，从其所处位置看，此也可能是祭祀遗迹（图一二）。主殿后面有一座所谓"大墓"，上口较大，东西长5.2～5.35米，南北宽4.25米，深6.1米，但底部较小，长1.85米，宽1.3米。在"大墓"内发现一具装于红漆木匣中的狗骨架，在填土中出土1件沾染朱砂和红漆的陶龙头，在盗洞中发现少量朱砂、漆皮和蚌饰片等。在坑口还出土1块卜骨。根据此种现象，又有报道此墓为"迁骨葬"或"衣冠葬"，墓中所葬是当时统治者的始祖或高祖（遗骸或其象征物）[④]。虽然此遗迹究竟属何性质还难以确定，但属于祭祀性的遗迹则可确定。

---

① 中国社会科学院考古研究所二里头队：《河南偃师二里头二号宫殿遗址》，《考古》1983年第3期。

② 张国硕：《夏商时代都城制度研究》，河南人民出版社，2001年，第173、174页。

③ 赵芝荃：《夏社与桐宫》，《考古与文物》2001年第4期。

④ 中国社会科学院考古研究所：《中国考古学·夏商卷》，中国社会科学出版社，2003年，第129页。

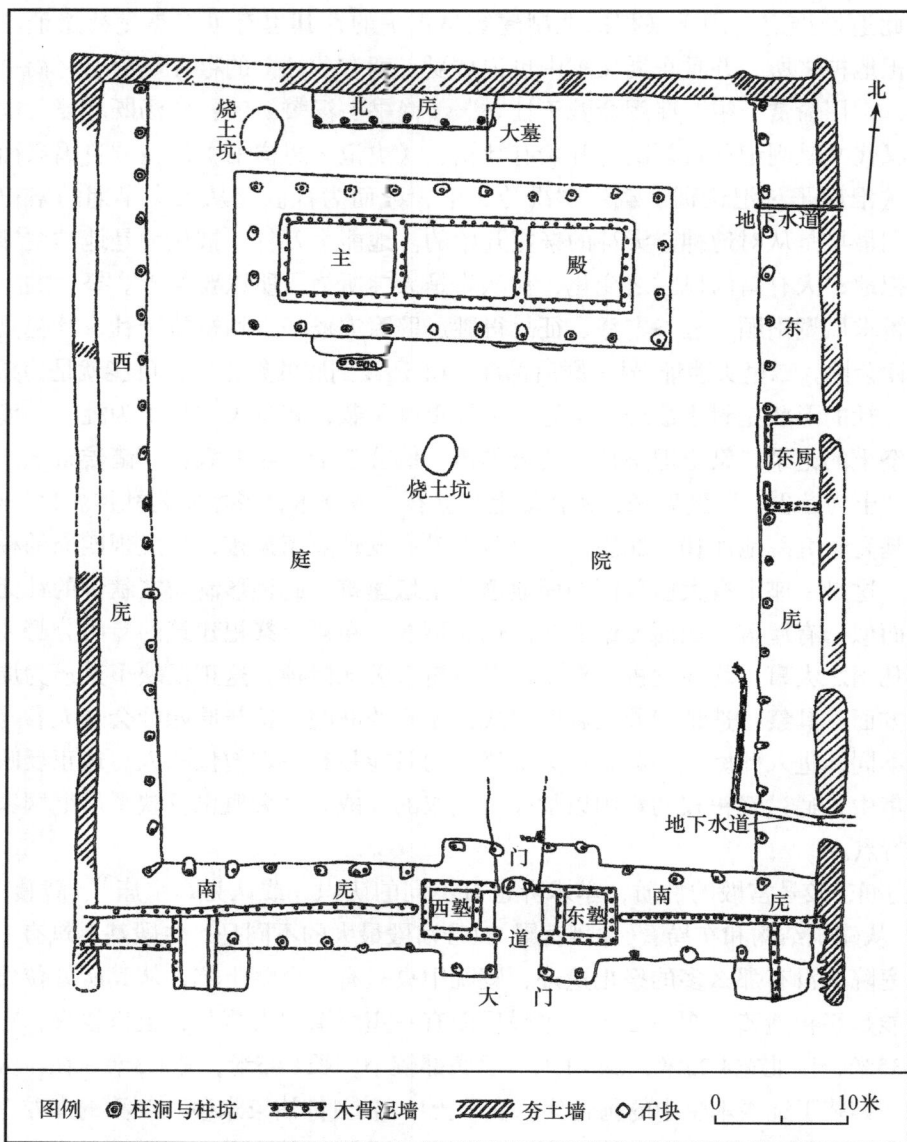

图一二　二里头遗址2号宫殿基址平面图

1号宫殿既然是用于祭祀天地诸神的，2号宫殿则可能是用于祭祀祖神的，因此，学者推定其为宗庙遗址则是可能的。4号宫殿在其南，向北的一面不设北围墙，而有通向2号宫殿的踏步，说明4号宫殿与2号宫殿是建在同一中轴线的统一建筑，也属庙的附属建筑。2号宫殿是祖神所在之处，4号就有可能是议政之所。此布局可能也反映了当时的意识形态和政权的组织形式：政权的巩固需要祖神的保佑，所以夏王在议政后，要到后面的庙中贞询祖神和祭祀祖神，以求护佑。

研究者多认为二里头宫城已形成"左祖右社"的布局，并依此推测，在宫城中部还可能有大型宫殿，即"朝"之所在。仅从1号宫殿和2号宫殿在宫城内的位置看，也可以说是"左祖右社"，同时也可印证文献所记"用命赏于祖，弗用命戮于社"的夏王施政制度。前引文献已表明，夏王的行政权力是在宗庙和社坛中通过神权进行的，宗庙和社坛的庭院即是"朝"，在此贞询天地神或祖先神来处理国之大事，真正独立的施政建筑"朝"还没有从宗庙、社坛建筑中独立出来。并且，经多年的考古调查与勘探发现，在中部区域也有一些建筑台基，但没见报道有类似于1号、2号规模的大型基址，而多见路土及广场①。此处有可能是类似于原始社会大型聚落中用于公共集会的广场。这说明，二里头宫城作为国家都城的雏形，处于由大型原始聚落发展到完整礼制都城布局的过渡阶段。

在宫城之北发现的东西两处祭祀区，东部遗迹的主要特征是凸出地表的圆形土坛。《礼记·祭法》云："天下有王，分地建国，置都立邑，设庙、祧、坛、墠而祭之。"郑玄注："封土曰坛，除地曰墠。"孔颖达疏："起土为坛，除地曰墠。"此应是祭坛。西部遗迹的主要特征是半地穴式的祭祀坑，此是否是"除地曰墠"的墠类祭祀遗址？以上东西两种祭祀遗迹，究竟是祭祀何神灵？据《礼记·祭义》云："郊之祭，大报天而主日，配以月。夏后氏祭其闇，殷人祭其阳，周人祭日以朝及闇。祭日于坛，祭月于坎，以别幽明，以制上下。祭日于东，祭月于西，以别外内，以端其位。"这两种一东一西的祭祀遗迹，可能如学者指出的，是与祭日祭月有关的遗迹②。

从上述分析可以看出，二里头宫城是以祭祀性建筑为主的格局，正反映了夏王朝是依靠神的权威来施政的国家统治形态。

2. 商代都城的礼制文明

据《史记·殷本纪》记载，自商先祖契至成汤凡八迁其都，大体范围在豫东、鲁西、冀南区域内。自商汤居亳至盘庚即位，又五迁其都：即仲丁即位，"自亳迁于嚣"；"河亶甲整即位，自嚣迁于相"；"祖乙胜即位，是为中宗，迁于庇"；"南庚更自庇迁于奄"；"盘庚自奄迁于殷"③。商王朝自灭夏立国后共有六都。从考古发现看，目前学术界较普遍认同的商都有四处，即郑州商城、偃师商城、洹北商城和殷墟。

郑州商城遗址位于今郑州市区，始建于商代前期，即二里冈下层文化时期。城址平面近方形，东西约1700米，南北约1870米，周长6960米，面积约300万平方米。在其南、西、北三面发现有外围的外城城墙和壕沟④（图一三）。城址内东北部分布有

① 许宏、陈国良、赵海涛：《二里头遗址聚落形态的初步考察》，《考古》2004年第11期。

② 中国社会科学院考古研究所：《中国考古学·夏商卷》，中国社会科学出版社，2003年，第129页。

③ 方诗铭、王修龄：《古本竹书纪年辑证》，上海古籍出版社，1981年，第26～29页。

④ 河南省文物考古研究所：《郑州商城——1953～1985年考古发掘报告》（上册），文物出版社，2001年。

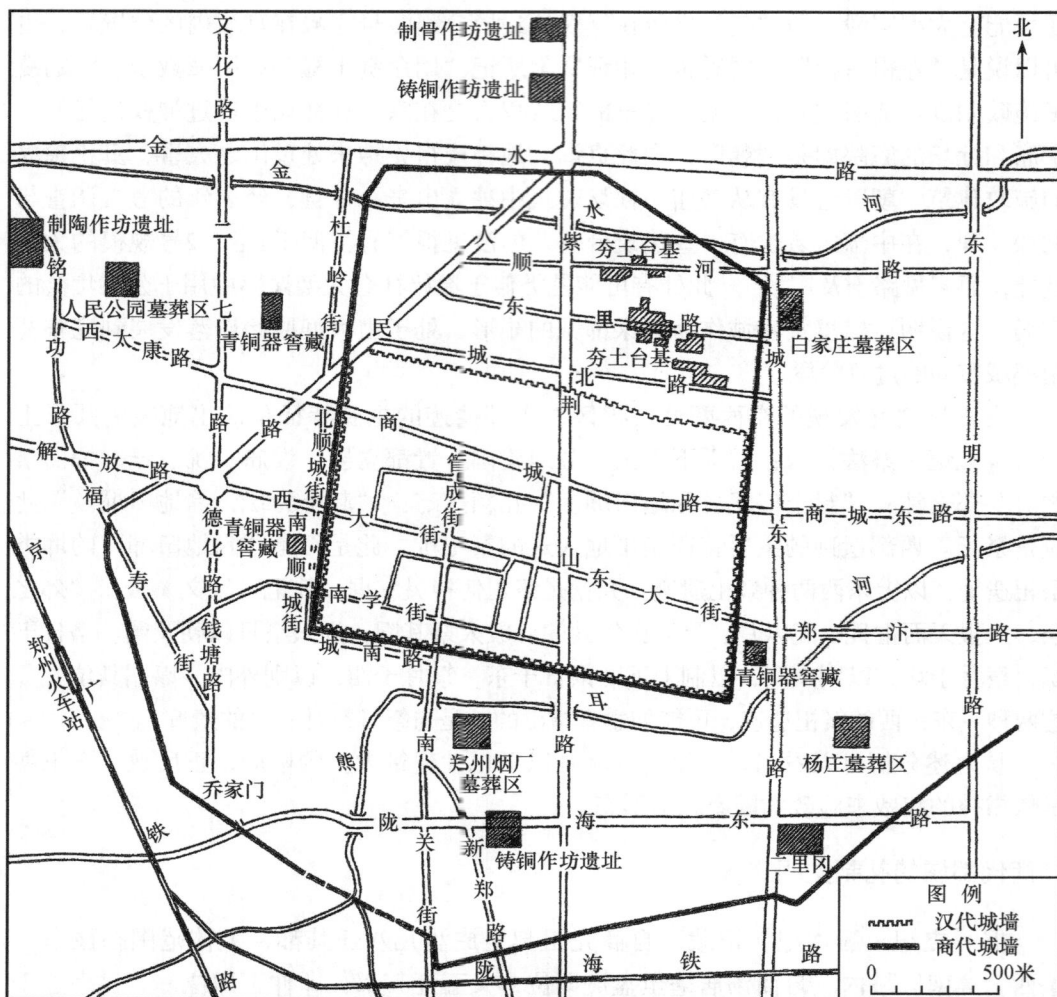

图一三　郑州商城平面图

密集的大型夯土建筑基址，应属于商王朝的大型宫殿区。在宫殿区的中部曾发掘过一条壕沟的局部，在发掘的长15米、宽2米的范围内发现近百个经切割、加工的人头盖骨杯。如此之多的人头杯出现在宫殿区内，说明其使用者不是一般平民，应是商王室贵族。在紧邻宫殿区的北部发现祭祀遗迹，在一平坦的高地上，发现埋石六块，其中三块埋在祭祀区中部，有一块最高，另三块埋在东南部附近。还发现烧土坑1个，烧土面一片，殉狗坑8个，殉人坑14座。这些殉狗、殉人坑，似乎是以埋石为中心而分布的。在此祭祀遗址的西部，靠近西城墙的一处高地上，也发现了一处祭祀遗址，目前只发掘了一个方形的祭祀坑，东西残长约2.6米，南北宽约2.3米，深约0.75米。坑内南、西、北壁有二层台，二层台四角各埋一只狗，东、西两边的狗狗头相对，说明这四只狗在坑内的位置是精心安排的。其南部约一百米处，还发现殉人坑。

郑州商城将祭祀性建筑与宫殿建筑有序地规划在一起，也表现出与夏都二里头遗址相似的信息，即政权、神权、祖权紧密结合的统治形态。尤其是宫殿区北部以石为主的祭祀遗址，研究者认为可能是"亳社"遗址，此也为郑州商城内出土的文字资料所证实。李维明对1953年在郑州二里冈遗址出土的牛肋骨刻辞重新进行研究，新发现"毛"字，整个释文则为："又毛土羊乙丑贞从受七月。""毛土"即"亳土"，也即"亳社"①。常玉芝进一步研究认为，这是上、下两辞，下辞为："乙丑贞：及孚。七月"；上辞为："□□〔贞〕：又毛土羊"。指出："郑州出土的牛肋骨上的两条刻辞，一条辞卜问'及孚'，即抓捕敌人作祭牲，一条辞卜问用羊侑祭亳社，很显然，抓捕人牲也是为了祭祀'毛土'即亳社的。"②此既证实商汤所居之亳即是郑地，同时也表明汤都亳城内设有亳社。《淮南子·齐俗训》载："殷人之礼，其社用石。"郑州商城宫殿区北部的以石为主的祭祀遗址正可谓"亳社"。祭社的礼仪活动殷墟甲骨文已有记录，卜辞中"土"即"社"字。"贞，勿黍年于畕土。"王国维释"畕土"为"邦社"③。陈梦家释"畕土为畕地之社"，正如"亳土即亳地之社"④。在殷墟卜辞中关于祭"土"即祭"社"的内容颇为丰富，说明商代祭社是一项经常的礼仪活动。商王之所以在都城内置社以祭，是认为"社者，土地之主，土地广博，不可遍敬，故封土以为社而祀之"⑤；"社者，土地之神也。土生万物，天下之所主也。尊重之，故自祭也"⑥。商人祭社，正反映了"礼之三本"中的地之所本。

20世纪80年代末，距郑州商城西北20千米的小双桥发现一处二里冈上层文化时期的遗址⑦，发现数座大型夯土台基和大小各异的祭祀坑等，有人牲祭祀坑、兽牲祭祀坑及人兽合祭坑等，还有只用人头的祭祀坑。人祭坑内的人牲少则1个，最多的达60余个。有的大型祭祀坑内分三层堆放大量牛头骨，较小的坑内也有牛骨、马骨、猪骨及其他遗物。出土有陶器、原始瓷器、石器、玉器、青铜建筑构件、铜礼器残片、卜骨、朱书陶文等。有学者认为此遗址是仲丁所迁之隞都⑧。另有学者认为，此遗址没有发现明显的居住生活迹象，看不出有大量人群长年在此居住过，表明小双桥遗址不是一座王都，只是一处商王室祭祀的场所⑨。此遗址与郑州商城只相隔20千米，在时间上

---

① 李维明：《郑州出土商代牛肋骨刻辞新识》，《中国文物报》2003年6月13日第7版。

② 常玉芝：《郑州出土的商代牛肋骨刻辞与社祀遗迹》，《中原文物》2007年第5期。

③ 王国维：《殷卜辞中所见先公先王考》，《王国维遗书·观堂集林卷九》，上海古籍书店，1983年。

④ 陈梦家：《殷墟卜辞综述》，中华书局，1988年，第584页。

⑤ （汉）应劭撰，王利器校注：《风俗通义校注》，中华书局，1981年，第354页。

⑥ （清）陈立撰，吴则虞点校：《白虎通疏证》，中华书局，2018年，第91页。

⑦ 河南省文物考古研究所、郑州大学文博学院考古系、南开大学历史系博物馆学专业：《1995年郑州小双桥遗址的发掘》，《华夏考古》1996年第3期。

⑧ 陈旭：《商代隞都探寻》，《郑州大学学报（哲学社会科学版）》1991年第5期。

⑨ 许俊平、李锋：《小双桥商代遗址性质探索》，《中原文物》1997年第3期。

又与郑州商城后期并存，很可能是为了适应商王朝大型祭祀活动的需要，在都城之外又新开辟的祭祀场地。这种新辟祭祀场地的现象，在偃师商城和殷墟也有类似的情况。

　　偃师商城位于二里头宫城之东6千米处的洛河北岸，是一座商代早期的城址。该城由宫城、郭城组成，宫城内发现多处祭祀遗址和宫殿建筑基址，研究者将其分为三期七段[①]。第一期宫城内的主要遗址分布是，西部的七号、九号（九号东部有一号附属建筑）、十号宫殿基址由南而北呈南北纵轴线排列，再往北是C祭祀区。东部是4号宫殿基址，再往北部偏西是B祭祀区。祭祀区之北是一人工水池（图一四）。祭祀区规模比

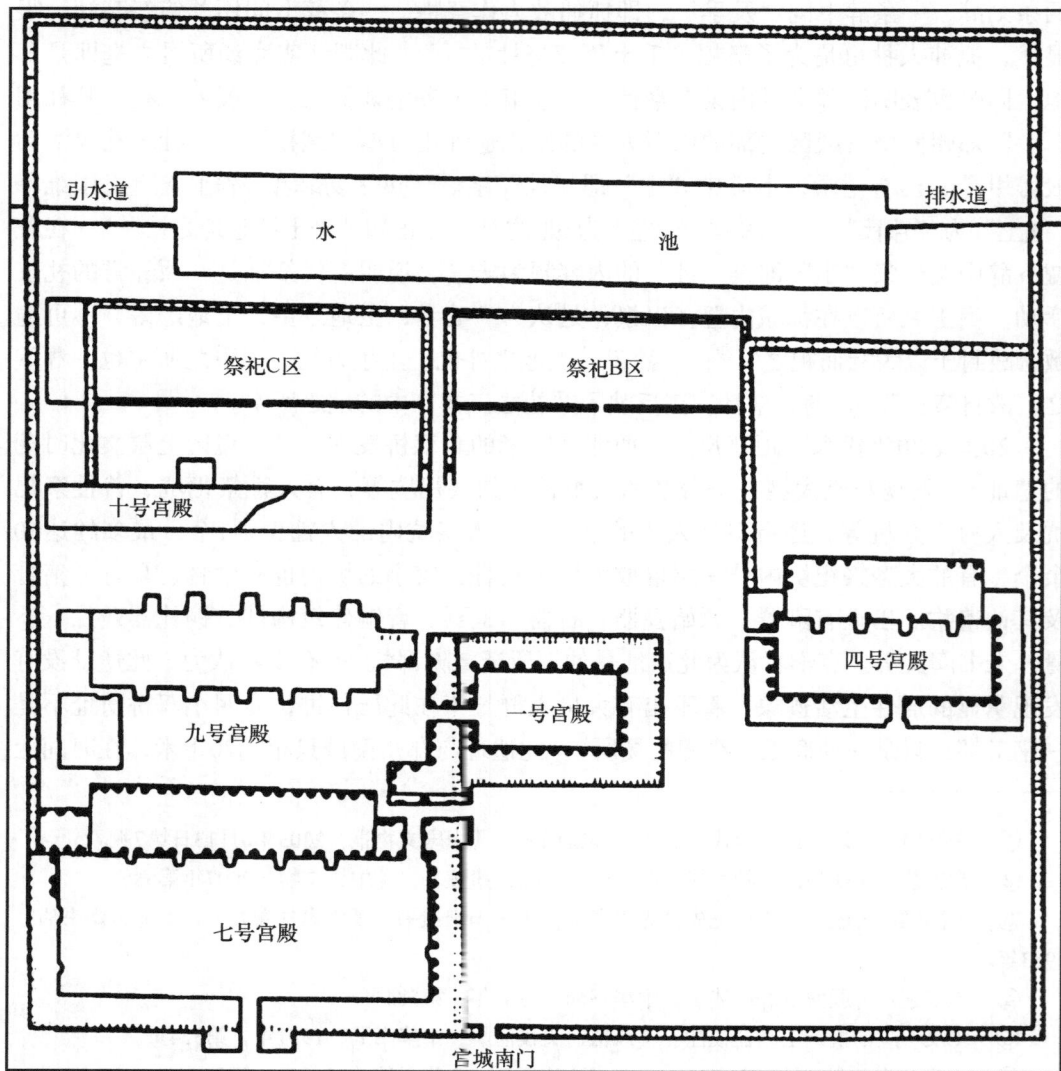

图一四　偃师商城第一期宫城平面图

①　中国社会科学院考古研究所编：《中国考古学·夏商卷》，中国社会科学出版社，2003年，第203页。

较大，位于宫城北部的大部区域，东西绵延达200米，主体部分由东往西可分A、B、C三个区域。A区的面积近800平方米，由若干"祭祀场"和祭祀坑组成。B区和C区是两处精心设计、规模庞大的"祭祀场"。B区总面积约1100平方米，C区总面积约1200平方米。两区的布局、形制和结构等方面基本一致，东西并列，平面形状为长方形，四周筑有夯土围墙，在南面夯土围墙中部辟有一门，围墙内分布有密集的祭祀沟和祭祀坑。用以祭祀的牺牲多是猪、牛、羊等，有的是被杀死，有的是活埋，有的是单独掩埋，有的是多个个体一起掩埋，有的牺牲还可能放置在漆案上。从使用时间看，B、C两区与整个城址相始终，A区开始使用的时间要晚。所以发掘者认为，B、C区经长期使用已经饱和，又开辟了新的A区祭祀场地①。宫殿遗址在第二、三期有所改建，第二期时，一号建筑废除，在九号基址之上新建二号宫殿，在十号基址之上新建八号宫殿，在四号之南新建六号宫殿。第三期时，在七号基址之上建三号宫殿，在六号基址之上建五号宫殿②。

研究者对于宫城内建筑的布局、功能及性质等进行了较详细的研究，认为："偃师商城宫城内的建筑，大体上分作东、西两区，对称布局。东区建筑大概主要属于宗庙建筑，其中四号宫殿可能分列是供奉祖先神主的庙堂、收藏祖先衣物的寝殿。六号宫殿建筑结构与一号宫殿几乎完全相同，性质当属于庖厨。西区建筑主要是举行国事活动、处理政务的场所，即所谓'朝'，主要包括二号宫殿、三号宫殿、七号宫殿和九号宫殿等。朝堂后面的八号和十号宫殿等则是'寝'，为商王及其王后嫔妃居住之所。"并认为："七号和三号宫殿，是先后建造的'外朝'，而九号宫殿、二号宫殿则为'内朝'的早期建筑和晚期建筑。"③也有研究者认为，宫城的中间位置有主体宫殿，东组为宗庙，西组为社稷，呈朝政之殿居中、左祖右社的布局④。究竟宫城内的这些建筑属何性质，还可从商代的思想观念来分析。

夏、商、周三族群均是由原始部落联盟进入最初国家文明的，强势的政权还不十分牢固，往往沿袭先前的思维逻辑和运转模式，依靠天帝诸神、祖先神来运转和维护政权，所以将神权和祖权奉为最高权力。文献对此也有记载。《尚书·汤誓》载："有夏多罪，天命殛之。……予畏上帝，不敢不正。……尔尚辅予一人致天之罚。"此是记载商汤遵照天命伐夏桀。《论语·尧曰》："予小子履，敢用玄牡，敢昭告于皇皇后帝。"何晏《集解》："孔曰：履，殷汤名。此伐桀告天之文。殷家尚白，未变夏礼，故用玄牡。皇，大；后，君也。大，大君；帝，谓天帝也。《墨子》引《汤誓》，其辞若此。"《墨子·兼爱下》："汤曰：'惟予小子履，敢用玄牡，告于上

① 中国社会科学院考古研究所：《河南偃师商城商代早期王室祭祀遗址》，《考古》2002年第7期。

② 王学荣、谷飞：《偃师商城宫城布局与变迁研究》，《中国历史文物》2006年第6期。

③ 王学荣、谷飞：《偃师商城宫城布局与变迁研究》，《中国历史文物》2006年第6期。

④ 杨鸿勋：《宫殿考古通论》，紫禁城出版社，2001年，第45~49页。

天后。'"商汤在伐夏桀前进行誓师，用玄牡祭天，遵照天命旨意伐夏桀。商王凡事都要祭告于天。《尚书·盘庚》："先王有服，恪谨天命。"当然，这些记载均是后期文献的追述，但前文已阐述，商代的甲骨文如实地记录了商王的祭祀活动，凡国之诸事，均要祭告于天神或祖先，可证明传世文献所记载的商王祭天、祭祖之礼是存在的。郭沫若曾指出："殷人之所以要卜，是嫌自己的力量微薄不能判定一件行事的吉凶，要仰求比自己更伟大的一种力量来做顾问。"[1]这就要凡事必卜，祭告于天神或祖神，遵照天命、祖命行事。如根据商代的这种思想观念来分析偃师宫城的功用，可能会更确切。研究者已指出："宫城最初确立的布局始终也未被突破，这一定程度上也说明肇始于第一期的城址布局制度和严格的宫室制度始终得以遵从。"[2]因此，我们可以从第一期的宫殿布局来分析其性质。从已发现的第一期遗迹现象来看，北部的祭祀场是最早建成使用的，并且规模庞大，一直使用到商城废弃之时，表明此祭祀场是该宫城最为主要的组成部分。祭祀场的B、C两区东西并列，其门向南。"祭祀C区东、西两侧的围墙皆往南延伸，与第十号宫殿建筑相连，从而在其南部形成宽阔的封闭性比较强的广场"；祭祀B区"从其东、西两侧也有往南延伸的夯土围墙判断，祭祀B区南部也应是相对封闭的广场"[3]。另有研究者指出，既然祭祀C区南部与十号建筑形成封闭性的广场，那么就应当有进入这个广场的门，认为十号建筑北缘处的31号方形基址"很可能是十号基址的组成部分，也许与进入祭祀C区有关"[4]。也就是说，十号建筑中部应有进入广场的门，不然就无法进入此广场及祭祀C区。祭祀B区也应是这样的布局。由此看来，祭祀场地之所以分为东、西两区，应当与其南部的东、西两区建筑是对应的。根据商代的思想观念，国之大事，均要先贞问天帝诸神和祖先神，所以在建国营都时，必须先筑祭祀天帝诸神庙和祖先庙[5]。那么，东区的四号宫殿就有可能是研究者多认可的祖先宗庙。四号建筑的庭院除有南门外，其西侧还有一侧门，正好与祭祀B区的广场南门就近，在宗庙中进行占卜，贞问祖先神，然后到后部祭祀B区进行对祖先的祭祀。而西区的七号、九号大殿可能是天帝诸神庙。七号宫殿南部设有五个台阶，九号宫殿的南、北均设有五个台阶，其北部五个台阶直接面向祭祀C区。两宫殿的南部是由廊庑围成宽阔的庭院，北廊庑东端都设有通往北部的通道，此有可能是专为通往祭祀C区而设。可以看出，七号宫殿、九号宫殿与祭祀C区应当是统一规划的整

---

[1]　郭沫若：《先秦天道观之进展》，《郭沫若全集历史编1·中国古代社会研究·青铜时代》，人民出版社，1982年。

[2]　王学荣：《偃师商城第一期文化研究》，《三代考古》（二），科学出版社，2006年。

[3]　王学荣、谷飞：《偃师商城宫城布局与变迁研究》，《中国历史文物》2006年第6期。

[4]　刘绪：《夏末商初都邑分析之一——二里头遗址与偃师商城遗存比较》，《中国国家博物馆馆刊》2013年第9期。

[5]　《墨子·明鬼下》："昔者虞夏商周三代之圣王，其始建国营都日，必择国之正坛，置以为宗庙，必择木之修茂者，立以为丛社。"

体。研究者推定西区建筑主要是举行国事活动、处理政务的场所"朝",但这时所谓的"朝"是指庙中的庭院,宫殿中有可能供奉的是天帝诸神,在庙中庭院进行占卜、贞问天帝诸神,然后到后部对应的C祭祀区进行对天帝诸神的祭祀。因此,七号、九号宫殿更可能是天帝诸神之庙。

殷墟卜辞载:"贞咸宾于帝。贞咸不宾于帝。……贞大甲宾于帝。贞大甲不宾于帝。贞下乙宾于帝。贞下乙不宾于帝。"(《合集》1402)《汉书·律历志》引《世经》曰:"《伊训》篇曰:'惟太甲元年十有二月乙丑朔,伊尹祀于先王,诞资有牧方明。'言虽有成汤、太丁、外丙之服,以冬至越茀祀先王于方明以配上帝。"这是甲骨文及文献明确记载商代实行以先王配祀上帝的祭祀制度,将上帝和先王奉为最高权威,凡国之大事均要贞问上帝和先王。从形式上看,这是进行占卜、贞问、祭祀活动,实际上也是施政活动,是王权通过神权和祖权进行其权力的运转。这正反映了初期的国家文明中,政权与神权、祖权紧密结合的组织形式,还保留着国家产生之前的部落联盟或酋邦社会的遗风。

洹北商城是20世纪90年代末发现的一座城址,基本可以确定,这是一座晚于偃师商城而早于安阳殷墟的商代中期都城,即盘庚始建之殷都[①]。此城位于安阳殷墟洹水以北,故名"洹北商城"(图一五)。城的形制呈方形,南北长约2200米,东西长约2150米,面积约470万平方米,仅次于郑州商城,是偃师商城的两倍多。宫殿区位于洹北商城南北中轴线南段,发现1、2号建筑基址南北纵列。1号建筑的整个平面布局呈

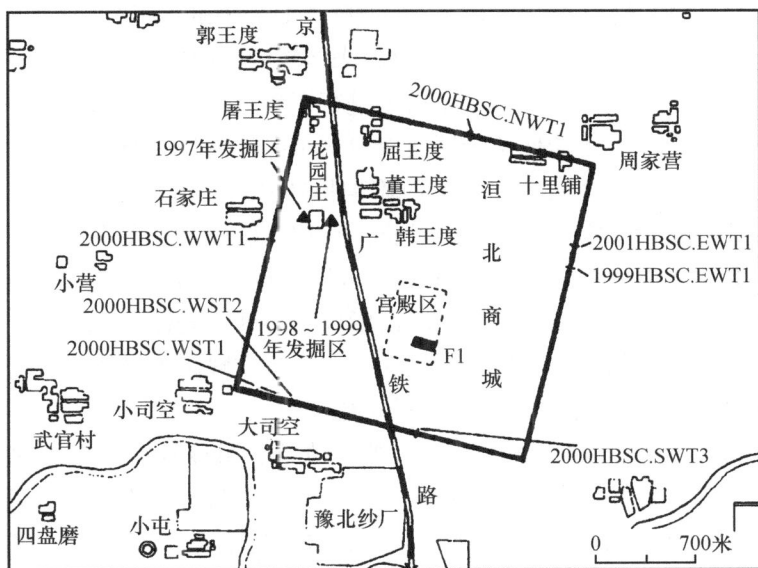

图一五　洹北商城平面图

① 中国社会科学院考古研究所安阳工作队:《河南安阳市洹北商城的勘察与试掘》《河南省安阳市洹北商城宫殿区1号基址发掘简报》,《考古》2003年第5期;杜金鹏:《洹北商城一号宫殿基址初步研究》,《文物》2004年第5期。

"四合院式"，东西长约173米，南北宽约90米，总面积达16000平方米。1号基址的中、西部已经发掘，据发掘资料及钻探勘查资料可知，此建筑的主殿坐北朝南，东、西侧设有两厢建筑，南面筑有廊庑，中部形成宽阔的庭院，主殿正对的南廊庑中部辟二门，门侧筑有门塾。在主殿址、西厢、门塾处发现祭祀遗迹40余处，祭祀用牲多人、羊、狗等。这些祭祀坑多被当时的活动面所叠压，因此，这些祭祀坑应是宫殿建筑过程中或落成时举行的祭祀仪式形成的。前引述甲骨文中多有建造房屋要祭告于神的卜辞，为了作邑、建房，商王反复贞问天帝，请求天神的同意。所以，1号建筑基址中的这些祭祀坑，应当是在占卜贞问上帝时进行祭祀之礼所形成的。

学者根据1号基址的形制特点并与偃师商城同类建筑进行比较认为，此基址可能是宗庙遗址，这一推测是可信的[①]。除洹北商城的1、2号基址与偃师商城的5、4号基址所处的位置、布局形制及结构几乎相同外，洹北商城1、2号基址之北约160米处有一大型灰坑，南北长12米，东西长度还不清楚，坑内发现成堆的牛骨及陶器。从此坑所处的位置看，与偃师商城建筑基址之北的B、C区祭祀坑相若，此坑也可能是祭祀坑，与前面的1号宗庙建筑有关。1号宗庙用于占卜，诸事贞问先祖，然后到后部的祭祀场地进行祭祀。洹北商城可能与偃师商城的宫庙布局相似，在1号基址之西还应有与之规模相当的建筑，即天帝诸神之庙。两座东西并列的庞大建筑，既可称为庙，也可称为朝，因国之大事均要在庙中贞问天神和祖先，庙既是贞问祭祀之所，又是治事之所。甲骨文中多有商王在"大室"中进行占卜、贞问的记录。陈梦家指出，"室为庙中之一部分"，"除小室外都是祭祀所在的宗室，大室则以兼为治事之所"[②]。如此，洹北商城的庙、朝合一，同样反映了商时期政权靠神权来运转的政治模式。

从20世纪30年代开始，对河南安阳殷墟进行了考古发掘，目前已基本勘清了殷墟各类遗迹的分布情况。主体遗址位于洹河南岸的小屯村一带，至今没有发现城墙，只是在宫殿区的西、南两面发现有壕沟，西壕沟长1050米，南壕沟长650米；北、东两面邻洹水，这应当是代替宫城墙的防御设施。在这一区域内已发现建筑基址近60处。几批重要的甲骨文主要发现在宫殿区内。从殷墟遗址的布局看，不像郑州商城、偃师商城及洹北商城那样规整，但宫殿区以壕沟围成中心区，居住、手工业作坊区分布四周，这些也体现了以王权为中心的设计理念。尤其是宫殿区大量祭祀坑的发现，更反映了商代浓厚的祭祀礼制文化和尊神敬祖的思想意识。

殷墟甲骨文卜辞所记载的殷人祭祀天神、地神、祖神等礼制文化内容，在殷墟考古中得到了证实。殷墟宫殿区的建筑基址自北向南分为甲、乙、丙三组，石璋如推定，甲组为宫室遗址，乙组为宗庙遗址，丙组为祭坛遗址（图一六）[③]。乙组建筑基址

① 杜金鹏：《洹北商城一号宫殿基址初步研究》，《文物》2004年第5期。

② 陈梦家：《殷墟卜辞综述》，中华书局，1988年，第471、477页。

③ 石璋如：《小屯第一本遗址的发现与发掘·乙编·殷墟建筑遗存》，"中央研究院"历史语言研究所出版，1959年。

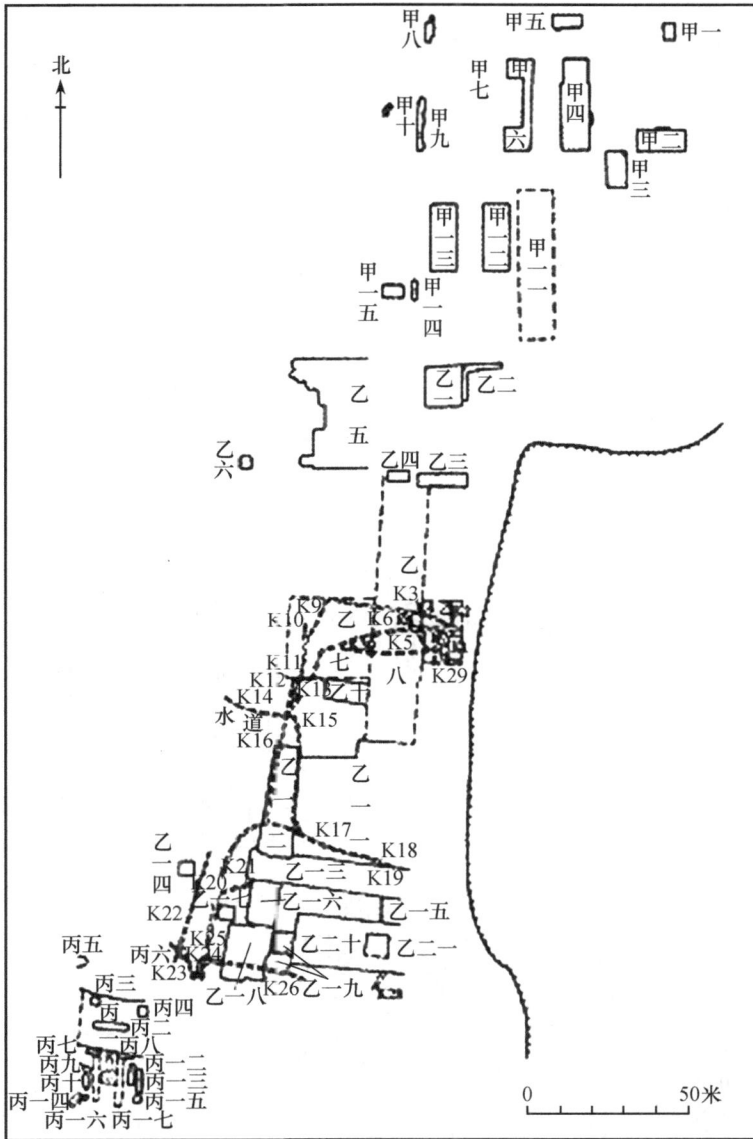

图一六　安阳殷墟宗庙宫殿区甲、乙、丙三组基址位置图

规模庞大，在乙七、乙八建筑基址周围有成行密集排列的祭祀坑，所用牺牲为大量的马、羊、狗及人等，此建筑基址应为商王祭祖的宗庙遗址（图一七）。在乙组建筑基址以南，又发现了大型建筑基址，与乙组建筑基址是有密切关系的。其中1号房是主要建筑，南边至少有6处门道，门道两侧有排列规则的祭祀坑，坑内多数埋人骨架3具，其中各有1具跪状人骨架。从房"内无隔墙、无居住痕迹、门外有祭祀坑等现象分析，

北

乙 七 基 址

M149
M104 M101
M124 M139 M186
M137 M138
M
M167

M230 M229 M96
M94 M168
M106 M140
M141 M105

M42 M43
M51 M52 M53
北 M54 M55
组

M123 M83
M122 M91
M144 M121
M120 M129
M90
M71
M86 M70

M38
M27 M26
M23 M25
M20 M24
M22

M49 M148

M89 M35
M45 M30
M40
M31
M223

M182

M202
M188 M129
M191
M208 M235 M238
M204 M205 M239 M242

M152 M30
M176 M125 M69 M85 M68 M165
M79 M177
M153 M126 M72 4:M9 M218
M161 M64
M154 M81 M
M155 M119 M80 166
M156 M157 M264
M158 M184 M84 M78 M269
M169 M91
M164 M82 M77 M259
M159 M80 M17 M76 M260
M170 M115 M293 M274
M162 M180 M114 M294 M281
M163 M185 M146 M295 M276
M173 M109 M283
M181 M172 M285 M282
M225 M145 M292
M234 M237 M336 M35

中
组

图	例
安门墓	置础墓
奠基墓	复原墓
瘗墓	附璧墓
车坑	附器墓
跪葬	附铃葬
童葬	附蚌葬
马坑	骨红葬
羊坑	

0   10米

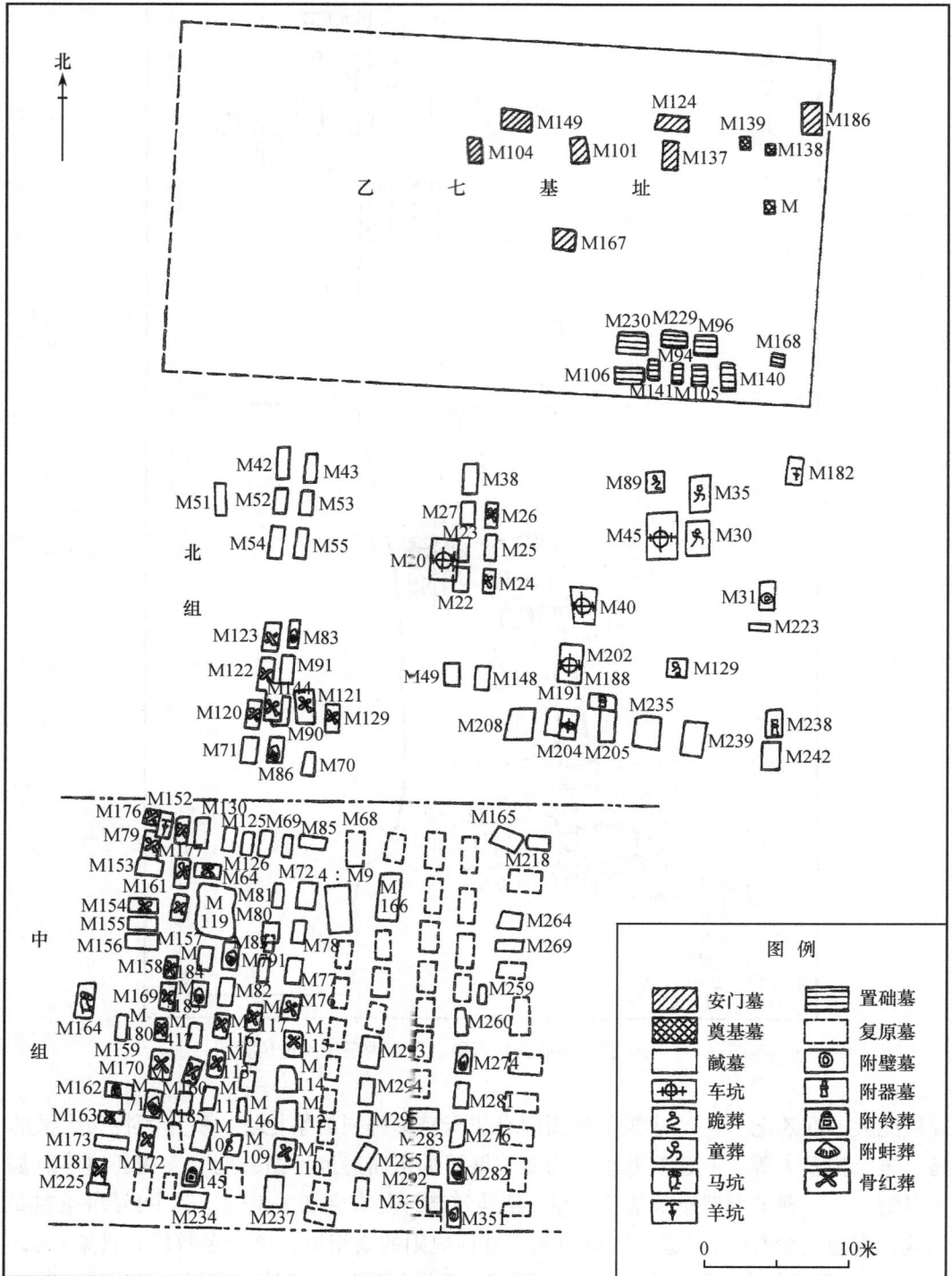

图一七　安阳殷墟乙组宗庙基址平面图

这座基址大概是用于祭祀的宗庙性建筑"[1]。在乙组建筑西南部的丙组建筑，石璋如推测为祭坛遗址。丙一是一个大的祭台，祭台之上又有三个祭坛，分别是丙二、丙三、丙四，在祭坛周围分布众多祭祀坑，有的埋人，有的埋羊、狗等（图一八）。另有研究者认为，丙组建筑遗址应是殷社遗址，丙三、丙四是东西并列的方坛，其上没有柱洞及墙基，应是社坛，即受祭之祎主所在之处。丙二是长方形土台，上面有成排的木柱，但没有墙的遗迹，上面可能只有顶棚，研究者认为此台基是祭台，即祭祀者在此进行祭祀。有学者认为殷墟的宫庙建筑的布局是按"前朝后寝""左祖右社"来设计的，甲组建筑是后寝，乙组建筑是前朝，丙组建筑是社坛，新发现的位于乙组建筑右前方的建筑遗址是宗庙。这样正是"前朝后寝""左祖右社"之布局[2]。

殷墟宫殿建筑是否是"前朝后寝""左祖右社"之布局，还有待进一步研究。

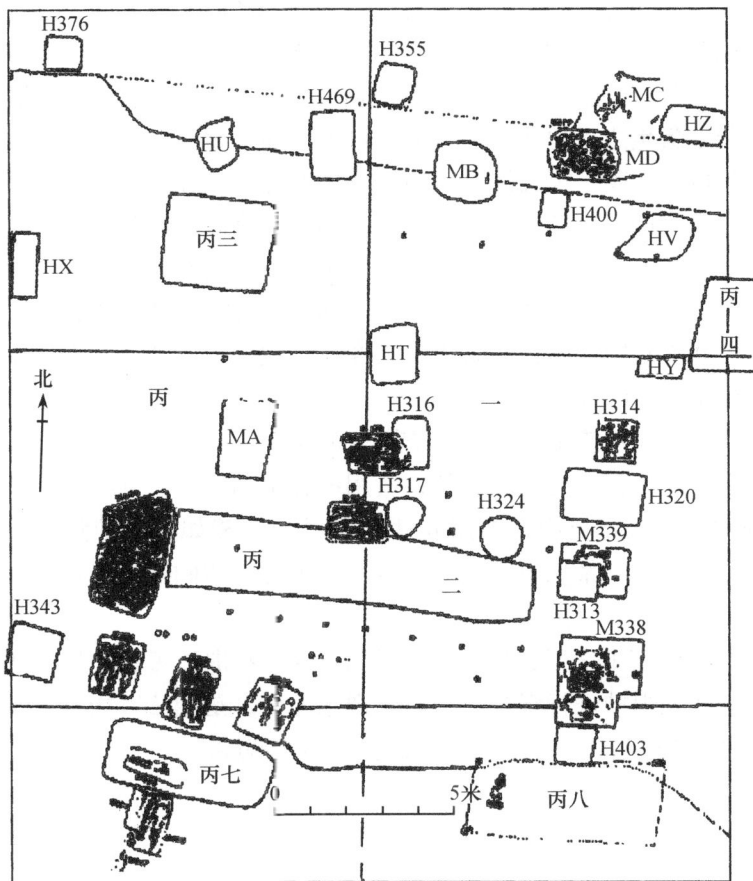

图一八　安阳殷墟丙组祭坛基址平面图

① 中国社会科学院考古研究所安阳工作队：《河南安阳殷墟大型建筑基址的发掘》，《考古》2001年第5期。

② 杜金鹏：《殷墟宫殿区建筑基址研究》，科学出版社，2010年。

殷墟甲骨文中有关建筑的名称有"宫""室""庭""寝"等；专门的祭祀建筑名有"宗""必""□""亡"，是指宗庙建筑；"土"，是指社祀建筑。但甲骨文中没有发现名"朝"的建筑名，也没发现有用以表示"朝政"建筑的专用名。据甲骨文所记，商王的一些祭祀礼仪活动多是在宗庙等礼制建筑的庭院中进行。如："贞，惠多子餗于庭"（《合集》27647）；"王其餗于庭"（《屯南》2276）[1]；"甲午卜，王其侑祖乙，王餗于庭"（《屯南》2470）。于省吾先生指出，"庭"即为宗庙太室之中庭[2]。实际上，甲骨文中的"庭'即"朝"，是指祭祀建筑前的庭院。《说文》云："廷，朝中也。"《周礼·夏官·太仆》郑玄注："燕朝，朝于路寝之庭。"许慎、郑玄均将宫殿建筑前的"庭"解释为"朝"，当有所据。清戴震对此解释得更清楚："凡朝君，臣咸立于庭，朝有门而不屋，故雨沾衣失容，则辍朝。"[3]焦循《群经宫室图》亦云："凡朝皆廷也，其堂为路寝，其廷为燕朝。"陈梦家认为："古文字'庙'从朝，朝廷之朝当源自大庙朝见群臣。"[4]《说文·广部》："庙，尊先祖貌也。从广，朝声。"《白虎通·阙文·宗庙》："庙者，貌也。象先祖之尊貌也。所以有室何？所以象生之居也。"甲骨文中没有"庙"字，"庙"字始出现于西周金文。从字形上分析，"朝"上盖屋为"庙"，说明即使是在西周时期，依然是"朝有门而不屋"，"朝"即是庭院，凡国之大事，均是在庭院中祭告屋中神主。商代也应如此，甲骨文中"宗""必""□""亡"是神主所在的有屋建筑，"庭"是这些神主建筑前的庭院，在此祭告神主，即后来名"朝"之地。以此观之，在商代并没有专门用于"朝"的独立宫殿建筑，也就不存在商代都城中"大朝"之殿居中、"前朝后寝"、"左祖右社"之布局。

殷墟宫殿区中乙组建筑规模庞大。在其前面考古发掘了189个祭祀坑，分布密集，排列有序，应是多次祭祀时分组埋入的，所用牲除了马、羊、狗牲外，还有大量的人牲，在已发掘的这些祭祀坑内，共用人牲641人[5]。石璋如将其推测为宗庙建筑是可信的。丙组遗址是由多组祭坛组成，此也可能是甲骨文中的社坛所在，在此祭祀天地诸神。

卜辞中大量有关商王祭天、祭社、祭祖的记录，在殷墟考古中得以印证。商王之所以对天帝诸神和先祖神进行祭祀，从思想观念上讲，是相信万物有灵，极度崇信神灵，借用神灵的权威来治理国家，这正是商代礼制之特质。

---

① 中国社会科学院考古研究所：《小屯南地甲骨》，中华书局，1980年。

② 于省吾：《甲骨文字释林》，中华书局，1979年，第85、86页。

③ （清）戴震：《考工记图》，商务印书馆，1955年，第102页。

④ 陈梦家：《西周铜器断代》（四），《考古学报》1956年第2期。

⑤ 石璋如：《小屯第一本遗址的发现与发掘·丙编·殷虚墓葬之四·乙区基址上下的墓葬》，"中央研究院"历史语言研究所，1976年。

3. 西周都城的礼制文明

据文献记载，周人的都邑先后有豳邑、岐邑周原、丰邑、镐京、洛邑成周。考古工作者对周原遗址、长安丰镐遗址都做了许多考古工作，并有大量的考古发现，证实这两处遗址是周人的都邑所在。此两处遗址群至今未发现城址，却发现数处大型宫殿基址。其中的周原凤雏甲组大型建筑遗址，南北长45.2米，东西宽32.5米，坐北朝南（图一九）[1]。整个建筑布局由南而北为影壁、门道、前堂、过廊居中，后边为后室，南北构成一条中轴线；东西两侧配置门房、厢房，左右对称；由前至后又形成前院、中院和东西小院，中院和两小院四周有回廊，布局井然有序。

据研究，凤雏甲组建筑始建于文王时期，废弃于康王之世[2]。对此建筑的性质，有认为是王宫，有认为是宗庙，还有认为是寝庙相连的祭祀性建筑。《尔雅·释宫》云：“室有东西厢曰庙，无东西厢有室曰寝。”又，此遗址西厢房内2个窖穴中，出土了大量周王室占卜用的甲骨，有字者293片，分属文王、武王、成王和康王时期[3]。此可能就是文献所记设在庙中的“龟室”。《周礼·春官·龟人》载：“龟人掌六龟之属，……凡取龟用秋时，攻龟用春时，各以其物入于龟室。上春衅龟，祭祀先卜。若

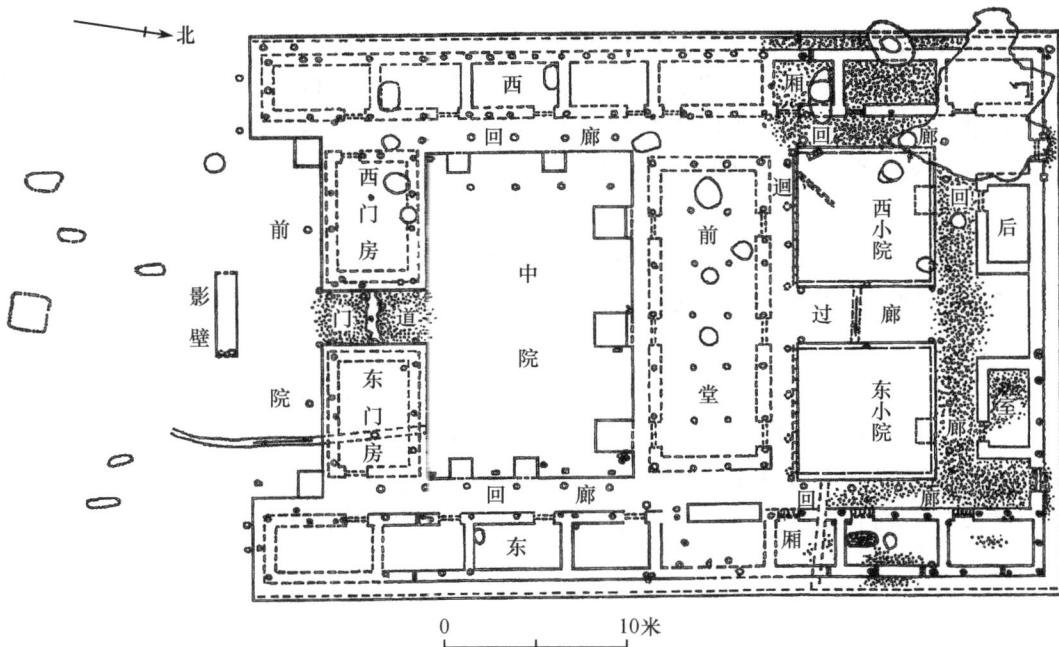

图一九　周原凤雏甲组建筑基址平面图

① 陕西周原考古队：《陕西岐山凤雏村西周建筑基址发掘简报》，《文物》1979年第10期。
② 庞怀靖：《凤雏甲组宫室年代问题再探讨》，《考古与文物》2001年第4期。
③ 曹玮：《周原甲骨文》，世界图书出版公司，2002年。

有祭事，则奉龟以往。"此是讲，将龟版攻制好后放入宗庙中的龟室，祭祀时从龟室中取出龟版进行占卜。又所出甲骨上刻有"祠，自篙于周"，学者认为此内容是武王自镐京前往周原祀周宗庙之事①。由此证明这组建筑是文王至康王时期周王室的宗庙。

郑玄注《周礼·隶仆》云："《诗》云寝庙绎绎，相连貌也，前曰庙，后曰寝。"此是说西周时期的"寝"与"庙"是相连的建筑。王国维对西周金文中时常出现的"王在某宫，旦，王格太室"进行研究后指出，"古者寝庙之分盖不甚严"，认为庙堂之后"王亦寝处焉"，铭文"皆云'旦，王格太室'，则上所云'王在某宫'者，必谓未旦以前王所寝处之地也"②。这与郑玄对《诗》云"寝庙绎绎"的解释是一致的。前引小盂鼎铭文，盂入南门"即大廷"，入二门"燎周庙"，入三门"即立中廷"向北朝天子以告，周天子应即位于路寝。实际上，"庭"即"朝"，是指礼制建筑前的庭院。依此来分析凤雏甲组建筑的格局，是否是门内的庭院曰"大廷"，即"大朝"或曰"前朝"；"大朝"正北的主体建筑曰"周庙"；后部的小院曰"中廷"，即"中朝"；"中朝"面对的后部建筑曰"路寝"。此正是"朝""庙""寝"相连的一体建筑。

由于西周王朝是假借上天之命、依靠宗法制度来进行统治的，所以宗庙是其"行政"的重要场所，凡国之大事均要在宗庙中举行。如周天子的"即位礼"，各地诸侯朝见周天子的"觐礼"，周天子对臣下的任命及赏赐的"册命礼"，出兵征伐的"授兵礼"，凯旋的"告捷礼""献俘礼"等，均要在宗庙中进行。并且要定期在宗庙决定治理国家的一些政务，叫作"告朔""视朔""听朔"。西周铜器铭文中，屡见记录周王在宗庙中举行"册命礼""告捷礼""献俘礼"等的内容。如：

册三年逨鼎："隹卅又三年六月既生霸丁亥，王才周康宫穆宫，旦，王各周庙即位，司马寿佑吴逨，入门，立中廷，北向，史减授王命书。王呼尹氏册命逨，……"③

南宫柳鼎："唯五月初吉甲寅，王在康庙，武公佑南宫柳即立中廷，北向。王呼作册尹册命柳……"（《集成》2805）

大克鼎："王在宗周，旦，王格穆庙，即位，申季佑膳夫克，入门，立中廷，北向，王呼尹氏册命膳夫克，……"（《集成》2836）

---

① 徐中舒：《周原甲骨初论》，《四川大学学报丛刊（第十辑）——古文字研究论文集》，四川人民出版社，1982年。

② 王国维：《明堂庙寝通考》，《王国维遗书·观堂集林卷三》，上海古籍书店，1983年。

③ 陕西省文物局、中华世纪坛艺术馆：《盛世吉金——陕西宝鸡眉县青铜器窖藏》，北京出版社，2003年。

可以看出，西周王朝作为行使政权的活动是在宗庙中进行，表明政权是在神权的护佑之下进行的，宗庙礼仪即是国家的政治礼仪。从建筑形式上看，是"朝（廷）""庙""寝"一体的建筑格局，真正象征政权所在的建筑"朝"，还没有从体现神权的建筑中独立出来。

4. 东周各国都城布局体现的集权制产生

东周列国都城布局特点与夏商西周都城相比较，既有继承沿袭，又有创新。东周都城布局的新特点，可从一个方面反映出当时政权形式及意识形态方面的新变化。

东周列国都城虽各式各样，但均是由宫城和郭城组成，并且明确宫城是为"君"而建。《吴越春秋》曰："筑城以卫君，造郭以守民。"这就非常清楚地说明，宫城的建造首要的目的是守卫国君，这与夏商周三代始建国营都首先置宗庙、立社稷不同，而是将筑宫城守卫国君作为第一要事。

列国宫城内最突出的是高台式宫殿建筑，成为整个都城的制高点，是国君处理政务的"大朝"所在。从建筑形式上显示了国君政权至高威严之地位，反映了国君"政权至上"的思想意识。如秦国都城咸阳的宫城内，已发现8座夯土台基。对宫城内的1、2、3号宫殿基址已进行发掘[①]，1号基址东西长60米，南北宽45米，高出地面6米。据发掘的遗迹现象进行复原得知，这是一座建在高大夯土台基上的上下错落的大型高台式宫殿建筑，下层有回廊环绕，中层有不同层次的宫室，顶部是大型的主体建筑大殿。这一建筑组群将各种用途不同的单元紧凑地结合在一起，成为一个整体的多层建筑，构成了秦宫建筑的独特风格。2、3号宫殿基址与1号之间以走廊相连接，构成了一组宏伟壮观的建筑群。此宫城即文献所记秦王朝处理政务的"咸阳宫"所在。其他如山西侯马晋都新田故城、山东临淄齐都故城、河北邯郸赵都故城、河北易县燕下都等专为国君而筑的宫城内均有雄伟的高台式宫殿建筑，其即国君的"大朝"政殿所在。

东周时期，凡国之大事，已不像夏商周那样在宗庙或社中首先贞问、祭祀祖神、天地神，而是在"大朝"政殿中由大臣议政，最后由国君裁决，形成了一种新的集权政体，为维护这种集权政体便制定"大朝"礼仪。如文献记载，秦始皇三十四年，"始皇置酒咸阳宫，博士七十人前为寿"，并议定了"焚书坑儒"之动议。 又记，秦始皇恐其行踪及言语泄密，规定"听事，群臣受决事，悉于咸阳宫"[②]。燕国使者荆轲至秦，秦王于咸阳宫接见，"秦王闻之，大喜，乃朝服，设九宾，见燕使者咸阳

---

① 秦都咸阳考古工作站：《秦都咸阳第一号宫殿建筑遗址简报》，《文物》1976年第11期；秦都咸阳考古工作站：《秦咸阳宫第二号建筑遗址发掘简报》，《考古与文物》1986年第4期；咸阳市文管会、咸阳市博物馆、咸阳地区文管会：《秦都咸阳第三号宫殿建筑遗址发掘简报》，《考古与文物》1980年第2期。

② 司马迁：《史记》，中华书局，1959年，第254、255、357页。

宫"①。赵国也同样有"大朝"礼仪，赵武灵王元年"梁襄王与太子嗣、韩宣王与太子仓来朝信宫"；赵武灵王十九年"春正月，大朝信宫，召肥义与议天下，五日而毕"；赵武灵王二十七年"五月戊申，大朝于东宫，传国，立王子何以为王。王庙见礼毕，出临朝，大夫悉为臣"；赵惠文王四年"朝群臣，安阳君亦来朝，主父令王听朝，而自从旁观窥群臣宗室之礼"②。可以看出，东周时期，国之大事多是在"大朝"中议决，各诸侯国的朝觐、聘问、赐命等重要礼仪均是在"大朝"宫殿中进行。清秦蕙田指出："三代盛时无所谓朝贺也，每日则有视朝之仪，月朔则有听朔之礼。听朔者，天子于明堂，诸侯于祖庙行之，故亦谓之朝庙，不于朝也。……古者于庙行告朔之礼，所以尊祖；后世于朝举贺岁之礼，乃以尊君。"③对东周时期出现的这种"大朝"之礼，杨宽指出："到战国时代，由于社会经济的变革，中央集权的政治体制的确立，朝廷的重要性开始超过宗庙，许多政治上的大典逐渐移到朝廷上举行，开始出现对国君'大朝'的礼制。"④

东周时期各国宫城内的祭祀遗迹已很少见，社祀、宗庙等祭祀性、礼制性建筑仍然存在，但已不在宫城之内，而是移出宫城之外。《史记·秦始皇本纪》载："诸庙及章台、上林皆在渭南。"秦咸阳宫在渭北，宗庙则离开咸阳宫而迁至渭南。其实，秦国早在都雍时期，雍城内的宗庙与宫寝就已分离，成为东西两处独立的建筑⑤。又如侯马晋都新田故城发现众多祭祀遗址⑥，但从整体布局看，国君宫城居中，内筑高台建筑宫殿，是"大朝"所在，处于整个都城的最为显著的位置。众多的祭祀遗址则比较集中地分布在宫城之南的东、西两侧（图二〇）。有学者根据侯马盟书中所记内容，认为处于东部的盟誓遗址可能即是晋宗庙所在之处⑦；还推测，故城西南部西南张祭祀遗址可能是社祀遗址⑧，其与东部的宗庙遗址正呈"左祖右社"之布局。东周时期的鲁国都城也呈"大朝"居中、"左祖右社"之布局。《左传·闵公二年》记季文子出生时卜人占卜曰："男也，其名曰友，在公之右，间于两社，为公室辅。"杜预注："两

---

① 司马迁：《史记》，中华书局，1959年，第2534页。

② 司马迁：《史记》，中华书局，1959年，第1803、1805、1815页。

③ （清）秦蕙田撰，方向东、王锷点校：《五礼通考》，中华书局，2020年，第6283页。

④ 杨宽：《中国古代都城制度史》，上海人民出版社，2006年，第181页。

⑤ 韩伟：《秦公朝寝钻探图考释》，《考古与文物》1985年第2期；陕西省雍城考古队：《凤翔马家庄一号建筑群遗址发掘简报》，《文物》1985年第2期；韩伟：《马家庄秦宗庙建筑制度研究》，《文物》1985年第2期。

⑥ 山西省考古研究所侯马工作站：《晋都新田》，山西人民出版社，1996年。

⑦ 山西省考古研究所侯马工作站：《侯马呈王路建筑群遗址发掘简报》，《考古》1987年第12期；田建文：《新田模式——侯马晋国都城遗址研究》，《山西省考古学会论文集》（二），山西人民出版社，1994年。

⑧ 山西省考古研究所侯马工作站：《晋都新田》，山西人民出版社，1996年，第四章第二节，附《侯马东周社祀遗址的探讨》。

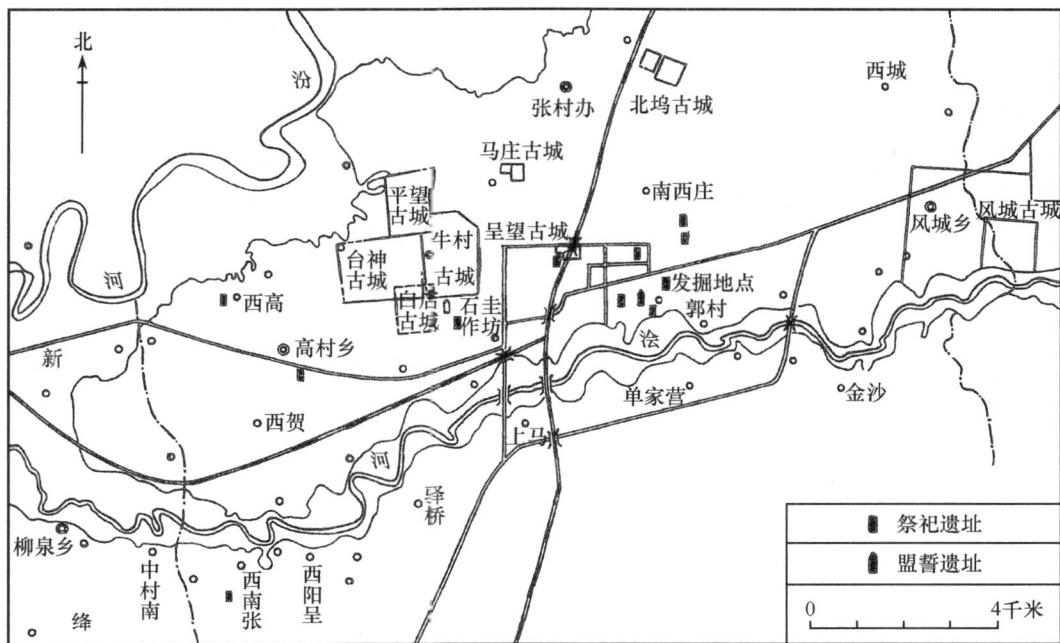

图二〇　侯马晋都新田故城平面图

社，周社、亳社，两社之间，朝廷执政所在。"孔颖达疏："《谷梁传》曰：'亳社者，亳之社也。亳，亡国也。亡国之社以为庙屏，戒也。'则亳社在宗庙之前也。"又曰："郑玄考校礼文，以为鲁制三门，库、雉、路，天子诸侯皆三朝。图宗人之嘉事则有路寝庭朝；日出视朝则在路门之外；其询国危，询国迁，询立君，周礼朝士所掌外朝之位者，乃在雉门之外耳。雉门之外，左有亳社，右有周社，间于两社，是在两社之间，朝廷询谋大事则在此处，是执政之所在也。"根据郑玄、孔颖达的考证，鲁宫城为"三门三朝"之制，路门内路寝庭朝是行嘉事的内朝，也曰燕朝；路门外是日听政事的治朝；雉门外是询谋大事的大朝所在。大朝之左有宗庙，右有周社，如此布局正符合"大朝"居中、"左祖右社"之制。

　　由东周时期各国都城新格局也可以看出，《考工记》所记以"朝"居中，"祖庙""社坛"分置左右的都城设计理念，实际上是集权制政体下的理想设计规划，突出政权所在"大朝"建中立极的绝对权威，"大朝"之外的"左祖右社"则成了附属建筑。这种宫、庙分离之格局，朝、庙独立之变化，正反映了集权制政权权威的上升，神权则处于辅佐的地位。如果说，夏商西周时期，神权高于一切，国家政权完全笼罩在神权的护佑之下，处于初期的国家形态阶段；而至东周时期，各诸侯大国已步入成熟的国家形态，集权制的政治体制逐渐确立。

　　从意识形态领域来看，夏商西周时期，人们笃信天命，听命于天，而至东周时期，人们开始认识到神是依人行事，神听命于人。《左传》讲述了随侯与其臣季梁的对话，反映了当时对祀神的看法。'（随）公曰：'吾牲牷肥腯，粢盛丰备，何则不信？'（季梁）对曰：'夫民，神之主也，是以圣王先成民而后致力于神。……今民各有心，而鬼神乏主，君虽独丰，其何福之有？君姑修政而亲兄弟之国，庶免于难。'随侯惧而修政。"①季梁认为，民是神之主，亲民、修政比祀神更为重要。春秋时期的虢君欲祀神以求赐土田，其臣大史嚚曰："虢其亡乎？吾闻之，国将兴，听于民；将亡，听于神。神，聪明正直而壹者也，依人而行。"②其提出神依人行事、神听命于人的观点，不能不说是思想认识的一大进步。正是由于对神权权威的动摇，借助神权维护统治的礼仪制度也随之发生动摇，即"春秋之世，礼崩乐坏，文武之政，渐灭几尽"③。夏商周礼制性社会政体也就逐渐退出历史舞台，代之而来的则是集权制政体的兴起。

三、结　语

通过对大量考古资料的梳理，基本可以厘清中国古代礼制文明产生和发展的大体脉络。

新石器时代最初出现祭祀性遗迹，规模都比较小，墓葬中所出祭祀用具也比较简单。这反映了当时人们最为朴素的宗教信仰，相信万物有灵，认为一切事物的发生都是神的旨意，于是就出现了对天地诸神的崇拜，出现了对诸神进行祭祀的礼俗。祭祀的目的也比较单纯，祈求天地诸神保佑风调雨顺，生活平安。

发展到新石器时代后期，各地发现的祭祀遗址的规模庞大，并且分布集中，尤其是各地发现的大中型城址内，祭祀遗址是最为突出的建筑，祭祀用的法器也多集中在最主要的大墓之中。这一切都表明，祭祀的性质发生了质的变化，由原来朴素的宗教信仰演变成了特权，即神权。掌握这一特权的应是氏族，或部落，或部落联盟的首领，他们在利用神权来行使领导权，神权高于一切，这样逐渐形成了最初的国家，也即"神权国家"。

夏、商、周三族群均是由原始部落联盟进入最初国家文明的，强势的政权还不十分牢固，往往沿袭先前的思维逻辑和运转模式，依靠天地诸神、祖神来运转和维护政权，所以将神权和祖权奉为最高权力。这在夏都二里头、商代四座都城遗址中以祭祀建筑为中心的布局得以充分反映，也由殷墟发现大量祭神、祭祖卜辞得以印证。西周王朝在夏、商王朝的基础上进一步对神权的实际运用，创造了王权神授的统治模式，

① 杨伯峻：《春秋左传注》，中华书局，1990年，第111、112页。
② 杨伯峻：《春秋左传注》，中华书局，1990年，第252、253页。
③ （清）张次仲：《周易玩辞困学记》卷十三，《景印文渊阁四库全书》，商务印书馆，1986年。

强调周王受命在天，是上天之子，是直接替天行命，并制定了维护统治的更加系统的礼仪制度，进一步将神权、祖权与政权紧密结合，形成了独特的礼制性社会形态。

三代的礼制在考古学中得到了充分反映，形成了中国古代独特的考古学礼制文化。中国古代各区域的文化，正是在这种礼制文化的强烈影响下，进行着大融合、大统一。这不仅是物质文化的融合和统一，而且是思想观念上的融合和统一，夏、商、周三代集中统一的政治格局的形成，礼制文化发挥了非常重要的作用。

东周时期，社会处于大动荡、大分化、大改组的时期，各阶层重新分化，世袭制度得以动摇，周天子的权力衰落，各诸侯国的集权制政体逐渐形成。这样，维护旧政体的礼制也就成了社会发展的桎梏，出现了"礼崩乐坏"的局面。最终，夏商周礼制性社会政体也就退出历史舞台，代之而来的则是集权制政体的兴起。

当然，夏商周三代所创造的独特的礼制文明并没有就此消失，在中央集权制社会中，始终是意识形态领域的精神支柱。而广义的礼仪文明则成了人们的道德规范和行为准则，"不学礼无以立"[①]，这是中国古代礼仪文明的重要社会价值所在。

［初载北京大学国学研究院、中国传统文化研究中心：《国学研究》（第三十四卷），北京大学出版社，2014年；原载高崇文：《古礼足征：礼制文化的考古学研究》，上海古籍出版社，2017年］

---

① （清）刘宝楠撰，高流水点校：《论语正义》，中华书局，1990年，第668页。

豊 豐 辨

林 沄

豊豐二字音义迥异，然因字形相近，汉隶每有相混之例。如华山庙碑之"礼祀丰备"，豊作豐；孔宙碑之"丰年多黍"，豐作豊；桐柏庙碑之"处正好礼"，禮作禮；孔和碑之"庙有礼器"，禮作禮。就同一书手而言，如夏承碑之"进退以礼"，禮作禮；"名丰其爵"，豐作豊。豊豐上部仍略有差异。然史晨奏铭之"以祈丰穰"，豐作豊，又和夏承碑禮字所从之豊的写法完全一致。《佩觿》云："蔡中郎以豊同豐。"是汉代有名的学者也不辨豊豐之显证。

不断出土的先秦古文字资料，本来已经越来越清楚地表明豊和豐是起源不同的两个字。但自从刘心源在《奇觚室吉金文述》中提出"古刻豐豊篆形无别"之说后，古文字学家多有主张豊豐古本一字者。例如，容庚先生《金文编》于豊字下注："与豐为一字，豆之豐满者所以为豊也。汉隶豊豐二字皆作豊。"其后，高鸿缙在《散盘集释》中提出：豊豐二字同源，本象"倚豆而画簋编为笾之形也"，"至汉分化为豊与豐"。裘锡圭同志在近时发表的《甲骨文中的几种乐器名称》一文中，重申"古文字豊、豐二字不分"，而把甲骨文中的豊字一律释读为豐，说成是"大鼓"。高明同志的《古文字类编》也认为"古豊豐同字"，将两字合在一栏。因此，对于豊豐两字异源的问题，尚有辨明之必要。

《说文》："豐，行礼之器也，从豆，象形。"又："豐，豆之豐满者也，从豆，象形。豐，古文豐。"许慎据已讹之篆形立说，其误有二。第一，从比较原始的字形可明显看出，豊豐二字并非"从豆"，而均系从壴，作㝬、㝬、㝬等形。郭沫若先生在《卜辞通纂》中已引殷末周初之铜鼓以证古鼓的形制与甲骨文壴字相近。然该鼓之上仅有两人面鸟无植羽。《诗经》中所谓"植其鹭羽"的鼓，于山彪镇一号墓出土铜鉴上的水陆攻战图中可见之（图一）。汉代画像石上有许多这种植羽之鼓的形象，均为㝬、㝬，乃象古代鼓形之佳证（图二~图四）。故鼓字之作㝬[解文，《殷周金文集成》（以下简称《集成》）6044]实象持槌击鼓之形，而尌字之作㝬（尌仲簋，《集成》4124）乃就持羽饰植于鼓上而造字。但西周中期以后，象鼓之壴逐渐背离原形，其上部正中的一竖多与鼓体脱离关系，而且或省略，或讹变。如豐井叔簋之豐作㝬，已接近于《说文》之豐；曾伯陭壶之醴字从豊作㝬，与《说文》之㝬相仿。这才造成了豊豐从豆的误

图一　　　　　　　图二

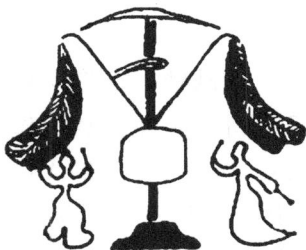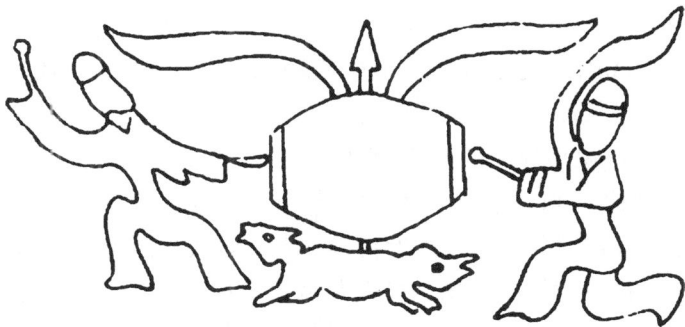

图三　　　　　　　图四

解。第二，许慎既误析壴傍之下部为"从豆"，则对豐豐二字的构形当然无法正确理解，遂臆断为"象形"，又说不清所象究竟是什么，却由此而引起后代文字学家的许多无端的揣测。但是，许慎所录篆体，毕竟仍保持了豐豐二字的根本区别。即豐字从拜，豐字从艹。而且，根据这一线索，我们在先秦古文字中确实可以区分豐豐二字的不同起源。

先谈豐字。西周金文中，长由盉"穆王飨醴"之醴作𧯆，十分清晰地是从珏。"飨醴"一词又见于师遽方彝，醴作𧯆、𧯆，亦从珏；又见于三年瘦壶，醴字之较规整而清晰者作𧯆，亦从珏。唯大鼎"飨醴"之醴讹变成𧯆，辨不出豐之所从了。由此可见，豐字原先确系从壴从珏无疑。进而上溯商代甲骨文，从珏从壴之豐字习见，所从之珏虽有拜、珏、拜、羊、林等形，然与豐之作屮、丰等形截然有别，这是很容易辨识的。

豐字何以从珏从壴？这是因为古代行礼时常用玉和鼓。孔子曾感叹说："礼云礼云，玉帛云乎哉！乐云乐云，钟鼓云乎哉！"这至少反映古代礼仪活动正是以玉帛、钟鼓为代表物的。玉之于礼仪活动的关系自不必言。需略加说明的是，鼓之于古代典礼的关系，非一般乐器可比。甲骨刻辞中有专门用鼓的祭祀，例如：

　　　辛亥卜，出贞：其鼓彡告于唐，一牛。九月［《甲骨文合集》（以下简称《合》）22749］

己酉卜，大贞：乞告，其壴（鼓）于唐，衣，亡尤？ 九月（《合》
22746）

鼓或壴本身就成为一种祭名，且多为祭唐，明其必为一种隆重的典礼。又如《春秋》
庄公廿五年"日有食之，鼓，用牲于社"， "秋大水，鼓，用牲于社于门"，似取鼓
声能上震天庭，达于帝所。观民族学材料，鼓在原始民族中每为极重要礼器而备受重
视。在佤族中，则伐大树以挖空成鼓之举，本身也成为各村寨的一项极其郑重的典
礼。故中原地区在造字之初，以玉鼓之形以表达"礼"这一概念，是完全可理解的。
许慎训豊为"行礼之器"，以别于禮。实则目前所见古文字资料中但有豊字而未见禮
字，战国时代之中山国方壶铭文中， "不用礼义"及"辞礼敬则贤人至"之禮均只作
豊。可见加示旁之禮乃后起的分化字。

再说豐字。西周钟铭每言"數﹦龢﹦"（或作"龢﹦數﹦"，如猷钟）。三年癲
钟则作"豐﹦龢﹦"，豐字作[字]、[字]，显系从丰，与豊之从玨不同。此外，猷钟作
[字]，新出妄钟作[字]，传世妄钟作[字]，均从丰而无疑。至于毕狄钟之作數、士父钟之作
[字]、虢叔旅钟之作數，可知乃从丰之讹变。如虢叔旅钟有一器上數字作[字]（《集成》
244），仍可辨为从丰。据商代卜辞中壴、鼓通用之例，豊、[字]亦可视为同一字之简繁
两体，从丰者，谓击鼓之声蓬蓬然，乃以丰为声符。可能因鼓声之宏大充盈故引申而
有大、满等义，且因从丰得声，后遂代丰而为表示茂盛之义的专用字。因此，豐字之
音义均与豊字毫不相干。

商人卜辞中，未见从丰从壴之豐字，但见从二亡从壴之[字]、[字]、[字]，西周金文中亦
有[字]，为作器者名［《陕西出土商周青铜器》（二）·35~41］。又[字]鼎有"[字]伯"、
散盘有"[字]父"，也可能是从二亡之讹。以上诸字至今多释为豐。但是，亡、豐虽
均属唇音字，然在商代和西周是否音近而可互通，并无其他直接的证据，所以我仍
倾向于认为[字]是不同于豐的另一个字。此外，卜辞中尚有[字]字（《合》8262反），从
林；周代金文亦有之，作[字]（《集成》3387）、[字]（《商周青铜器铭文暨图像集成》
11.5207）。此字是否为豐字之异构，亦缺乏足够之证据。所以，就目前资料而言，豐
为周人后创之字，亦不无可能。

综上所述，豊豐二字虽均从壴，但豊本从玨，豐本从丰，在先秦古文字中已得到
证实。而且，豊是会意字，豐是形声字。不顾豊豐二字在形、音、义三方面的明显区
别，而把二字混为一谈，肯定是不对的。

在考释先秦古文字时，必须以字形为根本出发点。要分辨豊、豐，凡字迹清楚
而无讹者，当据从玨抑从丰以别之。如墙盘之"[字]年"、懂季遽父卣之"[字]姬"、师
旂簋之"[字]还"、卫盉之"禹旂于[字]"，均应释豊，绝不能读成豐。而麦尊之"为大
[字]"、所谓"豐鼎"之作器者名[字]、所谓"作册豐鼎"之"作册[字]"，均应释豐，绝不能
读成豊。至于字迹不够清楚或字形省变讹错者，有一部分可参考辞例作出判定。例如
天亡簋之"王有大[字]"，究竟从玨从丰不甚肯定，但据麦尊之"为大[字]"可判定为豐，

故旧称"天豐簋"是不妥的。前举大鼎"飨🔲"可判定为醴，士父钟之🔲可判定为🔲，亦其例。又如鄂君启节水名"沅🔲"并列，因楚地有沅水澧水相近，可推定🔲为豊之省变；中山国方壶有"不用🔲宜""上下之🔲"等语，可判定🔲亦为豊之省变。但是，在旁证不足的情况下，字迹模糊或字形省讹者也有无法判定究竟是豊还是豐的，例如，所谓"小臣豐卣"的"小臣🔲"，就也有可能是豊。

当然，因为豊豐二字形体较为相近，在先秦时代两字也已有相混之可能。如前举毕狄钟之🔲讹作🔲，已接近于从珏。但应指出的是，迄今尚未发现先秦时代有以豊为豐或以豐为豊的可靠实例。宅簋之"在🔲"及作册魋卣之"在🔲"，《金文编》虽摹成从珏而释豐，实际上原铭也可能是从𢀖，因漫漶而无法肯定。近出周原甲骨亦有被认为是地名豐的字，近见陈全方同志在四川大学编辑的《古文字研究论文集》中发表的摹本，系较原件放大十四倍，作🔲，与《古文字类编》之摹作🔲，又有差异。该字系残辞，无上下文，究竟是豊是豐实属两可，且原字极小，究竟从𢀖从𢀖，当就原件细察，未可据此而遽谓周初已经以豊为豐。

总之，豊、豐古本有别，但因字体相近，先秦时代或已有相混之可能。及至汉代篆书，豊已作🔲、🔲、🔲、🔲等形，根本看不出从珏从壴的原貌了。豐字则由🔲而变🔲，与原先的豊字类同。因而在篆隶交替的时代，豊豐二字相混的现象特别显著。然而二字音义很不相同，故虽一度相混而终究还能明确地区别为二字。不从豊豐二字的全部发展过程来看问题，单凭某一时的相混现象就断言它们古本一字，是失之于片面的。

作者按：文中说"丰之作🔲、🔲等形"有误，后一形为康侯之名，下部变粗是从丰、从土，即"封"字。

周原凤雏建筑遗址11号灰坑中所出51号甲骨，曹玮《周原甲骨文》（世界图书出版公司，2002年）第41页所刊出的放大彩色图片字迹十分清楚，该字应该是从两玉作🔲，《古文字类编》所摹是正确的，但仍列在"豐"字条。其实该字是残存的单字，释为豐是不对的，应改释为豊才是。

［初载中国古文字研究会、中华书局编辑部：《古文字研究》（第十二辑），中华书局，1985年；原载林沄：《林沄文集·文字卷》，上海古籍出版社，2019年］

豐豐再辨

林　沄

　　我在55年前刚开始跟于省吾先生学习古文字时，在读书笔记上写了一篇《豐豐辨》小文，对《金文编》上说的豐"与豐为一字，豆之豐满者所以为豐也"进行了驳辨，提出了豐和豐两字本非从豆，而是从建鼓之形的壴。豐字从壴从两玉，是造字时用两种行礼的代表性器物来表示豐的词义。豐字从壴从两丰，是用丰模拟击鼓时发出的声音。此文得到于先生肯首。1980年裘锡圭先生发表了《甲骨文中的几种乐器名称——释"庸""豐""鞀"》①，他虽然也认为豐字是从鼓的初文壴、从玉，却仍信从刘心源、容庚、商承祚等人"古文字'豐''豐'二字往往不分"的旧说，认为甲骨文从玉的豐字应该是表示大鼓的豐字。所以1985年我在《古文字研究》上发表了补充不少材料写成的《豐豐辨》②。此后，如1996年出版的张世超等人的《金文形义通解》已将从玉的豐和从丰的豐分为两字（但认为金文中此二字仍有难分者）③。2005年出版的董莲池《说文解字考正》把甲骨文中壴从二玉者作为豐字原形，从壴从二丰者作为豐字原形④。2007年出版的刘钊等人的《新甲骨文编》也把从壴从二玉者释为豐字⑤。不过2012年出版的《裘锡圭学术文集》甲骨文卷中仍收录了《甲骨文中的几种乐器名称》一文，还添加了新的按语⑥。看来裘先生并不放弃原来的看法。2012年我到台北参加第四届国际汉学会议时，要我对李宗焜在会上发表的《从豐豐同形谈商代的新酒与陈酿》做评议。当时他仍信从裘先生的从壴从二玉是"豐"，是大鼓的说法，因而我不能不对裘先生的说法做一番剖析。会后出版的会议论文集中，李宗焜的论文是

　　① 裘锡圭：《甲骨文中的几种乐器名称——释"庸""豐""鞀"》，《中华文史论丛》（第二辑），上海古籍出版社，1980年。

　　② 林沄：《豐豐辨》，《古文字研究》（第十二辑），中华书局，1985年，第181～186页。

　　③ 张世超、孙凌安：《金文形义通解》，京都中文出版社，1996年，第1170～1173页。

　　④ 董莲池：《说文解字考正》，作家出版社，2005年，第192、193页。

　　⑤ 刘钊、洪飏、张新俊：《新甲骨文编》，福建人民出版社，2009年，第294页。

　　⑥ 裘锡圭：《裘锡圭学术文集·甲骨文卷》，复旦大学出版社，2012年，第36～50页。

按会上发表的原文发表的①。但是，在2012年出版的李宗焜《甲骨文字编》中却已经把从壴从二玉的字改释为豊了②。

不过，我在会上口头做的评议，毕竟只有很少数听众，所以借此次盛会，把我在那次会上谈过的意见再说一遍，应该对弄清"豊"和"豐"在起源上到底是不是一个字，是有好处的。我的意见并不一定对，希望展开直率的讨论，不吝赐教。

裘先生把甲骨文的 釋为豊，是和他把 、 释为庸联系在一起的。 、 孙海波《甲骨文编》隶定为庿，裘先生正确指出该字下部所从不是"凡"，而是同，和用字均为桶形，所以应该改释为"庸"。可是，裘先生进而认为甲骨文中的庸通镛，是指大钟，恐怕就难以成立了。因为，直到现在殷墟考古还没有发现过任何商代的青铜钟。现在考古界一般认为青铜的铙和钟都起源于南方的长江流域，铙在晚商已经传入中原安阳地区，而钟则要到周代才传到中原。所以裘先生把武丁时代的卜辞"……雨，庸舞……"[《甲骨文合集》（以下简称《合》）12839，宾组]解释为"一边奏大钟一边跳舞"，实际上是不可能发生的事。因为武丁时最高级而未经盗掘的妇好墓中，并没有青铜钟的踪迹，只有五件一套的编铙，最大的一件通高也只有14厘米，最小的一件通高只有7厘米。殷墟历代王陵从未听说过有青铜钟存在，也不曾有"尺寸有甚大者"的铙。文献中所说的"镛"，按《尔雅·释乐》的说法："大钟谓之镛，其中谓之剽，小者谓之栈。"邢昺疏引李巡云："大钟，音声大。镛，大也。"传世文献中也并无用镛来指铙的例子。所以，把甲骨文中提到的"庸"说成是大钟或尺寸甚大的铙，都是行不通的。如果从"庸"字的字形探求其本义，则"用"既是声符，而形符"庚"原是拨浪鼓之形，恐怕倒是鼓类乐器。

然而，裘先生既先已误认庸是钟，遂将卜辞中与庸连举的 （如《合》27137，无名组；《合》34612，何组）释为豐，而认为是大鼓了。

裘先生说， 字从 ，跟鼓的初文"壴"十分相似（按：其实就是从"壴"），结合卜辞中所反映的豐和庸的关系来考虑，可以断定"豐"本是一种鼓的名称。其实，这是用周代钟鼓并用的观念看" 庸"连举，才会因误认庸是钟，联想到 便是鼓。不然，把 理解为形容词而释豐，则" 庸"是行礼时用的"庸"，又有何不可呢？而且，从壴的字很多，如嘉、喜、彭、树等都不是鼓的名称，所以断定"豐"是一种鼓，实在并非有充分的根据。

此外，裘先生又举三条证据：第一，周代金文有"鼖"字，象以手持物击鼓，可以作为豐之本义当为鼓名的一个佐证。其实这和分析 字从壴一样，算不得另一条证据，而且，金文中井人妄钟、鼓钟、虢叔旅钟、癲钟等器铭文中的鼖字都分明从二

① 李宗焜：《从豊豐同形谈商代的新酒与陈酿》，《第四届国际汉学会议论文集：出土材料与新视野》，"中央研究院"，2013年，第189~212页。

② 李宗焜：《甲骨文字编》，中华书局，2012年，第1103、1104页。

丰，和甲骨文❖字全都从二玉，有明显的差别，裘先生对此却未置一词。第二，举出《合》30725（无名组）中两组正反对贞的卜辞，一组为"叀兹❖用"，而对贞卜辞作"［弜］用［兹］❖"，认为❖是豊的简体，和一般壴的形体有区别，"就是上部画得特别高，这大概是为了表示豊是大鼓"。其实该版上除了最下方的一个❖字所刻的二玉比较清晰外，上面三个❖字所刻的玉旁都很模糊。所以中国社会科学院历史研究所所做的《合集释文》把裘先生认为是❖字的那个字，释为"［豊］"，认为是残存的"豊"字。在甲骨文中凡是从二玉的❖字，因为上部要加玉旁，所以写得较高，并不是为了表示鼓大不大。另外还有《合》27459（何组）一版上，裘先生认为是和"其❖"对贞的"弜❖"，其实都是在壴的上部加了两竖，作为玉的简化符号。"弜❖"一辞的两竖和壴上部的竖道靠得很近，所以被裘先生忽略了，才当成了❖，中国社会科学院历史研究所和吉林大学作的释文都是释为"弜豊"的，吉林大学的《殷墟甲骨刻辞摹释总集》（第611页）还把代表二玉的两竖摹出来了。第三，卜辞里屡见"作❖""作庸"，可与《礼记·仲尼燕居》的"作钟鼓"相比拟；又有"新❖""旧❖"对举，和"新庸""旧庸"对举并存；卜辞中既有所祭先祖和"❖"连称，又有和庸连称。裘先生所举这些现象，都是散见于不同的甲骨，并无同版关系。只是先有周代钟鼓相配的念头，才挑出这些辞例来作证的。否则，卜辞中还屡见"新册（册）"［《小屯南地甲骨》（以下简称《屯》）1090等］和"旧册"（《合》30684）、"旧册（册）"（《屯》1090等）对举的例子。既然"册"只是祭祀时所用的物品之一，并不像庸一样是乐器，为什么因为"新❖"和"旧❖"对举，❖就一定也是乐器了呢？卜辞中提到的"作某"很多，如"作邑""作墉""作宀"……，既然所作都不是乐器，为何"作❖"就因为还有"作庸"，就一定是大鼓了呢？可见，这样的例子举得再多，也不能成为证明❖是大鼓的充分证据。

把❖释为训大鼓的豊，最大的问题是在西周金文中，如豊镐之豊见于裘卫盉"稱旂于豊"、师旗簋"官嗣豊还左右师氏"；豊足的豊见于墙盘的"厚福豊年"，都分明是从二丰，明显不同于从二玉的❖。显然不能用"古文字中'豊''豐'二字往往不分"这样一句话来搪塞过去的。因为这两字字形是在汉隶中才混同难辨的。从丰的豐可以说是以丰为声符，为什么从二玉也是豊呢？裘先生也不得不承认是个问题，在1980年发表的文章中说"还有待研究。也许这表示豊是用玉装饰的贵重大鼓吧"。到了编《古文字论集》（1992年版）时，又加了两条卜辞，"其品亚，叀玉豊用"（《屯》2346，字体近何组的子卜辞）、"祓玉壴"（《屯》441，历组二类）作为以玉饰鼓的证据。其实头一条可以释为玉和豊（通醴），第二条可以释为玉和壴，都可以看作两种并列的祭祀用具，不足以戍为以玉饰鼓的充分证据。

2012年李宗焜的文章为裘先生辩护，先是驳我豊从丰声的说法，"林文以丰字所从之丰为丰，实则与古文字丰字不同，豐字亦未必为形声"。在提交会议的论文原稿中，还具体说明"甲骨文丰字作'丰'、'丰'，金文作'丰'，其下部从◇或◆，而豐之所谓'丰丰声'所从均作丰丰或丰丰，绝无作◇、◆者，则其是否从丰便不无可疑，是否从丰丰声亦值得再讨论"。

其实，甲骨文和金文中的丰字或丰旁的下部并无◇或◆，如宰丰骨（《合》35501、《甲骨文合集补编》11299反、《甲骨文合集补编》11300反）的丰字就作丰，黄组卜辞的"在逢贞"中逢字的丰旁也作丰（《合》36904、36914）。金文中如盂鼎等多件器的邦字均从丰，散盘的奉字从丰也作丰。所谓甲骨文、金文下部有◇、◆者，都是加了土旁，是邦或封字的异构。如金文丰字作丰，是指康侯鼎［《殷周金文集成》（以下简称《集成》）2153］康侯丰的名字，而《尚书》正作"康侯封"，所以，李宗焜用来驳豐从丰声的根据是不成立的。

然而，李文既认为豐字从丰声不无可疑，所以仍以为"裘文论豐字为从珏从壴，其本义为饰玉之大鼓，其说确不可易"，因而主张"丰丰或丰丰均为串玉之形，折笔易变为直笔本为古文字习见现象，而甲骨缘于契刻关系，改易折笔为直笔尤为常见"。所以无论从丰丰或从丰丰，都可以隶定为豐。可是，直到目前在甲骨文中还没有发现过一个从丰丰的豐字，无从证明从折笔的豐变成从直笔的豐，所以李文只能用西周金文中的豐字诸体来证明从丰丰从珏"似无截然划分"。这种用后代才有的现象来推论早期造字之初的情况，实在和用汉隶中豊豐两字相混的现象来推论豊豐古本一字，是同样没有说服力的。何况，从金文中已见到的豐字来看，除了明显是从丰或作丰的，如：

豐、豐、豐、豐　均瘮钟（《集成》246～249）
豐、豐　均井人存妄钟（《集成》110、120）
豐　猷钟（《集成》260）
豐　虢叔旅钟之一（《集成》244）

其他也很少有真可以算作"改易折笔为直笔"的：

豐、豐、豐　均士父钟（《集成》146～148）
豐、豐　均梁其钟（《集成》189、190）
豐　敔狄钟（《集成》49）
豐、豐、豐、豐　均虢叔旅钟（《集成》238～241）

其中只有第二件均梁其钟可以是当作"从珏"的，从这样的比例来看，多数还是铸造不精或书写时不经心所致，并不见得当时人有意改折笔为直笔。甲骨文中更绝无把"玉"字写成丰字的例证。

李文认为"豐、豊字音既有较大差异，谓其'同字'即无可能。许多学者但见其字形相同，便谓其'同字'，恐皆不可取。但其'同形'则是客观存在的事实。所见之'同形'现象，恐怕不是豐、豊的讹混，而有可能本来字形就一样，只是在语言上有不同的用法。这个现象似可用'同形异字'来解释，如月夕同形，帚或读为妇，盖月出之时为夕，而洒扫（按：扫，原文误为妇）之役本妇人所司，龙宇纯称此种现象为'利用联想，以象形字喻与其相关之某意，代表另一语言，字形上全不加变异'[①]"。

龙宇纯先生的"同形异字"说，即裘锡圭先生在《文字学概要》中所说的"一形多用"。他说："在早期的文字里，存在着表意的字形一形多用的现象，同一个字形可以用来代表两个以上意义都跟这个字形有联系，但是彼此的语音并不相近的词。"[②]所下的定义比龙先生更全面而准确。比如李文中提出的从珏从壴的豐，显然不能说是象形字，而是裘先生说的表意字。"语言上有不同的用法"不如定义为"语音并不相近的词"。实际上，他们所说的现象，也就是汉字"六书说"中的"转注"，我在《古文字转注举例》一文中已加阐述[③]。李文据"一形多用"而立论，说壴是饰玉的大鼓，"'因鼓声宏大充盈故引申而有大、满等义'，遂为豐；因钟鼓本为礼乐之用，遂因鼓形而联想为礼（按：此处的'礼'即是'豊'）"，这都是用实物壴来表示虚义的丰满和礼节。"只是前人无'同形异字'的观念，见其形体相同，遂谓其同字，而不问其音之绝远；另一方面则因其音异而否定'同字'之说，缘于未知'同形'之实质现象，所有纷拏皆因此而起。"

这样的解释似乎表面上"合理"，实质上，说豐、豊两字在起源上就"同形"，根本不是客观事实。在甲骨文中找不到从屮的𪎭字，也找不到𪎭字有用作宏大、丰满之义的辞例。这种说法只能用来为甲骨文中𪎭字分明有用为酒醴之醴的例子〔李文中即举了"醸𪎭叀有酉用"（《合》15818），并承认"这个'𪎭'当释为酒醴字"〕，又要按裘先生的主张把𪎭字读为训大鼓的豐，进行辩解。其实，因为仅据甲骨文中"𪎭庸"连文就判定𪎭是乐器大鼓，未免难以令人信服，甲骨文字有"戚庸"（《屯》1501、4554）连文，又有"𢼸庸"（《合》27352）连文，戚和𢼸显然都不是乐器，为什么𪎭就一定是乐器了呢？甲骨文中也没有"奏𪎭"的辞例，所以还是把𪎭统一都释为豊好。

最后再附带说一说，甲骨文中有一个从壴从二亡的字，作𪎭、𪎭、𪎭等形。我在《豐豊辨》一文中说"以上诸字今多释为豐。但是，亡、豐虽均属唇音字，然在商代和西周是否音近而可互通，并无其他直接的证据，所以我仍倾向于认为𣅊是不同于豐的另一个字"。而这次李文中又提到这个字，认为𪎭字所从"仍是象大鼓之饰，

① 原注龙宇纯：《中国文字学》，台北五四书店，1994年，第108页。

② 裘锡圭：《文字学概要》，商务印书馆，1988年，第5页。

③ 林沄：《古文字转注举例》，《林沄学术文集》，中国大百科全书出版社，1998年，第35～43页。

与豐（豐）同形"，且引李孝定先生在《甲骨文字集释》中的按语："甲编2546有
𝄞（林按：此字李文摹作𝄞，与原文所摹差异较大，今据原文字形替换，下𝄞字同）
字，……言'作豐'与《殷契粹编》236、540（林按：即《合》32557、26054）之辞
例全同，而其字一作𝄞，一作𝄞，知（按：'知'字后李文误衍一'其'字）二者实为
一字。"① 其实裘锡圭先生在2012年出版《裘锡圭学术文集》时已补充说明，《甲骨文
编》2546和2583、2607可缀合，即《合》30961，全辞是"……叀𝄞公作𝄞庸于止（之）
又正，王受……"②。细视《甲骨文编》2546和2583拼合成完整的𝄞字，上部仍是从珏
（右边的玉符仅可辨一横画，左边的有两横画，绝非二亡），是李孝定先生辨错了字
形，而李宗焜文误引。现在重新考虑这个问题，恐怕还是释豐有更多的根据，一是𝄞
鼎铭（《集成》2739）豐公之豐作𝄞形，而近出晋侯苏钟铭（《商周青铜器铭文暨图像
集成》27·15310）的𝄞字作𝄞，上部字形相同，可以互证；另一个是从亡以象鼓声和
从丰以象鼓声，都合乎常理，似不必一定要拘泥于亡、丰古音是否相通。

2017年8月1日

[初载中国古文字研究会、吉林大学中国古文字研究中心：《古文字研究》（第
三十二辑），中华书局，2018年；原载林沄：《林沄文集·文字卷》，上海古籍出版
社，2019年]

① 李孝定：《甲骨文字集释》，"中央研究院"历史语言研究所，1970年，第1683页。
② 裘锡圭：《裘锡圭学术文集·甲骨文卷》，复旦大学出版社，2012年，第42页。

礼制遗存与礼乐文化的起源

许　宏

　　礼制是中国古代文明的重要内涵，而礼制的核心是等级制度。礼制的有无及其完善程度是社会复杂化程度的重要标志。与体现氏族成员平等观念的原始习俗有本质区别的是，植根于私有制基础上的宗法等级制和与此相适应的一套礼乐制度，所体现的是特权和社会成员间的不平等。礼制即等级名分制度，用以确定上下、尊卑、亲疏、长幼之间的隶属服从关系。举行祭祀、朝聘、宴享等政治性、宗教性活动的建筑物及使用的礼器，是礼制的物化形式，它们既是社会地位的象征，又是用以"明贵贱，辨等列"（《左传·成公二年》）、区别贵族内部等级的标志物。我们从考古学上探讨礼制的起源，即主要由礼仪建筑遗存和礼器入手，也即从反映人们社会地位差异的相关遗迹遗物出发，揭示当时社会的等级制度。

　　20世纪80年代以来，随着一系列重要考古发现的问世，学术界的知识结构不断更新，人们逐渐认识到中国文明具有鲜明的特色，其精髓在于礼乐制度。在10余年前关于中国文明起源问题的讨论中，已有学者指出，"礼乐制度与中国古代文明的关系可谓形影相随。应承认它是中国文明固有的特点之一"。"应该把礼乐制度的形成视为中国进入文明时代的一项标志"，而"礼制形成于龙山时代"[①]。

　　龙山时代，一般认为相当于公元前3000～前2000年左右[②]。考古材料表明，进入龙山时代，黄河和长江流域若干考古学文化的社会分层已较显著，贫富分化加剧，在聚落形态、建筑规格与品类以及遗物上都有一些令人瞩目的现象出现。这一大的历史时期上承仰韶时代，下接以二里头文化为先导的三代青铜文化，是以礼乐制度为显著特征的华夏文明起源与形成的关键时期，因而成为探索中国古代礼制的起源与早期发展

---

　　① 高炜：《龙山时代的礼制》，《庆祝苏秉琦考古五十五年论文集》，文物出版社，1989年。

　　② 严文明：《龙山文化和龙山时代》，《文物》1981年第6期。在该文中，严文明先生将龙山时代界定于公元前2600～前2000年。后来，其主张将庙底沟二期文化及各区域与其大体同时的诸考古学文化"划归龙山时代的早期"，准此，龙山时代的上限就可上溯至公元前3000年左右。详见严文明：《龙山时代考古新发现的思考》，《纪念城子崖遗址发掘60周年国际学术讨论会文集》，齐鲁书社，1993年。

的重要对象。龙山时代之前的仰韶时代，约当新石器时代晚期[①]。伴随着这一时期社会分层现象的出现，某些遗迹遗物或可看作礼仪建筑或礼器的萌芽和前身。但总体上看，这些考古学现象与礼制的形成之间尚有相当的距离。

经对与礼制有关的遗存做初步的梳理，我们认为，礼制遗存有广义和狭义之分。广义的礼器作为社会地位和等级的标志物，其出现应与社会分层大体同时，指那些开始脱离日用品而被赋予了特殊用途和特定意义的器物，它诞生于真正意义上的礼制出现之前，存在于广大地域内的诸多考古学文化中。狭义的礼器则是指与三代礼器群有直接的承袭关系、作为华夏礼乐制度的物化形式的器物。礼仪建筑也大体可做这样的划分，只是它较之礼器更难以辨识。

广义与狭义两种礼制遗存可能还具有进一步的分类学意义，它们似乎代表着以礼乐为分野的两大文化系统。三代礼乐文明的多源性并不意味着它是主次不分的"杂拌"，由物质遗存把握其所具有的精神与制度层面的特质，应是我们研究中一个重要的努力方向，也是解明相关问题的关键所在。在礼制起源问题的研究上，我们不倾向于做一般进化论式的单线追溯。就目前的发现看，狭义的礼制遗存仅见于龙山时代少数几个考古学文化，我们可以据此对三代礼乐文明的主源做深入的探究。

应当承认的是，从考古学材料探究礼制的起源并非易事。任何事物在其肇始期都有发生与初步发展的过程，其质变完成于量变之中，礼制的形成也是一个过程而非一道门槛。因而，对早期礼制遗存的确认具有相当的模糊性。同时，由于没有确凿的文字材料出土，探索中的许多阶段性认识只能属于推论，有待于新的考古发现的检验。

一、礼仪建筑与墓葬的考察

目前与礼仪建筑相关的遗存发现较少，同时缺乏能确切说明其功能与性质的材料，因而对其进行界定有很大的困难。我们可以从两个方面入手对这一问题进行初步的探索。

其一是从发生学的角度看其起源。

从新石器时代开始，黄河流域的住宅建筑形式经历了从半穴居到地面居再到高台居的发展过程[②]。住宅形式作为社会文化的产物，也一直在显示着社会进步的趋势。至龙山时代乃至其后的三代，在穴居住宅依然存在的同时，出现了突出于地面的高台建筑。高台建筑的出现既与夯筑技术的成熟相关联，又反映着事实上日益扩大的社会分裂。大型夯土高台建筑的建造需要庞大的用工量，又因其首先成为表现礼制的宫殿和

---

① 苏秉琦：《中国通史·第二卷·远古时代》，上海人民出版社，1994年，第85页。

② 周星：《黄河流域的史前住宅形式及其发展》，《中国原始文化论集》，文物出版社，1989年。

宗庙之所在而具有权力象征的意义。这决定了它从诞生之日起就与礼制和文明有着某种内在的联系①。

　　其二是遵循由已知推未知的方法，从可以确认的礼仪建筑来上推这类遗存的渊源。

　　二里头遗址的大型建筑基址，是目前可以确认的中国最早的与礼制相关的宫庙类建筑，其在遗存类型上表现为大型夯土基址。建筑台基高出地面，系人工夯筑而成，面积达数千至1万平方米，体量远远大于一般居住址。土木结构，形制方正规整，封闭式布局，中轴对称②。其后的二里冈文化和殷墟文化的大型建筑与其一脉相承。由此可知，中国早期礼仪建筑的考古学载体是大型夯土台基址。

　　由二里头文化的大型建筑基址上溯，可与其大体前后接续并保存较好的夯土基址，发现于属王湾三期文化的新密市古城寨龙山时代城址③中。城址的面积为17万余平方米。大型建筑基址的总面积应在2000平方米以上（我们认为编号为廊庑基址的F4与夯土基址F1应为同一座大型建筑的组成部分），夯土基址F1的规模与二里头遗址1、2号基址的主殿相仿，达300余平方米。依发掘报告，其建造和使用年代约当中原龙山文化晚期。

　　如果进一步追溯夯土和大型建筑这类作为礼制建筑的表现形式的考古学现象的本源，可知最早将夯土用于建造城垣和建筑的，是郑州西山仰韶文化晚期城址④。甘肃秦安大地湾仰韶文化晚期的"原始殿堂"⑤，是由前堂、后室和东西两个厢房组成的多间式大型建筑，总面积达420平方米左右，应为集会或举行宗教仪式的公共建筑，在结构与功能上或可看作后世礼仪建筑的前身。但到目前为止，我们还没有在包括上述地点在内的黄河中游的遗址中发现高出地面的早期夯土台基址。与二里头遗址相类的高出地面的夯筑台基式建筑，仅见于地势更为低平的长江和黄河下游的良渚文化⑥和山东龙山文化⑦。在余杭良渚遗址群发现的人工营建的莫角山大型台基址，其平面略呈长方形，面积逾30万平方米。台基上更筑有3个高4～5米的土台，此外还发现有总面积不小

　　① 许宏：《先秦城市考古学研究》，北京燕山出版社，2000年，第79页。

　　② 中国社会科学院考古研究所：《偃师二里头——1959年～1978年考古发掘报告》，中国大百科全书出版社，1999年，第138～159页；许宏、陈国梁、赵海涛：《二里头遗址宫殿区考古又有重要发现》，《中国文物报》2003年1月27日第1版。

　　③ 河南省文物考古研究所、新密市炎黄历史文化研究会：《河南新密市古城寨龙山文化城址发掘简报》，《华夏考古》2002年第2期。

　　④ 国家文物局考古领队培训班：《郑州西山仰韶时代城址的发掘》，《文物》1999年第7期。

　　⑤ 甘肃省文物工作队：《甘肃秦安大地湾901号房址发掘简报》，《文物》1986年第2期。

　　⑥ 杨楠、赵晔：《余杭莫角山清理大型建筑基址》，《中国文物报》1993年10月10日第1版；严文明：《良渚随笔》，《文物》1996年第3期。

　　⑦ 山东省博物馆、日照县文化馆东海峪发掘小组：《一九七五年东海峪遗址的发掘》，《考古》1976年第6期；临沂地区文物管理委员会、日照县图书馆：《日照尧王城龙山文化遗址试掘简报》，《史前研究》1985年第4期。

于3万平方米的大型夯土基址。这类遗存已开后世中国大型建筑普遍采用的同类做法的先河。同时应指出的是，良渚文化的衰落时间较早[1]，其与二里头文化之间尚有相当的时间距离，该文化所见夯土基址与三代同类建筑间是否存在源流关系，是否具有相同的性质和功能，都还有待于深入的探究。

与古城寨城址大体同时，在黄河中下游龙山时代诸考古学文化中还发现有10余处夯土城址[2]。这些城址的面积相差很大，从1万平方米至数十万平方米不等，在平面布局上大多较为方正，与仰韶时代的环壕聚落和城址的圆形规划不同。这一区域的城址形态，成为后世中国夯筑矩形城郭制度的主源。方正的、规模不一的城垣，除了有利于版筑施工这一技术层面的原因及因地制宜的考量外，是否还有礼制的因素蕴含其内，尚无从究明。一个明显的事实是，并非重要的中心聚落都筑城，同时，并非所有的城址都是中心聚落。可以认为，早期城垣的筑建是以实用性即其防御功能为主的，城垣的有无首先取决于需要，即便夏商西周三代王朝的都城，也并非都有城垣[3]，因此城垣是否具有或具有多少观念上的象征意义，是否属于礼制建筑都还有待于进一步的探究。同时，在这些城址中，尚很少发现像古城寨那样保存较好、可能与礼制有关的大型建筑，这也影响了我们对城址的性质与功能的准确把握。

至于龙山时代内蒙古中南部和长江中游的城址，则分别为石砌和堆筑，且形制均不甚规整，受这些地区社会复杂化程度的制约，其功能和性质同中原地区的夯土版筑城址当不可同日而语。这类夯土遗存富于地方特色，它具有什么样的礼制意义还有待于进一步究明。可以肯定的是，"各地城址在当地社会运作中所发挥的作用与方式不尽相同，最终它们在对中国文明之形成的贡献程度和方式上也有各种各样的差别"[4]。

在三代，礼制的一个重要组成部分是丧葬礼，古人"事死如事生"，作为丧葬礼的重要物化形式的墓葬本身也应属礼仪遗存的范畴。三代贵族葬制的主要特征是：长方形竖穴土圹；以单人仰身直肢葬为主；葬具采用棺椁；以成套的礼乐器随葬；有明显的等级差别存在，墓葬规模、棺椁的有无和复杂程度以及随葬品的种类和数量与墓主身份成正比。其渊源也可上溯至龙山时代。

长方形竖穴土圹的墓葬形制和单人仰身直肢的埋葬习俗都可上溯至新石器时代前期，且被普遍采用，因而不具有标示等级身份的意义。在仰韶时代以仰韶文化为主的

① 对良渚文化下限的认识，分歧颇大，我们倾向于良渚文化的年代在约距今5300~4600年的观点。栾丰实：《良渚文化的分期与年代》，《中原文物》1992年第3期；张忠培：《良渚文化的年代和其所处社会阶段——五千年前中国进入文明的一个例证》，《文物》1995年第5期；赵辉：《良渚文化的若干特殊性——论一处中国史前文明的衰落原因》，《良渚文化研究——纪念良渚文化发现六十周年国际学术讨论会文集》，科学出版社，1999年。

② 钱耀鹏：《中国史前城址与文明起源研究》，西北大学出版社，2001年。

③ 许宏：《先秦城市考古学研究》，北京燕山出版社，2000年，第48、49页。

④ 赵辉、魏峻：《中国新石器时代城址的发现与研究》，《古代文明》（第1卷），文物出版社，2002年。

诸文化类型中，尚多见多人二次合葬墓，共同随葬一套或两三套器物；单人墓中墓葬的规模大体相同，随葬品以日用陶器为主，或有生产工具和装饰品，其种类和数量并无显著的差别。从半坡类型的埋葬制度，还可知当时妇女占有的财产一般多于男子，说明其地位尚高于男性①。但地区与文化类型间仍存在发展的不平衡性。其中大汶口文化早期墓的分化程度就较高，个别墓葬的墓坑面积已超过8平方米，随葬器物逾百件②，应已出现了贫富分化与社会地位分化的现象。

仰韶文化后期遗存中很少发现墓葬，其葬制的具体情况尚不甚清楚。与其大体同时的大汶口文化、凌家滩文化等，则在同一墓地内的墓葬之间以及不同墓地之间开始出现分化现象，墓葬的规模、葬具和随葬品的种类数量都有明显差异，最典型的是作为所在文化中心遗址的大汶口墓地③和凌家滩墓地④的发现。与大汶口墓地以随葬日用陶器为主的作风相异，地处江淮地区的凌家滩墓地则以随葬富于特色的大宗玉器为主，但二者都随葬有为数不少的生产工具。总体上看，这一时期的随葬制度中有以量取胜的倾向；各文化类型中随葬品的种类较为繁杂，具有浓厚的地方特色；与后世礼器相关的遗物数量较少且零散出现，尚未形成稳定的组合。

在中原仰韶文化前期的墓葬中已偶见用木板拼成的葬具的痕迹⑤。大汶口文化中期的墓葬中出现了长方框形、盒形或井字形的木质葬具，或可称其为"原始木棺"或"原始木椁"⑥。这类葬具均见于墓葬规模较大、随葬品较多的墓中。但这一时期尚未出现具有双重结构的棺椁葬具。

进入龙山时代早期，在葬制的发展上走在前列的仍属大汶口文化（晚期）以及与其大体同时的良渚文化。

大汶口文化晚期阶段最大的墓葬的面积已达14平方米，有木质朱绘葬具（大汶口

---

① 苏秉琦：《中国通史·第二卷·远古时代》，上海人民出版社，1994年，第154、155页。

② 山东省文物考古研究所：《大汶口续集——大汶口遗址第二、三次发掘报告》，科学出版社，1997年，第121～123页。

③ 山东省文物管理处、济南市博物馆：《大汶口——新石器时代墓葬发掘报告》，文物出版社，1974年。

④ 安徽省文物考古研究所：《安徽含山凌家滩新石器时代墓地发掘简报》，《文物》1989年第4期；安徽省文物考古研究所、含山县文物管理所：《安徽含山县凌家滩遗址第三次发掘简报》，《考古》1999年第11期；安徽省文物考古研究所：《凌家滩玉器》，文物出版社，2000年。

⑤ 中国社会科学院考古研究所：《宝鸡北首岭》，文物出版社，1983年，第78页；中国科学院考古研究所、陕西省西安半坡博物馆：《西安半坡——原始氏族公社聚落遗址》，文物出版社，1963年，第214、215页。

⑥ 山东省文物管理处、济南市博物馆：《大汶口——新石器时代墓葬发掘报告》，文物出版社，1974年，第5页；昌潍地区文物管理组、诸城县博物馆：《山东诸城呈子遗址发掘报告》，《考古学报》1980年第3期。

M10）①；在棺或椁外的二层台上随葬珍品的厚葬之风日益盛行，墓中出有制作精美的玉器、骨牙雕筒、鳄鱼皮鼓（鼍鼓）、白陶器及大量陶器和各类装饰品等，其中包括若干非实用器，有些已属礼器的范畴。与其形成鲜明对比的是，占总墓数绝大部分的小型墓全无葬具，随葬品极少甚至空无一物。棺椁齐备的墓葬也始见于此期的大中型墓②。可见初具形态的棺椁与贫富分化和等级制几乎是同时发生的，一出现便成为等级的标志物③。同时，这一时期已出现了不同等级的墓葬相对集中、有规律排列的现象④。

良渚文化已发现的大型墓葬都建在人工堆筑的高土台上。这些高台墓地相对独立，一般不与小墓混在一起，高台本身也是祭坛，兼具祭祀和埋葬权贵的双重功能⑤。大墓墓圹的面积在5~9平方米，有木棺类葬具，有的还带有朱绘痕迹。木棺多以独木刳成，富于地方特色。墓中都有丰富的随葬品，以琮、璧、钺或璜、冠状饰等礼玉及各种佩玉为主，一般在百件以上。同时还发现有大量葬于平地墓地的小墓，其随葬品以陶器为主，或有石钺及小件饰品等，有的全无遗物⑥。

凌家滩文化和良渚文化的贵族墓地系人工营建，注重祭祀功能，随葬品以玉器为主，墓葬间的差别主要显现于随葬玉器的种类与数量上，而墓葬规模和葬具似乎并非葬制上等级划分的重要指标。这些特征，都与前述三代的埋葬制度有较大的差别。

至龙山时代后期，墓葬上显现的等级分化进一步加剧，以海岱龙山文化和陶寺文化的葬制发展最引人注目。

海岱龙山文化已发现的数百座墓葬的绝大多数为中小型墓，大型墓则仅在临朐西朱封和泗水尹家城两遗址发现了数座⑦。这类墓葬的面积达10~30平方米。葬具为一椁一棺或重椁一棺，有的还使用彩绘边箱和脚箱，表明木椁墓的形制至此已臻成熟。这

① 山东省文物管理处、济南市博物馆：《大汶口——新石器时代墓葬发掘报告》，文物出版社，1974年，第22~25页。

② 山东省博物馆、山东省文物考古研究所：《邹县野店》，文物出版社，1985年，第32、114页。

③ 高炜：《龙山时代的礼制》，《庆祝苏秉琦考古五十五年论文集》，文物出版社，1989年。

④ 山东省博物馆、山东省文物考古研究所：《邹县野店》，文物出版社，1985年，第30、135页；山东省文物管理处、济南市博物馆：《大汶口——新石器时代墓葬发掘报告》，文物出版社，1974年，第4、126页。

⑤ 杜金鹏：《良渚神祇与祭坛》，《考古》1997年第2期。

⑥ 陆建方：《良渚文化墓葬研究》，《东方文明之光——良渚文化发现60周年纪念文集》，海南国际新闻出版中心，1996年。

⑦ 山东大学历史系考古专业教研室：《泗水尹家城》，文物出版社，1990年；山东省文物考古研究所、临朐县文物保管所：《临朐县西朱封龙山文化重椁墓的清理》，《海岱考古》（第1辑），山东大学出版社，1989年；中国社会科学院考古研究所山东工作队：《山东临朐朱封龙山文化墓葬》，《考古》1990年第7期。

类墓葬一般有丰富的随葬品，包括以白陶鬶和蛋壳黑陶高柄杯为中心的成套精美的陶器和各类玉器，并有猪下颌骨等。个别规模较大的墓还发现有鳄鱼骨板，一般认为属鼍鼓的残迹。

这种葬制上的等列关系在地处晋西南的陶寺文化中表现得更为清晰。在襄汾陶寺墓地已发掘的数百座陶寺文化早期墓葬①中，大、中、小墓种类齐全。大型墓仅发现6座，约占1%。这类墓的面积最大达8平方米以上（最近发掘的一座陶寺文化中期大墓的面积逾18平方米②），使用朱绘木棺，铺撒朱砂。值得注意的是，其葬具的复杂程度逊于海岱龙山文化所见。随葬品可达一二百件，包括由彩绘（漆）木器、彩绘陶器及玉石器组成的成组家具、炊器、食器、酒器、盛储器、武器、工具、乐器和装饰品以及牲体等，随葬的礼乐器中又以蟠龙纹陶盘、鼍鼓和特磬最为引人注目。中型墓占总数的10%左右，也使用木棺，随葬品则等而下之。而无葬具和随葬品，或仅有一两件遗物的小墓则占总数的80%以上。各类墓葬数量上的这种金字塔式的比例关系，应是当时已出现严重分化的等级制社会结构的真实反映。

综上可知，大汶口-海岱龙山文化的棺椁制度，大汶口-海岱龙山文化和陶寺文化以食器、酒器和乐器为主的随葬制度以及良渚文化的葬玉制度等，构成三代礼制中葬制的主源。

二、早期礼器的考察

我们已在上一节着重从遗迹的角度对三代礼制中葬制的渊源进行了探讨，而考古学所见礼器则主要出自墓葬，这里再主要以墓葬的随葬品为中心，对礼器的发生及初期发展做粗浅的分析。

自新石器时代晚期起，以陶器为主的某些器物就有脱离日用品而被赋予某种特殊用途和特定意义的趋势。在原始宗教活动中使用独特而精美的器物的做法，为后来盛行的礼器制度奠定了基础③。如前所述，这类器物可称为广义的礼器，不少器物的出现可追溯至龙山时代之前，或见于与华夏礼乐文明无直接承继关系、在其问世之前即退出历史舞台的文化共同体。而狭义的礼器则是指与三代礼器群有直接的承袭关系、作

① 中国社会科学院考古研究所山西工作队、临汾地区文化局：《山西襄汾县陶寺遗址发掘简报》，《考古》1980年第1期；中国社会科学院考古研究所山西工作队、临汾地区文化局：《1978～1980年山西襄汾陶寺墓地发掘简报》，《考古》1983年第1期；高炜、高天麟、张岱海：《关于陶寺墓地的几个问题》，《考古》1983年第6期。

② 中国社会科学院考古研究所山西第二工作队：《2002年山西襄汾陶寺城址发掘》，《中国社会科学院古代文明研究中心通讯》2003年第5期。

③ 徐良高：《中国民族文化源新探》，社会科学文献出版社，1999年，第54～56页。

为华夏礼乐制度的物化形式的器物。就目前的考古发现而言，这一意义上的礼器仅可上溯至龙山时代，限于少数几支考古学文化。

从礼器的渊源与功用上看，它大体上可分为两类：一是由日常生活用器衍生而来的器物，在其早期阶段尚未完全脱离实用功能。如陶质酒器、食器、石制工具、武器等。二是非普及的、专用于宗教仪式活动的特殊器类。如乐器和各类玉器，以及某些特殊的陶器等。三代礼器群的构成，是以第一类为主体的，以酒器和食器为核心的容器组合是三代礼器群的重要特征，而青铜器成为其主要的物质载体；同时，礼器组合中的玉器也是中国早期礼乐文明的一个重要特色。

属于三代前期的二里冈文化的青铜器已有了长足的发展，青铜容器的种类达到10种以上。从已发掘的墓葬材料知，二里冈文化偏早阶段的青铜礼器组合有爵、斝、盉、觚、鼎等，而以爵的使用频率最高①。二里冈文化青铜器的生产与使用又是全盘继承了二里头文化的青铜文化传统。在二里头文化的中心遗址偃师二里头遗址发现了迄今所知最早的青铜礼器群和最早的铸铜作坊遗址。二里头遗址所出青铜礼器的种类与二里冈文化大致相同，包括爵、盉、斝、觚（？）、鼎，也以作为酒器的爵为主。因属青铜文化的早期阶段，在墓葬中常以陶盉、漆觚与铜爵相匹配②。上述两个文化中还都发现了与青铜容器共出的武器类礼器——钺。这些已确知的中国最早的青铜礼器群的材料，是我们探寻礼器渊源的基点。

由始见于二里头文化晚期的青铜礼器群上推，可知在二里头文化早期即已存在形制与组合都相对固定的陶质酒器，即鬶、爵、盉、觚，到晚期还出现了斝。这些器物成组地出土于墓葬中，在若干规模较大的墓中还与青铜器共出，组成完整的组合。它们一般制作精致，形制与青铜器中的同类器有密切的关联，应属早期礼器，有些可能就是青铜礼器的前身。

二里头文化早期所见陶鬶，往往以白陶制成，至晚期为同属温酒器的盉所取代。因此三代的青铜器中已不见其身影。然而早于二里头文化的河南登封王城岗龙山文化遗存，以及新密新砦遗址的新砦期遗存中，分别发现有青铜（或红铜）容器的腹部和流部残片，发掘者推断其为鬶的残片③。联系到《西清古鉴》著录的与海岱龙山文化同类陶器酷似的传世铜鬶，有理由相信龙山时代至二里头文化早期阶段是存在着铜质鬶

---

① 河南省文物考古研究所：《郑州商城——1953～1985年考古发掘报告》，文物出版社，2001年。

② 中国社会科学院考古研究所：《偃师二里头——1959年～1978年考古发掘报告》，中国大百科全书出版社，1999年；郑光：《二里头遗址的发掘——中国考古学上的一个里程碑》，《夏文化研究论集》，中华书局，1996年。

③ 河南省文物研究所、中国历史博物馆考古部：《登封王城岗与阳城》，文物出版社，1992年，第87、99～100页；李先登：《试论中国古代青铜器的起源》，《史学月刊》1984年第1期；赵青春：《新砦期的确认及其意义》，《中原文物》2002年第1期；顾问：《"新砦期"研究》，《殷都学刊》2002年第4期。

或鬶类器的。"铜鬶无疑比陶鬶更重要，它不是日常用具，而应是一件礼器。"①

　　陶鬶最早见于大汶口文化，此后逐渐向海岱地区以外的各地散播，"最终被各地原始文化所吸收、改造，成了'龙山期'诸文化的共同新因素。……这种薄胎、素面，造型奇特，独具一格的袋足器，在中华大地之外的任何地方都不曾发现过。从这一意义上讲，陶鬶也可以作为中华史前文化的一个代表器物"②。陶鬶制作精致，造型独特美观，在功能上又用来盛放当时用以献祭神祖的酒液，因而成为"前铜礼器"（出现于青铜礼器之前的非铜礼器）③群中最重要的一分子。

　　陶鬶的存在意义还不仅限于该器种本身，二里头文化陶礼器群中的其他几种三足酒器爵、盉、斝都应与其有渊源关系④。另一种酒器盉也可溯源至大汶口文化中的同类器。以王湾三期文化为主的中原系统龙山文化则作为近源，是连接二者的纽带。

　　陶寺文化早期的大、中型墓，展现了晋南地区龙山时代"前铜礼器"群的组合情况。炊事用具有灶、鼎和大型陶斝、俎、刀，食器有大口罐、盆、盘、豆、勺等，酒器有小口折肩罐、高领壶、斝、斗、盉、杯，乐器有鼍鼓、特磬、土鼓（？），权杖或兵器有钺、戈、镞，工具有斧、锛、研磨器等。其中蟠龙纹陶盘、鼍鼓和特磬等重器仅见于数座大型墓。"从随葬品组合的角度看，后来商、周贵族使用的礼、乐器，在公元前第3千纪中叶的陶寺早期已初具规模。"⑤另一方面，从陶寺文化的总体状况看，其吸纳了广大地域的诸文化类型的文化因素，但分布地域却基本上局限于晋西南一隅，自身文化因素也未能像二里头文化那样作跨地域的播化。随葬品具有浓厚的地方特色，礼器的主体是彩绘（漆）木器和彩绘陶器，礼器组合的特点是种类齐全，数量众多，仍存在以量取胜的倾向，"食器、酒器、乐器、兵器、工具皆成套出现，很难简单地指为'重酒的组合'或'重食的组合'"⑥。这与前述二里头文化和二里冈文化以酒器为主的礼器组合存在较大的差异。

　　作为二里头文化直接源头之一的王湾三期文化，以及其他中原龙山文化系统的考古学文化，目前尚未发现类似的可资比较的考古学材料。

　　大汶口文化晚期至海岱龙山文化的高级贵族墓，采用棺椁并用的木质葬具，以

---

① 邵望平：《铜鬶的启示》，《文物》1980年第2期。

② 高广仁、邵望平：《史前陶鬶初论》，《考古学报》1981年第4期。

③ 高炜在"中国文明起源学术座谈会"上的发言，《中国文明起源座谈纪要》，《考古》1989年第12期。

④ 唐兰：《论大汶口文化中的陶温盉》，《故宫博物院院刊》1979年第2期；邹衡：《夏商周考古学论文集》，文物出版社，1980年，第149～153页；杜金鹏：《封顶盉研究》，《考古学报》1992年第1期；吕琪昌：《从史前陶鬶与商代铜斝的关系探讨夏、商文化的分际》，《华夏考古》1999年第1期。

⑤ 高炜：《中原龙山文化葬制研究》，《中国考古学论丛——中国社会科学院考古研究所建所40年纪念》，科学出版社，1993年。

⑥ 高炜：《龙山时代的礼制》，《庆祝苏秉琦考古五十五年论文集》，文物出版社，1989年。

犬为牺牲；随葬以鬶和蛋壳黑陶高柄杯为代表的成组酒器、食器，以及鼍鼓、玉钺和鸟形玉饰等。这构成大汶口文化晚期至海岱龙山文化葬制与礼器组合的显著特点。白陶这种由高岭土烧制成的硬质陶，在大汶口文化晚期已作为一个独立的陶系被大量生产，成为高等级墓葬中常见的随葬品。二里头文化至殷墟文化的白陶工艺，很可能即由大汶口-龙山文化系统的白陶工艺发展而来。其他的许多文化因素也为三代中原礼乐文明所承继，成为其礼制的重要组成部分。可以认为，"在文明孕育的过程中，海岱史前文化似乎作出了比其他地区更多更积极的奉献"[①]。

以琮、璧、钺及作为某种偶像头部冠饰的"冠状饰"为主体的玉器组合，显示出太湖地区良渚文化礼器群的突出特点。其中玉钺来源于新石器时代早中期的石斧或石钺，后者以长江下游的薛家岗文化和良渚文化最为多见。新石器时代晚期以来，某些制作精致，或朱绘具有神秘色彩图案的石钺已明显失去原来生产工具的性质，而渐变为武器和礼器[②]。良渚文化大墓中的玉钺有的刻有神人兽面纹及鸟纹，配以精致的嵌玉木柄和玉帽、玉镦，更应属权杖的性质[③]。至于琮、璧，目前从考古学上还难以准确地断定其功用，或认为是敬天祭地的礼器，或认为是通神的法器，或认为是财富或权势的象征，等等。可以肯定的是，它们均出自大墓和富墓，只属于少数特权阶层所有，是墓主权力和地位的标志。在规格不等的墓葬中，又依其种类、质地、数量的差异，区分贵族内部的不同阶层。琮、璧与商代的同类玉礼器，琮上的兽面纹与商代青铜器上的饕餮纹之间可能存在着密切的关联。有内石钺已开二里头文化和二里冈文化青铜钺的先河[④]。良渚文化的陶礼器的基本组合是鼎、豆、簋、盉、壶、贯耳壶，有的在器壁上镂刻着蟠螭纹、禽鸟纹等纤细而繁缛的图案，富有浓厚的地方特色。

从良渚文化总体上弥漫着浓厚的宗教巫术色彩[⑤]这一事实出发，我们倾向于赞同"良渚文化的玉琮是一种与人们的原始宗教巫术活动有关的器物"，由宗教法器而成为"统治阶级的象征"[⑥]的观点。良渚文化之后散见于各地的玉、石琮，包括见于中原龙山文化系统诸文化和二里头文化至殷墟文化者，一般形体矮小，纹饰简化。"这些玉、石琮与良渚文化的玉琮在形制上差别很大，似不应看作与良渚文化有直接

①　高广仁、邵望平：《海岱文化对中华古代文明形成的贡献》，《山东龙山文化研究文集》，齐鲁书社，1992年。

②　傅宪国：《试论中国新石器时代的石钺》，《考古》1985年第9期。

③　张明华：《良渚玉戚研究》，《考古》1989年第7期。

④　二里头遗址新近发现的一件铜钺是迄今所知最早的青铜钺。经铸造技术和X射线照相结果分析，该钺可能原本有内。中国社会科学院考古研究所二里头工作队：《河南偃师市二里头遗址发现一件青铜钺》，《考古》2002年第11期。

⑤　赵辉：《良渚文化的若干特殊性——论一处中国史前文明的衰落原因》，《良渚文化研究——纪念良渚文化发现六十周年国际学术讨论会文集》，科学出版社，1999年。

⑥　张光直：《谈"琮"及其在中国古史上的意义》，《考古学专题六讲》，文物出版社，1986年；王巍：《良渚文化玉琮刍议》，《考古》1986年第11期。

关系，也不能确定它们与良渚文化的玉琮是否具有同样的用途。"[①]在中原三代文明中，玉质礼器自二里头文化始即不占据礼器群的首要位置，玉质礼器饰品化是三代礼器群的一个重要特征。从这个意义上讲，对良渚文化等盛行"玉敛葬"，以玉为主要礼器的诸考古学文化与三代礼乐文明形成的关系，似不应做过高的估计。从宏观的角度看，自仰韶、龙山时代至周代，随着华夏礼乐文明的发生、确立与初步发展，玉器在人们的精神生活中有一个由"以玉事神"，到"以玉崇礼"再到"以玉比德"的地位逐渐降低的过程。这是三代文明对诸史前文化因素有选择地吸纳扬弃的一个典型例证。

由上述分析可知，陶寺文化、海岱龙山文化和良渚文化等社会发展水平较高的考古学文化墓葬间明确的等级划分以及上述"前铜礼器"群的存在，说明在上述各地域社会中，作为早期复杂化社会建立社会新秩序的重要支柱，礼制已经出现并趋定型。但总体上看，龙山时代各区域考古学文化的"前铜礼器"的种类、形制和组合各有特色，尚未形成跨地域的统一的定制。这应是诸考古学文化尚处于礼制形成过程的初期阶段的反映。正是这些人类文化共同体的持续竞争与交流影响，奠定了后来华夏礼乐文明的基础。

三、以礼乐为分野的两大文化系统的兴替

近十余年来的考古发现与研究结果表明，仰韶时代与龙山时代间曾发生过重大而深刻的社会变革。就黄河中游及邻近地区而论，仰韶文化晚期至庙底沟二期文化时期，社会在经过了极其繁盛的仰韶文化庙底沟期之后进入了一个大分化、大动荡、大重组的调整阶段。与庙底沟期相比，此时遗址的数量和分布密度明显下降，各地文化的面貌也从具有极强的一致性转变为富于地方色彩。这些现象暗示着原有的社会秩序遭到破坏[②]。逮至中原龙山文化阶段（约当公元前2600～前2000年），社会在向复杂化演进的过程中又进入了一个新的阶段。综上所述，从考古学上看，真正与礼制相关联的遗迹的出现，可以纳入礼制系统的成组早期礼器的问世，应都是此次社会变革与重组的直接产物，而与此前的社会秩序、行为规范和宗教思想意识似乎仅存在间接的联系。

如果再从宏观上对史前至三代的文化发展态势做总体的把握，似可以礼制遗存及其所反映的社会宗教结构为分野，将诸考古学文化划分为两大系统；进而可知礼乐系统文化的勃兴与非礼乐系统文化的衰微构成了华夏礼乐文明萌芽与肇始期历史发展的

① 王巍：《良渚文化玉琮刍议》，《考古》1986年第11期。
② 赵辉、魏峻：《中国新石器时代城址的发现与研究》，《古代文明》（第1卷），文物出版社，2002年。

主旋律。

与三代礼乐文明在文化内涵上有直接关联的考古学文化，要首推大汶口-海岱龙山文化和中原系统龙山文化。这类文化与后来的二里头文化、二里冈-殷墟文化以及宗周及各封国的礼乐文明一脉相承，或可称为礼乐系统文化。其礼制遗存表现为：存在作为宫殿宗庙的大型夯筑基址、以礼乐器随葬的棺椁大墓等；以酒器、食器等容器构成礼器群主体（漆木、陶、铜礼器）；有磬、鼓、钟等乐器群；玉质礼器逐渐饰品化；少见或罕见具象造型，图案抽象化。就现有考古学材料看，礼乐系统文化可能形成的时间约在龙山时代早期，介于仰韶文化晚期至中原龙山文化之间，以及大汶口文化中、晚期之间。礼乐系统文化随时间推移，在空间上先由黄河中下游汇聚至中原，而后随三代王朝的扩张而辐射四围。从这个意义上讲，以中原为中心的黄河中下游是华夏礼乐文明形成的核心地区。

应当指出的是，即便直接参与创建中原礼乐文明的各考古学文化，其贡献也不是等重的，以海岱地区为中心的东方文化在其中起了主导作用。二里头文化和二里冈文化高出地面的台基式建筑、厚葬风习和棺椁制度、以酒器为核心的礼乐器系统以及玉器组合等，都可溯源于东方地区的先行文化。相比之下，地域上处于中原的陶寺文化，就其礼制遗存而言，与二里头文化和二里冈文化的关系反而没有大汶口-海岱龙山文化密切。同时，从已有的考古材料看，二里头文化继承自王湾三期文化的要素，集中于层次较低的日用陶器和小型墓的埋葬习俗等方面。与礼制相关的主体文化因素，大多难以在当地找到明确的源头。在复杂社会中，作为上层建筑和意识形态的物化形式的高等级遗存才代表一个文化的发达程度，更具有区分人们共同体的意义。可以认为，二里冈文化礼制因素的主源应是二里头文化，而二里头文化礼制因素的主源则应是大汶口-海岱龙山文化。容易理解的是，这一结论得自考古学文化因素分析的层面，而与族属问题不可混为一谈。大汶口-海岱龙山文化究竟是在什么样的历史背景下，又是以怎样的方式参与到创建中原礼乐文明的过程中来的，确是值得深入探究的问题。

仰韶时代至龙山时代，还存在着与上述礼乐系统文化有着不同内涵的其他考古学文化，如红山文化[①]、良渚文化、屈家岭-石家河文化等，这些文化或可称为非礼乐系统文化或巫术文化。这类考古学文化的内涵芜杂，并不统一，但有若干共性，存在着广义的礼制遗存。其考古学表现为：存在大型祭祀建筑群、祭坛、积石冢或高台墓地、葬玉大墓等；法器以玉器为主；流行神像、人物、动物等雕塑品，重视觉冲击力；大宗明器性祭品集中分布。其特点是具有巫术色彩的宗教在其社会生活中都占有着极为突出的地位。这类文化的历史可上溯至久远的时代，至仰韶时代得以盛行，此后随着礼乐系统文化的勃兴扩展而逐渐走向衰微。同时，它们又大量吸收礼乐系统文

① 发现有大型祭祀建筑群址、大型积石冢群及随葬精美玉器的大墓的红山文化晚期的年代，约距今5800～4900年。杨虎：《辽西地区新石器——铜石并用时代考古文化序列与分期》，《文物》1994年第5期。

化的因素。至二里头时代及其后，仅见于更远的周边地区，如夏家店下层文化、三星堆文化，以及周代各诸侯国域内及周边的土著文化中。后世的萨满文化与其或属一系。

礼乐系统文化产生自非礼乐系统文化，也在与同时期的非礼乐系统文化的相互作用与刺激中借鉴了后者的若干文化要素，二者间必然有着千丝万缕的联系；但两大系统考古学文化内涵的明显不同，又昭示了二者在社会总体政治宗教结构上的差异。如果说我们已意识到二里头文化与其先行的文化尤其是上述中原周边地区诸考古文化之间存在着"连续"发展中的"断裂"现象[①]，那么通过以上分析可以显见，这种"断裂"实际上是上述两大文化系统此兴彼衰这一大的历史现象的真实反映。

仅就一般认为史前时代社会宗教最为发达的红山文化的情况说明之。红山文化祭祀遗址出土的所谓"神像"，"凡能判明性别者均为女性，对女神的尊奉，应是母权制氏族社会精神思想的遗留"[②]。而确立并兴盛于三代的礼制，是建立在父权家族制基础之上的，这已成为学界的共识。鉴于此，两者间在宗教信仰与社会发展阶段上的差异不言自明。出土孕妇雕像的砌石建筑、出土女性头像的所谓"女神庙"的半地穴式建筑[③]，都与后世作为礼制建筑的大型夯土高台建筑址大相径庭，看不出其间的传承关系。积石为冢的墓制，也与作为华夏文明主流的竖穴土坑棺椁葬制不合。可以肯定的是，红山文化玉器常见于祭祀遗址，且有不少造型较为复杂者，如猪龙、鸮、勾云形器等，它们应已不是一般的工艺品，而具有某种特殊的含义。但其中仿生动物的普遍存在，说明人们的思维方式和宗教意识尚未摆脱动物崇拜的范畴，其意识形态尚处于较为原始的阶段；玉器中大多为装饰品，而未见真正的礼仪用器，其中璧形器可能是玉礼器——璧的雏形，但其造型多样，尚未定型[④]。

有学者在讨论良渚文化的衰落原因时指出："峰值期的良渚社会是一个宗教色彩极其浓厚的社会，整个社会生活的运作被笼罩在厚重而偏激的宗教气氛里，为此，社会投入了大量非生产性劳动，而这些付出对社会的长期发展显然不会有任何正面效应。"同时，与良渚文化大墓中宗教遗物数量多、比例大、地位突出的现象不同，中原龙山文化系统和海岱龙山文化的大墓，直至商周时期贵族墓葬的随葬制度更多地表现的是世俗权力的集中和财富的占有，而"带有神权色彩的遗物则甚少"[⑤]。这大体上

---

① 许宏：《"连续"中的"断裂"——关于中国文明与早期国家形成过程的思考》，《文物》2001年第2期。

② 苏秉琦：《中国通史·第二卷·远古时代》，上海人民出版社，1994年，第419页。

③ 郭大顺、张克举：《辽宁省喀左县东山嘴红山文化建筑群址发掘简报》，《文物》1984年第11期；辽宁省文物考古研究所：《辽宁牛河梁红山文化"女神庙"与积石冢群发掘简报》，《文物》1986年第8期。

④ 中国玉器全集编辑委员会：《中国玉器全集1·原始社会》，河北美术出版社，1992年。

⑤ 赵辉：《良渚文化的若干特殊性——论一处中国史前文明的衰落原因》，《良渚文化研究——纪念良渚文化发现六十周年国际学术讨论会文集》，科学出版社，1999年。

适用于对礼乐系统文化和非礼乐系统文化结构性差异的总体把握。

以祖先崇拜为内核、重世俗功利、把宗教置于适当位置的礼乐系统文化，何以能在严酷的社会竞争和人与自然的竞争中脱颖而出，发展壮大，最终成为华夏文明的主流；而巫术色彩极其浓厚的非礼乐系统文化为何在光灿一时的同时又具有脆弱性和短命的一面，终致社会畸形发展而柜继退出历史舞台？两大系统文化兴替的深层原因，今后仍将是学术界需加以深入探究的重要课题。

〔原载北京大学中国考古学研究中心、北京大学震旦古代文明研究中心：《古代文明》（第3卷），文物出版社，2004年〕

都城礼制

中国古代都城遗址布局形制的考古发现所反映的社会形态变化研究

刘庆柱

中国古代都城是古代王朝的政治统治中心、经济管理中心、文化礼仪活动中心、军事指挥中心，正如王国维先生所说，"都邑者，政治与文化之标征"[①]。可以说古代都城是国家历史的缩影，因此说中国古代都城遗址考古是中国考古学中的重要内容。本文将根据中国古代都城遗址布局形制的考古发现，探讨中国古代社会形态变化及其相关问题。

一、中国古代都城遗址布局形制的考古发现概述

目前中国古代都城建筑中，地面之上仍然保存着城墙、宫殿、宗庙、社稷、寺院等重要建筑，主要为明清时代的都城遗存。明清时代以前的地面之上仍然保存的古代都城建筑，则寥寥无几。与西方古代的石构建筑不同，中国古代建筑一般为土木建筑，后者随着时间的流逝，原来的地面之上的建筑大多已不复存在（少数都城的城墙尚有部分保存），都城遗址与宫殿、礼制建筑遗址等保存下来的也只是其部分残存建筑物的夯土基址及其相关遗物等，而这些恰恰是我们目前研究中国古代都城布局形制及其所反映的社会形态历史变化的重要物化载体。因为目前仅存的中古时代以前的、为数不多的古代建筑和有关古代建筑的文献资料，远远不能满足上述研究的需要。中古时代及以前的中国古代都城遗址的考古发现，成为进行上述研究的基础和前提。自20世纪初考古学传入中国至今，中国考古学家十分关注古代都城遗址田野考古发现与研究，在这一学术传统的影响之下，起步较晚的中国考古学，在中国古代都城遗址考古方面，取得了丰硕学术成果。

---

① 王国维：《殷周制度论》，《王国维学术经典集》（下集），江西人民出版社，1997年。

（一）夏商西周时期都城遗址布局形制的考古发现

古代都城是以国家（王国、帝国）或王朝的形成、存在为前提的，国家的形成是个漫长的历史发展过程，"前王国"时代的"邦国"管理社会的活动平台，可能就是近年考古发现的某些重要的史前时期的"城"，但它们不作为本文的"都城"。本文所言"都城"为王国、帝国时代的王朝都城。关于史前时期的"城"与王国"都城"的关系，本文后面将进行讨论。

根据历史文献记载夏王朝都城地望与时代，结合考古调查、发掘资料，学术界一般认为河南偃师二里头遗址应为目前所知最早的中国古代都城遗址（实际上二里头遗址并不是中国古代的第一座都城遗址，不过目前比它更早、可以确定为夏王朝的都城遗址，田野考古还未发现或尚未取得共识）。

1959年中国科学院考古研究所徐旭生先生率队在豫西进行的"夏墟"考古调查，发现了河南偃师二里头遗址，其后对二里头遗址开展了长期的考古工作。现已究明遗址范围东西最长2400、南北最宽1900米，现存面积300万平方米，遗址中心区位于遗址东南部至中部一带，其中包括宫庙区、铸铜作坊区、玉石器作坊区、祭祀活动区和一些贵族聚居区。宫庙区主要位于遗址东南部，已发现大型夯土建筑基址数座，考古发掘了多座大型宫殿建筑遗址。晚期筑有宫城，平面为长方形，南北长359～378、东西宽292～295米，面积约10.8万平方米。宫城外围发现垂直相交的大道。宫城南部发现有规模庞大的绿松石器制造作坊遗址。宫城周围分布有大量中小型夯土建筑基址，这应属于贵族聚居区。在贵族聚居区附近分布有中型墓葬。宫殿区以南200米有大范围的铸铜遗址，面积在1万平方米以上，其周围可能有壕沟。祭祀活动区在宫殿区北部，主要包括圆形的地面建筑遗址和长方形的半地穴建筑遗址，以及附近的一些墓葬，其范围东西在二三百米。二里头遗址的西部和北部为一般居住活动区。东部和西部分别有骨器、陶器作坊遗址，二里头遗址历年来还出土了诸如铜爵、铜斝等青铜礼器和青铜兵器及玉钺、玉璋、绿松石龙形器、绿松石牌等玉石礼器及其他大量高规格遗物[①]。二里头遗址发现的宫城遗址、宫庙建筑遗址、青铜礼器等，均属于中国古代都城考古发现中同类遗存时代最早的。学术界一般认为，二里头遗址是夏王朝中晚期的都城遗址。不过根据最近的碳十四测年结果来看，二里头遗址晚期可能已进入商代编年，如果这一测年结果无误的话，二里头遗址晚期也就失去了作为都城遗址的地位。

偃师商城遗址毗邻二里头遗址，位于偃师市西南部洛河北岸，由郭城和宫城组成。郭城分为早晚两期，早期郭城（即考古发现者所说的"小城"）规模较小，南

---

① 中国社会科学院考古研究所：《偃师二里头——1959年～1978年考古发掘报告》，中国大百科全书出版社，1999年；许宏、陈国梁、赵海涛：《二里头遗址聚落形态的初步考察》，《考古》2004年第11期。

北长1100、东西宽740米，面积约81万平方米；晚期郭城（即考古发掘者所说的"大城"）是在早期郭城的基础之上扩建而成，东西1240米（以北城墙为例）、南北1710米（以西城墙为例），城墙周长5500米，面积约2平方千米。城墙之外有城壕。发现城门遗址5座，即东西城门各2座、北城门1座。已进行考古发掘的3座城门遗址，均各为1个门道。偃师商城的郭城，是目前中国古代都城之中考古发现时代最早的郭城。宫城在郭城南部，平面近方形，南北墙长190~200、东西墙长180~185米。宫城在使用过程中又进行了扩建，其最大时期的面积超过4.5万平方米。已发现南宫墙中部辟有一座单门道宫门。宫城遗址进行了全面考古发掘，发现了建于不同时期的十余座宫庙建筑遗址。在宫城北部发现石砌池渠，池渠与宫殿之间设置了祭祀场所。郭城北部有一般居址、手工业遗址[①]。我们注意到，偃师商城的宫城与二里头遗址宫城相比，后者比前者规模大一倍，而时代上后者又比前者早，其中应该蕴含着非常重要的信息，需要在今后的田野考古发掘与研究中予以特别的重视。

郑州商城遗址在郑州市，东西约1700、南北约1870米，周长6960米，面积3平方千米。在城址东南部与西部偏北发现了部分城壕遗迹。城址东北部分布有数量众多的大型夯土建筑基址，这里可能为都城的宫庙建筑区，其范围长约750、宽约500米。宫庙建筑区外围发现有部分夯土墙与壕沟遗迹，发现者认为这有可能是宫庙区所在的宫城城墙与城壕遗迹。在靠近城墙内侧与城址之外的附近地区，还发现了一些一般居址。为数众多的铸铜、制陶、制骨作坊遗址，均分布于城址南、北、西三面之外的附近地区。在郑州商城东南角至西南角发现一道长3425米的夯土墙遗迹，一般认为这是郑州商城的"外郭城"城墙，这种说法还有待更多考古发现与研究的支撑[②]。

《史记·殷本纪·正义》引《竹书纪年》载："自盘庚徙殷至纣之灭二百五十三年，更不徙都。"又据《史记·项羽本纪·索隐》引《汲冢古文》云："盘庚自奄迁于北蒙，曰殷虚，南去邺州三十里。"《史记·项羽本纪》载："项羽乃与期洹水南殷虚上。""殷虚"即"殷墟"，故《史记·项羽本纪·集解》应劭曰："洹水在汤阴界。殷墟，故殷都也。"学术界长期以来认为，殷墟在安阳的洹河南岸，是商代晚期都城遗址。武丁至帝辛时期的宫殿、宗庙区在洹河南岸的小屯村一带，宫庙区的西、南两面挖有壕沟，西壕沟长1050、南壕沟长650米；北、东两面邻洹水。关于小屯宫庙区的整体布局和单体宫庙建筑遗址形制，以往发表的考古资料和研究成果，与近年先秦都城遗址田野考古发现与研究的新成果多有抵牾，有的属于学术发展的历史局限所致，这就要求我们必须用新的理论、新的方法、新的资料去认识、分析以往的考古资料与研究结论，将这一研究向更加深入推进。殷墟遗址区还分布有铸铜、制陶、制骨、制玉等手工业作坊遗址，以及大量一般居址与墓地。王陵区在洹河北岸的侯家

---

① 王学荣：《河南偃师商城遗址的考古发现与研究述评》，《考古求知集》，中国社会科学出版社，1997年。

② 河南省文物考古研究所：《郑州商城——1953~1985考古发掘报告》，文物出版社，2001年。

庄与武官村一带。

近年又在洹河北岸发现了早于小屯宫庙建筑遗址区的都城遗址——洹北商城遗址，这可能是"盘庚徙殷"至武丁之前的早期殷都遗址，或可说殷墟作为都城的早期遗址。洹北商城遗址平面近方形，边长2100~2200米，面积470万平方米。在城址中部偏南发现大面积夯土基址群，其排列有序、分布密集。有的建筑基址规模宏大，如已进行考古发掘的第一号宫殿建筑遗址 面积达1.6万平方米[1]。

西周都城——陕西长安丰镐遗址，位于西安西南部沣河两岸，遗址范围约10平方千米，已发现多座夯土建筑基址和大量墓葬。在沣河西部的客省庄与马王庄一带，钻探发现14座夯土建筑基址[2]。在沣河东部的镐京遗址范围之内，也发现了10余处夯土建筑基址[3]。由于上述发现大多属于调查勘探资料，对于那些夯土建筑遗址原来的建筑功能，还难以开展深入、全面的研究，因而涉及都城遗址布局与宫庙遗址形制等重要学术问题，还需要今后田野考古工作的更多积累。周原遗址（此处所说的周原遗址包括周公庙遗址，即一般所说的"大周原遗址"）是周人的发祥地，这里有大量西周时期重要宫室建筑，但是周原遗址不是"真正"的都城遗址，因为"周原"在西周从未作过王朝的都城，它只是西周王室先人的"故地"。尽管如此，我认为周原遗址考古发现的大型夯土建筑基址，在学术上对于研究周代宫室建筑仍有重要意义[4]。

历史文献记载，西周王朝在洛阳建有陪都[5]，但是关于其具体地望、范围、形制都还不清楚，有待今后进一步的考古工作来究明。

在上述都城遗址之中，大多发现了建筑规模庞大的宫庙建筑遗址与祭祀活动遗迹，有的都城遗址附近还发现了铸铜和玉石制造等官手工业作坊遗址、巨大的王陵群或贵族墓葬。近年来考古发掘的河南偃师二里头遗址的宫城遗址（及其中宫庙建筑遗址）与祭祀遗迹、偃师商城的郭城与宫城遗址（及其中宫庙建筑遗址、祭祀遗存和池渠遗址）、郑州商城城墙遗迹与宫庙建筑遗址、安阳殷墟洹北商城宫庙建筑遗址等，

---

① 中国社会科学院考古研究所：《殷墟的发现与研究》，科学出版社，1994年；中国社会科学院考古研究所安阳工作队：《河南安阳市洹北商城的勘察与试掘》《河南安阳市洹北商城宫殿区1号基址发掘简报》，《考古》2003年第5期。

② 中国科学院考古研究所：《沣西发掘报告——1955—1957年陕西长安县沣西乡考古发掘资料》，文物出版社，1963年；中国社会科学院考古研究所：《张家坡西周墓地》，中国大百科全书出版社，1999年；中国社会科学院考古研究所沣西发掘队：《1976~1978年长安沣西发掘简报》，《考古》1981年第1期。

③ 陕西省考古研究所：《镐京西周宫室》，西北大学出版社，1995年。

④ 陕西周原考古队：《陕西岐山凤雏村西周建筑基址发掘简报》，《文物》1979年第10期；陕西周原考古队：《扶风召陈西周建筑群基址发掘简报》，《文物》1981年第3期；周原考古队：《陕西扶风县云塘、齐镇西周建筑基址1999~2000年度发掘简报》，《考古》2002年第9期。

⑤ 孔颖达：《尚书正义》，《十三经注疏》，中华书局（影印），1980年；（晋）黄甫谧撰，（清）宋翔凤、（清）钱宝塘辑，刘晓东点校：《逸周书》，辽宁教育出版社，1997年。

为我们研究当时的都城遗址布局形制及其所反映的社会形态变化提供了珍贵的科学资料。

（二）春秋战国时期都城遗址布局形制的考古发现

春秋战国时代，东周王朝日渐衰落，诸侯国日益强大，国家实际上已经处于各个诸侯国各自为政的局面。春秋战国时期是中国古代历史上的社会大变革时期，作为凝结时代政治、经济、文化于一身的各个诸侯国都城，处于这一社会大变革的各个诸侯国的政治中心地位。对这一时期各诸侯王国都城遗址的考古勘察、发掘，使我们对这些都城的布局形制有了初步了解，深化了对当时都城及其宫殿、宗庙等重要建筑遗址的认识。

周平王东迁定都洛阳，王城遗址在今洛阳涧河两岸，其北城墙长2890米，东西城墙均残，王城南北长约3200米。王城遗址中部偏南可能为宫城遗址，此处发现了一些夯土建筑基址及其周围的夯土墙遗迹。王城西北部发现制陶、制骨及石器制造等手工业作坊遗址，王城东北部与西南部发现了一些烧造砖瓦的窑址，在城址南部发现了数十座粮仓遗址。战国时代的王陵与贵族墓地可能在王城遗址东北部的金村一带，王城遗址之内曾发现大量春秋战国时代的一般墓葬[①]。

春秋战国时代秦国都城——雍城遗址，平面近长方形，东西长3480、南北宽3130米，面积逾10平方千米。城内中西部姚家岗发现宫殿遗址群，面积约2万平方米，推测这是春秋时代秦大郑宫遗址。位于姚家岗宫殿建筑遗址群东部、雍城中部偏北的马家庄宫庙建筑群遗址，包括了东西并列的宗庙与朝寝宫室建筑。雍城北部的今翟家寺村附近，发现有市场遗址，其平面呈长方形，东西180、南北160米，面积2万平方米。市场周置围墙（市墙），四面各辟一门。目前在已发现的春秋战国时期诸侯王国都城遗址中，秦雍城是唯一发现了宗庙建筑遗址和市场遗迹的诸侯国都城遗址。城址西南部为秦公陵区[②]。

战国时代中期，秦孝公徙都咸阳，都城遗址范围东西约7200、南北约6700米，已勘探究明咸阳宫宫城遗址位于城内北部咸阳原上，遗址范围东西843～902、南北约576米。宫城遗址之中已发掘了3座宫殿建筑遗址。在战国时代晚期，秦国国王又在秦咸阳

① 考古研究所洛阳发掘队：《洛阳涧滨东周城址发掘报告》，《考古学报》1959年第2期；中国科学院考古研究所：《洛阳中州路（西工段）》，科学出版社，1959年；洛阳市文物工作队：《洛阳东周王城内的古窑址》，《考古与文物》1983年第3期；洛阳博物馆：《洛阳战国粮仓试掘纪略》，《文物》1981年第11期。

② 陕西省雍城考古队：《秦都雍城钻探试掘简报》，《考古与文物》1985年第2期；陕西省雍城考古队、陕西省雍城考古队：《凤翔马家庄一号建筑群遗址发掘简报》，《文物》1985年第2期；韩伟、焦南峰：《秦都雍城考古发掘研究综述》，《考古与文物》1988年第5、6期合刊。

城南部的"渭南"地区，营建了大量宫庙建筑和上林苑。都城手工业作坊遗址分布在城址西南部、南部，墓地在都城西部。咸阳作为秦国首都之后，初置王陵于都城西北部，后移于芷阳"东陵"[①]。

楚纪南城是东周时期楚国都城遗址，城址平面呈长方形，东西长4500、南北宽3500米，面积约16平方千米。已发现7座城门遗址，其中西城墙北部城门遗址与南城墙西部城门（水门）遗址均为3个门道。城址中部偏东的松柏村一带分布有61座排列有序的夯土建筑基址，其北部和东部发现了夯土墙基，南部为城墙，东、西、北三面有河流，这里可能为都城宫城或宫殿区[②]。城南有祭祀建筑遗址，城东有制陶作坊遗址，城西和城北有密集的居址。都城四周分布着众多的墓地，其中大型墓葬多在城北和城东[③]。

齐临淄城是西周至战国时代的齐国都城遗址，都城由大城和小城组成，小城位于大城西南角。大城平面为长方形，南北长4000、东西宽4500米。小城南北长2200、东西宽1400米，周长7275米，面积3平方千米。小城发现5座城门遗址，其中南门2座，其他三面各1座。宫殿建筑基址主要分布在小城之内的北部。关于大城与小城的时代，目前学术界说法不一，大多认为小城建于战国时代，个别学者认为小城时代早于大城[④]。大城中部和东北部为手工业作坊遗址区。早期都城之内还有墓地，主要分布在城址东北部。都城东南部是战国时代田齐王陵区[⑤]。

曲阜鲁国故城位于今山东曲阜，建于西周晚期，沿用至汉代。城址平面近长方形，东、西、南、北城墙各长2531、2430、3250、3560米，城墙周长11771米。发现城门遗址11处，除南城墙辟2门外，其余三面各辟3门。宫殿建筑遗址群主要在城址中部，分布范围东西约1000、南北约2000米。其中周公庙村的宫殿建筑遗址地势最高、规模最大，在其东、西、北三面已发现夯土墙遗迹，它们可能是宫城城墙遗存。南城墙的东部城门北对宫城遗址，南对"舞雩台"遗址，后者可能是一处祭坛遗址。鲁国故城西南部的小城，一般认为是建于汉代，也有学者认为它可能始建于战国时代[⑥]。

① 陕西省考古研究所、临潼县文管会：《秦东陵第一号陵园勘查记》，《考古与文物》1987年第4期；陕西省考古研究所、临潼县文物管理委员会：《秦东陵第二号陵园调查、钻探简报》，《考古与文物》1990年第4期。

② 湖北省文物考古研究所：《1988年楚都纪南城松柏区的勘查与发掘》，《江汉考古》1991年第4期。

③ 湖北省博物馆：《楚都纪南城的勘察与发掘（上、下）》，《考古学报》1982年第3、4期。

④ 马良民：《试论战国都城的变化》，《山东大学学报（哲学社会科学版）》1988年第3期。

⑤ 山东省文物管理处：《山东临淄齐故城试掘简报》，《考古》1961年第6期；群力：《临淄齐国故城勘探纪要》，《文物》1972年第5期；山东省博物馆：《三十年来山东省文物考古工作》，《文物考古工作三十年（1949~1979）》，文物出版社，1979年。

⑥ 山东省文物考古研究所、山东省博物馆、济宁地区文物组等：《曲阜鲁国故城》，齐鲁书社，1982年；许宏：《先秦城市考古学研究》，北京燕山出版社，2000年。

燕下都是战国晚期燕国都城遗址，位于河北省易县东南部。城址平面为不规则长方形，东西长8000、南北宽4000～6000米，面积30平方千米。城址中部有一古河道，纵贯南北，将其分为东西并列二城。东城东西4500米，南北4000米；西城东西3500米，南北3700米。东城北部有一东西向隔墙横贯东城，隔墙南侧有一东西向河道亦横贯东城，宫殿建筑遗址群均在河道以北，其中最重要的武阳台、望景台、张公台和城外的老姆台四座大型建筑基址，由南向北依次排列，分布在一条南北向中轴线上。兵器作坊遗址、制骨作坊遗址等均在宫殿建筑遗址区之内的西部，冶铁、铸铜、制陶、铸币等作坊遗址均在东城北部的东西向河道以南。东城西北隅的虚粮冢墓区为王室墓区，其南的九女台墓区为贵族墓地[①]。

郑韩故城是东周时期郑国和韩国都城遗址，位于河南新郑县。城址东西长5000、南北宽4500米，由东城和西城组成。西城平面近长方形，城内中北部有宫城遗址，其平面近长方形，东西500、南北320米。东城为不规则长方形，其中分布有铸铜、制骨、制陶、铸铜等手工业作坊遗址。大中型墓葬主要发现于西城东南部与东城西南部，一般墓葬主要在东城以外的东部与西城以外的南部[②]。

赵邯郸城是战国时代中晚期赵国都城遗址，由大城和小城组成。大城为不规则的长方形，南北约4880、东西约3240米，周长15314米，面积13.8平方千米。小城即宫城，又称"赵王城"，位于大城西南部，但是大城与小城之间并不相连。小城由3座城组成，即东城、西城和北城，平面为"品"字形，面积5平方千米。其中西城最重要，平面呈方形，周长5680米。城内中部偏南有主体建筑——"龙台"，南北长296、东西宽265米，这是战国时代规模最大的夯土建筑基址。"龙台"以北还有南北排列的5座大型夯土建筑基址。西城与东城东西并列，东城南北最长为1442、东西最宽为926米，南北排列的两个大型夯土建筑基址成为东城的主体建筑遗址，东城与西城之间的隔墙中部辟有一门。北城南北长1520、东西最宽为1410米，其南城墙为东城北城墙和西城北城墙东段，西城与东城均辟北门与北城相通。北城西南部的大型夯土台基是赵王城中仅次于"龙台"的高台建筑基址。王陵区位于赵都邯郸城西北15千米[③]。

魏安邑城是魏国前期都城遗址，位于山西夏县，俗称"禹王城"。安邑城遗址由大城和小城组成，小城位于大城中央，汉代在大城西南部修建了一城。大城北墙长2100、南墙长3565、东墙残长1530、西墙长4980米，城墙之外有城壕。小城位于大城中央，

①　河北省文物研究所：《燕下都》，文物出版社，1996年。

②　河南省博物馆新郑工作站、新郑县文化馆：《河南新郑郑韩故城的钻探和试掘》，《文物资料丛刊》（3），文物出版社，1980年。

③　河北省文物管理处、邯郸市文物保管所：《赵都邯郸故城调查报告》，《考古学集刊》（第4集），中国社会科学出版社，1984年。

东、西、南、北四面城垣各长495、930、990、855米，小城即安邑城的宫城①。

此外，这一时期还有不少诸侯国的都城遗址，如山西的晋国都城新田②、河北的中山国都城灵寿③、山东的薛国故城④、河南的宋国故城⑤、湖北的季家湖古城与"楚皇城"⑥、江苏武进淹城等⑦。

在上述都城遗址中，秦雍城的宫庙遗址、秦咸阳城的宫殿建筑遗址、楚国纪南城的离宫——章华台遗址等进行了大规模考古发掘⑧。另一个重要的工作，是对这一时期不少都城遗址附近的王陵及其陵寝建筑遗址的考古勘查与发掘，其中秦公陵⑨、中山国王陵⑩、魏王陵⑪、赵王陵⑫、秦东陵⑬、齐王陵⑭、燕王陵及其陵寝建筑遗址的勘查与发掘最为重要⑮。

---

①　陶正刚、叶学明：《古魏城和禹王古城调查简报》，《文物》1962年第4、5期合刊；中国科学院考古研究所山西工作队：《山西夏县禹王城调查》，《考古》1963年第9期。

②　山西省考古研究所侯马工作站：《晋都新田》，山西人民出版社，1996年。

③　河北省文物研究所：《河北平山三汲古城调查与墓葬发掘》，《考古学集刊》（第5集），中国社会科学出版社，1987年。

④　山东省济宁市文物管理局：《薛国故城勘查和墓葬发掘报告》，《考古学报》1991年第4期。

⑤　中国社会科学院考古研究所、美国哈佛大学皮保德博物馆中美联合考古队：《河南商丘县东周城址勘查简报》，《考古》1998年第12期。

⑥　湖北省博物馆：《当阳季家湖楚城遗址》，《文物》1980年第10期；楚皇城考古发掘队：《湖北宜城楚皇城勘查简报》，《考古》1980年第2期。

⑦　江苏省淹城遗址考古发掘队：《发掘淹城遗址的主要收获》，《南京博物院建院60周年纪念文集（1933～1993）》，1994年。

⑧　荆州地区博物馆、潜江县博物馆：《湖北潜江龙湾发现楚国大型宫殿基址》，《江汉考古》1987年第3期。

⑨　陕西省雍城考古队：《凤翔秦公陵园钻探与试掘简报》，《文物》1983年第7期。

⑩　河北省文物研究所：《河北平山三汲古城调查与墓葬发掘》，《考古学集刊》（第5集），中国社会科学出版社，1987年；河北省文物管理处：《河北省平山县战国时期中山国墓葬发掘简报》，《文物》1979年第1期。

⑪　中国科学院考古研究所：《辉县发掘报告》，科学出版社，1956年。

⑫　河北省文物管理处、邯郸市文物保管所：《赵都邯郸故城调查报告》，《考古学集刊》（第4集），中国社会科学出版社，1984年。

⑬　陕西省考古研究所、临潼县文管会：《秦东陵第一号陵园勘查记》，《考古与文物》1987年第4期；陕西省考古研究所、临潼县文物管理委员会：《秦东陵第二号陵园调查、钻探简报》，《考古与文物》1990年第4期。

⑭　罗勋章：《田齐王陵初探》，《齐文化丛书·考古卷》，齐鲁书社，1997年。

⑮　河北省文物研究所：《燕下都》，文物出版社，1996年。

（三）秦汉时期都城遗址布局形制的考古发现

秦汉时期是中国古代帝国取代王国的历史时期，是以汉族为主体的中华民族形成时期，是中国古代封建社会典章制度的确立时期。作为这样一个历史时期的古代都城——秦咸阳城、汉长安城和东汉雒阳城，在中国古代都城发展史上，占有重要的地位。

秦始皇统一六国，建立了中央集权封建帝国，继续以秦咸阳城为其都城，并对都城进行了扩建，在"咸阳北阪"修建了"六国宫室"，在咸阳城东邻建造了兰池与兰池宫，在都城附近及"渭南"大规模扩建与新建了离宫别馆、上林苑及其他宫庙建筑，其中最著名的莫过于大朝正殿——阿房宫前殿的兴建。目前考古工作者正在对阿房宫遗址进行全面考古勘探[①]。阿房宫基址夯筑而成，基址现保存东西长1270、南北宽424、高12米。这是目前所知规模最大的中国古代宫殿建筑基址。但是，这是一项未完成的巨大工程，秦始皇拟在"渭南"新建的"都城"实际上仅限于规划的启动阶段。秦帝国大兴土木修建宫室，不只限于都城咸阳及京畿之地，甚至在远离都城的渤海湾也进行了大规模的宫室建设，已经进行考古发掘的渤海湾秦行宫建筑遗址是个最好的例子[②]。在秦代皇室建筑中，秦始皇陵则是留给我们的规模最大、保存最完整、等级最高的秦代皇家建筑遗址群，自20世纪70年代以来，秦始皇陵考古工作已取得丰硕的学术成果，为世界所瞩目[③]。"陵墓若都邑"，秦始皇陵的考古发现，对于我们认识、研究秦代都城，有着重要的学术借鉴意义。

秦帝国是中国古代历史上极其的重要王朝，但是由于其仅有十几年的统治，许多制度的实施、思想的贯彻不得不留给了后继的西汉王朝。西汉都城长安城遗址自1956年以来，已经开展考古工作半个世纪[④]。主要进行的考古工作有：城址勘探和城门的发掘、未央宫的勘探和宫殿、官署等建筑遗址发掘[⑤]，市场遗址勘探与手工业作坊遗址的发掘，北宫宫城遗址的勘探，桂宫宫殿和官署建筑遗址发掘[⑥]，武库遗址勘探

---

① 中国社会科学院考古研究所、西安市文物保护考古所阿房宫考古队：《阿房宫前殿遗址的考古勘探与发掘》，《考古学报》2005年第2期。

② 辽宁省文物考古研究所：《辽宁绥中县"姜女坟"秦汉建筑遗址发掘简报》，《文物》1986年第8期；辽宁省文物考古研究所姜女石工作站：《辽宁省绥中县石碑地秦汉宫城遗址1993～1995年发掘简报》，《考古》1997年第10期。

③ 陕西省考古研究所、秦始皇兵马俑博物馆：《秦始皇帝陵园考古报告（1999）》，科学出版社，2000年。

④ 刘庆柱、李毓芳：《汉长安城》，文物出版社，2003年。

⑤ 中国社会科学院考古研究所：《汉长安城未央宫》，中国大百科全书出版社，1996年。

⑥ 中国社会科学院考古研究所、日本奈良国立文化财研究所：《汉长安城桂宫——1996～2001年考古发掘报告》，文物出版社，2007年。

与发掘[①]，汉长安城南郊礼制建筑遗址发掘等（宗庙遗址、社稷遗址、辟雍或明堂遗址）[②]，以及目前正在进行的长乐宫遗址、上林苑昆明池遗址的勘探与试掘。汉长安城平面近方形，东、西、南、北四面城墙各长6000、4900、7600、7200米，周长25700米，城内面积36平方千米。汉长安城每面3座城门，每座城门3个门道。一般城门宽32米，与未央宫、长乐宫宫门相对的4座城门各宽52米。未央宫前殿约居宫城中央，它是宫城及都城之中规模最大、规格最高、排列最前、位居宫城与都城轴线之上的最为重要的宫殿建筑。都城地势西南高、东北低，北低南高，皇宫——未央宫位于都城西南部，长乐宫在未央宫东部、都城南部，桂宫、北宫在都城中部，市场在都城北部。宗庙和社稷在南城墙之外，分别在未央宫东南部与西南部。汉长安城的上述宫殿、市场、宗庙、社稷分布情况，是我们目前通过考古所知的时代最早的"面朝后市""左祖右社"都城布局的实例。

东汉王朝建都雒阳（洛阳），雒阳城东、西城墙残长分别为3900米与3400米，北城墙长2700米，南城墙已被洛河改道冲毁，根据东、西城墙的距离，推断南城墙长约2460米，雒阳城的周长约为13000米。东汉雒阳城亦应有12座城门，其中东西各3座城门，南面4座城门，北面2座城门。每座城门亦为3个门道。城内有南宫与北宫，此外在城内东北部有太仓、武库、永安宫和贵族宅邸，南宫东邻置太尉府、司空府与司徒府等中央官署。南宫西北部、北宫西南部为市场（金市）所在地。都城南郊有礼制建筑遗址（灵台遗址、明堂遗址、辟雍遗址、太学遗址）[③]。由于东汉雒阳城遗址被晚期的曹魏、西晋与北魏洛阳城等相继整体覆压与打破，当前想进一步通过考古学全面究明都城、宫城的布局形制，还有待田野考古新方法的探讨与考古研究新思路的拓展。

古代都城附近的帝王陵墓是都城的重要组成部分，它们对于全面、深入认识古代都城有着重要学术意义。基于上述原因，考古工作者对西汉帝陵及其陵寝建筑遗址，开展了大量考古工作，其中尤以汉景帝阳陵、汉宣帝杜陵陵寝建筑遗址考古勘查、发掘的学术意义最为突出[④]。

（四）魏晋南北朝至隋唐时期都城遗址布局形制的考古发现

这一时期的都城遗址考古工作以曹魏邺城遗址、北魏洛阳城遗址、东魏和北齐邺南城遗址、隋唐长安与洛阳两京遗址等开展工作较多。

① 中国社会科学院考古研究所：《汉长安城武库》，文物出版社，2005年。
② 中国社会科学院考古研究所：《西汉礼制建筑遗址》，文物出版社，2003年。
③ 中国社会科学院考古研究所：《汉魏洛阳故城南郊礼制建筑遗址1962～1992年考古发掘报告》，文物出版社，2010年。
④ 中国社会科学院考古研究所：《汉杜陵陵园遗址》，科学出版社，1993年；陕西省考古研究所：《汉阳陵》，重庆出版社，2001年；刘庆柱、李毓芳：《西汉十一陵》，陕西人民出版社，1987年。

　　魏晋南北朝时期是中国古代历史上的又一次大变动、大变革时期，如果说春秋战国时期的社会历史变化加速了三匡的覆亡与催生了帝国的出现，那么魏晋南北朝时期的中外文化交流，则促使隋唐文化及隋唐时代都城建筑达于中国古代都城发展历史的顶峰。

　　邺北城为曹魏、后赵、冉魏和前燕的都城（204～370年），邺北城遗址的考古勘察究明，其范围东西2400、南北1700米。南面3座城门，其余三面各1座城门。城内有6条道路与城门相连。东西城门之间的东西道路把都城分为南北二区，北区包括宫殿建筑群及其东西两侧的贵族宅邸与宫室苑围，南区是居民区与部分官衙所在地①。

　　北魏洛阳城遗址考古勘探究明，它是中国古代都城中第一座包括了宫城、内城和郭城的重要都城遗址。宫城东西660、南北1398米；内城东西约2460～2820、南北约3510～3895米；郭城北城墙在内城以北850米，东城墙在内城东3500米，西城墙在内城以西3500～4250米，南城墙在古代洛河北岸，今洛河在古代洛河以北1000～1500米。北魏洛阳城遗址城门、城壕、城内道路、金墉城遗址、永宁寺遗址、宫门遗址和明堂、辟雍、太学、灵台等南郊礼制建筑遗址进行了考古勘查、发掘②。

　　邺南城与邺北城南北相连，系东魏、北齐的都城（534～577年）。邺南城遗址东西约2800、南北约3460米。文献记载有城门14座，南北各3座、东西各4座。已勘探发现南城门3座、西城门4座、东城门1座和北城门3座。城墙发现马面50座。城外环绕城壕。城内中部偏北有宫城遗址，其范围东西620、南北970米③。邺南城南部中间城门——朱明门遗址进行了考古发掘④，这是一座3个门道、置双阙的城门遗址。根据文献记载与考古勘查、研究，邺南城应属于"内城"，其外尚有"郭城"⑤，邺南城塔基

　　①　中国社会科学院考古研究所、河北省文物研究所邺城考古工作队：《河北临漳邺北城遗址勘探发掘简报》，《考古》1990年第7期。
　　②　中国科学院考古研究所洛阳工作队：《汉魏洛阳城初步勘查》，《考古》1973年第4期；中国社会科学院考古研究所：《汉魏洛阳城的调查与发掘》，《新中国的考古发现和研究》，文物出版社，1984年；中国社会科学院考古研究所洛阳工作队：《汉魏洛阳城南郊的灵台遗址》，《考古》1978年第1期；中国社会科学院考古研究所洛阳汉魏故城队：《汉魏洛阳故城金墉城址发掘简报》，《考古》1999年第3期；中国社会科学院考古研究所：《北魏洛阳永宁寺1979～1994年考古发掘报告》，中国大百科全书出版社，1996年；中国社会科学院考古研究所洛阳汉魏故城队：《河南洛阳汉魏故城北魏宫城阊阖门遗址》，《考古》2003年第7期。
　　③　中国社会科学院考古研究所、河北省文物研究所邺城考古工作队：《河北临漳县邺南城遗址勘探与发掘》，《考古》1997年第3期。
　　④　中国社会科学院考古研究所、河北省文物研究所邺城考古工作队：《河北临漳县邺南城朱明门遗址的发掘》，《考古》1996年第1期。
　　⑤　朱岩石：《东魏北齐邺南城内城之研究》，《汉唐之间的视觉文化与物质文化》，文物出版社，2003年。

遗址的发掘①，支持了上述看法。

这一时期的北魏平城及其礼制建筑遗址②、六朝南京的地坛遗址和魏晋南北朝时期帝陵等也开展了考古调查、勘探与试掘工作③，对于认识其都城布局形制有着一定意义。

隋唐两京的都城遗址和帝陵的考古工作，几十年来取得了丰硕的学术成果，其中尤以隋唐两京都城的考古勘查与发掘更为突出。

唐长安城遗址进行了全面考古勘探与重点发掘。现已究明，唐长安城由外郭城、皇城和宫城组成。以后又于都城东北部和东部修建了大明宫、兴庆宫作为宫城，在都城北部有"禁苑"，都城东南部有汜苑——"曲江"。外郭城范围东西9721、南北8651米，周长36744米，面积约80平方千米。城外置城壕。四面各辟城门3座，除南面中间的明德门为5个门道之外，其余城门均为3个门道。皇城遗址位于外郭城中部偏北，其范围东西2820、南北1843米，周长9.2千米，面积约5.2平方千米。宫城南邻皇城，其范围东西2820、南北1492米，周长8.6千米，面积4.2平方千米④。其中的大明宫遗址、兴庆宫遗址、西市遗址、明德门遗址、含光门遗址、西明寺遗址、青龙寺遗址⑤、圜丘遗址及其离宫九成宫和华清宫遗址等，进行了考古发掘⑥。

大明宫是唐长安城中最重要的宫城，大明宫遗址周长7.6千米，面积3.2平方千米。辟有13座宫门，南面5座、北面3座、西面4座、东面1座。其中大明宫丹凤门及御道遗址、含元殿遗址、麟德殿遗址、三清殿遗址、玄武门遗址、太液池遗址、东朝堂遗址等进行了考古发掘⑦，丹凤门遗址和含元殿遗址考古发掘使学术上的重大疑难问题得到

---

① 中国社会科学院考古研究所：《北魏洛阳永宁寺1979～1994年考古发掘报告》，中国大百科全书出版社，1996年。

② 刘俊喜、张志忠：《平城考古获得新突破：大同发现北魏明堂辟雍遗址》，《中国文物报》1998年1月21日第3版。

③ 《南京钟山六朝祭坛建筑遗址》，《2001中国重要考古发现》，文物出版社，2002年。

④ 陕西省文物管理委员会：《唐长安城地基初步探测》，《考古学报》1958年第3期；中国科学院考古研究所西安唐城发掘队：《唐代长安城考古纪略》，《考古》1963年第11期。

⑤ 中国社会科学院考古研究所西安唐城工作队：《唐长安西明寺遗址发掘简报》，《考古》1990年第1期；中国科学院考古研究所西安工作队：《唐代长安城明德门遗址发掘简报》，《考古》1974年第1期；中国社科院考古研究所西安唐城工作队：《唐长安城含光门遗址发掘简报》，《考古》1987年第5期；中国社会科学院考古所西安唐城队：《唐长安青龙寺遗址》，《考古学报》1989年第2期。

⑥ 中国社会科学院考古研究所西安唐城工作队：《陕西西安唐长安城圜丘遗址的发掘》，《考古》2000年第7期。

⑦ 中国科学院考古研究所：《唐长安大明宫》，科学出版社，1959年；中国社会科学院考古研究所西安唐城工作队：《唐大明宫含元殿遗址1995～1996发掘报告》，《考古学报》1997年第3期；马得志：《唐长安城发掘新收获》，《考古》1987年第4期；中国社会科学院考古研究所、日本独立行政法人文化财研究所奈良文化财研究所联合考古队：《唐长安城大明宫太液池遗址发掘简报》，《考古》2003年第11期。

基本解决，加深了对宫城在都城中的重要地位及大朝正殿在都城之中的"居中""居前""居高"特点的全面、深刻认识。

隋唐洛阳城包括外郭城、皇城、宫城。外郭城遗址平面近方形，东、南、北城墙各长7312、7290、6138米，西域墙残长6776米。有8座城门，其中东门与南门各3座，北门2座，均为"一门三道"，正门为南城墙中间的定鼎门。外郭城中南部和东部为坊市，其中有109坊、3市。皇城在外郭城西北部，由于洛河北移，皇城东南部被河水冲毁。宫城在皇城之内，其东、西、南、北城墙长分别为1275、1270、1710与1400米[①]。宫城正门为南门应天门。考古发掘的隋唐洛阳城遗址主要有明堂遗址[②]、应天门遗址[③]、履道坊遗址[④]、上阳宫遗址[⑤]、含嘉仓遗址[⑥]、南市遗址和定鼎门遗址等[⑦]。

唐代帝陵的调查与发掘[⑧]，从另一个方面加深了对唐代都城建筑思想的理解。

（五）宋辽金元时期都城遗址布局形制的考古发现

北宋都城开封城包括外郭城、内城、皇城和宫城。外郭城遗址平面近平行四边形，周长29120米。外郭城有12座城门，其中南、西城门各3座，东城门2座、北城门4座。内城遗址位于外郭城中心，平面近方形，周长11550米。有城门10座，其中东、西城门各2座，南、北城门各3座。皇城在内城中部偏北，周长约5000米。宫城在皇城北

---

① 中国科学院考古研究所洛阳发掘队：《隋唐东都城址的勘查和发掘》，《考古》1961年第3期；中国社会科学院考古研究所洛阳工作队：《"隋唐东都城址的勘查和发掘"续记》，《考古》1978年第6期。

② 中国社会科学院考古研究所洛阳唐城队：《唐东都武则天明堂遗址发掘简报》，《考古》1988年第3期。

③ 洛阳市文物工作队：《隋唐东都应天门遗址发掘简报》，《中原文物》1988年第3期；《隋唐洛阳城考古又获重大成果——宫城应元门东阙遗址重见天日》，《中国文物报》1991年1月20日第1版。

④ 中国社会科学院考古研究所洛阳唐城队：《洛阳唐东都履道坊白居易故居发掘简报》，《考古》1994年第8期。

⑤ 中国社会科学院考古研究所洛阳唐城队：《洛阳唐东都上阳宫园林遗址发掘简报》，《考古》1998年第2期。

⑥ 河南省博物馆、洛阳市博物馆：《洛阳隋唐含嘉仓的发掘》，《文物》1972年第3期。

⑦ 中国社会科学院考古研究所：《隋唐洛阳城1959～2001年考古发掘报告》，文物出版社，2014年。

⑧ 刘庆柱、李毓芳：《陕西唐陵调查报告》，《考古学集刊》（第5集），中国社会科学出版社，1987年。

半部的东西居中位置，平面近长方形，周长2521米①。北宋开封城的重要特点是外郭城中的街巷制代替了以前都城之中的里坊制，这反映了宋代商品经济的发展、市民文化的兴起等，使都城布局结构由此前的封闭型向开放型转变。

辽金元四个王朝，均是北方少数民族入主内地，取得了对国家的统治地位。作为政治、经济、文化落后的民族，他们想要统治先进的民族，必须以被统治民族先进的政治、经济、文化进行统治，有时他们甚至利用被统治民族的"最纯粹""最正宗"的"文化"和"思想"进行统治，这在中国古代都城建筑上表现得尤为突出。辽的都城基本继承了唐宋都城制度，少有创新。金元都城建筑则多见复古主义做法。目前已经考古究明了辽上京②、辽中京③、金上京④、金中都⑤、元上都⑥、元中都⑦、元大都遗址等都城的布局形制⑧，而明清北京城大多至今仍得到较好保存。

辽上京位于内蒙古巴林左旗，分为南北二城，北为皇城，南为"汉城"。皇城遗址东西1720、南北1600米，大内位于皇城中部偏北。汉城遗址平面近方形，周长5800米。

辽中京位于内蒙古宁城，都城由外城、内城和宫城组成。外城遗址平面为矩形，东西4200、南北3500米。南城墙辟3座城门，中间城门为正门。内城位于外城中部偏北，平面为长方形，东西2000、南北1500米。宫城在内城北部正中，其北宫墙为内城北城墙一部分。宫城平面方形，周长4000米。可以看出，辽的都城受到唐长安城、北宋开封城的影响。

---

① 开封宋城考古队：《北宋东京外城的初步勘探与试掘》，《文物》1992年第12期；开封宋城考古队：《北宋东京内城的初步勘探与测试》，《文物》1996年第5期；丘刚、董祥：《北宋东京皇城的初步勘探与试掘》，《开封考古发现与研究》，中州古籍出版社，1998年；秦大树：《宋元明考古》，文物出版社，2004年。

② 李逸友：《辽代城郭营建制度初探》，《辽金史论集》（第3集），书目文献出版社，1987年；秦大树：《宋元明考古》，文物出版社，2004年。

③ 辽中京发掘委员会：《辽中京城址发掘的重要收获》，《文物》1961年第9期；秦大树：《宋元明考古》，文物出版社，2004年。

④ 景爱：《金上京》，生活·读书·新知三联书店，1991年；秦大树：《宋元明考古》，文物出版社，2004年。

⑤ 徐苹芳：《金中都遗址》，《中国大百科全书·考古学》，中国大百科全书出版社，1986年；秦大树：《宋元明考古》，文物出版社，2004年，第238页。

⑥ 李逸友：《元上都》，《中国大百科全书·考古学》，中国大百科全书出版社，1986年；秦大树：《宋元明考古》，文物出版社，2004年，第633页。

⑦ 任亚珊、张春长、齐瑞普：《元中都考古取得重大进展》，《中国文物报》1999年12月29日第1版。

⑧ 中国科学院考古研究所、北京市文物管理处元大都考古队：《元大都的勘查和发掘》，《考古》1972年第1期。

　　金上京是金的最早都城，在黑龙江省阿城市，由南北二城组成。南城东西500、南北645米，周长2290米。南城西部偏北有金城，金城中部有南北排列的5座宫殿。南城东部为官署和贵族居住区，北城为工商业区和居民区。

　　金中都位于北京市西南部，由外郭城、皇城和宫城组成。外郭城平面近方形，东西4900、南北4510米。除北城墙辟有4座城门之外，其余三面城墙各辟3座城门。宫城在外郭城的中部偏西，平面为长方形。皇城在宫城之南。

　　元上都位于内蒙古正蓝旗，由外城、皇城和宫城组成。外城和皇城均为方形，边长分别为2200米与1400米，皇城在外城东南部。外城有7座城门，除西城墙辟1座城门之外，其余三面城墙各辟2座城门。皇城东、西城墙各辟2座城门，南、北城墙各辟1座城门。宫城在皇城中部偏北，平面长方形，东西570、南北620米。宫城东、西、南三面各辟1门。

　　元中都位于河北省张北县西北15千米，元中都由郭城、皇城和宫城组成，皇城位于郭城北部，宫城在皇城中部。宫城的主体宫殿建筑位居其中央，其他宫殿建筑分布在它的北部与东西两侧。

　　元大都由郭城、皇城和宫城组成。郭城平面近长方形，东西6680~6730、南北7590~7600米。除北城墙辟2座城门外，其余三面城墙各辟3座城门。皇城位于郭城南部居中位置，皇城西部为太液池、东部为宫城，宫城位于皇城东部的南北居中位置。市场在皇城北部，这似乎折射出《周礼·考工记》关于都城"面朝后市"的设计理念。

二、史前聚落、城、都城发展史与社会形态变化的考古学研究

　　"都城"是历史的产物，是历史发展的特定社会形态的建筑。"都城"是从"城"发展而来的，"城"又是从史前聚落发展而来的。

（一）史前时期聚落的考古发现

　　人类在旧石器时代晚期已开始为自己营建居室，如黑龙江哈尔滨市阎家岗遗址的窝棚遗迹[①]、湖南临澧县竹马遗址的居住遗迹等[②]。农业的发生、出现与新石器时代的到来，使人们的定居成为可能。新石器时代考古发现说明，随着农业的发展，定居生活的稳定，人口的增加，聚落遗址在新石器时代中期开始出现并得到迅速发展，史

---

　　① 黑龙江省文物管理委员会、哈尔滨市文化局、中国科学院古脊椎动物与古人类研究所东北考察队：《阎家岗——旧石器时代晚期古营地遗址》，文物出版社，1987年。
　　② 储友信：《湖南发现旧石器时代末高台建筑》，《中国文物报》1997年4月6日第1版。

前聚落是一种以血缘为基础的社会组织形态。考古发现的新石器时代聚落遗址众多，如具有壕沟与土围的湖南澧县八十垱遗址①、内蒙古敖汉兴隆洼遗址和敖汉北城子遗址②、林西白音长汗双聚落并存遗址③、裴李岗文化的河南舞阳贾湖遗址④、后李文化的山东章丘西河遗址⑤、甘肃秦安大地湾遗址⑥、内蒙古敖汉赵宝沟遗址⑦、湖北枣阳雕龙碑遗址⑧、浙江余姚河姆渡遗址⑨、西安半坡遗址⑩、陕西宝鸡北首岭遗址⑪、临潼姜寨遗址⑫、郑州大河村遗址⑬、河南邓州八里岗遗址⑭、淅川下王岗遗址⑮、安

① 湖南省文物考古研究所：《湖南澧县梦溪八十垱新石器时代早期遗址发掘简报》，《文物》1996年第12期。

② 中国社会科学院考古研究所内蒙古工作队、中国科学院植物研究所：《内蒙古敖汉旗兴隆洼遗址发掘简报》，《考古》1985年第10期；中国社会科学院考古研究队、内蒙古工作队《内蒙古敖汉旗兴隆洼聚落遗址1992年发掘简报》，《考古》1997年第1期；杨虎、刘国祥、邵国田：《敖汉旗发现一大型兴隆洼文化环壕聚落》，《中国文物报》1998年7月26日第1版。

③ 内蒙古自治区文物考古研究所：《白音长汗——新石器时代遗址发掘报告》，科学出版社，2004年。

④ 河南省文物考古研究所：《舞阳贾湖》，科学出版社，1999年。

⑤ 山东省文物考古研究所：《山东发现八千年前居址聚落》，《中国文物报》1998年1月21日第1版。

⑥ 甘肃省博物馆文物工作队：《甘肃秦安大地湾第九区发掘简报》《秦安大地湾405号新石器时代房屋遗址》《甘肃秦安大地湾遗址1978至1982年发掘的主要收获》，《文物》1983年第11期。

⑦ 中国社会科学院考古研究所：《敖汉赵宝沟》，中国大百科全书出版社，1997年。

⑧ 中国社会科学院考古研究所湖北队：《湖北枣阳市雕龙碑新石器时代遗址试掘简报》，《考古》1992年第7期。

⑨ 浙江省文物管理委员会、浙江省博物馆：《河姆渡遗址第一期发掘报告》，《考古学报》1978年第1期；河姆渡遗址考古队：《浙江河姆渡遗址第二期发掘的主要收获》，《文物》1980年第5期。

⑩ 中国科学院考古研究所、陕西省西安半坡博物馆：《西安半坡》，文物出版社，1963年。

⑪ 中国社会科学院考古研究所：《宝鸡北首岭》，文物出版社，1983年。

⑫ 西安半坡博物馆、陕西省考古研究所、临潼县博物馆：《姜寨——新石器时代遗址发掘报告》，文物出版社，1988年。

⑬ 郑州市博物馆：《郑州大河村仰韶文化的房基遗址》，《考古》1973年第6期；《郑州大河村遗址发掘报告》，《考古学报》1979年第3期。

⑭ 北京大学考古学系、南阳地区文物研究所：《河南邓州市八里岗遗址1992年的发掘与收获》，《考古》1997年第12期；北京大学考古实习队、河南省南阳市文物研究所：《河南邓州八里岗遗址发掘简报》，《文物》1998年第9期。

⑮ 河南省文物研究所、长江流域规划办公室考古队河南分队：《淅川下王岗》，文物出版社，1989年。

徽蒙城尉迟寺遗址[①]、河南淅川黄楝树遗址等[②]。聚落之中的建筑物主要是人们的居室，此外，随着社会的发展、历史的前进，在居住区中还出现了"非居住"的"大房子"，如新石器时代的陕西西乡李家村、临潼姜寨、华县泉护村、河南洛阳王湾、灵宝西坡等聚落遗址中发现的"大房子"。它们一般位于聚落中央的广场附近，"大房子"附近有许多一般聚落成员的住房，这类"大房子"应属于聚落全体成员的"公共建筑"。

（二）史前时期城址的考古发现

在新石器时代晚期后段和末期，随着社会经济的发展，聚落成员对经济资源需要的进一步增加，并由此引起与其他聚落对经济资源占有的无休止"争夺"与"战争"，这使不同血缘系统聚落将面临"两败俱伤""同归于尽"的灾难。为避免脆弱的社会面临的崩溃，协商、让步、共同管理与发展，成为历史的必然选择。聚落全体成员对生存环境的共同关注，在巨大自然灾害面前表现出来的无能为力、束手无策，一次又一次的历史悲剧，让人们意识到，对于客体世界的自然灾害而言，人类以地缘关系的联合应对，比仅仅依靠"血缘"系统的孤军奋战要有力得多。上述历史发展背景，可能是出现以地缘为基础的聚落联合体的重要原因之一。"城"可能是负责管理这种"聚落联合体"的社会平台，它不属于某一聚落，而是高于聚落的一种社会形态。从本质上说，它是对传统的、以血缘系统为基础的聚落社会形态之否定。

现在已经发现的史前时代的"城"有50多座[③]，其中开展考古工作较多的重要城址如大溪文化的湖南澧县城头山城址[④]、仰韶文化晚期的郑州西山城

---

① 中国社会科学院考古研究所：《蒙城尉迟寺——皖北新石器时代聚落遗存的发掘与研究》，科学出版社，2001年。

② 长江流域规划办公室考古队河南分队：《河南淅川黄楝树遗址发掘报告》，《华夏考古》1990年第3期。

③ 任式楠：《中国史前城址考察》，《考古》1998年第1期。

④ 湖南省文物考古研究所：《澧县城头山古城址1997～1998年度发掘简报》，《文物》1999年第6期。

址①、大汶口文化晚期的山东滕州西康留城址②、章丘城子崖城址③、邹平丁公城址④、寿光边线王城址⑤、淄博田旺城址⑥、阳谷景阳岗城址⑦、茌平教场铺城址⑧、河南龙山文化中期的淮阳平粮台城址⑨、登封王城岗城址⑩、辉县孟庄城址⑪、郾城郝家台城址⑫、安阳后冈城址⑬、山西襄汾陶寺城址⑭、湖北天门石家河城址⑮、江陵阴湘城遗址⑯、荆门马家院城址⑰、江苏连云港藤花落城址⑱、四川成都平原的一批史前城址

①　国家文物局考古领队培训班：《郑州西山仰韶时代城址的发掘》，《文物》1999年第7期。

②　山东省文物考古研究所鲁中南考古队、滕州市博物馆：《山东滕州市西康留遗址调查、发掘简报》，《考古》1995年第3期。

③　山东省考古研究所：《城子崖遗址又有重大发现，龙山岳石周代城址重见天日》，《中国文物报》1990年7月26日第1版。

④　山东大学历史系考古教研室：《山东邹平丁公发现龙山文化城址》，《中国文物报》1992年1月12日第1版；山东大学历史系考古专业：《山东邹平丁公遗址第四、五次发掘简报》，《考古》1993年第4期。

⑤　杜在忠：《边线王龙山文化城堡的发现及其意义》，《中国文物报》1988年7月15日第3版。

⑥　魏成敏：《临淄区田旺龙山文化城址》，《中国考古学年鉴·1993》，文物出版社，1995年。

⑦　山东省文物考古研究所、聊城地区文化局文物研究室：《山东阳谷县景阳岗龙山文化城址调查与试掘》，《考古》1997年第5期。

⑧　中国社会科学院考古研究所山东队、山东省文物考古研究所、聊城市文物局：《山东茌平教场铺遗址龙山文化城墙的发现与发掘》，《考古》2005年第1期。

⑨　河南省文物研究所、周口地区文化局文物科：《河南淮阳平粮台龙山文化城址试掘简报》，《文物》1983年第3期。

⑩　河南省文物研究所、中国历史博物馆考古部：《登封王城岗与阳城》，文物出版社，1992年。

⑪　河南省文物考古研究所：《辉县孟庄》，中州古籍出版社，2003年。

⑫　河南省文物研究所、郾城县许慎纪念馆：《郾城郝家台遗址的发掘》，《华夏考古》1992年第3期。

⑬　中国社会科学院考古研究所安阳工作队：《1979年安阳后冈遗址发掘报告》，《考古学报》1985年第1期。

⑭　中国社会科学院考古研究所山西工作队、临汾地区文化局：《1978～1980年山西襄汾陶寺墓地发掘简报》，《考古》1983年第1期；中国社会科学院考古研究所山西工作队、山西临汾地区文化局：《陶寺遗址1983～1984年Ⅲ区居住址发掘的主要收获》，《考古》1986年第9期。

⑮　北京大学考古系、湖北省文物考古研究所、湖北省荆州地区博物馆石家河考古队：《石家河遗址群调查报告》，《南方民族考古》（第五辑），四川科学技术出版社，1993年。

⑯　江陵县文物局：《江陵阴湘城的调查与探索》，《江汉考古》1986年第1期；荆州博物馆、福冈教育委员会：《湖北荆沙市阴湘城遗址东城墙发掘简报》，《考古》1997年第5期。

⑰　湖北省荆门市博物馆：《荆门马家院屈家岭文化城址调查》，《文物》1997年第7期。

⑱　林留根、周锦屏、高伟：《藤花落遗址聚落考古取得重大收获》，《中国文物报》2000年6月25日。

（新津宝墩城遗址、温江鱼凫城遗址、郫县梓路城址、都江堰芒城遗址等）等[①]。在内蒙古中南部地区发现的一些山城遗址[②]，它们可能更为主要的功能是作为军事城堡。此外，在长江流域下游良渚文化中发现的人工堆筑营建的高土台，如江苏昆山赵陵山土台[③]、浙江余杭瑶山祭坛[④]、余杭汇观山祭坛[⑤]、上海青浦福泉山高土台[⑥]、江苏武进寺墩等[⑦]，具有作为显贵者墓地和祭祀祖先的双重功能，它们是不是作为史前城址或其一部分，还需要开展更多的考古工作去究明。

　　史前时期城址的性质，是研究"城"的重要内容。确定史前时代的"城址"是否属于"城"，关键在于它们是否具备了该历史阶段"城"的基本性质。我认为史前城址基本性质有二：其一，"城"必须有"城墙"或"墙"围绕。那么是否有"城墙"或"墙"围绕的建筑遗址群就是"城"？我认为是不能这样推断的。其二，"城"中的建筑内涵，主要应为宫庙性质的大型夯土基址。"城"作为从史前聚落发展出来的新的社会形态物化载体，作为社会的多"聚落"（不是仅仅以血缘系统为纽带而形成的多"聚落"，而是包括了一些非相同血缘系统的多"聚落"）管理中心、利益协调中心，它是社会进步与经济发展的政治产物。中国古代"城"的出现与形成，实质上不是生业分工（即农业与手工业、农业与商业等的分工）的产物，也不是"城乡对立"的结果（"城乡对立"是"城"出现以后历史发展的特定时期的特定表现），是人类社会形态从血缘关系向地缘关系发展的产物。古代中国与古代西方"城"的出现历史是沿着不同道路发展的。

（三）古代文明形成、国家建立与古代都城出现

　　新石器时代晚期"邦国"形成，作为其政治中心的"城"，亦随之出现。据文献

　　①　《成都平原发现一批史前城址》，《中国文物报》1996年8月18日第1版；《成都史前城址发掘又获重大成果》，《中国文物报》1997年1月19日第1版。

　　②　内蒙古文物考古研究所：《准噶尔旗寨子上遗址发掘简报》《准噶尔旗白草塔遗址》《准噶尔旗小沙湾遗址及石棺墓地》，《内蒙古文物考古文集》（第一辑），中国大百科全书出版社，1994年；内蒙古文物考古研究所、清水县文物管理所：《清水河县后城嘴遗址》，《内蒙古文物考古文集》（第二辑），中国大百科全书出版社，1997年。

　　③　江苏省赵陵山考古队：《江苏昆山赵陵山遗址第一、二次发掘简报》，《东方文明之光》，海南国际新闻出版中心，1996年。

　　④　浙江省文物考古研究所：《余杭瑶山良渚文化祭坛遗址发掘简报》，《文物》1988年第1期。

　　⑤　浙江省文物考古研究所、余杭市文物管理委员会：《浙江余杭汇观山良渚文化祭坛与墓地发掘简报》，《文物》1997年第7期。

　　⑥　上海市文物保管委员会：《上海福泉山良渚文化墓葬》，《考古》1984年第2期。

　　⑦　南京博物院：《1982年江苏常州武进寺墩遗址的发掘》，《考古》1984年第2期。

记载，"国"要比"邦"的规模小①，"国"与"城"同义，因此《国语·周（中）》载："国有班事，县有序民。"《注》曰："国，城邑也。"《史记·五帝本纪》云：舜"一年而所居成聚，二年成邑，三年成都"。按照这一记载，在三代之前的"五帝时代"，也就是学术界现在一般所说的新石器时代晚期，当时的社会组织形态已经存在"聚""邑""都"三级。"聚"即村落，汉代"县"之下为"乡"，乡之下为"聚"。这在当时的社会教育机构上也有明确反映与记载，汉平帝元始三年，王莽曾提出郡设立"学"，县设立"校"，乡设立"庠"，聚设立"序"②。"聚"作为社会基层组织，先秦时代已存在，因此商鞅变去才有"并诸小乡聚，集为大县"之说③。"邑"与"都"均为"城"，按照《左传·庄公二十八年》记载："凡邑有宗庙先君之主曰都，无曰邑。"我认为，"都"与"邑"除上述区别之外，二者的规模大小、社会管理机构多少也会有所不同。鉴于目前新石器时代晚期的城址大多仅为考古调查或少量试掘，缺乏对城址的整体认识与深入了解，因此就现有的史前城址，判断哪些城址属于"邑"或"都"，条件还不成熟，还需要更多的考古发现与相应的研究才有望做出进一步的探索。尽管如此，已有的史前城址考古资料说明，它们确实存在着规模的大小与规格的高低，像文献记载的那样分成"都"与"邑"的两级"城制"是可能的，"都"与"邑"对应"邦"与"国"，这有可能是"前王国时期"的两级社会形态。

从"城"到"都城"的发展，应该是与从"邦国"到"王国"的发展相一致的，简而言之，也可以说这是与古代文明形成、国家出现历史过程相统一的。

（四）中国古代都城、城的等级与王国、帝国的社会政治架构

随着王国的出现，都城也就产生了。古代都城是王国、帝国的政治中心，王国与帝国时代的城一般是相应区域的政治中心。通过对都城及其同时代的其他城的考古学研究，我们可以进一步认识当时的国家政治架构、社会形态。

学术界目前一般认为二里头文化属于夏王朝的考古学文化，历史文献记载夏王朝是中国古代历史上的第一个王国，二里头遗址被认为是夏王朝的都城遗址。从已发现的考古资料来看，就城址规模之大、建筑遗迹与出土遗物反映的规格之高、与其后的古代都城遗址布局形制关系之密切，目前还没有任何一座史前时期城址可与二里头遗址相比。属于二里头文化分布区及其附近地域，考古发现的二里头文化城址或与之时代相同的城址，从城址规模、规格等方面综合来看，亦未见出其右者。

王国都城遗址与史前城址的区别在于：王国都城有集中的宫庙区，在其周围筑有

---

① 《周礼·天官·太宰》："以佐王治邦国。"《注》："大曰邦，小曰国。"

② 《汉书·平帝纪》：元始三年，王莽奏"立官稷及学官。郡国曰学，县、道、邑、侯国曰校。校、学置经师一人。乡曰庠，聚曰序。"张晏注曰："聚，邑落名也。"师古注曰："聚小于乡。"

③ 《史记·秦本纪·正义》："万二千五百家为乡。聚犹村落之类也。"

夯土墙，形成宫城，其平面一般为规整的长方形或方形。宫城中的宫庙主体建筑平面形制，一般为长方形，也有方形的。宫城周围及附近有铸铜、玉石制作等官手工业作坊，还有一些贵族居址与墓葬。在王国的宫城之外大多围筑有郭城（或称为大城）。二里头遗址已发现宫城遗址，在其外围是否还存在大城或郭城遗址，还需要进一步的考古工作去究明。但是，现在我们已经可以看到，二里头遗址的宫城遗址之中布满宫殿建筑群遗址，其中没有"民居"遗址，也不可能安排"民居"，它的"城以卫君"性质是十分清楚的。宫城之外的附近大量官手工业作坊遗址及贵族宅邸与一般居址的主人，是服务于宫城主人的"民"，也就是居住于郭城中的"民"。迄今为止，考古发现的史前城址，没有一座具有上述所说的二里头遗址的都城布局形制及其文化内涵。史前城址之中，虽然有的发现夯土基址的存在，但是从这些基址规模与平面形制来看，与二里头遗址中的宫庙建筑遗址相去甚远。在已发现的史前城址之中，还存在不少一般居址建筑遗迹，这在王国都城的宫城之中是不存在的。就二里头遗址与史前城址出土遗物比较，我们可以看到：前者出土了青铜礼器和兵器等，这是古代王国重要职能"祀"与"戎"的物化载体；后者有的也出土了一些金属器，但它们一般为简单的饰物或小型工具，这些不属于"祀"与"戎"的物化载体。

考古资料与文献记载使我们注意到，不但王国时代的都城与"邦国"时代的"城"有着明显的不同，作为不同区域政治中心的"城"的分级多少，二者也不一样。如果说"邦国"时代是两级"城制"，那么"王国"时代就是三级"城制"了。《周礼·考工记·匠人》记载，先秦时期"城"分为三级，第一级王城，即王国都城；第二级诸侯城，即诸侯封国都城；第三级"都"，即宗室和卿大夫采邑。这种三级城制，在建筑上的反映是不同等级的"城"之规模不同，它们包括建筑的大小、高低、数量多少等，按级别递减。《左传·庄公十八年》云："名位不同，礼亦异数。"先秦时代的王国都城（即王城）与诸侯王国都城、卿大夫城邑的三级城制，反映了这样的情况。贺业钜先生根据《周礼·考工记·匠人·营国》记载的"三级城邑的礼制营建制度量的级差"，提出了礼制营建制度的"营建等级制"，并指出它们的级差"是用一组以二为公差的等差级数"[1]，这在汉代文献中也得到佐证[2]。上述的城制等级设计，目前在先秦时期城址考古中还没有得到全面佐证。尽管如此，我们根据已有的考古资料和相关文献记载，还是可以看出先秦时期城市的规模确有不同，而导致这种现象的原因，就是王国社会形态的国王、诸侯王、卿大夫三级社会管理，形成三级社会政治管理中心的存在，王国都城、诸侯国都城与卿大夫城邑就是这种三级社会形态的反映。"城"作为管辖区域的大小不同、人口多少不同、地理环境不同等，而形成以"城"为代表的区域经济、军事作用、政治地位的不同，这也就决定了"城"的规模不同、等级不一。

---

① 贺业钜：《考工记营国制度研究》，中国建筑工业出版社，1985年，第27页。

② 《汉书·韦贤传》："自上以下，降杀以两，礼也。"

春秋战国时期，随着王国中央政权的削弱，诸侯王国势力的扩大，东周王朝都城与战国时代几个主要诸侯国都城规模、规格，均发生了重大变化，如东周王城遗址面积约9平方千米、秦雍城遗址面积约10平方千米、楚纪南城遗址面积约16平方千米、齐临淄城遗址面积约24.4平方千米、燕下都东城遗址面积18平方千米（燕下都总面积30平方千米）、赵邯郸城遗址（大城）面积约13.8平方千米等。东周王城与诸侯国都城出现的上述情况，一方面恰恰是当时"挟天子以令诸侯"政治局面在都城建筑上的反映；另一方面，同为战国时代诸侯国都城，规模也有较大差别。在战国时代各诸侯国都城之外，还有一类似《周礼·考工记》所说的"都"（即宗室和卿大夫采邑），或即县治之城。但是这方面的考古工作开展得甚少，鉴于考古资料的不足，目前还难以进行深入研究。

古代都城随着王国被帝国的代替，帝国管辖领域的扩大，政府职能的增多，地缘政治的加强导致的社会统治、管理机制的变化，社会政治的架构更趋扩大化、复杂化，为适应从王国到帝国时代社会形态的历史发展变化，帝国国家形成了更为多级的城市架构。

秦汉王朝是统一的中央集权帝国，全国各地有许多不同规模的城市，除了秦代都城咸阳城、汉代都城长安与雒阳之外，按照郡县制的行政管理区划，形成从大到小、不同等级的区域政治统治中心、经济管理中心、文化礼仪活动中心。一般来说，这些"中心"就是全国各地的郡治、县治及一些乡治所在的"城"。汉高祖建立西汉王朝伊始，"令天下县、邑城"[①]。这些城大多是当时的郡治或县治所在地。不论是都城还是郡治、县治所在地的城，它们的共同特点都是作为政治性建筑而存在。都城的代表性建筑是宫殿、宗庙等皇室建筑群及都城附近的帝王陵寝建筑，郡治和县治所在地城的代表性建筑是官衙、庙社等官方建筑等。上述建筑在各自城中均占据重要位置，属于各自城的主体建筑。秦汉时代的全国各地形成的由大到小的（都城、郡治城、县治城、个别乡级城）城的建筑群，实际上是秦汉帝国郡县制政治架构的反映。西汉王朝都城长安城城内约2/3地方为宫殿、官署等建筑，都城南郊有大面积宗庙、社稷、辟雍等礼制建筑遗址，都城北部和东南部是帝陵陵区。东汉都城雒阳城内主要为宫殿和官署建筑，礼制建筑在都城南郊，帝陵位于都城附近。汉代的诸侯王国都城、郡治城和县治城的考古发现说明，从城的规模上看，诸侯王国都城小于帝国都城，郡治城小于重要的诸侯王国都城，县治城小于郡治城。如西汉齐王国都城临淄城周长17000、西汉赵王国都城邯郸城周长16600米，二城规模均小于汉长安城；汉代郡治城中，如济南郡治东平陵城周长约7600米，它小于上述诸侯王国都城；大多数汉代县城周长2500～6000米，它们一般小于郡治之城。就是在同一级城中，由于各个城的政治地位的不同，其建筑规模也不尽相同[②]。汉代以后至明清时代，中国古代城市建

---

① 班固：《汉书》，中华书局，1962年，第59页。

② 刘庆柱：《汉代城址的考古发现与研究》，《古代都城与帝陵考古学研究》，科学出版社，2000年。

筑设计思想仍然被严格的政治等级制度所制约。魏晋南北朝时期除都城之外，地方上又分为州、郡、县三级城制。一般来说上述三级"城"逐级变小。这些城大多为双重城，即外城和内城，或称大城和小城，这种城的形制，是与其城的功能一致的。隋唐时代的城址研究揭示，除了长安城和洛阳城与地方城有着明显的等级差别之外，地方城中也有一定的等级制度，就城的面积而言，有十六个坊、四个坊和一个坊等不同面积的城，一般大的州城十六个坊、中等州城四个坊、小型州城和县城一个坊的面积①。从魏晋南北朝时期的洛阳城、邺城、六朝故都南京城及隋唐时期的长安城和洛阳城，到宋元明清时期的北宋开封城、元大都和明清北京城等都城，与同时期的州、府城比较，都城建筑都是当时规模最大、规格最高的城。形成这种情况的主要原因，在于中国古代大多数城的主要社会功能，是作为国家或某一地区政治中心，不同的政治地位而形成不同等级规模的城市。

城门是其"门面"，可以说是城的标志性建筑。城门及其门道数量的多少也体现着"城"的等级，都城、郡治之城、县城或其他城的城门数量及其门道多少是各不相同的。自汉代以来，都城一般设十二座城门，每面城墙置三座城门，每座城门三个门道。有的宫城、内城（皇城）正门亦设置三个门道，甚或五个门道。如已经进行考古发掘的汉长安城宣平门遗址、霸城门遗址、西安门遗址和直城门遗址，北魏洛阳城宫城正门——阊阖门遗址、可能为邺南城内城正门的朱明门遗址、唐长安城皇城的含光门遗址、隋唐洛阳城外郭城正门——定鼎门遗址和宫城正门——应天门遗址等均为三个门道，唐长安城外郭城正门——明德门遗址和大明宫正门——丹凤门遗址均为五个门道。其他城市一般设四座城门（个别有八座城门），每面城墙各辟一座城门（个别有两座城门）。

三、"单城制""双城制""三城制"与社会形态变化的考古学研究

（一）"单城制"与"邦国""方国"的社会形态研究

随着史前社会的发展，出现了聚落，聚落之中有居民的居室建筑，还有居民的公共活动的"大房子"、广场等建筑设施，这些设施是服务于全体居民的，因此聚落中的"大房子"、广场都是开放型的。为了部落、氏族成员活动方便，"大房子"和广场大多修建于聚落居址之中。在史前社会晚期，出现了部落酋长、氏族首领处理"公务"和私人生活的"大房子"，这种"公务"管理活动的对象应属于"血缘系统"内

---

① 　宿白：《隋唐城制类型初探（提纲）》，《纪念北京大学考古专业三十周年论文集（1952~1982）》，文物出版社，1990年。

部的。如甘肃大地湾F901，可能是最早的宫殿雏形，具有了后期宫殿建筑的某些功能。尽管如此，这种"大房子"还没有形成大型夯土基址"建筑群"，"大房子"周围也没有修筑墙垣，它不应是"地缘政治"管理社会活动的平台，因此说这样的史前时期聚落还不是"城"。尽管这些聚落有的在周围挖掘了壕沟或修筑了围墙，但是其目的是保障聚落全体成员的共同安全。随着人类从"野蛮"社会向"文明"社会发展，出现了传说或文献记载的"邦国"或"方国"，它们可能具有了国家的雏形。"城"伴随着"邦国""方国"时代的到来，作为其行政管理"中枢"平台的建筑形式而出现。这种"城"不同于史前时期有"围墙"的聚落和军事"城堡"，前者"围墙"之中居住着居民，有的学者将这类"城"称为"乡村城堡"，并认为它们"与一般的乡村聚落没有太大的差别"①；后者则是军事设施，内蒙古中南部的不少史前城址可能多属于这类城址。

关于史前城址的形制，钱耀鹏先生将其分为三种类型："单体一重式"，即本文所说的"单城制"；"双体一重式"和"内外二重式"，也就是本文所说的"双城制"。他认为史前城址的上述三种城址类型，以"单体一重式最为常见"②，这种论断是客观的，也就是说"单城制"在史前城址占有主导地位。"双体一重式"的城址，如王城岗城址存在的东城与西城，一种看法认为它们是不同时期的城址，二者时代上有着先后不同，东城被河水冲毁以后才建起西城；又有一说，西城最初是"仓城"，东城毁后，西城又有了一些大型建筑。不论上述任何一种说法，都不能说西城与东城是宫城与郭城的关系。关于"内外二重式"史前城址，见诸已经发表的考古资料主要有藤花落城址、边线王城址、丁公城址、芒城城址、双河城址等。它们之中有的大城与小城不是同时期所建，如边线王城址、丁公城址等；有的城址仅仅限于调查，有待进一步开展考古工作，如芒城城址、双河城址等；在"内外二重式"史前城址中的个别城址，如藤花落城址的大城与小城现象十分重要，后期的"双城制"可能与其不无关系③，但是这种形制的史前城址，目前所知为数甚少。可以说，史前城址的主体城址形制是"单城制"。史前城址的"单城制"（即上述所说的"单体一重式"城址）与新石器时代晚期"方国""邦国"是相伴而生的历史产物，这种"城"实质上是最早的"宫城"，或者可以说"城"是作为"宫城"首先出现的。它们"比较普遍存在有夯土高台建筑"，"史前城址虽普遍偏小，却具有宫城性质"④。

①　钱耀鹏：《中国史前城址与文明起源研究》，西北大学出版社，2001年，第188页。

②　钱耀鹏：《中国史前城址与文明起源研究》，西北大学出版社，2001年，第294页。

③　林留根、周锦屏、高伟：《藤花落遗址聚落考古取得重大收获》，《中国文物报》2000年6月25日第1版。

④　钱耀鹏：《中国史前城址与文明起源研究》，西北大学出版社，2001年，第294页。

（二）"双城制"与"王国"社会形态的研究

作为基本属于"宫城"性质与职能的"单城制"的史前城址（即"早期城市"），随着方国、邦国时代地域的扩大、人口的增加、经济的发展，方国、邦国之间的进一步联合、兼并而形成"王国"。作为方国、邦国"单城制"的"城"，已不适应作为王国政治统治中心、经济管理中心、军事指挥中心、文化礼仪活动中心——"都城"的需要。这时因为王国政权机构的增加，与之相应的是统治集团需要更多的生产、生活服务人员。仅仅用于"卫君"的"城"已不适应都城的要求，于是在"城"之外又修建了"郭"，"郭以居民"，这些"民"是为王室统治"服务"的人员，他们不是从事商品生产的手工业者，也不是自给自足的农业生产者。郭城的出现不是经济发展的直接产物，郭城是作为政治中心的宫城"政治"发展的需要而出现的。二里头遗址的宫城遗址周围分布有大量与"王室"活动相关的遗存，如宫城周围有贵族居住区，其中还有一些中型墓葬。大型铸铜作坊区位于宫城南部200余米处，铸铜作坊区与宫城之间有绿松石制造作坊遗址。宫城北部、西北部"集中分布着一些可能与宗教祭祀有关的建筑和其他遗迹。主要包括圆形的地面建筑和长方形的半地穴建筑及附属于这些建筑的墓葬"[1]。目前关于二里头遗址的宫城周围重要遗址、遗迹外围还未发现"郭城"（"外郭城"）或"大城"遗迹，这可能一是当时已存在"郭城"（"外郭城"）或"大城"，不过我们至今还未发现；二是当时的"郭城"（"外郭城"）或"大城"已被毁坏无存；三是可能当时就没有构筑（"郭城"）"外郭城"或"大城"。如若属于前二者，自然说明进入王国时代，王国都城已为"双城制"，并非史前城址流行的"单城制"。如若属于最后的情况，我认为作为王国都城的二里头遗址，其宫城周围分布着那么多的重要遗存，它们已经具备了"郭城"（"外郭城"）或"大城"的物质文化内涵，只是因为"物质文化"相对"政治文化"变化的"滞后性"，形成了王国出现与都城"双城制"取代"单城制"不"同步"的现象。这种情况，在"帝国时代"也曾出现，后面还将详细讨论这个问题。

继二里头遗址之后的早期商代都城，如偃师商城与郑州商城，其考古资料已证明，这时已经是相当成熟的"双城制"都城了。近年来，有的学者提出偃师商城、郑州商城已是"三城制"都城。我注意到关于偃师商城的相关考古简报、报告和研究论文中，涉及偃师商城的布局，经常使用"大城"、"小城"与"宫城"的专用学术术语。这可能是造成偃师商城"三城制"说法的原因。在中国古代都城研究中，学术界

---

① 中国社会科学院考古研究所二里头工作队：《河南偃师市二里头遗址宫城及宫殿区外围道路的勘察与发掘》，《考古》2004年第11期；许宏、陈国梁、赵海涛：《二里头遗址聚落形态的初步考察》，《考古》2004年第11期。

约定俗成的"大城"是与"小城"对应的，"宫城"与"郭城"（或称"外郭城"）或"宫城"与"内城"（后来称"皇城"）、"郭城"（或称"外郭城"）对应的，传统所说的"小城"实际上是"宫城"。偃师商城遗址的考古研究人员所说的"小城"，是偃师商城的早期"郭城"（"外郭城"），他们所说的"大城"实际上是偃师商城的晚期"郭城"（"外郭城"）或称晚期"大城"。偃师商城早期于宫城之外围筑了他们所称的"小城"，偃师商城的发展是"小城"废弃，营建了"大城"，原来的宫城仍在"大城"之中，这在他们的相关考古简报、论文之中说得是很清楚的[①]。但是还有学者认为，偃师商城的"大城"（"外郭城"）建成之后，"小城"仍然使用了一段时间[②]，这是与实际的考古资料不一致的。

关于郑州商城遗址的都城布局，有的学者根据在"郑州市顺河路与顺河东街交叉口的西南侧"发现的二里冈下层时期的夯土墙，认为这"可能是郑州商城宫墙的一部分"，从而做出"估计郑州商城已明确分为外郭城、内城和宫城三部分"的论断[③]。安金槐先生并不这样认为，他指出"内城（即郑州商城——引者注）的兴建及其用途，主要是为了奴隶主与贵族们在城内居住的安全"[④]。张国硕先生更为明确地提出"郑州商城内城主要为宫殿分布区"，"内城是专为商王、贵族建造的"，"具有'筑城以卫君'的性质"[⑤]。从目前考古资料来看，郑州商城还应该是属于"双城制"的都城。

安阳殷墟的洹北商城遗址，在大城之内，又发现了有可能是"小城"的线索。传统所说的洹河南岸的殷墟小屯宫庙区之外，多年来发现了为数众多的铸铜、制骨等官手工业作坊遗址，还有大量的居址，它们应为"服务"于小屯宫庙区的遗存。如果这一推断不误的话，当时在小屯宫庙区之外可能还存在着外郭城。

东周时代社会政治发展导致的国家机制复杂化，东周王朝与各诸侯国、诸侯国之间政治关系的激化，"挟天子以令诸侯"的政治局面出现，这些都引起当时各诸侯国都城布局形制的变化。总体来看，东周时代都城虽然仍保持着"双城制"，但是较前已多有所发展。这时的"双城制"都城基本上有三种类型：第一种为大小二城相套，延续了商代都城的形制；第二种为郭城与宫城的二城相邻或相连；第三种是在第二种类型的基础之上，其中一城又为大城与小城相套，另一城作为前一城的附属的城（即"附郭"）。第一种如东周王城、秦咸阳城、魏安邑城、曲阜鲁城、楚纪南城等，第二种如齐临淄城、赵邯郸城等，第三种如郑韩故城、燕下都等。特别需要我们注意的

① 王学荣：《偃师商城布局的探索和思考》，《考古》1999年第2期。
② 张国硕：《夏商时代都城制度研究》，河南人民出版社，2001年，第151、152页。
③ 郑州市文物考古研究所：《二十世纪郑州考古》，香港国际出版社，2004年，第214页。
④ 安金槐：《试论郑州商城的地理位置与布局》，《中国商文化国际学术讨论会论文集》，中国大百科全书出版社，1998年，第84页。
⑤ 张国硕：《夏商时代都城制度研究》，河南人民出版社，2001年，第138页。

是，这时有的都城之宫城（或小城），从单独一座宫城向多座宫城的发展，如秦咸阳城在城内有咸阳宫（又称"北宫"），于都城毗邻的"渭南"又营建"南宫""兴乐宫"等；赵邯郸城的小城由西城、东城和北城三座各自独立的城组成。这可能反映了当时国家统治集团政治势力组合上的变化。

（三）"三城制"与"帝国"时代社会形态的研究

关于中国古代都城的"三城制"（即宫城、内城或皇城、外郭城）的出现时间，学术界目前还有不同观点。如前所述，有的学者甚至提出郑州商城就是由外郭城、内城和宫城组成的都城①。我认为，都城由"双城制"发展为"三城制"，是国家社会形态的变化在国家政治中心——都城的布局形制方面的反映，是王国的王室政治发展为帝国的皇室与中央集权的统一国家政府的结果。帝国时代，作为王室政治活动平台的"宫城"（或称"小城"），由皇室政治活动平台的宫城和中央政府政治活动平台的"内城"（或称"皇城"）所代替。

中国古代历史的帝国时代，以秦始皇建立统一的中央集权国家——秦王朝为开端。尽管秦始皇结束了中国历史上的王国时代，开创了帝国时代，但是秦帝国的都城咸阳是公元前350年秦孝公迁都始建的，一直沿用至秦始皇统一六国、建立秦帝国。咸阳作为都城的基本布局形制，在战国时代中晚期已奠定。秦始皇建立秦帝国以后，为了巩固统一的中央集权国家，采取了许多政治、经济、文化等方面的重大措施，但是都城布局形制并没有立即进行改变，到了他的晚年，才决定在"渭南"营建新的都城之大朝正殿——阿房宫前殿，这项工程还没建成，秦始皇就死去，秦王朝也就随之迅速崩溃。因此，作为从王国发展为帝国的同一都城——秦咸阳城，其布局形制基本保持着战国时代的特点，并未发生重大变化，它与当时社会形态的变化显现出都城建筑作为"文化"变化上的"滞后性"。

相对秦帝国而言，西汉初年 "黄老思想"主导下的"无为而治""休养生息"，使统治者采取了一些政治上的"复古""让步"的做法，在继承秦帝国郡县制的政体情况下，又推行了王国时代分封诸侯王的政策。诸侯王国实际上是个小型"帝国"，其"制同京师"。西汉王朝定都长安，长安在秦代实际上是秦都咸阳的一部分，汉长安城的皇宫大朝正殿——前殿建于秦国和秦王朝的章台之上，长乐宫实际上是在秦兴乐宫基础之上改建的。经过近半个世纪的考古工作，汉长安城的布局形制已基本究明，汉长安城作为"大城"或"郭城"，其中有"宫城"——未央宫，还有长乐宫、北宫、桂宫等"亚宫城"。就郭城之中包括宫城而言，这还是属于"双城制"都城。有的学者认为现在所说的汉长安城为"内城"，或称"扩大的宫城"，汉长安城之外

---

① 郑州市文物考古研究所：《二十世纪郑州考古》，香港国际出版社，2004年，第214页。

还有"外郭城"，就是说汉长安城是由宫城、内城与外郭城组成[①]。我认为这一说法，已为汉长安城及其附近的越来越多的考古新发现所否定[②]。

　　秦汉时代，作为国家的社会形态已由先秦时期的王国政体进入帝国政体，而其都城的形制基本上仍属于王国时代的"双城制"都城，其原因在于，都城建筑作为一种物质文化，虽然受到政治的影响与制约，但是二者的变化不是同步的，一般来说物质文化相对政治的变化是滞后的。正是由于都城布局形制变化相对国家政体及其社会形态发展的滞后性，秦汉时代虽然已经确立了帝国政体的社会形态，但是作为帝国政治中心的都城，直到北魏洛阳城才真正形成了"三城制"都城。秦汉帝国的建立，庞大的中央政府建筑群，并没有在都城之中形成统一的区域，只是到了北魏洛阳城，在宫城之外、内城之中的中轴线东西两侧才形成了较为集中的中央政府机构建筑群，到了隋大兴城·唐长安城又进一步发展为中央政府机构建筑群的专用区域——皇城。北魏洛阳城的"三城制"都城形制出现以后，一直为以后历代封建王朝都城所遵循，与中国古代封建社会相始终。

　　秦始皇建立的统一的中央集权封建帝国，有着庞大的国家机器，它们的政治活动平台，当时安排在宫城与郭城之中，而郭城之内还有诸如官手工业作坊、市场、达官显贵宅邸、市民里居等，这种"官"与"民"杂处的状况，显然不利于中央政府的统治与管理。但是这种现状一直延续到东汉雒阳城。如东汉王朝的太尉府、司徒府、司空府等中央政府的最高行政机构，均分布在都城之中、南宫以东的地方。都城之内还有市场——"金市"、步广里与永和里等里居。这种都城布局形制到北魏洛阳城发生了根本性变化，宫城之外围筑内城，内城之中以中央官署为主，如左卫府、右卫府、司徒府、太尉府、司空府、国子学、将作曹、宗正寺、御史台、武库等，此外还有太庙、太社、太仓、永宁寺等重要建筑。市场已不在内城，安排到郭城之中。隋唐两京的长安城与洛阳城的中央官署、宗庙社稷等均分布在皇城（即"内城"）之中。"三城制"都城反映了帝国与王国的社会形态的不同，即中央集权的封建帝国对国家的统治与管理，通过中央政府行政机构去进行，内城是其进行对国家统治、管理的政治平台；皇室所在的宫城，是作为"国家元首"的政治中枢；郭城则是维系都城作为国家政治统治中心、经济管理中心、军事指挥中心、文化礼仪活动中心正常运转的官、民活动与"服务"（为都城正常运转的各种相关"服务"工作）空间。"三城制"都城是与中央集权封建帝国都城的社会形态相一致的。

---

　　① 杨宽：《中国古代都城制度史研究》，上海古籍出版社，1993年。

　　② 刘庆柱：《汉长安城布局结构辨析——与杨宽先生商榷》，《考古》1987年第10期；刘庆柱：《再论汉长安城布局结构及其相关问题——答杨宽先生》，《考古》1992年第7期。

四、古代都城宫庙建筑遗址考古发现及其所反映的 社会形态变化的考古学研究

（一）关于古代都城宫殿建筑遗址的考古学研究

宫殿是国家政治活动的平台，是都城的核心建筑。杨鸿勋先生认为："宫殿建筑是王（皇）权的象征。不论对哪个国家来说，宫殿都是一种特殊的建筑。……在中国，它集中体现了古代宗法观念、礼制秩序及文化传统的大成，没有任何一种建筑可以比它更能说明当时社会的主导思想、历史和传统。……因而宫殿建筑最能反映当时社会本质的建筑。通过对宫殿建筑历史的了解，可以生动地了解古代社会的主导思想意识和形态的发展。"[①]

当然，作为一种重要的建筑，宫殿也是历史发展的产物。早在宫殿出现之前的史前时代，在一些重要的聚落遗址中就发现了"大房子"遗迹，如西安半坡遗址F1，分为东西两部分，东部（即大房子的前部）似为庭堂，西部（即大房子后部）可能是用于休息的居室。有的学者认为这应是目前我们所知道的最早一座具有"前堂后室"功能的建筑[②]。这种大房子已不只作为聚落之中成员的公共活动场所，它很可能还是聚落首领进行社会活动与生活的地方。再如，甘肃秦安大地湾聚落遗址发现的"大房子"F901，位于聚落南北中轴线上，坐北朝南，占地面积420平方米、室内面积126平方米。主室平面长方形，前墙辟门3座，如后世"三阶"，东西并列，正门居中。主室正门有外凸"门斗"，门前附属建筑为"轩"。东墙、西墙各辟一侧门。主室东西各一侧室，当为后世的"旁""夹"。北部为后室、南部为附属建筑。发掘者认为F901"已不是一般部落的公共建筑，而应是举行大型祭祀、议事活动的大会堂"[③]。F901的"前堂后室"，左右置"旁""夹"，堂设"三阶"，门前临"轩"，已成为中国古代宫殿最早的雏形，有的学者认为"夏后氏世室"就是由此发展而来[④]。

二里头遗址的宫城之中坐落有多座大型夯土建筑基址，它们应属于宫殿或宗庙一类建筑遗址。已进行考古发掘的第一、二、四、六、七号等大型夯土建筑基址，其平面大多为长方形。这是目前我们通过考古发掘可以确认的、时代最早的中国古代宫殿（或宗庙、门阙）建筑基址，其中以第一、二号建筑基址最为完整、重要，据此看出

---

① 杨鸿勋：《宫殿考古学通论》，紫禁城出版社，2001年，第3页。

② 杨鸿勋：《宫殿考古学通论》，紫禁城出版社，2001年，第5页。

③ 甘肃省文物工作队：《甘肃秦安大地湾901号房址发掘简报》，《文物》1986年第2期；郎树德：《甘肃秦安县大地湾遗址聚落形态及其演变》，《考古》2003年第6期。

④ 杨鸿勋：《宫殿考古通论》，紫禁城出版社，2001年，第20～22页。

中国古代宫殿建筑的发展变化及其一脉相承的基本特点：长方形的宫殿基址，宫殿南部的登堂台阶，宫殿南面的大型庭院，三门道或"一门四塾""一门二塾"的宫殿庭院正门（南门），宫殿及其庭院的坐北朝南的方向和建筑物的中轴理念等。这些成为中国古代宫殿建筑的文化基因，成为我们判断宫殿的基本因素。需要指出，早期宫殿与宗庙在建筑形制上是基本相同的，因此古代文献记载，宫、庙不分，我认为所谓宫庙不分还是"形式上"的不分，其各自"功能"应该是不同的。

偃师商城宫城西部的宫殿院落，有南北排列的二号、三号、七号宫殿，它们是目前我们所知道的最早的、由多座宫殿组成的、每座宫殿建筑功能不同的"前朝后寝"宫殿建筑群。而偃师二里头遗址中的"前朝后寝"宫殿建筑布局应是在同一座建筑中实现的。在宫殿建筑中，由同一宫殿的"前堂后室"结构，发展为多座宫殿形成一组"前朝后寝"宫殿建筑群，应是早期国家都城之中宫殿建筑布局形制的重要发展与时代特点。偃师商城宫城宫殿院落建筑布局形制，在后来的湖北盘龙城商代城址中也有发现。盘龙城城址周长1100米，城内东北部地势最高，大型建筑基址集中分布在这一带，基本上南北排列，一号宫殿遗址南13米为二号宫殿遗址。一号宫殿基址东西39.8、南北12.3米，二号宫殿基址东西29.95、南北12.7米。有的学者根据一些遗迹推测，一号和二号宫殿之外，围筑有廊庑[1]。南北排列的二号与一号宫殿应该是"前朝后寝"的格局。

随着历史发展、国家权力的加强，反映政治活动平台的宫殿规模也在扩大，已发现的安阳殷墟洹北商城面积约4平方千米，这是目前所知规模最大的商代都城。已发掘的安阳殷墟洹北商城的第一号宫殿遗址，是目前已知商代规模最大的一座宫殿[2]。宫殿庭院东西173、南北85~91.5米，面积1.6万平方米。殿堂基址南北14.4、东西90米。

20世纪80年代前期，在秦雍城遗址考古钻探发现的马家庄第三号建筑群遗址，南北长326.5、南端东西宽59.5、北端东西宽86米，面积21849平方米，位于都城中心部位。由南向北包括五进庭院，第一进庭院南北进深52、东西宽59.5；第二进庭院南北进深49.5、北部南北宽60.5米，庭院东西置两厢；第三进庭院南北进深82.5、北部东西宽62.5米，庭院中部置殿堂，殿堂基址东西34、南北17米；第四进庭院南北进深51、东西宽70米；第五进庭院南北进深65、东西宽86米，庭院之内有三座大小、形制相同建筑基址，各东西宽22、南北进深18米，为"品"字分布于庭院之中。韩伟先生认为这是秦国都城的"宫寝、朝廷之所在"[3]。

战国时代流行高台宫殿建筑，其规模之高大、宏伟是前所未有的，如齐临淄城小

① 湖北省文物考古研究所：《盘龙城——1963~1994年考古发掘报告》，文物出版社，2001年。

② 中国社会科学院考古研究所安阳工作队：《河南安阳市洹北商城的勘察与试掘》《河南安阳市洹北商城宫殿区1号基址发掘简报》，《考古》2003年第5期。

③ 陕西省雍城考古队：《秦都雍城钻探试掘简报》，《考古与文物》1985年第2期；韩伟：《秦公朝寝钻探图考释》，《考古与文物》1985年第2期。

城中的"桓公台"遗址，东西宽70、南北长86米，残高14米；赵邯郸城的赵王城之西城中的"龙台"基址东西宽264、南北长296米，残高16米；燕下都的"武阳台"基址东西长约140、南北宽约110米，残高10米以上，此外还有"老姆台""路家台"等；秦咸阳宫第一号宫殿建筑遗址、秦阿房宫前殿遗址等，在中国古代宫殿建筑中均具有突出的重要学术意义；已经考古勘探、发掘的汉长安城未央宫前殿遗址和少府遗址、桂宫第一号宫殿建筑遗址等，唐长安城大明宫含元殿遗址、麟德殿遗址等，对于深入了解、认识中国古代宫殿建筑，均有重要科学意义。

单体建筑由"大房子"发展为"宫殿"；宫殿由单一殿堂中的"前堂后室"结构，发展为多座宫殿形成的"前朝后寝"建筑群格局，这反映了中国古代都城宫殿建筑发展的规律。

（二）关于古代都城宗庙建筑遗址的考古学研究

都城宗庙是"血缘政治"与"地缘政治"发展、结合的产物，宗庙与宫殿同为中国古代国家"二元政治"物化载体。根据考古发现与研究，古学术界一般认为属于宗庙建筑遗址的有：二里头遗址第二号建筑遗址，偃师商城宫城的第四、五号建筑基址，周原遗址的云塘和齐镇建筑基址，雍城马家庄第一号建筑基址，汉景帝阳陵的"罗经石"建筑基址，汉杜陵第八号建筑遗址，汉长安城南郊礼制建筑遗址，南宋临安太庙遗址等，当然见于古代文献记载的都城宗庙就数量很多了。

二里头遗址第二号建筑遗址范围东西57.5～58、南北72.8米，周置廊庑，南庑中间辟门，南门置东西二塾，中为门道。主体建筑殿堂居北，殿堂与南门之间为庭院。殿堂基址东西32、南北12米，庭院东西45、南北59.5米[①]。

偃师商城宫城第四号建筑遗址范围东西51、南北32米，周置廊庑，大门辟于南庑，西庑辟侧门。殿堂居北，坐北朝南。殿堂基址东西36.5、南北11.8米，南部置四阶。殿堂与大门之间为庭院，庭院东西16.3、南北12.2米[②]。第五号建筑基址形制与第四号建筑基址基本相同，殿堂基址在院落北部，东西54、南北14.6米。殿堂以南为庭院，周置廊庑，南廊中央辟门，其规模要比第四号建筑基址大得多[③]。

陕西周原扶风云塘发掘的西周建筑群遗址由3座建筑组成，其平面分布为"品"字形，外围筑墙垣。围墙南部中间置门塾。在云塘建筑遗址以东52.4米的齐镇发现另一组

① 中国社会科学院考古研究所：《偃师二里头——1959年～1978年考古发掘报告》，中国大百科全书出版社，1999年。

② 中国社会科学院考古研究所河南二队：《1984年春偃师尸乡沟商城宫殿遗址发掘简报》，《考古》1985年第4期。

③ 中国社会科学院考古研究所河南二队：《河南偃师尸乡沟商城第五号宫殿基址发掘简报》，《考古》1988年第2期。

建筑，主体建筑F4东西长23.8、南北宽18.8米，平面为"凹"字形，南部凹进，其前部亦置"U"字形卵石路，南北长11.5米。门塾F9东西长13.6、南北宽6.2米。F4东南部为F7，南北长20、东西宽11.5米。F4西南部还应有一建筑。推测这组建筑群周围亦围筑墙垣[①]。上述两组建筑可能为西周的宗庙建筑遗址。

马家庄一号建筑遗址东西90、南北84米，面积7500平方米。建筑群坐北朝南，周施围墙，南墙辟门，主体建筑居于北部中央。南部为庭院，其中发现祭祀坑181座，庭院东西对称分布附属建筑[②]。

汉景帝阳陵二号建筑遗址（又称"罗经石"建筑基址）位于帝陵东南300米，建筑遗址平面方形，边长260米。外围壕沟，壕沟之内四角有曲尺形平面建筑遗址，壕沟四面中央各辟一门。围壕之内中央为主体建筑，平面方形，边长53.7米。建筑基址四面各辟3门道，门道地面按照门道所处方位，分别铺设象征东、西、南、北四方的"四神"纹饰空心砖，建筑物四面的铺地砖、墙壁、屋面均按东、南、西、北方位，分别涂有青、红、白、黑四种颜色[③]。二号建筑遗址应为阳陵陵庙建筑遗址。

在汉宣帝杜陵东北400米的杜陵第八号建筑遗址，东西73、南北70米，遗址中出土了不少四神纹空心砖，据推测应为杜陵陵庙遗址[④]。

汉长安城南郊礼制建筑群遗址中的宗庙建筑遗址是目前考古发现最为全面、系统的中国古代宗庙建筑群遗址，包括12座宗庙建筑遗址，每座自成一个平面呈方形的院落，其中11座宗庙建筑院落围筑在一个边长1400米的方形大院落之中，每座院落边长270～280米。院落中央为主体建筑——庙堂基址，基址平面方形，边长55米，院落四角各有一曲尺形建筑遗址。院落四面中央各辟一门。在大院落南部中间有一平面方形的院落，边长274米，院落中央为主体庙堂建筑遗址，平面方形，边长100米[⑤]。

1995年发现的南宋临安城太庙遗址，清理了太庙建筑遗址的东围墙、东门遗址和庙堂建筑基址[⑥]。

从上述已经考古发掘的都城宗庙建筑遗址可以看出，早期的都城宗庙建筑与宫殿建筑的平面形制基本相同，均为长方形。如二里头遗址宫城的第一号与第二号大型夯土建筑遗址，学术界一般认为前者为宫殿建筑基址，后者为宗庙建筑基址，二者殿堂建筑基址平面均为长方形；再如，偃师商城宫城的第二、三、七号与第四、五号建筑基址，近年有的学者研究认为前组属于朝寝宫殿建筑遗址，后组为宗庙建筑遗址，它

①　周原考古队：《陕西扶风县云塘、齐镇西周建筑基址1999～2000年度发掘简报》，《考古》2002年第9期。

②　陕西省雍城考古队：《凤翔马家庄一号建筑群遗址发掘简报》，《文物》1985年第2期。

③　汉阳陵考古陈列馆：《汉阳陵考古陈列馆》，文物出版社，2004年，第76页。

④　中国社会科学院考古研究所：《汉杜陵陵园遗址》，科学出版社，1993年。

⑤　中国社会科学院考古研究所：《西汉礼制建筑遗址》，文物出版社，2003年。

⑥　杜正贤：《杭州发现南宋临安城太庙遗址》，《中国文物报》1995年12月31日第1版。

们的殿堂建筑基址平面均为长方形。属于西周时代的周原遗址的云塘建筑群遗址，其单体建筑基址平面近方形，与之对应的宫殿建筑基址的情况目前还不清楚；春秋时期的雍城马家庄第一号与第三号建筑遗址，分别为宗庙与宫殿建筑遗址，前者殿堂单体建筑基址平面近方形，后者殿堂建筑基址平面为长方形。已经考古发掘多座的汉长安城宫殿建筑遗址与南郊礼制建筑的宗庙遗址，二者殿堂建筑基址平面不同，前者一般为长方形，后者为方形。西汉以后的都城宗庙建筑遗址的考古工作进行得很少，根据历史文献记载，其平面大多为长方形，如东晋建康的太庙[①]、唐长安城的太庙等[②]。都城宗庙殿堂平面由长方形发展为方形，又由方形"变回"长方形，后者反映了宗庙（包括寺院、道观建筑）的宫殿化（趋时性表现）。第一个时期，即夏商时代，都城宗庙与宫殿殿堂平面均为长方形时，反映了宫殿与宗庙的"平等"时期，这是早期王国时代"地缘政治"与"血缘政治""对等"的社会形态的特点。第二个时期，即西周晚期至秦汉时代，都城宗庙殿堂平面由长方形变为近方形或方形，宫殿殿堂平面仍为长方形，宫殿与宗庙殿堂平面形制的变化，反映了二者所代表的"地缘政治"与"血缘政治"力量的消长。在这一时期的后段，即西汉时代的都城宗庙与明堂、辟雍、灵台、社稷等礼制建筑的主体建筑及帝陵和皇后陵的陵墓、陵园平面一般均为方形。从建筑形制上来看，似乎宗庙已"等同"于皇室其他礼制建筑和皇帝、皇后的陵寝建筑，"宫庙并列"已成为历史。西汉都城宗庙地位的下降，揭示出帝国时代初期，"地缘政治"强化与"血缘政治"衰落的社会形态特点。第三个时期，历史似乎又走了个"轮回"，都城宗庙殿堂平面又"回归"长方形，这不是"血缘政治"的"复兴"，而是宗庙"趋时性"表现，反映了宗庙地位的进一步下降，宗庙成为皇权的附庸，这是帝国时代成熟时期的社会形态特点。

（三）关于古代都城宫庙布局形制与地缘政治和血缘政治关系的探讨

祭祀性建筑遗址在世界许多地方的史前时期已经存在，这些遗址的祭祀对象不尽相同，有自然神、图腾，也有祭祀者的祖先。在中国的史前时代考古发现，随着社会的发展，作为祖先崇拜物化形式的建筑（即王国时代已经出现的"宗庙"），在社会活动中的地位越来越重要，在社会生活中的作用越来越大，这可能反映了人们和社会对祖先祭祀超过了对自然神和图腾祭祀的重视程度。历史文献记载，王国时代都城宫室建设"宗庙为先"，这说明了当时人们对于宗庙的重视情况。在东西方古代文化中，在祭祀方面，中国古代突出祖先崇拜、宗庙祭祀，西方古代重视神庙祭祀，这是东西古代文化的重要区别之一。"文明形成"、国家出现，折射出"血缘政治"与"地缘政治"势力的消长。作为国家统治者政治活动平台、"地缘政治"物化载体的

① 沈约：《宋书·礼志·卷十六》，中华书局，1974年，第419～460页。
② 傅熹年：《中国古代建筑史》（第二卷），中国建筑工业出版社，2001年，第406页。

宫殿建筑，这时至少已与本质上属于"血缘政治"物化载体的宗庙建筑"平起平坐"了。河南偃师二里头遗址已发掘的夏代都城的第一号与第二号宫庙院落建筑遗址，从其布局形制来看，它们各自形成的轴线，构成宫城的宫庙二元布局结构，折射出当时社会形态的"二元政治"特点。20世纪80～90年代以来发现的河南偃师商城遗址，为探讨都城之中宫庙建筑布局提供了新的考古资料。偃师商城遗址是商代早期都城遗址，大量考古工作揭示出这座都城遗址在建筑设计理念方面比夏代都城遗址——偃师二里头遗址更为复杂、成熟。偃师商城宫城之内的大型夯土建筑基址分成东西两组，东组建筑群包括南北排列的两座院落，北部为4号建筑基址①，南部为5号建筑基址②。西组建筑群在一南北排列3座大型夯土建筑的多进院落之中③。东组与西组院落布局结构的不同，反映了它们使用功能的差别，推测宫城东部与西部庭院应分别为宗庙和宫殿建筑④。如果这种推断不误的话，那么可以说商代早期作为地缘政治象征的宫殿与血缘政治象征的宗庙，继承了二里头遗址宫城中的宫殿与宗庙共存于宫城之中传统。

　　西周时代的都城宫庙建筑遗址，目前还没有发现。作为西周时代重要都邑的"周原遗址"，位于其中心区的云塘和齐镇建筑群遗址的考古发掘至关重要。云塘遗址以西900米为西周凤雏建筑遗址，其东500米为召陈建筑遗址。凤雏建筑遗址由门塾、庭院、殿堂、后室和东西厢房组成，这应是一座宫殿院落建筑⑤。召陈的西周建筑基址，形制与凤雏的四合院式建筑不同，但其单体建筑规模较凤雏建筑基址要大⑥，至于这些建筑基址的功能，仅据现有考古资料还难以做出准确判断。对照凤雏甲组建筑遗址和召陈建筑遗址，云塘和齐镇建筑遗址群更具宗庙建筑特点⑦。

　　东周时代的陕西凤翔秦雍城遗址发现的东西并列的马家庄一号建筑基址与三号建筑基址，是目前研究先秦宫庙制度最为重要的考古资料。马家庄三号建筑遗址在一号

---

　　① 中国社会科学院考古研究所河南二队：《1984年春偃师尸乡沟商城宫殿遗址发掘简报》，《考古》1985年第4期。

　　② 中国社会科学院考古研究所河南二队：《河南偃师尸乡沟商城第五号宫殿基址发掘简报》，《考古》1988年第2期。

　　③ 王学荣：《河南偃师商城遗址的考古发掘与研究述评》，《考古求知集》，中国社会科学出版社，1997年；王学荣：《偃师商城"宫城"之新认识》，《中国商文化国际学术讨论会论文集》，中国大百科全书出版社，1998年。

　　④ 杜金鹏、王学荣：《偃师商城近年考古工作要览——纪念偃师商城发现20周年》，《偃师商城遗址研究》科学出版社，2004年。

　　⑤ 陕西周原考古队：《陕西岐山凤雏村西周建筑基址发掘简报》，《文物》1979年第10期。

　　⑥ 陕西周原考古队：《扶风召陈西周建筑群基址发掘简报》，《文物》1981年第3期。

　　⑦ 周原考古队：《陕西扶风县云塘、齐镇西周建筑基址1999～2000年度发掘简报》，《考古》2002年第9期；徐良高、王巍：《陕西扶风云塘西周建筑基址的初步认识》，《考古》2002年第9期。

建筑基址以西500米，应为宫殿建筑基址[1]。就目前的考古资料来看，先秦时代都城的宫殿与宗庙主体建筑的形制结构（主要指二者殿堂基址平面）已有所不同，但是自二里头遗址宫城之中的宫殿与宗庙并列分布的二元布局至东周时代仍然未变。

秦汉时代是从先秦时代的王国进入帝国的时代，王国政治与帝国政治的最大不同点是从血缘政治向地缘政治的进一步发展，在都城建筑中的突出表现是宗庙地位的下降，这主要表现在宫庙建筑形制的进一步改变及其在都城之中的分布位置变化。从建筑形制来看，宗庙已与一般礼制建筑形制（包括明堂或辟雍、灵台、社稷等）基本相同或相近。宫庙分布位置发生了重大变化。历史文献记载，秦国的"先王庙或在西雍，或在咸阳"。咸阳的秦王室或皇室宗庙就是《史记》记载的"诸庙"，"诸庙及章台、上林皆在渭南"[2]。可见秦国或秦王朝在首都地区的宗庙不在秦咸阳城中，更不在咸阳宫内，而是分布在都城以外的渭河南岸[3]。西汉初年，汉高祖的"高庙"和汉惠帝庙均在汉长安城之内，二者分别位于宫城之外的未央宫东南部与长乐宫西南部[4]。西汉时代晚期，都城宗庙等礼制建筑多分布在汉长安城南郊[5]。先秦时代的宗庙与宫殿东西并列分布在都城之中的宫殿建筑区或宫城之内，秦汉时代都城的宗庙已从都城之中、宫城之内移至都城之外（西汉初年首先移至宫城之外），大朝正殿成为都城、宫城之中的唯一至尊建筑，宗庙位置的这种变化，是统一的中央集权帝国之下的地缘政治加强、血缘政治削弱在都城布局形制上的重要反映，是社会形态变化在都城设计建筑思想中变化的重要体现。"矫枉过正"似乎是事物发展规律，中国古代历史从王国走向帝国的时候，在王国政治中发挥重要作用的血缘政治，被帝国时代的地缘政治所排挤，从二者的"平起平坐"到"主次分明"，从"宫庙并列"于宫城或宫殿区的中心地区，到宫殿（大朝正殿）位于宫城或都城中心位置，而宗庙被安置于都城之外。在帝国取代王国初期，上述宫庙布局位置变化正是上述政治发展规律的反映。

秦汉时代以后，魏明帝在洛阳城铜驼街附近建太庙[6]，西晋和北魏洛阳城、十六国后赵石虎邺城和东魏与北齐邺城的宗庙也均在都城之内、宫城之外。特别需要提出的是，北魏洛阳城的宗庙位于都城和内城（或皇城）之中、宫城之外，这一宗庙布局制度对以后历代影响深远。宗庙在都城的位置，在六朝故都有所不同，它们分布在都城南郊，似乎受到汉长安城南郊礼制建筑影响。

① 陕西省雍城考古队：《陕西雍城钻探试掘简报》，《考古与文物》1985年第2期；陕西省雍城考古队：《凤翔马家庄一号建筑群遗址发掘简报》，《文物》1985年第2期。

② 司马迁：《史记》，中华书局，1959年，第239、266页。

③ 刘庆柱、李毓芳：《秦都咸阳"渭南"宫台庙苑考》，《秦汉论集》，陕西人民出版社，1992年。

④ 刘庆柱：《汉长安城的考古发现及相关问题研究》，《考古》1996年第10期。

⑤ 考古研究所汉城发掘队：《汉长安城南郊礼制建筑遗址学发掘简报》，《考古》1960年第7期。

⑥ （北魏）郦道元著，陈桥驿校证：《水经注校证》，中华书局，2007年，第398、399页。

　　作为中国古代中央集权帝国，地缘政治在其统治中越来越重要，都城的大朝正殿独处宫城的"居中""居前""居高"位置与地位[1]，决定着宫城与都城的轴线或中轴线，这充分体现出统一的中央集权封建帝国的皇权至上、皇帝至上的社会形态。但是封建社会最高统治者还是以"血缘政治"为据继承、维系其在国家的最高统治者的地位，由"宗庙"体现的"血缘政治"，确立了最高统治者在国家地位的政治合法性。然而尽管如此，宗庙在帝国时代还是从先秦时代都城的宫城或中心建筑区移至都城之外，这显然是以宗庙为象征的"血缘政治"的削弱，新的帝国时代社会形态的发展与壮大的反映。

（原载《考古学报》2006年第3期）

---

① 刘庆柱、李毓芳：《中国古代都城建筑的思想理念探索》，《西安市文物考古研究——西安市文物保护考古所成立十周年纪念》，陕西人民出版社，2004年。

大 都 无 城

——论中国古代都城的早期形态

许 宏

一

在卷帙浩繁的中国古典文献中，关于城与筑城的记载不绝于书；至今仍耸立于地面之上的古城墙也不鲜见。至于湮没于地下、经发掘出土者，更是比比皆是。鳞次栉比的里坊或胡同，以及将它们圈围起来的高大城郭，构成了中古以后帝国都城最鲜明的物化表征。

所以不唯公众，即便学术界，一般也是把"无邑不城"作为中国古代都城的一个显著特色来加以强调的："城墙是构成都城的基本政治要素，没有'城墙'的都城实际上是不存在的。"[①] "对于古代都城而言，城郭不是有无问题，都城的城郭是其标志性建筑，这是古代'礼制'所限定的。"[②] 但细加分析，就不难发现这一特征并非贯穿中国古代都城发展的始末，而是有其鲜明的阶段性。历数十年的田野工作与研究，学术界取得的大体共识是，拥有南北向长距离的都城大中轴线、城郭里坊齐备的古都布局，可以上溯到北魏洛阳城[③]和曹魏时期的都城——邺城[④]。再往前，如东汉洛阳城、西汉长安城乃至更早的先秦时期的都城，就不是那么形制规范、要素齐备了。中国古代都城的早期阶段有着怎样的发展轨迹？是单线平缓"进化"，还是有重大"变异"和波动？城郭齐备的状态是主流吗？其背后的动因又如何？如此种种，都是关涉中国古代都城甚至古代社会发展进程的大问题，因而成为学术界关注的焦点。

---

① 刘庆柱：《中国古代都城考古学史述论》，《考古学集刊》（第16集），科学出版社，2006年。

② 刘庆柱：《秦咸阳城遗址考古发现的回顾及其研究的再思考》，《里耶古城·秦简与秦文化研究——中国里耶古城·秦简与秦文化国际学术研讨会论文集》，科学出版社，2009年。

③ 宿白：《北魏洛阳城和北邙陵墓——鲜卑遗迹辑录之三》，《文物》1978年第7期。

④ 徐光冀：《曹魏邺城的平面复原研究》，《中国考古学论丛——中国社会科学院考古研究所建所40年纪念》，科学出版社，1993年。

在梳理考古材料，提出我们的看法之前，拟先对相关概念做一界定。

与城相对，郭是"在城的外围加筑的一道城墙"[①]。从聚落形态上看，郭是圈围起整个聚落的防御设施。在郭出现之后，郭虽有大城、郭城、外城、外郭城等不同的称呼，但其意甚明。既然郭的存在以城为前提，没有（内）城，郭则无从谈起，圈围起整个聚落的防御设施也就只能称为"城"。从城郭的视角看，本文所提出的"大都无城"之"城"，指的就是这种聚落外围的城垣。

这里还有必要对本文中的一个重要概念——"郭区"加以重申。在拙著《先秦城市考古学研究》中，笔者已指出夏商西周时期"都邑之布局已初具内城外郭这两大部分的雏形"，但罕见郭城城垣。当时的都邑遗址大都"由宫庙基址群及周围的广大郭区（含一般居民区、手工业作坊和墓地等）组成"，并举例提示"早期城市中有松散的郭区而无外郭城城垣的现象，在文献中似亦有迹可寻"[②]。

相对于外郭，城又被称为小城、内城，指的是被圈围起的聚落的一部分空间。这部分聚落空间，往往具有特殊的功用。在都城遗址中，它们多为贵族或统治者所有，属于一般意义的宫殿区，故这类区域也往往被称作宫城。上述小城、内城之类，是从规模或空间位置的角度给出的命名，虽然模糊但具有很大的包容性，而宫城的命名，则是从属性的角度给出的，意义明确但具有较强的排他性，使用时反而容易引发异议。如果一定要用宫城这一概念，就要考虑到它应有广义、狭义之分。广义的宫城即小城或内城，它包含了与宫室有关的各种建筑、手工业作坊等附属设施、贵族府第甚至一般居民点和空地（苑囿）等；狭义的宫城则是指用宫墙围起的、含有宫殿区内的主体建筑（一般为宗庙寝殿所在）的大的院落[③]。

小城、内城、宫城在称谓上的混乱，由来已久且持续至今。如果稍加整合，内城（小城）可以定义为等于或包含宫城。相当于广义的宫城即内城的区域，在汉魏之后逐渐具有皇城的性质。至隋唐时期，以宫廷服务机构和朝廷办事机构为主的皇城区域正式被明确下来。

二

通过对都城遗址考古材料的梳理，我们认为"大都无城"是汉代及其以前中国古代都城的主流形态。以下即分阶段对此加以分析。

---

① 中国社会科学院语言研究所词典编辑室：《现代汉语词典（汉英双语）》，外语教学与研究出版社，2002年，第737页。

② 许宏：《先秦城市考古学研究》，北京燕山出版社，2000年，第83页。

③ 许宏：《先秦城市考古学研究》，北京燕山出版社，2000年，第130页。

（一）二里头至西周时代："大都无城"是主流

公元前二千纪伊始，是古典文献记载的夏王朝前期，但在考古学上看不到所谓的"王朝气象"。中原地区仍处于邦国林立、战乱频仍的时代，各人类群团不相统属，筑城以自守，尚无跨地域的社会整合的迹象。约公元前1800年前后，伴随着区域性文明中心的先后衰落，中国乃至东亚地区最早的具有明确城市规划的大型都邑——二里头出现于中原腹地的洛阳盆地。二里头文化与二里头都邑的出现，表明当时的社会由若干相互竞争的政治实体并存的局面，进入广域王权国家阶段①。

至少自二里头文化二期始，二里头都邑的规模已达300万平方米以上，具有明确的功能分区，在其中心区先后出现了面积逾10万平方米的宫城、大型围垣作坊区和纵横交错的城市主干道等重要遗存。但在逾半世纪的田野工作中，却一直没有发现圈围起整个聚落的防御设施，仅知在边缘地带分布着不相连属的沟状遗迹，应具有区划的作用②。有学者注意到二里头时代的设防聚落一改龙山时代城垣辅以宽壕的传统，在聚落内部流行窄环壕以明确功能分区，聚落外围则流行宽环壕，进而推断"相对和平稳定的社会秩序或许是二里头时代居民多选择开挖环壕而少筑造城墙的原因"③。可知，进入二里头时代，聚落内部社会层级间的区隔得到强化，与此同时，对外防御设施则相对弱化。从聚落形态的角度看，二里头都邑是"大都无城"的一个最早的典范（表一）。究其原因，不能不考虑到都邑内的居民。二里头可能是最早集聚了周边人口的中心城市，其人口由众多小规模的、彼此不相关联的血亲集团组成④，这种特征又与其后的殷墟都邑颇为相近，无独有偶的是，殷墟也显现出与二里头相近的聚落形态（详后），这是值得重视的。

到了商王朝二里冈期，二里冈文化不仅迅速覆盖了二里头文化的分布区，而且分布范围进一步扩大，聚落形态和社会结构都有极大的飞跃。郑州商城和偃师商城都围以城郭，有极强的防御性，应是出于军事目的而有计划设置的。郑州商代遗址群的总面积达25平方千米，外城加沼泽水域围起的面积超过10平方千米⑤，而其中3平方千米

---

① 许宏：《公元前2000年：中原大变局的考古学观察》，《东方考古》（第9集），科学出版社，2012年。

② 中国社会科学院考古研究所二里头工作队：《河南偃师市二里头遗址宫城及宫殿区外围道路的勘察与发掘》，《考古》2004年第11期；许宏、陈国梁、赵海涛：《二里头遗址聚落形态的初步考察》，《考古》2004年第11期。

③ 李宏飞：《二里头文化设防聚落的环壕传统》，《中国国家博物馆馆刊》2011年第6期。

④ 许宏、刘莉：《关于二里头遗址的省思》，《文物》2008年第1期。

⑤ 河南省文物考古研究所：《郑州商城——1953～1985年考古发掘报告》，文物出版社，2001年，第1、2页；刘彦锋、吴倩、薛冰：《郑州商城布局及外廓城墙走向新探》，《郑州大学学报（哲学社会科学版）》2010年第3期。

表一　中国古代都城城郭形态一览表

阶段	朝代	宫城+郭区	宫城+郭城		都城存废时间
			内城外郭	城郭并立	
防御性城郭时代	夏、商?	二里头			1700～1500BC
	商		郑州商城、偃师商城		1500～1350BC
		小双桥、洹北城、殷墟			1350～1000BC
	西周	丰镐、岐邑、洛邑、齐都临淄、鲁都曲阜			1000～771BC
	春秋	洛阳王城、晋都新田、秦雍城、楚郢都	齐都临淄、鲁都曲阜、郑都新郑		770～403BC
	战国	秦都咸阳（350～221BC）		洛阳王城、齐都临淄、鲁都曲阜、韩都新郑、赵都邯郸、楚郢都、燕下都	403～221BC
	秦	咸阳			221～207BC
	西汉—新莽	长安			202BC～23AD
	东汉	洛阳			25～190
礼仪性城郭时代	曹魏—北齐		邺城		204～577
	北魏		洛阳城		494～534
	隋唐		隋大兴城、唐长安城		582～904
			东都洛阳城		605～907
	北宋		汴梁城		960～1127
	金		中都城		1153～1214
	元		大都城		1267～1368
	明清		北京城		1421～1911

的城垣内除较集中的宫室建筑群外多为空地，故不少学者认为"郑州商城已发现的内城可理解为'小城'或'宫城'"①。而由不足1平方千米扩至2平方千米的偃师商城，则城垣宽厚且有意设计出多处拐折，城门狭窄，加之城内府库类建筑的设置，都体现了较浓厚的战备色彩。鉴于此，郑州商城为商王朝主都，偃师商城是军事色彩浓厚且

① 刘庆柱：《中国古代都城考古学研究的几个问题》，《考古》2000年第7期。持类似观点的还有许宏、张国硕、刘莉等。详见许宏：《先秦城市考古学研究》，北京燕山出版社，2000年，第83页；张国硕：《夏商时代都城制度研究》，河南人民出版社，2001年，第138页；刘莉：《中国早期国家政治格局的变化》，《多维视域——商王朝与中国早期文明研究》，科学出版社，2009年。

具有仓储转运功能的次级中心[①]或辅都[②]的意见应是较为妥当的。

关于二里冈国家的性质，学者多有论述。由大规模城郭的出现，以及对晋南和长江中游等地的扩张和据点建设，有学者认为商周王朝"战士国家"的特质，在这一时期就已显露无遗[③]。"二里冈期商文化区中心周边的城址跟随着中心城址废弃的现象，说明了这些城址不具备政治上的柜对独立性，它们是当时商王朝直接控制的地方政权的城邑而不是间接控制的诸侯国（习惯上称商代的这些国家为"方国"）的城邑。"[④]甚至可以说，"商代晚期以安阳为中心的政体显示出商王室政治影响力复苏，但始终无法获得像二里冈时期那样的霸权地位"[⑤]。这种政治性强势干预甚至显现在陶器生产和消费上："二里冈时代，在中心地陶器组合扩散的同时，各地的地方要素急剧减少甚至灭亡。在比较短的时间内，即被伊洛·郑州系陶器一元化。"[⑥]这些特征，都有助于我们理解城郭形态在二里冈时代出现的历史背景。

随着以郑州商城及其郊外的重要遗存小双桥遗址为典型代表的二里冈文化的衰落，以洹北商城为中心的洹河两岸一带作为商王朝的都邑崛起于豫北，殷墟遗址群开始走向繁荣，殷墟文化也自此发端，成为商代后期文化的典型代表[⑦]。

就殷墟遗址群的总体分布看，殷墟从建都伊始就是跨洹河两岸的，其内部格局在殷墟文化的不同阶段有所变化。建都初期，其城市重心在洹北。以洹北为中心，开始营建宫殿区和面积约41万平方米的宫城[⑧]，但不久，大片宫殿建筑即被火焚毁，在聚落周围挖建了圈围面积达4.7平方千米的方壕[⑨]。出于我们还不知道的原因，刚刚挖就

① 刘莉、陈星灿：《中国早期国家的形成——从二里头和二里冈时期的中心和边缘之间的关系谈起》，《古代文明》（第1卷），文物出版社，2002年。

② 张国硕：《夏商时代都城制度研究》，河南人民出版社，2001年，第77、78页。

③ 冈村秀典：《中国文明：農業と礼制の考古学》，京都大学学术出版会，2008年，第207页。

④ 孙华：《商代前期的国家政体——从二里冈文化城址和宫室建筑基址的角度》，《多维视域——商王朝与中国早期文明研究》，科学出版社，2009年。

⑤ 刘莉：《中国早期国家政治格局的变化》，《多维视域——商王朝与中国早期文明研究》，科学出版社，2009年。

⑥ 秦小丽：《中国初期王朝国家形成过程中的地域关系——二里头、二里冈时代陶器动态研究》，《古代文明》（第2卷），文物出版社，2003年。

⑦ 许宏：《都邑变迁与商代考古学的阶段划分》，《二十一世纪的中国考古学——庆祝佟柱臣先生八十五华诞学术文集》，文物出版社，2006年。

⑧ 中国社会科学院考古研究所安阳工作队、中加洹河流域区域考古调查课题组：《河南安阳市洹北商城遗址2005~2007年勘察简报》，《考古》2010年第1期。

⑨ 何毓灵、岳洪彬：《洹北商城十年之回顾》，《中国国家博物馆馆刊》2011年第12期。

的方壕随即被草草回填，南壕甚至未加夯填①，都城的重心即移到了洹南。以洹南小屯宫殿宗庙区和洹北西北冈王陵区为中心的200余年时间里，随着人口的增多和社会的繁荣，殷墟都邑经历了规模由小到大、结构逐渐复杂的过程，聚落总面积达36平方千米。宫殿区的范围可能不限于原大灰沟与洹河围起的70万平方米的区域，而是向西延伸，以人工或自然沟壑为界②。但在80余年的田野考古工作中同样未发现外郭城的迹象。

　　如果说以郑州商城、偃师商城为代表的商代前期的都邑布局（宫城+郭城），与商代后期的安阳殷墟有较大差异的话，那么洹北商城可能正处于这两大模式的转折期。在承继了郑州商城、偃师商城某些布局特征的同时，洹北商城似乎又具有开洹南殷墟模式先河的意义："正是吸取了（洹北）疏于防火的深刻教训，小屯宫殿才临河而建，并精心设计，处处防火。而由于洹河边特殊的地理位置，已无法满足再建城墙的需要。这可能是殷墟没有城墙的最主要的原因。"③当然，关于洹南殷墟未筑城的原因，学界还多有推想。最具典型性的推论是："殷墟这一大邑聚落是通过星罗棋布式的小族邑簇拥着王族城邑而构成的。王族城邑是殷墟大邑商的中心，是都城的心脏，在王族城邑周围，在30平方千米王畿范围内向心式地分布着层层族邑，这层层族邑的沟通联结，形成了似无实有的聚落人墙，起到了聚落屏障或城墙的作用。加上殷墟文化时期的国力强盛和王权的强大威慑力，故殷墟都城很可能是没有外廓城墙设施的。"④作者把这类都邑布局称为"族邑模式"，认为"殷墟这种大邑都城形态，可能也直接影响了西周丰、镐京城的形态'。

　　无论如何，在相隔了约200年军事攻防色彩浓烈的二里冈时代后，殷墟的聚落形态又呈现出与二里头都邑相近的状况　并正式进入了至西周王朝结束近500年"大都无城"的阶段。

---

　　① 发掘者认为已发现的"夯土遗迹实为封闭的方形夯土城墙的基槽"，但"城墙基槽的外围未见护城河（沟）遗迹"（中国社会科学院考古研究所安阳工作队：《河南安阳市洹北商城的勘察与试掘》，《考古》2003年第5期）。这与此前的郑州商城、偃师商城等夯土城址城、壕并存的情况不类，不符合就近取土筑城、扩大高差以增强防御性能的工程学常识。同时，遗迹内填土倾斜下凹，西槽、北槽"未见夯起的墙体"，槽内填土大多"夯打略松"甚至"未经夯打"（见上引简报），南槽内"土质松软，未见夯筑迹象，甚至在某些局部仍呈壕沟状，沟内均为淤土层"[岳洪彬、何毓灵、岳占伟：《殷墟都邑布局研究中的几个问题》，《三代考古》（四），科学出版社，2011年]，种种特征，都迥异于郑州商城、偃师商城和洹北宫城所见商代夯土城垣工程的典型工艺。因此，可以排除这一遗迹属于已开始夯筑的城墙基槽的可能性。

　　② 中国社会科学院考古研究所：《殷墟的发现与研究》，科学出版社，1994年，第40~48页；岳洪彬、何毓灵、岳占伟：《殷墟都邑布局研究中的几个问题》，《三代考古》（四），科学出版社，2011年。

　　③ 何毓灵、岳洪彬：《洹北商城十年之回顾》，《中国国家博物馆馆刊》2011年第12期。

　　④ 郑若葵：《殷墟"大邑商"族邑布局初探》，《中原文物》1995年第3期。

位于陕西关中西部的周原，有广义和狭义之别①。狭义的周原指今岐山、扶风两县的北部，总面积约30平方千米，先为周人灭商前的都城，终西周王朝则一直是周人祖庙之所在，也是王朝诸多贵族的重要聚居地②。在数十年的考古工作中也一直没有发现城垣的迹象。从文献上看，《诗·大雅》只说古公亶父率周人在周原建筑"室家"，建筑宗庙与宫门宫墙，并未言及建筑城郭，可能是一例证。有学者认为这是不同于夯土围城的另一种城的类型，即"匚自然山水地形地貌加以堑修（挖掘）而成的河沟台地堑城"。"它的北边是岐山山麓，东边是贺家沟、齐家沟，西边是祁家沟，南边是三沟汇聚的三岔河。一面背水三面环水。这正是作堑的绝佳地形。"而长安丰镐和洛阳洛邑遗址，也应类同③。

西周王朝的都城——丰京和镐京遗址，地处西安市西南沣河两岸，总面积达10余平方千米④（图一）。在西周王朝的都城丰镐遗址范围内，的确尚未发现夯土城垣或围壕等防御设施。据最新的勘查结果，丰京遗址范围东至沣河西滩地、西至古灵沼河、北至郿坞岭北缘、南至冯村南至新旺村南一线，总面积约8.62平方千米⑤。新发现的面积广大的自然水面或沼泽地构成了天然的屏障。至于镐京外围，"南有洨水，东界潏水，西至丰水，丰水在马王村出折向东流，构成镐京的北界。三水……形成了护卫镐京外围的天然界河和堑沟"⑥。

西周初年，周王朝即着手在洛阳营建东都洛邑，作为经营东方、巩固政权的重要基地。西周时期的洛邑究竟为一城还是分为王城和成周两个城邑，其具体位置何在，长期以来莫衷一是。越来越多的学者倾向于认为成周即洛邑，而西周时期并无所谓的"王城"⑦。从考古发现上看，西周文化遗存集中分布在瀍河两岸一带，但迄今未发现城垣。其兴盛于西周早、中期，到西周晚期已衰落，应即金文和传世文献中的成周

① 史念海：《周原的变迁》，《陕西师范大学学报（社科版）》1976年第3期。
② 徐天进：《西周王朝的发祥之地——周原——周原考古综述》，《考古学研究》（五），科学出版社，2003年。
③ 彭曦：《西周都城无城郭？——西周考古中的一个未解之谜》，《考古与文物》2002年增刊《先秦考古》。
④ 保全：《西周都城丰镐遗址》，《文物》1979年第10期；胡谦盈：《三代都址考古纪实——丰、镐周都的发掘与研究》，中国社会科学出版社，2009年，第17~20页。
⑤ 中国社会科学院考古研究所、陕西省考古研究院、西安市周秦都城遗址保护管理中心：《丰镐考古八十年》，科学出版社，2018年，第14~23页。
⑥ 卢连成：《西周丰镐两京考》，《中国历史地理论丛》1988年第3期。
⑦ 李民：《说洛邑、成周与王城》，《郑州大学学报（哲学社会科学版）》1982年第1期；陈公柔：《西周金文中的新邑、成周与王城》，《庆祝苏秉琦考古五十五年论文集》，文物出版社，1989年；王人聪：《令彝铭文释读与王城问题》，《文物》1997年第6期；梁云：《成周与王城考辨》，《考古与文物》2002年第5期。

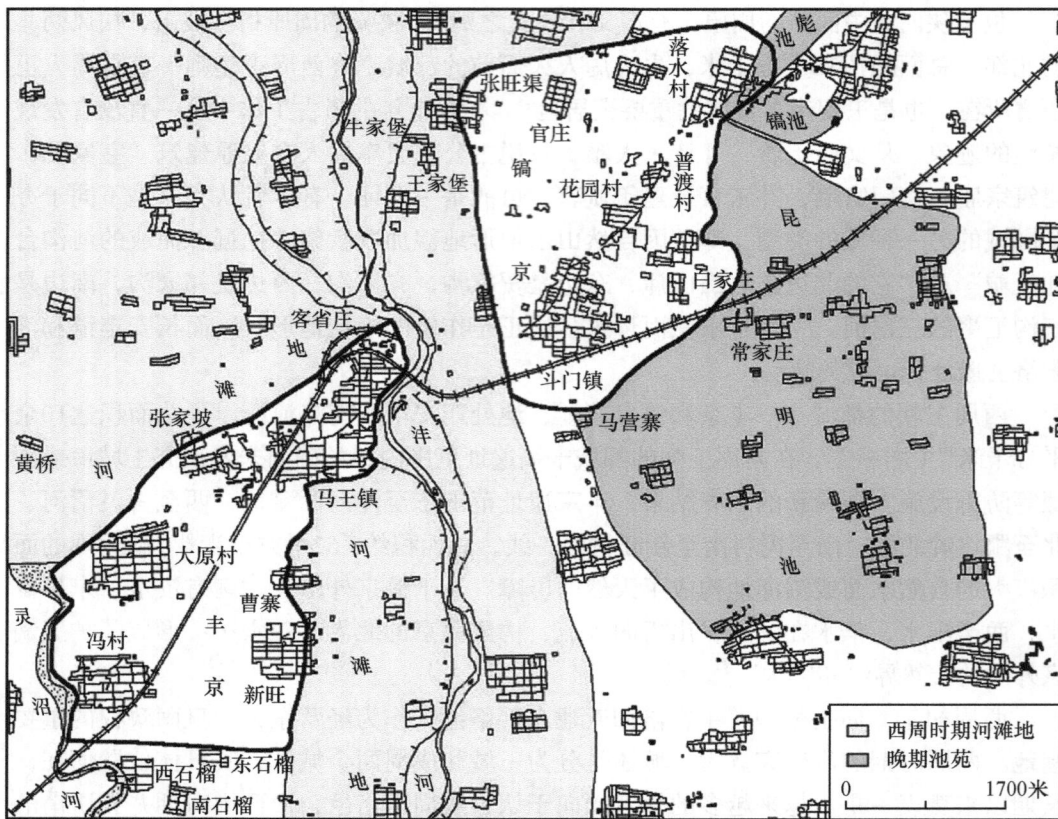

图一　西周都邑丰镐遗址平面图

（改绘自徐良高、付仲杨、宋江宁：《沣西西周遗址范围及地下遗存分布状况新认识》，《中国考古学会第十六次年会论文集》，文物出版社，2016年）

（洛邑）[①]。而汉魏洛阳城下发现的西周城址[②]的时代属于西周晚期，不可能是西周早期兴建的成周[③]。至于西周晚期在成周旧地以东筑城，应出于"淮夷入寇"形势下的军事原因[④]。这样的推想是有道理的。

　　据分析，周代主要诸侯国都城曲阜鲁国故城，可确认的最早的城垣大致属两周之交或稍晚[⑤]；临淄齐国故城范围内西周晚期遗存的发现与文献所载齐国始都临淄在时间

---

① 叶万松、张剑、李德右：《西周洛邑城址考》，《华夏考古》1991年第2期；刘富良、朱世伟：《西周早期的成周与王城》，《安金槐先生纪念文集》，大象出版社，2005年。

② 中国社会科学院考古研究所洛阳汉魏城队：《汉魏洛阳故城城垣试掘》，《考古学报》1998年第3期。

③ 刘富良、朱世伟：《西周早期的成周与王城》，《安金槐先生纪念文集》，大象出版社，2005年；徐昭峰：《成周与王城考略》，《考古》2007年第11期。

④ 徐昭峰：《成周与王城考略》，《考古》2007年第11期。

⑤ 许宏：《曲阜鲁国故城之再研究》，《先秦城市考古学研究》，北京燕山出版社，2000年。

上大致相合，但也没有发现西周时期的城垣遗迹①。

在拙著《先秦城市考古学研究》中，笔者已指出："在上述夏商西周三代王朝都城和方国都城中，城垣的筑建并不是一种普遍的现象，后世严格的城郭制度在这一时期尚未最后形成。"②此后长时段的都邑观察和深入思考，使我们意识到这样的归纳尚不足以把握当时都邑与社会发展的切实脉络。显然，除了二里冈时代这一特殊历史阶段的城郭形态，"大都无城"是广域王权国家时代都邑制度的主流。

至于这一现象的原因，我们曾论及："三代都邑城垣或有或无，尤其是西周时代的三处王朝都邑均未发现城垣，应主要与当时的政治、军事形势有关……国势的强盛和以周边诸侯方国为屏障这一局面的形成，使某些王朝都邑和诸侯方国都邑筑城自卫这种被动保守的防御手段成为不必要……此外，都邑及其所凭依的王畿地区尽可能地利用山川之险以为天然屏障，也是三代都邑建置的一个显著特点。"③

（二）春秋战国时代：兴于乱世的防御性城郭

进入春秋战国时代，政治上列国分立，各自立都，军事上兼并战争频繁，具有防御功能的城郭布局应运而生。徐苹芳将其概括为宫城加郭城的"两城制"的形态④。

在春秋时期的都邑中，我们还能看到上一个时代"大都无城"形态的残留。首先是位于侯马的晋国都城新田，在40余平方千米的范围内分布着具有宫城性质的数座小城及宫殿基址，盟誓、祭祀遗址及手工业作坊遗址、居住遗址和墓地等大量遗存，整个都邑遗址没有外郭城⑤。俞伟超由是指出："也许，商代至西周都城分散的居民点，到此时在某些都城已发展成分散的几个小土城；战国时，又集中为一个大郭城。"⑥另一个例子是洛阳东周王城，既往认为其始建于春秋中期以前⑦，但对以往发掘材料的分析表明，"东周王城城墙的始筑年代不早于春秋时期"，结合"新的考古发现证明东周王城东墙始筑于战国时期，而与东墙一体的其余三面城墙的始筑年代也应相同，则东周王城的城墙始筑年代是在战国时期"。从春秋遗存的分布上看，平王

① 山东省文物管理处：《山东临淄齐故城试掘简报》，《考古》1961年第6期；群力：《临淄齐国故城勘探纪要》，《文物》1972年第5期。

② 许宏：《先秦城市考古学研究》，北京燕山出版社，2000年，第82页。

③ 许宏：《先秦城市考古学研究》，北京燕山出版社，2000年，第82、83页。

④ 徐苹芳：《中国古代城市考古与古史研究》，《中国历史考古学论丛》，允晨文化实业股份有限公司（台北），1995年。

⑤ 山西省考古研究所侯马工作站：《晋都新田》，山西人民出版社，1996年，第1～22页。

⑥ 俞伟超：《中国古代都城规划的发展阶段性——为中国考古学会第五次年会而作》，《文物》1985年第2期。

⑦ 中国社会科学院考古研究所：《洛阳发掘报告——1955—1960年洛阳涧滨考古发掘资料》，北京燕山出版社，1989年，第122～124页。

东迁之王城也应在遗址范围内，只不过春秋时期的王城没有郭城①。从考古发现和文献记载看，位于荆州的楚国郢都纪南城在春秋时可能并无大城城垣，现存遗迹应主要反映的是战国时期郢都的形态②。

战国时期城址的大规模的增筑和改建，使许多春秋城址遭到破坏，因此我们对春秋时期主要诸侯国都邑面貌的认识较之战国都邑要薄弱得多。有学者主要依据文献资料对春秋战国时期的城郭布局进行了复原，认为将宫城置于郭城之中也即"内城外郭"是这一时期城郭布局的正体。如《春秋》中两次提及的鲁"城中城"之"中城"，一般认为应即鲁城内的宫城所在。由《左传》《史记》中围城焚郭等事件所提供的线索，知春秋姜齐都城也是郭内有宫城，且位于中心地带。这一推断在考古学上亦有线索可寻。"可见，'内为之城，城外为之郭'（《管子·度地》），是春秋都城布局的基本模式。"与此形成鲜明对比的是，从现有的考古材料看，凡战国时期新建或改建的都城，格局都为之一变，出现了将宫城迁至郭外或割取郭城的一部分为宫城的新布局③。据分析，新郑郑都的宫殿区、社稷与公墓区也都位于城内中部，以隔墙区分西宫城、东郭城的布局是战国时期形成的④。

这种变化似乎还可以更为简洁地概括为从"内城外郭"变为"城郭并立"。这一观察结果在对相关城址的深入分析中也得到了验证。就城、郭的相对位置而言，战国时期的列国都城大体可分为两类。一是宫城在郭城之外，如临淄齐故城、邯郸赵故城等；二是割取郭城的一部分为宫城，如曲阜鲁故城⑤、新郑韩故城、易县燕下都⑥（东城利用河道分割宫城与郭城，西城则为附郭）、洛阳东周王城⑦、楚都纪南城似乎也可归入此类⑧。如果说内城外郭的格局是春秋时期"卫君"的最佳设防，那么随着社会矛盾的日益尖锐，各国统治者竭力使自己的栖身之所脱离居民区的包围并满足其恣意扩建宫室的奢欲，似乎就成为战国时期各国都城新格局出现的主要原因。而军事、国防设施等的长足进步，也使宫城单独设方成为可能。

---

① 徐昭峰：《成周与王城考略》，《考古》2007年第11期。

② 许宏：《先秦城市考古学研究》，北京燕山出版社，2000年，第93~95页；梁云：《战国都城形态的东西差别》，《中国历史地理论丛》2006年第4辑。

③ 马良民：《试论战国都城的变化》，《山东大学学报（哲学社会科学版）》1988年第3期。

④ 马俊才：《郑、韩两都平面布局初论》，《中国历史地理论丛》1999年第2期；梁云《战国时代的东西差别——考古学的视野》，文物出版社，2008年，第167~171页。

⑤ 许宏：《曲阜鲁国故城之再研究》，《先秦城市考古学研究》，北京燕山出版社，2000年。

⑥ 许宏：《燕下都营建过程的考古学考察》，《考古》1999年第4期。

⑦ 巫鸿著，许宏译：《战国城市研究中的方法问题》，《礼仪中的美术——巫鸿中国古代美术史文编》，生活·读书·新知三联书店，2005年；徐昭峰：《成周与王城考略》，《考古》2007年第11期；徐昭峰：《试论东周王城的城郭布局及其演变》，《考古》2011年第5期。

⑧ 许宏：《先秦城市考古学研究》，北京燕山出版社，2000年，第94页。

既往关于中国古代都城发展史的论述，几乎无一例外认为春秋战国这一阶段的都城形态是承上启下、一脉相承的。如杨宽和刘庆柱两位先生尽管就中国古代都城的发展模式问题有过多轮不同意见的交锋（详后），但在这一问题上却有着一致的看法。杨宽认为，"从西周到西汉是西城连接东郭的时期"，这种西城东郭的制度，是礼制在都城规划上的反映，它"不但为春秋战国时代中原各诸侯国先后采用，而且也为秦都咸阳和西汉都城长安所沿袭"①。刘庆柱则提出了从史前时代方国或邦国的"单城制"，到夏商周王国时代的"双城制"，再到秦汉至明清帝国时代的"三城制"的演化模式②。但通过以下分析，我们知道春秋战国时期城郭布局的兴盛和形态变化，在中国古代都城发展史上，应是前无古人后无来者的。它似乎只是特定历史时期的产物，并非都邑单线进化史上一个必然的链条。

（三）秦至东汉时代："大都无城"的新阶段

已有学者指出，与上述兴盛于东方列国的"两城制"的城郭形态不同，"从雍城到咸阳，秦国都城一直采用了一种'非城郭制'的格局，并对汉代国都的城市布局产生了深远的影响"③。的确，在战国时期城郭布局盛行的大势中，秦都咸阳尤其给人以"异类"感。

战国中晚期秦国及秦王朝（秦代）都城咸阳遗址，地处关中平原中部的咸阳原上、渭水两岸（图二）。虽然数十年的考古工作中在这一区域发现了大量与秦都咸阳密切相关的各类遗存，但迄今尚未发现外城城垣，都城的布局结构也不甚清楚④。在地势高敞的咸阳原上，已发现了由20多处夯土建筑基址组成的庞大的宫室基址群。在这一范围内大体居中的位置，还探明了修筑于战国时期的一处长方形夯土围垣设施，发掘者认为应是秦咸阳的宫城——咸阳宫遗迹⑤。学者一般认为秦都咸阳的宫城是存在的，至于究竟是单一宫城还是多组宫殿建筑组成的集群，甚至宫城的具体位置，都尚

---

① 杨宽：《中国古代都城制度史研究·序言》，上海古籍出版社，1993年。

② 刘庆柱：《中国古代都城遗址布局形制的考古发现所反映的社会形态变化研究》，《考古学报》2006年第3期。

③ 梁云：《战国都城形态的东西差别》，《中国历史地理论丛》2006年第4辑。"非城郭制"最初由韩国河等提出。韩国河、陈力：《论秦汉都城规划基本模式的形成》，《陈直先生纪念文集》，西北大学出版社，1992年。

④ 王学理：《咸阳帝都记》，三秦出版社，1999年，第123～173页；陕西省考古研究所：《秦都咸阳考古报告》，科学出版社，2004年，第9～12页。

⑤ 陈国英：《秦都咸阳考古工作三十年》，《考古与文物》1988年第5、6期合刊；刘庆柱：《论秦咸阳城布局形制及其相关问题》，《文博》1990年第5期。

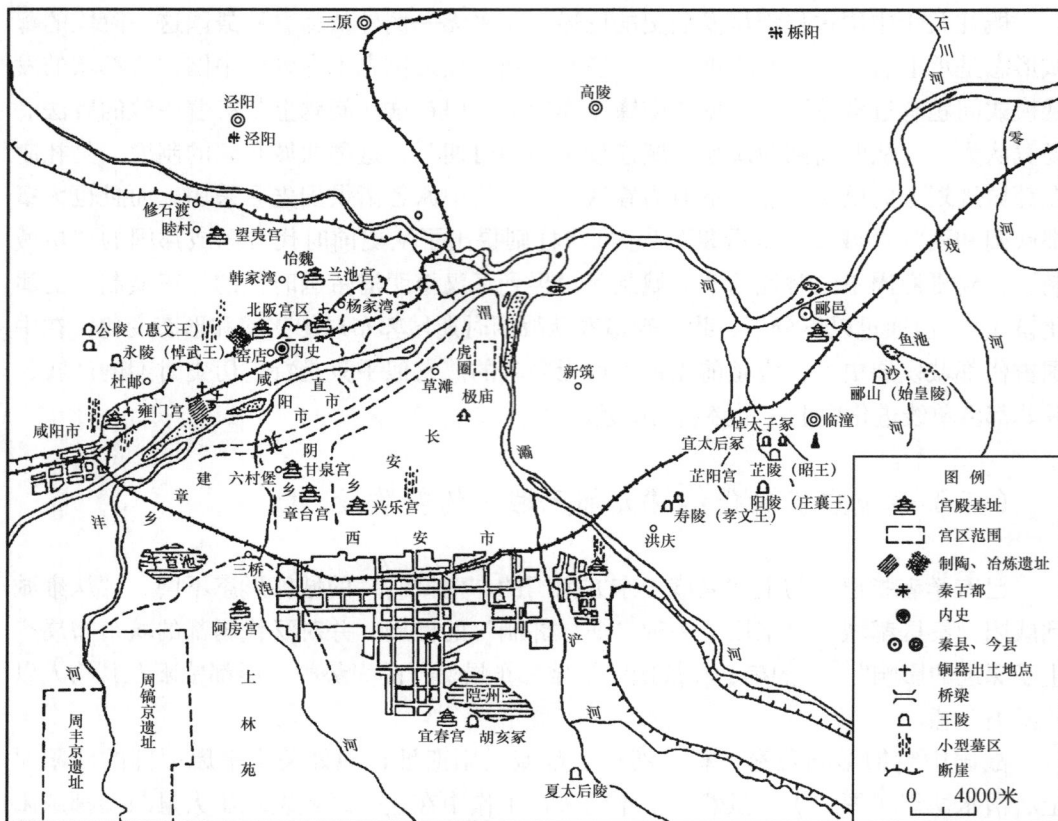

图二　秦都咸阳的"首都圈"

（改绘自王学理：《咸阳帝都记》，三秦出版社，1999年，图2-11）

存争议①。

如何解释秦都咸阳遗址不见城垣的考古现状，学者意见殊异。持"有城说"的学者或倾向于城址全毁于渭河的冲决②，或认为"秦咸阳主要部分——宫殿区在咸阳原上。尽管渭河北移，但其主要部分并未被冲掉"③。针对上述说法，"无城说"的首倡者王学理指出："如果渭水北移冲去咸阳的一部分，势必在今北岸的地层中留下两处墙基断碴。但迄今在这一带没有发现有关城的任何痕迹"，而"有关咸阳的文献记载，多是详宫而略城的。"④"秦咸阳实际是个有范围而无轴心，有宫城而无大郭城

---

①　杨宽：《中国古代都城制度史研究》，上海古籍出版社，1993年，第108、588页；王学理：《秦都咸阳》，陕西人民出版社，1985年，第72页。

②　武伯纶：《西安历史述略》，陕西人民出版社，1979年，第88页；杨宽：《西汉长安布局结构的探讨》，《文博》1984年创刊号。

③　刘庆柱：《秦都咸阳几个问题的初探》，《文物》1976年第11期。

④　王学理：《咸阳帝都记》，三秦出版社，1999年，第129页。

的城市，在布局上呈散点分布的交错型，政治中枢随时间转移，所以中心建筑也未定型，这一状况的出现，应该说由于秦国处于特定的历史条件下所形成的。"[1]持"无城说"的学者大体一致的意见是：秦都咸阳是一个缺乏统一规划思想指导的不断扩展的开放性城市，其范围从渭北逐步扩大到渭水以南，最终形成了横跨渭水两岸的规模[2]。更有学者论证秦咸阳的外郭无垣，除了战时"无暇作长治久安式的全景规划"外，还应与统治者心中的"天下""宇内"思想的成熟有关[3]。

作为前后相继的帝国都城，秦都咸阳和汉长安城在布局和设计思想上存在内在的关联，是可以想见的。但如前所述，秦都咸阳的设计规划模式已难以廓清，汉长安城在哪些方面对其继承并有所发展，还有待深入探讨。

位于现西安市西北郊的汉长安城，是西汉王朝和新莽王朝的都城[4]，据新的测绘结果，其城垣圈围起的面积近34.4平方千米[5]。该城址究竟是内城还是外郭？抑或属于"非城郭制"城市？学术界莫衷一是。针对汉长安城发现以来的主流观点——30多平方千米的城址就是汉长安城的外郭城，杨宽认为其"很明显属于宫城（即内城）的性质"，"长安城内，主要是皇宫、官署、附属机构以及达官贵人、诸侯王、列侯、郡守的邸第。一般居民的'里'所占的面积是不大的"[6]。对此，主持长安城田野考古工作的刘庆柱则认为"确认汉长安城为宫城的论点是不能成立的"，"因为宫城是围绕皇宫（或王宫）修筑的城"[7]。

二者对宫城概念的不同解释，差异在于杨宽取的是广义，而刘庆柱取的是狭义，已如前述。其实，内城、小城、宫城本不易做明确的划分。由前引刘庆柱论及"郑州商城已发现的内城可理解为'小城'或'宫城'"[8]，可知小城、内城、宫城在一定情况下是可以通用的。《汉长安城》一书[9]的章节和附图，就包括城外的礼制建筑、离宫和苑囿，甚至汉长安城附近的诸陵邑。可见即便坚持认为汉长安城的城圈即郭城的学

---

① 王学理：《秦都咸阳》，陕西人民出版社，1985年，第206页。

② 韩国河、陈力：《论秦汉都城规划基本模式的形成》，《陈直先生纪念文集》，西北大学出版社，1992年；李令福：《秦都咸阳若干问题的探索》，《中国历史地理论丛》1998年增刊；徐卫民：《秦都城研究》，陕西人民教育出版社，2000年，第145~149页。

③ 梁云：《"汉承秦制"的考古学观察与思考》，《远望集——陕西省考古研究所华诞四十周年纪念文集》，陕西人民美术出版社，1998年。

④ 刘庆柱、李毓芳：《汉长安城》，文物出版社，2003年，第13~45页；中国社会科学院考古研究所：《中国考古学·秦汉卷》，中国社会科学出版社，2010年，第174~215页。

⑤ 董鸿闻、刘起鹤、周建勋等：《汉长安城遗址测绘研究获得的新信息》，《考古与文物》2000年第5期。

⑥ 杨宽：《西汉长安布局结构的探讨》，《文博》1984年创刊号。

⑦ 刘庆柱：《汉长安城布局结构辨析——与杨宽先生商榷》，《考古》1987年第10期。

⑧ 刘庆柱：《中国古代都城考古学研究的几个问题》，《考古》2000年第7期。

⑨ 刘庆柱、李毓芳：《汉长安城》，文物出版社，2003年。

者，也不否认上述城圈以外的部分，属于汉长安城的重要组成部分。

杨宽认为："整个长安都城，应该包括内城和外郭。"张衡《西京赋》中描绘的长安"所谓'经城洫，营郭郛'，说明当年经营的长安，不仅有城洫，而且有郭郛"①。具体而言，"长安城外存在着较大的郭区，其中北郭和东郭面积较大"②。论及先秦至汉代的郭区，杨宽认为："利用天然的山水加以联结，用作外郭的屏障，原是西周春秋以来流行的办法。兼用漕运的河流作为外郭的屏障，是西汉长安所开创的办法。"③而不认同汉长安城有"大郭'的刘庆柱也承认，"西汉中期，汉武帝修筑漕渠……形成了汉长安城以东的一条屏障，西汉中期以后，人们也就把这条渠与宣平门以东的祖道交汇处称为'东郭门'（即东都门）"④。可见在东郭门的存在、时人习惯于把长安城和漕渠之间视为"东郭"的问题上，二者的观点已大致趋同。

或许，汉长安城的城郭布局和人们的认同，有一个动态发展的过程。首先，高祖定都长安初期并无城垣，与咸阳相似。惠帝筑城时，整个都城是否是先以城池为郭，据新近的分析，城内宫室建筑等的比重在二分之一左右⑤。及至武帝时国力强盛，人口剧增，遂"以城中为小"（《汉书·东方朔传》），又在城外兴筑建章宫、扩展上林苑等，城外的居民活动渐多，时人遂以渭河和漕渠为郭。有学者推测长安城"横门外夹横桥大道的市，当属汉朝臻于极盛时，长安城内工商业高度发展，为城市布局所限制，不得不向外蔓延的产物"⑥。而据考古发现，覆盎门外文景帝至新莽时期的墓葬区，也"很可能是整个长安规划中的一个组成部分"⑦。如是，可以认为汉长安城的"郭"有一个扩大的过程，且从延续战国时代大立郭城的传统，转变为内城加郭区的"大都无城"的状态，进一步彰显出巍巍帝都的气势。

汉长安城外的考古发现，也支持这一推想。据《中国文物地图集·陕西分册》的统计，在汉长安城北的厨城门外发现唐家村制陶作坊遗址（有夯土墙），城东的清明门外分别发现了郭家村铸钱遗址（发现窑址和大量钱范）、刘家村钱范窖藏（发现"五铢"钱模）⑧。说明城外以北以东区域，并非像以往认为的那样均为墓地⑨，甚至分布有较重要的遗存。

---

① 杨宽：《西汉长安布局结构的探讨》，《文博》1984年创刊号。

② 杨宽：《中国古代都城制度史研究》，上海古籍出版社，1993年，第577页。

③ 杨宽：《西汉长安布局结构的探讨》，《文博》1984年创刊号。

④ 刘庆柱：《再论汉长安城布局结构及其相关问题——答杨宽先生》，《考古》1992年第7期。

⑤ 刘瑞：《汉长安城的朝向、轴线与南郊礼制建筑》，中国社会科学出版社，2011年，第253页。

⑥ 刘运勇：《再论西汉长安布局及形成原因》，《考古》1992年第7期。

⑦ 呼林贵：《汉长安城东南郊》，《文博》1986年第2期。

⑧ 国家文物局：《中国文物地图集·陕西分册》，西安地图出版社，1998年，上册第142、143页，下册第49、53、58页。

⑨ 刘庆柱：《汉长安城布局结构辨析——与杨宽先生商榷》，《考古》1987年第10期。

　　至于汉长安城的"一百六十闾里"究竟是相当一部分分布于城外，还是均位于城内北部，在持不同意见的学者间争议更大①，有待于进一步的考古发现与研究。如果再放开视野，可知汉王朝继承了秦代的京畿制度，改秦"内史"为"三辅"；又在京畿地区建置陵邑（《汉书·地理志》），这些陵邑也是西汉京师行政区和经济区的组成部分。关于西汉长安居民的分布问题，王子今的观点具有相当的代表性："西汉长安城内有限的平民居地集中'口二十四万六千二百'，就当时的居住习惯而言，居民的生存空间显然过于狭小。然而通过'乡'的设置，推想有部分长安户籍资料统计的民众居住在城外的可能。而长安作为大都市其诸多其他功能的实现，有诸陵邑的补充。西汉长安周围的诸陵邑在某种意义上已经成为长安的卫星城。"②

　　与长安城外是否有郭区相关的是长安诸市的具体位置。多有学者推断汉长安城的市或均位于城外郭中，或至少有一部分在城外③。即便不认可汉长安城外有郭区的学者，也不否认从文献上看，"城郊附近还有不少市，如便桥旁的交道亭市、渭城的孝里市、昆明池南的柳市、长安太学附近的会市等等"④。市的存在，进一步旁证了京郊居民区的存在。

　　类似的争议延伸到了对东汉洛阳城性质的论定上。与叙述东汉洛阳城仅限于城圈的主流观点⑤相左，杨宽认为："洛阳城依然属于内城性质。南宫和北宫不仅面积很大，而且占据城中主要部位……宫殿、仓库、官署，和西汉长安一样，布满整个都城之内。""洛阳整个城属于'皇城'（内城）性质。"⑥的确，总体上看，东汉洛阳城内宫苑面积也达全城总面积的二分之一左右，仍处于以宫室为主体的都城布局阶段。相比之下，对居民里闾与商市的安排则处于从属地位。

　　另外，东汉洛阳城已有较大的郭区，但尚无具有实际防御作用的郭城城垣。据《洛阳伽蓝记》卷四，洛阳东郭以新开漕渠（阳渠）作为屏障，在漕渠上建有七里桥，并在桥东一里建有"门开三道"的东郭门。洛阳西郭以"南临洛水，北达芒山"的张方沟作为屏障，在张方沟上建有张方桥，东汉称为夕阳亭，亦称"洛阳都亭"，是上西门的外郭亭所在，具有郭门性质。杨宽据此指出，汉魏洛阳与西汉长安一样，

　　① 刘瑞：《汉长安城的朝向、轴线与南郊礼制建筑·附录一》，中国社会科学出版社，2011年。

　　② 王子今：《西汉长安居民的生存空间》，《人文杂志》2007年第2期。

　　③ 佐藤武敏：《漢代長安の市》，《中国古代史研究》（2），吉川弘文館（東京），1965年；马先醒：《汉简与汉代城市》，简牍社（台北），1976年；陈直：《三辅黄图校证》，陕西人民出版社，1980年，第30页；杨宽：《西汉长安布局结构的探讨》，《文博》1984年创刊号；孟凡人：《汉长安城形制布局中的几个问题》，《汉唐与边疆考古研究》（第一辑），科学出版社，1994年。

　　④ 刘庆柱、李毓芳：《汉长安城的宫城和市里布局形制述论》，《考古学研究》，三秦出版社，1993年。

　　⑤ 王仲殊：《汉代考古学概说》，中华书局，1984年，第17～21页。

　　⑥ 杨宽：《中国古代都城制度史研究》，上海古籍出版社，1993年，第138页。

"以天然河流与新开漕渠作郭区的屏障，同样以桥梁与郭门作为郭区的门户，或者以桥梁与外郭亭作为郭区的关口"。而"汉魏洛阳之所以会有与西汉长安如此相同的结构，该是东汉都城的建设沿用了西汉■的制度"[①]。

《中国考古学·秦汉卷》对洛阳城外的遗存做了较详细的介绍："据文献记载，当时在洛阳城周围，最高统治者同样精心营造了为数众多的宫、观、亭、苑，近城地带，更是各种重要礼制建筑的所在地和人口较为密集的居民区。""洛阳三市中金市以外的马市和南市，分别设于城东和城南。"此外，还有白马寺、汉大将军梁冀所筑皇女台及私家园林等。其中北郊兆域，南郊圜丘、灵台、明堂、辟雍等遗址，都经调查、勘探和重点发掘。"历年来勘察实践显示，当时的手工业遗址主要分布于城外。"[②]显然，上述种种，构成了郭区的内涵。东汉洛阳城城圈的内城性质、郭区的内涵与结构，对解读西汉长安城的形态具有重要的参考意义。

如前所述，随着曹魏邺城和北魏洛阳城外郭城垣的兴建，"大都无城"的都城形态才最终退出了历史舞台。

三

通过对以先秦至秦汉时期为中心的都城发展历程的初步考察，我们认为整个中国古代都城史可以依城郭形态的不同，划分为两个大的阶段，即防御性城郭阶段和礼仪性城郭阶段（见表一）。由此，可以揭示中国早期都城发展史上的几个重要现象。

（1）在自最早的广域王权国家都邑二里头至曹魏邺城前近两千年的时间里，"宫城+郭区"而非"宫城+郭城"的布局，才是都城空间构造的主流，这一现象可以概括为"大都无城"。这与广域王权国家强盛的国势及军事、外交优势，作为"移民城市"的居民成分复杂化，对都城所处自然条件的充分利用，甚至当时的"天下""宇内"思想等，都有一定的关联。

（2）其间只有商前期和春秋战国两个时期为城郭布局的兴盛期，二者都有特殊的历史背景，军事局势的高度紧张是其共性。

（3）战国时期城郭并立的布局，是社会矛盾尖锐、列国对峙兼并这一特定历史时期的产物，前无古人后无来者，并非像以往认为的那样，属于一脉相承的中国古代都城史上一个承前启后的环节。

---

① 杨宽：《中国古代都城制度史研究》，上海古籍出版社，1993年，第600、601页。

② 中国社会科学院考古研究所：《中国考古学·秦汉卷》，中国社会科学出版社，2010年，第236、237页；中国社会科学院考古研究所：《汉魏洛阳故城南郊礼制建筑遗址——1962～1992年考古发掘报告》，文物出版社，2010年。

（4）处于都城发展史早期阶段的防御性城郭的实用性，导致城郭的有无取决于政治、军事、地理等诸多因素，"大都无城"的聚落形态应即这一历史背景的产物；而后起的、带有贯穿全城的大中轴线的礼仪性城郭，因同时具有权力层级的象征意义，才开启了汉代以后城、郭兼备的都城发展的新纪元。

（原载《文物》2013年第10期）

陕西扶风云塘西周建筑基址的初步认识

徐良高　王　巍

1999年秋至2000年，由中国社会科学院考古研究所、陕西省考古研究所、北京大学考古系联合组成的周原考古队在陕西省扶风县云塘村西南、齐镇村西北各发掘了一组西周建筑基址[①]。其中，位于云塘村的建筑基址结构独特，保存甚好，对研究西周社会礼制具有重要价值。我们拟结合文献对它的结构、功用和性质进行初步研究。

在2处发掘的9座建筑台基中，F1～F3、F8和围墙构成了一组完整的建筑群（以下称"A组"）。F1～F3平面呈"品"字形分布，F1为主体建筑台基，北居中，F2、F3左右对称，F1正南侧是F8，F8东西两侧连接围墙。本组建筑的东边被近年当地农民取土破坏，根据现存遗迹，我们可以将其东侧围墙和F3的大部分复原（图一）。

F5位于F1一组建筑的西侧，从地层看，它与F1一组建筑同时，从位置看，我们可以视之为同F1一组建筑属同一建筑群　是统一规划设计的。

A组建筑东侧为由F4、F7、F9构成的另一组建筑（以下称"B组"）。该组建筑与A组基本同时，但与A组建筑相距一段距离。从现存F1台基东边缘到F4西边缘约52.4米。但如果从F3东围墙的复原位置看，两者相距很近，从F4台基西边到东围墙距离仅约不足40米。

在F4与F1南部、F3基址之间有一夯土基槽F6，从现存状况看，F6仅存基槽部分，其上的台基部分已被破坏。这一基槽似是在修建云塘、齐镇建筑群时形成的，目的是将这一带地面取平，以便在其上修建台基，而不专属于某一座建筑台基，F1的南部和F3台基就坐落在这一基槽的西北部分之上。从现存位置看，位于F4与F1之间的F6基槽之上应有建筑台基分布。据当地村民回忆，他们在十几年前在这一带取土时，曾发现许多柱础石。

从地层关系和出土陶器分析，这两组建筑均属西周晚期。从现存状况看，A组建筑无疑是保存最好、最有代表性的，其结构布局与古代文献的记载多有契合之处。因此，我们试结合文献对A组建筑进行分析研究。

---

① 周原考古队：《陕西扶风县云塘、齐镇西周建筑基址1999～2000年度发掘简报》，《考古》2002年第9期。

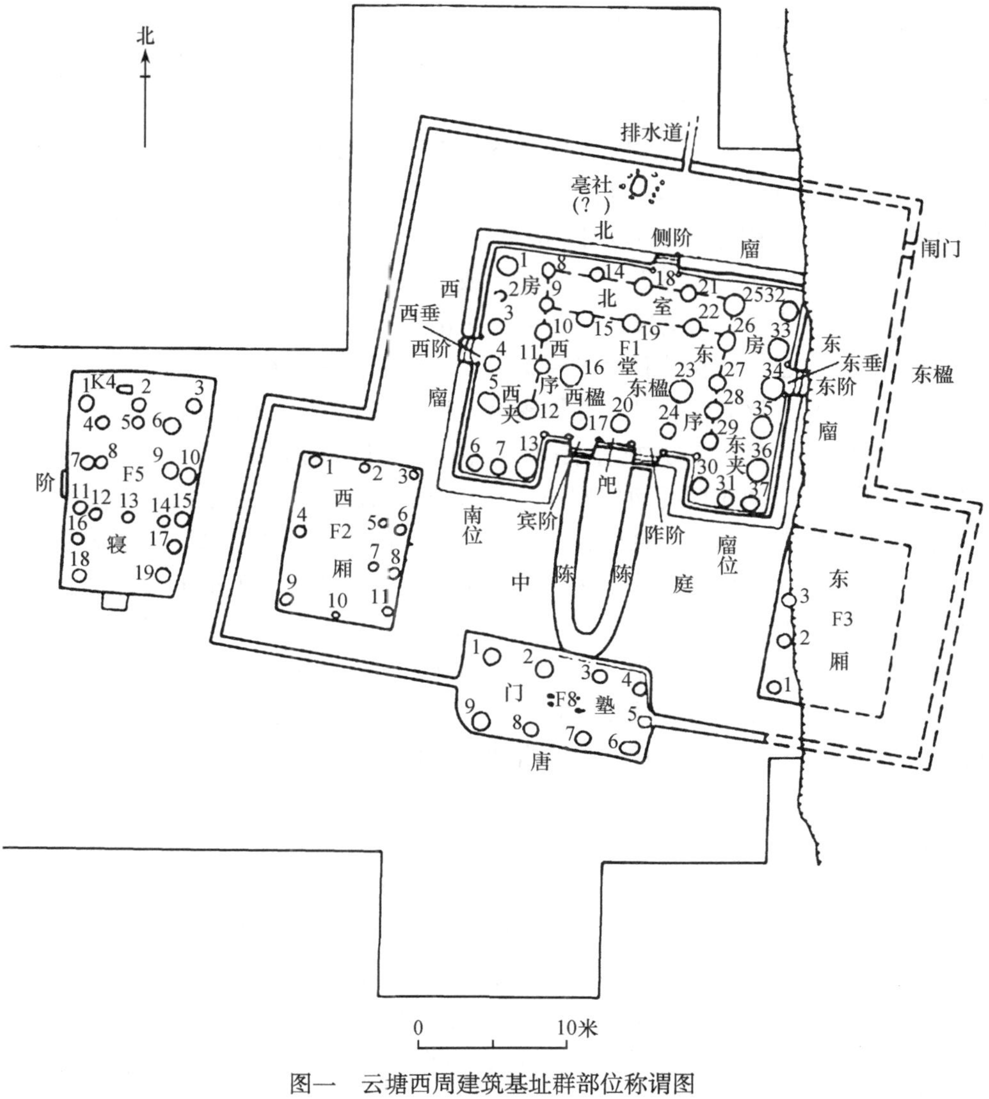

图一 云塘西周建筑基址群部位称谓图

一、建筑部位定名及其功能

在这一部分的研究中，我们主要是利用古代文献对有关建筑部位名称及古人在各部位举行活动的记载，结合考古发现的实物证据进行研究。

（一）主体建筑各部位的研究

F1无疑是整组建筑的主体建筑，居于中心位置，台基最高，规模最大。其中，一级台基长22米，若以东西两门第一级台阶外缘计，则东西总长23.43米，东西两端凸出部分宽16.5米，中间凹入部分宽约13.1米。

台基之上共有大型柱础37个，这些柱础的分布有一定的规律。从这些柱础分布上可以大致看出台基之上的房屋开间布局状况。

柱础9、10、11、12、15、19、22、26、27、28、29、17、20、24之间构成一个开间很大的房间，约12米×9米，位于台基正中间，这应即是中心建筑部位——堂。在"堂"的东西北三面围绕一圈小房间，应是房室之所在。

堂：金文中称之为"大室"、"太室"或"天室"。任启运《朝庙宫室考》云："庙，外为门，中为堂，后为寝。"《尚书·洛诰》："王入太室裸。"王肃曰：太室，清庙中央之室也。《仪礼释宫增注》云："堂上设席行礼。"或曰："堂则用之以燕。"《禹攸从鼎铭》云："王在周康宫、𥝢太室。"《伊敦》铭文云："王格穆太室。"堂是宗庙明堂建筑的中心，是举行祭祀、燕飨等活动的场所。

楹：居于堂之中间东西的两柱础16、23号当是两楹之所在。李如圭《仪礼释宫》云："堂之上，东西有楹。"释曰："楹，柱也。古之筑室者，以垣墉为基，而屋其上，惟堂上有两楹而已。"《礼记·檀弓上》夫子曰："夏后氏殡于东阶之上，则犹在阼也。殷人殡于两楹之间，则与宾主夹之也。周人殡于西阶之上，则犹宾之也。"《仪礼·既夕礼》云："正柩于两楹间，用夷床……"从本座建筑结构看，殡于西阶上，犹在两楹之间耳，两楹间是堂的中心和主要空间，当置柩于此。《仪礼·有司彻》载："主人先升自阼阶，尸、侑升自西阶，西楹西，北面东上，主人东楹东，北面拜至，尸答拜……"《仪礼·聘礼》："宾升西楹西，东面，……公侧袭，受玉于中堂与东楹之间。"《仪礼·燕礼》："媵爵者……升自西阶，序进，酌散，交于楹北，降阼阶下。"《仪礼·乡射礼》："司正告于主人，遂立于楹间以相拜，主人阼阶上再拜，宾西阶上答再拜。""射自楹间。"《仪礼·士昏礼》："宾升西阶，当阿，东面致命。主人阼阶上北面再拜，授于楹间，南面。"由此可见，堂内两楹一带作为堂内建筑的重要空间，是宾主所居及举行各种礼仪活动的主要场所。

序：堂之两侧为序。《说文》："序，东西墙也。"《朝庙宫室考》云："堂上东西墙曰序，序东为东夹室，西为西夹室。"《尔雅》："东西墙谓之序。"郭注：所以序别内外。《尚书·顾命》郑玄注："东西厢谓之序"，"东序西向"，"西序东向"。我们认为当以东西墙为序解为是。向指门，在堂的东、西墙上各开有门，以通两边房与夹室。《仪礼·士冠礼》："主人升，立于序端，西面，宾西序，东面。"《仪礼·乡饮酒礼》："主人坐奠爵于序端……"《仪礼·乡射礼》："宾与大夫之弓，倚于西序，……众弓倚于堂西，……主人之弓矢在东序东……"《尚书·顾命》记："越玉五重，陈宝、赤刀大训弘璧琬琰在西序，大玉夷玉天球河图在东序……"序是陈放各种礼仪用品的主要地方。

室：堂后有室。任启运《朝庙宫室考》云："庙，外为门，中为堂，后为寝。"江永《仪礼释宫增注》云："堂后室居中，左右有房。"王国维《明堂庙寝通考》云："古者，室在堂后，有室斯有堂，又一堂止一室。故房有东西也，夹有东西也，个有左右也，而从不闻有二室。"或曰前堂后室，两者不在同一房子内，从云塘F1建筑中，我们看到前堂后室处于同一房子内，在同一屋顶下。"室谓堂后之室也。室是事神之处，霾庙不可遗也。""庙主必藏于室之奥，若无室何以藏之。"室为藏主接神之处。

室内各部分也分别有定名，《尔雅》"宫"曰："西南隅谓之奥，西北隅谓之屋漏，东北隅谓之宧。"《说文》云："宧，养也，室东北隅，食所居。"《尔雅》："东南隅谓之宎。"

房：《说文》曰："房，室在旁也。"《释名》曰："房，旁也，室之两旁也。东房又称左房，西房又称右房。"《仪礼·大射》云："荐脯醢由左房。"《仪礼·特牲馈食礼》云："豆笾铏在东房。"《仪礼·少牢馈食礼》云："主妇被锡，衣移袂，荐自东房。"《仪礼·聘礼》云："君使卿皮弁还玉于馆……，（宾）退负右房而立。"由此可以推测，东房为馔肴所出之处，西房则是宾客休息之所。

夹室：又称个。刘熙《释名》云："夹室在堂两头，故名夹也。"《朝庙宫室考》云：序东为东夹室，西为西夹室。王国维《明堂庙寝通考》（《观堂集林》卷三）："故室者，宫室之始也，后世弥文，而扩其外而为堂，扩其旁而为房，或更扩堂之左右而为箱，为夹为个。……三者异名同实"，"祖庙其夹室藏不窋以下桃主，桃庙其夹室藏成康以下桃主"，'诸侯无二桃，其主皆藏于太庙之夹室'。此夹室为藏历代祖先之神主所在。

夹室外侧有荣。荣，屋翼也，屋檐两头上翘的部分也称屋翼、抟风。《仪礼·少牢馈食礼》曰："设洗于阼阶东南，当东荣。"《仪礼·士丧礼》曰："升自前东荣……，复者降自后西荣。"敖氏曰："前东荣者，东方之南荣。后西荣者，西方之北荣也。"屋有两楣，故每旁各有南荣、北荣。

阼阶、宾阶：东西两阶制似是周人高级建筑的通制。

阼阶为东阶。《仪礼·士冠礼》曰："立于阼阶下。"注："阼，犹酢也，东阶所以答酢宾客也。"是主人升降的地方。宾阶为西阶，《尚书·顾命》："由宾阶跻。"孙星衍注："宾阶者，西阶。"是客人等上下的地方。《仪礼·乡饮酒礼》云："主人阼阶上当楣北面再拜，宾西阶上当楣北面答拜"，"席主人于阼阶上，西面"，"席工于西阶上……"。《仪礼·少牢馈食礼》曰："……尸升自西阶，……主人升自阼阶。"《礼记·内则》曰："世子生，则君沐浴朝服，夫人亦如之，皆立于阼阶，西乡。世妇抱子，升自西阶，君名之，乃降。"由此可见阼阶、宾阶的功用、性质之区别。或曰阼阶、宾阶的结构为右平左戚之象，即左侧台阶有台阶而右侧台阶为斜坡式，本次考古发掘未见斜坡式台阶。

阰：《尚书·顾命》云："四人綦弁，执戈上刃，夹两阶阰。"阰在两阶之间。

侧阶与东垂、西垂：F1台基东西两侧的台阶当为东西侧阶，与东、西垂有关。垂指堂边檐下靠阶的地方。《尚书·顾命》载："一人冕，执戣，立于东垂，一人冕，执瞿，立于西垂，一人冕，执锐，立于侧阶。"

北侧台阶应为侧阶。《礼记·杂记》云："夫人至，入自闱门，升自侧阶。"注："侧阶，亦旁阶也。"《仪礼·大射礼》："工人、士与梓人升自北阶，……自北阶下。"《朝庙宫室考》云："北户偏诸东。"F1北阶位置偏东，与之相合。

东、西厢：又可称为东西堂。《尔雅·释宫》郭璞注："夹室前堂谓之厢。"《仪礼释宫》云："夹室之前曰厢，亦曰东西堂。"又说："东西堂各有阶。"F2、F3的位置正与之相合，F2东侧、F3西侧似也有阶存在。东、西厢在《尚书·顾命》中也曾提及："一人冕，执刘，立于东堂；一人冕，执钺，立于西堂。"《仪礼·大射礼》记："……君之弓矢适东堂，宾之弓矢与中、筹、丰，皆止于西堂下……"《仪礼·公食大夫礼》郑玄注："箱，俟事之处。"东西厢之有无与建筑的性质有关，《尔雅·释宫》云："室有东西厢曰庙，无东西厢有室曰寝。"

霤：《说文解字》云："屋檐滴水为霤，其地谓之霤。"由此可见，霤为建筑台基四周的散水。F1台基的散水用小鹅卵石铺成，很精致。F1台基四周均有散水，说明屋顶至少是四阿顶，是否是重顶，尚待进一步研究。《仪礼释宫增注》云："周制，天子诸侯得为殿屋为四注……，四注，则南北东西皆有霤。"《朝庙宫室考》记："天子殿屋，四注四霤，诸侯四注三霤，大夫夏屋二注二霤，士二注一霤。"F1台基四面均有散水，当为四注四霤。考虑到F1南侧内凹，其屋顶结构当更为复杂。《仪礼·燕礼》云："设洗当东霤。"《仪礼·乡饮酒礼》："磬，阶内缩霤，北面鼓之。"此两处所云之东霤、缩霤当指F1南侧内凹部分的东西霤和南霤。王国维认为中霤即指中庭，大体不误，然当在中庭偏北之处。

在F2、F3东西两堂和F8门塾四周均未见霤——散水的遗迹，然《仪礼·燕礼》中记载"宾所执脯以赐钟人于门内霤"。门塾四周当有散水。本次发掘的F4南侧门塾四周即有以较大石头拼成的散水，与文献所载相符。另《仪礼释宫》云："门之屋，虽人君亦两下为之。"而F4门塾从现存散水遗存看，四面皆有散水，当为四注四坡屋顶，与文献记载有别。

塾：《尔雅·释宫》云："门侧之堂谓之塾。"《朝庙宫室考》云："庙外为门……，左右曰塾，塾有堂，有室。"从F8结构看，面阔3间，中间与中庭的道路相接，正符合中间为门，左右有堂的塾的特征。或曰一门四塾，如《尔雅·释宫》郭璞注曰："门之内外，其东西皆有塾，门一而塾四，其外塾南向。"即门的两侧各有内外二塾，二塾之间有墙相隔。从F8柱网分布看，南北两排柱础间距为4.5米左右，大于一般柱间距3米左右的距离，但又未达到两间跨度约6米的距离，因此是否有内外塾尚难断定。

门道中应有与门的安置相关的设施。《仪礼释宫》云："中间屋为门，……门限，之谓阈。"宋邢昺曰："谓门下横木，为内外之限也。"《礼运·玉藻》云："君入门，介拂阒，大夫中枨与阒之间，士介拂枨。"注云：枨，门楔也。正义："阒，谓门之中央所竖短木也。枨，谓门之两旁长木。"从F8保存状况看，未见阈、阒、枨的遗迹，但在柱础2、3、7、8之间有数块石头分布，其位置正在门的位置，可能与安装阃、阒、枨等门框部件有关。

本组建筑的门塾有较高的台基，应称为台门，《礼记·礼器》云："有以高为贵者。天子、诸侯台门……不台门，言有称也。"孔疏："两边筑阖为基，基上起屋曰台门。诸侯有保捍之重，故为台门。而大夫轻，故不得也。"

门塾的主要作用是作为门房，起警卫作用，此外，还有一些其他用途，如《仪礼·士丧礼》记"卜人先奠龟于西塾上"，《仪礼·士冠礼》记"筮与席所卦者，具馔于西塾"，即其也是占卜之所。

门塾南侧通向门塾的路称为唐，《尔雅·释宫》云："庙中路，谓之唐。"

中庭：《说文》云："庭，宫中也。"《玉海》云："堂下至门谓之庭。"庭是册命、赏赐、祭祀之礼举行的主要场所。《仪礼·士丧礼》记："宵，为燎于中庭。"《礼记·祭统》载："祭之日一献，君降立于阼阶之南，南向，所命北面，史由君右，执册命之。"《毳簋》铭："唯正月乙巳，王格于大室，穆公入佑，毳立中庭，北向。王曰……"《寰盘》铭："唯廿有八年五月既望庚寅，旦，王格大室，即位，宰頵右寰……"等等。以上所言中庭及人的活动方位均与本组建筑相符。王国维根据其对宗庙明堂的复原，很困惑地认为"余谓此中廷当谓太室之廷，但器文于所命者入门后略去升堂入室诸节耳"。以今之考古实物证之，王国维先生所言中廷为太室之廷是正确的，但其复原的宗庙明堂四面皆有堂、室，中为太室的设想是不符合实际的，也是实际建筑和使用中不方便的。

位：《朝庙宫室考》云："庭左右谓之位。"注云："位，序列之位，当夹室之南。"位当处于东、西夹室南侧，东厢西、西厢东的部位。

陈：《尔雅·释宫》云："堂途，谓之陈。"疏曰："堂下至门径名陈。"即指从门塾到堂的道路。这种道路又与阼阶、宾阶相连。这次发现的F1、F4南侧的"U"形石子路，无疑就是文献中所记的"陈"，其与文献所记的方位吻合。这是从考古实物上第一次证明"陈"的存在。陈由卵石铺砌，并饰图案花纹，既美观，又能起到防止雨后道路泥泞的作用。

碑：古代文献记载中，庭中有碑存在。《仪礼·祭义》记："君牵牲入庙门系著中庭碑也。"《仪礼释宫增注》云："碑之材用石为之。"这次发掘的F1、F4两组建筑均未发现碑存在的遗存。

（二）石片坑性质的推测

在F1主台基北侧，北围墙南侧中间部位有一石片铺成的坑，坑内堆积中有较多的动物骨头存在。这一遗存的位置与秦雍城马家庄一号宗庙遗址的北端的"亭台"建筑很接近，但无散水。韩伟先生认为马家庄一号宗庙遗址北端的"亭台"建筑是亡国之社——亳社[1]。我们认为其观点有一定道理。

---

[1] 韩伟：《马家庄秦宗庙建筑制度研究》，《文物》1985年第2期。

（三）F5性质推测

F5位于F1一组建筑的西侧，其建筑主体是由柱础4、5、6、8、9、12、13、14围成的一个中心房间。《礼记·月令·仲春之月》记："寝庙毕备。"疏云：但庙制有东西厢，有序墙，寝制唯室而已。故《尔雅·释宫》云"室有东西厢曰庙，无东西厢有室曰寝"是也。李如圭《仪礼释宫》云："周礼，建国之神位，右社稷，左宗庙，宫南向而庙居左，则庙在寝东也。"据此，我们推测F5的性质相当于"寝"。寝是王或贵族日常所居、休息、饮食之所。《尚书·顾命》有"翼室"之名，清孙星衍疏曰：翼室者，左路寝也，应即此类建筑。

现我们节选两段周代贵族礼仪活动情景来看看周代贵族是如何在建筑内举行礼仪活动的。《仪礼·士冠礼》："至于庙门，揖入，三揖，至于阶，三让，主人升，立于序端，西面，宾西序，东面。"《仪礼·乡射礼》："司正洗觯，升自西阶，由楹内适阼阶上，北面受命于主人。西阶上，北面请安于宾，宾礼辞，许。司正告于主人，遂立于楹间以相拜。主人阼阶上再拜，宾西阶上答再拜，皆揖就席。司正实觯，降自西阶，中庭北面坐奠觯。"由士冠礼、乡射礼中可见宾、主自庙门，由两条在中庭的道路上宾阶、阼阶到堂上举行礼仪活动的大致情况。其他如士昏礼、乡饮酒礼、燕礼、聘礼、士丧礼、既夕礼、少牢馈食礼等举行的过程及各程序所在地点也大致相似。

《尚书·顾命》则记载了周王受命仪式的情况，其中，如"四人綦弁，执戈上刃，夹两阶戺；一人冕，执刘，立于东堂；一人冕，执钺，立于西堂；一人冕，执戣，立于东垂；一人冕，执瞿，立于西垂。一人冕，执锐，立于侧阶。王麻冕黼裳，由宾阶陟。……太保承介圭，上宗奉同瑁，由阼阶隮。太史秉书，由宾阶隮，御王册命……"，各建筑部位均可与考古发现的实物遗存相对应。

古代文献与考古实物相对应，为我们认识本组建筑的性质提供了重要依据，也证明三礼所记并非想象，而是有其现实根据的。

二、比较研究和建筑性质的推定

（一）与文献复原研究结论的比较

从文献记载和注经角度对周代礼制建筑，如明堂、宗庙、世室、寝等进行复原研究的有多家，如任启允《朝庙宫室考》之《朝庙门堂寝室各名图》，焦循《群经宫室图》，黄以周《礼书通故·名物图·宫》，戴震《考工记图》之明堂、宗庙、世室图，王国维之《明堂庙寝通考》之明堂、宗庙、太寝、燕寝图[①]等。这些复原图虽各有特色，差别较大，但许多建筑部位的安排则是大同小异，如堂、夹、庭、室等。其中，我们认为戴震所复原之宗庙图较为合理全面，也与本次发掘的F1组建筑最为接近（图二）。通过对两者的比较，可以看出，两者绝大部分建筑部位均相对应。这就从文献研究和实物证据两个方面为我们认识F1组建筑结构、确定其性质提供了有力的支持。

（二）与凤雏甲组和召陈建筑群的比较研究

凤雏甲组建筑保存较完整，是一组封闭式的庭院建筑[②]。关于其性质，有些学者提出是宗庙建筑，我们认为，从其结构布局看，远不如云塘F1组建筑群接近礼书中所记载的宗庙形制结构，其许多部位都不甚吻合。有学者认为

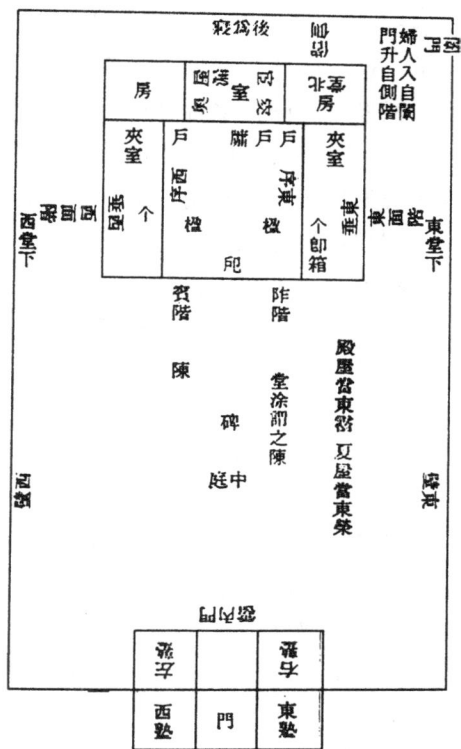

图二 （清）戴震《考工记图·宗庙》

"龟室"的存在是证明其为宗庙的有力证据，然而，关于西厢房内出土甲骨的H11是否与建筑同时，也是有争议的，有人认为是晚期窖穴，晚于建筑基址[③]。

召陈建筑群，从现有发掘资料看，很不完整，其整体布局不清楚[④]，从现有资料来推断其性质尚有较大难度[⑤]。

据此，我们认为，与已发掘的凤雏甲组建筑基址、召陈建筑群相比，云塘F1组建筑群更具有典型性，无疑属于西周高级贵族所使用的建筑。至于其具体的用途性质，可能与家族宗庙有关。

在F1组建筑的南侧、F4的庭院中发现有石磬碎片和半成品、大型青铜礼容器的碎片、玉圭等，从铜器碎片判断，有些铜器的器形还相当大，这些也是其作为礼仪性建筑的旁证。当时人曾在此举行过一些礼仪活动，留下这些礼仪用品的遗存。

在门塾及南围墙南侧，F5的东侧、南侧均发现有大面积瓦砾堆积分布，唯独在围

---

① 王国维：《明堂庙寝通考》，《观堂集林》卷三，中华书局，1959年。

② 陕西周原考古队：《陕西岐山凤雏村西周建筑基址发掘简报》，《文物》1979年第10期。

③ 尹盛平：《周原西周宫室制度初探》，《文物》1981年第9期。

④ 陕西周原考古队：《扶风召陈西周建筑群基址发掘简报》，《文物》1981年第3期。

⑤ 王恩田：《岐山凤雏村西周建筑群基址的有关问题》，《文物》1981年第1期。

墙内的F1～F3以及F4台基周围不见瓦砾堆积存在，甚至小瓦片都基本不见，这一点显示，这几座建筑的顶部是不用瓦的。在西周晚期，瓦的使用已相当普及，从这次出土的瓦来看，筒瓦多种多样，形制上也较规范，显示出其制作技术已相当成熟。在这一瓦的制作和使用已相当成熟普及时期，作为附属性建筑的顶部已大量使用瓦，而主体建筑为什么反而不用瓦呢？这一现象可能也与建筑本身的性质相关。《吕氏春秋》云："故明堂茅茨蒿柱，土阶三等，以见节俭。"《大戴礼记》曰："周时德泽洽和，蒿茂大以为宫柱，名曰蒿宫也。"《左传·桓公》曰："清庙茅屋。"注："以茅饰屋，著俭也。"周人对于明堂、宗庙类建筑，特以茅草为顶，以土为阶，不过于装饰，以示节俭守本也。

（三）与秦雍城马家庄一号宗庙建筑的比较研究

云塘A组建筑与马家庄一号秦宗庙遗址（图三）[①]相比，在以下几方面十分相似：①平面均为"品"字形封闭式庭院结构；②门塾在南部居中；③方向为北偏东；④北台基与北围墙之间有"亳社"遗存。两者也有不同，马家庄一号基址的三座建筑结构一样，大小相同，而云塘F1组建筑中，F2、F3结构比F1简单，面积也小，明显处于附属地位。马家庄一号遗址的庭院内的东西道路通东西两座建筑，庭院中间有众多牺牲坑，而云塘建筑遗址庭院内道路直通主台基南侧的阼阶、宾阶，庭院内未见牺牲坑，这一点与古文献记载更接近。

在早期的商代和晚期的秦宗庙建筑遗址内均发现了大量的牺牲坑，内埋牛、马、羊、人等，但迄今为止，在已发掘的周代大型建筑中尚未见这一现象，古代文献中也未见此类记载。这是否与周人的观念、信仰、祭祀方式有关，还是牺牲坑另有所在，尚待进一步的研究。在F1和F4两组建筑的南部发现有个别灰坑内有人骨架和马骨，在F1组建筑以南尚有建筑台基存在，这些都需要今后的考古工作来解决。

通过对A组建筑的各部位研究，结合茅茨土阶、东西厢之存在，寝在庙西诸现象，以及与凤雏甲组建筑基址、秦雍城马家庄一号

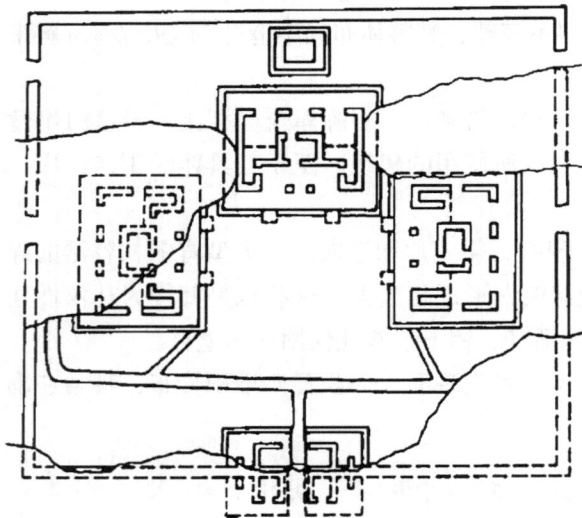

图三　陕西凤翔马家庄一号秦宗庙遗址平面示意图

---

①　陕西省雍城考古队：《凤翔马家庄一号建筑群遗址发掘简报》，《文物》1985年第2期。

宗庙建筑遗址的比较研究，我们初步推断云塘西周建筑基址的性质应属于宗庙。至于它是属于哪一级统治者，王或高级贵族，尚待进一步研究。从现有资料看，本组建筑符合周王室宗庙的一些特征记载，如四霤等，但其规模是否就达到了王一级的水平，尚待更多资料来证明。但它作为西周高级宗庙建筑的代表还是可以的，正如清戴震所说："于觐礼见天子宗庙之制，降而诸侯，下及大夫、士，广狭有等差而制则一……"

在周原遗址范围内出土了诸多青铜器窖藏，既有王器，也有高级贵族家族用器，这一现象说明当时周原地区居住人口是很复杂的。西周时期，周原是周王所都，还是一般贵族的聚居区，是岐邑圣都，还是周公之封邑，争议较大。这些争议也影响我们对相关建筑基址等级、归属的认定。如果我们认定铜器窖藏与附近的西周晚期建筑遗存相关[①]，这些建筑遗存是铜器窖藏主人的宅院，则云塘建筑群西有大规模的制骨作坊，东曾出土伯公父、伯多父诸器，其中有"伯公父作叔姬壶"铭文，说明这一家族属非姬姓。云塘、齐镇建筑基址是否与这一家族有关？反之，如果认定周原为周王之"圣都"，云塘、齐镇又地处周原遗址中心区，从其"四霤"之存在现象看，也可认为它可能属于王室宗庙建筑。这一问题目前尚难以下结论，应是我们今后工作和研究的重点之一。

（四）B组与A组建筑的关系

在初步认定F1组建筑为宗庙后，与之时代相当，结构相似，互相毗邻的F4组建筑的性质认定成为我们必须回答的问题。是否属"左祖右社"性质呢？《五经通义》云："社皆有垣无屋，树其中以木。"从其结构上就否定了其为"社"的可能性。根据其结构形制，我们认为F4组建筑可能同样属宗庙建筑。F4与F1在大小尺度上相差不大，但F4在面阔和进深方面均比F1多一间，这一现象是否反映了主人或庙主社会等级的不同或变化？那么，两座宗庙为什么相邻并存呢？这涉及周代的宗庙制度，《礼运》记："礼有以多为贵者，天子七庙，诸侯五，大夫三，士一。"清人焦循则认为："天子五庙，诸侯三庙。"无论是几庙，至少在周代上层贵族家族，宗庙是多座的。金文中也有周王在不同先王宗庙内进行政治活动的诸多记载，如周成太室、周康宫、周穆太室等。对于这种宗庙的布局排列，一般认为祖庙偏北居中，然后昭庙、穆庙在其东南、西南侧相继排列（图四）。过去的研究中，一般将多座宗庙放在一个围墙圈内，构成一组建筑。我们认为，不排除当时各宗庙彼此结构相似，相对独立，在一个更大范围内构成一组建筑的可能性。这在建筑规模上也更符合王或高级贵族的身份地位。另外，从F1组建筑结构看，F2、F3规模小，结构简单，明显处于附属辅助地位，将之视为昭庙、穆庙，与祖庙相差太多。迄今为止，云塘、齐镇建筑群尚未完全揭露，这无疑是我们今后工作要解决的问题。

---

①　丁乙：《周原的建筑遗存和铜器窖藏》，《考古》1982年第4期。

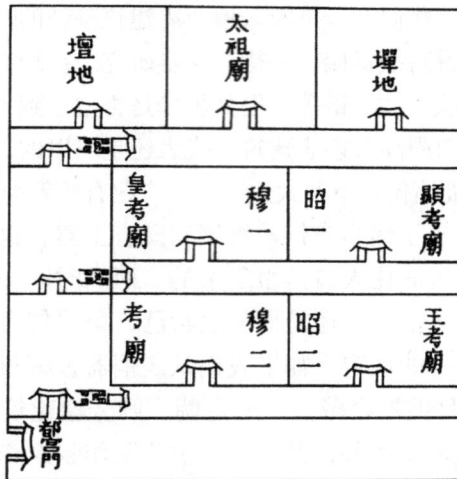

图四　（清）任启运《朝庙宫室考·诸侯五庙都宫门道图》

三、结　　语

通过以上的研究，我们可以得出以下几点认识：

（1）A和B两组基址属西周晚期宗庙性质建筑。其主人的社会等级尚待研究。

（2）云塘宗庙建筑遗存形制与前人从文献角度对周代宗庙的复原研究极为契合。它不仅有助于我们对本组建筑基址的深入认识，而且也证明古代文献所记之不妄，是有其实际根据的。这一发现对古代礼仪制度研究和古代文献价值的肯定均有重要意义。

（3）云塘A组建筑与秦雍城马家庄一号宗庙建筑有诸多相似之处，可以视为秦宗庙制度的源头，也是三代考古中极少见的高级建筑。从陶器、墓葬制度看，西周时期和春秋初期的秦文化主流因素是周文化，现在，从宗庙礼仪建筑上证明，周文化是秦文化的主要来源。

（原载《考古》2002年第9期）

凤雏三号建筑基址与周代的亳社

孙庆伟

　　2014年秋冬季，周原考古队在陕西周原遗址发掘了凤雏三号建筑基址，并初步判断该基址是西周早期的一处社祀遗存[①]。发掘期间，笔者根据该基址的有关特征，提出这处建筑遗存应是殷遗民在周原所建亳社的观点[②]。当时限于材料，未及展开讨论，这里结合发掘简报做进一步的申论。

一、何为亳社

　　社是土地崇拜的产物，在先秦时期的国家祀典中占有重要地位，故《说文·示部》释"社"为"地主也"。《太平御览》卷五三二引《孝经》云："社，土地之主也。地广不可尽敬，故封土为社以报功。"《白虎通·社稷》则说："王者所以有社稷何？为天下求福报功，人非土不立，非谷不食，上地广博，不可遍敬也，五谷众多，不可一一而祭也，故封土立社，示有土也。稷，五谷之长，故立稷而祭之也。"

　　社的起源甚早，或以为早在新石器时代即已有了社祀活动[③]。虞夏以降，社祀日益成熟与规范，到了周代，则出现了一种特殊的社——亳社。

　　亳社在《春秋》经中仅见于《哀公四年》，其文称：

　　　　六月辛丑，亳社灾。

---

① 周原考古队：《周原遗址凤雏三号基址2014年发掘简报》，《中国国家博物馆馆刊》2015年第7期。

② 2015年1月12日在周原遗址举行的专家论证会上，笔者受发掘领队雷兴山先生的委托，向与会专家介绍了这一观点。

③ 可参看魏建震《先秦社祀研究》（人民出版社，2008年）一书中的"新石器时代与社祀有关的考古遗存分析"一节中的有关分析。

《左传》则数见"亳社",如：

> 或叫于宋大庙,曰："嘻嘻,出出。"鸟鸣于亳社,如曰"嘻嘻"。甲午,宋大灾。(《襄公三十年》)
>
> 昭公十年：秋,七月,平子伐莒,取郠。献俘,始用人于亳社。(《昭公十年》)
>
> 阳虎又盟公及三桓于周社,盟国人于亳社,诅于五父之衢。(《定公六年》)
>
> 师宵掠,以邾子益来,献于亳社,囚诸负瑕,负瑕故有绎。(《哀公七年》)

对于亳社,杜注仅释为"殷社",未做进一步的解释。《谷梁传·哀公四年》则有详说：

> 六月辛丑,亳社灾。亳社者,亳之社也。亳,亡国也,亡国之社以为庙屏,戒也。其屋,亡国之社不得上达也。

范宁《集解》对此做了进一步的申论,谓：

> 殷都于亳,武王克纣而班列其社于诸侯,以为亡国之戒。刘向曰："亳社灾,戒人君纵恣警戒之象。"亳即殷也,殷都于亳,故因谓之亳社。立亳之社于庙之外以为屏,蔽取其不得通天,人君瞻之而致戒心。必为之作屋,不使上通天也。缘有屋,故言灾。[①]

而《公羊传·哀公四年》记同事为：

> 六月辛丑,蒲社灾。蒲社者何? 亡国之社也。社者封也,其言灾何? 亡国之社盖掩之,掩其上而柴其下。蒲社灾,何以书? 记灾也。

《公羊传》的"蒲社"与《春秋经》及《谷梁传》均不同,东汉的何休《解诂》释"蒲社"为"先世之亡国在鲁竟。公羊解以为蒲者,古国之名,天子灭之,以封伯禽,取其社以戒诸侯,使事上";但徐彦疏对此并不认同,认为"贾氏云《公羊》曰'薄社也'者,盖所见异"[②]。

---

① 《春秋谷梁传注疏》卷二十,《十三经注疏》,中华书局,1980年,第2449页。
② 《春秋公羊传注疏》卷二十七,《十三经注疏》,中华书局,1980年,第2347页。

综合上述文献，可以对周代的亳社形成如下理解：亳社本来是指殷人之社，武王克商之后，周人在诸侯国内建立殷人的亡国之社，以示警诫，这些社便称为亳社，它的特点是有屋蔽于其上，使其不能通于天。

《谷梁传》范宁《集解》所谓"武王克纣而班列其社于诸侯"，似乎是说西周列国皆建有亳社，这未免过于理想化。在传世文献中，亳社仅见于鲁、宋两国[1]，这固然是因为有些封国内的亳社失载，但在一定程度上也反映了亳社是与殷遗民密切相关的。关于这一点，可以从两方面加以分析。

首先，周代的社是分层级的，以满足不同族群和阶层祭祀土地的需求。如《礼记·祭法》就说：

> 王为群姓立社，曰大社；王自为立社，曰王社；诸侯为百姓立社，曰国社；诸侯自为立社，曰侯社；大夫以下，成群立社曰置社。

商人本有强烈的社祀传统，并且把亳地之社称为"亳社"[2]。西周封国内的殷遗民要延续祀社的传统，自需立社。这些殷遗所建的社，当然称亳（殷）社为宜，以区别于其他族群所立的社。

其次，宋、鲁两国殷遗众多，有立亳社的迫切需求。

宋国自不待言。成王之时，管蔡作乱，"周公奉成王命，伐诛武庚、管叔，放蔡叔。以微子开代殷后，国于宋"（《史记·周本纪》）。立国则必有社，所以宋有亳社是必然的，完全符合周公"命微子开代殷后，奉其先祀"（《史记·宋微子世家》）的立国主旨。

鲁国亦然。一来其封地正是"少昊之墟"的商奄之地，是商人的传统势力范围；二来其治下更有"条氏、徐氏、萧氏、索氏、长勺氏、尾勺氏"等所谓的"殷民六族"（《左传·定公四年》），势力颇为不小。《左传·定公四年》并称，周公与伯禽治理鲁国的策略是"启以商政，疆以周索"，杜预注："启，开也。居殷故地，因其风俗，开用其政。疆理土地以质法。索，法也。"因此，鲁国的殷遗民势必能够保持社祀一类的传统，亳社的设立也就在所难免了。

---

① 《左传·襄公三十年》"鸟鸣于亳社"，孔颖达谓"此鸟鸣于鲁国之亳社也"（《春秋左传正义》卷四十，《十三经注疏》第2012页），但在《礼记·郊特牲》《正义》中，孔颖达又称"襄三十年《左传》云鸟鸣于亳社，是宋有之"（《礼记正义》卷二十五，《十三经注疏》第1449页），两书显然矛盾。按，既然《左传》此条已载前文已经明确说鸟"或叫于宋太庙"，再说"鸟鸣于亳社"，应该均是就宋国而言的。孔氏的矛盾之处，承曹大志先生见告，特致谢意。

② 可参看常玉芝《商代宗教祭祀》（中国社会科学出版社，2010年）中"土地神崇拜与社祀"一节。

由于鲁国的殷遗民势力强大，所以亳社堪与周人自己所立的周社比肩，以至当时即有"两社"的提法。如《左传·闵公二年》记：

> 成季之将生也，桓公使卜楚丘之父卜之，曰："男也，其名曰友，在公之右；间于两社，为公室辅。季氏亡，则鲁不昌。"

杜预注："两社，周社、亳社。两社之间，朝廷执政所在。"

根据以上的分析，笔者认为亳社应是为殷遗民所立的社，亳社的建立固然有警示诸侯的作用，但更多是为了满足相关诸侯国内殷遗民祭祀土地的需求，这也是西周初年周人对殷遗民采取怀柔政策的重要举措。

二、亳社的特点

要了解亳社的特点，首先要明白其他社的形制特征。

1. 社的主体是壝

《周礼·地官·大司徒》："设其社稷之壝而树之田主。"郑玄注："社稷，后土及田正之神。壝，坛及埒埓也。"孙诒让《周礼正义》征引各家意见，认为："盖壝者委土之名。凡委土而平筑之谓之埒，于埒之上积土而高若堂谓之坛。外为库垣谓之埒埓。通言之，埒坛皆得称壝。"[1] 按照上述解释，社的主体包括一座土坛及四周的矮墙，它们总称为壝。

一般的社可能仅仅是委土为坛，但国家所立的大社，其坛就非同一般。《逸周书·作雒解》记周公在成周设立的大社为：

> 请受命于周，乃建大社于周中。其壝东青土、南赤土、西白土、北骊土，中央叠以黄土。将建诸侯，凿取其方一面之土，苞以黄土，苴以白茅，以为土封。故曰受则土于周室。

国家大社以五色土为坛，这一传统到清代依然得以保留。

2. 社有社主

社主即社的神主。《周礼·春官·小宗伯》："若大师，则帅有司而立军社，奉

---

① （清）孙诒让：《周礼正义》第三册，中华书局，1987年，第695页。

主车。"郑玄注:"有司,大祝也。王出军,必先有事于社,及迁庙,而以其主行。社主曰军社,迁主曰祖。……社之主盖用石为之。"按郑玄的解释,社主以石为之,且可以移动。

但《淮南子·齐俗训》又有"有虞氏之祀,其社用土,……夏后氏其社用松,……殷人之礼,其社用石,……周人之礼,其社用栗"的说法,这就是说社主不必拘泥为石质,也可以是土质或木制的。

虽然上述记载存在歧义,但可以说明某些社主是用石制作的。

3. 社上无覆盖物

《礼记·郊特牲》:"社祭土而主阴气也。君南乡于北墉下,答阴之义也。日用甲,用日之始也。天子大社必受霜露风雨,以达天地之气也。"孔颖达疏:"'天子大社必受霜露风雨,以达天地之气也者',是解社不屋义也。达,通也。风雨至,则万物生;霜露降,则万物成。故不为屋,以受霜露风雨。霜露风雨至,是天地气通也。故云'达天地之气也'。"

孔颖达还对社坛、社主和祭祀人的相对位置进行了解释,他说:"社既主阴,阴宜在北,故祭社时以社在南,设主坛上,北面,而君来在北墙下,而南乡祭之。"这就是说,社坛在南,北向;主祭者立于坛北,南向;社主则设在坛上,也北向。

4. 社有社宫

《左传·哀公七年》:"初,曹人或梦众君子立于社宫,而谋亡曹。"杜预注:"社宫,社也。"杨伯峻先生却认为:"宫乃社之围墙。"[1]

《史记·管蔡世家》也载有此事,《集解》:"贾逵曰:'社宫,社也。'郑众曰:'社宫,中有室屋者。'"

如按杨伯峻先生的意见,众人立于墙上,终究怪异,所以还是将"社宫"理解为"社"较妥。但《左传》之所以称"社宫"而不直接称"社",当按郑众的解释,是因为这是建有室屋的社。虽然《左传》没有明言此为何社,但既然事关曹国的存亡,必然是指曹国的大社,换言之,当时诸如大社一类的高等级社是可以建有宫室的。

一方面社上无屋,而此处又说建有社宫,那么两者之间是否有矛盾呢?《说文·尸部》:"屋,居也。"段玉裁注:"屋者,室之覆也。引申之凡覆于上者皆曰屋。"《谷梁传·文公十三年》"大室屋坏",范宁《集解》:"屋者,主于覆盖。"因此,所谓社上无屋应该是指社坛或社坛之上没有覆盖物,而社宫则应是指围绕社坛而建的建筑物,它并不直接覆盖在社坛之上。

综上,周代社的基本特征是:有方坛及矮墙组成的墠;坛上有社主,以石、木或土为之;墙上无屋覆盖以通天地之气;部分重要的社围绕社墠建有社宫。

---

[1] 杨伯峻:《春秋左传注》(修订本)第四册,中华书局,1990年,第1644页。

社的上述特征，在北京现存的明青两代的社稷坛上仍有体现①。

社稷坛位于北京市中山公园内，占地约24万平方米，始建于明朝永乐十九年（1421年），原为元代万寿兴国寺的旧址，是明清两朝祭祀土神和五谷之神的地方，历经重修和扩建。坛南北略长，有内外两道坛墙，外坛墙周长约2015米，内坛墙近千米。主要建筑集中于内坛中，有社稷坛、拜殿等，另外还有戟门、神厨、神库等附属建筑。

五色土坛是社稷坛的主体建筑，"制方，北向，二成，高四尺，上成方五丈，二成方五丈三尺"。现在的坛台为正方形三层坛台，高0.96米，上层长15.95米，中层16.9米，下层17.85米；坛台四面出陛，各四级，周围以汉白玉石环绕；上成坛面上铺有黄、青、白、红、黑五色土，其位置按黄土居中、青土居东、白土居西、红土在南、黑土在北的位置排列。

祭坛的中央有一土龛，其中有一根长三尺六寸、一尺六寸见方的石柱代表社神受祭和一根同样大小的木柱代表稷神受祭；后来合二为一，以一根石柱取代，这根石柱即社主石，也称作"江山石"，表示皇帝"江山永固"。

拜殿（中山堂）在社稷坛北侧，是一座高大雄伟的木构建筑，如祭祀之日遇大风雨，皇帝即在殿内摆设供桌向南行礼，故称拜殿。

明清两代，每逢春、秋两季的仲月上戊日，皇帝就到社稷坛祭祀社稷神；每逢遇到关系国家命运的事情，如皇帝出征、班师等时，也在这里举行仪式。

了解了社的一般形制后，我们再来看亳社的特征。

《公羊传·哀公四年》记亳社的特点是：

> 亡国之社盖掩之，掩其上而柴其下。

《礼记·郊特牲》也有类似的说法：

> 天子大社必受霜露风雨，以达天地之气也。是故丧国之社屋之，不受天阳也。薄社北牖，使阴明也。

郑玄注："绝其阳通其阴而已。"孔颖达疏对此做了进一步的阐释：

> 薄社北牖，使阴明也者，即丧国社也。殷始都薄，故呼其社为薄社也，周立殷社为戒而屋之，塞其三面，唯开北牖，示绝阳而通阴，阴明则物死也。

---

① 有关明清社稷坛的描述，据姚安：《清代北京祭坛建筑与祭祀研究》，中央民族大学历史系博士学位论文，2005年。

按《公羊传》、《礼记·郊特牲》、郑玄注以及孔颖达疏，亳社与周社的不同主要表现为三点：一是"掩其上"，即社坛或整个社壝之上有屋顶覆盖，以使亳社不能受天阳；二是"柴其下"，对此历代学者有不同的看法，黄以周辨析各家说法，认为所谓的"柴其下"即"编柴以为壁"，也就是把社坛或社壝用木栅栏围起来[①]；三是封堵东、南、西三面而仅在北面留有户牖，由于社壝或社坛是"掩其上"而"柴其下"，四周并没有墙壁，所以"塞其三面，唯开北牖"应是针对社宫而言的，即把社壝东、南、西三面用建筑物严实地包围起来，仅在北侧开通户牖供出入。

三、为什么说凤雏三号基址是亳社

要证明凤雏三号基址是亳社，首先需要证明这是一处社祀遗存。关于这一点，此前曹大志先生已经有专文进行了讨论[②]，这里对照上文归纳出的社的几个特点略做补充。

1. 凤雏三号基址有社壝遗存

凤雏三号基址中最为瞩目的遗存就是在其庭院中部偏西处发现的长方形铺石遗迹，形制规整，边界清晰，显然是人工铺设而成。虽然现在不能肯定铺石之上原先是否还有其他堆积，但把它看作一处坛或墠类遗存，应是确凿无疑的。

如按文献记载，坛或墠外应该有壝、埒一类的矮墙，但在凤雏三号基址铺石的周围尚未发现此类遗存。如发掘简报所言，铺石周围即是庭院的地面，局部保留有卵石和碎石铺就的散水和地面。除此之外，在三号基址的庭院内还发现一些较大的石块，从其个体大小以及零散分布的状况来看，显然有别于散水中的卵石，这些石块属于该建筑当无疑，但是否与壝、埒相关则缺乏确凿的证据（图一）。

据此我认为凤雏三号基址庭院中的长方形铺石应是当时的社坛，它是社壝的核心部分。

2. 凤雏三号基址有社主

在铺石北侧正中竖立有青灰色砂岩制成的长方体立石，通高1.89米，分基座和基座以上两部分。其中基座南北长0.5、东西宽0.75～0.82、高1.66米（大部分埋于地下，仅0.18米在地面上）；基座以上部分略内收，可惜大部分残缺，其原有高度已经不明。即便基座以上部分与基座等高（按常理，基座以上部分的高度应该大于基座部分），

---

① （清）黄以周：《礼书通故》第十三"社礼通故"，中华书局，2007年。
② 曹大志、陈筱：《凤雏三号基址初步研究》，《中国国家博物馆馆刊》2015年第7期。

图一　铺石遗存及其周围散见的石块

图二　深埋于地下的石社主

则立石的总高度即达3.32米，如此巨大的一根立石显然不会是普通之物，把它看作社主无疑是最好的解释（图二）。

3. 社上无屋

由于这是区分社与亳社的关键所在，这里暂不讨论，留待下文详细分析。

4. 凤雏三号基址有社宫

凤雏三号基址总体呈"回"字形，面积达2810平方米，是目前所见西周时期最大的单体建筑。虽然基址破坏较甚，无法复原具体结构，但仅从规模而言，应当是一处重要的礼仪性建筑。结合基址庭院里发现的社坛和社主，可以把这组建筑认定为社宫。传世文献对周代社宫的形制失载，凤雏三号基址则为此类建筑提供了重要的实物证据。

根据上述四个特点，我们首先判定凤雏三号基址应该就是一处社祀遗存。而亳社与社的最大区别是前者"掩其上"和"柴其下"以"绝阳"，同时"北牖"以"通阴"，以此让社失去生命力。那么，凤雏三号基址是否具有这些特点呢？

先来看"掩其上"。上文已经说明，如果当时确有这种做法，那么就应该是在社壝或社坛之上"屋之"。而屋不可能凭空而立，必须在屋下立柱以支撑屋顶。在发掘过程中，我们围绕铺石、立石及其周围进行了仔细的清理，试图在铺石上找到瓦、草拌泥一类的屋顶残留物，或在它们周围找到柱洞或柱础一类的遗存，但均未发现。发掘简报已经指出，在庭院中发现有散水、小石子面、踩踏面和烧土面，但都不完整，说明庭院的地表遭到过破坏，而且后来又经清理重新使用。因此，就发掘材料而言，我们目前还无法明确判断铺石和立石之上原先是否有覆盖物。同理，如果当时确有"柴其下"的做法，而且"柴其下"就是把社坛围以木栅栏，那么在发掘现场同样难以找到确凿证据。换言之，目前还无法依据"掩其上"和"柴其下"的标准来判断凤雏三号基址是否属于亳社。

再来看该基址是否具有"北牖"以"通阴"的特点。

凤雏三号基址一个最显著的特点是它的方向，以南北边缘的垂直平分线计算，方向约352°，也即北偏西8°。据统计，目前已发掘的商和西周时期大型建筑的方向均为北偏东，无一例外[①]。西北是最为阴凉的方位，凤雏三号基址一反常态，采取偏西北的方向，我认为这种设计就是"通阴"的具体表现，由此反映该建筑具有独特的功能。值得注意的是，1976年发掘与钻探出的凤雏甲、乙组建筑，它们的方向也是偏西北，均为北偏西10°，从位置和方向上看，凤雏甲、乙组和凤雏三号基址无疑应该属于同一组建筑群。

凤雏三号基址的另一个特点是庭院内铺石及立石的位置。按照常理，这类有意设置，而且具有特殊含义的设施应该居于庭院中部，但事实上铺石和立石恰恰偏于庭院西侧，且正对着北侧主体台基的西阶。更重要的是，如发掘简报所言，凤雏三号基址北侧主体台基共有三处通道通向北侧，即分别位于东北角和西北角的两处踩踏活动面以及两者之间的斜坡台阶MJ1。在这三处通道中，西北角这处踩踏面"路土较厚且面积大"，说明这处踩踏面应是主体台基通向北侧的主要通道。我认为，主体台基北侧的主通道偏在西北角并不是偶然的，原因就在于该通道"正对南面庭院中的铺石遗迹"。在建筑的使用时期，贯穿该通道和铺石遗存的是一道轴线，由南而北分布着四个关键点，分别是：铺石—立石—主体台基西阶（MJ5）—主体台基西北门道（即上述踩踏面）。这实际上就是把社坛、社主、西阶和西北门道布置在同一轴线上，这个西北门道在功能上即相当于文献所说的"北牖"。因此，这条轴线虽然偏在凤雏三号基址的西侧，但实际上它是该建筑的"礼仪中轴"，它独特的位置设计蕴含了强烈的"北牖"以"通阴"的理念，由此也证明该建筑的"亳社"属性（图三）。

---

① 马赛：《聚落与社会：商周时期周原遗址的考古学研究》，北京大学考古文博学院博士学位论文，2009年，第214、215页。

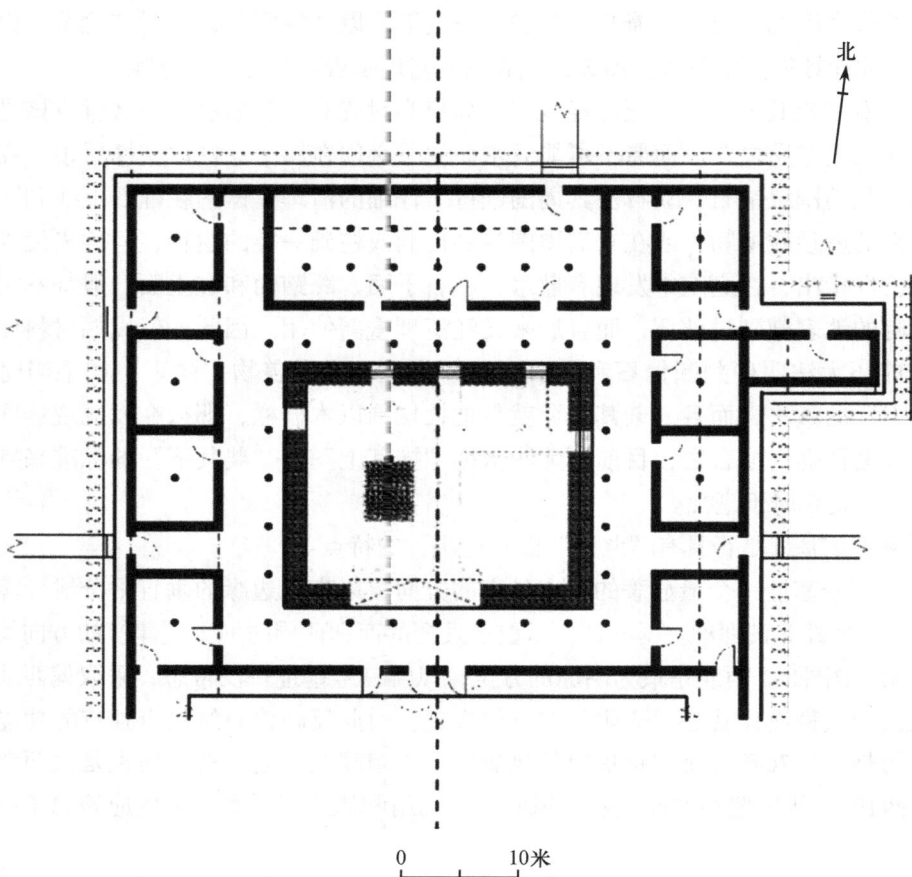

图三　凤雏三号基址的"建筑中轴"与"礼仪中轴"

　　综上，凤雏三号基址表现出显著的"尊西北"倾向，与商周时期大型建筑的"尊东北"传统大异其趣。我认为，这种"尊西北"的设计当源于该建筑的独特需求——对"阴"的绝对诉求，而"尚阴"正是亳社的最大特点。

　　将凤雏三号基址判断为亳社的另一个强有力证据是立石基座顶面的形制。如发掘简报所述，立石"基座之上的部分比基座略小，南、北两面分别内收0.06、0.02米，四角呈直角内凹，截面呈'亞'字形"（图四）。虽然学术界对于"亞"形的含义久讼不已，但它与商族的密切关系却是广泛承认的[①]。凤雏三号基址中这块巨大立石的基座顶面刻意雕琢为"亞"形，将这座建筑的使用者强烈地指向了商人。再结合上文的有关分析，可以判定该基址就是一处亳社遗存。

---

　　①　有关对"亞"形的不同解释，可参看何景成：《商周青铜器族氏铭文研究》，齐鲁书社，2009年，第26～34页。在有关"亞"形的种种解说中，以"宗庙说"最为流行，即认为"亞"是商人的庙室之形。既然凤雏三号基址社主基座即作此形，可以推想即便商人的庙室未必是"亞"形，但商代的庙主必然是"亞"形的。从这层意义上讲，"亞"形"宗庙说"可以成立。

周原遗址建有亳社，当缘于这里有大量的殷遗民居住，有设立亳社的客观需求。大体而言，周原地区的殷遗民主要有两类：一类是武王克商之前，不堪忍受纣王的暴虐而主动投奔周人的殷商贵族，其中比较有名的有辛甲大夫、太师疵、少师彊等人[①]。除这些知名人士之外，其他的肯定还有不少，比如《吕氏春秋·先识》载："殷内史向挚见纣之愈乱迷惑也，于是载其图法，出亡之

图四　石主的"亞"字形基座顶面

周。"再如《汉书·古今人表》所列殷周之际的太师挚、亚饭干、三饭缭、四饭缺、鼓方叔、播鼗武、少师阳和击磬襄等八人，颜师古认为"皆纣时奔走分散而去"，他们当中的大部分人也应当是投靠了周人。另一类则是武王克商之后归顺周人并被徙居周原的，其中最著名者就是微史家族，墙盘铭文明确说"雩武王既戋殷，微史剌祖乃来见武王，武王则令周公舍宇于周卑处"。从墙盘铭文所载该家族的历史来看，居住在周原的殷遗民上层已然完全融入西周王朝。《诗经·大雅·文王》对此状况有形象的描述，诗曰：

穆穆文王，于缉熙敬止。假哉天命，有商孙子。
商之孙子，其丽不亿。上帝既命，侯于周服。
侯服于周，天命靡常。殷士肤敏，祼将于京。

但殷人毕竟是臣服者，所以周人对殷遗民又谆谆告诫道：

厥作祼将，常服黼冔。王之荩臣，无念尔祖。
无念尔祖，聿修厥德。永言配命，自求多福。
殷之未丧师，克配上帝。宜鉴于殷，骏命不易。

很显然，作亳社就是"宜鉴于殷"的具体举措，它既可以对殷遗民劝降戒叛，也能对周人自己起到警示作用，当然还可以满足殷遗民祭社的实际需求。

如果进一步分析，我们有理由相信凤雏三号基址这处亳社与微史家族之间可能存在密切关系。

据墙盘铭文，微史家族的剌祖归附周人后，武王令周公将他们安置在"周"。一般认为，"周"就是现在的周原遗址，但对它的具体所在或者说周地的范围，历来

_____

① 据《周本纪》，辛甲大夫是文王时期投奔周人的，而太师疵和少师彊是在武王伐纣的前夕而奔周的。

是有争议的①。值得注意的是，2014年我们在发掘凤雏三号基址时，在基址周围同时期的地层堆积和灰坑中出土了19件刻字陶片，上面共发现21个陶文"周"字（其中两件刻有两个"周"字），器类包括绳纹盆、小口折肩罐、高领瓮、钵、联裆鬲等（图五）②。另据雷兴山先生的统计，此前在周原遗址的凤雏甲组基址、齐家北和礼村等三个地点也发掘出陶文"周"字13例，分别刻于12件陶器上③。在这13例陶文"周"中，其中11例出土于凤雏甲组基址，而另两处地点齐家北和礼村，距离凤雏基址也不过1千米左右。这也就是说，迄今所见三十余例陶文"周"字都集中出土在今凤雏村附近，足证这一带必然是"周"地的核心区域，换言之，被武王"舍寓于周"的微史家族居地当在凤雏左近。

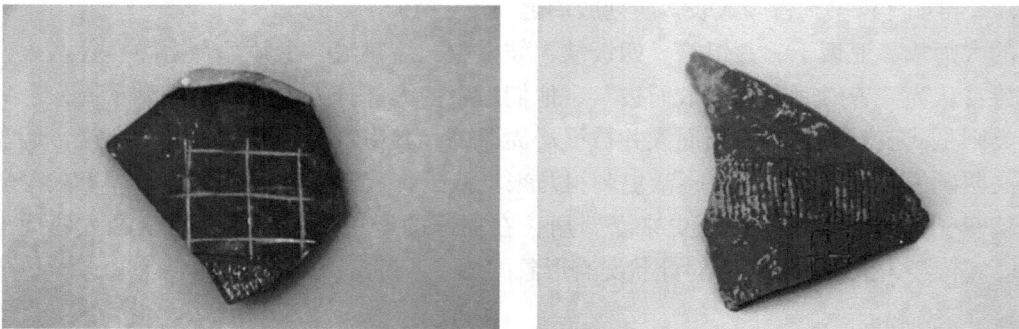

图五　凤雏基址区出土的陶文

这自然令我们联系到微史家族窖藏铜器的出土地——庄白村。该村即位于凤雏三号基址东南约2千米处，虽然现在凤雏基址与庄白铜器窖藏之间有齐家沟相隔，但此沟是汉代以后形成的，西周时期凤雏与庄白之间当连成一片，颇有可能均为微史家族所占有。

更值得注意的是，2014年我们在凤雏三号基址以南区域钻探出大片西周时期墓地，并发掘了其中的20座，墓葬年代涵盖了西周早中晚期④。这20座墓葬中有16座带有腰坑，坑内有殉狗，具有典型的殷人墓葬特征。其中M11出土多件带铭文的铜器，显示是墓主㝬鸡为其父丁作器，此种用日名的习俗也证明这片墓地属于居住在当地的殷遗民。

综合上述线索，可以判定，今凤雏村一带是西周时期"周"地的核心区域，从西周早期以降即划归于以微史家族为代表的殷遗民居住。在此区域内，当时可能已有不

① 参看马赛《聚落与社会：商周时期周原遗址的考古学研究》一文中的"对岐邑的位置确认与质疑"一节。
② 周原考古队2014年发掘资料。
③ 雷兴山：《先周文化探索》，科学出版社，2010年，第251页。
④ 周原考古队2014年发掘资料。

同的功能区划分——以凤雏基址群为中心的礼仪活动区，以庄白建筑[①]和庄白窖藏为代表的居住区，以及凤雏基址群南侧的墓葬区，它们共同组成了一个殷遗民的居邑。《史记·周本纪》叙述古公亶父迁岐之后，将周人以及归附的豳人等"邑别居之"，说明先周以降，周原地区就存在诸多以族属划分的居邑，殷遗民居邑即其中一种[②]。

我们把凤雏三号基址确定为亳社，并且把它与微史家族联系起来，这与该家族在殷遗民中的尊崇地位是相吻合的。据《史记·宋微子世家》，武王克商之后，原本"封纣子武庚禄父以续殷祀"，所以在当时武庚就是殷遗民的首领。但无奈武庚联合管蔡作乱，于是周公诛杀武庚，"乃命微子开代殷后，奉其先祀"，并"国于宋"。因为微子开"能仁贤"，"故殷之余民甚戴爱之"，取代了武庚而成为殷遗民的领袖。一般认为，徙居周原的微史一支是微氏家族的小宗[③]，但对于居住在周原的殷遗民来讲，微史家族是自然的领袖，所以把亳社建在该家族的居地内几乎是必然的选择。

把凤雏建筑群和微史家族联系起来还有助于判定周原甲骨的归属。自这批甲骨发现以来，对其究竟属商属周，学术界争议很大，迄今还没有定论[④]。以前有学者提出凤雏甲骨可能是居住在周原殷遗民的遗物[⑤]，现在我们把今凤雏村一带视为以微史家族为首的殷遗民族邑，凤雏建筑群为该族邑的礼仪活动区，三号基址判断为殷遗民的亳社，从另一个角度证明凤雏甲骨与周原地区的殷遗民确实关系密切。贞卜并典藏甲骨，正是微史家族作为史官的基本职责所在。

凤雏三号基址的发掘不仅首次揭示了西周时期的亳社遗存，印证并部分修正了文献中有关亳社的记载，同时通过它把微史家族、庄白铜器窖藏以及凤雏甲骨等有机联系起来，为了解西周时期岐邑的社会生态提供了一个相对完整的例证，其意义不可谓不重大。

（原载《中国国家博物馆馆刊》2016年第3期）

---

① 陕西周原考古队：《陕西扶风庄白一号西周青铜器窖藏发掘简报》，《文物》1978年第3期。据该简报，在庄白一号窖藏以南60多米处发现石柱础、红烧土块、白灰面墙皮和板瓦等，表明此处有建筑存在。

② 周原地区殷遗民众多，构成复杂，所以颇有可能在此建有多个居住点，而不仅仅只有凤雏这一个殷遗民居邑。

③ 实际情况可能更加复杂。因为据《宋微子世家》，微子开卒后，继位的是他的弟弟微仲。《集解》："《礼记》曰：'微子舍其孙腯而立衍也。'郑玄曰：'微子适子死，立其弟衍，殷礼也。'"所以宋国自第二代国君开始其实是由微氏家族的小宗充任的，而徙居周原的微史家族虽是小宗，但很有可能是微子开的直系后裔。

④ 相关争议可参看曹玮编著《周原甲骨文》（世界图书出版公司，2002年）前言。另外，王宇信先生在《新中国甲骨学六十年（1949—2009）》（中国社会科学出版社，2013年）中列出专章讨论周原甲骨的族属和时代，对各家观点罗列分析甚详，十分便于参考。

⑤ 徐良高：《周公庙遗址性质杂弹》，《古代文明研究通讯》2008年总第37期。

丧葬礼制

《士丧礼》《既夕礼》中所记载的丧葬制度

陈公柔

一、引　言

　　清代乾嘉诸儒治《仪礼》者，多留心宫室制度，以为宫室制度明了以后，则揖让升降的仪注才有所依附。其次，讨论丧服制度较多，而对于埋葬制度的解释则比较简略。近年来，由于田野考古学的发展，古代墓葬被大批发现和发掘；其中成组随葬器物的出土，车马、棺椁、墓坑结构情形等重要材料的大量涌现，使我们对于这一方面的研究可以将考古学上的实物材料与文献结合来进行。

　　《仪礼》中《士丧礼》《既夕礼》两篇记载的丧葬制度非常详细。根据已经知道的田野发掘材料，有可能获得宋、清诸儒所未见的实物史料，以便于文献和实物相结合研究，从而使我们对于当时的丧葬制度有所了解。

　　《仪礼》十七篇中，记载了冠、昏、丧、祭、乡、射、朝、聘八种礼，而各礼之间常有一定的规律可以寻出，清凌廷堪《礼经释例》中称之为"例"。其书序中云："如《乡饮酒》，此饮酒之礼也，而《有司彻》祭毕饮酒，其例亦与之同。"又在同书《服饰之例》一卷中云："《聘礼》礼宾，脯、醢，又筵几于室荐脯醢，《燕礼》《大射礼》献宾、献公、献卿荐脯醢，《士丧礼》始死奠脯醢、小敛奠脯醢、朝夕奠脯醢，《特牲》主人献宾荐脯醢，以上皆一豆一笾。……《既夕》遣奠四豆四笾，少牢宾尸四豆四笾，以上皆四豆四笾也。"[①]凌氏在《礼经释例》中曾列举若干条，在此不暇一一征引。本文目的固然在于解释《士丧礼》《既夕礼》中有关丧葬的记载，但亦希望能通过这种解释帮助了解丧葬奠祭以外各礼中所叙述的器物制度。

　　近来，新石器时代、殷周及汉代的居住遗址已有发现。将来随着考古学的发展，一定会发现更多的有关生活、生产活动及古代居住遗址的材料，它们将会为研究《仪礼》提供更多的参考材料；而《仪礼》一书本身，也能帮助我们深入了解田野考古中所发现的实物史料。文献记录与实物史料相结合研究，对于了解古代历史、研究古代历史有着重大的意义。

---

　　① 凌廷堪：《礼经释例》，《皇清经解》卷七九四，第十五页，学海堂本。

二、《仪礼》篇次和《士丧礼》《既夕礼》内容结构

刘向《别录》云："《礼经》十七篇后氏、戴氏"，其篇次为"《士冠》《士昏》《士相见》《乡饮酒》《乡射》《燕礼》《大射礼》《聘礼》《公食大夫》《觐礼》《丧服》《士丧》《士丧下》《士虞》《特牲馈食》《少牢馈食》《少牢下》"①。

刘歆《七略》云："《礼古经》五十六卷，《礼经》七十篇后氏、戴氏。"②

《史记·儒林列传》曰："故汉兴，然后诸儒始得修其经艺，讲习大射、乡饮之礼。……及今上即位，……言礼自鲁高堂生。"又曰："诸学者多言礼，而鲁高堂生最本。礼固自孔子时，而其经不具。及至秦焚书，书散亡益多，于今独有《士礼》，高堂生能言之。"

《汉书·艺文志》曰："《礼古经》五十六卷，经七十篇。"又曰："汉兴，鲁高堂生传《士礼》十七篇，讫孝宣世，后仓最明。戴德、戴圣、庆普皆其弟子，三家立于学官。《礼古经》者出于鲁淹中及孔氏学七十篇，文相似，多三十九篇。"注云："刘敞曰：学七十篇当作十七篇，文相似，五十六卷除十七正多三十九也。"《汉书·艺文志》所记的经十七篇，即《礼经》，即鲁人高堂生所传的《士礼》，亦即今之《仪礼》。

自高堂生以至郑玄，《士礼》的篇次和内容均有变更。《四库总目提要》云："汉代所传凡有三本：一曰戴德本，以冠礼第一、昏礼第二、相见第三、士丧第四、既夕第五、士虞第六、特牲第七、少牢第八、有司彻第九、乡饮酒第十、乡射第十一、燕礼第十二、大射第十三、聘礼第十四、公食第十五、觐礼第十六、丧服第十七。一曰戴圣本，亦以冠礼第一、昏礼第二、相见第三，其下则乡饮第四、乡射第五、燕礼第六、大射第七、士虞第八、丧服第九、特牲第十、少牢第十一、有司彻第十二、士丧第十三、既夕第十四、聘礼第十五、公食第十六、觐礼第十七。一曰刘向《别录》本，即郑氏所注。贾公彦疏谓《别录》尊卑吉凶，次第伦序，故郑用之。二戴尊卑吉凶杂乱，故郑不从之也。"③至其经文，亦有二本，《四库总目提要》云："高堂生所传者谓之今文。鲁恭王坏孔子宅，得亡《仪礼》五十六篇，其字皆以篆书之，谓之古文。玄注参用二本。其从今文而不从古文者，则今文大书，古文附注；其从古文而不从今文者则古文大书，今文附注。"且其"所据古文本，亦非一本"④，是

郑玄或是参考当时传抄之别本。

以下进而论《士丧礼》《既夕礼》的内容结构。

《士丧礼》和《既夕礼》本为上下两篇。《既夕礼》篇题下疏云："郑目录云：《士丧礼》之下篇也……大戴第一五，小戴第十四，《别录》名《士丧礼》下篇第十三。"《正义》云："云《士丧礼》之下篇也者，先大父《目录校证》云：此与《士丧礼》共为一篇，以简册繁重，厘而为二。郑注《周礼》引亦称《士丧礼》下篇。"所以我们也可以称《士丧礼》为《士丧礼》上篇，《既夕礼》为《士丧礼》下篇。

《士丧礼》上下两篇，经文共五千九百余字。《士丧礼》记载从始死以至楔齿、奠帷堂、使人赴君、君使人吊襚、沐浴饭含、陈小敛衣、馔小敛奠及设东方之盥、陈床笫、夷衾（夷当为尸）及西方之盥、小敛迁尸、陈大敛衣奠及殡具、大敛、殡、大敛奠、成服、朝夕哭奠、朔月奠及荐新、筮宅兆、视椁视器、卜葬日。《士丧礼》下篇（《既夕礼》）记载自请启期、启殡、迁柩朝祖、荐车马设迁祖之奠，载柩饰柩、陈器与葬具、葬日陈大遣奠、将葬、读赗读遣、柩车发行，以至窆棺藏器葬事完毕。上下两篇从始死到葬毕虞奠，将全部的丧葬制度、礼仪程序及其应用的器物、服饰，记述得井然有序、十分详明。在下篇之后并有记，记总括上下两篇全文大意，类似现在文章中的小结。

三、《士丧礼》《既夕礼》记载的丧葬制度与随葬器物

根据所知道的田野考古的材料，可将《士丧礼》《既夕礼》中所记载的丧葬制度与服饰、器物等分为四项：①含贝和服饰，②随葬器物的组合，③棺椁，④墓坑与埋葬，分述于下。

（一）含贝和服饰

1. 含贝

是属于沐浴、饭含仪式以内的。沐浴是在死者刚死以后，洗其头发和尸体。而饭和含又是两件事情：饭用米，含用贝，都是放在死者口中的。饭的现象今天在墓葬中不易见到；含的现象则是可以常常遇到的。《春秋》文公五年春王正月"王使荣叔归含且赗"，注云"含亦作唅"，含就是口内含着东西的意思。在殷代墓葬中死者口内常常含贝，有含一枚的，有含两枚的，也有不含贝而含一块玉片的[①]。春秋或战国的小

---

① 马得志、周永珍、张云鹏：《一九五三年安阳大司空村发掘报告》，《考古学报》（第9册），科学出版社，1955年，第31、56、59页。

型竖穴墓中也有含贝的情形，但比较少见①。到了汉代，死者的口中则不含贝而常常含玉或铜钱，《说文》云"琀，送死口中玉也"，当是指此而言。《士丧礼》曰："楔齿用角柶。"郑注云："将含，恐其口闭急也。"是在含贝以前先用角质的柶将齿楔住。角柶，《士冠礼》郑注云："柶状如匕，以角为之者，欲滑也。"柶和匕的形状大致相同，应是细长形的薄片。所含的贝，事先要经过洗的手续。《士丧礼》曰："贝三，实于笄。"又曰："卒洗贝，反于笄，实贝，柱右齻、左齻。"笄是一种圆形的竹篮。《士昏礼》曰："妇执笄。"郑注云："笄，竹器而衣者，其形盖如今之笞、筥芦矣。"将贝洗好以后，先放在笄内，然后再纳入死者口中。

2. 服饰

1953年长沙仰天湖战国墓中出二竹简上的字，多从系旁，多与衣服有关。因为衣服多系丝麻、丝织品，除非有特殊条件，如在沙漠地区及完整的木椁墓内等，是不易保存的，所以在考古学上这类资料很少。但根据已经知道的在墓葬中所保存住的现象，结合文献来考察，尚可推出当时的一些情况来。属于死者头部的装饰有掩、瑱、幎目与笄；结在死者手部及覆盖在死者身上的有握及衾。

（1）掩、瑱、幎目，掩是用帛将头部裹起来，以代替帽子。瑱是用棉将两耳塞住。幎目则是用一块方布覆在脸上，四角有带，可以系结。

《士丧礼》曰："掩，练帛，广终幅，长五尺，析其末。"郑注云："掩，裹首也。析其末，为将结于颐下，又还结于项巾。"又曰："瑱用白纩，幎目用缁，方尺二寸，赪里，著组系。"郑注云："幎目，覆面者也。赪，赤也。著充之以絮也，组系为可结也。"

掩及幎目，在宋聂崇义《三礼图》及宋杨复、清张惠的《仪礼图》中都有图，但因未得实物证明，不能肯定他们所画的是否正确。

1954年冬中国科学院考古研究所在洛阳发掘的春秋及战国的墓葬中，出有大批成组的玉器。"其中最主要的最常见的是在死人的脸上用不同形式的玉片构成人面形，玉片上都带有穿孔"，因而被认为"这些玉片可能是用线穿连在一起或缀附在织物上，然后覆盖在死人脸上的"②。这和推断是有科学根据的，是正确的。我们认为这些盖覆在人脸上的玉片，可能即是附缀在幎目上的。《仪礼正义》云："此幎目虽以目为名亦兼覆面。"《荀子·理论篇》云："充耳而设瑱……设掩面、儇目、鬠而不冠笄矣。"洛阳出土的成组的人面形玉片，有眉有目，按照文献的记载可能就是缀附在幎目上的。

瑱是用东西塞在耳内。《既夕礼》曰："瑱用白纩。"又曰："瑱塞耳。"郑注

① 1956年5月21日，山东文管会王献唐给中国科学院考古研究所陈梦家先生的信中说："最近在云化试掘，发现一个墓葬（战国期、陶豆有字）打破了遗址。妙的是尸口中含有五个贝。"

② 安志敏、林寿晋：《一九五四年秋季洛阳西郊发掘简报》，《考古通讯》1955年第5期。

云："塞充窒。"疏云："恐同生人悬于耳旁。"当是说用新棉将死者的双耳塞好。在汉墓中常常发现人骨架头旁有小玉饰，其位置常在耳部附近，那当是用玉来塞耳的。《说文》云："瑱，以玉充耳也，……《诗》曰：玉之瑱兮。"瑱字从玉，也许就是这个道理。

《士丧礼》曰："商祝掩瑱，设幎目。"大约装殓的顺序是：先含贝；然后掩，即将头部裹起来，掩是用来代替帽子的，因为死者是不戴帽子的；然后瑱，即用新棉将两耳塞住；最后设幎目，即将那个精致的面罩覆盖在死者的面部。执行这种仪式的人，是"商祝"。

（2）笄，在早期的灰坑及墓葬中，常常发现骨制的笄，因为木笄不易保存，以往很少发现。《士丧礼》曰："鬠笄用桑，长四寸，纋中。"郑注云："长四寸，不冠故也；纋，笄之中央以安发。"鬠是发髻，死者不戴帽子[1]，将发髻束好以后，用木簪绾住。《仪礼正义》引蔡德晋说云："生时固发之笄用骨为之，今用桑，变于生也。"《士丧礼》又曰："鬠用组乃笄。"用组，就是用绳或丝带将发髻束好然后再用木簪绾住。《既夕礼》记曰："其母之丧，则内御者浴，鬠无笄。"郑注云："内御，女御也；无笄，犹丈夫之不冠也。"似乎男者用木笄，而女丧反不用笄。长沙左家公山的战国木椁墓中出木簪一，出土时位置"在死者的头部，木簪上存腐朽的丝带"[2]，但不知该笄长若干寸。

（3）握，春秋末期或战国早期的墓中，常常有这样的一种葬法：即人骨架仰卧，两手相交置于腹上，两腿直伸两足相并。由其出土的情形来看，在埋葬以前，死者的两手当是经过束缚的，否则两手不会很自然地呈相交的形式。但两手是什么握法，即如何被束缚起来，已不可考知。

《士丧礼》曰："握手用玄，纁里，长尺二寸，广五寸，牢中旁寸，著组系。"这说明握手是用一块长一尺二寸宽五寸的玄色（黑）面、纁色（红）里的布，布上有带子可以缠起来。但是什么样的缠法呢？即所谓"牢中旁寸"究竟是什么意思呢？各家的说法不同。清沈彤《仪礼小疏·士丧礼》"牢中旁寸"条云："握手之制，贾疏及聂图明矣。郝敬谓缝帛如筒，轻尸两手者，因牢读为楼无他证，又误解下经设决丽于擘为左决连右擘，右决连左擘，使手交如生，故杜撰此制耳。不知尸之手古今未有不旁垂者……若两手交叠则于敛不便。"前人自唐贾公彦以来，皆以为"尸之手古今未有不旁垂者"，因而对于握手的制度就不能有正确的解释。《既夕礼》曰："设握，里亲肤，系钩中指结于擘。"郑注云："擘，掌后结中也。"我们现在知道古人原有两手交叠的葬法；所谓握手大约即是两手交叠、用握（布带）束缚起来，而束缚

---

① 长沙五里牌战国墓（406号墓）中出土的人架头上有残碎纱片、细薄竹片等缠在一起，因尚不能复原，不知是否即帽子。

② 湖南省文物管理委员会：《长沙左家公山的战国木椁墓》，《文物参考资料》1954年第12期，第6页，图12。

的地方约在掔处，即是手掌后手腕的地方。"使手交如生"的说法是对的。

（4）衾，《士丧礼》中记载的衾有好多种，这里所说的衾就是被，是盖在死者身上的。《士丧礼》曰："缁衾，赪里，无紞。"紞是被识，被上有紞可以看出前后倒正来。《礼记·丧大记》曰："小敛……君锦衾，大夫缟衾，士缁衾。"《丧服大记》曰："小敛，君、大夫、士，皆用複衣複衾。"複衾是絮着棉的被子。长沙五里牌406号墓中，死者身上盖有棉被，因在水中浸淫已久，膨胀松软并已变成黑色。在发掘当时尚可看出针线缝合的痕迹来。

（二）随葬器物的组合

《士丧礼》《既夕礼》两篇中记载自"始死奠"至"大遣奠"一共奠了6次。从每次致奠的物品，可以看出当时的奠仪与随葬器物的品类和组合情形来。兹分述于下。

1. 始死奠

《士丧礼》曰："奠脯、醢、醴、酒。"醴和酒都是液体，应是盛在甒内（甒是小壶或罐，说见后）。《士冠礼》曰："脯用笾，醢以豆。"所以可推知始死奠是用一笾、一豆、两甒。

2. 小敛奠

《士丧礼》曰："馔于东堂下，脯、醢、醴、酒，冪奠用功布，实于筐。"这仍然是一笾、一豆、两甒。冪是覆盖，就是说将奠品装在竹筐以内，上面用功布盖好。又曰："陈一鼎于寝门外，……其实特豚，四鬢去蹄，两胉脊肺，设扃鼏，鼏西末，素俎在鼎西，西顺，覆匕，东柄。"郑注云："鬢，解也，四解之。"《周礼·典瑞》曰："以肆先王。"郑注云："肆解牲体以祭，因以为名。"小敛是用一鼎的，鼎里面装着一只割了头的小猪[①]，身体被切成七块[②]。在唐山贾各庄及1954年冬在洛阳所发掘的战国墓中出土的铜鼎里，常有小猪的骨头，而且是没有见到头骨的[③]。小敛奠是用一笾、一豆、两甒、一鼎、一俎、一匕。

3. 大敛奠

《士丧礼》曰："东方之馔，两瓦甒，其实醴、酒；角觯、木杓；赪豆两，其实葵菹、蠃醢；嬴醢，两笾无縢，布巾，其实栗不择、脯四脡。"又曰："陈三鼎于门外，北上，豚合升，鱼鱄鲋九。腊左胖，髀不升，其他皆如初。"郑注云："合升，

---

① 《说文》："豚，小豕也。"
② 《仪礼正义》云："此四鬢并两胉一脊为七体，是为豚解之法。"
③ 中国科学院考古研究所发掘。

合左右体升于鼎。"升于鼎，就是盛在鼎内。《既夕礼》后面的记中曰："两甒：醴、酒。酒在南，筐在东，南顺。实角、觯四，木柶二，素勺二，豆在甒北，二以并，笾亦如之。凡笾豆实具设皆巾之，觯俟时而酌，柶覆加之。"角、觯、素勺都是与醴酒有关的斟酌器具。笾豆的上面都用布盖好。大敛奠用两笾、两豆、两甒、三鼎、四角、四觯、二木柶、二素勺、三俎、三匕。小敛奠只用一鼎，内盛小猪；大敛则在豚以外加鱼、腊各一鼎。

4. 朝夕哭奠

《士丧礼》曰："乃奠：醴、酒、脯、醢。"仍是一笾、一豆、两甒，没有鼎、俎、匕。

5. 朔月奠及荐新

《士丧礼》曰："朔月奠，用特豚、鱼、腊，陈三鼎如初。东方之馔亦如之；无笾，有黍稷用瓦敦，有盖，当笾位。……敦启会，却诸其南。"大敛奠用三鼎，朔月及荐新也用三鼎；但黍稷不盛在笾内，而用瓦敦来代替。敦有盖，奠时将敦盖却立，即仰置于敦的南面。朔月奠及荐新用的器物和大敛奠同，只是以敦代替了笾。

6. 葬日陈大遣奠

《既夕礼》曰："陈鼎五于门外如初。……东方之馔，四豆：脾析、蜱醢、葵菹、蠃醢。四笾：枣、糗、栗、脯。醴酒。陈器。"五鼎，据郑注云："羊、豕、鱼、腊、鲜兽各一鼎也。"三鼎是在豕以外加鱼、腊；五鼎则又加羊及鲜兽。大遣奠用四笾、四豆、两甒（醴、酒）、五鼎、五俎、五匕。所谓"陈器"就是在上项的笾、豆、鼎、俎、甒之外，再加上"陈明器于乘车之西"下边所记载的明器。所陈明器的种类，在《既夕礼》中曾有记载曰："苞二。筲三：黍、稷、麦。瓮三：醯、醢、屑，幂用疏布。甒二：醴、酒，幂用功布。皆木桁久之。用器：弓、矢、耒、耜、两敦、两杅、槃、匜，匜实于槃中，南流；无祭器，有燕乐器可也。役器：甲、胄、干、笮。燕器：杖、笠、翣。"

苞就是"苞牲"，是取遣奠中羊、豕的下体[1]，苞起来送于圹内。在战国墓中及安阳大司空村的殷代墓中均曾出过整只的猪或羊腿。苞二，是指裹羊、猪各一苞[2]。

筲三，中盛黍、稷、麦。筲是一种用植物枝条编织起来的器物，很容易腐朽，所以不易发现。《广雅·释器》云："筲，筤也。"王氏《疏证》云："筤，即筲

---

① 《既夕礼》曰："苞牲取下体。"郑注云："前胫折取臂臑，后胫折取骼。"

② "苞二"郑注云："所以裹奠羊豕之肉。"参看《1953年安阳大司空村发掘报告》，《考古学报》第9册，图版壹，2、3、6。

字也。"按筥字《说文》曰："筥，籚也。籚饭器，又云筤芦饭器以柳为之。"《诗·采苹》曰："维筐及筥。"《毛传》曰："圆曰筥。"《方言》卷五："箸筲，陈、楚、宋、魏之间谓之筥，或谓之籯，自关而西谓之桶㯭。"从以上的一些解释中可以知道筥当是用植物枝条编成的一种筒状器，是用来盛粮食的。洛阳烧沟汉墓出土的陶仓上面常有粉书的字，如黍、大豆、小豆、粟、稻、小麦、大麦等[①]。仓都做圆筒状，其形式可能仿自当时的实物，但作为明器来随葬可能和筥有些关系。

瓮三，中盛醯、醢、屑。《聘礼》曰："醯醢百瓮。"可知醯、醢之类是常常被装在瓮内的。郑注云："瓮，瓦器。"瓮字《说文》亦作䓨甇，谓甇，汲䓨也。《说文》："䓨，甇也，䓨或从瓦作瓶。"瓮、䓨之类大约为我们平常所认为的罐类的器物，用来盛液体。瓮和瓶上面都用疏布盖着，即所谓幂；而且是装在木箱内（木桁），罐口上用木盖盖（久）住。长沙伍家岭124号战国墓中，将随葬的器物鼎、敦、壶等装在木箱内，然后再放在壁龛中[②]。在伍家岭203号汉墓内，有好几个较大的陶罐罐口上都盖着木盖，而且罐旁又发现有木裂的封泥匣，匣上墨书"鱼鮓一斛"等字[③]。

盘和匜在墓中常常同时出现。寿县蔡侯墓、辉县琉璃阁、唐山贾各庄以及禹县白沙等处的战国墓中所出的匜，出土时常常装在盘中（《唐山发掘报告》图版二，3）。干是盾，筈是矢箙，即装箭的函。弓、矢、干、筈在长沙的战国时代完整木椁墓中都曾经发现过。左家公山出土的矢箙里面还插着几支保存相当完整的箭。同墓还出了木制的盾（干）与皮制的甲。长沙五里牌的战国墓中曾出过漆弓，上面还附着角质的弓弭、丝质的弓弦。同一个墓还出土了漆绘精美的漆盾，看其形状并与同墓出土的木矛联系起来考虑，木矛和漆盾可能是燕舞或仪仗之器而非实用的兵器，与左家公山所出者可能功用不同[④]。

从上面六次致奠所用的器物及其组合情形来看，其中最主要的是笾、豆和瓶，它们是每奠所不能少的。其次是鼎附俎、匕，鼎或一，或三，或五，都是奇数。每鼎均附俎、匕。至于角、觯、柶、素勺等皆为斟酌醴酒之器，偶尔一见，并不是主要的器类。兹将鼎、俎、匕，笾、豆及瓶三组主要的器物述之于下：

（1）鼎、俎、匕，小敛奠曰："陈一鼎于寝门外，……设扃鼏，鼏西末，素俎

---

①　洛阳发掘队1953年发掘，图见《全国基本建设工程中出土文物展览图录》图版一五七。

②　1951年中国科学院考古研究所发掘，见中国科学院考古研究所：《长沙发掘报告》，科学出版社，1957年。

③　《释名》卷四《释饮食第十三》云："鮓，菹也，以盐米酿之如菹。"《广雅·释器》卷八上："鱗、鮓、鮨、鮺也。"王氏《疏证》云："鱼鮓谓之鱗……，《说文》鱗脂酱也……《尔雅》鱼谓之鮓，肉谓之醢，郭注云鮨鮓属也。"

④　湖南省文物管理委员会：《长沙左家公山的战国木椁墓》，《文物参考资料》1954年第12期，第6页，图12。

在鼎西，西顺，覆匕东柄。"鼏是覆在鼎上的，这种鼎当是有盖的。俎、匕总是附于鼎以奠的，不但对死者如此，即一般的昏、冠、宴、飨也是如此的。《士昏礼》曰："妇至，除幂，举鼎入，匕、俎从设。北面载执而俟，匕者逆退。"《公食大夫礼》曰："甕人以俎入，陈于鼎南，旅人南面加匕于鼎，退。"《士虞礼》曰："鼎入，匕、俎从设，左人抽肩鼏。"又曰："陈三鼎于门外，……匕俎在西塾之西。"以上的例子都可以说明匕、俎是附于鼎的。《少牢馈食礼》中关于俎、匕和鼎的关系及其使用的顺序曾有记载曰："鼎序入、雍正执一匕以从，雍府执四匕以从，司士合执二俎以从，司士赞者二人皆合执二俎以相从入。"又曰："匕，皆加于鼎，东枋。"郑注云："将载于俎，故用匕出之于鼎。"载就是将食物放在俎上，匕则是用来由鼎里往外捞取食物的器具。《特牲馈食礼》曰："卒载，加匕于鼎。"可知将食物放在俎上以后，匕还是放回鼎内的。寿县蔡侯墓出土的铜鬲、鼎内皆有匕，其物类匙而浅，可以说明鼎和匕的关系。俎大概多是木质的，不易保存。寿县李三孤堆出土铜俎，形似长方矮几，几面两端稍向上扬，面有镂孔，可以滤汁，应是所谓的"素俎"。

（2）笾、豆，《聘礼》曰："宰夫荐笾、豆，脯、醢。"《乡射礼》曰："醢以豆。"郑注云："豆宜濡物也。"又曰："脯用笾。"郑注云："笾宜干物也。"《士昏礼》曰："馔于房中，醢酱二豆。"《士冠礼》曰："两笾，栗、脯。"这种例子还可以举出很多，都可以用来说明笾盛脯而豆盛醢酱，笾宜干物而豆宜濡物，两者功用不同。在白沙、洛阳烧沟、辉县琉璃阁等处的战国墓中，常常有两种豆同时出现：一种是有盖的豆；一种是没有盖的浅盘细把豆。两种器类同时出土于一座墓葬中，它们的功用大约是不同的。有盖的豆又常常代替了陶敦、盒及其他盛置器的地位。寿县蔡侯墓中曾同时出有盖的铜豆及浅盘的铜豆两种，浅盘豆的柄部有三角形镂孔数个，陈梦家先生以为是笾，认为是仿竹器制的[1]。宋聂崇义《三礼图》中曾画一笾一豆，所画的豆即是有盖的。或许有盖的豆是豆、而浅盘细柄的豆是笾。

（3）瓾，《既夕礼》曰："瓾二，醴、酒。"郑注云："瓾亦瓦器也，古文瓾皆作甒。"《方言》卷五云："瓾，甒也。周魏之间谓之瓾。"《广雅·释器》云："甒……甖……罍……瓶也。"王氏《疏证》云："甖与甖同。"瓾盛醴酒，当是今天田野发掘中所常常遇到的罐、壶、尊一类的器物。《玉篇》云："瓾，盛五升（斗？），小甖也。"《礼记·礼器》曰："君尊瓦瓾。"郑注云："壶大一石，瓦瓾五斗。"郑玄所谓的容一石的壶，当是指汉代的大壶而言，然则瓾当是一种较小的壶。

综上三项的解释，可见当时的六次致奠所用的奠器主要为鼎（附俎、匕）、豆（笾）、瓾。前人认为只将明器送于圹内，而不将遣奠各器列算在内，这是不对的。因为：①大遣奠醴、酒后面的陈器，所陈即是"陈明器于乘车之西"的明器，而奠毕即行埋葬。②《既夕礼》中记载迁柩于祖庙时的排列顺序曰："重先、奠从、烛从、柩从、烛从、主人从。"奠器是随在"重"的后面，而在柩的前面。③《既夕礼》在

① 陈梦家：《寿县蔡侯墓铜器》，《考古学报》1956年第2期，第105、106页。

叙述车马赴圹一节中曰："行器，茵、苞器序从，车从。"器，当包括奠器与明器，是奠器、明器皆按照顺序载于车上以赴于圹。④现在所发掘的战国早期墓中都有鼎、豆、壶、罐等，并且有的鼎内还盛着猪、羊的骨头，当是奠时所用的器物。

古人所用的随葬器物，常常包括奠器与明器。《礼记·檀弓》曰："其曰明器，神明之也，言神明者异于生器。"又曰："仲宪言于曾子曰：夏后氏用明器，示民无知也。殷人用祭器，示民有知也。周人兼用之，示民疑也。曾子曰：……夫明器，鬼器也；祭器，人器也。"又曰："宋襄公葬其夫人，醯醢百瓮。曾子曰：既曰明器矣而又实之。"郑注云："言名之为明器，而与祭器皆实之，是乱鬼器与人器。"《既夕礼》陈明器下曰："无祭器，有燕乐器可也。"郑注云："士礼略也，大夫以上兼用鬼器与人器。"贾疏云："若此，大夫诸侯并得人鬼兼用，则空鬼而实人。……士既无人器则亦实明器。"故《既夕礼》云："瓮三，醯、醢、屑。"又云："甒二，醴、酒也。"

祭器、人器、生器意义相同，皆为与明器、鬼器相对而言；前者是实用器，后者则是专为随葬而准备的。所谓实用器即日常用具与实（装盛）奠品以用来致奠的一些器类，如铜鼎、豆及陶豆、鬲等不仅奠祭时使用，日常生活中也要使用；而明器则仅是为随葬而专门制造的。在墓葬里常常出现实用器与明器具有不同意义的随葬器物。如战国墓中的细把陶豆及稍稍早期的陶鬲等，其形状、胎质和常常出现于同时代的灰层或灰坑内的同类器物相同，可判断该项器类当为日常生活用品，并且也用它们随葬入圹。有些器物则不具备实用的条件，如1953年春洛阳白马寺西周墓葬中出土的铜扁壶①，口是实的，盖同器身铸在一起，不能开合倾注，当是专为随葬制作的明器。

根据以上各点，可认为葬日遣奠的奠器是和所陈的明器一同送于圹内的。同时，也可以认为寒素一些的人家不会奠五六次之多，而是在奠后可能即将奠器（或一部分奠器及明器）埋入墓内。

随葬的器物在埋葬之前要写成清册，即将随葬器物的品名、件数逐一写在竹简及木板上。如果是写在竹简上，在写好以后还要用丝带将竹简编束成册（策），葬前由人（主人之史）宣读一遍，埋葬时就同随葬器物一起埋到墓内。随葬的器物可能来自两方面：一是死者家族自己预备的；一是死者的亲友赗赠的。《既夕礼》曰："知死者赗，知生者赙。书赗于方，若九、若七、若五。书遣于策。"方是木板，策是竹简，不但质料与形式不同，所写的内容也是不同的。郑注云："方，板也，书赗奠赙赠之人名与其物于板，每板若九行若七行若五行。"1952～1953年在长沙的五里牌、杨家湾、仰天湖等地所发现的战国墓中曾分别出了三批竹简，上面多写着物品、件数等。如五里牌406号墓所出的竹简上面有"金戈八""鼎八"等。因为有"书遣于策"

①　洛阳文管会发掘队发掘，《全国基本建设工程中出土文物展览图录》第一四六图。

的记载，所以也可以称之为"遣策"①。因为器物服饰品类太多，所以就需要写在一根根的竹简上，如果品类较少也有写在一块较大的木板（方）上的。如以前乐浪出土的有字木札②，一版上写着三行，而且是死者的故吏田肱送给死者的。这种木札当是"书赗于方"的"方"。三行是奇数，也合于五、七、九的意义。可见这种制度到汉代还有。

（三）棺椁

1951～1954年，长沙的五里牌、识字岭、仰天湖、左家公山、杨家湾等处先后发现完整的木椁墓，并且均已有简报发表③，为研究战国时期的棺椁制度提供了若干新的材料。根据已经发表的材料，对于那几座木棺椁可以得到如下的概念：

（1）棺是长方形，棺壁接缝处用接榫，不另外用细腰以及棺钉等。棺内涂红漆，棺外涂黑漆。棺外用葛布纵缠两质，横缠三周；或是只横缠三周。也有不用葛布缄缠而用绳横缠三周的。棺内往往铺席及雕花板，人架即卧在席或雕花板上。

（2）棺放在椁底板上，棺底平贴椁底板。椁底板是用两三块大木板拼接铺平的。椁底板的下面用两条横木垫起来，垫木则是平置在墓底上，以承椁底板的。棺四周用椁壁板叠立围绕起来。四壁椁板的接合处都作凹凸木槽互相衔接，椁壁板的下边即贴放在椁底板上。四壁椁板将棺围好以后，在椁壁及棺的上面平铺一层盖板；盖板多是用五块很厚的木板横接平铺。在盖板的四边，又用木框围绕一周，框是用来围住盖板以使其牢固的。木框四角的接榫是用套榫的办法；木框与椁顶是齐平的。普通的墓在棺的外边仅有一层椁（即一棺一椁），较大些的墓在棺的外边有三四层椁，再加上椁顶板旁的四框，大约合于所谓"五重椁"之数（图一，1～5）。

（3）在椁盖板铺平以后，上面铺以竹席，席用三或四张接合平铺。

（4）随葬器物放在棺椁之间的空隙处；多层棺椁的则放在内椁与外椁中间的空隙处。一棺一椁的则放在棺外椁内，有的墓还在棺外傍棺壁立薄板一块，随葬器物放在此层薄板之外与椁间的空隙处。

《士丧礼》《既夕礼》中关于窆棺陈器各节记述颇为详细。这里根据经文的记载结合发掘情况提出以下几点加以讨论：

---

①　关于仰天湖出土竹简有史树青《长沙仰天湖出土楚简研究》可参考。该文中称竹简为遣策。五里牌出土竹简在《长沙发掘报告》中有摹本。

②　南井里彩箧冢第116号墓出土，内容为"缣三匹，故吏朝鲜丞田肱谨遣吏再拜奉祭"，分书三行。

③　见中国科学院考古研究所《长沙发掘报告》（科学出版社，1957年）、湖南省文物管理委员会《长沙左家公山的战国木椁墓》《长沙杨家湾M006号墓清理简报》（《文物参考资料》1954年第12期）等发掘简报。

图一　长沙五里牌406号墓棺椁

1. 椁盖板　2. 木椁第二层　3. 木椁第三层棺盖（露出外棺盖）　4. 揭去外棺盖，露出内棺　5. 棺及人架
6. 内棺（用葛布横缄三周，纵缄二周）

1. 棺的形制

（1）关于棺衽的解释。

《士丧礼》曰："掘肂见衽。'《礼记·丧大记》曰："君盖用漆，三衽三束。"孔疏云："衽谓燕尾合棺缝际也，束谓以皮束棺也。棺两面各三衽，每当衽上辄以牛皮束之。"

《礼记·檀弓》曰："棺束，缩二横三者，据君言也，若大夫、士，横唯二束，此文是也。""棺束缩二横三，衽每束一。"郑注云："衡当为横，衽今小要。"孔疏云："棺束者，古棺木无钉，故用皮束之合之。缩二者，缩，纵也，纵束者用二行也。衡三者，横束者三行也。衽每束一者，衽小要也。"

（2）关于棺束及束的解释。

《墨子·节葬篇》曰："禹……葬会稽之山……桐棺三寸，葛以緘之。"又曰："今王公大人之为葬埋，则异于此……大棺、中棺、革阓三操。"或者指士用葛来封緘棺衽，而王公大人则用革来封緘，即孔颖达所说的"以牛皮束之"的意思。

《释名·释丧》曰："棺束曰緘，緘函也。"

《既夕礼》曰："主人入祖乃载……卒束袭。"郑注云："束，束棺于柩车。"贾公彦疏云："云束，束棺于柩车者，案《礼记·丧大记》云：君盖用漆，三衽三束。"《仪礼》曰："棺束缩二横三；彼是棺束，此经先云载，下乃云卒束，则束非棺束，是载柩讫乃以物束棺使与柩车相持不动也。"

《既夕礼》曰"属引"，郑注云："于是说载除饰更属引于緘耳。"贾疏云："去载与披及引之……然后下棺，云更属引于緘耳者，案《丧大记》云：君封以衡，大夫士以咸？"郑注云："衡，平也，人君之丧又以木横贯，緘耳居旁持而平之。今齐人谓棺束为緘。以此而言，则棺束，君三衽三束，大夫士二衽二束，束有前后于束末皆为緘耳。"

上面两点，第一是解释棺衽的，第二是解释棺束与束的。因此可以知道：①所谓衽即燕尾合棺缝际，根据现有的发掘材料，衽的接榫处全系榫卯相接，不另设后世所谓的细腰；②所谓衡三缩二的棺束是指封緘棺的衽部而言，或用葛（或布、帛），或用皮革；③卒束之束，或属引之緘绳与緘耳，当与棺束有别，不能混而为一，前项所说的棺束，是为密封棺衽而设，此处所说的束与緘耳，乃为束棺于柩车上和属引下棺而设。棺束是属于棺本身的，而所谓束则是属于棺以外的东西。长沙五里牌及识字岭出土的棺是用葛布封緘的，其封法为横三纵二（图一，6）；长沙杨家湾的墓中所出土的棺，也是用长条丝帛横围三周，这都很类似"葛以緘之"的说法。长沙左家公山所出的木棺则是用绳横缠三周，每一周都是缠绕了七道，这种封緘的办法虽然异于前者，但仍是棺束，与前面所说的束棺之緘耳等等是不相同的。

2. 椁的形制

《既夕礼》在陈明器的下面，有叙述陈置椁木的顺序，其文曰："折，横覆之，抗木，横三缩二，加抗席三，加茵用疏布，缁翦有幅，亦缩二横三。"文中所记载的也可以说是椁的四个部分：①折，②抗木，③抗席，④茵。这段文字是记装载木椁以赴于圹的准备工作，为了下葬时方便起见，所以将下层的椁板装载在最后亦即最上面，则下葬时可以按顺序抬入墓坑内。下面将自折至茵的四部分，根据长沙出土的木椁形制加以解释（图二、图三）。

（1）折：折是椁盖板，是盖在棺及椁壁上的横板，一连几块，拼合铺平。折的上面即铺上抗席。"折，横覆之"的下面，郑注云"加之圹上，以承抗席"，这种解释是对的。

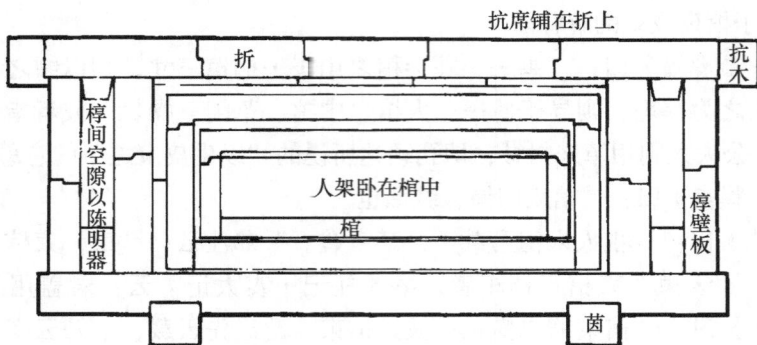

图二　长沙王里牌406号木椁墓的纵剖面

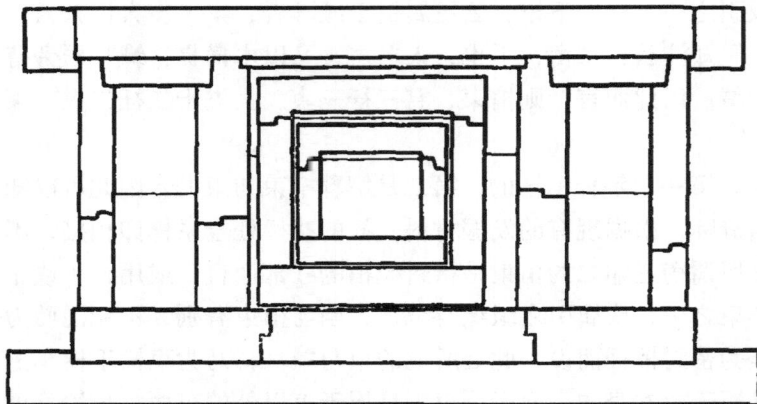

图三　长沙王里牌406号木椁墓的横剖面

（2）抗木：抗木应该是围在盖板四周的框木，用以使盖板密合。《礼记·丧大记》郑注云："抗木之厚，盖与棺方齐。"孔疏云："椁绕四旁，抗木在上，俱在于外，故疑厚薄齐等。"盖板铺在棺及椁壁的上面，而抗木围住盖板，其厚度和盖板是平齐的。

（3）抗席：抗席是铺在盖板上的。长沙五里牌406号墓的木椁上面即铺有竹席；竹席一共四张，是拼合起来铺平的。发掘中刚拨去席上的泥土时，竹席尚作绿色，但一与空气接触立刻就变成了黑色。

（4）茵：《既夕礼》曰："加茵用疏布。"郑注云："茵所以藉棺者……木三在上，茵二在下。"茵应该是椁底板及其下面的二横垫木（图四）。所谓加茵用疏布的布，或是用来覆盖在茵木上的。因枢车赴圹，装载木椁的车可能是将茵木摆在最上面以便于先下于圹内，所以在茵上用疏布盖起来，好像枢车有帷饰一样。前人以为茵是布袋[①]的说法，恐怕是不正确的。

———————————

①　《仪礼正义》卷三一。

图四 长沙五里牌406号墓棺椁下垫木（茵上有刻字）

（四）墓坑与埋葬

墓坑，古人称为圹，也就是埋棺椁的竖穴。埋葬的地方是要经过选择的。《士丧礼》曰："筮宅，冢人营之。"宅是下葬的茔地，冢人是管理墓葬兆域的。在挖掘墓坑之前，要经过卜筮的手续。《士丧礼》曰："命筮者在主人之右……筮人许诺，不述命，右还北面，指中封而筮。卦者在左。"郑注云："中封，中央壤也，卦者，识爻卦画地者。"因为古人是先在地面上画好区域然后才开始挖掘的，所以我们今天在发掘时，测量墓坑方向，应按墓口方向为准。

《士丧礼》曰："掘四隅，外其壤。掘中，南其壤。"郑注云："为葬将北首故也。"《礼记·檀弓》曰："葬于北方北首，三代之达礼也。"从上面所叙述的墓坑形制来看当是竖穴墓，其墓道或"头向"多向北。葬于北方，或指葬于其居址的北面。

埋葬的步骤，可以分为三点来说明：

（1）棺柩、明器等都是装载在车上以赴于圹的。《既夕礼》曰："荐车直东荣、北辀。"郑注云："今时谓之魂车，辀，辕也。"疏云："荐，乘车、道车、藁车。"又曰："荐马、缨三，就入门北面交辔，圉人夹牵之，御者执策立于马后。"装载棺椁、器物的车子是按照次序出发的，车马至圹以后仍然回来，并不将这些车、马埋在墓内。

（2）到了墓圹以后的情形是："至于圹，陈器于道东西，北上。茵先入，属引……乃窆。……藏器于旁加见。藏苞、筲于旁。加折却之。加抗席覆之。加抗木。"将随葬器物等放在墓道的两旁，是为了入圹方便。茵是椁底板及垫木，所以必须先放进圹内，然后才好放棺及椁壁板。属引乃窆，窆是下棺，这说明是先将棺抬（或系）进圹内，然后再围椁壁板及放置随葬器物。在长沙所发现的几座完整的战国木椁墓中，其随葬器物的摆放位置都在棺椁中间的空隙处。《礼记·丧大记》曰："棺椁之间君容枕，大夫容壶，士容瓶。"《礼记·杂记》曰："瓮、瓶、筲、衡实见间而后折入。"郑注云："实见间，藏于见外椁内也。""见"或是傍棺外壁立的薄木板，随葬器物即放在此板之外与椁壁板之内，所谓棺椁之间的空隙处。将随葬器物放好以后，"而后折入"，即将椁盖板盖好。四周围以抗木，在抗木及椁盖板上再铺上抗席。

（3）抗席铺完以后，就要填土了，所以抗席的上面就是填土。《既夕礼》曰："实土三、主人拜乡人。"郑注云："谢其勤劳。"主人填土再三，并拜谢帮忙的乡人，葬事到这里就算完毕。

以上所记载的丧葬制度和今天田野考古中所发现的器物、制度相结合考察，其结果是：

（1）从服饰上看，《士丧礼》中所记载的幎目的装饰及握手的葬法，在春秋末叶到战国初年的墓葬中发现过。

（2）《士丧礼》《既夕礼》所记载的墓坑形制是竖穴墓，有墓道。没有合葬与封土堆的记载。棺椁制度和随葬器物的陈置位置，类似长沙所发现的几处木椁墓。这种形制的木椁可能早期也有，但更晚的如广东所发现的汉墓及阳高与以前朝鲜乐浪所发现的汉墓，其木椁形制则稍有不同。

（3）《士丧礼》《既夕礼》中所记的六次奠的器物组合（表一），其中最主要的器类是鼎、豆、瓶（瓶应为尊或罐类）；另外加上明器项下所列的两敦、两杆（盂）、盘、匜、苞、筲、瓮、弓、矢、甲、胄等。鼎、豆、壶或鼎、敦、壶是战国墓中最习见的随葬器物的组合形式。兹将近年来所发掘的春秋末叶至战国时期墓葬的随葬器物组合择录数条于下以为比较：

表一　六次奠器物组合

奠礼＼器物件数	烹饪器			盛置器		酒器				
	鼎	俎	匕	笾	豆	瓶	角	觯	柶	素勺
始死奠				1	1	2				
小敛奠	1	1	1	1	1	2				
大敛奠	3	3	3	2	2	2	4	4	2	2
朝夕哭奠				1	1	2				
朔月及荐新	3	3	3	瓦敦当笾位	2	2				
大遣奠*	5	5	5	4	4	2				

注：* 大遣奠加明器：苞二、筲三、瓮二、瓶二、弓、矢、末粗、两敦、两杆、盘、匜。无祭器有燕乐器可也，甲、胄、竿、杖、翣、笠。

（1）寿县蔡侯墓[①]出于鼒、鼎、鬲、鬲、段、匜、豆、笾、敦、壶、冥缶、盉、尊、鑑、盥缶、鉴、方鉴、洗、斗、盘、匜、甬钟、编钟、编镈、钲、錞于、戈、矛、剑、削、小壶、衔、镳等。其中除吴王光鉴以外，都是同一个蔡侯所作（蔡昭侯，公元前518～前491年），其时代当属于春秋末期。

（2）洛阳1954年冬发掘[②]认为是春秋末期的115号墓出铜鼎1、铜豆2、铜罍2。认为是战国初期的2719号墓出鼎5、甗1、豆4、壶4、舟、盘、匜。

（3）禹县白沙[③]早期的被认为是春秋末叶的墓葬中出鬲、豆、罐（罍、尊）、盂。稍晚，战国初年的墓葬出鼎、豆、罐、盂以及鼎、豆、罐、尊加盥器，盥器中的盘、匜形状与新郑所出者相似。

（4）唐山贾各庄[④]战国早期的墓出鼎、豆、壶、尊（大口罐、小口罐）、段；尊和壶有时互相代替。铜器在鼎、豆、壶以外有盘、匜。

（5）辉县琉璃阁[⑤]战国墓葬中，早期出鬲、豆、罍；稍晚出鼎、豆、罍；其次出鼎、豆、壶及盘、匜。

（6）安阳大司空村[⑥]战国墓葬中，早期出鬲；稍晚出鼎、豆、罐；其次出鼎、豆、壶、盘、匜。

（7）长沙[⑦]战国墓出鼎、敦、壶，其时代当为战国晚期。再晚的则出鼎、盒、壶、钫等。

（8）洛阳烧沟[⑧]战国晚期的洞室墓中出鼎、豆、壶、盆、碗、小壶。再晚则出鼎、盒、壶。

（9）辉县褚丘[⑨]战国晚期墓中出鼎、豆、壶、盘、匜，近于琉璃阁最晚期。

把以上几条材料归纳起来，我们大体上可以认为：

（1）春秋末和战国早期的墓葬中有鬲；其成组的器物如鬲、豆、罐，鬲、豆、罍等，以后就很少见了。《士丧礼》中虽然也记载有鬲，但鬲与盆、盘、瓶、废敦一

① 陈梦家：《寿县蔡侯墓铜器》，《考古学报》1956年第2期。

② 1954年中国科学院考古研究所发现。

③ 陈公柔：《河南禹县白沙的战国墓葬》，《考古学报》（第7册），科学出版社，1954年。

④ 安志敏：《河北唐山贾各庄发掘报告》，《考古学报》（第6册），科学出版社，1954年。

⑤ 王伯洪：《琉璃阁战国墓葬》，马得志：《褚丘战国墓葬》见《辉县发掘报告》。

⑥ 马得志、周永珍、张云鹏：《一九五三年安阳大司空村发掘报告》，《考古学报》（第9册），科学出版社，1955年。

⑦ 中国科学院考古研究所：《长沙发掘报告》，科学出版社，1957年，"壹　战国墓葬"。

⑧ 王仲殊：《洛阳烧沟附近的战国墓葬》，《考古学报》（第8册），科学出版社，1954年。

⑨ 王伯洪：《琉璃阁战国墓葬》，马得志：《褚丘战国墓葬》见《辉县发掘报告》。

齐出现，不是用为奠器，也未列在明器以内①。鬲是用来煮洦（米汁）的，盆是用来盛水、渐米、洗贝和盥手的，是在沐浴饭含时用的，并非成组的奠器。

（2）明器中有敦；传世的铜敦出现时代约在春秋中、晚期以至战国中叶。到了战国中期以后，敦就逐渐被所谓"盒"代替了。由于《既夕礼》中有敦的记载，则成书年代的上限可以加以推定。

（3）有些器物及制度一直沿袭到很晚，如司马彪《续汉书·礼仪志·大丧》中所载的明器，其名称有许多和《士丧礼》《既夕礼》中相似之处②。但我们从器物组合的情形上来看，则不能认为《士丧礼》中所记载的制度会晚到汉代。因为早期的器物、制度可能沿袭到晚期，而晚期的器物如《续汉书·礼仪志》中所记载的灶、釜、瓦案、匏勺等则不见于《士丧礼》《既夕礼》中。我们认为可以从其经常出现的组合规律以及其主要的器物上来加以考察，或者能够考察出其大致的年代来。那么，从《士丧礼》《既夕礼》中所记载的随葬器物的组合形式看来其时代约在战国初期，即大致近于战国墓中出鼎、豆、罐的时期，而较墓葬中出鼎、豆、壶的时期稍早。

以下再从文献上来加以考察。

三礼之名，是汉末才有的。有人主张《仪礼》之名是始于西晋的③。汉代没有《仪礼》的名称，只称之为《礼经》。但《仪礼》十七篇成书的年代究竟是什么时候？前人有种种的说法，其中最主要的有三种：

（1）《礼记·明堂位》曰："周公摄政六年，制礼作乐。"所以自梁崔灵恩（《三礼宗义》）即以为"《仪礼》者周公所制"。唐陆德明、孔颖达、贾公彦等均以为是"周公摄政致太平之书"。

（2）《礼记·杂记》下曰："恤由之丧，哀公使孺悲之孔子学士丧礼，《士丧礼》于是乎书。"因而以《仪礼》为孔子所订定。清邵懿辰以及皮锡瑞等皆主张此说（《经学通论》第三册）。清顾栋高曰："世传《仪礼》为周公所订，然其中聘、觐、燕、食多系王朝邦国之礼，而丧礼惟载《丧服》及《士丧礼》三篇，天子诸

---

① 《士丧礼》："新盆、槃、瓶、废敦、重鬲。"郑注云："新此瓦器五种者，重死事。盆以盛水，槃以承溇濯，瓶以汲水也。废敦，敦无足者，所以盛米也。重鬲，鬲将悬于重者也。"据郑注废敦，敦无足者，敦而无足或是今之所谓陶盒，但此点尚待论证。

② 《续汉书·礼仪志·大丧》："明器：筲八：盛容三升，黍一、稷一、麦一、粱一、稻一、麻一、菽一、小豆一。瓮三：容三升，醯一、醢一、屑一。黍饴载以木桁，覆以疏布。甒二：容三升，醴一、酒一，载以木桁覆以功布。瓦镫一。彤矢四，轩輖中亦短卫彤矢四骨短卫。彤弓一。扈八。牟（杆）八。豆八。笾八，形方。酒壶八。盘匜一具。杖、几各一。盖一。钟十六，无虡。镈四，无虡。磬十六，无虡。埙一。箫四。笙一。簧一。柷一。敔一。瑟六。琴一。竽一。筑一。坎侯一。干、戈各一。笮一。甲一。胄一。挽车九乘。灵舁三十六匹。瓦灶二。瓦釜二。瓦甑一。瓦鼎十二，容五升。匏勺一，容一升。瓦案九。瓦大杯十六，容三升。瓦小杯二十，容二升。瓦饭盘十。瓦酒樽二，容五升。匏勺二，容一升。"

③ 清黄以周《经说略一·仪礼周礼非古名说》，《续皇清经解》卷一千四百一十九。

侯之丧礼阙然不载。……余尝考《左氏传》而知天子诸侯丧纪已废绝于春秋时无疑也。……孔子以大圣人而不得位，退与门弟子讲习于杏坛之上，故孺悲曾学《士丧礼》于孔子。……《士丧礼》之不废则孔子与游、夏诸弟子讲明而力守之也。"①

（3）崔述《读风偶识》云："盖《仪礼》乡饮、燕、射等篇有歌关雎、葛覃、卷耳及鹊巢、采蘩采苹之文，而甘儒相传以《仪礼》为周公所作，朱子信以为然，故谓此诗在周公前耳。……今《仪礼》之文繁甚，而聘食之礼，笾豆牢米之数又奢甚，则其为后进之礼而非周公之制明矣。襄王赐齐侯胙，命无下拜，齐侯下拜登受，是春秋以前君虽辞，臣未有升而成拜者也。至孔子时始有升而成拜者，故孔子曰：拜下，礼也，今拜乎上泰也。今《仪礼》君辞之言遂升成拜，则其书固在春秋后矣。春秋之末，家臣始有大夫为公者。至战国初，晋韩、赵、魏氏遂僭称为诸侯而仍朝于晋君。鲁之三家亦皆称公。今燕、射之礼诸侯之臣有诸公，若非作于战国之世，安有是称。"②

以上三项中，第一项前人驳之者甚多，不必一一征引③；第二项主张在春秋末叶（孔子作）；第三项主张书成于战国时期。我们由其所记载的器物和制度上来推度，以为其成书时代约在战国初期至中叶（约在公元前5世纪）。但礼绝非凭空臆想出来的，一定有它的长久形成的历史，因而认为其中虽有许多器物制度应属春秋末叶及战国初期，但其成书年代或当在战国中叶。

（初载《考古学报》1956年第4期；原载陈公柔：《先秦两汉考古学论丛》，文物出版社，2005年）

---

① 《春秋大事年表》十六，《续皇清经解》卷九十二。

② 《崔东壁遗书》，《读风偶识》卷一。

③ 朱彝尊《经义考》卷一百三十，《仪礼》第4页下引乐史驳说，四部备要本。

对《〈士丧礼〉〈既夕礼〉中所记载的丧葬制度》几点意见

沈文倬

陈公柔先生著《〈士丧礼〉〈既夕礼〉中所记载的丧葬制度》一文，载《考古学报》1956年第4期。这篇论文是用近年各地所发掘的战国墓葬里的实物史料，与《仪礼》之《士丧礼》《既夕礼》的文献记录相结合，进行战国丧葬制度的研究。从而在战国丧葬制度的名物方面、仪注方面，获得不少令人满意的成绩。在考古学界、历史学界还不够重视《仪礼》这部古籍，还没有人试将这部古籍放在实物材料里去证实的今天，陈先生这样的做法，是件非常可喜的事。

我们从陈先生的论文里，一方面固然看到了绝大部分地下出土的实物竟与《仪礼》的记载完全相吻合，由此证明这部古籍的史料价值很高；但另一方面也发现尚有不少地方，地下出土的实物与文献是不相符合的。关于这些，理应指明其相异之处，留待以后地下材料更加丰富之后再做进一步深入研究以求得解决；可是，陈先生并没有这样做，非但对这些相异之处没有郑重地指出，相反却做了牵强附会的调停，这是不妥当的。因就这些方面，提出几点意见如下：

一、握手和两手交叠的葬法

陈先生因为看到"春秋末期或战国早期的墓中，常常有这样的一种葬法：即人架仰卧、两手相交置于腹上、两腿直伸两足相并"，断定"死者的两手当是经过束缚的，否则两手不会很自然地呈为相交的形式"，因而结合到《士丧礼》"握手，用玄，纁里；长尺二寸，广五寸，牢中旁寸；著，组系"，认为是"说明了握手是用一块长一尺二寸宽五寸的玄色（黑）面、纁色（红）里的布，布上有带子可以缠起来"；"古人原有两手交叠的葬法；所谓握手大约即是两手交叠、用握（布带）束缚起来，而束缚的地方约在掔处，即是手掌后手腕的地方"。依据春秋末期或战国早期的墓葬里所发现的两手交叠的葬法，固然可以解决聚讼千载的《士丧礼》"设握"的问题；可是，照陈先生那样的解释，也未免过于简单，问题还未解决，特别在下列几点上：①陈先生认为握手是"一块玄色面、纁色里的布"，那就牵涉布的染色问题。布无论浸入朱汁或黑汁，不消说得，都是面里同一颜色，怎样可以说一块布面是玄色里是纁色呢？面玄里纁，一定是二块布缝合起来。②陈先生在解释握手的"著组系"时，把"著"字丢开不管。陈袭事衣物中的"幎目"，也有"著组系"之文，《郑注》云："著，充之以絮也。"那么所谓"著"，是把丝棉充塞在一块玄色布与一块纁色布缝合起来的中间，因此握手绝不是一块布。③陈先生对"牢中旁寸"没有做任何解释，他虽赞同郝敬"两手交贯于牢"的说法，但没有探索所谓"两手交贯于牢"究竟怎样一回事。其实郝敬并没有把握手当作一条束缚尸两手的布带。"牢中旁寸"关系着握手的形制问题，握手的形制没有弄清楚，握手的设法也就无从谈起了。④《士丧礼》在记述握手的形制之后，紧接着说："决，用正王棘，若檡棘，组系。"在设握时有这样的记述："设决，丽于擘，自饭持之；设握；乃连擘。"可以看出：握和决有着极密切的关系，研究握手时必须联系到决，问题才能迎刃而解。可是陈先生在解释握手时，始终没有提到决，因而对握手的形制和设握之法，不可能获得正确的理解。以上四点，陈先生没有注意，所以在立论上就不免有粗疏的缺陷了。

要把《士丧礼》的"设握"和战国墓葬中所发现的两手交叠的葬法统一起来，必须比较圆满地解决下列的几个问题：

（1）握和决各有二个还是一个？自从郑玄注《经》"设决丽于擘"即说"此谓右手也"，注记"设握里亲肤"节说"手无决者"；因此以后的许多礼家都认为：右手设决又设握，左手无决只设握，决有一个，握有二个。敖继公以为"握手唯一"，郝敬从其说而更进一步认为左右手各设决，决有二个；握只有一个，韬尸两手。现在依据《经》《记》本文来推论，两说都不对。因为：①陈袭事所用衣物：髻笄、掩、幎目、冒、竹笏，都没有叙明数量，都只有一个；纩极有二个，乃明言"纩极二"，显见叙述上的体例是如此。假使握手或决有二个，那一定要叙明"握手二"或"决二"的；既然只称"握手""决"，自是握手、决各一无疑。②丧礼的决就是射礼的决，不过一则用正王棘或檡棘，一则用象或骨的差异而已。射礼的决只有一个，设在右手大指上；丧礼的决当亦与之相同。至于握手，好似射礼的"遂（拾）"（当然形制与设法是不相同的），那么也只有一个，设于左手的。

（2）握手和决的形制是怎样的？考查决的形制，先要知道：决都有一块韦（皮）制的"韝"做衬的（郑玄的《注》里名"彄"）。《诗·卫风·芄兰》云："童子佩韘。"《毛传》云："韘，决也。能射御则佩韘。"《说文·韦部》云："韘，射决也，所以拘弦，以象骨韦系著右巨指。"决与韘，分开来说，原是二物；合起来说，韝是衬在决的下面，起着使决牢固不脱的作用；离开了决它就失去了存在的价值，因此称韘事实上是指决。《乡射礼》《大射礼》云"袒决遂"，《士丧礼》云"决用正王棘若檡棘"，虽然都没有提到"韝"；但是绝没有韝是无法设在右巨指上而牢固不脱的，因此称决必然是有韝的。斦以郑玄注《士丧礼》"设决"节云："决，以韦为之籍有彄，彄内端为纽，　外端有横带。"照这样看来，无论丧礼云王棘或檡棘的决，或者射礼用象或骨的决，都有一块韦制的韝（彄），衬在决的下面。韝之上出于决处（即外端）有横带，韝之下出于决处 （即内端）有纽（孔），系结起来好使决牢固不脱（决与韝的关系，诸家所述多误，本文根据黄以周说参订，见其所著《礼书通故》第25页）。

　　考查握手的形制，除了如上述"用玄纁里著组系"的解释以外，最紧要的，也是最费解的，是"牢中旁寸"这一句话。"牢中"之"中"，是指尺二寸的中间四寸，诸家均无异说。至于"牢"，郑玄读为"楼"，训为"削约"（黄以周引《尔雅·释宫》"陕而修曲曰楼"来说明《郑注》的根据），是认为这中间四寸的广五寸，要削去一寸，成为广四寸（贾公彦《疏》以为两边各削一寸，广三寸；胡培翚《正义》以为两边各削半寸，广四寸；都是根据《郑注》引申，可置不议）。郝敬读为"笼"，谓"空其中，旁宽半"，是认为这中间四寸的广，不止五寸而更宽一寸（万斯大引申郝说，称"牢，笼也。中宽而端窄也"，说得要明显些）。现在评议这两种相反的说法，首先要考查握手之所以名握之事。刘熙《释名·释丧制》云："握，以物著尸手中，使握之也。"是比较确切的解释。假使照郝敬所说"韬尸两手"把两手放进握手的中间，即所谓"空其中旁宽寸"的地方，那么握手并没有握在尸的手中，就失掉了名握的意义了。其次要考查"牢"之读为笼训为"空其中"好，还是读为楼训为"削约"好。郝敬训为"空其中"，是要把握手说成"韬尸两手""两手交贯于牢"。应该指出，所谓"韬尸两手""两手交贯于牢"，韬，藏也。握手仅仅是藏尸两手，并没有起束缚两手的作用；而真正把尸手"交贯"起来的，在他看来，"用二决，左右皆大指各一，皆组为系，借以连属两举"，是在于左右二决之带的互结于掔。然而，上文已证明决只有一个，根本不会有二决之带互结于掔的事，那么"两手交贯于牢"的说法就不能成立，而握手也不能"韬尸两手"了。至于郑玄训为"削约握之中央以安手"，一方面他以为左手设有一个握手（《郑注》以为左手设有一个握手是对的；但他又以为右手也设有一个握手，则是错误的），那就不是两手共一握手了。既然握手设于左手而不是两手共一握手，那很明显，握手是握在尸的手中而不是尸手放在握手的中间。另一方面他以为握手的中央即中间的四寸，削去其广一寸成为广四寸，那就是中窄而端宽了。中窄端宽，正好使这中间的四寸握在尸的手中以"安手"。照这样说来，郑说比郝说自要正确得多、合理得多。基于以上的推断，所谓握手，就是用一块玄色布一块纁色布——长尺二寸，两端的各四寸广五寸，中间的四寸广四寸——缝合起来，玄色作面，纁色作里；二块布中间放着丝绵；两端各有一根带子。

　　（3）设决之法和设握之法是怎样的？《士丧礼》云："设决，丽于掔，自饭持之；设握；乃连掔。"分明是先设决后设握手。丧礼的决就是射礼的决，那么设之之法当然也完全相同。设决是先把韝内端的纽贯在大指的"本"（近虎口处）上，次把韝绕在指上，再次把决贯上，再次把韝上的横带从决外贯于纽内，绕手腕一匝，夹持在大指与食指之间的虎口处。这时没有把带结起来，为的是要等待设握之后连掔，所以经称"丽（《郑注》：'施也'）于掔，自饭（《郑注》：'大擘指本'）持之"。其"丽于掔"以前的动作，经文没有交代，可能是由于凡设决都是相同而从略的。至于设握之法，经文没有提到，《既夕记》加以补充："设握，里亲肤，系钩中指，结于掔。"就是把握手的广五寸的一端，覆着在手背上，绕过来恰巧中间的广四寸覆着在手掌中，再绕过来把广五寸的另一端掩在上面；食指、中指、无名指露在握手外面，于是把两端之带钩绕中指，缚住握手，回结于手腕。握手玄面向外，纁里覆着在手背手掌，所以称为"里亲肤"；而握手的中间四寸握在手掌中，所以要"牢中旁寸"，所以《释名》解释握手为"以物著尸手中，使握之也"。

（4）两手旁垂还是两手交叠？沈彤驳郝敬"两手交贯于牢"之说，以为"（尸手）自古未有不旁垂者"。可见在郝敬以前的礼家，都认为尸两手旁垂，根本不存在是否旁垂的问题。郝敬创立"握手如筒，韬尸两手，……两手交贯于牢"的新说，很符合战国墓葬里所发现"两手相交置于腹上"的葬法，因此陈先生很赞同郝敬之说。但他没有理解郝敬所谓"交贯于牢"是二决之带互结于掔，而误认为握手是一根布带把尸两手束缚起来。如上文所指明，决只有一个，不可能决带相连；而握手也不是一根布带，不能起束缚尸两手的作用；那么陈先生之说和郝敬之说，都不攻自破了。但是，我否定这些说法，并不是反对两手交叠；因为战国墓葬里的实物材料证明有这种两手交叠的葬法，这是无法否定的。那么使尸两手交叠起来的是什么东西呢？我以为是在于经文"乃连掔"这一句话。据上文所阐述，右手先设决，韘之横带夹持在虎口处；等左手设握，握带结于掔后，便与韘之横带相互连接于掔（韘之横带结于左掔，握带结于右掔）。以《经》《记》本文来解释，"设决，丽于掔，自饭持之"，是设决之法；"设握""里亲肤，钩中指，结于掔"，是设握之法；"乃连掔"，是在设决设握之后，把尸手两掔连起来，成为两手交叠。

关于握手的问题，这样的解释，似较能做到既符合于实物材料，又实事求是地处理文献材料。

二、葬日遣奠的奠器是否送于圹内

陈先生考查随葬器物的组合情形，认为葬日遣奠是送于圹内，与明器一起放在棺椁之间的空隙处，因为"在唐山贾各庄及1954年冬在洛阳发掘的战国墓中出土的铜鼎里，常有小猪的骨头，而且是没有见到头骨的"，与《士丧礼》"陈一鼎于寝门外，……其实特豚，四鬄，去蹄，两胉，脊，肺"相符合；而"现在所发掘的战国早期墓中都有鼎、豆、壶、罐等，并有的鼎内还盛着猪、羊的骨头，当是奠时所用的器物"；"在墓葬里常常出现实用器与明器的具有不同意义的随葬器物"，"可认为葬日遣奠的奠器是和所陈的明器一同送于圹内的"。圹内有祭器（实用器），有地下实物材料可证明，是千真万确的了。可是细案《士丧礼》《既夕礼》二篇的记载，这祭器是否即是葬日遣奠所用的奠器，还有商榷的余地。因为下列三个问题，如果不能得到妥善的处理，这奠器入圹的结论，就难以确立了。

（1）根据《士丧礼》《既夕礼》二篇记载，自始死至葬日，两个多月中①，曾举行过十种不同名称的奠，其次数约在百次以上②。每次奠都有"彻奠"的仪注。所谓"彻奠"，就是在设新奠之前，先把上一次设的奠，即《郑注》所谓"宿奠"彻去。大遣奠虽是最后一次的奠，不再设新奠，可仍有彻奠的记载。不过它的彻奠，同时进行苞牲，经文夹叙，不甚明晰；加以记述上又采用"省文见义"的办法，致使这一仪注不太显明，易被忽略。可是《仪礼》里所谓"省文"，是有一定规律的。就是多次相同的仪注，在叙述上避免过多的重复，才采取这种办法。只要加以详尽的阐述，就会使这一仪注显明起来：①设奠彻奠的记载，有详述，有省文，小敛奠、大敛奠的设、彻，都是详述，如设小敛奠称："馔于东堂下，脯、醢、醴、酒，幂，奠用功布，实于篚，在馔东。……陈一鼎于寝门外，……其实特豚，四鬄，去蹄，两胉，脊、肺。设扃、鼏，鼏西末。素俎在鼎西，西顺。覆匕，东柄。……乃奠，……夏祝及执事盥，执醴先，酒脯醢俎从，升自阼阶，丈夫踊。……奠于尸东，……由足降自西阶，妇人踊；奠者由重南东，丈夫踊。"彻大敛奠称："彻者……升自阼阶，丈夫踊；祝取醴，……取酒立于其东，取豆笾俎，……祝先出，酒豆笾俎序从，降自西阶，妇人踊，设于序西南，直西荣。"而设朝祖奠、祖奠，只称"乃奠如初"；彻夕奠只称"卒彻"；彻祖奠只称"彻者入，丈夫踊；设于序西北，妇人踊"；均是省文。大遣奠之彻，称"彻者入踊如初；……彻者出，踊如初"，与祖奠之彻略同，也是省文。②设奠与彻奠都由祝与执事者数人来执行，如小敛奠"乃奠，……夏祝及执事盥，执醴先，……祝彻，……祝彻巾，授执事者以待"。也有设奠泛称"奠者"、彻奠泛称"彻者"的，都包括祝与执事者数人，如大敛奠"乃奠，……祝反降，及执事执馔，……奠者由重南东……彻者……升自阼阶，……祝取醴"。也有不称祝与执事者或奠者、彻者的，显然也由祝与执事者数人来执行，如彻朔奠称"彻朔奠，先取醴酒，其余取先设者……"；彻朝祖奠只称"彻奠"。由此可见，无论明言祝与执事者，或明言奠者、彻者，或不称祝与执事者或奠者、彻者，都应看作祝与执事者数人。大遣奠称"彻者入……彻者出"自亦可认为是祝与执事者数人把大遣奠彻去的。

---

①　《礼记·王制·杂记下》云："士三月而葬"；《春秋》隐公元年《左传》云："士逾月（而葬），外姻至"；郑玄《箴膏肓》云："士殡葬皆数往日往月，士之三月，及大夫之逾月也。"（《王制疏》引）就是说士葬的三个月要连死的一个月算在内，实际上是二个月左右，所以《荀子·礼论篇》里说："故殡久不过七十日，速不损五十日。"

②　陈先生说6次是不对的。始死奠、小敛奠、大敛奠、朝奠、夕奠、朔月奠（"月半不殷奠"，所以《郑注》云："士无月中奠，大夫以上有之。"）、荐新奠、朝祖奠、祖奠、大遣奠，实有十种奠。朝夕奠各天各一次；朔月奠有二次；荐新奠为"荐五谷若时果新出者"，无定数；二个多月中算来实有百次以上。

③设奠彻奠都是"彻者入（升），丈夫踊；出（降），妇人踊"或"主人要节而踊"（《郑注》云"要节者，来象升，丈夫踊；去象降，妇人踊"，也是入丈夫踊、出妇人踊）；可见彻者出入升降，以丈夫踊、妇人踊为节。大遣奠彻者出入，有"踊如初"之文，自与其他彻奠相同。④各种奠彻后设在何处？小敛奠彻后"设于序西南，当西荣"；大敛奠彻后也"设于序西南，直西荣"；朔奠彻后"设于外"，《郑注》云："外，序西南"；祖奠彻后"设于西北"，《郑注》云："设于柩车西北（柩车在庭中当阶间），亦犹序西南"；从这些记载来看，彻下来的奠都设于序西南无疑。因此，凌廷堪从这里得出一条"例"来："凡将奠，皆先馔（陈）于东方（脯醢醴酒馔于东堂下，鼎陈于寝或庙门外，当东塾），彻则设于西方（序西南）。"这是非常正确的。可是凌氏在解释彻迁柩朝祖之夕奠无设于何处之文时，却同意了郑玄"再设为袭"的注解；在解释彻朝祖奠无设于何处之文时，虽不同意郑玄"非宿奠"的注解，却又认为"亦再设为袭"。显然，郑玄"再设为袭""非宿奠"等注解，没有根据，出于臆想；凌氏从其说，实在是自乱其例。彻大遣奠经文亦无设于何处之文，凌氏更创"大遣奠为事之终，以宾客事之，故不设于西方"的新说。可是不设在西方该设在何处，他又没有交代，可见其说亦仅凭臆度，不可轻信。大遣奠的设奠，仅称"鼎入乃奠"，没有说明奠于何处，据《既夕记》知在柩车东；大遣奠的彻奠，也没有说明彻于何处，据小敛等奠的彻奠来推断，亦在序西南。"馔于东方，彻于西方"的这条"例"，应该适用于丧礼"凡奠"的。凡经文所没有明叙的，均是省文。⑤《仪礼》在记述上的通例，仪注相同可以省文见义，上文已阐明；而仪注相异，则一定详述。如十种不同名称的奠，除了馔于东方，设于不同的处所①，彻于序西南之外，其间如有移动，均有明文记载。如迁柩朝祖之夕奠，从寝到祖庙，叙明"重先，奠从，烛从，柩从，烛从，主人从"；到了祖庙，柩升自西阶时，叙明"奠俟于下，东面北上"；待正柩后，又叙明"奠设如初"。又如朝祖奠先设于堂上柩西，俟请祖期后，举柩却下而载，亦叙明"降奠，当前束"。由此看来，如果大遣奠是送于圹内，就应该叙明彻出庙门外设于何处，至圹后设于何处；经文既无此等记载，足证大遣奠已被彻去，不再彻出庙门，随柩到圹。以上五点，都足以证明大遣奠也经过"彻奠"的仪注的。奠既经彻去，自不可能和明器一起送于圹内。

（2）大遣奠的以"遣"为名，据《檀弓下》云："始死，脯醢之奠；将行，遣而行之；既葬而食之"，是取义于送奠入圹。这样说是否就证明遣奠被送于圹内呢？则又不然！《既夕礼》云："彻者入……彻巾，苞牲，取下体，不以鱼腊。行器：茵、苞、器（器，所陈明器），序从；车从；彻者出，……""至于圹，……乃窆……藏苞筲于旁。"《既夕记》云："苇苞长三尺，一编。"从这些记载里，可以看出送于圹内的，只是用长三尺一编的苇苞五俎中羊、豕二俎的"下体"；陈先生证以"在

---

① 始死奠、大敛奠、朝夕奠、朔月奠都设于室；小敛奠、朝祖奠都设于堂；祖奠、大遣奠都设于庭。

战国墓中及安阳大司空村的殷代墓中均曾出现过整只的猪（？）或羊腿"，可见丧葬礼中有苞牲是可信的。为什么送于圹内的只有苞牲呢？《杂记》下云："或问于曾子曰：夫既遣而包其余，尤既食而裹其余与？君子既食则裹其余乎？曾子曰：吾子不见大飨乎？夫大飨既飨，卷三牲之俎归于宾馆；父母而宾客之，所以为哀也。"飨礼已佚，无法探索；但《公食大夫礼》云："宾出，公送于大门内，再拜，宾不顾。有司卷三牲之俎，归于宾馆，鱼腊不与。"可证《杂记》所述可信。《杂记》载曾子的比喻，可以说明遣奠取羊、豕二俎的下体作苞牲送于圹内，就像大飨宾客卷三牲之俎归于宾馆一样，二者的仪注是相同的，意义也是相同的。因此，遣奠以"遣"为名，其取义于送奠入圹，仅是二牲下体的苞牲而不是全部遣奠。既然送奠入圹仅是二牲下体的苞牲，那就证明遣奠的奠器并没有被送于圹内。反过来说，如果以五鼎、五俎、四笾、四豆、两甒的全部遣奠送于圹内，那又何必把羊、豕二牲的下体取出用苇苞包起来另外送于圹内呢？

（3）陈先生考查大遣奠的奠器组合是：四笾、四豆、两甒、五鼎、（五）俎、（五）匕。在这些奠器中，得探索一下鼎与俎的关系。在《仪礼》里，有多少鼎就有多少俎。提到鼎时，只是用来盛放牛、羊、豕、鱼、腊、鲜兽等食物的。这些食物，先在镬上用釜煮熟，然后放到鼎里（由镬到俎叫升）；到食时，再从鼎里用匕取出，放在俎里（由鼎到俎叫载）。《士丧礼》《既夕礼》里，都是陈鼎于寝（庙）门外，到设奠时用扃把鼎举到阼阶前匕载。在这里，有两点应该注意：①小敛奠、大敛奠匕载设奠后，即有"甸人彻鼎"之文。彻往何处？无明文可查，但牲从鼎内取出后鼎已无用处是可以肯定的。大遣奠有"鼎入"之文，《郑注》云："陈之盖于重东北。"虽不见"甸人彻鼎"的记载，但照当时枢在中庭、庭中狭窄的情况来看，五鼎实无久待于庭的必要，应与小敛奠、大敛奠一样，匕载后即彻去。如果彻去，就很难想象其会被送于圹内。②五鼎自匕载后，羊、豕、鱼、腊、鲜兽都在俎内，鼎内是空的。假使空鼎也被当作奠器而送于圹内，那就与墓葬里所发现的"鼎内盛着猪、羊的骨头"的情形不相符合了。这也可反证墓葬里发现的"盛着猪、羊的骨头"的鼎，不是大遣奠的鼎。

上面所述三个问题，都证明葬日遣奠的奠器没有被送于圹内。所以我说，这三个问题如果没有得到妥善的处理，奠器入圹的结论，是很难确立起来的。

葬日遣奠的奠器既已证明并未送于圹内，而《既夕礼》中又只有明器，并明白地说"无祭器"，那么战国墓葬里所发现的祭器，结合到《既夕礼》究竟应该怎样解释呢？我认为：第一，要考查除了《既夕礼》以外，其他文献材料是不是都以为葬器中没有祭器？显然不是！《礼记·檀弓上》云："仲宪言于曾子曰：夏后氏用明器，示民无知也；殷人用祭器，示民有知也；周人兼而之，示民疑也。曾子曰：……夫明器鬼器也，祭器人器也。"分明是以为有明器又有祭器的。这样说来，《既夕礼》在这个问题上，不仅与地下实物材料相矛盾，而且与《礼记·檀弓上》所述也相矛盾了。因此，第二，要考《礼记》既然是《仪礼》的传记，为什么竟会自相矛盾起来？关于这个矛盾，郑玄曾经解决过，他在"无祭器"句的注里说："士礼略也，大夫以上兼用鬼器人器也。"就是说《既夕礼》是士的丧葬礼,入圹没有祭器;入圹有明器又有祭器(如《礼记·檀弓上》所述),是大夫以上的丧葬礼;那么所谓"周人兼用之",只是大夫以上兼用之而已。这种说法是否可靠呢?郑玄是不是利用这种等级差别来作遁词呢?于是,第三,有必要追查《郑注》的根据。《礼记·檀弓上》云:"祭器人器也。"《周礼》"乡师"《郑注》云:"祭器者,簠簋鼎俎之属。""祭器人器"是对"明器鬼器"而言,明器是"不可用"(亦《礼记·檀弓》语)的器物,因而祭器是"簠簋鼎俎之属"的实用器物。可是,依《礼记·曲礼下》云"凡家造,祭器为先,……养器为后",《孔疏》云"养器,供养人之饮食器也",祭器虽然是实用的,但不是人们日常生活用器(陈先生说"祭器即日常用具"是错误的)。因为《礼记·曲礼下》云:"君子虽贫,不粥祭器。"又云:"大夫士去国,祭器不逾竟。"祭器原来是那么隆重的器物。既然这样的隆重,是不是人人都能具备呢?当然不是。《周礼》"大宗伯"云:"四命受器。"郑司农云:"受祭器。"《礼记·曲礼下》云:"问大夫之富,曰有宰、食力、祭器不假。"又云:"无田禄者不设祭器。"《礼记·王制》云:"大夫祭器不假。"《礼记·礼运》云:"大夫具官、祭器不假、声乐皆具,非礼也。"郑玄就是综合这些材料,断定:四命之大夫受祭器于公,方得具备;有田禄(即有采邑,亦即所谓"有宰、食力")的大夫可以造祭器,但不具备,还得向人假借;至于无田禄的大夫和士,不得自造祭器,都要向人假借,不假借是"非礼";因而他在注《既夕礼》时,从总的方面着眼,说"士礼略也,大夫以上兼有鬼器人器也"。这种说法是有所根据的,因而是可信的。这样看来,单从文献材料来论断,可以得出这样的结论:士的祭器,是向人假借的,当然不能送于圹内,所以《既夕礼》云"无祭器";大夫以上有采邑,可以自造祭器,自可用祭器入圹,所以《礼记·檀弓上》云"兼用之"。用祭器入圹,就须另外预备鼎、俎、豆、笾等器物,器物里盛放着羊、豕等食物,如《既夕礼》明器中的"筲三:黍、稷、麦;瓮三:醯、醢、屑"一样;在陈器与葬具时与明器一起陈列在中庭,窆后与明器一起藏于棺旁。因此这祭器,绝不是大遣奠所用的奠器。

这样的阐述,就文献材料而论,可说是焕然冰释的了。但是,结合到实物材料上是否讲得通呢?因此,最后还得探讨这个问题。假使照上面所说,士的葬器中只有明器,大夫以上始兼有明器与祭器,那么近年所发掘的有明器又有祭器的墓葬,墓主一定是大夫以上的人物了(《中庸》云:"父为大夫子为士,葬以大夫祭以士;父为士子为大夫,葬以士祭以大夫。")。可是,关于这一点,陈先生的论文和许多发掘报告里,都没有涉及墓主身份的探察,因而不敢做盖然性的判断。但是,我认为,无论如何,由于墓主身份的尊卑,必然有葬具多寡、隆杀的不同,这是可以肯定的。比如陈先生在考查棺椁制度时说:"普通的墓在棺的外边仅有一层椁,较大些的墓在棺的外边有三、四层椁。"显然,这就是因墓主身份的尊卑所产生的葬具多寡、隆杀不同的现象。所以,这个问题虽然不能立刻得到解决,只要能引起考古学家的注意和探讨,我相信会得到满意的答案的。

三、 "茵" 是藉棺的布袋还是椁底板及其下面的二横垫木

　　陈先生从 "1951～1954年长沙的五里牌、识字岭、仰天湖、左家公山、杨家湾等处曾先后发现过完整的木椁墓" 里，看到战国的棺椁制度是： "棺放在椁底板上，……椁底板是用二至三块大木板拼接铺平的。椁底板的下面用两条横木垫起来。……椁壁板的下边即贴放在椁底板上，……棺四周用椁壁板叠立围绕起来。……四壁椁板将棺围好以后，在椁壁及棺的上面平铺一层盖板；……在盖板的四边，又用木框围绕一周，……木框与椁顶是齐平的。……在盖板铺平以后，上面则铺以竹席，席用三或四张接合平铺。" 这些情状，拿来与《既夕礼》所记述的棺椁制度相比对，认为都很符合。《仪礼·既夕礼》陈器与葬具下有云： "折，横覆之；抗木，横三，缩二；加抗席，三；加茵，用疏布，缁翦，有幅，亦缩二横三。" 陈先生认为：折就是椁盖板，盖在棺与椁壁上的横板；抗木就是围在椁盖板四周的框木；抗席就是铺在椁盖板上的席；茵就是椁底板及其下面的二横垫木；并着重地指出： "所谓加茵用疏布的布，或是用来覆盖在茵木上的。因柩车赴圹，装载木椁的车可能是将茵木摆在最上面以便于先下于圹内，所以在茵上用疏布盖起来，好像柩车有帷饰一样。前人以为茵是布袋的说法，恐怕是不正确的。" 战国墓葬里所发现的棺椁制度，确与《既夕礼》所记有很大程度的吻合；但是，还存在不少疑莫能明的问题，有些需要经过缜密的处理才得解决，有些甚至是一时尚无法解决的，陈先生加以臆测式的疏通，实有提出商榷的必要。

　　特别应该注意的，"茵" 是否就是椁底板及其下面的二横垫木的问题。如果依照陈先生的说法，"茵" 不是藉棺的布袋而是椁底板和二条横木，那么有两点讲不通：①《既夕礼》是这样记载的："抗木……加抗席……加茵用疏布……" "加茵" 之 "加" 与 "加抗席" 之 "加" 同义，陈器与葬具时，先入圹的器物放在上面，所以抗席放在抗木上，茵放在抗席上。所谓 "加茵"，只能作在抗席上放上茵解，而不能作在茵上放上疏布解。"用疏布"，分明是茵本身用疏布，绝对不是 "在茵上用疏布盖起来"。经文非常明确，陈先生加以曲解，反说前人的说法不正确，恐怕是不妥当的。②《既夕礼》里还有一段补充说明："茵著用茶，实绥、泽焉。"（《郑注》："茶，茅秀也。绥，廉姜也。泽，泽兰也。皆取其香且御湿。"）唯其茵是 "用浅色缁布为之，每将一幅，辄缝合为囊"（《礼器疏引》皇侃语），才好拿茶、绥、泽来充实；假使茵是木板，茶、绥、泽怎样 "著" "实" 呢？《周礼》"掌茶" 云："掌以时聚茶，以共丧事。" 丧葬礼中，只有茵是 "著用茶" 的；假使茵是木板，"掌茶" 之文就没有着落了。陈先生解释茵时，把《既夕礼》丢开不管，更没有顾及《周礼》"掌茶" 之文，那就显得片面了。由此可见，旧说茵是布袋，并非 "不正确"，是不应该也不可能被推翻的。

墓葬里所发现的棺下有两三块拼接铺平的大木板及其下面的二条横木，既已证明不是《既夕礼》的"茵"，那么它结合到文献材料里究竟是什么呢？要弄清楚这个问题，必须了解文献材料里所记述的椁的形制。《士丧礼》《既夕礼》没有关于椁的形制的具体记载，因此只有全面地考查郑玄有关椁的注解。《周礼》"闾师"注云："椁，周棺也。"《丧大记》注云："椁，谓周棺者也。"《檀弓上》注云："椁，大也。以木为之。言椁大于棺也。"《孝经·丧亲》章明皇注云："周尸为棺，周棺为椁。"（邢昺疏云："此依《郑注》也。"）《郑注》所称"周棺""大于棺"非常含混，很难据以论定，还需参考后代礼家的衍述，方能明了。孔颖达《礼器疏云》："古者为椁，累木于其（指棺）四边，上下不周，致茵于椁下，所以藉棺。从上下棺之后，又置抗木于椁之上，所以抗载于土。"这是比较详尽的记载；以后的礼家，如李如圭《集释》云："古之为椁，累木于棺之四旁，而上下不周；棺之下藉以茵，其上加以折，次加抗席，次加抗木。"胡培翚《正义》云："茵在棺下为之藉，使棺不亲土也。"都是依据《孔疏》来衍述，并无异说，毋庸多引了。在他们看来，所谓椁，只有四周的木板（椁壁板）；椁上另有折与抗木，而棺下则只有茵，茵下就是土；茵是布袋，椁下是没有底板的了。这样说来，实物与文献，一则是证明棺下有木板的，一则是以为棺下没有木板的，分歧很大。当然，实物是铁证，问题只在于如何正确处理文献材料。陈先生认为棺下大木板及二条横木就是《既夕礼》的"茵"，好像这个分歧已经统一了。可是，如上文所证明，茵是藉棺的布袋而不是木板，牵强地疏通实际上是解决不了问题的。我认为在这个问题上要达到正确处理文献材料的目的，应该探讨上文所引的《郑注》《孔疏》的是否可信？《郑注》"周棺""大于棺"之说过于含混，因此《孔疏》的衍述是否符合郑注原意，倒是个值得研究的问题。要了解《郑注》的原意，只有进一步考察它的根据。《礼记·檀弓上》云："国子高曰：葬也者，藏也。藏也者，欲人之弗得见也。是故衣足以饰身，棺周于衣，椁周于棺，土周于椁。"郑玄的《孝经注》，几乎是摘引此文，可信他关于椁的注解是根据此文的。对《礼记·檀弓上》之文的正确理解，特别应该注意"椁周于棺，土周于椁"这二句话。"衣足以饰身，棺周于衣"，应解释为敛衣包裹着尸体，棺上下四周周于衣，这是无疑义的。准此而论，"椁周于棺，土周于椁"，句法相同，当然也应解释为椁上下四周周于棺，土上下四周周于椁。假使椁没有底板，就不是像"棺周于衣"那样周于棺，而土也不是周于椁了。因此，《礼记·檀弓上》所述椁的形制是有底板的。这样说来，《礼记·檀弓上》所谓"椁周于棺"，《郑注》所谓"周棺""大于棺"，都是上下四周周于棺的意思，并没有把椁说成"上下不周"。既《礼记·檀弓上》和《郑注》都认为椁是有底板的，那么结合到墓葬里所发现的"椁底板是用二至三块大木板拼接铺平的，椁底板的下面用两条横木垫起来"，本来就完全吻合，没有丝毫矛盾。自从《孔疏》歪曲了《郑注》原意，创为"上下不周"椁没有底板之说，以后礼家，均沿其误，遂使问题复杂起来。可见文献与实物的扞格难通，仅仅在于《孔疏》以下诸家之说，这是必须辨别清楚的。陈先生可能也是惑于

《孔疏》"上下不周"之说，不得其解，便凭空把藉棺的布袋——"茵"，拿来当作椁底板，以凑合实物材料。经过上述的论证，他的说法，显然是不正确的了。

棺椁制度中还有一个问题，陈先生的说法也值得商榷，那就是"抗木应该是围在盖板四周的框木，用以使盖板密合"。《既夕礼》云："折，横覆之。（《郑注》："盖如床而缩者三横者五。"）抗木，横三缩二。"分明是两件器物。又云："加折，却之；加抗席，覆之；加抗木。"先加折，折上再加抗席，抗席上再加抗木；非常清楚，抗木是加在抗席上的木板。再则，抗席、抗木之"抗"，都是取义于"御止尘土"，没有如陈先生所说"用使椁盖紧合"的意义。因此，抗木不是盖板四周的框木。可是，把抗木作为加在抗席上的木板，在实物材料里确是得不到证实，陈先生引"长沙五里牌406号墓的木椁上面，即铺有竹席"，竹席上是没有木板的。那么是不是就可像陈先生那样断定战国棺椁制度抗席上没有木板的呢？我觉得还不应过早地下结论。抗席上面再有一层木板来抗止尘土是很有可能的。在此只能存疑以待证了。

四、"葬于北方"不是"葬于其居址的北面"

陈先生在考证"墓道或头向多北向"时，引《礼记·檀弓下》"葬于北方北首，三代之达礼也"，从而推断"葬于北方，或指葬于其居址的北面"。把《礼记·檀弓下》所说的北方，解释为居址的北面是错误的。古人有族葬之法，《周礼》"大司徒"云："以本俗六安万民，……二曰族坟墓。""冢人"云："掌公墓之地，辨其兆域而为之图。先王之葬居中，以昭穆为左右；凡诸侯居左右以前；卿大夫士居后；各以其族。""墓大夫"云：""掌凡邦墓之地域为之图，令国民族葬，而掌其禁令。"一族的埋葬事务，是由"冢人""墓大夫"来管理的。《士丧礼》云："筮宅，冢人营之。"《郑注》云："冢人，有司掌墓地兆域者。"与《周礼》也完全一致的。据此，足以证明不是各家分散葬在其居址的北面，而是一族集中葬在一个固定的地方。《礼记·檀弓下》所说"葬于北方"中之北方即固定的族葬之处。北方，《郑注》云："国北也"，即国的北面。国就是邦，《说文·口部》云："国，邦也。"《邑部》云："邦，国也。"《周礼》"大宰"《郑注》云："大曰邦，小曰国，邦之所居亦曰国。"而国、邦就是城，《考工记》云："匠人营国，方九里；旁三门，国中九经九纬。"《郑注》云："国中，城内也。"又《既夕礼》"至于邦门"，《郑注》云："邦门，城门也。"营国就是营城，所以国中就是城中，邦门就是城门；因此国北就是邦北，也就是城北。"冢人""墓大夫"所掌的公墓、邦墓，就是城北的族葬之处。因为族葬之处在城的北面，所以《既夕礼》车至圹有"至于邦门"之文，是要经过邦门的。据此，所以我说陈先生"葬于其居址的北面"之说是错误的。

　　提出这个问题，不仅在于指出陈先生在解释上的错误；更重要的，这里牵涉两个问题：第一，文献材料方面有着很多关于春秋、战国时代族葬的记载，但还有待于实物材料的证实；而族葬之法的任何材料，都对宗法制度的研究，有着重要的作用，不应忽视。第二，族葬之处是在城的北面，它与古城遗址有密切的关系；如果有这种材料的发现，无疑对古代史研究有重大意义。这二个问题都要求考古学家发掘古代墓葬时，不仅注意墓的本身，而同时要注意墓的周围。

　　以上都是从文献材料方面就陈先生论文中的几个比较突出的问题，提出一些不成熟的看法。同时，我还要附带提出一个问题，就是在实物史料与文献记录做结合研究时，应该抱着一种比较客观的态度，不要多加曲解，强求一致。因为关于丧葬的习俗，会因地域的南北、时代的先后而产生很多不同的现象的。《仪礼》这部古籍，成书于战国初期至中叶的结论，大概是可以肯定的了。可是它所记录的，究竟哪一国的习俗，还是很难断言。因此将它与墓葬里所发现的材料相比对时，不免有所分歧，这是在情理之中的。遇到有分歧处，与其牵强以疏通，不如存疑以待证。田野考古事业在飞跃发展，将来一定会有更多的实物史料来证明古文献记录的可信与否。

（原载《考古学报》1958年第2期）

试论先秦两汉丧葬礼俗的演变

高崇文

先秦的丧葬制度发展到秦汉时期发生了大的变化,传统的丧葬制度及习俗逐渐为新形成的制度及习俗所代替。这一大的变化在考古资料中有着充分的反映。结合文献记载,分析有关考古资料,可以揭示出这一发展演变的轨迹。

古代丧葬仪程可分为三大环节,即对死者的装殓仪节、埋葬仪节及葬后祭祀仪节,在这三大连续的仪程中,要进行许许多多的丧葬礼仪。本文试从这三大仪节中所进行的丧葬礼仪入手,探讨由先秦至汉代丧葬礼俗的变化过程。

一、装殓礼俗的演变

1. 先秦对死者的装殓礼俗

《仪礼·士丧礼》详细记载了周代对死者从初死到敛入棺的各项仪节。古人在临死之前,要"属纩以俟绝气",证实已死之后,再进行"招魂"之礼,又称"招复"或"复礼"。复而不生,则迁尸于室内床上,进行"楔齿""缀足"之礼。然后进行沐浴、饭含之仪节。沐浴后要进行小敛、大敛之礼仪。小敛即给死者穿衣,大敛即奉尸入棺,此也有许多仪节。首先要设掩、瑱、幎目及握等。掩,即用帛巾将头裹起来,以代替帽子。《仪礼·士丧礼》云:"掩,练帛,广终幅,长五尺,析其末。"郑玄注:"掩,裹首也。析其末,为将结于颐下,又还结于项巾。"瑱,用以塞耳之物。《仪礼·士丧礼》云:"瑱用白纩。"郑玄注:"瑱,充耳。纩,新绵。"古代人死后用新绵将其耳塞住。幎目,即覆盖在死者面部的巾。《仪礼·士丧礼》云:"幎目用缁,方尺二寸,赪里,著,组系。"郑玄注:"幎目,覆面者也。赪,赤也。著,充之以絮也。组系,为可结也。"握,即握在死者手中之物,也称握手。《释名·释丧制》云:"握,以物著尸手中使握之也。"《仪礼·士丧礼》对"握"有详细记载:"握手用玄,纁里,长尺二寸,广五寸,牢中旁寸,著,组系。"这就是说,握是用表黑色、里浅红色的织物做成,长一尺二寸,宽五寸,内填以丝绵,织物上有组带可以系缚。《仪礼·士丧礼》还记载,在设掩、瑱、幎目、握等之后,

"乃屦綦结于跗，连絇"。郑玄注："跗，足上也。絇，屦饰，如刀衣鼻，在屦头上，以余组连之，止足坼也。"綦即系于鞋后部的组带，絇即鞋前部的有穿孔的鼻饰，给死者穿鞋后，将綦向前结于足背，余组带穿连两屦之絇，防止两足外坼分离。这些仪节进行完之后，则对尸体进行绞衾之仪节。

绞衾，即给尸体包裹衣服。对于绞衾之制，文献记载得比较多，《仪礼·士丧礼》云："绞，横三，缩一。"郑玄注："绞，所以收束衣服为坚急者也，以布为之。"《礼记·丧大记》记载，小敛、大敛时进行两次绞衾，即小敛绞和大敛绞。小敛绞是在室内进行。先在席子上布绞带，"小敛布绞，缩者一，横者三"。再在绞带上布衾被与衣服，按照礼制，贵族无论地位高低，小敛时均布19套衣服。《礼记·丧大记》云："君锦衾，大夫缟衾，士缁衾，皆一；衣十有九称。"最后将尸体置于绞衾之上，再包裹捆扎起来。至此小敛仪节完毕。

大敛绞是在前堂进行。首先置席于阼阶上，进行第二次绞衾。《礼记·丧大记》云："大敛布绞，缩者三，横者五。"大敛绞所用衣服比较多，《礼记·丧大记》云："大敛……君陈衣于庭，百称；大夫陈衣于序东，五十称；士陈衣于序东，三十称。"大敛绞毕便奉尸入棺。

文献记载的这些先秦装殓礼俗，在考古中已经得到证实。1982年在湖北江陵马山一号战国楚墓中已经发现了这种装殓的实例，死者包裹11层衣衾，用丝带横向捆扎九道，这就是用的绞衾之制[1]。在江陵九店楚墓中，还发现了横向捆扎九道、纵向捆扎三道的绞衾形式[2]。马山一号墓的死者用11层衣衾包裹及横向捆扎九道绞带的方式，与文献记载的略有不同。文献虽讲小敛绞用19套衣服，但又讲"不必尽用"[3]。所以马山一号楚墓死者只包裹了11层衣衾，大概是"不必尽用"的原因吧。《礼记·丧大记》记载，小敛包裹衣服时，"祭服不倒，皆左衽，结绞不纽"。祭服为助祭之服，不能倒置。人生之时皆右衽，左手系纽。人死后则左衽，并且结绞，即以带子系紧，不再扣纽，以示人死不复解也。江陵马山一号楚墓死者的衣服有五件正置，三件倒置，且均左衽，与文献记载相同[4]。

在江陵马山一号楚墓中，出土有类似"掩"的织物。出土时，在死者所穿的绵袍之上，从头至腹部盖一件深褐色地、暗黄色图案的长方形锦巾，一端与双手平齐，另一端则从面部绕过头顶压于头下，并用组带把锦巾系与头上。此织物上部的裹首情况类似于《仪礼·士丧礼》所说的"掩"。但此锦巾的下部与手齐，与这件锦巾相接的还有一件从腹部至脚套着的锦缘黄绢裙，长过双脚并回折一部分。从上下两件织物连起来看，是否又可称为"冒"。《仪礼·士丧礼》云："冒，韬尸者，制如直囊，上

---

① 湖北省荆州地区博物馆：《江陵马山一号楚墓》，文物出版社，1985年。
② 湖北省文物考古研究所：《江陵九店东周墓》，科学出版社，1995年。
③ 《仪礼·士丧礼》。
④ 彭浩：《江陵马砖一号墓所见葬俗略述》，《文物》1982年第10期。

曰质，下曰杀。"对照马山楚墓出土的这两件织物，又可称为"冒"，上部曰质，下部曰杀，用以韬尸①。

江陵马山一号楚墓死者的面部覆盖一件梯形的绢巾，绢巾为黄色，上部有一条窄缝露出眼部，下部正中有一个三角形孔，露出嘴部，这应是文献中所说的"幎目"。只是形状和颜色与文献记载略异。西周至东周时期，中原地区多流行将玉片缝缀在布巾上的幎目。此种幎目，是将玉片组成眉、眼、鼻、口、耳等人面形缀于布巾上，成为玉覆面。如陕西张家坡西周墓虽大多数被盗，但从所出的一些玉饰形状及分布看，应是缀玉幎目②。山西曲村晋侯墓③、河南三门峡上村岭虢君墓④等均出有缀玉幎目。东周时期，缀玉幎目大量流行，从出土地点看，主要集中在三晋、虢国以及东周王畿周围，另外在江苏苏州真山吴墓⑤、山东淄博齐墓⑥、河北平山中山王墓⑦也有出土。墓主多为高级贵族。由此看来，幎目应是覆在死者面部的巾，只有高级贵族才在巾上缀玉饰，成为缀玉幎目。

江陵马山一号墓死者的手中也设有握手。此握手是用双层绢缝成，表层为褐色，里层为黄色，卷成筒状，两端用一根组带系住。握的方法是，握手放入掌中，中指套入与两端相连的组带中。这应是《仪礼·既夕礼》所记"设握，里亲肤，系鉤中指，结于擎"的设握方法⑧。其他地区商周时期的墓葬中多握玉或握贝，目前只有楚墓中发现的握手与文献记载的相同。

过去发现的楚墓，只知葬式是仰身直肢葬，后又发现是仰身直肢、两手交于腹部。何以如此葬式，过去不明白。后来发现江陵马山一号楚墓，才明白了这一葬式也是装殓的礼俗所造成的。江陵马山一号墓主双手设握后，又用红色组带将双手的拇指系于腹部，为防止双臂外移，再用组带系住双臂。死者的双脚拇趾亦分别用黄色组带系住，然后穿上鞋子，组带的上端与系双手的组带相接。研究者认为，这种手脚连系的做法，即《仪礼·士丧礼》所讲的，在设掩、瑱、幎目、握等之后，"乃屦綦结于跗，连絇"的仪式⑨。

以上是考古证实的小敛绞的丧葬仪节，至于大敛绞葬俗在已发掘的墓葬中还没有得到验证。

---

① 彭浩：《江陵马砖一号墓所见葬俗略述》，《文物》1982年第10期。

② 中国社会科学院考古研究所：《张家坡西周墓地》，中国大百科全书出版社，1999年。

③ 北京大学考古系、山西省考古研究所：《天马-曲村遗址北赵晋侯墓地第二次发掘》，《文物》1994年第1期。

④ 河南省文物考古研究所、三门峡市文物工作队：《三门峡虢国墓》，文物出版社，1999年。

⑤ 苏州博物馆：《真山东周墓地——吴楚贵族墓地的发掘与研究》，文物出版社，1999年。

⑥ 于嘉芳：《淄博市南韩村发现战国墓》，《考古》1988年第5期。

⑦ 河北省文物研究所：《譽墓——战国中山国国王之墓》，文物出版社，1996年。

⑧ 彭浩：《江陵马砖一号墓所见葬俗略述》，《文物》1982年第10期。

⑨ 彭浩：《江陵马砖一号墓所见葬俗略述》，《文物》1982年第10期。

2. 汉代对先秦装殓礼俗的承袭及演变

至西汉时期，先秦的装殓习俗在有些地区还继续流行。湖南长沙马王堆一号汉墓是吴姓长沙王国丞相利仓之妻的墓，出土女尸就是采用的先秦装殓习俗①。尸体的脸部覆盖着两件丝织物：一件绛色织锦，用双层缝成，盖在前额及两眼上；另一件是素绢，内絮丝绵，作束腰形盖在鼻梁上。这两件覆盖在脸部的织物，即是幎目。女尸两手握有绢质绣花香囊，内盛香草，两足着青丝履。尸体贴身着衣两件：内为信期绣罗绮丝绵袍，外为细麻布单衣。两臂肱部缚以绛色丝带结系于腹部，再将丝带引向足端，连同青丝履系缚于足背。女尸贴身衣之外又包裹各式衣着、衾被及丝麻织物共18层，连同贴身衣，共20层。从头至脚层层包裹，然后横向捆扎丝带九道。这一装殓形式与江陵马山一号战国楚墓大同小异。

推测西汉时期的吴姓长沙王或王后死后也应采用先秦的绞衾之制。汉代的诸侯王及一些列侯等高级贵族死后所用敛服多是玉衣。但目前发现的长沙象鼻嘴②、陡壁山③、望城坡④三座吴姓长沙王或王后墓均没有发现使用玉衣，虽然这三座墓均被盗过，但如用玉衣为敛服，总会留下一些蛛丝马迹，没有这种痕迹，说明不是用玉衣，而可能是用的绞衾之制。这种推测是有依据的，前述长沙马王堆一号墓就是用的绞衾之制，既然吴姓长沙王国丞相、轪侯之妻都用绞衾之制，长沙王或王后不用玉衣，必然用绞衾。《水经注·湘水》引《世语》云：魏黄初末，吴人发长沙王吴芮冢，取木为孙坚立庙，见芮容貌如生，衣服不朽。此没讲玉衣，而是见到衣服保存完好，此应与马王堆一号墓一样，是绞衾保存完好。从三座吴姓长沙王墓的葬具看，都是用的西汉诸侯王一级的"黄肠题凑"葬制，为什么不用诸侯王一级的敛服玉衣？对玉衣的使用等级，卢兆荫先生指出，玉衣是汉代皇帝以及诸侯王、列侯、贵人、公主等皇室成员专用的敛服⑤。也就是说，是刘姓诸侯王或列侯等皇族所专用，而异姓的贵族只能特赐才能用。如咸阳杨家湾周勃或周亚夫墓用玉衣⑥，则属特赐。长沙东郊杨家山一带，属于刘姓长沙王墓地，1958年此地出土有玉衣残片，说明刘姓长沙王族使用玉衣⑦。而吴姓长沙王族及所属的列侯（如轪侯家族墓、沅陵侯吴阳墓）不能用玉衣，而是用传统的绞衾制。

① 湖南省博物馆、中国科学院考古研究所：《长沙马王堆一号汉墓》，文物出版社，1973年。
② 湖南省博物馆：《长沙象鼻嘴一号西汉墓》，《考古学报》1981年第1期。
③ 长沙市文化局文物组：《长沙咸家湖西汉曹㜏墓》，《文物》1979年第3期。
④ 曹砚农、宋少华：《长沙发掘西汉长沙王室墓》，《中国文物报》1993年8月22日第1版。
⑤ 卢兆荫：《试论两汉的玉衣》，《考古》1981年第1期。
⑥ 陕西省文管会、博物馆、咸阳市博物馆杨家湾汉墓发掘小组：《咸阳杨家湾汉墓发掘简报》，《文物》1977年第10期。
⑦ 湖南省博物馆：《长沙市东北郊古墓葬发掘简报》，《考古》1959年第12期。

　　在其他地区的汉墓中，也发现有继续用先秦葬俗的。如甘肃武威磨嘴子48号西汉末年的夫妇合葬墓[①]，男女尸的面部均覆盖有内絮丝绵的黄绢"面罩"，即暝目。男女尸在衣敛后，男尸用麻绳捆扎四道，女尸用丝带捆扎三道。其他几座墓也有类似的发现。此装殓形式虽与先秦有些差异，但毕竟是先秦装殓习俗的沿用。

　　由于装殓的衣衾不易保存，汉墓中发现的绞衾实例比较少。既然西汉吴姓长沙国高级贵族及甘肃武威的汉代一般官吏都用先秦的衣敛礼俗，据此推测，汉代绝大部分人死后仍然是沿用先秦装殓习俗。文献对此也有记载，《汉书·杨王孙传》记载，杨王孙临终前遗令其子，不要实行"裹以布帛，隔以棺椁，支体络束，口含玉石"的葬俗，而要行"赢葬"，即不裹衣衾、不用棺椁的裸葬。此"裹以布帛""支体络束"的做法，应当是先秦的绞衾葬俗。《汉书·朱云传》载，朱云"遗言，以身服敛"。《后汉书·邓骘传》："遗言悉以衤宵服。"《后汉记·朱宠传》："宠将卒，遗令云：'素棺殡敛，疏布单衣，无设绞冕。'"《东观汉记·梁商传》："敛以时服，皆以故衣，无更裁制。"从考古发现及文献记载证实，在汉代除了王侯以上的高级贵族外，绝大部分人死后仍然是沿用先秦装殓习俗。

　　汉代装殓礼俗变化比较大的是诸侯王等高级贵族墓，这些汉代高级贵族墓，除吴姓长沙王及所属列侯墓外，多发现用玉衣作为敛服。关于用玉的制度，《后汉书·礼仪志》有记载：皇帝用"金缕玉柙"，"诸侯王、列侯、始封贵人、公主薨，皆令赠印玺、玉柙银缕；大贵人、长公主铜缕"。这是东汉的制度，西汉玉衣的等级制度没有明确记载，《汉书》中仅见"玉衣""玉匣""玉柙"的记载，并无金缕、银缕、铜缕严格的等级之分。卫宏《汉旧仪》也记载，不仅皇帝的"玉襦""玉柙"缝以黄金缕，而且王侯的"玉柙"也是"缀以黄金缕为之"。从考古发现看，西汉时期的玉衣等级制度也确实不那么严格。如发现的河北满城中山靖王刘胜墓、其妻窦绾墓[②]、定县中山怀王刘修墓[③]均出有金缕玉衣。属于列侯的也有用金缕玉衣者，如河北邢台南曲阳侯刘迁墓[④]、山东临沂刘疵墓[⑤]出有金缕玉衣。另外，有些诸侯王墓或列侯墓也有用银缕玉衣者，如山东曲阜九龙山鲁孝王刘庆忌墓[⑥]、咸阳杨家湾周勃或周亚夫墓用的是银缕玉衣。河北邯郸郎村象氏侯刘安意墓[⑦]、江苏扬州甘泉

---

①　甘肃省博物馆：《武威磨咀子三座汉墓发掘简报》，《文物》1972年第12期。

②　中国社会科学院考古研究所、河北省文物管理处：《满城汉墓发掘报告》，文物出版社，1980年。

③　河北省文物研究所：《河北定县40号汉墓发掘简报》，《文物》1981年第8期。

④　河北省文物管理处：《河北邢台南郊西汉墓》，《考古》1980年第5期。

⑤　临沂地区文物组：《山东临沂西汉刘疵墓》，《考古》1980年第6期。

⑥　山东省博物馆：《曲阜九龙山汉墓发掘简报》，《文物》1972年第5期。

⑦　史为：《关于"金缕玉衣"的资料简介》，《考古》1972年第2期。

山刘氏家族墓①各出土一套铜缕玉衣。徐州拖龙山②、韩山③两座楚王近属墓、广州南越王墓④则出土丝缕玉衣。由此看来，西汉时期严格的玉衣等级制度还没有完全形成⑤。

东汉时期，玉衣制度比较严格了。目前还没有发现东汉的金缕玉衣，因文献记载只有皇帝才能用金缕玉衣，由于东汉帝陵没有发掘，皇帝用金缕玉衣还难以验证。目前发现的东汉玉衣可分鎏金铜缕、银缕和铜缕。河北定县中山简王刘焉墓出鎏金铜缕玉衣⑥。刘焉是刘秀的儿子，东汉时期的始封中山王，其用鎏金铜缕玉衣的级别可能与银缕相当。出银缕玉衣的诸侯王墓有河北定县中山穆王刘畅墓⑦、河南淮阳北关陈顷王刘崇墓⑧、山东临淄金岭镇齐王刘石墓⑨、徐州彭城王刘恭墓⑩、江苏睢宁刘楼下邳王墓⑪等。安徽亳县费亭侯曹腾墓⑫也出银缕玉衣，曹腾为列侯始封，故可以用银缕。发现的东汉铜缕玉衣比较多，其主人一般是王后、嗣位列侯及相当级别王侯近属等。如河北定县中山穆王刘畅用银缕，王后用铜缕。江苏睢宁刘楼下邳王用银缕，王后用铜缕。安徽亳县费亭侯曹腾用银缕，其妻用铜缕。由此看来，考古发现的东汉玉衣等级制度与《后汉书·礼仪志》的记载基本一致。

学者研究认为，玉衣的最早源起可追溯到史前时期的"玉敛葬"⑬，而其直接的来源可能是由周代死者脸部覆盖的缀玉幎目和缀玉衣服演化而来⑭。江苏苏州真山春秋吴墓除了出土缀玉幎目外，还出土了一件保护下腹的玉甲饰。研究者根据这件玉甲饰片

---

① 扬州市博物馆：《扬州西汉"妾莫书"木椁墓》，《文物》1980年第12期。

② 龚良、孟强、耿建军：《徐州地区的汉代玉衣及相关问题》，《东南文化》1996年第1期。

③ 徐州博物馆：《徐州韩山西汉墓》，《文物》1997年第2期。

④ 广州市文物管理委员会、中国社会科学院考古研究所、广东省博物馆：《西汉南越王墓》，文物出版社，1991年。

⑤ 卢兆荫：《试论两汉的玉衣》，《考古》1981年第1期。

⑥ 河北省文物局文物工作队：《河北定县北庄汉墓发掘报告》，《考古学报》1964年第2期。

⑦ 定县博物馆：《河北定县43号汉墓发掘简报》，《文物》1973年第11期。

⑧ 周口地区文物工作队、淮阳县博物馆：《河南淮阳北关一号汉墓发掘简报》，《文物》1991年第4期。

⑨ 山东省文物考古研究所：《山东临淄金岭镇一号东汉墓》，《考古学报》1999年第1期。

⑩ 耿建军：《凿山为藏古崖墓——狮子山楚王墓与徐州汉王陵发掘记》，《中国文物报》1999年1月31日第4版。

⑪ 睢文、南波：《江苏睢宁县刘楼东汉墓清理简报》，《文物资料丛刊》（4），文物出版社，1981年。

⑫ 安徽省亳县博物馆：《亳县曹操宗族墓葬》，《文物》1978年第8期。

⑬ 卢兆荫：《略论汉代丧葬用玉的发展与演变》，《东亚玉器》（第2册），香港中文大学中国考古艺术研究中心，1998年；汪遵国：《良渚文化"玉敛葬"述略》，《文物》1984年第2期。

⑭ 杨泓：《谈中国汉唐之间葬俗的演变》，《文物》1999年第10期。

的形状及制作工艺认为，东周墓中也多出此类玉饰片，也可能是这种玉甲饰①。从目前发现的几件西汉前期的缀玉幎目看，有的很明显是沿用的先秦形式，如徐州子房山3号墓出土的缀玉幎目就是将各种玉饰拼成五官形缝缀在丝织物上②，与先秦的形式基本相同。但有的已经发展成完整的玉面罩，如徐州后楼山汉墓出土一件用长方形、圭形等较规整的玉片连缀而成的完整玉面罩③。另外，在西汉前期的墓中还发现只有头套、手套和足套的玉衣套，从头套的制作形式看，应是由玉面罩发展而来。如徐州拖龙山1号汉墓出土有玉头套和足套，头套由前后两片组成，头顶为一玉璧，前片由各种形状的玉片用丝线编连而成，五官部位特征明显；后片由150余片玉片用丝线编连而成。从其痕迹看，是用丝线穿系于织物上再套于头部。从其结构及形式来看，仍然保留有玉面罩的特征，应是由玉面罩发展而来。山东临沂洪家店西汉前期的刘疵墓出土用金缕编成的玉头套、手套和足套，这应是汉代完整玉衣的过渡形态④。

汉代王侯以玉衣为敛服，也使先秦以来的装殓礼俗发生较大变化。《后汉书·汉旧仪》记载了汉代敛尸也进行小敛和大敛："高帝崩三日，小敛室中牖下"，"七日大敛棺"。《后汉书·礼仪志下》也记载了皇帝大丧时所进行的仪节："沐浴如礼""饭含珠玉如礼""小敛如礼""大敛于两楹之间"等。这些记载看起来与《仪礼》所记周代的丧葬礼俗相同，但据前述汉代王侯墓的发现情况看，其具体装殓仪节则有较大变化。周时期对尸体的小敛也是在室内牖下进行，对尸体进行沐浴后，先穿明衣，即贴身衣服，然后进行饭含，再进行设掩、瑱、幎目、握手、"屦綦结于跗"等仪节，最后进行小敛绞。汉代的皇帝、王侯死后也要在室内牖下进行沐浴饭含，沐浴饭含后并不会进行设掩、瑱、幎目、握手、屦綦结于跗等仪节，而应当是先设九窍塞。九窍塞即是用玉填塞或遮盖于死者身体的九窍孔部位，有眼盖、耳塞、鼻塞、口塞、肛门塞及阴部塞或盖。河北满城中山靖王刘胜墓出土青玉眼盖、耳塞、鼻塞各一副，灰白色玉口塞、肛门塞以及用玉琮改制成的生殖器罩各一件。刘胜之妻窦绾墓、定县中山怀王刘修墓均出土玉制九窍塞。当时用九窍塞可能是为了防止精气逸出，保护尸体不腐，如晋葛洪《抱朴子》云："金玉在九窍，则死人为之不朽。"汉代九窍塞的使用，一部分应取代了瑱、幎目的作用，周代的缀玉幎目就是做成五官形状盖于面部，汉代则直接做成了玉五官塞、盖。由是，传统的沐浴饭含后的设掩、瑱、幎目仪节就不用进行了。另外，"屦綦结于跗"仪节以及如江陵马山一号墓、长沙马王堆一号墓所采用的手、足束缚且连系的仪节均不能进行，包裹十几套衣衾再进行捆扎的小敛绞仪节也不能进行。如果进行这些仪节，就无法再穿玉衣了。汉代王侯装殓中的

① 苏州博物馆：《真山东周墓地——吴楚贵族墓地的发掘与研究》，文物出版社，1999年。

② 徐州博物馆：《江苏徐州子房山西汉墓清理简报》，《文物资料丛刊》（4），文物出版社，1981年。

③ 徐州博物馆：《徐州后楼山西汉墓发掘报告》，《文物》1993年第4期。

④ 杨泓：《谈中国汉唐之间葬俗的演变》，《文物》1999年第10期。

设握仪节还存在，在这类墓中多出土玉璜或玉豚形的握，但设握的仪节已不是在沐浴饭含之后、小敛绞之前，而是在敛完玉衣之后，因这些玉握均是出在玉衣之外。由于不是先秦的丝织品的握，又设在三衣之外，所以先秦那种"设握，里亲肤，系鉤中指，结于擘"的仪节也就不存在了。汉代帝王的大敛也是在前堂的两楹间进行，但不会进行先秦的大敛绞，而是将着玉衣的尸体直接敛入棺中。

《后汉书·礼仪志下》记载，皇帝大丧，"守宫令兼东园匠将女执事，黄绵、缇缯、金缕玉柙如故事"。《后汉书·汉旧仪》载："帝崩，含以珠，缠以缇缯十二重。以玉为襦，如铠状，连缝之，以黄金为缕。腰以下以玉为札，长一尺，广二寸半为柙，下至足，亦缝以黄金缕。请诸衣衾敛之。凡乘舆衣服，已御，辄藏之，崩皆以敛。"此讲皇帝大丧时，备有丝昺、缇缯、金缕玉柙、衣衾等物。《后汉书·汉旧仪》所记也是装殓尸体的先后顺序：先含以珠，再缠以缇缯十二重，后着金缕玉衣，最后衣衾敛之。文献既然称黄绵、缇缯而不称衣衾，此黄绵、缇缯应是布而不是做成的衣服，"缠以缇缯十二重"应是以黄绵、缇缯缠尸体，而不是穿着衣服。此缠尸又不会是先秦传统的绞衾。汉代人着一种贴身的"裈"谓之"缠"，仅以布缠于腰股之间，又名犊鼻裈[1]。《史记·司马相如列传》集解引韦昭《汉书注》："犊鼻裈以三尺布作，形如犊鼻。"故此种裈亦名襣。《方言》卷四："无裥之袴谓之襣。"郭璞注："袴无踦者，即今犊鼻裈也。"着此种裈的动作叫缠。《三国志·魏志·裴潜传》裴注称韩宣于受罚前，"豫脱袴缠裈"，说明此种裈只是一块布，需要缠在腰股之间。由此推测，皇帝大丧"缠以缇缯十二重"，是用缇缯缠尸体的某些具体部位，但不会将臂、手、腿、足缠在一起，因接下来是穿着玉衣之仪节。准备好的诸衣衾及乘舆衣服只能最后盖于玉衣之上或敛于棺椁之中。

由上述分析可以看出，对死者的装殓是用绞衾还是用玉衣，反映了汉代丧葬礼俗及仪节发生了较大变化。

二、启殡埋葬礼俗的演变

1. 周代启殡埋葬礼俗

文献对周代的棺椁使用制度多有记载，《礼记·檀弓上》载："天子之棺四重。"郑玄注："诸公三重，诸侯再重，大夫一重，士不重。"《荀子·礼论》云："故天子棺椁七重，诸侯五重，大夫三重，士再重。"根据这些记载可知，天子用二椁五棺，诸侯用一椁四棺或三棺，大夫用一椁二棺，士用一椁一棺。也有学者认为

---

① 孙机：《汉代物质文化资料图说》，文物出版社，1991年。

是：天子三椁四棺，诸侯二椁三棺，大夫一椁二棺，士一椁一棺[①]。棺的名称由内至外分别称为革棺、杝棺或椑棺、属棺、大棺[②]，以身份等级高低而差之，也是由内至外递减。两周时期的墓葬资料反映出这套制度是逐渐规范化的。西周至春秋早期为滥觞期，这时期的周天子墓还没发现，已发掘的诸侯级的墓如宝鸡茹家庄弓鱼伯墓、山西曲村晋侯墓、河南三门峡上村岭虢公墓等多用一椁二棺。一般贵族也有使用一椁二棺者。说明这一时期棺椁等级制度还不十分严格。春秋中期至战国早期为形成期，考古发现的各国国君墓或卿墓，基本上是用二椁二棺或一椁三棺；大夫一级的墓用一椁二棺者居多；士墓一般是一椁一棺。说明这一时期棺椁的等级制度基本形成，但越制或不规范的现象也是会有的。战国中晚期是棺椁制度的僭越与破坏期，楚墓中已发现多例大夫级的墓用二椁三棺和二椁二棺者；一些士一级的小墓也多见用一椁二棺者。这说明棺椁等级制度到此时已僭越非常严重了[③]。

在丧葬过程中，棺椁也是按一定的丧葬仪程分别使用的。在整个丧葬仪程中，开始用棺是在大敛之时，大敛即将死者再次绞衾后奉尸入棺。小敛绞是在室内进行，小敛绞后奉尸移于堂，大敛绞是在前堂进行，棺放在殡宫前堂的西序处，奉尸敛之曰殡。按周制，从始死之日起，天子七日而殡，诸侯五日而殡，大夫、士三日而殡。尸体敛入棺之后到葬日，又依死者的身份等级规定了不同的时间："天子七月而葬"，"诸侯五月而葬"，"大夫士三月而葬"[④]。在这期间，要在殡宫中举行10余种不同名目的祭奠，次数约百次以上[⑤]。葬前还要迁柩至宗庙，像生前将出门必辞告尊者一样。由宗庙赴圹时，要进行饰棺，这些棺饰有褚、帷、荒、池、齐、采、贝、鱼等，这套棺饰束缚在棺束上。以前对文献记载的这些棺饰读不懂，饰棺仪程也不十分清楚，由于考古资料的不断发现，才逐渐明白了这些丧葬仪节。

棺束，即捆扎棺的带子。这一仪节应是在殡宫前堂奉尸入棺后，用绳将棺捆扎好。按礼制，棺束的使用是有等级的，《礼记·丧大记》云："君盖用漆，三衽三束；大夫盖用漆，二衽二束；士盖不用漆，二衽二束。"即国君的棺横向捆扎三束，大夫、士棺捆扎二束。目前发现的周时期墓葬中，只有东周楚墓的棺束保存得比较清楚，其制度似乎与周制不尽相同，并且由春秋至战国也有变化。春秋早、中期有横向用麻绳捆扎九束、七束、五束、三束者，这种九、七、五、三的数字，实际上是体现了贵族的身份等级，只是不那么严格罢了。战国时期的楚墓又有变化，不论哪一级贵族墓均是横向捆扎三束。但也有捆扎两层者，如江陵望山一、二号墓，外层捆扎三横

①　赵化成：《周代棺椁多重制度研究》，《国学研究》（第五卷），北京大学出版社，1998年。
②　俞伟超：《马王堆一号汉墓棺制的推定》，《先秦两汉考古学论集》，文物出版社，1985年。
③　赵化成：《周代棺椁多重制度研究》，《国学研究》（第五卷），北京大学出版社，1998年。
④　（汉）郑玄注，（唐）孔颖达正义，吕友仁整理：《礼记正义》，上海古籍出版社，2008年，第512页。
⑤　《仪礼·士丧礼》《仪礼·既夕礼》。

二竖，内层则分别是七横四竖、七横三竖①；江陵九店楚墓还有外层二横一竖，内层三横二竖者②。

对于棺束的作用，历来学者都认为是封棺的，细考"三礼"记载，可以看出，除了封棺之外，还有连柳、设披、窆棺下葬等作用③。

连柳，即由宗庙即将赴圹时，将棺载之柩车，并进行装饰，这些装饰之具总称为柳，并将其束著于棺束上。《礼记·丧大记》云："饰棺，君龙帷，三池，……素锦褚，加帷荒，……；大夫画帷，二池，……素锦褚，……；士布帷，布荒，一池，……"这段文献里记述了许多棺饰，最主要的有三种：褚、帷荒、池。直接衬覆棺的应是褚，郑玄注云："大夫以上有褚，以衬覆棺，乃加帷荒于其上。"孔颖达疏："素锦，白锦也。褚，屋也。于荒下又用白锦以为屋也。"④贾公彦疏云："云素锦褚，谓幄帐。诸侯以素锦为幄帐，以覆棺上……，既覆棺以褚，乃加帷加荒于其上。"⑤由此可知，褚是直接衬覆棺的素锦。褚之外是帷荒，郑玄注云："荒，蒙也。在旁曰帷，在上曰荒。"池是用竹编织的棺罩，郑玄注云："池以竹为之，如小车笭，衣以青布，柳象宫室，县池于荒之爪端，若承霤然云。"孔颖达疏云："三池者，诸侯礼也。池谓织竹为笼，衣以青布，挂著于柳上荒边爪端，象平生宫室有承霤也。天子生有四注屋，四面承霤，柳亦四池象之。诸侯屋亦四注，而柳降一池，阙于后一，故三池也。"⑥贾公彦疏云："君三池，三面而有；大夫二池，县于两相；士一池，县于柳前面而已。"⑦由此观之，池是用竹编织的笼罩，挂垂于荒的边缘端，象征宫室的屋檐。池之下悬铜鱼，柩车动，则"鱼跃拂池"⑧。

这套棺饰在考古发掘的墓葬中有发现。经学者研究认为，沣西张家坡西周墓中就保留有帷荒等棺饰的遗迹或遗物⑨。最近在山西绛县横水发掘的一座西周中期的墓中，

---

① 湖北省文物考古研究所：《江陵望山沙冢楚墓》，文物出版社，1996年。

② 湖北省文物考古研究所：《江陵九店东周墓》，科学出版社，1995年。

③ 高崇文：《浅谈楚墓中的棺束》，《中原文物》1990年第1期。

④ （汉）郑玄注，（唐）孔颖达正义，吕友仁整理：《礼记正义》，上海古籍出版社，2008年，第1771页。

⑤ （汉）郑玄注，（唐）贾公彦：《周礼注疏》，上海古籍出版社，2010年，第285页。

⑥ （汉）郑玄注，（唐）孔颖达正义，吕友仁整理：《礼记正义》，上海古籍出版社，2008年，第1771页。

⑦ （汉）郑玄注，（唐）贾公彦疏，王辉整理：《仪礼注疏》，上海古籍出版社，2008年，第1162页。

⑧ （汉）郑玄注，（唐）孔颖达正义，吕友仁整理：《礼记正义》，上海古籍出版社，2008年，第1770页。

⑨ 张长寿：《墙柳与荒帷——1983～1986年沣西发掘资料之五》，《文物》1992年第4期。

发现了保存比较清楚的帷荒、棺束等棺饰痕迹①。湖北江陵马山一号楚墓棺外，罩一件深棕色绢制成的棺罩，周边有大菱形纹的锦缘，此棺罩即是帷荒。由于此墓属于士一级，所以没有褚。湖北荆门包山二号楚墓的棺上覆盖有九层织物，此棺饰更复杂②。另外，楚墓棺盖上多铺有竹帘，应当是文献中讲的池。两周时期的墓中，棺的两侧经常发现有散落的铜鱼，此也正好是"鱼跃拂池"之证。

棺束除连柳之外，还要设披。披即送葬之时人居枢车两旁执着系于棺束上的带子，以防枢车在赴圹途中棺柩倾倒。据《丧大记》记载，设披的数量也分等级，其等级正好和棺束的等级相对应，君棺三束，每束二披，共六披；大夫、士棺二束，设四披。如以春秋楚墓的棺束情况看，其棺束九应设18披，七束设14披，五束设10披，三束设6披。至战国时期均三束设六披。

枢车至墓圹后，先将棺饰脱下。《周礼·丧祝》云："及圹，说载除饰。"郑玄注："郑司农云，圹，谓穿中也；说载，下棺也；除饰，去棺饰也。……玄谓，除饰便其窆尔。"贾公彦疏云："至圹脱载，谓下棺于地；除饰，谓除去帷荒，下棺于坎。讫，其帷荒还入圹，张之于棺。"这就是说，枢车至圹后，为了便于下棺，要先除掉束著于棺的棺饰，然后利用棺束悬棺下葬。《礼记·丧大记》云："凡封，用綍去碑负引，君封以衡，大夫士以咸。君命毋哗，以鼓封，大夫命毋哭，士哭者相止也。"孔颖达疏云："君封以衡者，诸侯礼大物多棺重，恐柩不正，下棺之时，别以大木为衡，贯穿棺束之绒，平持而下，备倾顿也。大夫士以咸者，大夫士无衡，使人以綍直系棺束之绒。"由此观之，君、大夫、士葬，均以綍系在贯穿棺束的衡木上或直接系在棺束的纽上悬棺下葬。窆棺毕，再将诸棺饰"张之于棺"。

既然两周时期的墓葬中有这些棺饰，也肯定有如文献所记的遣葬仪式，如载柩之仪、饰棺之仪、执披引柩赴圹之仪及引綍悬棺下葬之仪等。

多层棺椁的墓，还有使用棺椁的先后程序问题，这一问题，《仪礼·士丧礼》没有讲，因《仪礼·士丧礼》是讲士一级的葬丧礼制，按礼制，士只用一棺，故多层棺的用法没讲。现在可从墓葬资料的发现来证实多层棺的用法。

前述丧葬仪节中，赴圹埋葬前要在宗庙中饰棺，将棺装饰后，再载至枢车运往墓地埋葬，这是一项非常重要的丧葬仪节。这些棺饰在东周楚墓中发现一个规律，即这些棺饰多是装饰在内棺上，楚墓中只发现荆门包山二号墓所用三棺是装饰的内二层棺。另外，一些保存较好的多层棺楚墓，除内层棺进行装饰外，外层棺的底板或盖板多是由数块木板平列铺成，或只是边缘搭接，没有榫卯和攀钉相连接，如包山二号墓、望山二号墓外棺的底板或盖板均是如此构成，这种外棺肯定不能载之枢车。通过这些现象，我们明白了周代多层棺的使用程序，即在殡时一般只用内棺（个别的用内

---

① 　宋建忠、吉琨璋、田建文等：《山西绛县横水发掘大型西周墓葬》，《中国文物报》2005年12月7日第1版。

② 　湖北省荆沙铁路考古队：《包山楚墓》，文物出版社，1991年。

二层棺，下同），在殡宫和宗庙进行各种祭奠仪式时也只有内棺，由宗庙赴圹时柩车也是只载内棺。外棺应与椁一样，先置于殡宫大门外进行视椁之礼，然后运往墓地预先进行构筑。《仪礼・士丧礼》记载了构筑椁的仪节，在殡宫将尸体装殓于内棺进行祭奠后，再行"筮宅"之礼仪，即选择墓位，开始筑墓穴。然后将已做成的椁先在殡宫外举行视椁之礼。《仪礼・士丧礼》："既井椁，主人西面拜工，左还椁，反位，哭，不踊。"郑玄注："既，已也。匠人为椁，刊治其材，以井构于殡门外也。反位，拜位也。既哭之，则往施之窆中矣。"胡培翚《仪礼正义》疏云："此云井椁，则是已成，……井之则椁已成，将来施之窆中，象亦如是，此特先井构于殡门外，以视其完否耳。葬时必先施椁，乃下棺。"此是讲，将已做成的椁先井构于殡门外西方，丧主于东方面西拜工匠，并匝绕椁环视一周，回拜位哭之，视其已成，然后将椁运往墓穴构筑。此虽没有讲多层棺的外层棺的构筑，既然在殡宫和宗庙都是只用内棺，窆棺下葬也是只有内棺，那么，外层棺只能是与椁一样，预先做成后，与椁一起构筑于殡门外，待视椁之礼后，与椁一起运至墓穴组装。这一问题的厘清，对进一步了解"三礼"记载的丧葬仪程及棺椁结构等会有很大的启发。

2. 汉代对先秦启殡埋葬礼俗的承袭及演变

至汉代，在许多地区还保留着先秦埋葬礼俗，特别是在长江中下游地区，先秦的棺椁使用礼俗一直盛行于整个西汉时期。长沙马王堆轪侯家族墓就沿用了典型的先秦棺椁葬俗，一号墓主是轪侯利仓之妻，用了一椁四棺；二号墓主是轪侯利仓本人，用了一椁二棺；三号墓主是利仓儿子，用了一椁三棺[1]。其使用的身份等级制度已不严格，但这套埋葬礼制则是沿用的先秦旧制。保存比较好的一、三号墓内棺也均沿用先秦时的饰棺之制，饰二道帛束，都用起绒锦和羽毛装饰内棺。于省吾先生认为，这种棺饰即《左传》中所说的"翰桧"[2]。《左传・成公三年》记载："宋文公卒，始厚葬……棺有翰桧。"杜预注："翰旁饰，桧上饰。"孔颖达疏："棺有此物，明是其饰，故以为旁饰上饰也。"《说文》云："翰，天鸡赤羽也。""桧"与"绘"可以通借，也可以理解为绘饰、装饰之意。故而春秋时期宋文公所使用的"棺有翰桧"，就可能类似马王堆汉墓的锦饰内棺。又《礼记・丧大记》所记棺饰中，君、大夫都用"素锦褚"，并且褚是直接衬覆棺的锦饰。由此观之，马王堆汉墓内棺的锦饰也可以理解为"褚"。

马王堆一、三号墓的锦饰内棺盖上平置"T"字形的帛画，应是丧葬仪程中所置

① 湖南省博物馆、中国科学院考古研究所：《长沙马王堆一号汉墓》，文物出版社，1973年；湖南省博物馆、湖南省文物考古研究所：《长沙马王堆二、三号汉墓・第一卷・田野考古发掘报告》，文物出版社，2004年。

② 于省吾：《关于长沙马王堆一号汉墓内棺棺饰的解说》，《考古》1973年第2期。

的铭旌[①]。《仪礼·士丧礼》云："为铭各以其物，……书铭于末，曰：'某氏某之柩'。"郑玄注："铭，明旌也。杂帛为物，大夫士之所建也。以死者为不可别，故以其旗识识之。"唯马王堆一号墓和三号墓所出"T"字形铭旌不是写的墓主名字，而是画的墓主形象。根据《仪礼·士丧礼》记载，此种铭旌的用法是，始死时始建，并悬挂于殡宫西阶处的屋檐下。在庭院置"重"后，将铭旌置于"重"。大敛殡后，又将铭旌置于殡宫西序的棺柩前。起柩赴圹时，则张举以前导。下棺于圹后，将铭旌置于棺上。马王堆一、三号墓的"T"字形帛画正是置于内棺的棺盖之上，与文献记载的丧葬仪节是一致的。更为重要的是，发现铭旌置于内棺棺盖之上这一现象，也说明了马王堆汉墓多层棺的使用程序，即在殡宫和宗庙进行一系列丧葬仪式时，只用内棺，由宗庙载柩赴圹最后下葬的也只是内棺，外棺是与井椁一起先置于墓圹中的。只有这样的埋葬次序，铭旌才能置于内棺棺盖之上。

1975年，湖北江陵凤凰山167号汉墓出土了一套保存比较完整的棺饰，由里外两层细绢棺罩和中间一床竹编棺罩组成[②]。紧贴棺身的为绣花棺罩，由数块方棋纹和梅花纹绛红色绣绢做成，分罩顶和四垂面两部分，整个棺罩紧裹于棺上，此应是棺饰中的"褚"。再外是用竹篾编成的方孔竹罩，罩于棺顶，四面下折17厘米，此应是"池"。最外为黄绢做成比较宽松的棺罩，整个罩在"褚""池"之外，此应是"帷荒"。此套棺饰与"三礼"记载吻合。

凤凰山167号汉墓悬棺下葬的仪程也与先秦一致。先秦下棺至墓穴多采用"悬封"的方法，《礼记·丧大记》云："凡封，用綍去碑负引。"按周制，天子用六綍四碑，君四綍二碑，大夫二綍二碑，士二綍无碑。"綍"即引柩下葬入墓穴的绳索，"碑"即墓圹上负引綍悬棺下葬的木桩。《礼记·檀弓下》："公室视丰碑。"郑玄注："丰碑，斫大木为之，形如石碑，于椁前后四角树之，穿中于间为辘轳，下棺以綍绕。"凤凰山167号汉墓基本是按此种程序悬棺下葬的。此墓为无墓道的竖穴土坑木椁墓，深6.05米，用一椁一棺，椁内分为棺室、头箱、边箱三部分。棺长2.2米，宽0.8米，高0.8米，木板厚0.12米，重量过千斤。棺如此重大，墓深且无墓道，其下葬的方法只能采用由上而下的"悬封"方式。该墓墓口的南北墓边各有两个槽沟，两两相对，此为下棺时放置横杠的痕迹，在棺的下面还压有两条竹篾拧成的双股竹绳，前后各一条，并全部用朱绢缠裹，每根两头各结成环状，制成套圈，共四个套圈。下棺的綍一端系于套圈，另一端绕于墓圹上的辘轳上悬柩而下。不过，此墓的"碑"与郑玄注不同，不是竖于椁的四角，而是用长约4.8米，直径约0.25米的两根大木横置于

————————————

① 唐兰等：《座谈长沙马王堆一号汉墓》，《文物》1972年第9期；马雍：《论长沙马王堆一号汉墓出土帛画的名称和作用》，《考古》1973年第2期；金景芳：《关于长沙马王堆一号汉墓帛画的名称问题》，《古史论集》，齐鲁书社，1981年，第394页。

② 纪烈敏、张柏忠、陈雍：《凤凰山一六七号墓所见汉初地主阶级丧葬礼俗》，《文物》1976年第10期。

墓口之上，用四根大绳索通过双重辘轳悬棺而下。这种悬棺下葬的方式，在山西绛县横水西周墓中也有发现。该墓深15.28米，虽有墓道，但墓道下口处距离墓底还有9.23米深。在棺的下部有数条粗大的麻绳索，在墓圹的两壁还保留着垂直的悬棺绳索的痕迹。这一发现，印证了"三礼"所载的"悬封"方式。

另外，在启殡埋葬的过程中，还有丧葬用车的礼俗问题。目前发现的西汉诸侯王墓中，多同时殉葬三辆大型实月真车马的现象，这也是沿袭了先秦周代的丧葬用车礼制。《仪礼·既夕礼》载：将棺柩由殡宫迁至祖庙，并在祖庙设迁祖奠、祖奠、大遣奠时，要进车，"荐车直东荣，北辀"。郑玄注云："荐，进也。进车者，象生时将行陈驾也，今时谓之魂车。辀，辕也。车当东荣，东陈，西上于中庭。"贾公彦疏："荐车者，以明旦将行，故豫陈车。云进车者，象生时将行陈驾也者，……今死者将葬，亦陈车象之也。云今时谓之魂车者，郑举汉法况之，以其神灵在焉，故谓之魂车也。"关于所进车的名称及数量，贾公彦疏云："即《下记》云荐乘车、道车、槀车。以次言之，则先陈乘车，次陈道车，次陈槀车。"又胡培翚《仪礼正义》疏云："车即《下记》乘车、道车、槀车也。以生时将行陈驾，故进此车于庭而陈之，象生时也。此车平日所乘，灵魂凭之，故谓之魂车，盖汉时有此名也。"王礼也有此三乘车。《周礼·春官·巾车》贾公彦疏云："惟据乘车、道车、槀车三乘，此王礼亦有此三乘车。"可见，在两周时期，从天子到士丧葬时均备有乘、道、槀三乘魂车，只是驾车的马匹数量不同。经考察，西汉诸侯王墓中所殉三车的数量、形制及装备情况都与"三礼"所载乘、道、槀三车相似。因此，我们有理由推测，西汉诸侯王墓中三辆车就是载死者衣冠至墓穴的魂车。与先秦乘、道、槀三车的性质是相同的。郑玄之所以用汉代魂车之名来称先秦的乘、道、槀三车为魂车，大概就是因为汉代葬仪与先秦葬仪有相承之处[①]。

汉代墓葬除了继续承袭许多先秦埋葬礼俗外，在某些方面也有较大变化，主要是由埋葬形式的变化所引起的。汉墓中有许多是将棺横向推进棺室的，这一类的墓一般设有墓道，棺室设门，以便将棺横向进入。这样就改变了先秦竖向窆棺下葬的方式。如"凿山为藏"的崖洞墓、砌为券顶的砖室墓以及石室墓等都是通过墓道、甬道、墓门将棺横向进入棺室的。汉代的木椁墓则存在两种葬棺形式。一种是用先秦的"悬封"形式，即前述江陵凤凰山167号汉墓所采用的形式。有的木椁墓虽也有墓道，但也是采用"悬封"形式。如马王堆三座轪侯家族墓，大型木椁内分隔成互不相通的五个室，棺室居中，墓道底口比椁室略高。这种木椁墓只能将棺由墓道送至椁室上部，再将棺窆入棺室。正如前引郑玄注，将大木"于椁前后四角树之，穿中于间为辘轳，下棺以紽绕"的"悬封"方式。同时期的湖南沅陵虎溪山沅陵侯吴阳墓[②]，则是采用的横

①　高崇文：《西汉诸侯王墓车马殉葬制度探讨》，《文物》1992年第2期。

②　湖南省文物考古研究所、怀化市文物处、沅陵县博物馆：《沅陵虎溪山一号汉墓发掘简报》，《文物》2003年第1期。

向入棺形式。该墓也是大型木椁墓，用一椁二棺，椁室内由头箱、左右边箱和棺室组成。头箱与左右边箱通过隔门相连。棺室前部设有门扉，与棺室门扉相对的椁室前壁做成门栅，在门栅的立板上有漆书"南扇""北扇"字样，当为门板之意。门栅与底板之间用轴榫套接，说明此门栅是可以开闭的。斜坡形墓道下口至墓底。这种墓葬形制，便于将棺由墓道通过椁室门、棺室门横向送入棺室内，不必再用綍、碑、辘轳由上而下进行窆棺了（图一）。

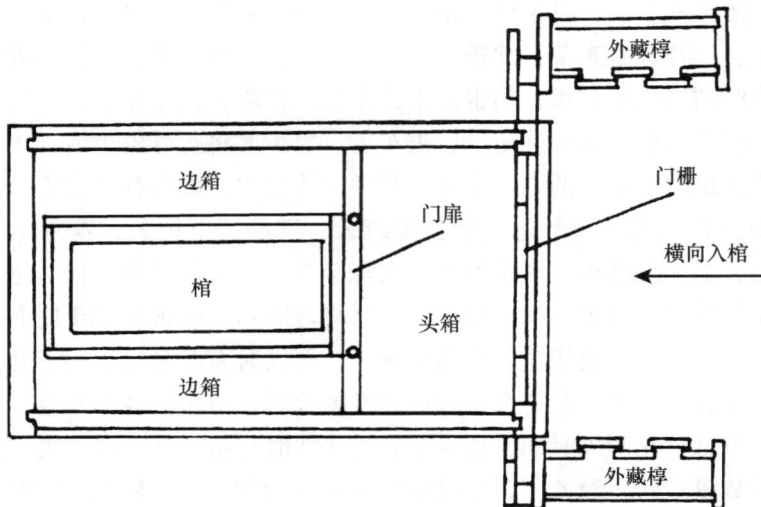

图一　沅陵侯吴阳墓椁室复原示意图

在沅陵侯吴阳墓中，还发现了承托内棺的棺床（图二），此棺床形状与《仪礼·士丧礼》记载的搬运内棺的輁轴相似。《仪礼·士丧礼》载，大敛前在殡宫准备敛棺时，"升棺用轴"；葬前，将棺柩从殡宫迁到宗庙进行朝祖奠时，"迁于祖用轴"。郑玄注："轴，輁轴也，輁状如床，轴其轮，挽而行。"又云："轴状如转辚，刻两头为轵，輁状如长床，穿程前后，著金而关轴焉。"按郑玄的解释，輁轴就像一长方形的床框，在前后各安装一滚动的圆木轴，在丧葬过程中，用其移动棺柩。郑玄解释的輁轴形状，与吴阳墓出土的棺床非常相似。郑玄是东汉时人，对汉代的葬具应当清楚。清人张惠言绘制了輁轴图[1]（图三），与吴阳墓发现的棺床几乎完全一样。这说明，吴阳墓中的棺床应当是輁轴，在殡宫中升棺时用輁轴，将棺迁到宗庙时用輁轴，将棺下葬时还是用輁轴。吴阳墓的外棺开口是在前面，棺室、椁室前也是做成门栅，正好用这一輁轴将内棺由墓道横向推入棺室（即外棺）内。这种横向葬棺的方式，在安徽阜阳汝阴侯夫妇墓中也有发现[2]。此两座大型木椁墓的椁室前壁、棺室前

---

① 张惠言：《仪礼图》，《皇清经解续编》卷三一七，南菁书院清光绪十四年（1888年）。

② 安徽省文物工作队、阜阳地区博物馆、阜阳县文化馆：《阜阳双古堆西汉汝阴侯墓发掘简报》，《文物》1978年第8期。

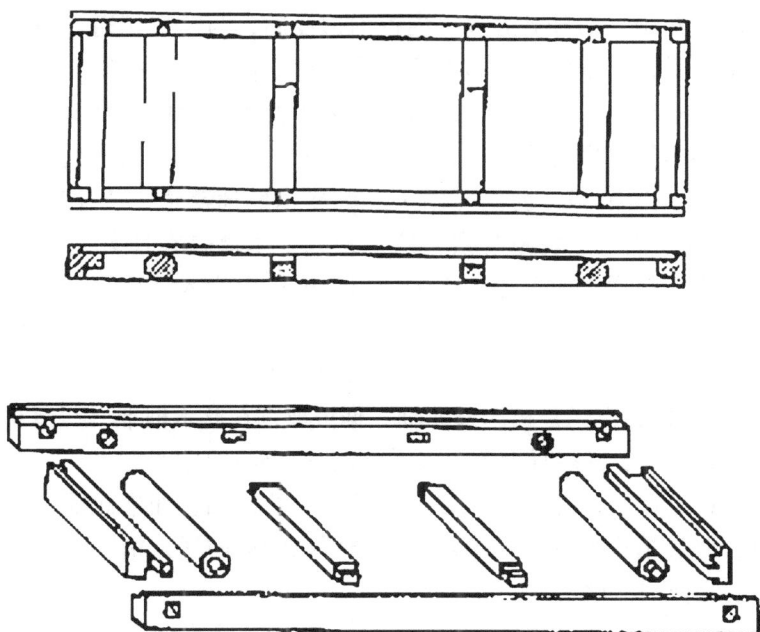

图二　沅陵侯吴阳墓棺床结构图

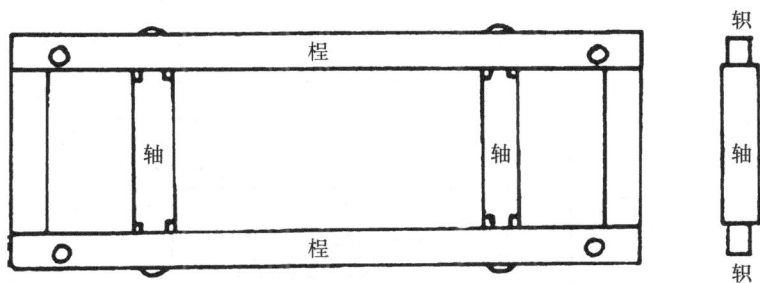

图三　清人张惠言绘制輁轴图

壁均辟门，棺下均有輁轴，其葬棺方式也应是用輁轴横向将内棺推入棺室的。这些例
证也说明，西汉时期，有些多层棺的墓，在殡宫、宗庙进行各种丧葬仪式时，只用内
棺，外棺与椁是在墓圹内构筑的。

　　西汉时期"黄肠题凑"墓是一种新的埋葬形式，这种新的埋葬形式必然也导致
传统葬俗的变化。黄肠题凑墓虽是由先秦的木椁墓发展而来，但却改变了先秦木椁墓
"悬封"式的窆棺形式，而变成了横向推进式。长沙陡壁山曹嬛墓可以说是一种过渡
形式。该墓有斜坡形墓道，墓道下口距墓底约0.6米。椁室四周构筑黄肠题凑，东、
南、北三边各垒三层黄肠木，高约1.2米，通墓道的西边只垒二层，高0.8米左右。题凑
内有二层椁，外椁紧贴题凑墙垒砌，东、南、北三壁各垒木枋三根，残高1.18米，向墓
道的西壁只垒木枋一根，枋上置木板一块，残高0.41米。内椁筑于整个椁室的中部，与

外椁之间形成回廊并用隔门分为五室。内椁前边设门，与前室相通。内椁内置二层套棺。从此墓的结构看，对于面向墓道的西边题凑椁室做了特殊的构筑，题凑木只垒二层，外椁只垒一根木枋，上置木板，这些都是为了便于将套棺沿墓道横向送入棺室。黄展岳先生对此墓的复原更为清楚，认为棺房前面的前室，"四边设双扇门，两侧门通椁房，后门（东）通棺房，前门（西）经题凑木墙通墓道。出土时，前门紧闭，门前紧贴题凑木墙。从出土现象观察，这里的题凑木墙是在埋葬完毕后堆垒起来的（注：更确切地讲，是通过西壁题凑木墙缺口将棺横向推入棺房后，再将此处的题凑木堆垒起来），同时封闭前室门，与墓道隔绝"（图四）[1]。另外，此墓的简报报道，该墓用了三重棺，"最外一重系用8厘米的木板制成的木框，无底无盖，套着第二重外棺"[2]。此并非是外棺，倒像是棺床或轛轴。据报道，在此木框下，"南北放置五根残长约1.28米的垫木"。细观察所绘图，似乎第1、3、5根垫木为方木，2、4为圆木，如将此垫木与木框结合起来，完全像沅陵侯吴阳墓中的轛轴。如果此推测不误，则该墓应是两层套棺，此套棺也如沅陵侯吴阳墓一样用轛轴横向送入棺室。这也说明吴姓长沙王侯都采用了此种葬棺形式。

目前已发现的另外几座黄肠题凑墓，如长沙象鼻嘴吴姓长沙王墓、北京大葆台广阳王墓[3]、老山汉墓[4]、河北定县中山王刘修墓、江苏高邮广陵王墓[5]等，这些墓题凑椁室均整体构筑成横向进入式。墓道下口直抵墓室底，面对墓道的题凑壁、回廊壁、内外椁壁均预先设置成过门式。很显然，这种构筑形式就是为了便于棺的横向进

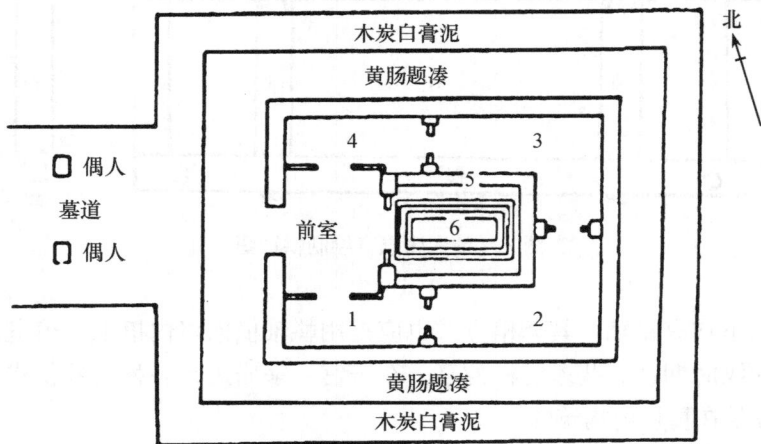

图四　陡壁山1号墓题凑椁室复原示意图

① 黄展岳：《汉代诸侯王墓论述》，《考古学报》1998年第1期。
② 长沙市文化局文物组：《长沙咸家湖西汉曹㜈墓》，《文物》1979年第3期。
③ 大葆台汉墓发掘组、中国社会科学院考古研究所：《北京大葆台汉墓》，文物出版社，1989年。
④ 国家文物局：《2000中国重要考古发现》，文物出版社，2001年。
⑤ 黄展岳：《汉代诸侯王墓论述》，《考古学报》1998年第1期。

入，彻底不用传统的"悬封"方式了。由于采用横向式入棺，有些多层套棺也是同时送入，除非如沅陵侯吴阳墓的外棺是在棺头可以开启的。这样就改变了先秦那种在殡宫、祖庙只用内棺并最后将内棺悬封入墓的制度。北京大葆台广阳王墓是用的二椁三棺，二椁南边都辟门，双扇对开。如此结构的二椁肯定是与整个题凑椁室一起构筑的。这样也就省去了先秦先将椁井构于殡门外的视椁之礼。在大葆台汉墓内椁的底板上，还铺有3条滑板，并保留了套棺在上面推动的痕迹，这也证明三层套棺是利用滑板推入椁内的。另外，此墓的外棺"底板内侧以至棺帮上，都残留宽13厘米的丝带2条，两者相距22厘米。2条丝带之间是数道丝绳。在丝带外侧，尚残留一块丝织品，花纹朝下，色彩艳丽"。从此描述观之，此很类似中棺饰有棺束及帷荒之属。北京老山汉墓也有同样棺饰，该墓也是二椁三棺，"在中棺的底部保存有6条用于往下放棺时系棺的丝带。棺盖之上覆盖有1件比较完整的丝织品"。如果此二墓的中棺饰有棺束及帷荒之属，这饰棺的仪节应当在殡宫或祖庙，那么内二层棺是在何时何处用何种仪节装入外棺的，此问题还有待于新资料的发现再研究。

三、由庙祭到墓祭所引起的陵寝制度演变

1. 先秦时期墓祭的出现

据《仪礼》中的《士丧礼》《既夕礼》《士虞礼》等记载，周代在整个丧葬过程中对死者要举行10余种不同名目的祭奠，次数约百次以上。没有埋葬之前，在殡宫和祖庙进行始死奠、小敛奠、大敛奠、朝奠、夕奠、朔月奠、荐新奠、朝祖奠、祖奠、大遣奠等祭奠。埋葬之后，丧主返哭祖庙，又返哭殡宫，接下来进行虞祭之礼。"虞"即"安"的意思，父母死后，迎父母之神于殡宫而祭之，以安其神，这就叫虞祭。虞祭也分等级，士葬后三虞，大夫五虞，诸侯七虞[1]。虞祭之后，为死者设主牌，以后进行卒哭祭、小祥祭、大祥祭、禫祭。这些祭奠都是在殡宫中进行，至禫祭除服后，将神主移至祖庙进行以后的庙祭。这是周代对死者的祭祀仪程。"三礼"中全然没有记载在墓地进行祭祀的内容。

正因为商周时期注重庙祭，不重视墓祭，所以商周时期的墓葬"不封不树"[2]"皆无丘垅"[3]"与平地齐"[4]，是没有坟丘的。到春秋时，孔子将父母合葬于防，"封

---

① 《礼记·杂记下》。

② 《易·系辞下》："古之葬者，厚衣之以薪，葬之中野，不封不树。"

③ 《汉书·楚元王传附刘向传》："殷汤无葬处，文、武、周公葬于毕，……皆无丘垅之处。"

④ 崔寔：《政论》："古者墓而不坟，文、武之兆与平地齐。"

之，崇四尺"①，开始做了不大的坟丘。文献还记载，东周时期尤其是战国时期已开始按等级做坟丘了。《周礼·冢人》载："以爵等为丘封之度，与其树数。"《吕氏春秋》也说："营丘垄之小大高卑薄厚之度，贵贱之等级。"从考古发现看，的确是春秋时期出现坟丘，战国时期就比较普遍了。河南光山县发现的春秋早期黄君孟夫妇墓，据简报称，墓上原有高7～8米的封土②。在黄君孟夫妇墓西北165米处，又发现黄季佗父墓，时代也属春秋早期，该墓俗称"天鹅墩"大冢，据说原封土堆高达10米左右③。河南固始宋景公之妹句吴夫人墓，墓口之上有人工夯筑的封土高7、底径55米④。另外，在安徽淮南蔡家岗发掘的两座蔡国墓，年代比句吴夫人墓略晚，可当春秋战国之际，此两墓上均有高约4米的封土⑤。进入战国时期，坟丘的出现已经相当普遍了，一般大中型贵族墓都筑有高大的坟丘。在对墓葬的称谓上也有变化，春秋以前称墓葬为墓，战国时开始称丘墓、坟墓、冢墓、陵墓，均有突起地面高大之意⑥。如赵肃侯十五年（公元前335年）起寿陵，不久秦惠王起公陵，楚国则将其祖先的墓地称为夷陵。之所以称陵，就是因为各国国君的坟墓都筑得十分高大，简直像座山陵。河北平山中山王陵、易县燕下都燕王陵、邯郸赵王陵、山东临淄齐王陵、湖北江陵楚王陵、陕西芷阳秦王陵等都有像小山一样的高大封土⑦。

坟丘的出现应当与墓祭有关。文献记载，古者"墓而不坟"，"古不墓祭"，而进行庙祭⑧。但从考古发现看，古者也不是绝对不进行墓祭，如安阳商代王陵区有规律地分布着大量人牲祭祀坑，说明商代王陵是进行墓祭的⑨。又安阳妇好墓等设有享堂⑩，也应是用以祭墓的。"古不墓祭"应是针对商周时代的庙祭而言。王充《论

①　（汉）郑玄注，（唐）孔颖达正义，吕友仁整理：《礼记正义》，上海古籍出版社，2008年，第232页。

②　河南信阳地区文管会、光山县文管会：《春秋早期黄君孟夫妇墓发掘报告》，《考古》1984年第4期。

③　信阳地区文管会、光山县文管会：《河南光山春秋黄季佗父墓发掘简报》，《考古》1989年第1期。

④　固始侯古堆一号墓发掘组：《河南固始侯古堆一号墓发掘简报》，《文物》1981年第1期。

⑤　安徽省文化局文物工作队：《安徽淮南市蔡家岗赵家孤堆战国墓》，《考古》1964年第3期。

⑥　杨宽：《中国古代陵寝制度史研究》，上海人民出版社，2003年，第13页。

⑦　河北省文物研究所：《譽墓——战国中山国国王之墓》，文物出版社，1996年；河北省文物研究所：《燕下都》，文物出版社，1996年；河北省文管处、邯郸地区文保所、邯郸市文保所：《河北邯郸赵王陵》，《考古》1982年第6期；张学海：《田齐六陵考》，《文物》1984年第9期；陕西省考古研究所、临潼县文管会：《秦东陵第一号陵园勘察记》，《考古与文物》1987年第4期。

⑧　《礼记·檀弓上》；蔡邕：《独断》。

⑨　杨锡璋、杨宝成：《从商代祭祀坑看商代奴隶社会的人牲》，《考古》1977年第1期。

⑩　中国社会科学院考古研究所：《殷墟妇好墓》，文物出版社，1980年。

衡·四讳》云："古礼庙祭，今俗墓祀。"应当就是讲商周时代注重庙祭。学者通过对殷墟卜辞的研究发现，商代祭祀祖先是用周祭制度[①]。所谓周祭，是指殷商王室用五种祀典轮流而又周而复始地祭祀成系列的先公先王先妣。除周祭外，还有一些对祖先的不成系统的祭祀典礼，被称为"特祭"或"选祭"。卜辞中还记载，商王祭祀祖先主要是在"宗"或"必"中进行。从字形上分析，"宗"上面宝盖是屋宇之形，"示"则是神主的象征。故《说文》云："宗，尊祖庙也。"于省吾先生考证"必"为"祀神之室"[②]。"宗"和"必"正是商代祭祀祖先的宗庙。据研究，殷墟卜辞所见商先王宗庙有大乙宗、大丁宗、大甲宗、大戊宗、大庚宗、中丁宗、祖乙宗、祖辛宗、祖丁宗、小乙宗、武丁宗、祖甲宗、康丁宗、武乙宗、文丁宗[③]。从20世纪30年代开始，对殷墟进行了大规模考古发掘，经研究将其自北向南分为甲、乙、丙三区，甲区为宫室遗址，乙区为宗庙遗址，丙区为祭坛遗址[④]。乙组建筑基址规模较大，在乙七、乙八建筑基址周围有成行密集排列的殉葬坑，殉有大量的马、羊、狗及人等，此建筑基址似为商王祭祖的宗庙遗址。在乙组建筑基址以南，又发现了大型建筑基址，与乙组建筑基址是有密切关系的。其中1号房是主要建筑，南边至少有6处门道，门道两侧有排列规则的祭祀坑，坑内多数埋人架3具，其中各有1具跪状人架。从房"内无隔墙、无居住痕迹、门外有祭祀坑等现象分析，这座基址大概是用于祭祀的宗庙性建筑"[⑤]。可见，殷墟内用于祭祀的宗庙性建筑是相当庞大的，这与殷墟卜辞大量记有祭祖的内容可以相互印证。不难看出，商王对祖先和先王的祭祀，除了在陵墓进行之外，更主要的还是在宗庙中进行。商王室宗庙便成为国家政治活动的中心，除了祭祖之外，凡举国之大事，商王均要事先奉告于祖先宗庙。

　　周代是靠宗法制度来维护统治的，为了强调宗法关系，特别重视庙祭。作为国都的重要标志即是否设有宗庙，"凡邑有宗庙先君之主者曰都，无曰邑"[⑥]。在营建宫室时，"宗庙为先，厩库次之，居室为后"[⑦]。周代的各级贵族均按礼制立庙。《礼记·王制》云："天子七庙，三昭三穆，与大祖之庙而七；诸侯五庙，二昭二穆，与大祖之庙而五；大夫三庙，一昭一穆，与大祖之庙而三；士一庙。"各级贵族均按礼制到庙中祭祖。周代各级贵族立庙均在城内，为集中庙制，以此种形式来加强宗族的

①　常玉芝：《商代周祭制度》，中国社会科学出版社，1987年。

②　于省吾：《甲骨文字释林》，中华书局，1979年。

③　王贵民：《商周制度考信》附"商代宗庙宫室表"，台湾明文书局，1989年。

④　石璋如：《殷墟建筑遗存》，写于台湾南港，"中央研究院"历史语言研究所，1959年。

⑤　中国社会科学院考古研究所安阳工作队：《河南安阳殷墟大型建筑基址的发掘》，《考古》2001年第5期。

⑥　杨伯俊：《春秋左传注》，中华书局，1995年，第242页。

⑦　（汉）郑玄注，（唐）孔颖达正义，吕友仁整理：《礼记正义》，上海古籍出版社，2008年，第150页。

关系。周天子的宗庙已在陕西岐山周原发现①，此遗址内所出甲骨上刻有"祠，自蒿于周"，内容是周王从镐京往岐周进行春祠。学者认为，此内容为武王自镐京前往周原祀周宗庙之事②。此遗址应是周先公先王的宗庙。

正因为周人注重庙祭，所以人死埋葬后，对其灵魂的祭祀就移至宗庙。《仪礼》中的《既夕礼》《士虞礼》详细记载了周代丧礼中对新死者进行庙祭的礼仪程序。周人认为，人死后灵魂还在，死者埋入墓葬后，"孝子恐魂灵无依，急迎神归"③，将送葬时魂车所载的死者衣冠载之柩车，"迎精而反，将以设于寝庙"④。这就是《仪礼·既夕礼》所载的葬后"反哭"宗庙、"遂适殡宫"之仪节。此"殡宫"即"寝宫"，胡培翚《仪礼正义·既夕礼疏》云："经云'遂适殡宫'，则反哭于祖庙后，即至寝，明矣。"在寝中进行虞祭之礼后，再进行卒哭祭，"卒哭而祔，祔而作主"⑤，即卒哭祭的第二天，要到宗庙中将死者神主按昭穆班辈排定位置进行"班祔"之礼⑥。《礼记·丧服小记》云："祔必以其昭穆。"昭穆制度是周代的重要宗庙祭祀制度，依此使宗庙祭祀井然有序，不失其伦。故《礼记·中庸》曰："宗庙之礼，所以序昭穆也。序爵，所以辨贵贱也；序事，所以辨贤也。旅酬下为上，所以逮贱也。燕毛，所以序齿也。"将神主在宗庙"班祔"之后，仍回寝中进行小祥祭、大祥祭、禫祭，至禫祭除服后，再将神主移至祖庙进行以后的庙祭，但死者的衣冠仍保留在寝宫中以享祭祀。

从西周末年开始，周天子的势力日渐衰微，诸侯势力迅速增长，先后出现了春秋五霸和战国七雄，社会各阶级关系重新组合，等级关系受到冲击，出现了所谓礼崩乐坏的局面。这样，维护周天子统治秩序的宗法制度和礼乐制度遭到了破坏，庙祭也开始松弛，一些贵族不到受宗法控制的宗庙中去祭祀，而是到自己的祖坟上去祭祖。于是，用以表示尊贵、地位和权力的坟丘也随之出现了。从春秋开始出现坟丘之后，战国时期的国君及高级贵族墓大筑坟丘已普遍盛行。各国国君的坟墓不仅筑起了显示墓主尊贵、地位和权力的高大坟丘，而且多数王陵还独自筑有宏大的陵园，以进一步突出国君的地位。如河北平山中山王𰀉墓出土的兆域图所示，在一个大陵台上并列五座大墓，中山王𰀉墓居中，王后和夫人墓居于两侧。墓的封土上建有三层台榭，称之为堂。整个陵墓四周又有两道城垣围绕，形成了一个十分壮观的陵园。河北邯郸赵王

①　陕西周原考古队：《陕西岐山凤雏村西周建筑基址发掘简报》，《文物》1979年第10期。

②　徐中舒：《周原甲骨初论》，《四川大学学报丛刊（第10辑）·古文字研究论文集》，四川人民出版社，1982年。

③　（清）胡培翚：《仪礼正义》，江苏古籍出版社，1993年，第1905页。

④　（清）胡培翚：《仪礼正义》，江苏古籍出版社，1993年，第1961页。

⑤　《左传·僖公三十三年》。

⑥　《仪礼·士虞礼》。

陵、河南辉县固围村魏王陵也如中山王陵一样的设计①。

东周各国国君虽各自为陵，并筑有陵园、陵堂等建筑，但各国的都城内还保留着传统的宗庙制度。因为墓祭只是单纯对死者的祭祀，而传统宗庙除了用作对祖先的祭祀和宗族的礼仪活动外，更重要的是作为政治上举行重大典礼和宣布政令的地方，如朝礼、聘礼、告朔、册命、出征、告捷等军国大事都要在宗庙中进行，《左传》中有关这方面的记载比比皆是。各国国君陵墓的出现，陵园的修筑，只是增加了一处对死者进行祭祀的场所。东周时期这一新的祭祀场所的出现，在一定程度上为秦汉陵寝制度的形成奠定了基础。

2. 秦汉时期陵寝制度的形成

秦国的埋葬制度有自己的传统。秦在都雍期间（公元前677～前383年）16位国君的墓地在陕西凤翔秦雍都南郊②。墓地的南、西、北三面有壕沟环绕，称为外隍；里面的墓葬分为几组，每组墓外有壕沟环绕，称为中隍；每一位国君墓外还有壕沟环绕，称为内隍。一些大墓上部发现有建筑遗迹，应是享堂，但没有封土。雍城的秦公陵还是遵循着"族坟墓"的"公墓"制度，较集中地族葬在一起，形成一个大的公墓区。在秦都咸阳西北发现了秦惠文王、武王的"毕陌"陵墓区③。此陵墓区与雍城的秦公陵最大的不同是墓上出现了巨大的封土，并在周围发现有陵园建筑遗迹。秦惠文王与惠文后合葬陵，两座覆斗形陵冢南北并列，王陵在南，后陵居北。陵南有陵园建筑遗迹。此表明，早先雍公陵墓上的享堂至此时已移至墓侧。战国后期秦国国君的陵墓位于临潼骊山西麓，称东陵，是昭襄王、孝文王、庄襄王的陵墓区。此三代秦王均各自筑有独立陵园，如昭襄王陵园有人工隍壕围护，园内均有高大的封土堆，秦王和王后两墓冢南北并列，陵侧地面上有建筑遗址④。此墓侧的建筑遗址应当是进行墓祭的场所，即陵寝。《史记·秦本纪》载，秦昭襄王五十六年卒，紧接着唐太后也卒，二人合葬时，"韩王衰绖入吊祠，诸侯皆使其将相来吊祠，视丧事"。这些丧事活动有可能都是在昭襄王的陵寝中进行⑤。

从雍秦公陵各大墓上的享堂发展到秦东陵墓侧的寝，说明秦国存在着墓祭，但同时还进行庙祭。《史记·秦始皇本纪》载："（秦）先王庙或在西雍，或在咸阳。"在凤翔雍城内马家庄已经发现了秦的宗庙遗址⑥。遗址四面环以围墙，院内有三座布

① 中国科学院考古研究所：《辉县发掘报告》，科学出版社，1956年。
② 陕西省雍城考古队：《凤翔秦公陵园第二次钻探简报》，《文物》1987年第5期。
③ 王学理：《咸阳帝都记》，三秦出版社，1999年，第219页。
④ 陕西省考古研究所、临潼县文管会：《秦东陵第一号陵园勘察记》，《考古与文物》1987年第4期。
⑤ 王学理：《咸阳帝都记》，三秦出版社，1999年，第232页。
⑥ 陕西省雍城考古队：《凤翔马家庄一号建筑群遗址发掘简报》，《文物》1985年第2期。

局、形制、规模基本相同的建筑，一座坐北朝南，另两座分列东西相对。有学者认为此是诸侯的三庙制，也有认为是五庙制①。无论是三庙还是五庙，从该遗址的规划布局看，仍然是秦沿用周传统的集中庙制。也说明秦在雍时期同时实行着墓祭和庙祭。既然说"先王庙或在西雍，或在咸阳"，也说明都城咸阳内也有集中的先王宗庙。至战国后期，秦传统的宗庙制度发生了变化：一是将庙建在渭南，离开了咸阳的宗庙；再者是秦王均各自单独立庙，摆脱了传统的集中庙制。《史记·秦始皇本纪》载："诸庙及章台、上林皆在渭南。"《史记·樗里子列传》云："樗里子疾室在于昭王庙西渭南阴乡樗里。"既然文献记载秦始皇二十六年时渭南就有"诸庙"，肯定不是一处庙，又记载昭王庙已在渭南，起码表明从昭王以后各王的庙均在渭南。从前述昭王卒葬时曾在东陵举行各国使臣参加的隆重祭奠葬礼，此在渭南又单独立有庙，说明昭王以后各王也进行墓祭与庙祭。

　　秦始皇统一六国，建立了中央集权的政治体制，其陵墓建制也体现了他至尊无上的地位和权势。秦始皇陵园的设计是在原秦国陵墓制度的基础上并吸收了关东各国王陵的做法②。整个陵园由两重城垣环绕，秦始皇墓上有覆斗形的封土，至今仍高达47米。内外城四面均设城门，外城东西门和南北门的连线正好相交于封土顶点中心。内城东北部又筑一小城，内有陪葬墓，均无封土。在内外城之间还设有供奉祭品的"骊山食官"遗址、管理陵园的园寺吏舍遗址等。陵园东侧有陪葬的王室诸公子、公主墓以及马厩坑、兵马俑坑等。秦始皇陵另一个大的建制是继承了"毕陌"和"东陵"陵墓的特点，把原来建于墓上的享堂移于墓侧，正式成为寝殿、便殿。这些建筑遗迹在封土的北侧均已发现，从而证实了东汉蔡邕《独断》中"古不墓祭，至秦始皇出寝，起之于墓侧"的说法。中国古代的陵寝、陵园制度至此时基本形成。

　　秦始皇在建骊山陵园的同时，还在渭南建有生祠："（二十七年）作信宫渭南，已，更命信宫为极庙，象天极，自极庙道通骊山。"③自极庙与骊山陵园连以通道，这也意味着将庙祭与陵寝的祭祀给协调统一起来。秦始皇的庙制也有大的变化。雍都与咸阳的宗庙都是集中庙制，至渭南建"诸庙"，则成了各王独立庙制。秦始皇于二十七年建"信宫"，第二年遂改名"太极庙，象天极"，这预示着向以秦始皇为独尊的集中庙制发展，最后想实现这一庙制的是秦始皇死后的秦二世。《史记·秦始皇本纪》载："（二世元年）二世下诏：增始皇寝庙牺牲及山川百祀之礼，令群臣议尊始皇庙。群臣皆顿首言曰：'古者天子七庙，诸侯五，大夫三，虽万世世不轶毁。今始皇为极庙，四海之内皆献贡职，增牺牲，礼咸备，毋以加。先王庙或在西雍，或在

---

　　①　韩伟：《马家庄秦宗庙建筑制度研究》，《文物》1985年第2期；王学理：《咸阳帝都记》，三秦出版社，1999年，207页注［66］。

　　②　陕西省考古研究所、秦始皇兵马俑博物馆：《秦始皇帝陵园考古报告（1999）》，科学出版社，2000年。

　　③　（汉）司马迁：《史记》，中华书局，1963年，第241页。

咸阳。天子仪,当独奉酌祠始皇庙。自襄公已下轶毁。所置凡七庙,群臣以礼进祠,以尊始皇庙为帝者祖庙。'"有学者将其排列成秦始皇为太祖居中,献公、惠文王、孝文王为三昭居左,孝公、昭襄王、庄襄王三穆居右,成为秦始皇七庙制[1]。此段的原意恐怕并非如此。"帝者祖庙",独奉始皇为太祖是对的。既然在雍和咸阳已有先王庙,所以在始皇庙中自然将"自襄公已下轶毁",而绝不能将先公、先王按昭穆排在太祖始皇之后,这与昭穆制度严格宗族班辈是不符的。始皇七庙应当是以后的二世、三世、四世……的六世神主依次按昭穆班辈排于太祖始皇庙之左右,并按昭穆制度行神主迁祧之制。这与秦始皇自尊为"始皇帝,后世以计数,二世、三世至于万世,传之无穷"[2]的意愿是一致的。只是秦祚短暂,均没有实现而已。

汉承秦制,在帝陵建制上体现得非常清楚。西汉从高祖刘邦到平帝,十一位皇帝中有九位葬于汉长安城北部的咸阳塬上,呈东西一排。文帝、宣帝则葬在长安城东南[3]。各帝、后陵的主体建筑格局是沿袭了秦始皇陵制度。皇帝和皇后陵丘均为覆斗形,一般皇帝陵居西,皇后陵居东,两相并列。各陵均设有陵园,除高祖刘邦和吕后陵同为一个陵园外,其余皇帝陵和皇后陵均各自设陵园。陵园平面呈方形,四面正中各辟一门,陵墓坐落在陵园中央。在皇帝陵和皇后陵旁均筑有寝园,证明"至秦始皇出寝,起之于墓侧,汉因而不改"[4],以及"汉诸陵皆有园寝"[5]的记载是正确的。根据对宣帝杜陵寝园的发掘,寝园主要包括寝殿、便殿两组建筑[6]。《汉书·韦玄成传》载:"又园中各有寝、便殿,日祭于寝,月祭于庙,时祭于便殿。寝,日四上食;庙,岁二十五祠;便殿,岁四祠;又月一游衣冠。"可见这两组建筑是供奉皇帝生前所用衣冠并定时进行祭祀的场所。

汉代对已去世的皇帝有三处祭祀场所:"日祭于寝,月祭于庙,时祭于便殿。"这样就将寝祭、便殿祭、庙祭也即墓祭与庙祭给协调统一起来。

陵寝放死者衣冠。蔡邕《独断》载:"古不墓祭,至秦始皇出寝,起之于墓侧,汉因而不改,故今陵上称寝殿,有起居衣冠象生之备,皆古寝之意也。"《汉书·平帝纪》记载,汉哀帝义陵的"寝"里发生"急变":前一天晚上寝令将衣冠已放入匣柜中,第二早上衣冠突然出现在床上,认为是神灵显圣,赶紧用太牢以祭。这一故事说明陵寝中放置死者衣冠。在先秦的送葬礼仪中,是乘、道、稾三魂车载死者衣服与

---

① 王学理:《咸阳帝都记》,三秦出版社,1999年,第179页。

② (汉)司马迁:《史记》,中华书局,1963年,第241页。

③ 杜葆仁:《西汉诸陵位置考》,《考古与文物》1980年第1期;刘庆柱、李毓芳:《西汉诸陵调查与研究》,《文物资料丛刊》(6),文物出版社,1982年;刘庆柱、李毓芳:《西汉十一陵》,陕西人民出版社,1987年。

④ 蔡邕:《独断》。

⑤ (宋)范晔:《后汉书》,中华书局,1973年,第3199页。

⑥ 中国社会科学院考古研究所:《汉杜陵陵园遗址》,科学出版社,1993年。

枢车一起至墓地，待下葬后，枢车已空，于是将乘、道、藁三魂车所载衣服再载之枢车运回城内的祖庙、殡宫以享祭祀，即《仪礼·既夕礼》所载的葬后"反哭"宗庙、"遂适殡宫"之仪节。至西汉，由于在墓侧建有陵寝，所以死者的衣冠就不会运回城内的宗庙和寝宫中，而是直接放置于墓侧的陵寝中。陵寝中备衣冠，又"月一游衣冠"至庙，形成了汉代著名的"衣冠道"，这已成为西汉祭祖之定制。

由于在墓侧起陵寝，西汉的宗后制度发生了大的变化。最初，汉高祖的庙依照传统的礼制建在都城长安城中。《三辅黄图》载："高庙在长安城中西安门内，东太常街南。"刘庆柱先生推断，高祖后应在汉长安城的长乐宫西、安门大街东、安门北、武库南的位置[①]。按照传统礼制，天子、诸侯都要每月到宗庙中祭祖[②]，所以惠帝要每月祭于高庙，并把高祖衣冠从寝中运出游至高庙。当时惠帝居未央宫，为东朝居于长乐宫的太后，便在武库南的位置筑了一条连通未央宫与长乐宫的"复道"。然讲究礼仪的叔孙通即刻进谏："陛下何自筑复道高帝寝，衣冠月出游高庙，子孙奈何乘宗庙道（以）上行哉！"并建议惠帝在渭北重新立高帝原庙，以解决高祖衣冠由寝从复道下出游高庙的问题[③]。此放高祖衣冠的"寝"在何处？注释家各有所指：服虔认为在"高庙中"；如淳认为是"宫中之寝"；晋灼认为"寝在桂宫北"；颜师古则认为："诸家之说皆未允也。谓从高帝陵寝出衣冠，游于高庙，每月一为之，汉制则然。"[④]现在看来，颜师古的解释是对的，因为高祖长陵旁已建有专门放衣冠的寝殿，高祖下葬后，魂车所载衣冠肯定是放置在陵寝中的。在渭北高帝陵附近重建高帝庙，从而解决了"月一游衣冠"的诸多问题，由此确立了西汉一代陵旁立庙的制度："京师自高祖下至宣帝，与太上皇、悼皇考各自居陵旁立庙。"[⑤]据文献记载和学者研究，惠帝庙应在长陵旁的高帝庙之西、安陵附近[⑥]，文帝的"顾成庙"、景帝的"德阳宫"、武帝的"龙渊庙"、昭帝的"徘徊庙"、宣帝的"乐游庙"、元帝的"长寿庙"、成帝的"阳池庙"均是建在各自陵墓附近[⑦]。近年发掘的汉景帝阳陵附近的"罗经石"遗址[⑧]，韩伟先生认为是社[⑨]，王学理先生认为是陵

---

①　刘庆柱、李毓芳：《关于西汉帝陵形制诸问题的探讨》，《古代都城与帝陵考古学研究》，科学出版社，2000年，第231页

②　《礼记·祭法》："王立七庙，一坛，一墠，曰考庙，曰王考庙，曰皇考庙，曰显考庙，曰祖考庙，皆月祭之。诸侯立五庙，……皆月祭之。"

③　《汉书·叔孙通传》。

④　《汉书·叔孙通传》颜师古注。

⑤　（汉）班固：《汉书》，中华书局，1996年，第2115页。

⑥　焦南峰、马永赢：《西汉宗庙刍议》，《考古与文物》1999年第6期。

⑦　杨宽：《中国古代陵寝制度史研究》附表一，上海人民出版社，2003年。

⑧　马永赢、王保平：《走近汉阳陵》，文物出版社，2001年。

⑨　韩伟：《罗经石乎？太社乎？——西汉阳陵"罗经召"性质探讨》，《考古与文物》2001年第2期。

庙①，杨宽先生在其《中国古代陵寝制度史研究》一书中，上编将罗经石遗址推定为景帝庙（即德阳宫），下编则又说成为寝殿②。2003年，王莽九庙遗址的详细考古报告出版，其每座庙址的规划布局几乎与罗经石遗址完全相同③。平面布局均呈"回"字形，外围是正方形院墙，四面正中各辟一门，四门之间是四个曲尺形回廊。内部中心是正方形台基，四面各有三个门道，共十二门道，四周有砖铺地面、卵石散水，门道内侧均有厅堂建筑遗迹。四面均出土四神空心砖或瓦当。对罗经石遗址的不同看法，主要是由中心台正中的"罗经石"引起的。该石平面呈方形，边长1.7米，厚0.4米，上面加工成直径1.35米的圆盘，圆盘上刻有正方向十字凹槽。无独有偶，在王莽九庙12号庙址中心台的正中，也放置一础石，扁平椭圆形，长2.44米，宽2.05米，厚0.82米。顶面中部刻出平座，平座长1.85米，宽与石同。此础石与四周厅堂础石相比，是最大的一块。报告推测，中心木柱应是直接竖立在此础石平座上的。既然罗经石遗址的布局及建筑方式与王莽九庙遗址相一致，就可以肯定此遗址应当是景帝庙，即德阳宫。"这里过去曾发现砖铺地、石子路面一段，方向由东南向西北，通向阳陵"④，此正是"衣冠道"所在。所谓"罗经石"，既不是测量方向的"罗盘石"，也不是放置社主或神主的基座，而是如王莽九庙中的中心柱础石⑤。之所以此中心础石刻有正方向十字凹槽，只是确保陵庙建筑的正方向而已。

由于墓侧起寝，使西汉各帝庙也都立在了各自的陵墓附近，形成了分散庙制。只是三年祫祭时才集中到高庙。《汉旧仪》载："宗庙三年大祫祭，子孙诸帝以昭穆坐于高庙，诸堕庙神皆合食，设左右坐。"王莽复古改制，为了突出其宗统地位，在都城长安南郊建立了九庙，以图恢复传统的集中庙制。

西汉各诸侯王国制如汉朝廷，其陵园、寝庙等也应效仿汉朝廷。《汉书》记载，西汉皇帝屡次令郡国建立祖宗之庙进行祭祀。惠帝即位后，"令郡国诸侯各立高祖庙，以岁时祠"⑥。景帝时，令"郡国诸侯宜各为孝文皇帝立太宗之庙"⑦。宣帝时，"欲褒先帝"，"尊孝武庙为世宗庙"，并令"武帝巡狩所幸之郡国，皆立庙"⑧。一些郡国王侯也筑有自己的陵园、祠堂等。《汉书·霍光传》："光薨，……谥曰宣成侯，发三河卒穿复土，起冢祠堂，置园邑三百家，长丞奉守如旧法。"河南永城芒砀

---

① 王学理：《太社乎？陵庙乎？——对汉阳陵罗经召为"男性生殖器座"论驳议》，《文博》2001年第5期。

② 杨宽：《中国古代陵寝制度史研究》，上海人民出版社，2003年，第20、208页。

③ 中国社会科学院考古研究所：《西汉礼制建筑遗址》，文物出版社，2003年。

④ 杨宽：《中国古代陵寝制度史研究》，上海人民出版社，2003年，第208页。

⑤ 傅熹年先生、锺晓青先生均认为"罗经石"可能是建筑中心的柱础石。见李零：《说汉阳陵"罗经石"遗址的建筑设计》文后补记，《考古与文物》2002年第6期。

⑥ （汉）司马迁：《史记》，中华书局，1963年，第392页。

⑦ （汉）班固：《汉书》，中华书局，1964年，第138页。

⑧ （汉）班固：《汉书》，中华书局，1964年，第3156页。

山是西汉梁国王陵，其中保安山是梁孝王刘武及其王后的陵墓区，是目前发现的最大的诸侯王陵，在许多方面都是模仿的西汉帝陵[①]。梁孝王陵位于保安山南峰，王后陵位于北峰，两墓相距约200米，以山为陵，墓顶都有封土，周围发现大规模的建筑遗迹。整个陵区用夯土筑成平面近方形的大型陵园，南北长约900米，东西宽约750米。在东门外还有类似门阙的建筑遗迹。在梁孝王陵的东部有一大型寝园遗址，由围墙、前朝、后寝、廊庑等多组建筑组成，出土的大量建筑用瓦上模印有"孝园"二字。王后陵的陪葬坑内还出土了"梁后园"铜印。这些陵墓建筑遗迹及出土文字资料证明，梁孝王陵园应是仿照帝陵而建，也有陵园、陵寝等设施。据调查，西汉的中山、常山、河间、鲁、楚等国的王陵，也均有类似梁王陵的建筑遗迹。满城中山王后窦绾墓出土了"中山祠祀"封泥，定县三盘山中山王墓（M121）出土了"中山庙祀"封泥[②]。长沙地区也出土了许多有关长沙王进行庙祭和墓祭的文字资料[③]，如"长沙顷庙"石印，据《汉书·百官公卿表》载：景帝中六年，将掌宗庙礼仪的奉常更名太常，其属官有"诸庙寝园食官令长丞"。据《汉书·诸侯王表》：武帝天汉元年，长沙定王发的孙子鲋鮈为顷王，故此"长沙顷庙"应为顷王鲋鮈的庙印。还发现有"顷园长印"封泥，应是顷王鲋鮈的寝园长之印。又"靖园长印"，据《汉书·王子侯表》：长沙定王发子洮阳靖侯狩燕于元狩六年卒，此应是看守靖侯寝园之长官印。又"长沙祝长"，据《汉书·百官公卿表》载，太常属官有太祝令丞，"景帝中六年更名太祝为祠祀，武帝太初元年更曰庙祀"。此印应是长沙王国的庙祀之官印。既然有掌管宗庙和寝园祭祀的"庙祀""园长"之官，说明"庙祭"与"寝祭"也是协调一致的祭祀礼俗。不难看出，西汉各郡国王侯的陵园构筑及祭祀礼俗等，都是遵循汉王朝新形成的礼仪制度。

　　（初载《考古学报》2006年第4期；原载高崇文：《古礼足征：礼制文化的考古学研究》，上海古籍出版社，2017年）

---

　　①　河南省商丘市文物管理委员会、河南省文物考古研究所、河南省永城市文物管理委员会：《芒砀山西汉梁王墓地》，文物出版社，2001年。

　　②　郑绍宗、郑滦明：《汉诸侯王陵的营建和葬制》，《文物春秋》2001年第2期。

　　③　周世荣：《长沙出土西汉印章及其有关问题研究》，《考古》1978年第4期。

我方鼎铭文与西周丧奠礼

冯　时

我方鼎盖、器对铭43字（图一），自于洛阳出土并著录后①，学者研释不绝。然就器之时代、关键文字之释读及文辞句读，仍多存分歧，特别是铭文所反映的西周礼制与祭祀问题，更待澄清。兹对观盖、器铭文试作释文，并对相关问题详为考释。

　　隹（唯）十月又一月丁亥，我乍禦，衶且（祖）乙匕（妣）乙、且（祖）己匕（妣）癸；延礿、𢿧（𢽾）二女（母）。咸，舁（舆），遣祼，二不（𥷚），贝五朋。用乍（作）父己宝障（尊）彝。亚若。（《集成》27639）

器主"我"乃小宗若氏，其为父己铸作祭器。铭文前后分述四事，首言禦衶二祖妣，次言礿𢿧二祖之配，继言遣祼事，终言二𥷚及贝赠，内容关乎西周丧奠礼，至为重要。

-----

① 刘体智：《善斋吉金录》卷三，石印本，1934年。或疑器为赝品［姚孝遂：《〈禦鼎〉辨伪》，《古文字研究》（第八辑），中华书局，1983年］，学者已辨其非［游国庆：《我方器盖器真伪考辨》，《古文字研究》（第二十三辑），中华书局，2002年］。此器洛阳出土，初由虹光阁购得，残为数片，后转售尊古斋，补缀成形。曾著录于罗振玉《贞松堂集古遗文补遗》卷上，刘体智《善斋吉金录》卷三及《小校经阁金文拓本》卷三均误为甗。器盖后出，著录于罗振玉《贞松堂集古遗文补编》卷中，但误为簋。《故宫西周金文录》云："器身是民国廿五年容庚请傅斯年先生，为中央研究院向刘体智善斋购买其收藏的铜器一〇七器（七万元）中的一件。盖是民国三十五年李济之先生为历史语言研究所（史语所），所购得于北平。"其器现藏台北故宫博物院，盖藏台北"中央研究院"历史语言研究所。器高23.2、口长17.5、宽14.5厘米，盖高6.5、口长19.3、宽15.4厘米。盖、器不合，当因补修后变形所致。

图一　我方鼎铭文拓本

1. 盖铭　2. 器铭

一、我方鼎时代

此器时代颇存争议，罗振玉以为殷器①，学者多从之。容庚则以为西周早期器②。今据铭文首述之纪时制度分析，知容说为是。

鼎铭首言"隹（唯）十月又一月丁亥"，以月赅日，且月名之前冠以语词"唯"，这种纪时形式绝不见于殷铭。如殷卜辞及纪事刻辞的纪时形式为：

乙卯卜，……五月。（《合集》903正）

癸巳王卜，……在六月。（《合集》37867）

辛酉，……在十月，唯王三祀肜日。（《合集》37848正）

壬午，……在五月，唯王六祀彡日。（《合补》11299正）

---

① 罗振玉：《贞松堂集古遗文》卷上，北京图书馆出版社，2003年，第13、14页。

② 容庚：《善斋彝器图录》，哈佛燕京学社，1936年，第14页；又见白川静：《金文通释》四，《白鹤美术馆志》（第四辑），1963年；中国社会科学院考古研究所：《殷周金文集成》第五册，鼎类铭文说明（三），中华书局，1985年，第30页；台北故宫博物院编辑委员会：《故宫西周金文录》，台北故宫博物院，2001年，第34、35页。

知殷人纪时皆首出历日，后系历月，历月绝不统领历日。商代金文的纪时形式同样如此。

己酉，……在九月，唯王十祀劦日五，唯来东。［戊铃彝（《集成》9894）］

丁巳，……在九月，唯王九祀劦日。［舊齒卣（《集成》5397）］

丙辰，……在正月，……彡日……唯王二祀。［二祀邲其卣（《集成》5412）］

乙巳，……在四月，唯王四祀翌日。［四祀邲其卣（《集成》5413）］

乙亥，……在六月，唯王六祀翌日。［六祀邲其卣（《集成》5414）］

癸巳，……唯王六祀肜日，在四月。［小臣邑斝（《集成》9249）］

戊辰，……在十月一，唯王廿祀劦日。［韓簋（《集成》4144）］

乙未，……在五月，隹王廿祀又二。［坂方鼎（《新收》1566）］

庚申，……在六月，唯王廿祀翌又五［宰椇角（《集成》9105）］

诸铭皆附周祭祀典，是为典型之殷铭，其纪时形式皆先出历日，后纪历月，历月与纪日干支不相系属，这种纪时形式乃为殷商先民的一贯做法，其影响至西周初期仍可见到。

乙亥，王有大礼……［天亡簋（《集成》4261），武王世］

乙卯……在二月既望。［保卣（《集成》5415），成王世］

癸卯，王来奠新邑……［王奠新邑鼎（《集成》2682），成王世］

丁巳，王在新邑……［䵼士卿尊（《集成》5985），成王世］

庚午，……在二月。［帝农鼎（《集成》2710），西周早期］

然至成王时期，纪时制度在原有殷商制度的基础上已生变化，历月作为纪时单位开始出现在文首。

唯三月，王在成周，延武王祼自郊。［德方鼎（《集成》2661），成王世］

唯王初迁宅于成周，复稟武王礼祼自天。在四月丙戌，王诰宗小子于京室。［何尊（《集成》6014），成王世］

唯四月甲戌周，丙戌，王在京宗。［□卿方鼎（《西甲》1.36），成王世］

唯四月辰在丁未。［宜侯夨簋（《集成》4320），康王世］

唯五月辰在丁亥。［商卣（《集成》5404），西周早期］

纪时制度的这种变化或许应是周公改制的内容之一。尽管传统的殷商纪时制在西周新的制度产生之后仍有使用，但新制度的流行已是必然的趋势。因此，通过对殷周纪时制度的比较可以明显看出，我方鼎铭文所呈现的历月赅日的形式只能出现于西周时代。

此鼎器高23.2、口长17.5、宽14.5厘米，长方形垂腹，圆转角，四柱足，口沿下饰兽面纹，云雷纹衬地；盖高6.5、口长19.3、宽15.4厘米，顶部四角分置四个凸形捉手，高3.7厘米，缘面饰兽面纹与云雷纹。其整体造型略似西周成康时代的圉方鼎[1]，与商代的方鼎形制不同[2]，而铭文书体尽显波磔，为西周早期风格，故此鼎之时代显属西周早期。

二、朝　庙　奠

铭文叙事，于纪时之后首言"我乍𪓐，袖祖乙妣乙、祖己妣癸"。"我"系器主自称，其为若氏，称"亚"而属小宗身份[3]。"乍"，始也。《广雅·释诂一》："乍，亦始也。"或读为"作"。《诗·周颂·駉》："思马斯作。"毛《传》："作，始也。""𪓐""袖"皆为祭名。《说文·示部》："𪓐，祀也。"殷卜辞习见。"袖"，从"示"从"血"省，字亦见于殷卜辞[4]，应即血祭之字[5]。卜辞所见之殷人𪓐祭即常与血相联系[6]，故"袖"作为血祭之法应属𪓐祭之祭法。"祖乙妣乙"与"祖己妣癸"皆为受祭者。

器主"我"为其亡父作器缘何首先遍祀二祖二妣，事应关涉西周丧奠之礼。依丧礼，启殡将葬必先迁灵柩于家庙朝祖，鼎铭言祀二祖二妣，即合此事。《仪礼·既夕礼》云：

请启期，告于宾。夙兴设盥于祖庙门外。……迁于祖，用轴。

① 王世民、陈公柔、张长寿：《西周青铜器分期断代研究》，文物出版社，1999年，第18、19页。
② 杨宝成、刘森淼：《商周方鼎初论》，《考古》1991年第6期。
③ 拙作：《殷代史氏考——前掌大遗址出土青铜器铭文研究》，《古文字与古史新论》，台湾书房出版有限公司，1996年。
④ 杨树达：《积微居金文说》（增订本），科学出版社，1959年，第152页。
⑤ 李学勤、王宇信：《周原卜辞选释》，《古文字研究》（第四辑），中华书局，1980年。
⑥ 李学勤、王宇信：《周原卜辞选释》，《古文字研究》（第四辑），中华书局，1980年。

郑玄《注》：

> 将葬当迁柩于祖。……祖，王父也。下士祖祢共庙。……迁，徙也。徙于祖，朝祖庙也。……盖象平生将出必辞尊者。

又郑氏《目录》云："凡朝庙日，请启期，必容焉。"即言启殡朝庙辞行之礼。《礼记·杂记下》："升正柩。"郑玄《注》："谓将葬朝于祖，正棺于庙也。"孔颖达《正义》："谓将葬朝于祖庙，柩升庙之西阶，于两楹之间。其时柩北首。"皆述启殡所行之朝庙奠。

朝庙并辞于祖祢，礼以先朝祢庙，继朝祖庙。《既夕礼·记》云：

> 其二庙，则馔于祢庙，如小敛奠，乃启。朝于祢庙，……适祖。

郑玄《注》：

> 此谓朝祢明日举奠适祖之序也。……凡丧，自卒至殡，自启至葬，主人之礼其变同，则此日数亦同。

贾公彦《疏》：

> 启日朝祢，又明日朝祖，又明日乃葬。

又《礼记·檀弓下》云：

> 丧之朝也，顺死者之孝心也。其哀离其室也，故至于祖考之庙而后行。殷朝而殡于祖，周朝而遂葬。

郑玄《注》：

> 朝，谓迁柩于庙。

孔颖达《正义》：

> 夫为人子之礼，出必告，反必面，以尽孝子之情。今此所以车载柩而朝，是顺死者之孝心也。然朝庙之礼，每庙皆朝，故《既夕礼》云"其二庙，则馔于祢庙"，下云"降柩如初，适祖"。则天子诸侯以下，每庙皆一

日。至远祖之庙，当日朝毕，则为祖祭。至明日，设遣奠而行。

又《周礼·春官·丧祝》云：

> 及朝，御匶，乃奠。

郑玄《注》：

> 郑司农云："朝谓将葬，朝于祖考之庙而后行，则丧祝为御柩也。"玄谓乃奠，朝庙奠。

贾公彦《疏》：

> 及犹至也。谓侵夜启殡，昧爽朝庙，故云及朝。……云乃奠者，案《既夕礼》，朝庙之时，重先，奠从，烛从，柩从。彼奠昨夜夕奠，至庙，下棺于庙两楹之间，西设此宿奠。至明彻去宿奠，乃设此朝庙之奠于柩西，故云乃奠。……周人不殡于庙，故始死殡于路寝，七月而葬，以次朝七庙，先祢而后祖，庙别一宿，后朝始祖庙　遂出葬于墓。

据孔、贾之说，则王丧当遍朝七庙。然《礼记·曾子问》则引老聃云："天子崩，国君薨，则祝取群庙之主而藏诸祖庙，礼也。卒哭成事，而后主各反其庙。"孙诒让《周礼正义》："是未葬以前，自祢以上六庙并无主。而得遍行朝礼者，盖将朝之前，祝先迎主反群庙，既朝而主仍藏祖庙。"此或天子诸侯之礼。孙希旦《礼记集解》云："孔疏言天子诸侯之葬，每一日朝一庙，非也。《士丧礼》有二庙者，朝祖毕即朝祢，不待明日。是不以一日限朝一庙矣。天子诸侯之丧，祝敛群庙之主而藏之大庙，尤无事遍历群庙而朝之也。"故于天子诸侯之礼外，当尊朝祖祢二庙之说。古礼朝庙，亦如生时出行告辞。《曾子问》引孔子云："诸侯适天子，必告于祖，奠于祢。……反必亲告于祖、祢。"孙希旦《集解》："祖，大祖也。祖与祢，皆设奠以告之。"孙诒让《周礼正义》："《既夕礼》迁柩朝庙，彻宿奠后云'厥明乃奠'，《注》云：'为迁祖奠也。'又《记》云：'其二庙，则馔于祢庙，如小敛奠，乃启。'据彼推之，则天子七庙，启曰先朝祢庙，其奠亦如小敛奠；以后五日，遍朝诸庙，其奠并同。至第七日，朝大祖庙，其奠则如大敛奠。若然，天子朝庙奠有七次，唯末奠特盛也。"故依朝祖祢二庙之制，其祖庙必为太祖。今据鼎铭观之，其非记天子诸侯之礼，当合先后于祢、祖二庙朝见告辞之制。铭文二祖二妣之所以称"祖""妣"，皆对器主"我"而言，是知先告之祖乙、妣乙实即父己之亡父母，为其祢庙之主；而后告之祖己、妣癸则为父己之太祖妣，为其太祖庙主，前者系器主

"我"父所祔之祢庙，后者则为器主"我"父所祔之祖庙。两庙虽对"我"父父己有祢祖之别，但却同为"我"之祖庙。此于丁亥一日兼祔二庙，是为西周士礼。故铭述兼祭二祖妣，适合古之朝庙奠礼。

《大戴礼记·夏小正》："丁亥者，吉日也。"西周金文所见初吉之日多为丁亥[1]，此诹日用事传统颇合周人制度。又贾公彦《既夕礼疏》解《檀弓》云："殷朝而殡于祖者，殷人将殡之时，先朝庙，讫乃殡，至葬时不复朝也。云周朝而遂葬者，周人殡于路寝，至葬时乃朝，朝讫而遂葬。"细审铭文可知，此实记将葬之前的朝庙之奠，事与西周礼制全合。且鼎铭显示，西周朝庙奠行禩祭，并设荐血之礼。

三、祖　　奠

铭文于朝庙奠后继言"延袴、飘二母"。"延"对前文称始之"乍"而言，乃述后续之事，这种用法于殷卜辞及西周金文极为常见。德方鼎铭："唯三月，王在成周，延武王裸自蒿（郊）。"何尊铭："唯王初迁宅于成周，复禀武王礼裸自天。"知"延""复"同义。

"袴""飘"皆为祭名。"袴"，后世以为夏祭名，文献或作"禴"。《说文·示部》："袴，夏祭也。"《尔雅·释天》："夏祭曰袴。"郭璞《注》："新菜可汋。"《礼记·王制》："天子诸侯宗庙之祭，春曰袴。"郑玄《注》："周则改之，春曰祠，夏曰袴。"陆德明《释文》："袴又作禴。"《诗·小雅·天保》："禴祠烝尝。"毛《传》："夏曰禴。"陆德明《释文》："禴，本又作袴。"《周礼·夏官·大司马》："献禽以享袴。"郑玄《注》："袴，宗庙之夏祭也。"孙诒让《正义》："袴、禴字同。"然殷周虽无四时之分[2]，却已知四气[3]，而西周历法初承殷历，其十一月约当夏历六、七月[4]，故禴祭或本于夏至前后所行之祭，后四时建立，遂以为夏祭之名。《公羊传·桓公八年》："夏曰袴。"何休《注》："麦始熟可袴，故曰袴。"至于李鼎祚《周易集解》引干宝曰"非时而祭曰禴"，则并非袴祭

---

① 冯时：《晋侯稣钟与西周历法》，《考古学报》1997年第4期。

② 于省吾：《岁、时起源初考》，《历史研究》1961年第4期。

③ 冯时：《殷卜辞四方风研究》，《考古学报》1994年第2期；冯时：《中国天文考古学》，社会科学文献出版社，2001年，第三章第三节；冯时：《中国古代的天文与人文》（修订本），中国社会科学出版社，2009年，第二章第二节。

④ 冯时：《殷历岁首研究》，《考古学报》1990年第1期；冯时：《西周金文月相与宣王纪年》，《考古学研究（六）——庆祝高玚先生八十寿辰暨从事考古研究五十年论文集》，科学出版社，2006年。

本义。"叔"本作"奈"、"叙"或"繄",学者释为"叔"①,读为"赛",指报塞鬼神赐福言之②,可从。"祒""叔"为序,乃先祒而后叔也。

"二女",学者或释"二母",并以"二母"属下读,解为二母参与祭祀③。但揣摩辞意,全篇皆以器主"我"为中心叙事,中间若转述二母助祭,则颇显突兀。或又以"二女"为人牲④,此说则与殷周祒祭之义不合。"祒""叔"并行,于殷卜辞恒见,或也单独举行禬祭。卜辞云:

戊辰卜,行贞:王宾大丁彡、禬、叔,亡尤?在十月(《戬》2.9)

戊辰卜,旅贞:王宾大丁彡、禬、叔,亡尤?在十一月。(《合集》22762)

□□〔卜〕,□〔贞:王宾〕大甲彡、禬、叔,亡尤?在十二月。(《合集》22789)

〔辛〕□卜,尹〔贞:王〕宾南庚〔彡〕、禬、叔,〔亡〕尤?(《合集》23079)

〔丙〕□〔卜〕,尹〔贞:王〕宾小乙彡、禬、叔,亡尤□?(《合集》23112)

壬申卜,大贞:王宾禬、叔,亡尤?(《合集》25749)

己丑卜,大贞:王宾禬、叔,〔亡〕尤?(《合集》25750)

□□〔卜〕,□贞:王〔宾〕禬、叔,〔亡尤□〕?(《合集》25763)

戊戌卜,口贞:王宾中丁彡、禬,亡祸?十月。(《合集》27178)

〔戊〕戌卜,王贞:王宾中丁彡、禬,亡㞒?(《合集》22855)

戊戌卜,尹贞:王宾父丁彡、禬,亡祸?(《合集》23241正)

乙丑卜,贞:王宾禬,亡祸?(《合集》25759)

乙酉卜,即贞:王宾禬,亡祸?(《合集》25752)

乙卯卜,出贞:王宾禬,亡尤?(《合集》25753)

□子卜,旅贞:王宾禬,亡祸?(《合集》25755)

① 罗振玉:《增订殷虚书契考释》卷中,东方学会石印本,1927年,第18页;王国维:《魏石经残石考》,《王国维遗书》(第九册),上海古籍书店,1983年,第34页;于省吾:《甲骨文字释林》,中华书局,1979年, 第35~37页;李学勤:《季姬方尊研究》,《中国史研究》2003年第4期;收入李学勤:《文物中的古文明》,商务印书馆,2008年;李家浩:《季姬方尊铭文补释》,《黄盛璋先生八秩华诞纪念文集》,中国教育文化出版社,2005年。

② 于省吾:《甲骨文字释林》,中华书局,1979年,第35~37页。

③ 李学勤、王宇信:《周原卜辞选释》,《古文字研究》(第四辑),中华书局,1980年。

④ 曹兆兰:《金文中的女性人牲——我方鼎铭文补释》,《古文字研究》(第二十五辑),中华书局,2004年。

乙卯卜，出贞：王宾禴，不遘雨？（《合集》24883）

□□［卜］，大［贞：王宾］禴，亡祸？十二月。（《续》5.30.2）

西周金文的祫祭也写作"禴"。文云：

唯王大禴于宗周延飨莽京年。［史寅卣（《集成》5421）］

据今所见，卜辞禴祭的时间皆不出殷历十至十二月，约当夏历夏至以后，适合前论。从殷周文献所载禴祭可知，此祭并不用牲，何况人牲。《易·既济》九五："东邻杀牛，不如西邻之禴祭实受其福。"马王堆汉帛书本首句作"东邻杀牛以祭"。上海博物馆藏战国竹书本"禴"作"礿"。王弼《注》："牛，祭之盛者也。禴，祭之薄者也。……祭祀之盛，莫盛修德。故沼沚之毛、蘋蘩之菜可羞于鬼神。故黍稷非馨，明德惟馨。是以东邻杀牛不如西邻之禴祭实受其福也。"《新唐书·历志》："衲六祀，周文王初禴于毕。"当本《竹书纪年》①，正合《既济》西邻禴祭之说。又《易·萃》："孚乃利用禴。"王弼《注》："禴，殷者祭名也，四时祭之省者也。"孔颖达《正义》："禴，四时之祭最薄者也。"何休以麦食禴，郭璞以新菜禴，是禴祭但用饭菜而已，不用六牲，其祭俭约。焦循《易章句》："禴当为礿，礿犹约也。"故"孚乃利用禴"，其意正与《既济》同。高亨或从郭沫若"孚"为"俘"字之说，以为人牲②。然上海博物馆藏战国竹书本及马王堆汉帛书本"孚"字并作"復"，知此说不可据。况如此解释，也与卜辞及金文反映的禴祭祭义不合。

殷代叙报之祭时而用牲，但也绝无人牲。卜辞云：

己巳卜，兄贞：其叙于血室，惠小宰？（《英藏》2119）

壬申卜，贞：叙子癸惠犬？（《合集》27640）

□子卜，大［贞］：其叙□乙惠羊？（《合集》25372）

很明显，以"二女"解为人牲，与禴、叙二祭均不相合。

　　鼎铭"延禴、叙二母"乃申言前文"乍禦，祟祖乙妣乙，祖己妣癸"，二祖二妣既为致祭对象，则以两句相同的文例判断，"二母"也自为受祭者，为报赛的对象。杨树达以为此二母即前祭之二妣③，甚是。铭文称"延"，显然是对前祭的延续，唯此但祭二妣而已。辞言始祭二祖二妣，其后以禴、叙继续致祭二妣，文从义顺。

　　二妣为器主先祖之配，故"二母"理应解为二配，即祖乙与祖己的两位配偶。鼎

---

① 王国维：《古本竹书纪年辑校》，《王国维遗书》（第十二册），上海古籍书店，1983年。

② 高亨：《周易大传今注》，齐鲁书社，1979年，第384页。

③ 杨树达：《积微居金文说》（增订本），科学出版社，1959年，第152页。

铭"母"本作"女"，于此当读为"母"。古文字"女""母"二字通用不别。卜辞记先母庙号，"母"多作"女"。如"母乙"（《佚》383反）也作"女乙"（《宁》1.227），"母丙"（《前》1.28.3）也作"女丙"（《后上》6.12），"母戊"（《后上》6.13）也作"女戊"（《甲》2215），"母己"（《续》1.41.3）也作"女己"（《乙》7893），"母庚"（《乙》1183）也作"女庚"（《遗》343），"母辛"（《粹》385）也作"女辛"（《粹》384），"母壬""女壬"同见一版（《甲》2902），"母癸""女癸"也见于同版（《甲》2902）。商周金文相关的通用之例亦复不少，略举数铭如下：

　　　　作女（母）戊宝尊彝。［作母戊觥盖（《集成》9291）］
　　　　者（诸）女（母）以大子尊彝。［者女觥（《集成》9294）］
　　　　考女（母）作医联。
　　　　考母作医联。［考母壶（盖、器）（《集成》9527）］
　　　　庚姬作齍女（母）宝尊彝。［庚姬器（《集成》10576）］

此皆"女""母"通用之证。

　　"母"于鼎铭当训配偶。卜辞记殷人称配为"奭"①，或也称"母"及"妻"、"妾"②，其称母之例如：

　　　　□□［卜］，韦贞：唯祖丁母耂？（《合集》1876）
　　　　于祖丁女（母）禦？（《合集》1857）
　　　　于祖丁女（母）妣甲禦，屮彭？（《合集》2392）

"祖丁母"或作"祖丁女"，知"女'读为"母"，即言祖丁配偶。卜辞又云：

　　　　癸酉卜，行贞：翌甲戌外丙母妣甲岁，惠牛？（《合集》22775）
　　　　□辰贞：其秉生于祖丁母妣己？（《合集》34083＋32923）
　　　　乙巳卜，扶，侑大乙女（母）妣丙一牝不？（《通·新》3）
　　　　□子卜，□侑大甲女（母）妣辛？（《合集》21540）

---

① 张政烺：《"奭"字说》，《六同别录》（上册），《（国立）中央研究院历史语言研究所集刊》（外编第三种），国立中央研究院历史语言研究所集刊编辑委员会，1945年；收入《张政烺文史论集》，中华书局，2004年。

② 郭沫若：《殷契粹编考释》，日本东京文求堂石印本，1937年，第23、31页；陈梦家：《殷虚卜辞综述》，科学出版社，1956年，第485～488页；屈万里：《中国考古报告集之二·小屯·殷虚文字甲编考释》，"中央研究院"历史语言研究所，1961年，第73页。

辛丑卜，王，夕侑示壬女（母）妣庚豕？不用。三（《合集》19806）

明证诸辞之"女"皆读为"母"，意指先王配偶。《逸周书·克殷》述武王灭商，
"先入，适王所，乃尅射之，三发而后下车，而击之以轻吕，斩之以黄钺。适二女之
所，乃既缢。"孔晁《注》："二女，妲己及嬖妾。"又《逸周书·世俘》云："武
王在祀，太师负商王纣悬首白旂，妻二首赤斾。"两文对读，知"二女"的身份自为
纣妻，故明《克殷》之"二女"亦宜读为"二母"，如此则甚合殷周制度。准此，则
鼎铭"二母"之义显言祖乙、祖己之二配妣乙、妣癸，二妣已见其身份，遂铭辞重见
而变文。

周原所出帝辛庙祭卜辞也见二母之称。文云：

> 癸巳彝文武帝乙宗。贞：王其𢓊（昭）祭成唐，虁禦𠬝，二母其彝，血
> 牡三、豚三，囟又正。（《周原》H11：1）

"二母"的"二"字漫漶不清，整理者或不出释[1]，是为谨慎。学者或读为"二女"，
以为即商纣之二妻[2]，其助王之祭亯。然字本作"二母"，恰证《克殷》之"二女"本
即"二母"，故宜以本字解之。

对先祖之配集合而称母配，相关的辞例也很明确。卜辞云：

> □巳贞，其侑三匚女（母）豕？［《粹》120（《合集》32393）］

郭沫若云："'母'殆谓三匚之配。"[3]其说甚确。三匚的三位配偶为占卜者的三
位先妣，其集合而称"三匚母"，即三匚之配，用法与我方鼎"二母"言二祖之配
正同。

鼎铭言朝庙之后续行祔祭，且报妣乙、妣癸两位女性祖先，其事反映的当为丧奠
中的祖奠之礼。

丧礼于朝庙奠后，继之以祖奠。古礼将葬，必祖于庭，设祖道以饯行，犹生时饮
饯之礼然。《仪礼·既夕礼》云：

> 有司请祖期，曰日侧。……商祝御柩，乃祖。……祖还车。……布席
> 乃奠。

① 曹玮：《周原甲骨文》，世界图书出版公司，2002年，第1页。
② 李学勤、王宇信：《周原卜辞选释》，《古文字研究》（第四辑），中华书局，1980年。
③ 郭沫若：《殷契粹编考释》，日本东京文求堂石印本，1937年，第23页。

郑玄《注》：

> 还枢鄉外，为行始。……祖有行渐，车亦宜鄉外也。……车已祖，可以
> 为之奠也，是之谓祖奠。

贾公彦《疏》：

> 乃还枢车，使辕鄉外也。祖者，始也。为行始，去载处而已也。

又《聘礼·记》云：

> 出祖释軷，祭酒脯，乃饮酒于其侧。

郑玄《注》：

> 祖，始也。既受聘享之礼，行出国门，止陈车骑，释酒脯之奠于軷，
> 为行始也。《诗传》曰："軷，道祭也。"谓祭道路之神。《春秋传》曰：
> "軷涉山川。"然则軷山，行之名也。道路以险阻为难，是以委土为山，或
> 伏牲其上，使者为軷祭酒脯，祈告也。

《周礼·春官·丧祝》述朝庙之后"及祖"，郑玄《注》引郑司农云："祖，谓将葬
祖于庭，象生时出则祖也，故曰事死如事生，礼也。"贾公彦《疏》："初朝祢，次
第朝亲庙四，次朝二祧，次朝始祖后稷之庙。至此庙中，设祖祭。是至祖庙之中而行
祖。"孔颖达《礼记正义》："祖，始也，谓将行之始也。"江永《礼记训义择言》
云："前此枢迁于祖庙，用輁轴，正枢于堂上两楹间。既朝祖，却下，以蜃车载于
阶间北首，饰棺讫，日昃时乃还转枢车，向外南首为行始，谓之祖。"此皆言祖奠
之礼。

据《仪礼·既夕礼》及郑《注》，祖在迁庙奠后，其以还枢及车向外谓之祖，因
而设奠谓之祖奠，经文之祖盖兼含还枢及祖奠二事。而鼎铭述祖奠先祊后鼜，或有先
祈后报之意，其中先行之祊不用牲，为祈；而后行之鼜兼用之，为报，与《既夕礼》
所记颇合。

鼎铭所见之祖奠不同于朝庙奠，朝庙以告祭男性祖先为主，女性祖先附之，而祖
奠仅告女性祖先。这种做法显然同朝庙奠先祢后祖的次序一样，体现了丧礼由近及远
的基本礼旨。《礼记·坊记》引孔子云：

> 丧礼每加以远。浴于中霤，饭于牖下，小敛于户内，大敛于阼，殡于客位，祖于庭，葬于墓，所以示远也。

又《礼记·檀弓上》云：

> 故丧事有进而无退。

丧礼以小敛前奠于尸东，不设席位，冀死者如生；大敛后则设席，以神相尊；至柩朝祖庙，升降自西阶，以客相待；每动而远。《礼记·杂记下》云：

> 或问于曾子曰："夫既遣而包其馀，犹既食而裹其馀与？君子既食则裹其馀乎？"曾子曰："吾子不见大飨乎？夫大飨，既飨，卷三牲之俎，归于宾馆，父母而宾客之，所以为哀也。子不见大飨乎？"

郑玄《注》："言遣既奠而又包之，是与食于人，已而裹其馀将去何异与？君子宁为是乎？言伤廉也。既飨归宾俎，所以厚之也。言父母家之主，今宾客之，是孝子哀亲之去也。"孙希旦《集解》："父母，家之主，今长往不返，其奠馀之物，乃俟主人而送之，正与待宾客同，是乃人子之所以致其哀也。"即以宾客待父母。《仪礼·既夕礼》言葬器首陈弓矢，除以其合六艺之技而外，恐怕也不会不具有某种象征意义[1]。《说文·弓部》："弓，穷也，以近穷远者。"即有示死者远离生者之喻。而鼎铭言祖奠不及祖考而专祭二祖之配，是以母妣为外姓祖先，有自祖而外的渐远之势，深合丧礼之义。

四、大 遣 奠

祖奠之后，于葬日陈大遣奠。相关内容，鼎铭则称"咸，舆，遣裸"。

"咸"，讫事之辞[2]。德方鼎铭："唯三月，王在成周，延武王裸自蒿（郊）。咸，王锡德贝廿朋。"叙述逻辑与鼎铭全同。班簋铭："王命毛伯更虢成公服，屏王位，作四方极，秉緐、蜀、巢命。赐铃鋬。咸，王命毛公以邦冢君徒御、䢄人伐东国猾戎。咸，王命吴伯曰。"两"咸"字用法也与鼎铭同。此"咸"言彻祖，故下文继述遣事。

---

① 冯时：《陶寺圭表的初步研究》，文本·图像·记忆国际学术研讨会论文，2011年1月6~8日，上海。

② 杨树达：《积微居金文说》（增订本），科学出版社，1959年，第152页。

"舆"，载枢而陈遣奠。字本象四手抬尸之形，其中"尸"字的形构，器铭保留得更为清晰，故此字可隶定为"𦥑"，分析为从"𦥑"从"尸"，"𦥑"亦声，会意兼声。《说文·𦥑部》："𦥑，叉举也。读若余。"朱骏声《说文通训定声》："谓众人举之。经传皆以舆为之。"故"𦥑"实即"舆"之本字，文献或作"轝"，其取众手抬尸之形，反映的正是上古"舆尸""载尸"之俗。《易·师》六二："师或舆尸。"六五："弟子舆尸。"李鼎祚《集解》引卢氏曰："尸在车上。"高亨《周易古经今注》："舆尸者，以舆载死人也。"闻一多引《楚辞·天问》："武发杀殷何所悒？载尸集战何所急？"《淮南子·齐俗》："武王伐纣，载尸而行。"《史记·龟策列传》：文王"兴卒聚兵，与纣相攻。文王病死，载尸以行，太子发代将，号为武王，战于牧野"。以"舆尸"犹载尸，乃武王事或殷周之俗[1]，甚确。实"舆尸"之本训即为二人以舆载尸。二十八宿南宫之第二宿名"舆鬼"，其宿于西汉之星象图即绘为二人抬舆载尸之形[2]。足证"舆鬼"实取义"舆尸"。而星图所见载尸之具，于殷墟侯家庄商代王陵已出土四具，皆呈长方形而首尾四柄，极为精致华美，学者考为𦥑物所用之舆，或名拾舆[3]。其本或用以抬尸载枢，故"舆"有载义。《广雅·释诂二》："舆，载也。"是"舆尸"后又俗谓"载尸"。《左传·僖公六年》："许男面缚，衔璧，大夫衰绖，士舆榇。"杜预《集解》："榇，棺也。"杨伯峻《注》："舆，举而行之也。""舆"象众手抬舆载枢，而于祖奠中则需举枢升车。《礼记·问丧》："动尸举枢。"此"举枢"也即"舆"义。举枢需众手共为，是为共举，此正合"𦥑"字本训。

古以"舆"本载尸之具，而舆载棺枢升于枢车，致枢路亦名为"舆"。舆字或作"轝"。《周礼·春官·巾车》："小丧，共匶路。"郑玄《注》："枢路，载枢车也。"枢路或称枢轝[4]，即载枢出殡之车。惠栋《周易述》："轝、舆古今字。"《墨子·公输》："邻有敝轝。"孙诒让《间诂》："轝作舆。"《类篇·车部》："轝，𦥑车也。"《广雅·释诂一》："轝，举也。"皆明"轝""舆"本为一字，其初作"𦥑"，象舆尸之形，于丧礼则言举枢载车，也即舆榇舆棺之谓[5]。

舆载棺枢于礼经本为祖奠的重要义节。《周礼·春官·丧祝》云：

　　　　及祖，饰棺，乃载，遂御。

① 闻一多：《璞堂杂识》，《闻一多全集》（二），生活·读书·新知三联书店，1982年，第584页。
② 冯时：《中国天文考古学》，社会科学文献出版社，2001年，第310、315页。
③ 梁思永、高去寻：《中国考古报告集之三·侯家庄》第二本，1001号大墓，"中央研究院"历史语言研究所，1962年。
④ 参见吴荣光：《吾学录初编》卷十七，丧礼门三，《四部备要》本。
⑤ 《释名·释丧制》："舆棺之车曰𫐃。"

郑司农云：

> 祖时，丧祝主饰棺乃载，遂御之，丧祝为柩车御也。

郑玄《注》：

> 饰棺，设柳池纽之属。其序，载而后饰，既饰当还车向外，丧祝御之。

贾公彦《疏》：

> 既载乃饰。案《既夕礼》，遂匠纳车于阶间，却柩而下棺，乃饰棺，设帷荒之属。饰讫，乃还车向外，移柩车去载处，至庭中，车西设祖奠。

后郑、贾疏皆以先载而后饰棺，说与经及先郑不同，或有早晚礼制的变化。《杂记上》云：

> 君若载而后吊之，则主人东面而拜，门右北面而踊，出待，反而后奠。

孔颖达《正义》："门，谓祖庙门也。"谓于庙载柩车，时值祖奠。又《礼记·檀弓上》云：

> 主人既祖填池。

郑玄《注》："祖，谓移柩车去载处，为行始也。"则明祖奠实止于载柩。今据鼎铭"舆"而后"遣"可知，灵柩载车实于遣奠之前，既属祖奠之终，也当为遣奠之始。

　　丧礼于将葬之前举柩升车，是谓祖载，《穆天子传》卷六："大哭殇祀而载。"郭璞《注》："载，祖载也。"《后汉书·蔡邕传》："桓思皇后祖载之时。"李贤《注》引《周礼》郑玄《注》："祖谓将葬祖祭于庭，载谓升柩于车也。"古制以遣奠赐谥，而遣奠陈于葬日，为祖奠次日。但西周情况或非如此。《白虎通义·谥》："祖载而有谥也。"《公羊传·桓公十八年》何休《注》："盖以为祖祭乃谥。"《周礼·春官·大史》孙诒让《正义》："祖载之日即遣之日也。"又《大师》："大丧，帅瞽而廞；作匶，谥。"王引之《经义述闻》卷九："作匶盖谓将葬时也。作，起也，动也。匶朝于庙，升自西阶，及将祖，则举匶却下而载于车，故谓之作匶也。言当作匶之时，大师则进而谥焉，故曰作匶谥。……《既夕礼》载匶即在遣之日，是日将载而作匶，则大史诔之，而大师谥之，故曰'遣之日读诔'，又曰'作匶谥'。作匶者，遣之始也。"皆以祖载与遣奠同日举行，与鼎铭所述史实吻合。《既夕礼》记祖奠在日昃。《春秋经·定公十五年》："丁巳，葬我君定公。雨，不克葬。戊午，日下昃，乃克葬是也。"何休《公羊传注》："下昃盖晡时。"其时正在祖奠之后。或早期朝庙奠、祖奠、大遣奠皆同日举行，这至少应是西周士礼的实际情况。比观鼎铭，则遣前之舆事显即文献所谓之祖载及作枢，其为祖奠之终，遣奠之始，故铭文称述舆而后遣，仪注颇合。又依铭文，祖奠本应先饰后载，则《周礼》所载或为早期制度之孑遗。

丧礼彻祖奠而行遣奠，故鼎铭于祖奠毕而续言"遣祼"，是谓遣奠。《仪礼·既夕礼》云：

> 厥明，陈鼎五于门外，如初。

贾公彦《疏》：

> 论葬日之明陈大遣奠于庙门外之事。

又《周礼·春官·大史》云：

> 遣之日，读诔。凡丧事可考焉。小丧，赐谥。

郑玄《注》：

> 遣谓祖庙之庭大奠，将行时也。人之道终于此。累其行而读之，大师又帅瞽廞之而作谥。瞽史知天道，使共其事，言王之诔谥成于天道。

孙诒让《正义》：

> 凡将葬，枢朝庙后，有朝庙奠、祖奠及大遣奠，皆设于祖庙之庭。丧奠唯遣奠最盛，故谓之大奠。

是鼎铭之"遣"即言此遣奠事。

据鼎铭又知，遣奠行祼，合于制度。《周礼·春官·鬱人》云：

> 鬱人掌祼器。凡祭祀、宾客之祼事，和鬱鬯以实彝而陈之。……及葬，共其祼器，遂貍之。

郑玄《注》：

> 遣奠之彝与瓒也，貍之于祖庙阶间，明奠终于此。

贾公彦《疏》：

> 知葬共祼器据遣奠时者，以葬时不见有设奠之事，祖祭已前奠小，不合有彝器；奠之大者，唯有遣奠，故知于始祖庙中，厥明将葬之时设大遣奠，有此祼器也。此即《司尊彝》云"大丧存奠彝"者是也。以奠无尸，直陈之于奠处耳。言"貍之于祖庙阶间"者，此案《曾子问》无迁主者，以币帛皮圭以为主命行，反遂貍之于祖庙两阶之间。此大遣奠在始祖庙，事讫明亦貍之于阶间也。云"明奠终于此者"，自此已前，不忍异于生，设奠食，象生而无尸。自此已后，葬讫反，日中而虞则有尸，故《士虞礼》云"男，男尸，女，女尸"，以神事之谓之祭，异于生，故云"明奠终于此"也。

孙诒让《正义》：

> 鬱人共奠彝，则亦知鬱邑以实之。孔广森云："祼器言埋，则亦从葬者也。似非如注所云'遣奠之葬与瓒，埋于祖庙阶间'也。《檀弓》曰：'夏后氏用明器，殷人用祭器，周人兼用之。'此祼器，正葬所用之祭器。"案：孔说近是。《校人》云："大丧，饰遣车之马，及葬，埋之。"与此文例正同。

又《周礼·春官·司尊彝》云：

> 大丧，存奠彝。

郑玄《注》：

> 存，省也。谓大遣时奠者，朝夕乃徹也。

贾公彦《疏》：

> 大丧之奠有彝尊盛鬱邑，唯谓祖庙厥明将向圹，为大遣奠时有之，故郑云谓大遣时。故据载籍所记，大遣行祼以奠，此与铭文所述之制度吻合无间。鼎铭述遣奠仪注独书"祼"，是以祼事始行且重。降神之祼，祼在正

献之前。礼宾之祼，祼也始行之仪。其礼涉生死，大略相同。《礼记·郊特牲》孔颖达《正义》引崔氏云："周礼之法，宗庙以祼地为始。"是明祼为祭初之礼。《礼记·祭统》："夫祭有三重焉，献之属莫重于祼。"《易·观》："观盥而不荐。"李鼎祚《集解》引马融云："盥者，进爵灌地，以降神也。此是祭祀盛时，及神降荐牲，其礼简略，不足观也。国之大事，唯祀与戎。王道可观，在于祭祀。祭祀之盛，莫过初盥降神。"《论语·八佾》："子曰：'禘自既灌而往者，吾不欲观之矣。'"又明祼乃最盛之仪。故鼎铭记祼以明遣事。

《礼记·王制》："诸侯赐弓矢，然后征；赐鈇钺，然后杀；赐圭瓒，然后为鬯。未赐圭瓒，则资鬯于天子。"郑玄《注》："得其器，乃敢为其事。圭瓒，鬯爵也。鬯，秬酒也。"西周金文时见天子赐鬯酒及祼器者，如：

> 锡汝秬鬯一卣，祼圭瓒宝。［毛公鼎（《集成》2841）］
> 锡汝秬鬯一卣，圭瓒。［师询簋（《集成》4342）］
> 锡虡鬯一卣，商（璋）瓒一□。［宜侯夨簋（《集成》4320）］
> 赏菽鬱鬯。［菽簋（《集成》4132）］

若氏之"我"于遣奠行祼事，也应合此制度。

古于遣日赐谥。贾公彦《周礼疏》："其卿大夫将作谥之时，其子请于君，君亲为之制谥。谥成，使大史将往赐之，小史至遣之日往，为读之。……若然，此直言小丧赐之谥，则三公诸侯亦在焉。"此鼎乃小宗"我"为其父所作之祭器，文以庙号称为"父己"，父己当为继别之宗子，其中"己"为卜选之祭日，尚未称谥。古制既葬而谥，然铭述葬前诸奠，故袭称庙号，与制度全合。

五、包奠与读赗

徹遣之后，即以陈器中之二苞包羊、豕之肉，以备随葬。铭文于此包奠则记"二檗"。"檗"，字本作"㞷"，郭沫若释"不"[1]，甚精辟。此字于《说文》古文作"㞷"，爨公盨铭作"㞷"[2]，郭店楚竹书《唐虞之道》有字从之作"㞷"[3]。《说文·木部》："欁，伐木馀也。从木，獻声。《商书》曰'若颠木之有甹欁。'檗，欁

---

① 郭沫若：《周彝中之传统思想考》，《金文丛考》，人民出版社，1954年，第6页。
② 冯时：《爨公盨铭文考释》，《考古》2003年第5期。
③ 冯时：《儒家道德思想渊源考》，《中国文化研究》2003年第3期。

或从木，辥声。朿，古文櫱，从木无头。栓，亦古文櫱。"段玉裁《注》："栓者亦櫱之异文。（不，从木无头）谓木秃其上而仅馀根株也。"以此准"朿"，其字正呈秃其头而三馀其根之形，是为本字，而"朿"显为"朿"之省形。《诗·商颂·长发》："苞有三櫱。"《齐诗》"櫱"作"栵"。《汉书·叙传》："三栵之起，本根既朽。"此"三櫱""三栵"之说与金文"朿"所呈现的字形至为吻合，是出形训。《尔雅·释诂下》："栵，馀也。"毛《诗传》："櫱，馀。"因此，鼎铭"櫱"字训馀实言遣奠之馀，故知"二櫱"意即以二苞包其馀。《礼记·杂记下》之"夫既遣而包其馀"，正合铭文"二櫱"之谓。

《仪礼·既夕礼》言陈葬器云：

> 苞二。筲三：黍、稷、麦。瓮三：醯、醢、屑，幂用疏布。甒二，醴、酒，幂用功布。皆木桁久之。用器：弓矢、耒耜、两敦、两杅、槃匜，匜实于槃中，南流。无祭器。有燕乐器可也。役器：甲、胄、干、笮。燕器：杖、笠、翣。

郑玄《注》解"苞二"云：

> 所以裹奠羊、豕之肉。

贾公彦《疏》：

> 下文既设遣奠而云"苞牲，取下体"，故知苞二所以裹奠羊、豕之肉也。

《仪礼·既夕礼》又述遣奠事云：

> 陈鼎五于门外，如初。……徹巾，苞牲，取下体。不以鱼腊。

经述遣奠陈五鼎，郑玄《注》云：

> 鼎五，羊、豕、鱼、腊、鲜兽各一鼎也。士礼特牲三鼎，盛葬奠，加一等，用少牢也。

经更载徹遣而"苞牲，取下体，不以鱼腊"。郑玄《注》云：

> 苞者象既飨而归宾俎者也。（鱼腊）非正牲也。

葬奠摄盛而用少牢五鼎，故知小宗"我"之身份当为士。则铭文"二槃"即此言之"苞二"，仅及羊、豕，其他三俎因非正牲，故不用以随葬，甚合其礼①。

　　丧礼于包奠后又有读赗之礼。《礼记·杂记上》云：

　　　　大夫之丧，既荐马。荐马者，哭踊，出，乃包奠而读书。

孙希旦《集解》：

　　　　包奠者，取遣奠牲下体包裹之以送死者也。书，谓凡送死赗物之书也。
　　读，谓省录也。《既夕礼》"荐马，马出"之后，包奠"读赗"，记荐嫌大
　　夫之尊与士异，故特记之，明与士同也。

铭文终言"贝五朋"，适合此读赗仪节。

　　古以赗赙助葬，又有细别。《公羊传·隐公元年》："车马曰赗，货财曰赙。"《谷梁传》曰："钱财曰赙。"《礼记·曲礼上》："吊丧弗能赙，不问其所费。"似即以赙为钱财。故铭文之"贝五朋"当属赙赠。丧有赗，为正礼，但赙却并不常有。《周礼·天官·宰夫》郑玄《注》：

　　　　凡丧，始死，吊而含襚，葬而赗赠，其间加恩厚则有赙焉。《春秋》讥
　　武氏子来求赙。

《礼记·杂记上》孙希旦《集解》：

　　　　赙是加厚，非常故也。

知赙属加礼。《仪礼·既夕礼》云：

　　　　公赗玄纁束，马两。……宾赗者将命。……若赙，入告，主人出。……
　　知死者赠，知生者赙。

---

① 类似之苞于考古遗存或有所见。参甘肃省博物馆：《甘肃武威磨咀子汉墓发掘》，《考古》1960年第9期；林巳奈夫：《汉代の文物》，京都大学人文科学研究所，1977年，第257、258页；湖北省荆州市周梁玉桥遗址博物馆：《萧家草场二六号汉墓发掘报告》，《关沮秦汉墓简牍》，中华书局，2001年。

郑玄《注》：

> 公，国君也。赗所以助主人送葬也。……宾，卿大夫士也。……赙之言补也，助也。货财曰赙。主人出者，赙主施于主人。

贾公彦《疏》：

> 以其赠是玩好，施于死者，故知死者行之。赙是补主人不足，施于生者，故知生者行之。

明赠送死者，赙施生人，各主于所知。铭文"贝五朋"即赙生者不足，当于器主"我"所行之。《礼记·檀弓上》："子硕欲以赙布之馀具祭器。"郑玄《注》："古者谓钱为泉布，所以通布货财。""布"为货币之名，是赙以钱货之明证。

《仪礼·既夕礼》："书赗于方，若九，若七，若五。"郑玄《注》："方，板也，书赗奠赙赠之人名与其物于板。每板若九行，若七行，若五行。"贾公彦《疏》："以宾客所致有赙，有赗，有赠，有奠。直云书赗者，举首而言。但所送有多少，故行数不同。"《礼记·檀弓上》："读赗，曾子曰：'非古也，是再告也。'"郑玄《注》："祖而读赗，宾致命将行，主人之吏又读赗，所以存录之。"孙希旦《集解》："读赗，谓书赗物于方，将行，主人之史当柩东前束读之也。然致赗之宾奉币向殡将命，是已告于死者矣，至将行而又读之，故曾子以为再告。古，谓殷时也。殷礼不读赗，至周礼始有之。"此读书而言赗者，以首兼之，知其摄赙。而鼎铭以贝五朋释算记赙，则以厚赠赅薄。

"贝五朋"当为器主"我"之兄，亦即大宗宗子所赙赠。《既夕礼》："兄弟赗奠可也。"郑玄《注》："兄弟有服亲者，可且赗且奠，许其厚也。赗奠于死生两施。"鼎铭虽未记五朋贝之赙主，但末铭"亚若"，以"亚"自为小宗身份，明喻赙主应为大宗。

六、遣奠裸义

夫裸事古有吉、宾之分，吉裸首行祭天[1]，而宗庙之裸又有裸神、裸尸之别。今征诸典籍及金文，知遣奠亦有裸。然遣奠无尸，且行裸于入葬之前，故知遣奠之裸既无

---

[1] 《周礼·天官·小宰》："凡祭祀，裸将之事。"郑玄《注》："唯人道宗庙有裸，天地大神，至尊不裸，莫称焉。"后儒多从其说，以为外神不裸。然西周何尊、德方鼎铭皆记武王裸天之事，知周初礼制并非如此。《礼记·表记》："秬鬯以事上帝。"即以祀天乃有裸事，与金文所记相合。

关献尸，也不及降神，其义当他求。

《说文·示部》："祼，灌祭也。"又《酉部》："茜，礼祭，束茅加于祼圭，而灌鬯酒，是为茜。象神饮之也。"其以"祼"为祼祭之名，"茜"为祼祭之法，实训降神之祼仪。甲骨文、金文皆有"祼"字，其形多变，主要作双手奉鬯灌酒之形，如图二：

图二　卜骨文、金文"祼"字

1~6. 甲骨文（《合集》24233、《合集》15834、《屯南》958、《花东》181、《合集》27216、《合集》41643）

7~11. 金文（史兽鼎、毓祖丁卣、何尊、鲜簋、毛公鼎）

茜字或作双手奉祼器以灌酒，鬯或注于神示，以象祼神；或作奉器献尸，以象祼尸。甲骨文、金文又有"茜"字，其形如图三：

图三　甲骨文"茜"字

1.《合集》8249　2.《英藏》731　3.《合集》377　4.《合集》15816

茜字中所写之祼器与上"祼"字所从全同，故作奉器灌酒于束茅之形，或从"酉"以示其义。于此可知，以束茅缩酒之祼仪，殷已有之，其义显然在于通阴降神。

祼本酌鬱鬯灌地之礼，其旨在于通阴。《礼记·郊特牲》云：

> 周人尚臭，灌用鬯臭，鬱合鬯，臭阴达于渊泉。灌以圭璋，用玉气也。既灌然后迎牲，致阴气也。萧合黍稷，臭阳达于墙屋，故既奠然后焫萧合膻薌。凡祭慎诸此。魂气归于天，形魄归于地，故祭，求诸阴阳之义也。殷人先求诸阳，周人先求诸阴。

郑玄《注》："灌，谓以圭瓒酌鬯，始献神也。"据此则明，祼义的核心实在于使阴阳通达。臭谓鬯气，故实现通阴的目的必以鬱鬯灌地为仪，从而使芬芳之鬯气通达渊泉。《白虎通义·考黜》云：

> 秬者，黑黍，一稃二米。鬯者，以百草之香鬱金而合酿之，成为鬯，阳达于墙屋，阴入于渊泉，所以灌地降神也。

其述祼礼通达之本义，较然明白。故知祼独用鬯以求通阴，乃因"鬯"本即具有调畅、畅达之义。是"鬯"训为"畅"，实乃循音以达义。《易·震》："不丧匕鬯。"郑玄《注》："鬯，秬鬯，芬芳条鬯，因名焉。"《诗·大雅·江汉》："秬鬯一卣。"郑玄《笺》："谓之鬯者，芬芳条畅也。"孔颖达《正义》引孙毓《毛诗异同评》："芬芳调畅，故因谓为鬯也。"《论语·八佾》皇侃《疏》："煮鬱金之草，取汁酿黑秬一稃二米者为酒，酒成，则气芬芳调畅，故呼为鬯，亦曰秬鬯也。"知"鬯"义即为"畅"。文献"鬯""畅"互作，无有分别。《礼记·王制》："赐圭瓒然后为鬯。"《白虎通义·考黜》"鬯"作"畅"，并云："故赐以玉瓒，得专为赐也。"陈立《疏证》："古畅、鬯通。"《诗·大雅·文王》："祼将于京。"《孟子·离娄上》赵岐《章句》："执祼献之礼。"刘宝楠《正义》引丁云："畅，丁云谓鬯酒也。"焦循《正义》："古鬯通作畅。"《礼记·杂记上》："畅，臼以掬，杵以梧。"陆德明《释文》："鬯，本亦作畅。"孔颖达《正义》："畅者，谓鬱鬯也。"是为证。故秬酒之名"鬯"，正取畅达之义。《周礼·春官宗伯·序官》："鬯人下士二人。"郑玄《注》："鬯，酿秬为酒，芬香条畅于上下也。""鬯"即训达。《汉书·律历志上》："指顾取象，然后阴阳万物，靡不条鬯该成。"师古《注》："条，达也。鬯与畅同。"《淮南子·俶真》："相与优游竞畅于宇宙之间。"高诱《注》："畅，通达。"《史记·乐书》："四畅交于中而发作于外。"张守节《正义》："畅，通也。"春秋邵黛钟铭："既旆（伸）鬯虞。""鬯"即谓开畅之义[1]。故知"鬯"读为"畅"，义即通达。而祼礼用鬯，是取其芬芳之气以通达阴阳。《说文·鬯部》："鬯，以秬酿鬱草，芬芳攸服以降神也。"《史记·晋世家》裴骃《集解》引贾逵云："鬯，香酒也。所以降神。"两周金文又有以鬯名"旁（芳）鬯"者（霸伯尚盂）[2]，更直言其香。传统医理以为，芳香之气乃有通达开窍之功，遂古人以鬯酒行祼以通阴阳。故借香气以交通阴阳，其实正体现了祼仪的根本礼旨。《白虎通义·考黜》："芳香条鬯，以通神灵。……鬯者，芳香之至也。"于祼义阐释甚明。

---

① 郭沫若：《两周金文辞大系图录考释》，科学出版社，1957年，第234页。

② 山西省考古研究所大河口墓地联合考古队：《山西翼城县大河口西周墓地》，《考古》2011年第7期，第17页。

鬯气芬芳，可以通神明，故裸礼用之。而裸礼以鬯灌地，以通阴阳之精神与贯达幽冥，其礼仪宗旨恰与遣奠行裸的目的相同。王与之《周礼订义》卷三三引薛平仲云：

> 礼莫重于祭，祭莫重于灌。灌之为义，先王所以致精神之交，敬渊泉而贯冥漠也。周人先求诸阴，故既灌而后逆牲。夫子曰："禘自既灌而往者，吾不欲观之矣。"精诚所交，唯灌为至。

所述极明。又易祓《周官总义》卷十二云：

> 人之始生也，神聚而有气，气聚而有形，及其死焉，气化而有魂，形化而有魄，魄为阴，以降乎地，魂为阳，浮以归乎天，而其神则无所不之，故必求诸阴阳焉。殷人先求诸阳，故尚声，周人先求诸阴，故尚臭。裸用鬱鬯以求神之出，所谓臭阴达于渊泉。既裸然后迎牲，既奠然后焫萧合羶薌，以求神之降，所谓臭阳达于墙屋，无非求诸阴阳之义，而裸寔为求神之始。

又王昭禹《周礼详解》卷十八云：

> 人之魂气于其体魄相附则为生，相离则为死，故人之终也，魂气则散而归于天，乃有焫萧以求诸阳，体魄则降而归于地，乃有裸鬯以求诸阴。求诸阳也，故用天产而加之以膋；求诸阴也，故用地产而以臭鬱合鬯而已。礼曰"臭阳达于墙屋""臭阴达于渊泉"者，此之谓也。仁者之求其亲，以求诸近为未足，复求诸远；以求于下为未尽，于是复求乎上，故祭祀以裸为始。

此虽皆言吉裸，但也可据此明遣奠裸义。裸礼用鬯的基本目的即在于通达，通达既可以使神来格，当然也可以令灵魂归往。人死则形魄降地，藏于幽都，而遣奠本即送魄之奠，故于此奠行裸，正有以灌鬯通阴路，而使阴路畅通达于渊泉的祈求，此即所谓"致精神之交，敬渊泉而贯冥漠"，也即《郊特牲》所言"臭阴达于渊泉"。

事实上据裸义分析，遣奠所行之裸应该同时兼有礼宾的性质。宾裸之礼古有礼宾、飨宾之殊，然皆以裸礼待宾客，其义当如以尊神之敬意以敬宾。王昭禹《周礼详解》卷十八云："见大宾，承大祭，皆主于敬，故其裸宾也，犹待其神焉。"王与之《周礼订义》卷三三引郑锷云："宾客亦有裸事者，以待神明之道待宾客，尊之至也。"卫湜《礼记集说》卷六十引陈祥道云："诸侯相朝，灌用鬱鬯，以人敬神之礼敬诸侯也。"所述甚明。古之宾裸本承吉裸，其事于西周金文也有明确记载。小盂鼎（《集成》2839A）铭云：

　　唯八月既望辰在甲申，昧爽，三左三右多君入服酒。明，王格周庙，
□□□宾延邦宾尊其旅服，东向。……宾即位，赞宾。王呼赞，盂以□□□
进宾，□□。大采，三周入服酒。王格庙，祝延□□□□□邦宾，丕祼，
□□用牲褅周王、武王、成王。□□卜有臧，王祼。祼遂，赞邦宾。……雩
若翌日乙酉，□三事大夫入服酒，王格庙，赞王邦宾。

铭文言及祼赞之事。《论语·八佾》皇侃《疏》："先儒旧论灌法不同。一云于太祖
室里爵前，东向，束白茅置地上，而持匏酒灌白茅上，使酒味渗入渊泉以降神也。"[1]
鼎铭云王格周庙，"延邦宾尊其旅服，东向"，盖述此吉礼之祼。后言"丕祼"，继
言用牲于周先王，也与《礼记·郊特牲》"既灌然后迎牲"之仪注颇合。知此祼以降
神为义，自属吉祼。而铭文于祭事后云"祼遂，赞邦宾"，则谓宾祼之事。西周金文
又有但言宾祼者。鄂侯鼎（《集成》2810）铭云：

　　王南征，伐角儦，唯还自征，在坏。鄂侯御方纳壶于王，乃祼之，御方
侑王。王休宴，乃射，御方斝王射。御方休阑，王扬，咸酒。王亲赐御方玉
五瑴，马四匹，矢五束[2]。

此铭所述显谓宾祼，似属朝享之礼。《左传·庄公十八年》："春，虢公、晋侯朝
王。王飨醴，命之宥，皆赐玉五瑴，马三匹。"[3]以此对读铭文，仪注及赏赐几乎全
同，亦明宾祼之礼于周已有之。而遣奠行祼仪如宾祼，其礼恰合丧奠所体现的独特观
念。丧礼每动辄远，至启殡以柩朝祖，其升降自西阶，已待父母如宾客，此所以致其
哀。故大遣行祼自当如相应的宾祼之礼，这与大遣彻奠后所行苞牲而反映的待宾之礼
彼此呼应，礼旨相同。
　　《礼记·杂记下》载曾子谓包奠义当大飨，以是观之，则遣奠祼事显合飨礼之
祼。《礼记·郊特牲》：

　　诸侯为宾，灌用郁鬯，灌用臭也。大飨尚腶修而已矣。

　　① 祼以缩酒当用青茅，皇《疏》谓以白茅，盖有可疑。参见周聪俊：《祼礼考辨》，文史哲出
版社，1994年，第59页。
　　② "三匹"合文，或释"四匹"。
　　③ 《左传》"马三匹"或以为"马四匹"之误。参见王引之《经义述闻》卷十七，江苏古籍
出版社，1985年。学者或引《竹书纪年》"玉十瑴，马八匹"以证鄂侯鼎铭与《左传》所记之数皆
与此比例相合。参杨五铭：《两周金文数字合文初探》，《古文字研究》（第五辑），中华书局，
1981年。

孔颖达《正义》：

> 灌犹献也。谓诸侯来朝，在庙中行三，享竟，然后天子以鬱鬯酒灌之也。

孙希旦《集解》：

> 王饗宾客，其初亦有二灌。《内宰》："凡宾客之祼、献、瑶爵，皆赞。"《大宗伯》："大宾客则摄而载祼。"《小宗伯》："祭祀宾客，以时将瓒祼。"《肆师》："大宾客"，"赞祼将"。《鬱人》："凡祭祀宾客之祼事，和鬱鬯以宾舞而陈之。"所谓"宾客之祼"，皆大饗之礼也，而朝享之后，王所以礼宾者亦存焉。郑氏专以礼宾言之，盖疑饗宾无灌耳。然《内宰》以"祼、献、瑶爵"连言，其为一时之事明矣。大饗之礼，后有助王荐、献之法，若朝时礼宾，非后所与也，则大饗之有灌无疑。

又《礼记·礼器》云：

> 诸侯相朝，灌用鬱鬯，无笾豆之荐。

孔颖达《正义》：

> 诸侯自相朝，朝享礼毕，未饗之前，主君酌鬱鬯之酒以献宾，示相接以芬芳之德，不在穀味也。

又《国语·周语上》云：

> 及期，鬱人荐鬯，牺人荐醴，王祼鬯，饗醴乃行。

此饗祼之事，于西周金文也有明确记彔。叔趯父卣（《集成》5428、5429）铭云：

> 叔趯父曰：余考，不克御事，唯汝悠其敬壁乃身，毋尚为小子，余贶为汝兹小鬱彝，女其用饗乃辟軝侯，逆复出入事人。乌乎悠敬哉！兹小彝妹吷见，余唯用其酹福汝。

铭文"小鬱彝"当即灌彝。小子生尊（《集成》6001）铭云：

> 唯王南征在斥，王命生辥事于公宗，小子生赐金、鬱鬯，用作毁宝尊
> 彝，用封扬王休，其万年永宝用饗，出入使人。

此尊或即《礼记·明堂位》所谓之"灌尊"。饗礼行祼，不为降神，或在使神歆之[①]。是遣奠之祼礼如饗祼，亦当有歆神之意。

遣奠为丧奠之最盛者，故其祼事亦应体现最基本的孝敬之意。《白虎通义·考黜》云：

> 孝道备而赐之秬鬯。……主瓒秬鬯，宗庙之盛礼。故孝道备而赐之秬
> 鬯，所以极著孝道。……君子有玉瓒秬鬯乎，车者以配道德也。其至矣，合
> 天下之极美，以通其志也，其唯玉瓒秬鬯乎。

陈立《疏证》录《公羊疏》引宋均《礼纬注》："其孝慈父母，赐以秬鬯，使之祭祀。"其述祼礼所体现的孝敬观念尤明。我方鼎铭文细载父己丧奠诸仪节仪注，一丝不苟，以见器主行仪之敬肃虔诚，从而完整地反映了器主"我"重孝明礼的道德操守。这种做法当然与西周社会崇尚道德的社会风尚十分吻合。

七、西周遣奠之相关彝铭

遣奠为丧奠之终，其情最盛。《既夕礼》郑玄《注》："遣，犹送也。"《玉篇·辵部》："遣，送也。"遣奠之后乃载灵柩入圹，故其奠曰"遣"，即遣送死者之义。与此相关的丧奠内容，西周金文偶见记载，犹可佐证我方鼎铭遣奠之考证。

西周早期否器铭云：

> 否弔（愍）献彝，疾不已，为母宗彝则备，用遣母晶（精）。［否尊、
> 卣（《新收》1950、1951）］
> 否用遣母晶（精）。［否觚（《新收》1952）］
> 用遣母晶（精）。［觚（《新收》1953）］
> 用遣。［爵（《新收》1954、1955）］
> 遣。［觯（《新收》1956）］

---

① 王国维：《与林浩卿博士论洛诰书》，《观堂集林》卷一，《王国维遗书》（第一册），上海古籍书店，1983年。

铭述器主否丧母，否痛疾不已，备具祭器，用以遣送母体，迎接精魂。铭文繁省不一，或简至仅书一"遣"字，故知全铭的核心显在于遣事。

器主名"否"，觚铭已明，故"弔"或读为"恕"。《说文·心部》："恕，饥饿也。一曰忧也。"《尔雅·释诂下》："恕，思也。"郝懿行《义疏》："恕，为忧怅之思也。"《广雅·释诂二》："恕，惕也，痛也。"《文选·张平子思玄赋》："恕郁悒其难卿。"刘良《注》："恕，思也。"又《陆士衡赠弟士龙》："恕焉伤别促。"吕向《注》："恕，心忧伤。""献"，以卑奏尊之辞。《诗·大雅·公刘序》："而献是诗也。"孔颖达《正义》："献者，卑奏于尊之辞。"《尚书·洛诰》："汝其敬识百辟享。"伪孔《传》："奉上谓之享。"孔颖达《正义》："享训献，是奉上之辞。"铭述子为亡母作祭器，故谓之"恕献彝"，此"彝"即后文所言之"宗彝"。

"疾不已"，意当器主否悲哀痌苦之情不绝，此正与前文言"恕"相应。《左传·成公十三年》："斯是用痛心疾首。"杜预《集解》："疾，亦痛也。"《公羊传·文公二年》："三年之内不图婚，……三年之恩疾矣。"何休《注》："疾，痛。"是"疾"即至亲始丧而哀痛之意。

"为母宗彝则备"，意谓备具祭器。"宗彝"之称于金文习见，其或为自作，或属赏赐。西周金文云：

克作朕皇祖釐季宝宗彝。［小克鼎（《集成》2796-2802）］

作宗彝。［作宗彝卣（《集成》5043）］

㲃作甲考宗彝。［㲃卣盖（《集成》5343）］

豚作父庚宗彝。［豚卣（《集成》5365）］

異作厥考伯效父宝宗彝。［異卣（《集成》5372）］

縈叔乍作其为厥考宗彝。［縈叔卣（《集成》5382）］

用作宗彝。［静卣（《集成》5408）］

遹史作从宗彝。［遹尊（《集成》5864）］

伯作蔡姬宗彝。［伯作蔡姬尊（《集成》5969）］

黄子鲁天作父己宝宗彝。［黄子鲁天尊（《集成》5970）］

□□作其为厥考宗彝。［尊（《集成》5972）］

用作宗彝。［蔡尊（《集成》5974）］

作文考日己宝尊宗彝。［作文考日己方尊、觥、方彝（《集成》5980、9302、9891）］

盟舟鱥煿作厥祖乙宝宗彝。［舟鱥煿爵（《集成》9097）］

舟作宗彝。［舟盉（《集成》9382）］

仲追父作宗彝。［仲追父方彝（《集成》9882）］

作宗宝彝。［作宗宝彝卣（《集成》5122）］

　　　　　中作宗尊，厥孙子永宝。［中尊（《集成》5941）］

而东周金文云：

　　　　　作噂宗彝。［秦公簋（《集成》4315）］
　　　　　用作宗彝尊壶。［曾姬壶（《集成》9710、9711）］
　　　　　楚王酓章作曾侯乙宗彝。［楚王酓章镈（《集成》85）］

此皆自作宗彝或赠赙之例。西周金文又云：

　　　　　公赐毚宗彝一陶（肆），赐鼎二。［毚簋（《集成》4159）］
　　　　　赐汝瓒璋、四彀、宗彝一牂（肆）宝。［卯簋盖（《集成》4327）］
　　　　　公蔑繁历，赐宗彝一胬（肆）。［繁卣（《集成》5430）］

诸铭则记宗彝得于赏赐。与"宗彝"并举的又有"将彝"。春秋早期宗妇鼎（《集成》2683）铭云：

　　　　　王子烈公之宗妇郜娶为宗彝牂（将）彝，永宝用，以降大福，保辪
　　　（乂）郜国。

同铭之器有七鼎、六簋、一壶和一盘[1]。而据毚簋铭文可知，鼎实在宗彝之外，故宗彝与将彝本不相同。"牂"字从"鼎"，"将彝""将鼎"之名也主要见称于鼎，而"将毁"之名则见称于簋，至于周器盨、瑚、爵、盉则偶铭"将彝"，然金文言"宗彝"者，除小克鼎与秦公簋外，多为卣、尊、方彝、觥、爵、盉、壶等。故学者以为宗彝应是盛酒器，将彝则主要为烹饪器的鼎、鬲、甗和盛食器的簋、盨、瑚[2]。《史记·周本纪》："封诸侯，班赐宗彝，作《分殷之器物》。"裴骃《集解》引郑玄云："宗彝，宗庙樽也。"尽管东周以后，宗彝的范围应该扩大而含括镈钟，宗彝与钟同以"肆"计，或许反映出二者作为礼器的相近性质。金文云：

　　　　　戎佩玉人厥宗彝牂（肆）。［戎帜玉人卣、尊（《集成》5324、5916）］
　　　　　鹰父作氒是从宗彝牂（肆）。［鹰父卣、尊（《集成》5348、5930）］
　　　　　赐女圭瓒一，汤（锡）钟一牂（肆）、镈鎜百匀（钧）。［多友鼎

---

①　吴大澂：《愙斋集古录》卷十四，上海涵芬楼石印本，1918年，第18页。
②　陈梦家：《西周铜器断代》，中华书局，2004年，第79～81页。

（《集成》2835）］

鼓钟一銉（肆）。［洹子孟姜壶（《集成》9730）］

大钟八聿（肆），其篴四堵。［郘黛钟（《集成》225）］

《周礼·春官·小胥》："凡縣钟磬，半为堵，全为肆"。此各以钟磬言之，郘黛钟铭可证[①]。《左传·襄公十一年》：'歌钟二肆，及其镈磬。"亦此之谓。学者或以一肆当指完整的一组乐器，包括所配的不同乐器组合[②]，似过宽泛。或以为音调音阶完备能演奏而成乐曲者始得为一肆[③]，说最近当。实一肆即指一组或一套[④]，其言乐钟当为不同形制的钟的组合，而于宗彝则应指性质相同的多种器类的组合。据铭文的分析，西周早中期宗彝仅指卣、尊等盛酒器的事实是清楚的，这与否器为宗彝而包含尊、卣、觚、爵、觯的组合恰好相符。

此宗彝、将彝或即祭器。东周金文时见"祭器"之名，也作"祠器"。金文云：

妳作皇妣㤎君中妃祭器八毁。［鄦侯少子簋（《集成》4152）］

陈侯午以群诸侯献金作皇妣孝大妃祭器鈛敦。［十四年陈侯午敦（《集成》4145）］

用作孝武桓公祭器敦。［陈侯因資敦（《集成》4649）］

以为祠器。［赵孟介壶（《集成》9678、9679）］

据此可明，祭器不仅包括将彝类的簋、敦，也含有宗彝类的壶。《周礼·地官·乡师》："简共祭器。"郑玄《注》："祭器者，簠簋鼎俎之属。"与此正合。文献以为祭器或作或受，也与两周金文反映的情况相同。《周礼·春官·大宗伯》云：

四命受器。

郑玄《注》："郑司农云：'受祭器为上大夫。'玄谓此公之孤始得有祭器者也。"贾公彦《疏》："是有地大夫，则自得造祭器。今云公之孤四命始得有祭器者，但未四命已前，有地大夫虽得造祭器，祭器未具，犹假之使足，至四命即具有，言始有祭器者，据始得具祭器而言。"《通典》卷三十六职官十八云："谓公之孤卿受祭器于公。四命始受器，三命以下皆自为之也。"孙诒让《周礼正义》："盖器之大者受之于官，其小者则自造之。杜说最允。但受器者受大造小，则无不具矣；未受器者唯得

① 郭沫若：《两周金文辞大系图录考释》，科学出版社，1958年，第190、191、232、233页。
② 马承源：《商周青铜器铭文选》（第四卷），文物出版社，1990年，第550页。
③ 杨伯峻：《春秋左传注》（修订本），中华书局，2009年，第992页。
④ 刘雨：《多友鼎铭的时代与地名考订》，《考古》1983年第2期。

自造小器，而大器不具。是具器即受器"。《礼记·礼运》云：

> 大夫具官，祭器不假，声乐皆具，非礼也，是谓乱国。

又《王制》云：

> 大夫祭器不假。

孔颖达《正义》引皇侃云："此谓有地大夫，故祭器不假。若无地大夫，则当假之。"又《礼记·曲礼下》云：

> 凡家造，祭器为先，牺赋为次，养器为后。无田禄者不设祭器，有田禄者先为祭服。君子虽贫，不粥祭器。

郑玄《注》："祭器可假，祭服宜自有。"孔颖达《正义》："若大夫及士有田禄者，乃得造器，犹不具，唯天子六大夫四命以上者得备具，若诸侯大夫非四命，无田禄，则不得造。"明有田禄者虽可造祭器，但若无法具备，仍要向他人筹借。而无田禄者不得自造，唯需他假。此皆谓祭器求备。此祭器备具乃指大小祭器的组合，而否器铭文所言"为母宗彝则备"，显即此意。否器以卣、尊、瓡、爵、觯五种器类组为一肆，是谓备矣。《仪礼·既夕礼》言丧奠陈器无祭器，郑玄《注》："士礼略也。大夫以上兼用鬼器、人器也。"贾公彦《疏》："大夫以上尊者备，故两有。"鬼器为明器，人器则为祭器，大夫以上兼而有之。

否器七件中至少有六器同坑出土[1]，但所出之"坑"究竟属于墓葬抑或窖穴，不得而知。如为窖藏，则知其本或入宗庙。学者以为属入圹之器[2]，即使如此，其于入圹之前也必应陈用于遣奠。铭言"用遣"，或独铭"遣"，正合此遣奠之义。

"用遣母晶"，"晶"，读为"精"。"晶"本"星"字初文，为星宿之象形，后增"生"为声符而孳乳为"曐"，卜辞也用为姓、瞝，字后起作"晴"[3]。故知"精"从"青"声，与"晶"读音实同，自可通假。《说文·晶部》："晶，精光也。"又云："曐，万物之精，上为列星。从晶，生声。一曰象形，从口。"朱骏声《说文通训定声》："精光者，姓光也。姓光者，星光也。知晶字不从三日，乃象星

---

① 张光裕：《西周遣器新识——否叔尊铭之启示》，《历史语言研究所集刊》第70本第3分，1999年。

② 张光裕：《西周遣器新识——否叔尊铭之启示》，《历史语言研究所集刊》第70本第3分，1999年。

③ 杨树达：《释星》，《积微居甲文说》，中国科学院，1954年。

三两相聚之形。或曰晶即古星字，亦通论也。”其说与卜辞之“星”字全合。朱氏又云：“精，叚借为晶。”《白虎通义·日月》：“星者，精也。”《文选·任昉王文宪集序》：“德精降祉。”李善《注》：“精，星也。”是“晶”“精”互通之证。故铭文“母晶”即谓“母精”，乃指母之魄体与其精魂。《荀子·赋》：“血气之精也。”杨倞《注》：“精，灵。”《管子·内业》：“凡物之精。”尹知章《注》：“精，谓神之至灵者也。”《大戴礼记·曾子天圆》：“阳之精气曰神，阴之精气曰灵。”卢辩《注》：“神为魂，灵为魄。”故“母精”即谓亡母之魂魄。《礼记·问丧》云：

> 亲始死，鸡斯徒跣，扱上衽，交手哭。恻怛之心，痛疾之意，伤肾、乾肝、焦肺，水浆不入口，三日不举火，故邻里为之糜粥以饮食之。夫悲哀在中，故形变于外也。痛疾在心，故口不甘味，身不安美也。
>
> 三日而敛，在牀曰尸，在棺曰柩。动尸举柩，哭踊无数。恻怛之心，痛疾之意，悲哀志懑气盛，故袒而踊之，所以动体安心下气也。妇人不宜袒，故发胸击心爵踊，殷殷田田如坏墙然，悲哀痛疾之至也。故曰：“辟踊哭泣，哀以送之。”送形而往，迎精而反也。

郑玄《注》：“亲，父母也。哀以送之，谓葬时也，迎其精神而反，谓反哭及日中而虞也。”郑氏《目录》解士虞礼云：“士既葬父母，迎精而反，日中祭之于殡宫以安之。”又《祭义》云：

> 气也者，神之盛也；魄也者，鬼之盛也。合鬼与神，教之至也。众生必死，死必归土，此之谓鬼。骨肉毙于下，阴为野土。其气发扬于上，为昭明焄蒿悽怆，此百物之精也，神之著也。因物之精，制为之极，明命鬼神，以为黔首则。百众以畏，万民以服。

是人死后有鬼神，犹生时之有魂魄。而鬼神灵魂不灭，俨然若在，观念甚古。殷卜辞习见祖先降福作祸，西周金文恒记祖先其严在上[1]，皆此之谓。是铭文以“晶”用为“精”，而指精神魂气。《礼记·郊特牲》：“魂气归于天，形魄归于地。”而古人以“星”之初文“晶”以喻精气，也自可体现魄气归天的观念。墙盘铭云：“青幽高祖，在微灵处。”“微灵”实谓微国之分星[2]，其以分星记述祖先精魂之所在，与否器之观念完全一致。

---

① 郭沫若：《周彝中之传统思想考》，《金文丛考》，人民出版社，1954年。
② 冯时：《史墙盘铭文所见西周政治史》，《第四届国际汉学会议论文集：出土材料与新视野》，“中央研究院”，2013年。

《祭义》屡言"恻怛之心，痛疾之意"，又云"悲哀在中"，"痛疾在心"，"悲哀痛疾之至"，其义正合否尊、否卣铭之"疾不已"。而"送形而往，迎精而反"则又显即铭文"用遣母精"之意。是铭文述否自作宗彝而用为遣事，不仅与文献所载颇相吻合，而且也为我方鼎铭文所记西周遣奠的考述提供了佐证。

八、结　　语

综上所考，可明我方鼎铭文并非简单之祭祖文辞，其系统地反映了西周时代的丧奠之礼及相关制度，事关启殡至葬间的朝庙奠、祖奠、大遣奠、包奠及读赗诸礼，不仅仪节仪注颇为完整，且可与文献记载逐一印证。显然，这不仅为西周丧礼的研究提供了弥足珍贵的史料，而且对于古代文献的考索也具有重要的意义。

我方鼎的时代属于西周早期，其所体现的丧奠之礼自应反映着西周礼制。亚若氏虽为殷遗民[1]，但这并不意味着我们不可以通过鼎铭内容了解周礼。《论语·为政》："殷因于夏礼，所损益，可知也。周因于殷礼，所损益，可知也。其或继周者，虽百世，可知也。"显然，如果周礼的丧奠传统乃因于殷礼而有所损益，那么我方鼎铭文所体现的相关礼制就应该视为这种传承的结果。

事实上，礼制的形成需要经历漫长的过程，后世于前朝礼制虽有损益，但礼仪的本旨及主干却难以动摇。况前朝义士又常会为新王朝掌管礼仪[2]，更使礼仪的传统有其不变的脉络。《易·文言》："文明以止，人文也。"即在强调古代制度在其发展中不变的本旨。因此，我方鼎铭文尽管为殷遗而述周礼，但也有助于我们借此探讨殷商礼制的相关问题。

2011年7月24日据旧札改写于尚朴堂

引用书目简称

《西甲》　王杰等：《西清续鉴甲编》，清宣统二年（1910年）涵芬楼依宁寿宫写本石印小本。

《前》　罗振玉：《殷虚书契》，影印本，1913年。

《后》　罗振玉：《殷虚书契后编》，影印本，1916年。

《戬》　姬佛陀：《戬寿堂所藏殷虚文字》，石印本，1917年。

《通》　郭沫若：《卜辞通纂》，日本东京文求堂石印本，1933年。

《续》　罗振玉：《殷虚书契续编》，影印本，1933年。

《佚》　商承祚：《殷契佚存》，金陵大学中国文化研究所丛刊甲种，1933年。

---

① 李学勤：《从亚若方彝谈到我方鼎》，《中国古代文明研究》，华东师范大学出版社，2005年。

② 参见微史家族之相关铜器及裘锡圭：《史墙盘铭解释》，《文物》1978年第3期。

《粹》　郭沫若：《殷契粹编》，日本东京文求堂石印本，1937年。

《遗》　金祖同：《殷契遗珠》，上海中法文化出版委员会，1939年。

《甲》　董作宾：《殷虚文字甲编》，历史语言研究所，1948年。

《乙》　董作宾：《殷虚文字乙编》，历史语言研究所，1948～1953年。

《宁》　胡厚宣：《战后宁沪新获甲骨集》，来薰阁书店，1951年。

《合集》　郭沫若主编、胡厚宣总编辑：《甲骨文合集》，中华书局，1978～1983年。

《屯南》　中国社会科学院考古研究所：《小屯南地甲骨》，中华书局，1980～1983年。

《集成》　中国社会科学院考古研究所：《殷周金文集成》，中华书局，1984～1994年。

《英藏》　李学勤、齐文心、艾兰：《英国所藏甲骨集》，中华书局，1985～1992年。

《合补》　彭邦炯、谢济、马季凡：《甲骨文合集补编》，语文出版社，1999年。

《周原》　曹玮：《周原甲骨文》，世界图书出版公司，2002年。

《花东》　中国社会科学院考古研究所：《殷墟花园庄东地甲骨》，云南人民出版社，2003年。

《新收》　锺柏生、陈昭容、黄铭崇、袁国华：《新收殷周青铜器铭文暨器影汇编》，艺文印书馆，2006年。

（原载《考古学报》2013年第2期）

从商周"集中公墓制"到秦汉"独立陵园制"的演化轨迹

赵化成

商周时期，王及诸侯方国国君（或包括夫人、宗族成员在内）死后普遍实行多代集中埋葬于同一公共墓地的公墓制度。这种"集中公墓制"是阶级、国家产生之初级阶段君权确立但还带有氏族遗痕的一种墓地形态。"集中公墓制"作为一定历史阶段的产物，随着社会的发展必然发生变化，春秋战国时期就出现了以每代国君为中心的"独立陵园制"。但春秋战国时期的"独立陵园制"尚处在创立与发展阶段，而到了秦汉时期，由于大一统帝国的建立及君主集权的高度强化，"独立陵园制"最终确立并进一步完善，从而奠定了尔后中国近两千年专制社会帝王陵园制度的基础。

一、商周"集中公墓制"的类型及特点

《周礼·春官·冢人》："〔冢人〕掌公墓之地，辨其兆域而为之图。"何为"公墓"？按照东汉郑玄的说法，"公墓"就是国君（或包括亲族）的墓地。这种公墓制度最主要的特点就是多代国君集中埋葬于同一墓地，我们称其为"集中公墓制"。集中公墓制发达于周代，但其源头至少可上溯至商代。

商周时期的"集中公墓制"主要有三种类型。

第一类：多代王墓集中埋葬的公墓墓地。这种类型目前只见于安阳殷墟侯家庄西北岗的商代后期王陵。西北岗王陵可分为东西两区：西区发现7座亚字形大墓；东区发现1座亚字形墓、3座中字形墓、1座甲字形墓。此外，在靠近东区的大墓附近，还有少量的小型陪葬墓和为数极多的祭祀坑[①]（图一）。西北岗大墓由于已遭严重盗扰，墓主无法确知，但可以肯定的是8座亚字形大墓皆属王墓，而3座中字形墓和1座甲字形墓或属王墓或属王室成员之墓，尚难断定。退一步讲，假定这4座墓均属于后妃之类，那也

---

① 中国社会科学院考古研究所：《殷墟的发现与研究》，科学出版社，1994年。

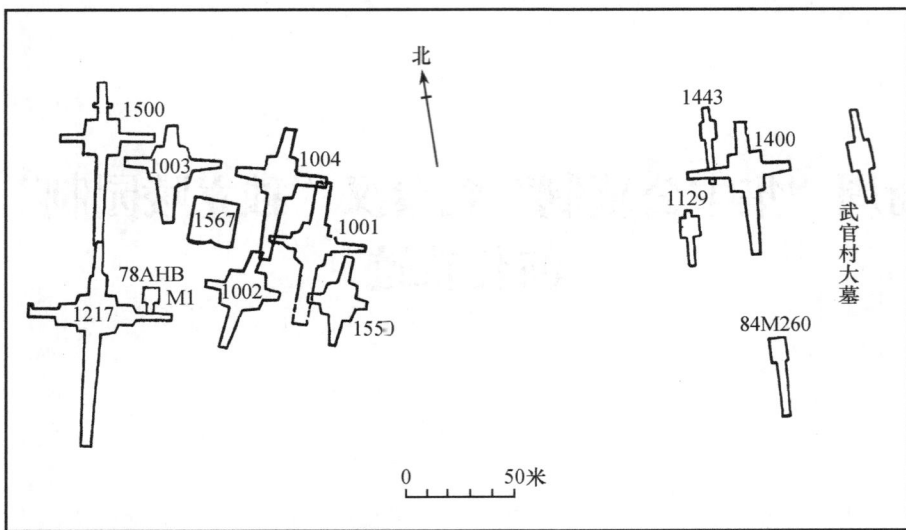

图一　安阳殷墟侯家庄西北岗商代后期王陵

只与东区那座亚字形王墓有关。也就是说，西北岗墓地主要埋葬历代商王，而后妃一般不与王埋在同一墓地，这从著名的武丁配偶"妇好"墓单独葬在洹水以南小屯村西北处就可知①。

　　第二类：多代诸侯国君及其夫人并穴而葬的公墓墓地。典型例证是山西省曲沃县北赵晋侯墓地。北赵晋侯墓地所在及其周围地势较为平坦，墓地周围没有发现环壕、城垣或是其他标志墓地范围的建筑设施，墓地与位于其西的大片中小型墓地（邦墓）相距1000余米，中间有居住区域相隔，从而形成独立的茔域。该墓地共发掘出9组19座晋侯及其夫人的大墓，大致分为三排：北排四组8座，中排两组4座，南排三组7座（图二）。墓位排列大体上是以时代先后为序从东向西依次展开的②。北赵晋侯墓地所代表的这种类型的公墓地，与前述商代王陵相比，国君与夫人并穴而葬是其特点。晋侯墓地的时代属于西周时期，而春秋战国时期像洛阳金村东周王室公墓地、河北易县燕下都九女台-虚粮冢燕国公墓地也属于这种类型。

---

　　①　中国社会科学院考古研究所：《殷墟妇好墓》，文物出版社，1980年。

　　②　晋侯墓地五次发掘简报分别见北京大学考古系、山西省考古研究所：《1992年春天马-曲村遗址墓葬发掘报告》，《文物》1993年第3期；北京大学考古学系、山西省考古研究所：《天马-曲村遗址北赵晋侯墓地第二次发掘》，《文物》1994年第1期；山西省考古研究所、北京大学考古学系：《天马-曲村遗址北赵晋侯墓地第三次发掘》，《文物》1994年第8期；山西省考古研究所、北京大学考古学系：《天马-曲村遗址北赵晋侯墓地第四次发掘》，《文物》1994年第8期；北京大学考古学系、山西省考古研究所：《天马-曲村北赵晋侯墓地第五次发掘》，《文物》1995年第7期。关于晋侯墓地的排列方式可参见李伯谦：《从晋侯墓地看西周公墓墓地制度的几个问题》，《考古》1997年第11期。

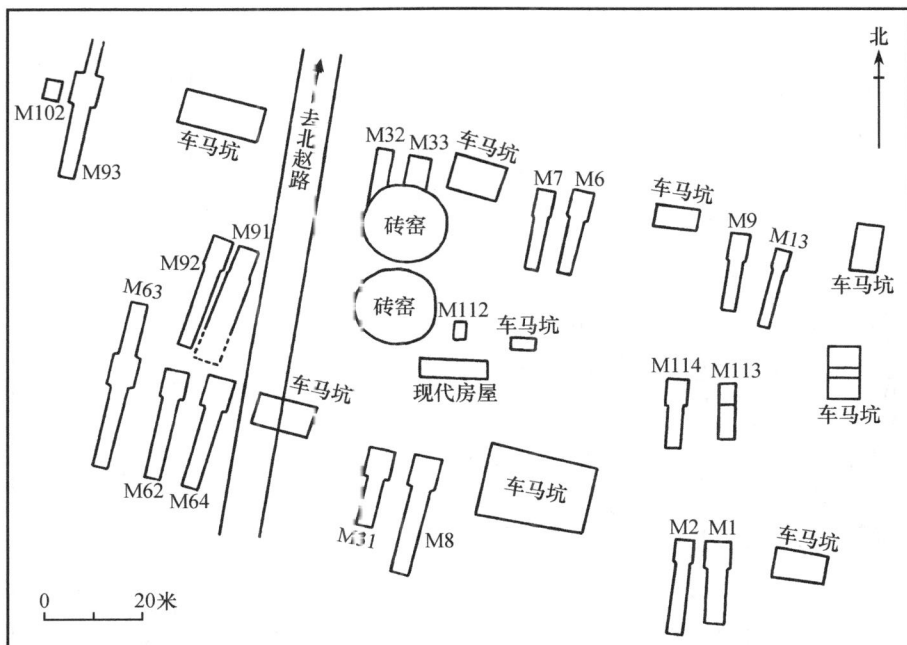

图二　曲沃北赵晋侯墓地平面分布图

　　第三类：国君及夫人、宗族成员共同埋葬的公墓地。此类较多，兹以北京琉璃河镇黄土坡西周燕国公墓地为例[①]。黄土坡西周燕国公墓地，即黄土坡第Ⅱ墓区的西群，孙华先生曾将其分为3组：第1组已探明的大墓有7座（个别可能是车马坑），发掘了2座，其中M1193为燕侯克之墓，另一座（M202）墓主不明，两墓年代皆属西周早期。这7座大墓，除M1193四角有墓道外，其余的为甲字形、长方形或不规则形，形制各不相同，因而难以判断究竟包括了几代燕侯在内。此外，在M1193的南边，还有几座同时期的小型墓。第2组：在其北边有3座较大的甲字形墓和1座车马坑，年代属西周早期，南边则分布有数十座小型墓，年代可晚至西周中晚期。第3组：皆为小型墓，年代多属于西周晚期[②]（图三）。从该墓地大、中、小型墓葬共存的情况看，是为燕国之燕侯、燕侯夫人及其宗族成员的共同墓地。

　　这一类型的公墓地属于西周时期的还有河南浚县辛村卫国公族墓地，属于西周晚期春秋初期的有河南三门峡市上村岭虢国墓地，属于春秋时期的有山东临淄齐故城河崖头村姜齐公墓区、山东滕州市薛国公墓地等。

————————

　　①　北京市文物研究所：《琉璃河西周燕国墓地》，文物出版社，1995年；中国社会科学院考古研究所、琉璃河考古队：《北京琉璃河1193号大墓发掘简报》，《考古》1990年第1期；北京市文物研究所、北京大学考古学系：《1995年琉璃河遗址墓葬区发掘简报》，《文物》1996年第6期。

　　②　孙华：《周代前期的周人墓地》，《远望集——陕西省考古研究所华诞四十周年纪念文集》，陕西人民美术出版社，1998年。

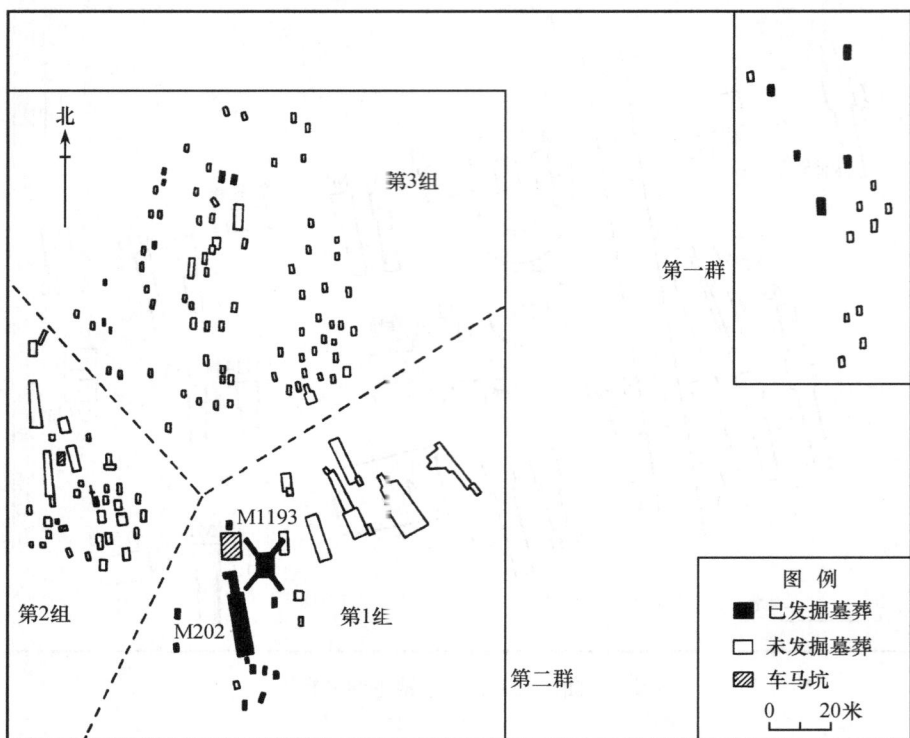

图三　北京琉璃河镇黄土坡西周燕国公墓地

　　商周"集中公墓制"三种类型中，商代王墓集中埋葬而后妃另择墓地的现象颇值得关注。众所周知，在以血缘为纽带的原始氏族社会"族外婚"制条件下，互为婚姻的不同氏族成员死后须归葬于自己的氏族公共墓地，并且氏族成员生前的平等地位决定了死后墓葬大小、随葬品差别不是很大，这种埋葬方式已为民族学和考古学资料所证实。但商代的情形已有了很大的不同，商部族已经建立了地缘政治的国家，王权确立并日益强化，所以王墓的规模、葬制不仅大大高于一般墓葬，而且集中埋葬于一处，以突显商王的神圣及权力的至上。

　　然而，商部族由于脱胎于原始氏族社会还不是很久，其内部还保留着某种类氏族组织形态（商代铜器铭文中众多的"族徽"或可说明），王之配偶后妃之类尽管生前地位很高，但因属于另外的部族，死后一般并不与王葬于同一墓地。总之，这种类型的公墓制是商部族进入阶级、国家之后，王权确立但还带有氏族遗痕的一种墓地形态。

　　周代的公墓制，从多代集中埋葬这一点来讲，仍然尚未完全摆脱氏族葬制的影响，但总体上与商王室那种公墓制已有了较大的不同。

　　首先，国君与国君夫人一般都埋葬在一起。这种普遍存在的夫妇并穴而葬的习俗，不仅反映了周代氏族组织走向解体的史实，同时也表明周代对家族关系的重视程度，这或许与周人灭商立国是在姜姓姻亲集团协助下完成的有关。

其次，周代国君和宗室贵族埋葬在同一墓地也比较多见，我们注意到，在整个周代，这种形态的公墓制所占比重是相当高的，除去北赵晋侯墓地、秦国雍城墓地外，其余的多属于这一类型，显然，这是周代宗法制度在公墓墓地上的一种体现。从这一层面上讲，《周礼》所描述的那种"聚族而葬"的葬制，当有一定的根据，但有关墓位的排列方式，从目前的发现还很难看出所谓昭穆制度的痕迹来，这有待新的发现和进一步的研究。

商周时代的"集中公墓制"，有如下几个特点：

（1）多代国君集中埋葬于同一墓地，但因迁都或重大事变，同一国家可以有几处这样的公墓地。

（2）商周时期"集中公墓制"主要有三种类型，并且商周之间存在着一定差别。

（3）公墓地多数没有兆沟或垣墙以显示墓地范围，这大概因为同一墓地要埋葬多代国君，而一开始无法预计以后会有多少代国君在此埋葬。

（4）从文献记载看，每处公墓地只有一个统一的地理名称，而每位国君陵墓没有单独的名称。

二、春秋战国"独立陵园制"的萌芽与形成

区别于"集中公墓制"，"独立陵园制"是一种新的墓地形态。就目前的发现来看，春秋时期的雍城秦公墓地是其萌芽形态，战国时期的秦东陵、中山国王陵等进一步发展，而秦始皇陵及汉代帝陵最终得以确立并完善化。

凤翔春秋秦公墓地位于秦都雍城西南的三畤原南指挥乡一带，已探明的陵区范围东西长约7千米，南北宽近3千米，总面积约21平方千米，陵区的西、南、北侧均发现有宽2~7、深2~6米的隍壕作为其防护屏障。在这一范围内，已钻探出43座大中型墓和车马坑，其中，中字形大墓18座、甲字形大墓3座、刀形墓1座，另有目字形、凸字形车马坑21座。这22座大墓及车马坑发掘者将其归属13座陵园，但有长方形或梯形兆沟的陵园只有8座（八、十二、十三号为组合式陵园），并可分为单兆和双兆两种类型，其余的则没有发现陵园兆沟。有陵园兆沟或无兆沟但集中埋葬者一般以1座中字形大墓为中心，但也有2座或3座中字形大墓者[①]（图四）。显然，那些只有1座中字形大墓的陵园是为一代秦公应无问题，至于有2座或3座的中字形大墓的陵园为一代、两代秦公或夫人亦未可知。关于雍城墓地秦公及其夫人拥有单独陵园的现象，有学者

[①] 陕西省雍城考古队：《秦都雍城钻探试掘简报》，《考古与文物》1985年第2期；陕西省考古研究所：《十年来陕西省文物考古的新发现》，《文物考古工作十年（1979~1989）》，文物出版社，1991年。

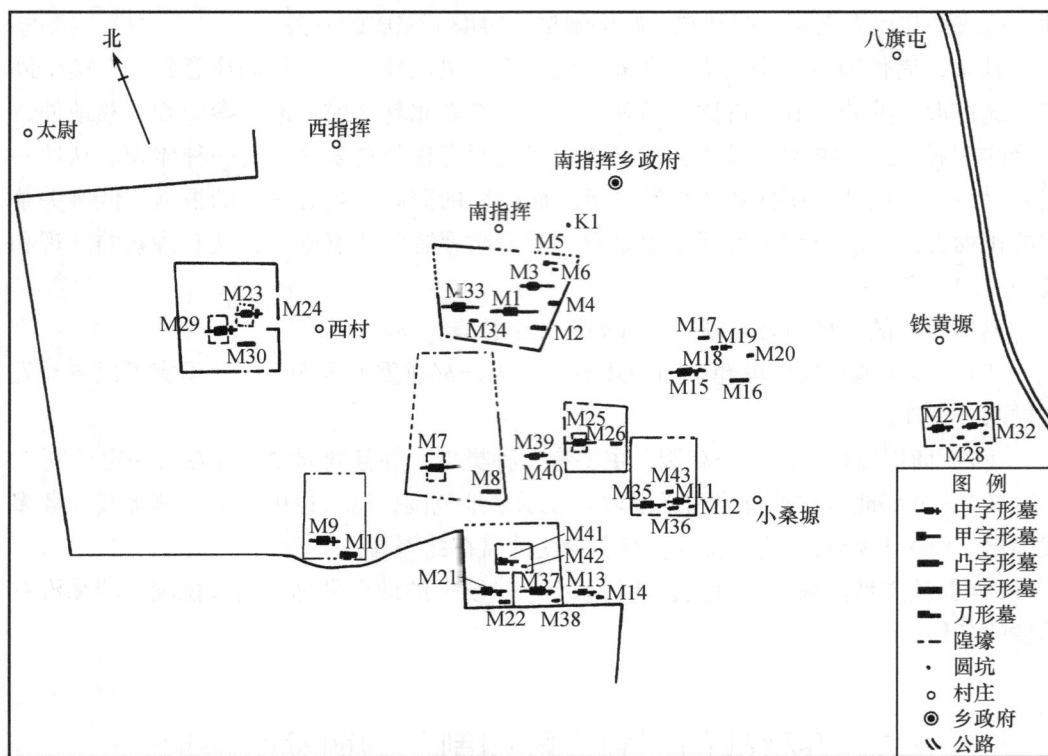

图四　凤翔秦都雍城秦公墓地平面图

已将其称为"独立陵园"，并与战国中晚期河北平山中山王陵、邯郸赵王陵等那种独立陵园相提并论①。不过，雍城秦公墓地的这种所谓独立陵园与后来典型的"独立陵园制"还是有很大差别的。首先，各个陵园之间相距较近，陵区外围有大范围的隍壕环绕，每座陵园只是整个雍城大陵园的一部分；其次，只有一部分秦公拥有兆沟划分的陵园，而有的一座陵园内有两座或三座中字形大墓，可能埋葬着两代以上的秦公；其三，每座陵园内除部分有墓上建筑痕迹外，并无其他特别的附属建筑设施，也就是说，作为独立陵园的管理功能还不具备；其四，该墓地文献中似统一称之为"雍"，每位秦公陵还没有独立的陵园名称。总之，雍城秦公墓地基本上仍然属于集中埋葬的"公墓制"的范畴，而部分秦公以兆沟划分陵园还只是一种地理界限的区分。雍城秦公陵区除少数陪葬墓外，少有其他贵族、平民葬入，从这一层面上讲，与前述北赵晋侯墓地有些相似，但该墓地某些国君拥有单独的兆沟陵园又是新出现的情况，因而可将其视为从"集中公墓制"向"独立陵园制"过渡的一种中间形态，它是后来典型意义上"独立陵园制"的萌芽，其出现意义重大。

与凤翔春秋秦公墓地多代国君集葬于一地的情形相反，战国时期的秦国国君

---

① 马振智：《试论秦国陵寝制度的形成发展及其特点》，《考古与文物》1989年第5期。

诸陵分布已较为分散：献公、孝公可能葬于栎阳陵地，惠文王、悼武王似葬于咸阳以北陵地（今西安周陵中学一带），昭襄王、庄襄王葬于咸阳以东10多千米的芷阳陵地。前两处陵地尚未调查，情况不甚明了，而后一处即芷阳陵地已进行了较大规模的钻探，陵园的分布范围、遗迹情况都已比较明晰。芷阳陵地，又名秦东陵，已钻探出四座陵园和若干座带封土的大墓，这四座陵园彼此相连，但每座陵园周围有人工开凿或是利用自然沟壑修整而成的兆沟。陵园内有主墓、附葬墓、陪葬墓、地面建筑设施等①。关于这四座陵园的属主，有不同的说法。笔者曾撰文认为：四号陵园葬昭襄王与唐太后，一号陵园葬庄襄王与帝太后，二号、三号分别葬悼太子和宣太后②。又据文献记载，秦国自惠文王称王始，以后每代国君都有独立的陵园名称：惠文王葬"公陵"，悼武王葬"永陵"，昭襄王葬"芷陵"，孝文王葬"寿陵"，庄襄王葬"阳陵"，秦始皇葬"丽山"，这种拥有独自的陵园名称正是"独立陵园制"的一个重要特征。但芷阳陵区诸陵园在文献中又被统称为"东陵"，并设有"东陵侯"统一管辖，这与雍城秦公陵地诸陵园有相似之处，因而还带有"集中公墓制"的一些特征。

与秦国芷阳陵地那种以兆沟为陵园兆域界标的情形有别，河北平山中山国王陵、河南辉县固围村魏国封君大墓、河北邯郸赵国王陵等则在地面上夯筑城垣，并且是以一代国君为中心来进行墓地规划的。兹以中山国王𰉤墓出土的铜版"兆域图"为例说明如下：铜版"兆域图"中心部位有五座被称为"堂"的方形框，中间为"王堂"，两侧分别为"王后堂"和"哀后堂"以及两"夫人堂"。所谓堂，即"享堂"一类墓上建筑，其下则为陵墓所在。围绕五座堂，周围有回字形的两重城垣，整个铜版"兆域图"清楚地表明是以中山王𰉤一代国君为中心来进行墓域规划的③（图五）。这种以一代国君为中心来规划墓域，同"集中公墓制"下多代集中埋葬于同一墓地的情形已有根本的区别，是一种全新的墓地制度。但战国时期同时还存在着像秦东陵那样的非典型独立陵园，而周王室、燕匡等仍实行"集中公墓制"。也就是说，战国时期还处在由"集中公墓制"向"独立陵园制"的过渡阶段。我们也注意到，这种"独立陵园制"所流行的区域正与战国时期法家文化占有统治地位的秦国、三晋地域大体契合（中山国与赵国毗邻，受三晋文化影响较深），这当不是偶然的现象。可见，"独立陵园制"的出现一方面是"族葬制"走向衰亡的结果，同时又是君权专制强化的必然产物。

---

①　张海云、骆希哲：《秦东陵勘查记》，《文博》1987年第3期；陕西省考古研究所、临潼县文管会：《秦东陵第一号陵园勘查记》，《考古与文物》1987年第4期；陕西省考古研究所、临潼县文物管理委员会：《秦东陵第二号陵园调查钻探简报》，《考古与文物》1990年第4期；陕西省考古研究所秦陵工作站：《秦东陵第四号陵园调查钻探简报》，《考古与文物》1993年第3期。

②　赵化成：《秦东陵刍议》，《考古与文物》2000年第3期。

③　河北省文物研究所：《𰉤墓——战国中山国国王之墓》，文物出版社，1996年。

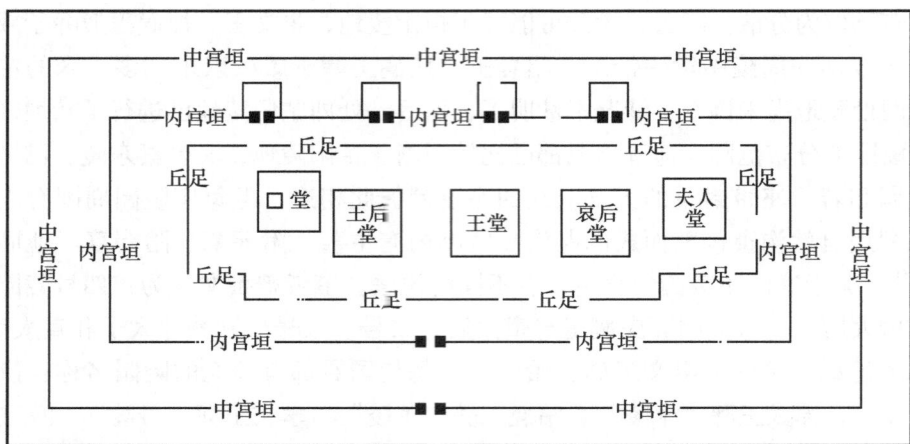

图五　战国中山王𦻭墓铜版"兆域图"
（文字有所省略）

三、秦汉"独立陵园制"的确立与完善

"独立陵园制"萌芽于春秋，创立于战国，而全面确立当以秦始皇陵园为标志，汉代帝陵继承并进一步完善化，从而奠定了尔后中国近两千年帝王陵园制度的基础。

秦汉帝王陵园的特点可归结为四点：陵园独立化、陵区规模化、设施复杂化、功能完善化。

关于秦始皇陵陵园、陵区独立化这一点，并非为人们所普遍认可，有学者就把秦始皇陵园看作是秦芷阳陵区的一部分。实际上，秦始皇陵已经完全脱离芷阳陵区而构成独立的单元。芷阳陵区在郦山西麓，秦始皇陵则位于郦山北麓，二者相距10余千米，很难说二者之间有什么关系。此外，秦始皇陵占地范围已是整个芷阳陵区的数倍，并有独立的陵园名称和独立的管理机构，这些也有助于说明秦始皇陵作为独立的陵园、陵区是无可置疑的[①]。另一方面，秦始皇陵一陵独尊，其选址也没有考虑继任者即所谓二世、三世，乃至百世陵地位置安排问题，这从秦始皇陵区的地形、地貌以及占地达五十多平方千米的规模来看，应当是很清楚的。

关于陵园规模化，且不说秦始皇陵区占地范围达数十平方千米，仅就陵园范围（即墙垣以内）而言，其规模也是巨大的。尽管汉代以降的历代帝王陵园规模未必比得上秦始皇陵，但总体上拥有巨大陵园都是一致的。

秦始皇陵作为独立陵园制度确立的标志，最主要表现在陵园遗迹复杂化、功能完善化方面。秦始皇陵陵园内外遗迹众多，数以百计的地下从葬坑模拟"宫观百官"，

---

① 张海云、孙铁山：《秦东陵再探》，《考古与文物》1993年第3期；张海云、孙铁山：《对秦东陵有关问题的几点看法》，《考古与文物》1996年第5期。

其功能齐全,象征意义是很明显的。其次,秦始皇陵把原来置于墓上的寝殿移至墓侧,并有便殿、丽山食官、寺园吏舍、陵邑等,这些使得作为"独立陵园制"所应具备的管理功能趋于完善(图六)。

西汉帝陵从总体上看,继承了秦始皇陵园的特点并有所发展。

西汉十一代皇帝,其中有九代埋葬在汉长安城以北的渭北黄土塬上,另两座即文帝霸陵、宣帝杜陵则位于渭河以南汉长安城东南一带。假若我们拿一张大比例的帝陵分布图来看,渭北九座帝陵自东而西一线排开,看起来很像是葬于同一公墓墓地之内,而人们也习惯于拿"集中公墓制"的思维方式来看待西汉帝陵,并按照周代昭穆制度的排列方式探寻各帝陵之间的关系[1]。但有学者指出,人们之所以按照昭穆制度来解释西汉帝陵关系,是因为都把帝陵的朝向看作坐北向南,而实际上所有帝陵都是东向的,如此,所谓西汉帝陵存在着昭穆制度便失去了立论的基础。笔者同意这一说法。其实,我们迄今对周代公墓地是否存在着昭穆排列尚有疑问,更遑论汉代帝陵的昭穆次第。此外,还有一点非常重要,这就是西汉宗庙也未曾实行昭穆制度,帝陵的

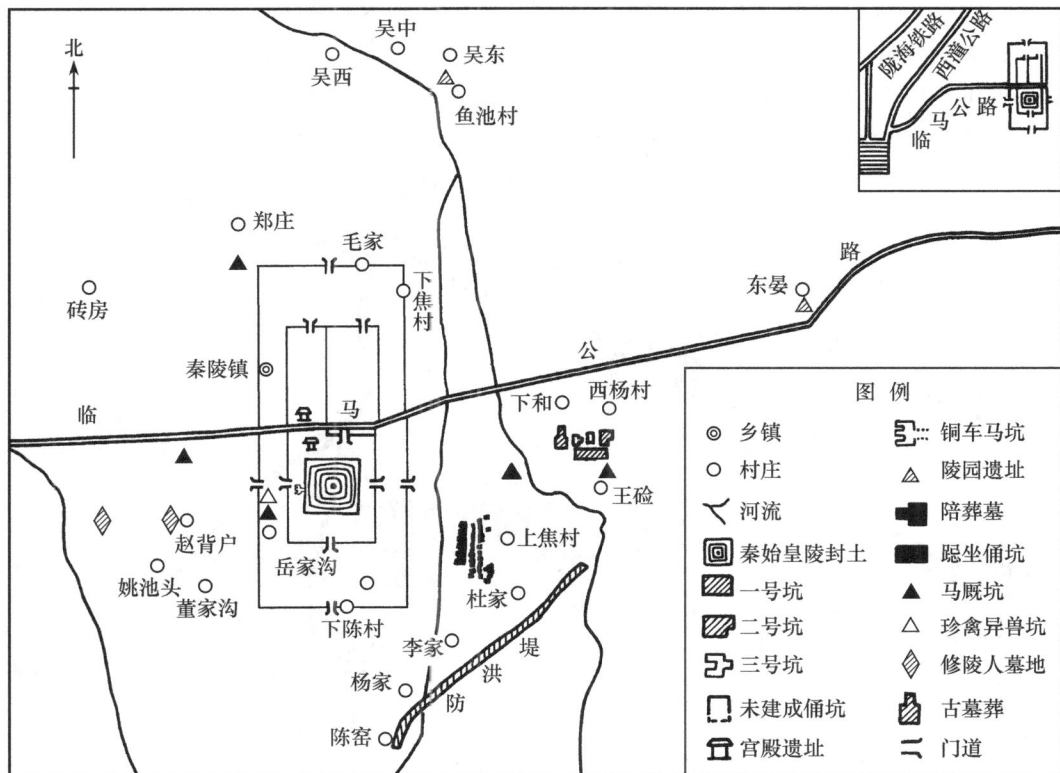

图六 秦始皇陵园及陵区遗迹分布平面图

---

① 李毓芳:《西汉帝陵分布的考察——兼谈西汉帝陵的昭穆制度》,《考古与文物》1989年第3期。

昭穆排列又从何谈起①。

　　位于渭北黄土塬上的9座西汉帝陵，从东至西延绵50余千米，每座帝陵之间，近者有数千米，远者达10余千米。在如此广阔的地段内，许多居民点和平民墓地杂处其间，根本不能说是一个集中的公墓区，所以说过去那种公墓制已遭破坏，是一望而知的（图七）。从文献记载来看，西汉帝陵的选址一般是因某种喜好或通过风水堪舆及占卜而定的，并没有提到与先王陵寝有何瓜葛。相反，有时陵址选择不当，还可以临时更改。由此看来，西汉历代帝陵并没有统一的、经过规划的集中公墓地，而实行的是以一代皇帝为中心的"独立陵园制"。诚然，西汉帝陵绝大部分都选择渭北黄土塬为其葬地，也可能多少考虑到先帝陵寝所在，但这是一种松散的、事先未经规划的，甚至是无序的"大墓地"形态，与商周那种"集中公墓制"有着本质的区别。这种"大墓地"，在以后的历代帝陵都普遍实行着，并且，逐步发展为按照某种风水思想来安排墓位的新的"大墓地"形态，但总体上仍是以"独立陵园制"作为基础的。

　　西汉帝陵的"独立陵园制"基本上是继承秦始皇陵园的布局结构而又有所发展。每座帝陵都有自己的陵园名称，寝殿、便殿、陵邑等项设置更为完善，陵园管理功能进一步加强。此外，陵园附近有数量众多的功臣贵戚陪葬墓，特别是将外姓功臣纳入陵区范围内的做法，在商周集中公墓制度下是不允许的。这也是西汉帝陵作为独立陵

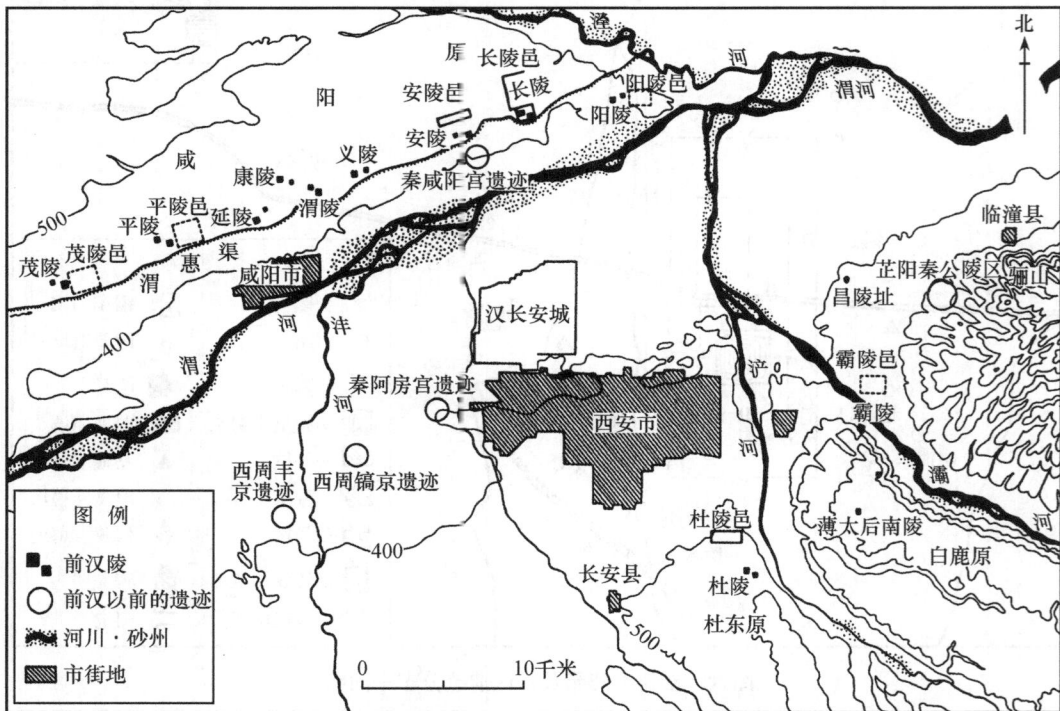

图七　西汉帝陵分布图

---

① 焦南峰、马永赢：《西汉帝陵无昭穆制度论》，《文博》1999年第5期。

园制的一个新特点（图八）。

现在，我们再来总结"独立陵园制"的主要特点：

（1）每位国君都拥有自己独立的陵园，每座陵园都有垣墙（或兆沟，或行马）以表示墓域。但秦汉帝陵的许多重要遗迹在陵园垣墙外，从而构成独立的陵区。

（2）各陵园之间彼此相距较远，形成独立的单元。与"集中公墓制"相比，各陵园之间是一种松散的，甚至是无序的排列关系。

（3）每座陵园都拥有独立的陵园名，如秦始皇陵园称为"丽山园"，西汉有高祖长陵、文帝霸陵、武帝茂陵等。

（4）陵墓及陵园规模宏大，各种设施完善，并实行独立而专门化的管理。除了帝王、王后的陵墓外，还有附属的寝殿、便殿、陪葬坑、陵邑以及为数众多的陪葬墓等。

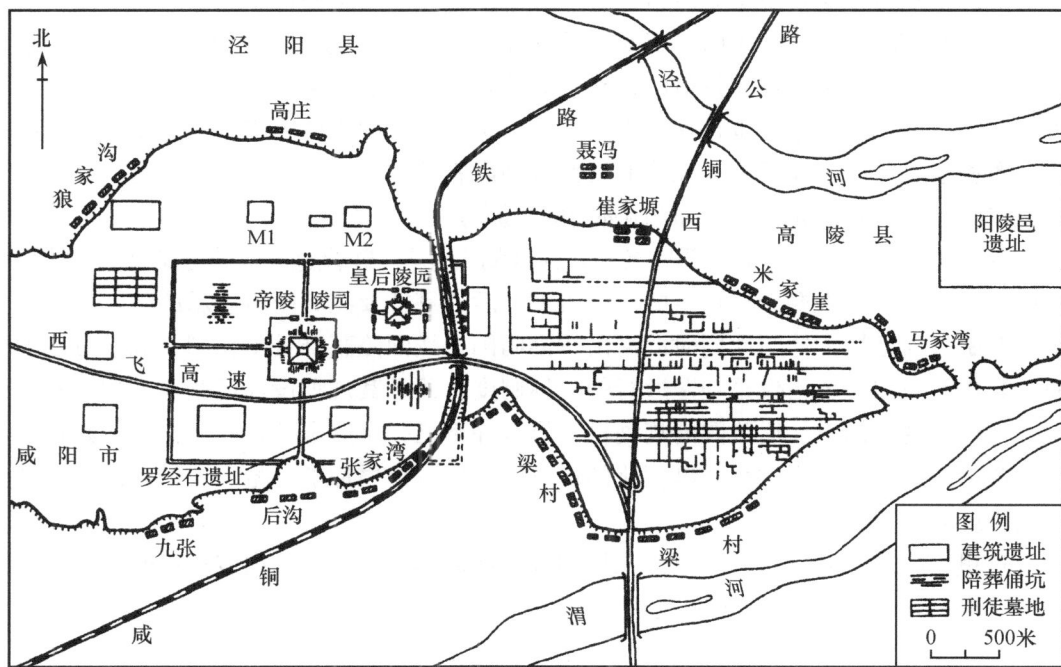

图八　汉景帝阳陵遗迹分布平面图

作者按：近期获悉，安阳西北岗商代后期王陵周围新钻探出大范围的围沟（隍壕），然而，尽管商代后期王陵出现隍壕，但多代王陵集中埋葬的性质没变，仍属于"集中公墓制"范畴。

（初载《文物》2006年第7期；原载赵化成：《周秦汉考古研究》，上海古籍出版社，2023年）

战国中山王陵及兆域图研究

杨鸿勋

河北省平山县的战国墓葬及都城遗址的调查和发掘，取得了重要收获[①]。在其出土文物中，特别引起建筑史学界注目的是一号墓出土的一幅金银嵌错铜版"兆域图"。这是公元前3世纪初叶为中山王、后陵墓群所做的建筑设计的总体规划。这件兆域图不但对中国建筑史来说是很有价值的，在世界建筑史上也是罕见的珍贵史料。墓上封土以及周围其他建筑遗迹，也是这次发掘的一项不容忽视的重要内容。这些遗迹现象与兆域图相互对照，不仅可以加深我们对兆域图内容的理解，而且也有助于对一号、二号两座墓上的享堂建筑以及周围陵园环境的复原考察。

周代帝王、诸侯陵墓有专职官员为之作规划设计[②]，这看起来似乎与汉以后的情况一样，是统治者本人要亲自审定的。中山王、后陵墓群及兆域图所表示的陵园规划和享堂形制，与已知大约与此同时的河南辉县固围村战国陵墓群基本相同。似乎可以说明，制作兆域图一事不仅是列国通行的一种制度，而且其规划设计已基本定型。所以说此处出土的中山王、后陵园的规划设计图，并不是一个完全独特的创作，而是具有时代典型意义的一个程式化、制度化的代表作。这就更增加了一号、二号墓以及兆域图在建筑史上的重要性。

这里，拟对一号墓上的享堂原来形制以及兆域图的规划设计内容加以研究，并进一步讨论一下陵墓上建筑享堂的问题。

一、中山王陵墓上的享堂建筑形制

兆域图出土于一号墓，经考古工作者考证，已知此墓为中山王𰯤的陵墓，对照兆域图可知，一号墓东侧列的二号墓应为先于𰯤死去的哀后墓。二墓都有残存封土，封

---

① 河北省文物管理处：《河北省平山县战国时期中山国墓葬发掘简报》，《文物》1979年第1期。

② 《周礼·春官·冢人》："掌公墓之地，辨其兆域而为之图。"

土周围有建筑遗迹。其实这里所谓的"封土"，就是享堂建筑的一部分遗构。关于战国大墓的地下墓室，考古工作者是很注意的，但对于残存封土和有关建筑遗迹则有时比较忽视，《辉县发掘报告》重视了这个问题，对于部分建筑遗迹做了测绘记录，现已成为研究平山陵墓享堂建筑难得的参考材料。平山发掘简报以及发掘单位补充的材料，尚可供粗略讨论一号墓上享堂的原来形制问题。地下墓室部分，不属于本文讨论范围，从略。

简报称：一号墓的"封土平面呈方形，由下至上构成三级台阶，现高约15米"。所谓"三级台阶"，当是指未完全建成的大台座，即简报中所谓"平台"（兆域图中称"丘"）和底盘台基以及中心夯土台，即简报称为"封土"的遗存。简报并称："封土及平台均夯土筑成。第二台阶以内的夯层薄而坚硬（按：即享堂的底盘台基夯筑质量较高），第一台阶夯层较厚（按：即大台座的夯筑质量稍次）。第二台阶上有回廊建筑遗迹，第一台阶内侧有散水。"散水为砾石铺砌，宽110厘米左右。底盘台基高出散水130厘米，平面呈方形，边长5200厘米。此台基上的中心夯土台平面也是方形，边长4400厘米。中心夯土台残壁直立，壁面用草筋泥打底，澄浆细泥罩面，表面再"粉饰成白色"（约为石灰抹面）。残壁遗留有壁柱槽，下部有粗糙的暗础，埋深20厘米。东、西两壁的壁柱间距360厘米（中—中，以下同），南面为334厘米。这只是残存的个别数据，它反映壁柱间距有较大误差，而并非东、西两面开间大于南面开间。已知咸阳秦宫遗址的壁柱间距也不完全相等[1]，这大约是战国时期的习惯做法。这里一号墓上享堂遗址无实测平面图，不过根据方形平面可以推测四面开间数目相等。简报称，与壁柱相对应的位置有檐柱，檐柱暗础埋深也是20厘米。从壁柱至檐柱的间距，也就是回廊的进深，为300厘米。檐柱至台基边，"水平间距约1米多"。回廊每面间数不详，可以334厘米至360厘米的约略平均值为参考等分中心台壁的边长。辉县固围村战国时期同类型陵墓享堂遗址（图一）[2]，其中2号墓可以判明，中心夯土台每面用壁柱划分为五间（回廊每面为七间）。据此，设定这一遗址的底层回廊每面开间也是单数。中心台每面4400厘米，可分为十三间，平均每间约为338.5厘米。已知回廊进深为300厘米，即每面回廊两头一间面阔各为300厘米。这样，复原底层回廊每面共为十五间，通面阔5000厘米，台基每边长约5200厘米（图二）。

从图二的剖面图来看，底层回廊地面高出墓室口44厘米；据补充材料，墓口以上"封土"残高600厘米，即残存"封土"高出底层回廊地面556厘米，而"封土"原高更大于这个数字。设定底层回廊檐檩高于回廊地面350厘米左右，回廊进深为300厘米，屋架举高按《考工纪》"瓦屋四分"，则为175厘米，即回廊后壁原高约为525厘米。今"封土"——中心夯土台，残高556厘米，已经大于525厘米，可知原来中心夯土台至少还要高出一层。根据现在夯土台残迹推测，二层夯土台平面仍为方形，周围

① 秦都咸阳考古工作站：《秦都咸阳第一号宫殿建筑遗址简报》，《文物》1976年第11期。

② 中国科学院考古研究所：《辉县发掘报告》，科学出版社，1956年。

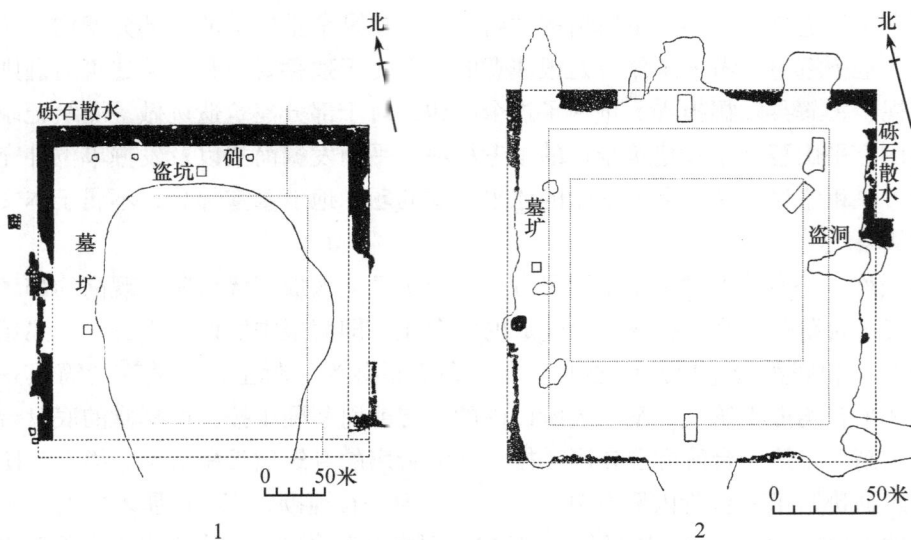

图一 河南辉县固围村战国陵墓上的享堂遗址

1. 二号墓上享堂遗址平面图 2. 三号墓上享堂遗址平面图

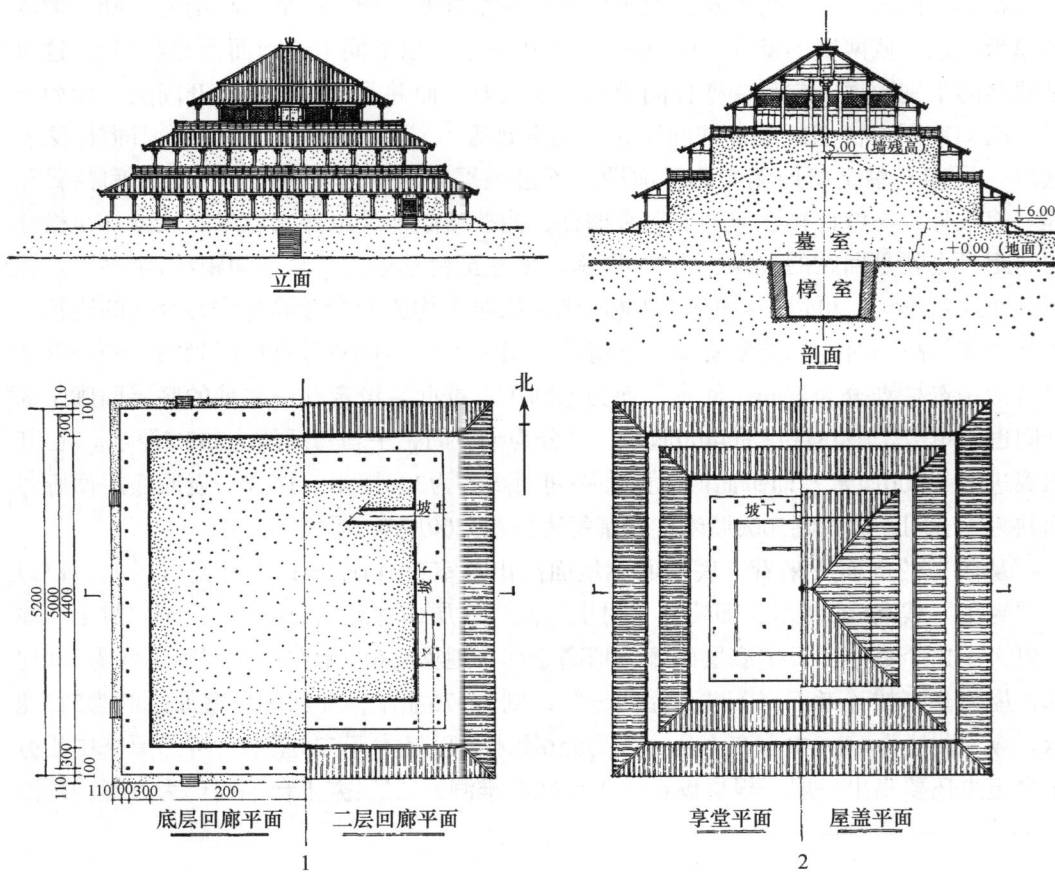

图二 平山战国中山王陵墓（M1）上享堂复原图

1. 立面、平面图 2. 剖面、平面图

台壁同样为白灰抹面外加防水瓦檐，与一层同样形成回廊。二层回廊檐柱也应为暗础栽柱，因此檐柱需要退离二层台边。这样，二层回廊檐外便形成一周平台，台边应设有栏杆。战国时期铜器上的宫殿建筑形象，曾反映了这样的情况（图三）。设定二层夯土台四周平台宽度与下层相等也是300厘米，以保证二层台回廊开间面阔与底层相等而且每面开间也是单数，则二层台的每边长度为3200厘米，如果此上再设300厘米宽的周围平台及300厘米宽的回廊，则中心只剩2000厘米见方的范围。若此上再设三层台，除去三层台周围平台、回廊，则中心仅余800厘米的范围，不足以安置享堂和周回平台。可知二层台上不能再设三层台。

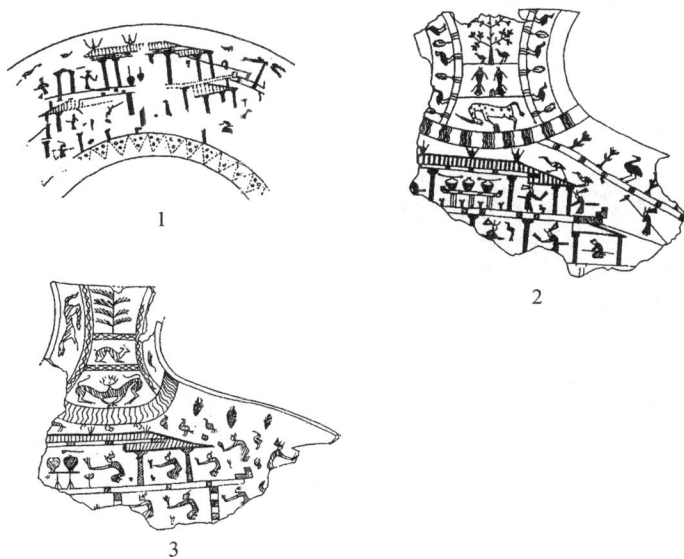

图三　战国时期铜器上的宫殿建筑形象

1.辉县战国墓出土铜鉴上的图形　2.山西长治分水岭出土鎏金残铜匜的图形

3.江苏六合县和仁出土残铜匜上的图形

　　这里，复原采取在二层高台上安置享堂的方案。复原参考战国铜器、漆器上宫殿图形、秦咸阳宫一号遗址复原考察[①]以及先秦文献的有关记述，柱头上置栌；栌上置栾—曲枅（一斗二升）；无补间铺作；平台平座亦无铺作，栏杆采用横棂；享堂中央设都柱；主体屋盖四坡复笮，屋面直坡，或略呈折面反宇，短正脊（屋面前后与左右坡度不同）上置青铜凤鸟脊饰[②]；上台通道，参考东汉灵台遗址，设于台内，按右施上坡道（便于运送重物上台），入口设于南面东侧；左右阶，踏步无垂带等等，复原体形作"金"字塔构图（图四）。从出土实物来看，这座建筑所用瓦钉是一个透雕的

图四　中山王陵墓享堂复原透视图

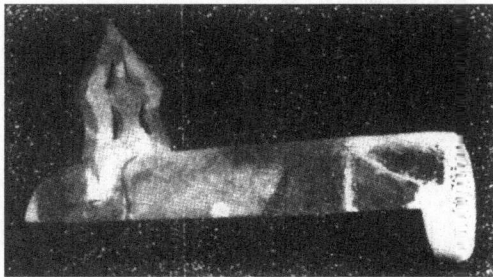

图五　平山一号墓出土檐头筒瓦及瓦钉

陶版（图五）①，与以前所知战国小型陶泡瓦钉不同。泡形瓦钉虽然也具有一定的装饰性，但其浮雕花纹仅在高台上层俯瞰下层屋盖时可以看到。这里所用版形透雕瓦钉，有更大的观赏范围和更强烈的装饰效果。它排列在层层檐头筒瓦之上，犹如欧洲高矗式（Gothic）教堂尖顶棱边上镶嵌的花、叶雕饰，具有增加神秘气氛的表现力。这种类型的瓦钉已见于北魏遗址，现在尚难判断这两者之间有无传统和承继关系。

探讨平山一号墓上享堂的形制，除了根据遗址情况外，还要研究遗迹现象所反映的设计构思和已知时代相同或相近的同类型建筑的情况——这既是进行复原考察的提示，也是决定复原方案取舍的依据。

这里提出的一号墓享堂复原方案，从外观上看似乎是三层楼阁，然而分析其设计构思，则只是在两层高大的夯土基座上建筑的殿堂。战国时期，大台夯土壁面还没有晚期那种砖、石包砌以防水、加固的做法，而是沿用传统的方式，在夯土壁面涂抹草筋泥（古籍记载是泥中掺"黍稂"）并做白灰面（垩），同时外加瓦檐以防水，这样就形成了环台周围的回廊。从整个体形来看，回廊环绕的高台与顶部享堂一起，构成多层建筑巍峨壮观的艺术效果。这种借助中心夯土台而取得重叠高耸的体形，结构面积过大，在工程上是很不经济的，然而这也正是奴隶制时代驱使大量奴隶无偿劳动的产物。这种高台建筑在西周本是天子宫廷主殿明堂的形制，当时大约仅有一层高台，根据常朝、布政等实用功能以及思想意识方面的要求，背靠台壁布置四面堂、室，论

———————

① 这是带瓦钉的檐头筒瓦，并非"山形瓦脊饰"。

其主体，仍然是建在中心台上的"太（大）室"（意即"大房间"）。种族奴隶制重视血统、崇拜祖先的习俗反映在礼仪制度上，是把奉祀祖先的太庙与布政的殿堂同等对待的。大约西周时期太庙的主体殿堂也采取明堂的式样，正像明、清太庙主殿采用与太和殿同样的重檐庑殿形制一样，因此造成汉儒以及后代学者思想上的混乱，这明显地表现在汉代以来诸儒托古设计的明堂方案和有关明堂的争论上。以重叠的夯土高台为核心构筑宫室的形式，成为战国时期流行的宫殿式样，当时最高大的可能有"九层之台"①，它是西周明堂的发展。邯郸、侯马、临淄等战国都城遗址的宫廷中轴上，仍见方形高台遗迹，将来发掘或可看到它与西周明堂在形制上的联系。作为陵墓祭祀之用的享堂，同太庙一样，历来采用当时的主要殿堂式样，明长陵祾恩殿便是晚期的一例，这里中山王陵又提供了早期的例证。

平山一号墓享堂遗址和辉县固围村的三座享堂遗址，是迄今所发掘的东周时期接近明堂的方形高台建筑遗存的实例。前者体量较大，现复原为二层高台上建享堂，后者三座遗址较小，原来大约都是在一层高台上建造享堂。两者的中心夯土台都有遗存，可以作为讨论高台建筑中心土台名称问题的实物佐证。笔者意见，高台建筑的中心夯土台周时称"墉"，象形文字写作✚。西周天子、国君布政的明堂以及坛、庙的主体殿堂多是这种高台建筑，而经常使用的是南面堂、室。从"君南乡于北墉下"②的记载来看，是把堂、室北墙叫作"墉"的。《仪礼》更是明确区分"墙"与"墉"，它只把北墙称"墉"③，即使一般房屋也保持称北墙为"墉"的习惯。显然"墉"字的初始含义与宫室有关，而与城垣无关。"墉"字的图形，正是指示被四面房屋环绕的一个方形土台。也正是因为它的原始含义是指一个带有"墙壁"性质的夯土部件，所以才引申泛指夯土墙和城垣。汉以后这种高台建筑被淘汰，"墉"字已失去它创始的现实基础，于是即便文字学家也只知其作夯土墙解而无从知其所以然了。此后历代从事古文字研究的学者，根据"墉"字引申作城垣的解释，来臆测✚是一座城的图形——中央方框为城垣，四面房屋形为城楼。王国维曾注意到这种解释与原始字义不符，从而提出此字为宫室形象的高明见解。但是由于当时没有条件进一步了解这个图形所模仿的建筑形制，仅在其知识范围内主观地把它解释为四合院的图形④。这便很难说明此形如何反映了垣墉，所以至今国内外学者极少有附议他的说法的。陈直先生赞成王氏之说，也认为此字是"象四屋函一庭形"，并进一步指出它是"殷太学之象也"；认为"殷礼与周礼同"，匦而它就是周明堂的形制。这是对王氏说法的重要发

① 《老子·六十四章》（王弼本）："九层之台，起于累土；千里之行，始于足下"；傅奕本《德经古本篇》作"九成之台，起于累土；千里之行，始于足下"，马王堆帛书甲本作"九成之台，作于羸土；百仁（仞）之高，台于足□"；乙本作"九成之台，作于蔂土，百千之高，始于足下"。

② 《礼记·郊特牲》。

③ 如《仪礼·士丧礼》："君升自阼阶西乡，祝负墉南面，主人中庭"。称北墙为"墉"；"甸人掘坎于阶间，少西，为垫于西墙下，东乡。"称西墙为"墙"等。

④ 王国维：《观堂集林》卷三《明堂寝庙通考》，商务印书馆，1940年。

展，但仍把它理解为四合院，只是中庭多了一个房子[①]。至于徐中舒先生提出此字是四面带踏道的竖穴形象[②]，也因缺乏论证的依据而难以令人信服。对于❖字的认识，只有在科学发掘的基础上掌握了这个图形所由产生的客观实物才有可能，否则是得不到正确答案的。

平山一号、二号墓的"封土"都是"墉"的遗存；秦咸阳宫一号遗址原是一种发展了的高台宫观，其体形繁复的夯土残台仍是"墉"的遗存。该土台的部分台壁也是采用白灰抹面，再加防水瓦檐的处理方法。平山一号墓享堂残墉壁面的白灰抹面和壁柱遗迹表明，大约墉的周围只有防水回廊，并无宫室，仅台上一个大室而已。可以看出，它是明堂、太庙的简化，单纯作为纪念和墓祭之用的享堂，不需要很多的堂、室；建筑艺术同样要求空间和体形简单、庄严。

二、兆域图所反映的陵园规划设计

平山一号墓出土的王、后陵园规划图，目前名称不一，或称"兆域图"[③]，或称"兆窆图"[④]。"兆域"一词见于典籍，意即"墓茔地"或"陵墓区"。铜版铭文有"逃乏"一词，或释"兆窆"[⑤]，或释"兆法"[⑥]。"窆"，《说文》释为"葬下棺也"，则"兆窆"有"墓葬区"的意思。"法"含"定式""制度"的意思，"兆法"一词意近"墓区形制"，所以称为"兆法图"也未尝不可。今从典籍暂称"兆域图"。

这幅兆域图是在一块铜版上用金、银错出建筑平面、名称、尺寸和中山王的一段诏令（图六）。铜版长方形，制作有误差，长约940毫米、宽约480毫米，厚薄不一，平均厚约10毫米。这个陵园规划图注明了"内宫垣"和"中宫垣"两道围墙，看来规划中尚有更大范围的"外宫垣"未在图中表示。在一、二号墓以东约1.5千米处，曾发现一块大型砾石碑刻，碑文表明为守陵官员所立。据此推测外宫垣范围或接近3千米方圆。从碑文知道，陵园禁区里还有池囿等林园内容；几道宫垣可能还有墙基遗存。

---

① 陈直：《殷契賸义》，石印本，1930年。

② 徐中舒：《试论周代田制及其社会性质》，《四川大学学报（社会科学版）》1955年第2期。

③ 发掘简报及朱德熙、裘锡圭：《平山中山王墓铜器铭文的初步研究》，《文物》1979年第1期。

④ 李学勤、李零：《平山三器与中山国史的若干问题》，《考古学报》1979年第2期。

⑤ 马得志、周永珍、张云鹏：《一九五三年安阳大司空村发掘报告》，《考古学报》1955年第9期。

⑥ 《礼记·郊特牲》。

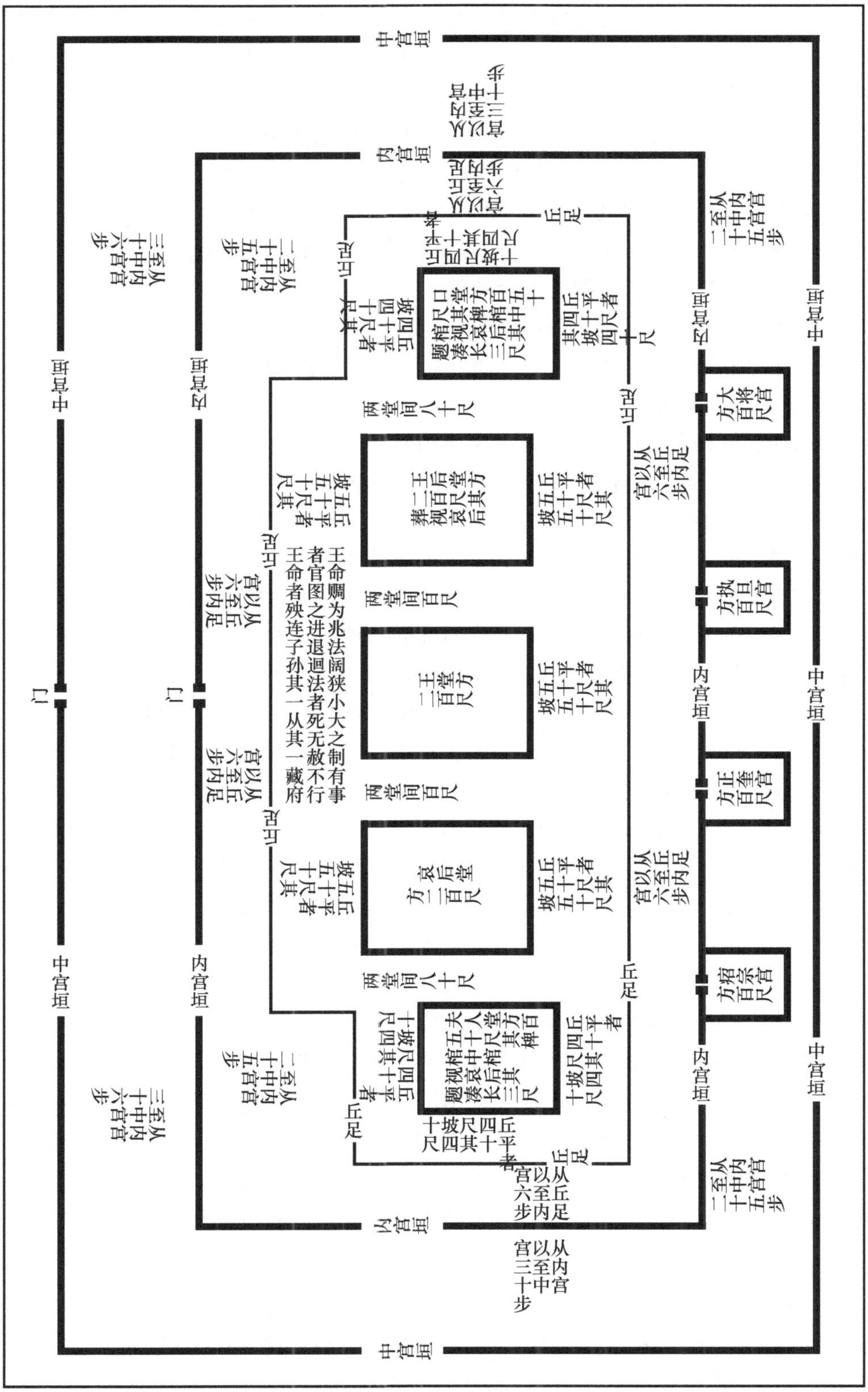

王命賈为兆法阔狭小大之制有事者官图之进退违法者死无赦不行王命者殃连子孙其一从其一藏府

图六　铜版兆域图摹本

　　以一号、二号墓享堂残墉等建筑遗迹对照兆域图，推测两墓享堂的位置和规模大小都是照图施工的。这里，我们可先利用遗址和兆域图探讨当时度量尺的长度。兆域图注明"王堂方二百尺"若以底盘台基5200厘米为"堂方"，则1尺为25.55厘米，这已大于汉尺，显然是不合适的。若以"堂方"所指为享堂下层墉方而言，即二百尺为4400厘米，则1尺为22厘米，经与兆域图铜版原件上图形校核基本相符（详后）。这正大于殷尺而小于汉尺，似乎比较符合实际。洛阳金村出土被断为战国初期的属羌铜尺，长23.04厘米。而30年代约翰·卡尔文福开森（John Calvin Ferguson）所得传为寿县出土的菱纹铜尺长22.5厘米，则与这个数值相当接近。按1尺=22厘米，可求得图中大台、内宫垣和中宫垣的长、宽。图中注明王、后三堂的南、北"丘平者五十尺，其坡五十尺"，即自堂边至"丘足"（大台底边）南、北各100尺（坡长按水平距离计算），各合22米。王、后堂每边长按44米，则大台中轴线上的南北宽度为400尺，合88米。大台的东西长度按图中所注尺寸累积为1420尺，合312.4米。按1步= 6.4尺计算[①]，内宫垣南北宽度为476.8尺，合104.89米；东西长为1496.8尺，合329.30米。中宫垣范围，南北867.2尺，合190.78米；东西1880.8尺，合413.78米（图七）。

　　兆域图说明"王堂方二百尺"，王、后"两堂间百尺"等，从铜版原件图面上量得数据：王、后等三堂平均边长8.738厘米，两堂平均间距4.532厘米等，堂边长约为间距的2倍（图八）。显然兆域图以尺为单位的部分是按比例绘制的，不过制作略有误差，而且铜版经火烧后略有变形，尺寸较当初或稍有改变。按前述1尺=22厘米，即1寸=2.2厘米，则图面上王堂每边长约为二寸[②]，两堂间距约2寸。是以1寸=50尺，也就是说，原图系采用五百分之一的比例尺绘制的。这反映了战国时期建筑工程技术的高度水平。以前知道，用比例尺制图大概要以西晋裴秀为最早（267年），他绘制的地图是"以二寸为千里"。隋代建筑大师宇文恺设计明堂，其比例尺是"用一分为一尺"[③]（即百分之一）。现在平山兆域图提供了更早应用比例尺制图的实例，如果从裴秀算起，则把缩尺制图的历史提前了6个世纪，这在科学技术史上也是一个重要的发现。

　　已知一号墓为中山王譻的陵墓，东侧并列的二号墓为先于譻死去的哀后墓。如果确证仅此二墓，那大概是因为中山国灭亡或其他原因，以致王后、夫人等死后未能葬入这个陵园，也就是说兆域图的规划并未全部实现。但是根据兆域图和已建成的王堂和哀后堂，可以设想整体规划设计的全貌。按照上述享堂复原形制，将兆域图规划设计内容绘成透视图（图九），可以帮助我们更清楚地了解这一建筑群的情况以及战国时期的建筑创作水平。这一设计在构图上已有相当经验，在处理王、后陵墓这一题材上，不但运用严格中轴的对称布局，而且在建筑体量和位置经营上，也恰当地体现了意识形态上的要求。例如，王、后墓与夫人墓不但在体量上有符合宗法制度尊卑等级

---

① 《礼记·王制》："古者以周尺八尺为步，今以周尺六尺四寸为步。"

② 4寸为8.8厘米，如果不取平均值，仅以王后堂为例，边长8.86厘米只比4寸略大0.06厘米。

③ 《隋书·宇文恺传》。

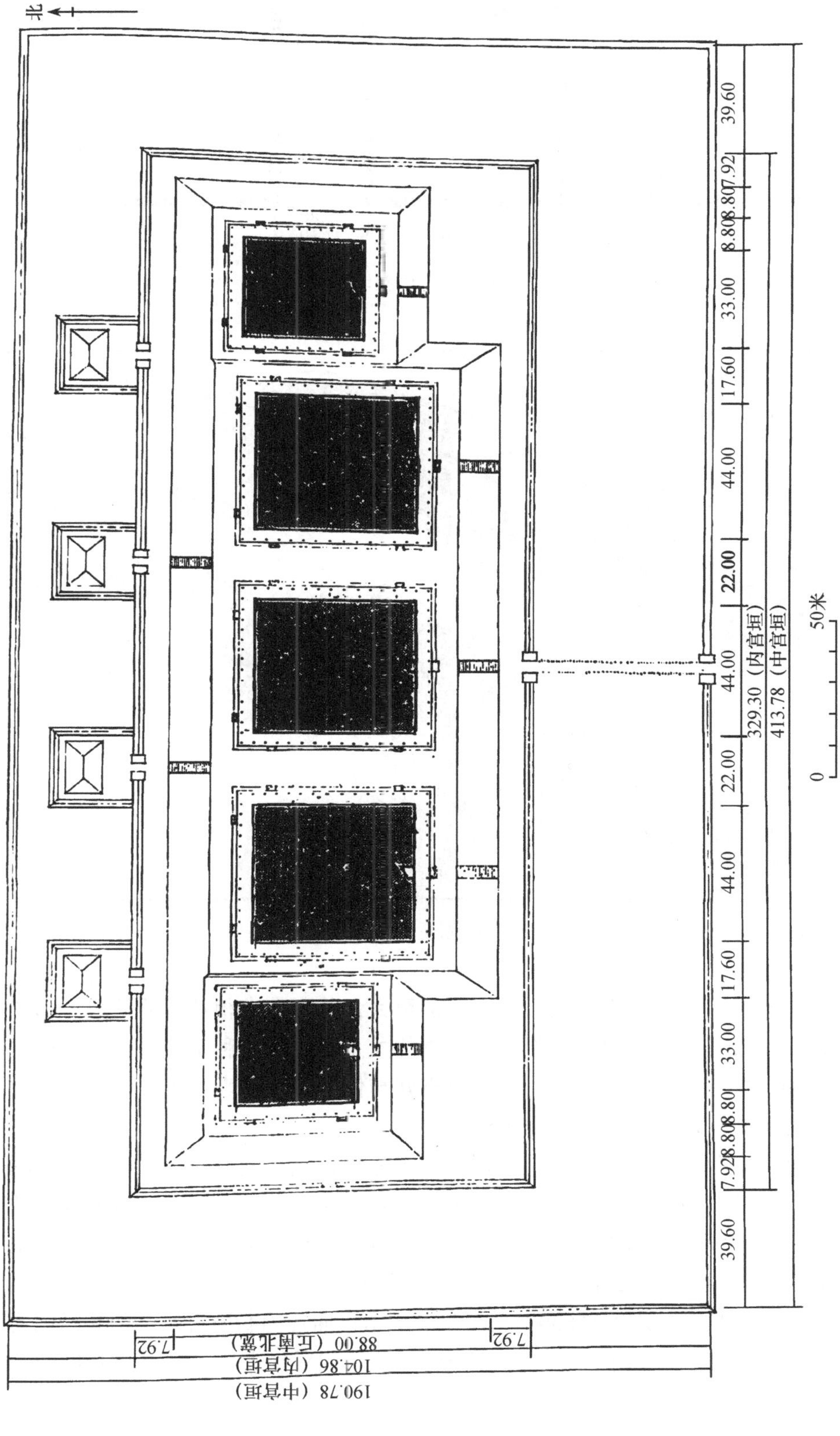

图七　按现代制图方法表示的兆域图

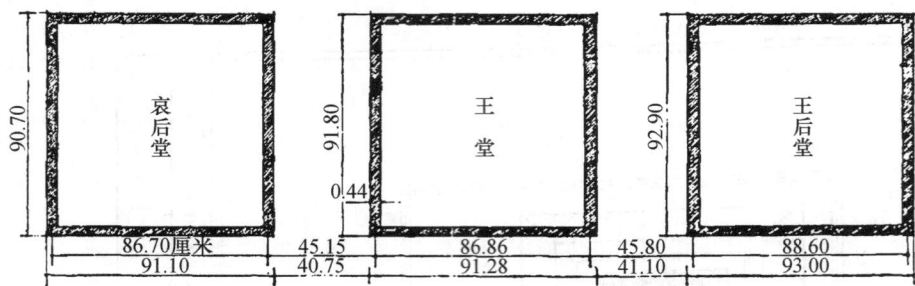

图八　兆域图铜版原件上王、后等三堂尺寸图

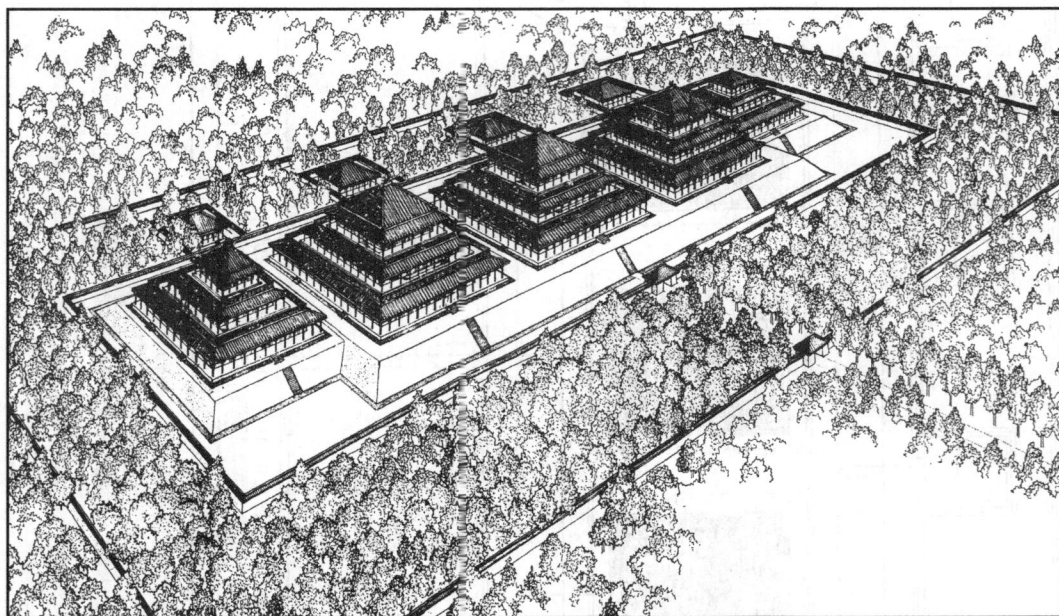

图九　据兆域图绘制的原规划设计透视图

的比例关系，而且在位置经营上有前后关系，甚至大台基座也有相呼应的处理。构图中还运用了对位来安排后部四宫与前部五座享堂的关系，这不但利于表现建筑群严肃的秩序感，也便于施工时按轴线放线。在建筑空间与体形关系上表达了尊卑等级的观念以及体现了陵园的气氛，这都反映出构图知识的丰富。

　　兆域图的规划设计与辉县固围村陵墓群布局很相似，只是固围村为二墓并列（图一〇）兆域图所示为五墓并列；前者规模较小，后者规模较大而已。固围村陵墓群的布局情况，可以作为研究兆域图的参考。固围村兆域选址与平山兆域选址类似，也是选择山南高地，北距共山顶峰2千米（平山陵墓北距西灵山1千米多）。《辉县发掘报告》称："墓地范围颇大，广袤约600米，东、北、南三面皆为断崖古路，中心隆起为平台式高地，东西宽150米，南北长135米，形势长方。这平台式的高地，四边断崖，高出2米余。或有版筑存留，好像是一座城基，所以村人有共城的传说。实际它正是一个以岗坡为基地，微加人工建造的一座回字式陵园。"对照兆域图来看，这里关于城基的传说可能是正确的，所谓沿断崖的"版筑存留"，应是陵园的内宫垣遗迹。平山陵园内宫垣虽然东西长度远大于固围村，但两陵内垣范围都作东西长的长方形这一点则是相同的。

《辉县发掘报告》记述陵园中心东西并列三墓，墓上享堂遗址以中墓最大，为2750厘米见方[①]；西墓较小，南北约1880、东西约1770厘米；东墓长宽都是1900厘米。平山王、后享堂遗址，包括砾石散水在内，为5420厘米见方，规模远大于固围

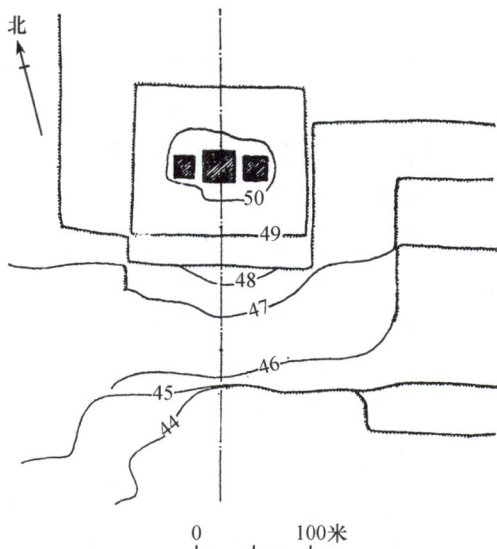

图一〇　辉县固围村战国陵墓总平面图

村的中间享堂。尽管两者规模悬殊，但所反映的等级观念和加大居中享堂以突出整座建筑群的主体这种处理手法却是相同的。固围村并列三堂，中间大于两侧；平山兆域图并列五堂，中间王、后等三堂相等而大于两侧夫人等二堂。平山享堂反映了王、后仅分主次而等级相同的观念。固围村中堂等级则高于东、西二堂，东、西二堂的绝对尺寸也并不相等，东堂略大于西堂，其间的差异既不足以破坏体量对称的印象，又体现了东、西堂的等级差别。这些对于研究当时的宗法礼制思想，也是一项有参考价值的材料。

三、陵墓上建享堂的源流问题

在陵墓上建享堂的源流，目前只能作为一个问题来提出。这里综述几项材料，或可作为进一步研究的参考。

辉县固围村战国墓群和平山县中山国王陵墓群的发掘，特别是兆域图的出土，使我们明确认识到战国时期的大型陵墓上是有享堂的；其形制是接近明堂的高台建筑。在掌握这些材料的基础上，可以判断秦始皇陵覆斗形的封土，可能是享堂多级中心土台"墉"的遗存，即原来地面之上可能是一座远较平山中山王陵更为庞大的高台建筑式样的享堂。始皇陵封土上曾出土大型瓦当以及残存木炭屑、红烧土渣等遗迹，已初

①　固围村中墓（2号墓）享堂遗址平面，按报告插图，包括砾石散水在内，为2850厘米见方；底层台基，从散水里边算起，为2550厘米见方，与文字记述不符。

步证明了这一点，可望在将来的探测清理中查清其形制。

在陵墓上建享堂约是战国时期列国流行的通制，推测它不是自战国时期创始的。东周礼制是西周的延续，至战国时期的所谓"礼崩乐坏"主要是列国发生僭逾现象，而并非礼制上的革新。这样，估计西周统治者的陵墓上也许就过有享堂，不过至今尚未发现确切的实例。西周墓上有封土是没有疑问的，孔子说他曾经见到过封土高大"若堂""若坊""若覆夏屋"①之类的坟墓；他的双亲墓是"封之崇四尺"②。西周墓有封土，业经考古发掘所证实。安徽屯溪西周两座墓就都有封土③，江苏省句容县等处所发掘的西周墓也都有封土④。这些墓葬地域偏南，当地的地下水位较高，因此都无墓圹，而是平地铺砾石基座，上置棺椁及随葬器物等然后土封，封土并不夯实（大约也是因为取土时含水量较大）上面显然是没有建筑设置的。这些墓葬形制较为特殊，也许还有民族习俗的原因。此外还可举出中原地区诸侯大墓的实例，河南浚县辛村1号墓（报告断为西周中期），墓室上口南北长1060厘米，东西宽900厘米，报告称："此墓建造甚坚，全部填土都是黄色夯土。上口之外，更各向外扩筑夯土，宽2.5、厚1.5米，土色和墓室相同。"⑤可知这座大型陵墓地面以上原来是有封土的。发掘时封土残存无几，而且被盗严重，上面有无建筑已无迹象可考了。

传说殷墓是"墓而不坟"⑥，即地面上没有高出的封土堆。至于统治阶级的陵墓形制如何，是否有地面标志或供祭祀使用的设置，缺乏记载不得而知。但殷墓的考古发掘已为我们研究这个问题提供了重要线索。中华人民共和国成立前安阳侯家庄殷代大墓群的发掘，就在墓圹口以下发现大砾石暗础遗存（如1001号大墓），由于大墓被盗严重，难辨墓上情况。中华人民共和国成立以来，发掘经验不断积累，对于经过扰乱的墓葬，也能辨认重要现象。到目前为止已发现若干殷墓的墓圹口上部有和填土相连的夯土台基以及柱洞，砾石柱础等建筑遗迹，如安阳小屯五号墓以及大司空村M11、M12、M301（或M302，或M307）、M311、M312等，值得引起重视。现将安阳大司空村的三例⑦及小屯的一例⑧介绍如下：

①　《礼记·檀弓上》："吾见封之若堂者矣，见若坊者矣，见若覆夏屋者矣，见若斧者矣，……"
②　《礼记·檀弓上》。
③　安徽省文化局文物工作队：《安徽屯溪西周墓葬发掘报告》，《考古学报》1959年第4期。
④　南京博物院：《江苏句容县浮山果园西周墓》，《考古》1977年第5期；镇江市博物馆浮山果园古墓发掘组：《江苏句容浮山果园土壇墓》，《考古》1979年第2期；镇江市博物馆、金坛县文化馆：《江苏金坛鳖墩西周墓》，《考古》1978年第3期。
⑤　郭宝钧：《浚县辛村》，科学出版社，1964年，第14页。
⑥　《礼记·檀弓上》。
⑦　马得志、周永珍、张云鹏：《一九五三年安阳大司空村发掘报告》，《考古学报》1955年第9期。
⑧　中国社会科学院考古研究所安阳工作队：《安阳殷墟五号墓的发掘》，《考古学报》1977年第2期。

1. 大司空村"遗址一"

夯土基址呈长方形，长604～640、宽570～580、深370、厚130厘米。夯土基东侧中部有70厘米宽的四级踏道。夯土基残面上保存砾石柱础六块，"排列成长方形"。在遗址的下边压有墓葬三座（墓301、302、307），但报告未说明这一遗址正对哪一座。

2. 大司空村"遗址二"

形制与遗址一相同，只是没有踏道。现存夯土台基长740、宽680厘米。残台面上保存砾石柱础十个，其中二个被盗墓时扰乱。此遗址正坐落在M311上，方向与墓圹一致（图一一，2）。

3. 大司空村"遗址三"

夯土台基长350、宽220厘米。台基残面上遗留有砾石柱础四个，其中一个被近代扰乱。此遗址坐落在M312上，方向与墓圹一致。M312虽是一座不大的墓葬，但其中竟有殉人三个、矛十件，并随葬有乐器（执钟三件）等，可知墓主人不是一般平民或奴隶（图一一，1）。

报告指出这些墓上的建筑遗址与墓

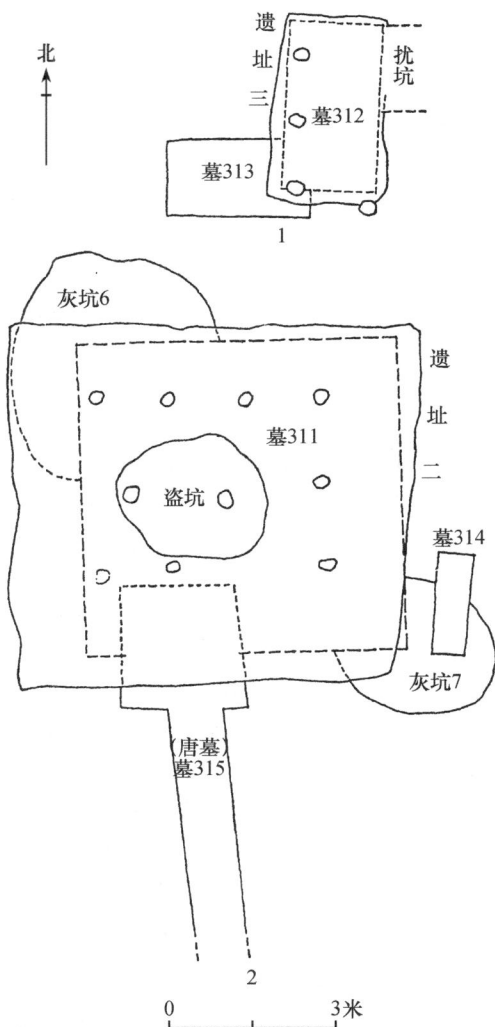

图一一　安阳大司空村M311上的"遗址二"和M312上的"遗迹三"平面图

葬有同时的可能性，从建筑正坐落在墓圹口上、建筑平面大小与墓圹口基本相等、建筑与墓圹方位相同等现象，而且这种现象已发现多例来看，不可能是巧合。可以判断地上建筑与地下墓葬为一体，二者叠压所表现出来的早晚关系，应无年代上的距离，只是施工程序墓葬在先、建筑在后。

4. 小屯五号墓

这是殷王武丁的配偶"妇好"的陵墓。墓圹口上也压有殷代房基（F1，图一二）。有殷晚期灰坑（H1）打破此房基和五号墓，确证建筑为殷代遗构。报告认为："五号墓上的房屋有可能就是为祭祀墓主而建。"

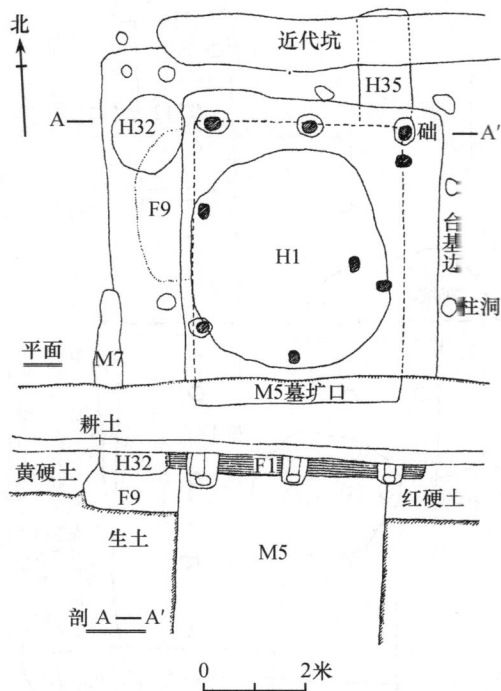

北

近代坑

H35

A — H32　　　　　　　　　　　　　础 — A'

F9　　　　　　　　　　　　　　　　C 台基边

H1

平面　M7　　　　　　　　　　　　　　○柱洞

M5墓圹口

耕土

黄硬土 H32　　　　　F1

F9　　　　　　　　　　　　　红硬土

生土　　　　M5

剖 A — A'

0　　　2米

图一二　安阳小屯五号墓上建筑遗址平、剖面图

这一夯土台基南北残长550、东西宽500厘米,东面有路土,正面可能向东,与大司空村"遗址一"的朝向相同。台基残面上有排列较规整的柱洞并埋有砾石柱础,平面复原约构成三间面阔、两间进深的柱网。台基的东、北、西三面外围残存擎檐柱洞七个,无础石。发掘报告推测殷墟卜辞的"母辛宗"应是祭祀妣辛的宗庙。周人卜辞中是分别使用"宗"与"庙"的,我们或可设想"宗"与"庙"有所区别,《说文解字》:庙,"尊先祖貌也",建庙不在墓地,其中设置代表先人遗体的祖位以为奉祀的对象;周代所谓"宗",也许就是建在陵墓上供陈设祭品之用的享堂。

殷代墓葬,即使大型陵墓的椁室空间也较狭小,椁室构筑采用木板,四壁较薄,素土回填夯实,无外加材料,因此葬后地面以上没有太多的余土堆积。如果墓上建置享堂,则可利用这些积土夯筑低矮的台基。小屯五号墓上如系享堂,作为王室主要成员应当采取当时主体殿堂的形制,似可设想墓上的F1为"茅茨土阶""台崇三尺""四阿重屋"的一座享堂(图一三)[①]。它的功能,既是一个加有顶盖的祭坛,同时又起到墓位地面标志的作用。

这类和墓葬相结合的地面建筑,似乎还可上溯。河南偃师二里头近年发掘的早商殿堂遗址,提供了相当重要的线索。看来,在陵墓上建享堂很可能是奴隶制初期就已有了的。因为当时是茅茨土阶的建筑,而且台基很矮,所以遗址很难保存下来,迄今仅发现少数幸存的残迹。发展到战国时期,大型陵墓已见高大的封土,这是因为地下椁室,包括石砌四壁结构所占空间加大,兼以填入大量石料、木料(用以象征宫室梁、柱)、积炭层、砂层等,从而使得挖掘墓圹的土方有更多的余土不能回填,下葬后多余的土即堆积(夯实)在墓上,正好利用这些积土修建当时流行的高台建筑式样

① 见《考工记·匠人》对殷宫殿的记述。关于茅茨屋盖的举高,在拙作《从盘龙城商代宫殿遗址谈中国宫廷建筑发展的几个问题》(《文物》1976年第2期)一文中引据《考工记·匠人》"茸屋三分,瓦屋四分"的说法,从现有茅茨民居来看,多达1/3,一般举高与跨度的比为1/2 ~ 1/1.5。小屯五号墓出土偶方彝的器盖形制颇似四阿屋盖。坡度甚陡;同墓出土大批屋形笄帽,其屋面坡度也相类似,都很接近民居茅茨屋盖的坡度。据此复原茅茨屋盖,坡度较《考工记》的1/3为大。又根据偶方彝,在F1复原设想图中略示了脊饰,坡度的比为1/2 ~ 1/1.5。

图一三　安阳小屯五号墓上享堂复原设想图

的享堂。现在占有材料有限，以上仅作为科学研究的一个假说，它的提出对于已发现重要线索的现阶段来说，不是没有意义的。

战国时期在陵墓上建享堂的制度，大约对秦和西汉都有影响，《后汉书·明帝纪》注引《汉宫仪》说："秦始皇起寝于墓侧，汉因而不改。"所谓"墓侧"，即非墓上之意，并不一定是左、右，估计秦是在墓上享堂之后又置寝，大约是按照"前朝后寝"的宫廷格局来规划的。西汉因袭秦以前的旧制，多在陵墓建"祠堂"（即享堂），河北满城西汉中山靖王墓为武帝时修建，是因山为陵，在正对墓室上方的山上平地尚遗存有瓦砾等祠堂遗存，这是保持战国遗风、建祠堂于墓上的一个实例。早于满城汉墓的咸阳杨家湾西汉时期的两座列侯墓——第四号、第五号墓，封土上似乎也有建筑遗迹[①]。它可能是更为接近战国墓上就封土建堂的两个实例。西安附近现存若干西汉皇帝陵墓，封土都呈"覆斗形"，形制或与秦始皇陵相近，是值得注意的。汉代朝廷重视墓祀，大兴土木修建帝王陵寝及陵邑，贵族、豪门竞相仿效，甚至一般官员、缙绅也都在墓地种树、建祠堂及若干附属建筑，耗费甚巨，奢侈之风盛行。大型祠堂已无实例，现在仅有几处东汉墓石阙或石像生遗存。从现存几座民间的小型石祠来看，如山东肥城孝堂山郭巨祠、嘉祥县武梁祠等，已是设在墓前了。

在陵墓上设奉祀、纪念性建筑，至南北朝时期受到佛教的影响，曾出现新的形式。有的帝王陵墓上修筑窣堵坡（约为穹庐式），民间也都模仿，简易的形式可能只是在封土上置一砖、石宝顶，50年代在山西尚可见到这种做法。西夏皇陵（八号陵，

---

① 陕西省文管会、博物馆、咸阳市博物馆杨家湾汉墓发掘小组：《咸阳杨家湾汉墓发掘简报》，《文物》1977年第10期，第10页。

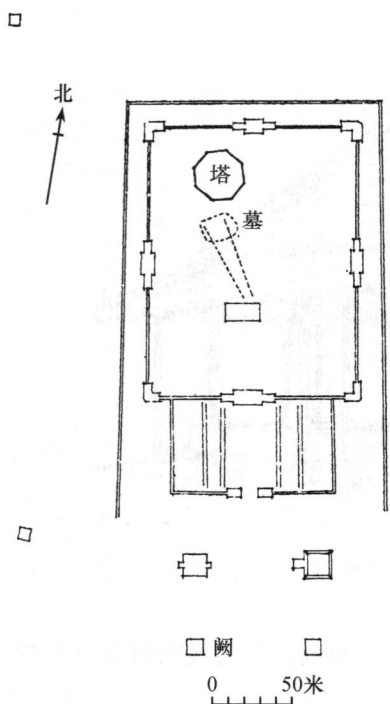

图一四　西夏皇帝陵（八号）总平面图

另有十四、十五号陵形制与此相同），是较晚时期在墓上建塔的实际材料[①]。这一处西夏皇陵的基本格局近似唐、宋皇陵形制，但墓室上无地面封土，并且在稍偏右后方建佛塔，则是唐、宋陵墓所未见的。墓上建塔源于印度的佛教礼仪，则北朝以及西夏崇奉佛教的少数民族统治者的陵墓建塔渊源是清楚的，它显然不是承袭秦汉以前墓上享堂的传统（图一四）。

平山战国陵墓享堂的发掘和兆域图的出土，进一步证明了战国时期是举行墓祀的。通过以上的讨论可知，西周乃至殷商也行墓祀，殷墓祭祀坑的发现已提供了实证，可知也应有祭祀必备的建筑设置。这不但可以纠正汉代人所谓"古不墓祭"[②]、"古礼庙祭，今俗墓祀"[③]的错误说法，而且为陵墓享堂渊源的研究打开了思路。

建筑史学研究的中心课题是建筑发展的问题，因此我们反对单纯史料学的观点和方法。在中国建筑史的研究方面，过去对封建社会中、晚期的帝王陵墓形制已有一些介绍、评述，但对于它的发展渊源问题，由于缺乏早期陵墓材料还没有更多地开展研究。战国中山王陵的发掘及兆域图的出土，为讨论帝王陵墓的演变提供了重要线索。另外，帝王陵墓历来都是仿照当时的宫殿建造的，特别是地上部分，从总体规划到单体建筑的设计，都与其宫廷建筑有密切关系。尽管陵墓建筑较宫廷有所简化，但陵园与宫廷可以相互印证，仍然能够从陵园建筑方面的材料获得关于宫廷建筑方面的知识。所以说平山陵墓享堂遗址及兆域图也对研究战国宫廷建筑形制，甚至对西周明堂的研究都是有所帮助的。

（原载《考古学报》1980年第1期）

---

① 宁夏回族自治区博物馆：《西夏八号陵发掘简报》，《文物》1978年第8期。

② 《后汉书·明帝纪》注引《汉官仪》。

③ 《论衡·四讳》。

秦始皇帝陵的外藏系统

段清波　张颖岚

中国古代帝王陵墓自先秦以后逐渐形成了"正藏"和"外藏"两大埋藏系统，并由此构成古代陵墓形制中功能性空间分隔的基本格局。迄今为止，在秦始皇帝陵园内、外先后发现的180座各类陪葬坑，是构成陵园陵寝制度的基本内容之一，也是秦始皇帝陵与其他先秦帝王陵墓相比最具自身特点的标志性要素，为秦帝国丧葬制度中最富创造性的发明之一。

这些陪葬坑按空间分布，可划分为四个层次，即地宫之内各层台阶上的陪葬坑、封土内及地宫外封土下的陪葬坑、内外城之间的陪葬坑以及陵园之外的陪葬坑。这些层次的区分应当是陪葬坑间所存在的与皇权之间不同主次关系的反映，同时也是秦帝国兴盛时期中央政权及皇权的各类运作机构在地下的模拟，这些分布于陵园内、外且内涵各异的陪葬坑共同构成秦始皇帝陵园的外藏系统。这种现象表明，自秦始皇帝陵园开始，中国古代陵寝制度发生了质的变化。

一、中国古代陵墓的外藏系统

"外藏"是晚于墓葬制度实践的一个概念，最早见于文献记载的是《汉书·霍光传》"外藏椁"下服虔注曰："在正藏外，婢妾之藏也。或曰厨、厩之属也。"刘敞注曰："以次言之，先亲身衣被、次梓宫、次便房、次题凑、次外藏。"由此可知，"外藏椁"是相对于"正藏"而出现的一个与墓葬形制和格局相关的概念。我们认为，以黄肠题凑为界（含黄肠题凑之外的回廊），其内为正藏，包括"梓宫""便房""题凑"等一应设施，用来埋藏尸体及各类与墓主人生活有关的器具；而居于正藏之外，为墓主随葬的各类设施皆可统称为"外藏"，包括"厨、厩之属"等不同类别。至迟到西汉中、晚期，中国古代陵墓制度中的外藏不仅已经有了明确的概念，而且还以"具"为外藏的基本单位。

"外藏椁"是在适应丧葬实际需要的过程中逐步产生、发展和成熟的，并非迟至汉代才得以出现。俞伟超先生认为："把墓的结构分为正藏与外藏椁这种汉制，实际从春秋晚期已经发其端，战国时至少已成为好几个诸侯国的王陵制度。"[1]有学者进而提出，商周时期的车马坑已经开始具备了外藏椁的特征[2]。我们认为，"外藏椁"这一概念在汉代的出现，标志着这一陵寝形制的成熟，而其源头至少可以追溯到商周时期。

中国古代墓葬中的"外藏椁"系统自商周时期已具雏形。发展到春秋、战国以至秦统一，随着丧葬制度的发展和丧葬观念的更新，它开始经历了一个较快的发展期。至两汉尤其是西汉，以完整的外藏椁概念产生和外藏椁空间、类别等基本要素的规范化为标志，陵墓中的外藏系统最终成熟。近年来，一些学者结合文献记载和考古发掘资料对外藏系统或者说是外藏椁系统开展了研究[3]。认为外藏为正藏的附属部分，其位置一般位于正藏之外，"不只限于墓室内，也可置于墓道乃至墓外"[4]。我们认为，秦汉时期陵园中所发现的各类单体陪葬坑，在某种意义上皆可称为外藏椁，并由这些内涵丰富、形式多样的外藏椁（陪葬坑）构成陵墓的外藏系统。外藏系统的基本概念就空间设置而言，是指墓葬墓室主体空间以外的随葬区域，包括墓室内的壁龛、耳室、殉坑、车坑、马坑、车马坑以及墓室外的所有器物坑。外藏系统的构成单元及大小、形状没有定制，其内的器物种类繁多、内容复杂。秦始皇帝陵园的外藏系统是古代陵寝制度的集大成者，它不仅表现出与此前的外藏内容在形式上的差异，更体现出埋葬观念上质的突破。

二、秦始皇帝陵园的外藏系统

秦始皇帝陵园大约始建于公元前247年，经历了三十七八年的建设，在整合传统陵寝因素的基础上加以创新，使中国古代陵寝制度的基本内容和规模逐步成熟。它在中国古代陵寝制度史上具有许多开创性的成就，其中最引人瞩目的就是陵园内、外所发现的形状及大小不一、内涵丰富的各类陪葬坑。

---

① 俞伟超：《汉代诸侯王与列侯墓葬的形制分析——兼论"周制"、"汉制"与"晋制"的三阶段性》，《先秦两汉考古学论集》，文物出版社，1985年。

② 刘振东：《中国古代陵墓中的外藏椁——汉代王、侯墓制研究之二》，《考古与文物》1999年第4期。

③ 俞伟超：《汉代诸侯王与列侯墓葬的形制分析——兼论"周制"、"汉制"与"晋制"的三阶段性》，《先秦两汉考古学论集》，文物出版社，1985年；刘振东：《中国古代陵墓中的外藏椁——汉代王、侯墓制研究之二》，《考古与文物》1999年第4期；李如森：《汉代"外藏椁"的起源与演变》，《考古》1997年第12期；郑洪春、韩国河：《试论汉初"利成"积炭墓》，《考古与文物》1990年第4期；鲁琪：《试谈大葆台西汉墓的"梓宫""便房""黄肠题凑"》，《文物》1977年第6期。

④ 刘庆柱、李毓芳：《西汉十一陵》，陕西人民出版社，1987年，第167页。

经过40余年的考古工作，迄今为止在秦始皇帝陵园范围内已发现180座陪葬坑，其大小、内容及形制不同，其中陵园内有76座，陵园外有104座。这些显然还不是陵园陪葬坑的全部。

从空间布局来看，在陵园内、外各类陪葬坑均有发现。从陪葬坑的面积看，大者面积达1.4万多平方米，小的则仅有2.3平方米。各类陪葬坑的形制更是多样，目前所见包括长方形、近方形、几何形等。陪葬坑中的埋藏品，既有代表军事力量的各种原大军吏陶俑，也有反映帝国政权体系的文官陶俑，还有反映皇宫娱乐生活的百戏陶俑和在皇宫与官府中看护、饲养各类动物的原大踞坐俑，以及仿真制作的青铜水禽；既有实用的木车马，也有按二分之一比例制作的铜车马和铜俑；既有活马，也有陶马；既有各类实用的长短兵器，也有仿真的石铠甲；实用的生活类陶器也有发现。至于陪葬坑的构造，既有在坑内全铺木地板而形成类似"木椁"的结构，也有在坑底漫铺青砖等[①]。秦始皇帝陵园中形式多样的陪葬坑及其丰富的埋藏内容，是秦帝国社会生活中思想观念和文化理念的生动体现，在这里，"灵魂不灭"的希冀和寄托已经被强化到无以复加的程度。

当然，在秦始皇帝陵园内、外发现的陪葬坑，除了个体的上述差别外，彼此之间也存在许多共性。例如，大型陪葬坑在解决覆顶的大跨度问题时，均采用以夯土隔墙承重的方法，而且几乎所有的陪葬坑都是以木材为顶，上覆填土。此外，不论陪葬坑反映的内容如何，其写实性是相同的，"追求灵魂世界的真实再现"这一理念贯穿始终。除铜车马外，在秦始皇帝陵园所发现的各类原大陶俑、陶马，以及活马、珍禽异兽等，都是它有别于此前的其他帝王陵墓的显著特点。

（一）陪葬坑分布的四个层次

秦始皇帝陵区所发现的陪葬坑，在空间布局上并不具备对称性或规律性有序分布的特点。这种现象的产生，一方面是因为在陵园设计和施工过程中区域地理环境所带来的固有限制[②]，另一方面也反映出营造过程中陵园工程设计的不断拓展[③]。尽管如此，我们仍可以陵园的内、外城垣等相关建筑作为空间分隔界线，将已发现的180座陪葬坑按照距离陵墓地宫的远近依次划分出四个层次，这些层次距地宫远近不同应代表着陪葬坑之间的主次关系，抑或是陪葬坑与墓主之间的近疏关系。秦始皇帝陵园已经发现的陪葬坑，从地宫向外依次由如下四个层次构成。

---

① 陕西省考古研究所、秦始皇兵马俑博物馆：《秦始皇帝陵园考古报告（1999）》，科学出版社，2000年。

② 陕西省考古研究所、秦始皇兵马俑博物馆：《秦始皇陵园2000年度勘探简报》，《考古与文物》2002年第2期。

③ 我们认为，以秦帝国的创建为标志，秦始皇帝陵园的遗址间有着时间上的前后差异，陵园外的设施很有可能是公元前221年前后建造的。

（1）第一层次：地宫之内的陪葬坑。

截至目前，考古勘探还未涉及秦始皇帝陵的地宫，因此还不明确地宫内各层台阶上陪葬坑存在与否及数量多少。但根据凤翔秦公一号大墓二层台阶上的殉葬坑情况以及汉代以前黄土地区帝王、诸侯陵墓的结构分析[①]，在秦始皇陵地宫的各层台阶上应设有一些陪葬坑。最靠近陵墓正藏的陪葬坑虽然还未见实物，但《史记·秦始皇本纪》中"奇器珍怪，徙藏满之"一语，或可证明其内陪葬品应属高等级、高规格。

（2）第二层次：内城之内的陪葬坑。

秦始皇帝陵园内城之内、地宫外扩之外发现的陪葬坑（表一），以出土铜车马者最为著名。2000年的勘探中，在封土西南角发现面积为6000余平方米的陪葬坑K0003，钻探中发现许多制作精美的彩陶器皿残片，据分析可能与"厨"有关。位于封土西南侧的K0006为陵园内极为少有的未被焚烧的陪葬坑，此坑出土物有陶俑和马骨两类。马骨因被洪水冲刷，加之发掘工作还没有最后完成，详情尚不完全清楚；此坑出土戴长版冠的原大陶俑12件，应为"百官"的组成部分，象征着中央政权三公九卿中执掌司法和管理监狱的廷尉机构。根据汉代的陵墓资料分析，秦始皇陵封土中有可能还分布有陪葬坑。

表一　秦始皇帝陵园内城之内的陪葬坑

名称	数量/座	形制与面积	出土遗物
地宫北侧陪葬坑	7	呈曲尺状分布，1号坑东西长56、宽35、深8～10米，面积为1960平方米；2～7号坑为竖穴式，较小，面积为24～158平方米	钻探出棚木、铜车马构件等
地宫西侧陪葬坑	2	1号坑长59、宽42、深8米，面积为2500平方米，2号坑为"巾"字形铜车马坑，面积为3025平方米	钻探发现动物骨骼、陶器残片等，另出土两乘二分之一比例的铜车马
地宫东侧陪葬坑	3	地宫东侧共探出5条墓道，在第二、三、四墓道前端各发现1座陪葬坑	不详
K0001	1	位于内城东南角，平面呈斜长方形，已知长135、宽23、深19.5米而未到底	不详
K0002	1	位于内城南门正北100米处，在封土以南，平面呈倒"凹"字形，坑体总长194米，其中东、西两端斜坡道长15、宽3.1～6.2米，东主室南北长34.2、东西宽16.2米，通道东西长134.6、宽7米，西主室南北长36、宽15.6米，总面积为2288.84平方米	发现动物骨骼、青铜器残片、残石器等
K0003	1	位于封土西南角，东距现存封土上断崖7米，平面似曲尺形，北端有三斜坡道，南端有一条斜坡道，坑体总长157、宽41～63.5米，面积为6024平方米	该坑遭火焚严重，发现泥质红陶器残片，器形不详
K0006	1	位于封土西南部，在K0003南侧，平面呈"中"字形，坑体总长48.2、宽11.8～20.2米，总面积为410平方米	发现彩绘陶俑、动物骨骼、陶瓮等

①　参见济南市博物馆关于洛庄汉墓陪葬坑的分布模型。

（3）第三层次：内、外城之间的陪葬坑。

在这一区域目前发现的陪葬坑主要集中在内、外城之间的西部和东部（表二）。其中的曲尺形坑因发现数百匹真马及戴长板冠的陶俑，过去一般认为属马厩坑，其实该陪葬坑也可能与K0006所代表的内涵相似，为"百官"的组成部分。此坑面积为1600多平方米，试掘中出土一批被杀殉的真马和原大陶俑。马以三个为一组置于木椁中，密集排列，总数估计有数百匹。陶俑身高1.8～1.9米，身着齐膝长襦，足蹬方口齐头翘尖履，头戴长冠，双手拢于袖管内，作站立状；它们与上焦村马厩坑出土陶俑的造型、姿势没有任何相同之处，"皂啬夫"之说并不成立。据研究，所谓的双门道"马厩坑"、葬仪坑、珍禽异兽坑等皆可能为"百官"的有机组成部分。在内、外城之间的东部还发现3座面积较大的陪葬坑，即K9801、K9901和K9902，其中K9801曾经试掘了5个探方，在T2、T4、T5中出土了大批石质甲胄，埋藏内容可能与武库相关；K9901则出土一批象征宫廷娱乐活动的百戏类陶俑。

表二　秦始皇帝陵园内、外城之间的陪葬坑

名称	位置	形制与面积	出土遗物
曲尺形马厩坑	西侧内、外城之间南部	东西向隧道长117、宽6.8～8.4米，南北向隧道长84、宽9米，总面积约1600平方米	马骨、陶俑、引火炉等
珍禽异兽坑	内城西门以南	17座，呈南北向"一"字形排列，占地面积约2000平方米	陶钵、铜环、动物骨骼等
跽坐俑坑	珍禽异兽坑两侧	14座，南北向分两行排列，面积约150平方米	跽坐陶俑
葬仪坑	内城西门南侧，在曲尺形马厩坑东侧	16座，为竖穴坑	陶罐
K9801	内、外城之间东南部	东西长130、南北宽100、深5～7米，面积为13689平方米	石质铠甲、胄及铜链、车器构件等
K9901	K9801以南35米处	东西长73.1、宽12.3～16米，面积为800平方米	百戏陶俑、青铜马蹄、铜镞等，在棚木上发现重212千克的大铜鼎
K9902	内城东门南侧，在K9801北侧	呈"巨"字形，东西长153.4、南北宽95.3、坑道宽6米，面积为3618平方米	钻探中发现棚木及小型动物骨骼
K0004	西侧内、外城之间，在珍禽异兽坑西面	平面"十"字形，全长42.3、宽14.5米，斜坡道长14.7、宽3.5～5.6米，坑体总面积约685平方米	陶俑残块、动物骨骼、漆木器等
K0005	西侧内、外城之间，在K0004南侧	西部被水冲毁，坑体暴露在断崖上，残存面积约83平方米	仅见棚木朽迹

（4）第四层次：外城之外的陪葬坑。

在陵园外城之外也陆续发现有陪葬坑（表三），它们出现的原因可能与秦帝国统一这一划时代的历史事件有关。最初为秦王而设计的陵园规划在帝国建立前后大多已经实施。而统一全国后秦王已成为始皇帝，已有的陵园已无法满足秦人尤其是始皇帝之帝国心态的需求，这种新的需求大概只能在陵园外得以实现。

这一层次的陪葬坑发现有兵马俑坑、马厩坑、动物府藏坑及含青铜水禽的陪葬坑等。其中，位于陵园东侧上焦村的马厩坑距离陵园最近，1976年勘探时曾发现98座陪葬坑，分南北向呈三行密集排列，坑内埋藏内容有俑、马、俑马同坑三种形式。马有的置于木椁内，有的腿部用麻绳捆扎，有的四条腿插入柱状洞中、脖子卡在隔梁的凹槽内，骨骼均完整，显系活埋；陶俑全为跽坐状，无一立俑。发现的刻画文字有"中厩""宫厩""小厩""左厩""大厩"等5种厩苑名，其性质一目了然，象征着秦王朝的中央厩苑[①]。而距离秦陵1500米处的兵马俑坑显示出强烈的军事文化性质；陵园东北的活体动物坑内有鱼、鳖等10余种动物；正在发掘的K0007为包括青铜鹤在内的水禽、陶俑陪葬坑。

表三   秦始皇帝陵园外城之外的陪葬坑

名称	位置	形制与面积	出土遗物
K0007	秦始皇陵区陈王村北	平面呈"F"形，曾遭火焚，斜坡道长17.2、宽2.8～6.4米，东西向坑道长60.2米，南北向坑道长30、宽7.2～10.6米，坑体总面积为925平方米	彩绘陶俑、动物骨骼、青铜水禽等
动物坑	陵园东北角之外750米处	全木结构，遭火焚严重，由斜坡道和主室两部分组成，南北长23.5、东西宽10米，主室被17道隔墙分割成16个过洞	埋藏大鸟（鹤）、鸡、猪、羊、狗、鳖、鱼等10余种动物
马厩坑	陵园外城东墙外350米处	共98座，排列有序，坑为东西向，面积不大	发现有马骨、陶俑和饲养工具
兵马俑坑	距陵园1500米处	3座，1号坑面积为14260平方米，2号坑面积为6000平方米，3号坑面积为520平方米	发现大量陶俑、陶马及兵器

（二）秦始皇帝陵外藏系统的认知

秦始皇帝陵园目前已发现的陪葬坑，形制及文化内涵都十分丰富，而且随着近年来陵园考古勘探工作的进展，不断有新的陪葬坑被发现，为我们进一步认识和研究秦始皇帝陵园以及中国古代陵寝制度展现了一个新领域。近年来，对这些陪葬坑的象征意义虽有一些讨论，但总体来说进展并不大，尤其是从整体上还无法对其有一个相对明确的认识。因此，对秦始皇帝陵园陪葬坑的研究和外藏系统的认知，对我们从整体上认识陵园内发现的各类陪葬坑的含义，并理解和把握其蕴含的丧葬思想具有极其重

① 袁仲一：《秦始皇陵兵马俑研究》，文物出版社，1990年。

要的意义。

依据秦始皇帝陵园的埋藏体系，其外藏系统包括墓室各层台阶上的陪葬坑、封土之下的陪葬坑及封土之外的陪葬坑，不论位置、内容如何，它们均埋藏于地下且秘不示人，具有与死者生前生活有关的特定功能，起到陪伴亡灵的作用。秦始皇帝陵的外藏系统是中国古代陵寝制度的集大成者，对后世的影响深远而持久。

1. 文化背景

秦始皇帝陵园的规划和建设毫无例外地遵循着古代丧葬制度中最重要的"事死如事生"的原则。显然，秦始皇帝孜孜不倦追求的一方面是长生不老，另一方面是灵魂永驻，这种矛盾的二元心理是他统一中国后关于自身未来的主要焦虑。始皇帝名号中的"始"，表明嬴政应相信人固有一死的自然规律，在这种思想的支配下，持续不断的陵墓工程在统一后不但扩大了规模，更加快了进度，并调集来自帝国各方疆域的能工巧匠参与施工。而另一方面，作为缔造帝国基业的始皇帝，在统一的梦想实现后，最恐惧的事情莫过于死亡，他对术士的谎言有着心理期盼，不惜花费巨资寻访灵丹妙药以求长生不老，陵园内包罗万象的诸多项目便是这种思虑转化为现实的结果。

在秦文化的潜层中有一种持续不断的创新机制，以变革求发展的秦人传统文化刺激了此时业已膨胀的万世帝国梦想，这表现在陵园制度中也不例外。秦始皇帝陵园较其之前的帝王陵墓有许多即使在秦文化中也不见的新因素，复杂而有序的陪葬坑即属此列。

秦始皇帝在古代制度方面的开创性成就罕有与之匹敌者。他相信自己不朽的灵魂可以脱离肉体而永存，于是便将一个大而全的王朝以陪葬坑的形式复制在地下，与其灵魂相伴。先秦时期的外藏仅以车马坑或车马器为主要内容，加上玄宫中的礼乐重器和生活用具，反映的埋葬观念不过是形而下之的贪婪占有。而到了秦始皇帝陵园，形式上看似没有本质区别的陪葬坑，反映的埋葬观念却有了形而上的、质的创新。秦始皇帝对他创设的集权官僚体制情有独钟，认为忠实于帝国及皇帝的各级官僚和他们所统属的政权运作机构，不仅是帝国万世长久的保证，也是维系自己死后能继续拥有至高权力的条件。因此，各类官府机构及皇宫机构在陵墓中得到体现是必然的结果。

2. 陪葬坑的象征意义

《史记·秦始皇本纪》对秦始皇陵有如此的记述："穿三泉，下铜而致椁，宫观百官，奇器珍怪，徙藏满之。"对"宫观百官"中的"宫"，人们多认为是指离宫别馆。我们认为，"宫"是指皇宫殿阁，"观"是指与皇帝有关的礼仪性建筑，"百官"则是指维持政权运作的官府机构或皇宫机构。

在研究秦始皇帝陵园陪葬坑时，学者比较一致的意见是认为其代表了秦始皇帝生前的衣食住行内容，以保证他在阴间能继续享受荣华富贵的生活。例如，兵马俑代表了京畿的军队编成，上焦村陪葬坑代表了宫廷厩苑，铜车马象征皇帝的出行仪仗。但以秦始皇帝陵陪葬坑的整体内涵而言，这种认识的变数较多。如对秦始皇兵马俑的研究已有20多年，涉及范围不可谓不广，但对其内涵的认识却歧义仍存，对三号坑性质的判断就众说纷纭，说明这一研究思路存在一定的问题。

对《史记》中所记载的"宫观百官"的空间位置，过去一般多理解为设置于地宫之内。而地宫就像皇帝的寝宫那样是专用私密之处，将"宫观百官"以模拟的形态放入地宫显然与当时的丧葬观念不符。另外，已有资料显示出秦始皇帝陵园埋葬器用的原则是求真求实，如将三公九卿等庞大的"百官"系统尽悉纳入，地宫狭小的空间显然无法实现。

我们认为，主导秦始皇帝陵园外藏系统设置的观念，应当不仅仅是简单地为了满足衣食住行等，后者只是一种愿望，而为了实现这种愿望，皇权之下的体制保证就是必需的。于是，施行于人世间的封建管理体制被普遍地模仿布设于地下，多数陪葬坑所代表的应是不同的政权机构，秦帝国时期的三公九卿应是"百官"所要表现的最重要内容。三公九卿之类机构是秦王朝最重要的政权中权机构，其权力来自皇帝，在皇帝生前为帝国鞠躬尽瘁；皇帝死后，仍需以模拟的官府机构在另一个世界为他服务。由此开创了一个以陪葬坑来表现帝国政权机构的先例，而此类机构也就构成了秦始皇帝陵园庞大而复杂的外藏系统的主要内容。

通过现有的资料还无法明确已经发现的各个陪葬坑的性质。K0006位于封土西南角，出土的铜钺象征执掌杀伐的司法权，它可能是模拟九卿中的廷尉[①]；铜车马陪葬坑可能模拟属于九卿中的太仆，执掌皇帝出行的车马；而上焦村马厩坑无疑应为中央厩苑。关于这些认识，可以从西汉陵墓的考古资料中得到佐证。阳陵封土之下发现近百座条状陪葬坑，在其中的一座坑中出土"太官之印"，另外还发现"徒府""宗正""永巷"等印。太官在秦代是三公九卿中少府的属官，主管帝王的日常膳食供给；徒府之职不见于文献，历史上有司徒府的官衙，司徒是自西周以来设立的官府机构，管理土地和人民并负责征发徒役，阳陵出土的"徒府"是否即为司徒府的简称尚不可知，但属于某一官府应大致不误。汉宣帝杜陵四号陪葬坑中则出土"大仓"铜印，大仓即太仓，是京城储粮的总仓库[②]。由此观之，汉代皇帝陵墓的从葬坑与秦始皇帝陵园所发现的陪葬坑一样，多数实际上也是官府机构的象征和模拟。

秦始皇帝陵园陪葬坑的发现表明，以它为代表的这一阶段是中国古代陵墓制度中外藏系统发展的重要时期。秦陵的外藏系统应当包括了棺椁之外的所有陪葬坑，无论在地宫还是在陵园内外，也不限大小。这一外藏系统的设置，因种种原因显现出空间分布的不对称性，但就其象征意义而言，可以认为以陪葬坑为主要内容的外藏系统多数应当是秦代"百官"等官署机构在地下的反映。

---

① 段清波：《秦始皇帝陵园K0006陪葬坑性质刍议》，《中国历史文物》2002年第2期。

② 马永嬴、王保平：《走进汉阳陵》，文物出版社，2001年；汉阳陵陪葬坑新发现印章的情况承焦南峰先生雅告；中国社会科学院考古研究所：《汉杜陵陵园遗址》，科学出版社，1993年。

秦始皇帝陵陪葬坑的认知，为我们揭开了秦汉时期帝王陵墓外藏系统的神秘面纱。先秦时期陵墓的外藏系统一般而言不超出车马殉葬的范围，虽然至战国晚期这种情况稍有改变。若与两汉时期的外藏系统相比较，西汉时期的外藏系统已达到成熟阶段，埋藏内容复杂多样，而先秦时期外藏系统中的埋藏内容则要原始和粗陋得多。连接这种差异之间的"桥梁"就是秦在成国最后阶段和统一后的陵寝文化创新。

通过对秦始皇帝陵园陪葬坑的发现、发掘和研究，我们不难得出这样的结论，就是至秦代时，古代陵墓的外藏系统已经发展到登峰造极的程度，并由此进入了一个快速的发展期。如果将"外藏椁"这一概念的提出作为古代陵墓外藏制度最终发展成熟的主要标志之一，较之于汉代外藏系统而言，秦代的外藏系统更多地表现出了一种"前制度时代"的特征，那就是其外藏系统空间设置和埋藏内容的不拘一格、内容丰富、形制多样等，也正是在这种'前制度时代"的文化背景之下，规范化制度并未成为秦代外藏系统设置的阻碍和束缚。

（三）秦始皇帝陵外藏系统的特点

1. 形制多样，不拘一格

秦始皇帝陵园已发现的180座陪葬坑，在空间分布上可按距地宫远近不同而分为四个层次，就形制而言则目前所见几无类同，表现出了较多的个性特点。这种情况说明外藏系统发展至秦代，在丧葬观念突破和创新的影响下，已不局限于原有车马坑或者单独器物坑的设置而有所发展。这也反映出中国古代陵墓外藏系统由此时进入一个快速发展期，处于发展期的秦始皇陵，既突破了先秦时期外藏系统设置的种种束缚，又无两汉时期外藏系统制度化的限制，表现出一种非程式化的特点。

2. 规模宏大，内容丰富

秦始皇帝陵园陪葬坑宏大的规模以及设置内容的丰富，是先秦外藏系统中的车马坑、器物坑等所不能比及的。秦陵陪葬坑中，既有象征宿卫军队的兵马俑坑，也有代表中央官署机构的陪葬坑，如K0006以及马厩坑等。主导秦始皇帝陵园外藏系统设置的思想根源，已经不仅仅局限于衣食住行等生活内容，而是要将秦始皇生前所创的集权官僚体制带入地下，使之在阴间继续服务。

由此看来，中国古代陵墓制度发展至秦代，随着统一的中央集权封建国家的创立，在陵墓外藏系统的设置上也表现出对前代的继承、突破和创新。若将其放到中国古代社会发展的历史长河中考察，秦代陵墓外藏系统的发展，与社会、政治、文化等其他方面的发展表现出了一种同步性。以秦始皇帝陵园陪葬坑为代表的秦代外藏系统，为两汉时期陵墓外藏系统的最终成熟奠定了基础。

3. 体现出前制度时期的不成熟性

规范化和等级化，是两汉时期外藏系统成熟的标志。从文献记载可知，汉代的陵墓制度表现出较强烈的规范化特征，这不仅表现为陵墓的葬具等有着程式化的定名，同时也表现为使用范围等方面的规范化。和汉代帝王陵区中的从葬坑相比较，秦始皇帝陵园表现出更多的不成熟性。汉景帝阳陵和汉宣帝杜陵是西汉帝陵中考古工作开展较多的，在帝、后陵园之内的封土周围（可能仍在原封土下）和陵园外，均有规律地分布着大量陪葬坑。例如，在阳陵的帝陵周围发现81座陪葬坑，皇后陵周围也有数十座陪葬坑；此外，还发现成组的陪葬坑分布在皇帝陵园的西北（北区从葬坑）和帝后陵园之南（南区从葬坑），南区共24座，北区有20余座[①]。这种规范化的分布特征在秦始皇帝陵园则看不到。

三、结　　语

尽管"外藏椁"一词可能是迟至西汉时期才产生的有关中国古代陵墓形制中功能性空间基本格局划分的一个概念，但通过对古代陵墓制度中外藏系统的考察可知，外藏是伴随着古代社会丧葬观念的发展而在陵墓形制、内容等方面形成的一个产物。"外藏椁"及外藏系统的雏形自商周时期就已出现；秦统一时，开始经历一个较快的发展期；至两汉时期，随着外藏椁概念的产生以及外藏椁的空间分布、类别等方面的规范化，中国古代陵墓的外藏系统最终发展成熟。

以秦始皇帝陵园陪葬坑为代表的秦代外藏系统，是在继承了先秦时期外藏系统和丧葬观念的基础上所进行的一次突破、飞跃和创新。相比较于西汉时期外藏系统的成熟化和先秦时期外藏系统的原始和粗陋，发生在战国最后阶段和秦统一后的陵寝文化创新，不仅使外藏系统发展到一个新的阶段，更使其在观念上有了根本的变化，同时也成为联系先秦与西汉时期外藏系统的不可或缺的"桥梁"，它在中国古代陵墓制度之外藏系统的发展中具有承前启后的重要作用。

（原载《考古》2003年第11期）

---

① 马永赢、王保平：《走进汉阳陵》，文物出版社，2001年。

西汉帝陵形制要素的分析与推定

焦南峰

从20世纪初至今，经过一个世纪多的踏查、调查、钻探、发掘和研究，考古学界对西汉帝陵的认识从少到多，由浅入深，取得了较大的进展[①]。特别是21世纪初国家文物局实施大遗址保护考古研究工作以来，西汉帝陵的田野考古工作有了许多新的收获，使我们有可能对其中部分问题开展一些较为宏观、较为深入的探索。下面，借近水楼台之利，就西汉帝陵形制要素问题略陈己见，希望收到引玉之砖的效果。

一、题　　解

众所周知，经过商、周、秦一千多年的发展演变，到西汉时期，中国古代帝王陵墓制度进展到了一个新的、较为成熟完善的阶段。这一时期的帝陵完全摆脱了"多代国君集中埋葬于同一墓地"的原始"氏族遗痕"，在结构上也完成了由商周"集中公墓制"到秦汉"独立陵园制"的进化过程，成为一座座"陵园独立化、陵区规模化、设施复杂化、功能完善化"的独立陵园[②]。

作为"设施复杂化、功能完善化"的独立陵园，西汉帝陵的各类设施已经相当复杂，其功能也臻于完善。本文的主旨就是根据历史文献和田野考古资料，采用"双重证据法"，对组成西汉帝陵的各类建筑构造或曰形制要素的存在与否进行分析和推定，为相对宏观的帝陵形制特点研究奠定基础。也就是说本文研究的是陵园、墓穴、封土、外藏坑、陪葬墓等具体的、形而下的西汉帝陵建筑构造的有无和区别，至于其形制特点、演变、分期乃至与之有关的一些形而上的理念、思路、礼俗等则不在其列。而上述众多的、形而下的建筑构造和大量的、形而上的理念、思路、礼俗等的综合大概就是我们所谓的西汉帝陵制度。

---

① 据统计，已经发表的西汉帝陵田野考古资料有五十余篇（部），本文将根据需要逐一引用，此不赘述。

② 赵化成：《从商周"集中公墓制"到秦汉"独立陵园制"的演化轨迹》，《文物》2006年第7期。

二、目前的研究状况

20世纪80年代初，徐苹芳先生最早论述了西汉帝陵的诸如陵园、封土、寝殿、原庙、陪葬墓、陵邑等形制特点①。

稍后，刘庆柱、李毓芳先生在其力作《关于西汉帝陵形制诸问题探讨》《西汉十一陵》中对封土、方中、陵园、陵园的门阙、寝园、陵庙、陪葬坑、陪葬墓和陵邑等西汉帝陵形制要素进行了分析研究，并开始探讨其形制演变规律②。

2000年，王学理在研究秦汉帝王陵园制度的继承和演变时将陵墓、陵园、礼制建筑、从葬坑、陪葬墓、陵邑等六个形制要素进行了重点论述③。

笔者在20世纪末撰写，2006年修订、发表的《西汉帝陵考古发掘研究的历史及收获》中总结了当时所掌握的西汉帝陵形制的九个特点，并就个别特点早、中、晚期的变化进行了简略表述④。2009年6月在配合台湾"汉阳陵文物展"撰写的《西汉帝陵发掘研究概要》一文中，笔者又将西汉帝陵形制更新为十大特点，同时简略介绍了其中陵园、陵邑、门阙等的早晚变化⑤。

此外，王建新、岳起、刘卫鹏、马永赢、梁云等学者也对西汉帝陵的形制要素进行了一些研究和论述⑥。

三、形 制 要 素

笔者认为构成西汉帝陵建筑形制的主要组成部分或基本要素应有陵园、封土、墓

---

① 徐苹芳：《中国秦汉魏晋南北朝时代的陵园和茔域》，《考古》1981年第6期。

② 刘庆柱、李毓芳：《关于西汉帝陵形制诸问题探讨》，《考古与文物》1985年第5期；刘庆柱、李毓芳：《西汉十一陵》，陕西人民出版社，1987年。

③ 王学理：《秦汉相承帝王同制——略论秦汉皇帝和汉诸侯王陵园制度的继承和演变》，《考古与文物》2000年第6期。王先生当时论述了七点，其中有一点为"修陵时间"。

④ 焦南峰：《西汉帝陵考古发掘研究的历史及收获》，《西部考古》（第一辑），三秦出版社，2006。

⑤ 焦南峰：《西汉帝陵发掘研究概要》，《微笑彩俑——汉景帝的地下王国》，文物出版社，2009年。

⑥ 王建新：《"阳陵模式"与西汉帝陵制度》，《汉唐陵墓制度研究项目最终成果报告》，2005年；咸阳市文物考古研究所：《西汉帝陵调查钻探报告》，文物出版社，2010年；马永赢：《谈谈汉代帝陵制度变化的几个阶段》，《洛阳汉魏陵墓研究论文集》，文物出版社，2009年；梁云：《秦汉都城和陵墓建制的继承与变异》，《陕西师范大学学报（哲学社会科学版）》1999年第3期。

穴、门阙、寝园、陵庙、外藏坑、道路、陪葬墓、祔葬墓、陵邑、刑徒墓地及园省、园寺吏舍、"夫人"居址、修陵人居址等十余部分。

1. 陵园

陵园是陵墓的结构主体，是帝王地下阴宅的整体象征，在考古学研究中一般情况下可视为圈定陵墓、界划陵区的重要标志。

中国古代陵墓设置带围沟（或曰兆沟、堤壕）的陵园较早的见于甘肃礼县大堡子山的春秋早期秦人的"西陲"陵园[①]；春秋中晚期至战国早中期的秦都雍城陵区十多座陵园普遍使用围沟来圈定陵墓、界划陵区[②]。而使用夯筑围墙来修建陵园的时代不会晚于战国时期河北平山县的中山国国馨王墓中，出土有铜版"兆域图"，上面用金银丝错出国王馨的陵园平面图。图中可见；其陵墓至少有"内宫垣"和"中宫垣"两重陵园，甚至可能还有"外宫垣"，亦即第三重陵园[③]。此外，河南省辉县固围村魏国王陵发现陵墓四周有版筑夯土墙垣，河北邯郸赵国王陵三号陵发掘了陵园墙垣遗迹，陕西战国咸阳周陵镇秦陵园、陕西长安神禾原战国秦陵园及秦始皇陵均发现有双重垣墙，或有围沟[④]。

西汉帝陵的陵园文献中称之为"园陵"或"园"。《汉书·五行志上》记载："（杜陵）园陵小于朝廷，阙在司马门中。"[⑤]《汉书·外戚传·孝宣王皇后传》记

---

① 王辉：《也谈礼县大堡子山秦公墓地及其铜器》，《考古与文物》1998年第5期；陈平：《浅谈礼县秦公墓地遗存与相关问题》，《考古与文物》1998年第5期；戴春阳：《礼县大堡子山秦公墓地及有关问题》，《文物》2000年第5期；张天恩：《试说秦西山陵区的相关问题》，《考古与文物》2003年第3期；梁云：《早期秦文化相关问题探讨》，《唐都学刊》2006年第3期；田亚岐、张文江：《甘肃礼县大堡子山秦陵墓主考辨》，《唐都学刊》2007年第3期；杨惠福、侯红伟：《礼县大堡子山秦公墓主之管见》，《考古与文物》2007年第6期；赵化成、王辉、韦正：《礼县大堡子山秦子"乐器坑"相关问题探讨》，《文物》2008年第11期；早期秦文化考古联合课题组：《甘肃礼县大堡子山早期秦文化遗址》，《考古》2007年第7期。

② 韩伟：《凤翔秦公陵园钻探与试掘简报》，《文物》1983年第7期；陕西省雍城考古队：《凤翔秦公陵园第二次钻探简报》，《文物》1987年第5期；韩伟、焦南峰：《秦都雍城考古发掘研究综述》，《考古与文物》1988年第5、6期合刊。

③ 河北省文物管理处：《河北省平山县战国时期中山国墓葬发掘简报》，《文物》1979年第1期。

④ 刘庆柱、李毓芳：《关于西汉帝陵形制诸问题探讨》，《考古与文物》1985年第5期；陕西省考古研究院、咸阳市文物考古研究所、周陵文物管理所：《咸阳"周王陵"考古调查、勘探简报》，《考古与文物》2011年第1期；陕西省考古研究院：《陕西长安神禾原战国秦陵园遗址田野考古新收获》，《考古与文物》2008年第5期；袁仲一：《秦始皇陵兵马俑研究》，文物出版社，1990年。

⑤ （汉）班固：《汉书·五行志上》，中华书局，1962年。

载："（孝宣王皇后）永始元年崩，合葬杜陵，称东园。"颜师古认为："虽同茔兆而别为坟，王后陵次宣帝陵东，故曰东园也。"[①]《汉书·外戚传下》曰："孝成班倢仔，帝初即位选入后宫。""至成帝崩，倢仔充奉园陵，薨，因葬园中。"[②]

　　21世纪初之前，有专家认为："西汉帝陵应该至少是按双重城垣设计的。"但田野考古发现西汉帝陵"只有一重墙垣"[③]。2003年，汉阳陵考古队在阳陵钻探首次发现了西汉帝陵的外陵园[④]。

　　最新的汉高祖长陵、汉景帝阳陵、汉武帝茂陵、汉哀帝义陵等考古调查钻探资料验证了历史文献的相关记载，并进一步证实，在整个西汉帝陵的发展、演变过程中，陵园一直是最主要形制要素之一。西汉帝陵的陵园均由夯土垣墙圈合组成，有一重或两重之分，外陵园外或有围沟环绕[⑤]。

2. 墓穴

　　墓穴是墓主尸身及其棺椁葬具的放置空间。在墓葬开始出现时的墓穴应是墓葬的全部，随着陵墓的扩大化和复杂化，它成为陵墓的一部分。但无论如何，它是陵墓最主要的组成部分，是陵墓的中心。

　　西汉帝陵的墓穴，当时称为"方中"。

　　《汉书·张汤传》曰："父死后，汤为长安吏。周阳侯为诸卿时，尝系长安，汤倾身事之。及出为侯，大与汤交，遍见贵人。汤给事内史，为宁成掾，以汤为无害，言大府，调茂陵尉，治方中。'[⑥]其注孟康曰："方中，陵上土作方也，汤主治之。"苏林曰："天子即位，豫作陵，讳之，故言方中，或言斥土。"如淳曰："汉注陵方中用地一顷，深十二丈。"师古曰："苏说非也。古谓掘地为坑曰方，今荆楚俗土功筑作算程课者，犹以方计之，非谓避讳也。"《后汉书·皇后纪》云："及殇帝崩，太后定策立安帝，犹临朝政。以连遭大忧，百姓苦役，殇帝康陵方中秘藏，及诸工作，事事减约，十分居一。"其注云："方中，陵中也。冢藏之中，故

　　① （汉）班固：《汉书·外戚传·孝宣王皇后传》，中华书局，1962年。此外传世有永始元年制造的"杜陵东园铜壶"和"杜陵东园铜钟"可证；刘庆柱、李毓芳：《西汉十一陵》，陕西人民出版社，1987年。

　　② （汉）班固：《汉书·外戚传下》，中华书局，1962年。

　　③ 刘庆柱、李毓芳：《西汉十一陵》，陕西人民出版社，1987年。

　　④ 焦南峰：《试论西汉帝陵的建设理念》，《考古》2007年第11期。

　　⑤ 焦南峰、马永嬴、杨武站等：《"十一五"西汉帝陵大遗址考古新收获》，《中国文物报》2010年4月2日第5版；陕西省考古研究院、咸阳市文物考古研究所、茂陵博物馆：《汉武帝茂陵考古调查、勘探简报》，《考古与文物》2011年第2期；陕西省考古研究院、咸阳市文物考古研究所：《汉哀帝义陵考古调查、勘探简报》，《考古与文物》2012年第5期。

　　⑥ （汉）班固：《汉书·张汤传》，中华书局，1962年。

言秘也。"①《后汉书·礼仪下》注引《汉旧仪》略载前汉诸帝寿陵曰："天子即位明年，将作大匠营陵地，用地七顷，方中用地一顷，深十三丈。堂坛高三丈，坟高十二丈。"②《后汉书·礼仪下》注引《皇览》曰："汉家之葬，方中百步，已穿筑为方城。其中开四门，四通，足放六马，然后错浑杂物，捍漆缯绮金宝米谷，及埋车马虎豹禽兽。"③"掘地为坑曰方"，"方中用地一顷，深十二丈"，"方中用地一顷，深十三丈"，"方中，陵中也"，"汉家之葬，方中百步，已穿筑为方城。其中开四门，四通"，等等。可见：①"方中"即所谓墓圹、墓穴，位置处于陵园的正中，平面为方形；②方中百步或用地一顷，深十二或十三丈；③"穿筑为方城"，"开四门，四通"。

1982～1983年，中国社会科学院考古研究所首次钻探出汉宣帝杜陵帝陵墓穴的四条墓道④，而后不久又全面探清楚汉高祖父亲刘太公"太上皇陵"墓穴的"亚字形"平面形状⑤；此后陕西省考古研究院和咸阳市文物考古研究所又先后探明了汉景帝阳陵帝陵和后陵、汉武帝茂陵帝陵、汉哀帝义陵帝陵、汉元帝渭陵帝陵和后陵、汉平帝康陵帝陵和后陵的"亚"字形墓穴形制⑥。

大量考古调查、钻探资料和相关历史文献说明在西汉帝陵中，帝、后陵的墓穴即所谓的"方中"在考古学上应是一种平面方形、有四条墓道、东墓道最长、坐西面东的大型竖穴土圹，即所谓的天子级别的"亚"字形大墓。

3. 封土

早期的陵墓未见封土，所谓"古之葬者，厚衣之以薪，臧之中野，不封不树"⑦。封土出现时的主要功能应是封护墓穴，后演变为陵墓的地标性建筑。

春秋战国之际，墓葬开始出现封土，现存较早的陵墓封土，有战国时代咸阳的秦

① （汉）班固：《汉书·五行志上》，中华书局，1962年。
② （汉）班固：《汉书·五行志上》，中华书局，1962年。
③ （汉）班固：《汉书·五行志上》，中华书局，1962年。
④ 中国社会科学考古研究所杜陵工作队：《1982～1983年西汉杜陵的考古工作收获》，《考古》1984年第10期。"陵墓四面正中各有一条墓道，墓道内均为夯土填筑。四条墓道大小、形制基本相同。墓道平面为梯形，底部为斜坡状。"
⑤ 刘庆柱、李毓芳：《西汉十一陵》，陕西人民出版社，1987年。
⑥ 陕西省考古研究所阳陵考古队：《汉景帝阳陵考古新发现》，《文博》1999年第6期；焦南峰、马永嬴、杨武站等：《"十一五"西汉帝陵大遗址考古新收获》，《中国文物报》2010年4月2日第5版；陕西省考古研究院、咸阳市文物考古研究所：《汉哀帝义陵考古调查、勘探简报》，《考古与文物》2012年第5期；陕西省考古研究院、咸阳市文物考古研究所、茂陵博物馆：《汉武帝茂陵考古调查、勘探简报》，《考古与文物》2011年第2期；陕西省考古研究院：《汉阳陵帝陵陵园南门遗址发掘简报》，《考古与文物》2011年第5期；陕西省考古研究院、咸阳市文物考古研究所：《汉哀帝义陵考古调查、勘探简报》，《考古与文物》2012年第5期。
⑦ 阮元校刻：《周易·系辞传下》，《十三经注疏》，中华书局，1982年。

惠文王公陵、安徽寿县的楚幽王陵、河北邯郸的赵王陵、河北易县的燕王陵、山东临淄的齐王陵和湖北随县的曾侯陵墓等①。

西汉帝陵营建伊始，就有覆盖在方形墓穴之上、平面又呈方形的封土，故时人称之为"方上"。《汉书·赵尹韩张两王传》："赵广汉字子都，涿郡蠡吾人也，故属河间。少为郡吏、州从事，以廉洁通敏下士为名。举茂材，平准令。察廉为阳翟令。以治行尤异，迁京辅都尉，守京兆尹。会昭帝崩，而新丰杜建为京兆掾，护作平陵方上。"②注孟康曰："圹臧上也。""初，大司农取民牛车三万两为僦，载沙便桥下，送致方上，车直千钱，延年上簿诈增僦直车二千，凡六千万，盗取其半。"③或曰"坟"，"天子即位明年，将作大匠营陵地，用地七顷，方中用地一顷。深十三丈，堂坛高三丈，坟高十二丈。武帝坟高二十丈，明中高一丈七尺，四周二丈，内梓棺柏黄肠题凑，以次百官藏毕。"④

后人见其高似山丘，故曰"山"。"长陵山东西广百二十步，高十三丈，在渭水北，去长安城三十五里。""阳陵山，方百二十步，高十四丈。"⑤

封土的观察、测量、研究是最早、也是最多展开的西汉帝陵形制要素研究⑥。较多专家认可的观点是："西汉帝陵封土一般为'堂'形"，"还有少数为'坊'形"，"西汉少数帝陵封土的上中部内收成台"⑦。

依据最新的考古勘探资料，我们认为："关中地区的秦、西汉帝王陵历史上遭到多次盗扰，经过多次修复，加之两千余年农林水产活动及风霜雨雪的侵蚀，故现存的封土与始建原貌必然会有所差异。""因此，直接以现存封土为基础进行的研究，理论上都会有所失误。""但是，考虑到历史上的破坏程度及历代修复应尽可能便捷的原则，以秦、西汉帝王陵封土现状为基础，参照其多次盗掘、修复的变化历程，结合历史文献的记载，对其形制的研究应当是可行的，特别是规模巨大的秦汉帝陵。"依

---

① 刘庆柱、李毓芳：《西汉十一陵》，陕西人民出版社，1987年。

② （汉）班固：《汉书·赵尹韩张两王传》，中华书局，1962年。

③ （汉）班固：《汉书·酷吏传》，中华书局，1962年。

④ （宋）范晔：《后汉书·礼仪下》（注引《汉旧仪》），中华书局，1965年。

⑤ 分别见于《史记·高祖本纪》和《史记·孝景本纪》裴骃《集解》引皇甫谧注。

⑥ 杨鸿勋：《关于秦代以前墓上建筑的问题》，《考古》1982年第4期；李毓芳：《西汉帝陵封土渊源与形制》，《文博》1987年第3期；刘庆柱、李毓芳：《西汉十一陵》，陕西人民出版社，1987年；梁云：《秦汉都城和陵墓建制的继承与变异》，《陕西师范大学学报（哲学社会科学版）》1999年第3期；王学理：《秦汉相承帝王同制——略论秦汉皇帝和汉诸侯王陵园制度的继承和演变》，《考古与文物》2000年第6期；焦南峰：《西汉帝陵考古发掘研究的历史及收获》，《西部考古》（第一辑），三秦出版社，2006年。

⑦ 刘庆柱、李毓芳：《西汉十一陵》，陕西人民出版社，1987年；李毓芳：《西汉帝陵封土渊源与形制》，《文博》1987年第3期。

据西汉帝陵的方形"方中",参照有关"方上"的研究成果,考虑到封土的基本功能意图,"方形的墓室之上覆盖'覆斗状'封土应是较为可信的结论"。"至于'二层台'式、'三层阶梯'状、'坊形'则缺乏充足的历史文献和考古资料依据。"①

4. 门阙

　　门阙是西汉帝陵最主要的组成部分——陵园的一部分,也出现在陵园内的礼制建筑——庙园的四周,一般由门道、阙台、门塾及回廊、散水组成。由于门阙的设置及其形制的变化涉及西汉帝陵制度的创立、定型及变化,因此有必要将其从陵园中提出进行专题的考古学研究。

　　西汉帝陵的门阙文献中称为"阙"、"门阙"、"阙门"、"三出阙"以及"司马门"等。

　　(1)阙。如东阙,①《汉书·五行志上》:"永光四年六月甲戌,孝宣杜陵园东阙南方灾。"②②《后汉书·桓帝纪》:"夏四月,长沙贼起,寇桂阳、苍梧。惊马逸象突入宫殿。乙丑,恭陵东阙火。"③南阙,《汉书·五行志上》:"永始元年正月癸丑,大官凌室灾。戊午,戾后园南阙灾。"④北阙,《汉书·五行志上》:"鸿嘉三年八月乙卯,孝景庙北阙灾。十一月甲寅,许皇后废。"⑤

　　(2)门阙。①《汉书·成帝纪》:"六月甲午,霸陵园门阙灾。"⑥②《汉书·董贤传》:"又令将作为贤起冢茔义陵旁,内为便房,刚柏题凑,外为徼道,周垣数里,门阙罘罳甚盛。"⑦

　　(3)阙门。《史记·李将军列传》:"广死明年,李蔡以丞相坐侵孝景园壖地,当下吏治,蔡亦自杀,不对狱,国除。"⑧其注引《三辅黄图》云:"阳陵阙门西出,神道四通。茂陵神道广四十三丈。"

　　(4)三出阙。《汉书·霍光传》:"禹既嗣为博陆侯,太夫人显改光时所自造茔制而侈大之。起三出阙,筑神道,北临昭灵,南出承恩,盛饰祠室,辇阁通属永巷,而幽良人婢妾守之。广治第室,作乘舆辇,加画绣絪冯,黄金涂,韦絮荐轮,侍婢以五采丝挽显,游戏第中。"⑨

---

①　焦南峰:《秦、西汉帝王陵封土研究的新认识》,《文物》2012年第12期。
②　(汉)班固:《汉书·五行志上》,中华书局,1962年。
③　(宋)范晔:《后汉书·桓帝纪》,中华书局,1965年。
④　(汉)班固:《汉书·五行志上》,中华书局,1962年。
⑤　(汉)班固:《汉书·五行志上》,中华书局,1962年。
⑥　(汉)班固:《汉书·成帝纪》,中华书局,1962年。
⑦　(汉)班固:《汉书·董贤传》,中华书局,1962年。
⑧　(汉)司马迁:《史记·李将军列传》,中华书局,1962年。
⑨　(汉)班固:《汉书·霍光传》,中华书局,1962年。

（5）司马门。①《汉书·外戚传上》："五官以下，葬司马门外。"服虔曰："陵上司马门之外。"①②《汉书·五行志上》："永光四年六月甲戌，孝宣杜陵园东阙南方灾。……园陵小于朝廷，阙在司马门中，内臣石显之象也。"②③司马门或称司马殿门，如《汉书·成帝纪》：秋七月，诏曰："朕执德不固，谋不尽下，过听将作大匠万年言'昌陵三年可成'。作治五年，中陵、司马殿门内尚未加功。百姓罢劳，客土疏恶，天下虚耗，终不可成。朕惟其难，悒然伤心。夫'过而不改，是谓过矣'。其罢昌陵，及故陵勿徙吏民，令天下毋有动摇之心。"③

从考古资料来看，西汉帝陵均设有门阙。

从1982～1983年中国社会科学院考古研究所杜陵工作队发掘汉宣帝帝陵东门遗址、汉宣帝杜陵后陵东门遗址以来④，考古工作者调查、钻探了几乎所有汉陵门阙，并先后发掘了汉景帝阳陵帝陵南门遗址、汉景帝阳陵南门遗址、汉景帝阳陵后陵东门遗址等，取得了较多资料⑤。

5. 寝园

在西汉帝陵的众多建筑构造中，由寝殿和便殿等组成的寝园是最基本、最重要、使用时间最长的祭祀性建筑。

西汉帝陵皆有寝园。《汉书·百官公卿表》云："奉常，秦官，掌宗庙礼仪，有丞。景帝中六年更名太常。属官有太乐、太祝、太宰、太史、太卜、太医六令丞，又均官、都水两长丞，又诸庙寝园食官令长丞，有雍太宰、太祝令丞，五畤各一尉。又博士及诸陵县皆属焉。"⑥

除帝陵外，少数特封的王、后、太后、太子陵园也建有寝园。"而昭灵后、武哀王、昭哀后、孝文太后、孝昭太后、卫思后、戾太子、戾后各有寝园，与诸帝合，凡三十所。"⑦

寝园又称园寝。《后汉书·祭祀下》："古不墓祭，汉诸陵皆有园寝，承秦所为也。"⑧

寝园由寝殿、便殿组成。《汉书·韦贤传》："又园中各有寝、便殿。日祭于

---

① （汉）班固：《汉书·外戚传上》，中华书局，1962年。

② （汉）班固：《汉书·五行志上》，中华书局，1962年。

③ （汉）班固：《汉书·成帝纪》，中华书局，1962年。

④ 中国社会科学考古研究所杜陵工作队：《1982～1983年西汉杜陵的考古工作收获》，《考古》1984年第10期。

⑤ 陕西省考古研究院：《汉阳陵帝陵陵园南门遗址发掘简报》，《考古与文物》2011年第5期。

⑥ （汉）班固：《汉书·百官公卿表》，中华书局，1962年。

⑦ （汉）班固：《汉书·韦贤传》，中华书局，1962年。

⑧ （宋）范晔：《后汉书·祭祀下》，中华书局，1965年。

寝，月祭于庙，时祭于便殿。寝，日四上食；庙，岁二十五祠；便殿，岁四祠。又月一游衣冠。"①

寝殿是寝园的正殿。《后汉书·祭祀下》"寝有衣冠几杖象生之具，以荐新物。秦始出寝，起于墓侧，汉因而弗改，故陵上称寝殿，起居衣服象生人之具，古寝之意也。"②有注云："寝者，陵上正殿。"③

便殿是寝园的别殿、侧殿。《后汉书·肃宗孝章帝纪》注引《续汉书》："便殿，寝侧之别殿，即更衣也。"④

西汉帝陵发现并经过发掘可以确认的寝园有汉宣帝杜陵帝陵寝园和汉宣帝杜陵后陵寝园⑤。考古调查、钻探发现并推测为寝园或寝园的组成部分（寝殿、便殿）的有汉景帝阳陵帝陵东南的三号建筑遗址，汉武帝茂陵北侧的8号和9号建筑遗址，汉元帝渭陵帝陵北侧的四、五号遗址，汉元帝渭陵后陵北侧的一、三号遗址以及汉哀帝义陵帝陵北侧的一、二号建筑遗址⑥。

6. 陵庙

宗庙是古代帝王、诸侯等为祭祀祖先而专门建立的礼制性建筑。

有先生认为："从文献记载来看，秦国从秦昭王起，已开始把'庙'建立到王陵的附近。"⑦但目前的考古资料还不能证明⑧。

西汉帝陵建设陵庙，具有一点偶然性。据《汉书·叔孙通传》载，汉惠帝为补救"乘宗庙道上行"的失误，听从叔孙通"为原庙渭北，衣冠月出游之，益广宗庙，大孝之本"的劝谏，于惠帝四年"诏有司立原庙"⑨。时渭北者，长陵也。此原庙为最早的西汉帝陵陵庙，开创了陵庙建设的先河。

西汉王朝的宗庙，大致可以分为三类，分别为帝庙、皇庙和后庙；其中帝庙、

---

① （汉）班固：《汉书·韦贤传》，中华书局，1962年。

② （宋）范晔：《后汉书·祭祀下》，中华书局，1965年。

③ （宋）范晔：《后汉书·肃宗孝章帝纪》，中华书局，1965年。

④ （宋）范晔：《后汉书·肃宗孝章帝纪》，中华书局，1965年。

⑤ 中国社会科学院考古研究所：《汉杜陵陵园遗址》，科学出版社，1993年。

⑥ 陕西省考古研究院、咸阳市文物考古研究所、茂陵博物馆：《汉武帝茂陵考古调查、勘探简报》，《考古与文物》2011年第2期；陕西省考古研究院、咸阳市文物研究所：《汉哀帝义陵考古调查、勘探简报》，《考古与文物》2012年第5期；陕西省考古研究院、咸阳市文物考古研究所：《汉元帝渭陵考古调查、勘探简报》，《考古》2013年第11期；马永嬴：《汉武帝茂陵陵园布局的几点认识》，《考古与文物》2011年第2期。

⑦ 杨宽：《先秦墓上建筑问题的再探讨》，《考古》1983年第7期。

⑧ 刘庆柱、李毓芳：《西汉十一陵》，陕西人民出版社，1987年。

⑨ （汉）班固：《汉书·叔孙通传》，中华书局，1962年。

皇庙又可细分为京庙、原庙、陵庙和郡国庙①。即所谓："凡祖宗庙在郡国六十八，合百六十七所。而京师自高祖下至宣帝，与太上皇、悼皇考各自居陵旁立庙，并为百七十六。"②

根据历史文献和考古资料来看，从汉高祖长陵到汉成帝延陵，西汉前八座帝陵都修建有陵庙③。西汉陵庙一般独立成园，故又称"庙园"；因与寝园同为礼制性建筑，所以又合称"寝庙园"。"十二月乙酉，毁太上皇、孝惠皇帝寝庙园。"④"三月癸未，复孝惠皇帝寝庙园、孝文太后、孝昭太后寝园。"⑤"久之，上疾连年，遂尽复诸所罢寝庙园，皆修祀如故。"⑥等等，不赘。

西汉帝陵的陵庙已经发掘的有汉景帝阳陵的德阳庙⑦，钻探已经认定的有汉武帝茂陵帝陵东南的10号建筑遗址⑧。

7. 外藏坑

在殷商、西周时期的大型陵墓附近，先后发现了数量不一、内涵各异的车马、人殉等坑⑨。时至秦始皇陵，先后发现有"兵马俑""百戏俑""铠甲""水禽"等坑180余座⑩。对此，考古学家有着不同的认识和命名，或曰陪葬坑、随葬坑、殉葬坑、从葬坑、丛葬坑、府藏坑等⑪，莫衷一是。

根据《汉书·霍光传》，霍光死后，宣帝"赐金钱、缯絮，绣被百领，衣五十箧，璧、珠玑、玉衣，梓宫、便房、黄肠题凑各一具，枞木外藏椁十五具，东园温

---

①　焦南峰、马永赢：《西汉宗庙刍议》，《考古与文物》1999年第6期。

②　（汉）班固：《汉书·韦贤传》，中华书局，1962年。

③　焦南峰、马永赢：《西汉宗庙刍议》，《考古与文物》1999年第6期。

④　（汉）班固：《汉书·元帝纪》，中华书局，1962年。

⑤　（汉）班固：《汉书·元帝纪》，中华书局，1962年。

⑥　（汉）班固：《汉书·韦贤传》，中华书局，1962年。

⑦　陕西省考古研究所阳陵考古队：《汉景帝阳陵考古新发现（1996年—1998年）》，《文博》1999年第6期；韩伟：《罗经石乎？太社乎？——西汉阳陵"罗经石"性质探讨》，《考古与文物》2001年第2期；王学理：《太社乎？陵庙乎？——对汉阳陵罗经石为"男性生殖器座"论驳议》，《文博》2001年第5期；王占奎：《试论汉阳陵"罗经石"遗址的祭祀性特征》，《考古与文物》2002年第6期；李零：《说汉阳陵"罗经石"遗址的建筑设计》，《考古与文物》2002年第6期。

⑧　马永赢：《汉武帝茂陵陵园布局的几点认识》，《考古与文物》2011年第2期。

⑨　李自智：《殷商西周的车马殉葬》，《中国考古学论集——纪念夏鼐先生考古五十周年》，三秦出版社，1987年；黄展岳：《殷商墓葬中人殉人牲的再考察——附论殉牲与祭牲》，《考古》1983年第10期。

⑩　袁仲一：《秦始皇陵陪葬坑的主要特征及其渊源关系试探》，《秦文化论丛》（第十辑），三秦出版社，2003年。

⑪　王学理：《论秦汉陵墓的从葬之制》，《王学理秦汉考古文选》，三秦出版社，2008年。

明，皆如乘舆制度"①的相关记载，将西汉帝陵发现的大量此类遗存定名为"外藏坑"可能较为适当。

根据俞伟超先生的研究："把墓的结构分为正藏与外藏椁这种汉制，实际从春秋晚期已经发其端，战国时至少已成为好几个诸侯国的王陵制度。"②外藏椁"或位于墓圹内正藏之外，或位于墓道中，或被安置在墓外。不管位置何处，一般来说，每具外藏椁自成一个单元，实际上就是一个一个的陪葬坑（室）"③。

截至目前，除汉平帝康陵外，所有西汉帝陵均发现数量不等的外藏坑，其中发掘过的有汉宣帝杜陵、汉薄太后南陵、汉景帝阳陵南区、汉景帝阳陵帝陵东侧、汉武帝茂陵、汉昭帝平陵等④。

8. 陪葬墓

西汉十一陵中除安葬有各代皇帝、皇后以外，各陵园内、外还发现有数量不等的、与汉陵有一定从属关系的墓葬，专家均称之为陪葬墓。"西汉时，能够入葬诸帝陵、陪葬茔域的均属统治集团内的上层人物，但其政治身份不尽相同，有的是开国元勋、鼎柱之臣，有的是皇亲国戚、妃嫔宫人。"⑤

根据最新的田野考古资料，结合历史文献，我们以为，西汉帝陵所谓的陪葬墓应该区分为两类，一类埋葬在外陵园以外的司马门道两侧，可以叫作陪葬墓⑥。这类陪葬墓多对称排列于汉陵的外陵园以外的东司马门道南北两侧，呈朝列参拜状。

"甲子，西巡狩，幸长安，祠高庙，遂有事于十一陵。历览馆邑，会郡县吏，劳赐作乐。十一月甲申，遣使者以中牢祠萧何、霍光。帝谒陵园，过式其墓。"⑦其注引《东观汉记》曰："萧何墓在长陵东司马门道北百步。"又云："霍光墓在茂陵东司

① （汉）班固：《汉书·霍光传》，中华书局，1962年。

② 俞伟超：《汉代诸侯王与列侯墓葬的形制分析——兼论"周制"、"汉制"与"晋制"的三阶段性》，《先秦两汉考古学论集》，文物出版社，1985年。

③ 刘振东：《中国古代陵墓中的外藏椁——汉代王、侯墓制研究之二》，《考古与文物》1999年第4期。

④ 中国社会科学院考古研究所：《汉杜陵陵园遗址》，科学出版社，1993年；陕西省考古研究院、咸阳市文物考古研究所、茂陵博物馆：《汉武帝茂陵考古调查、勘探简报》，《考古与文物》2011年第2期；陕西省考古研究院、咸阳市文物考古研究所：《汉哀帝义陵考古调查、勘探简报》，《考古与文物》2012年第5期；陕西省考古研究院、咸阳市文物考古研究所：《汉元帝渭陵考古调查、勘探简报》，《考古》2013年第11期；陕西省考古研究院、咸阳市文物考古研究所：《汉平帝康陵考古调查、勘探简报》，《文物》2014年第6期。

⑤ 刘庆柱、李毓芳：《西汉十一陵》，陕西人民出版社，1987年。

⑥ 焦南峰：《秦陵的形制特点及其演变》，《一统天下：秦始皇的永恒国度》，香港历史博物馆，2012年；焦南峰：《西汉帝陵"夫人"葬制初探》，《考古》2014年第1期。

⑦ （宋）范晔：《后汉书·显宗孝明帝纪》，中华书局，1965年。

马门道南四里。”

　　“十一月癸卯，祠高庙，遂有亭十一陵。诏曰：‘高祖功臣，萧、曹为首，有传世不绝之义。曹相国后容城侯无嗣。朕望长陵东门，见二臣之垄，循其远节，每有感焉。忠义获宠，古今所同。可遣使者以中牢祠，大鸿胪求近亲宜为嗣者，须景风绍封，以章厥功。’”①其注引《东观汉记》曰：“萧何墓在长陵东司马门道北百步。”《庙记》云：“曹参冢在长陵旁道北，近萧何冢。”

　　相关历史文献和阳陵东区陪葬墓园发掘证实西汉帝陵陵园外司马门道两侧的墓葬应属于萧何、曹参、卫青、霍去病、霍光、阳信家、般邑家、苏建等开国元勋、鼎柱之臣和皇亲国戚，级别大致相当于“列侯、公主和郡太守”②。

　　西汉帝陵的陪葬墓，发掘过的有长陵杨家湾周勃（周亚夫）墓，阳陵周应、吴信、般邑家墓，茂陵阳信家等③；而经过调查、钻探推定的陪葬墓数量就更多了。

9. 袝葬墓

　　西汉帝陵近年来新发现了一类“陪葬墓”。这些墓葬多位于内陵园之外，外陵园之内，明显有别于前述的陪葬墓。我门称之为“袝葬墓”④。

　　《汉书·外戚传下》云：“孝成班倢伃，帝初即位选入后宫。”“至成帝崩，倢伃充奉园陵，薨，因葬园中。”《汉书·外戚传上》又云：“五官以下，葬司马门外。”⑤可见西汉帝陵陵园内的陵墓除了帝陵、后陵外还应有婕好及五官以上的皇帝的其他嫔妃。

　　汉武帝茂陵陵园内除了汉武帝帝陵、“配食”的李夫人外，还发现大中型墓葬九

---

①　（宋）范晔：《后汉书·显宗孝明帝纪》，中华书局，1965年。

②　焦南峰：《试论西汉帝陵的建设理念》，《考古》2007年第11期。

③　石兴邦、马建照、孙德润：《长陵建制及其有关问题——汉刘邦长陵勘察记存》，《考古与文物》1984年第2期；陕西省文管会、博物馆、咸阳市博物馆杨家湾汉墓发掘小组：《咸阳杨家湾汉墓发掘简报》，《文物》1977年第10期。

④　与主墓有一定从属关系的墓葬，真正的出现可能始于西周时代，《周礼·春官·冢人》："先王之葬居中，以昭穆为左右。凡诸侯居左右以前，卿、大夫、士居后，各以其族。"而先秦历史文献对此类墓葬及相关行为称之为"袝""袝葬"。如①《孔子家语卷第十》（孔子之母既葬，将立葬焉）曰："古者不袝葬，为不忍先死者之复见也。诗云：‘死则同穴。’自周公已来袝葬矣。故卫人之袝也，离之，有以闻焉；鲁人之袝也，合之，美夫，吾从鲁。"遂合葬于防。"②《附释音礼记注疏卷第十》孔子曰："卫人之袝也离之，鲁人之袝也合之，善夫！"③《附释音礼记注疏卷第三十三》："袝葬者，不筮宅。"④《礼记·檀弓上》："舜葬于苍梧之野。盖三妃未之从也。季武子曰。周公盖袝。"等等。而"陪葬"一词，先秦、秦汉、魏晋文献中均不见，直到南北朝才突然大量出现。我们认为：目前考古学研究中对此类墓葬的定名有探索的必要，至少其中有血缘关系、婚姻关系的墓葬不能称之为陪葬墓，"袝葬墓"的命名可能较为合适。

⑤　（汉）班固：《汉书·外戚传上》，中华书局，1962年。

座①；汉元帝渭陵陵园内除了汉元帝帝陵、王皇后陵外，发现了规划有序、排列整齐的一座相对独立的墓园，其中有大中型墓葬五排32座②等。这批墓葬的墓主"与此前在西汉诸陵陵园外发现的陪葬墓不同，前者比后者有与皇帝更为密切的关系，前者应是除分封的皇子、出嫁的公主、五官以下的夫人之外的皇帝眷属，后者则包括开国元勋、鼎柱之臣、皇亲国戚及五官以下的皇帝夫人"③。"这批陪葬墓不同于陵园外贵族、大臣等陪葬墓，只有皇帝的眷属方能入葬陵园，考虑到皇帝眷属中的皇子、公主各有自己的归宿，因此，这些墓葬的主人只应是皇帝的高级嫔妃。"④

10. 道路

道路先是人类活动的产物，后又成为人类活动的必然条件。在西汉帝陵的诸多建筑要素中，道路也是必不可少的组成部分。

择要录秦汉历史文献有关西汉帝陵道路的记载如下：

神道。①《汉书·李广传》："广死明年，李蔡以丞相坐诏赐冢地阳陵当得二十亩，蔡盗取三顷，颇卖得四十余万，又盗取神道外墙地一亩葬其中，当下狱，自杀。"⑤②《汉书·霍光传》："禹既嗣为博陆侯，太夫人显改光时所自造茔制而侈大之。起三出阙，筑神道，北临昭灵，南出承恩，盛饰祠室，辇阁通属永巷，而幽良人婢妾守之。"⑥等等。

徼道。《汉书·董贤传》："（哀帝）又令将作为贤起冢茔义陵旁，内为便房，刚柏题凑，外为徼道，周垣数里，门阙罘罳甚盛。"⑦

司马门道：①《史记·萧相国世家》："孝惠二年，相国何卒，谥为文终侯。"⑧注引《东观汉记》云："萧何墓在长陵东司马门道北百步。"②《后汉书·显宗孝明帝纪》："十一月甲申，遣使者以中牢祠萧何、霍光。帝谒陵园，过式其墓。"⑨注引《东观汉记》曰："萧何墓在长陵东司马门道北百步。"又云："霍光墓在茂陵东司马门道南四里。"

衣冠道。①《汉书·高惠高后文功臣表》："孝文九年，侯臧嗣，四十五年，元

① 陕西省考古研究院、咸阳市文物考古研究所、茂陵博物馆：《汉武帝茂陵考古调查、勘探简报》，《考古与文物》2011年第2期。

② 陕西省考古研究院、咸阳市文物考古研究所：《汉元帝渭陵考古调查、勘探简报》，《考古》2013年第11期。

③ 焦南峰：《西汉帝陵"夫人"莘制初探》，《考古》2014年第1期。

④ 马永嬴：《试论渭陵陵园内陪葬者的身份》，《考古》待刊。

⑤ （汉）班固：《汉书·李广传》，中华书局，1962年。

⑥ （汉）班固：《汉书·霍光传》，中华书局，1962年。

⑦ （汉）班固：《汉书·董贤传》，中华书局，1962年。

⑧ （汉）司马迁：《史记·萧相国世家》，中华书局，1962年。

⑨ （宋）范晔：《后汉书·显宗孝明帝纪》，中华书局，1965年。

朔三年，坐为太常衣冠道桥坏不得度　免。"①②《汉书·百官公卿表》："蓼侯孔臧为太常，三年坐南陵桥坏衣冠道绝免。"②

田野考古资料证实了西汉帝陵内道路的存在。汉景帝阳陵钻探发现其神道、徼道、司马门道和衣冠道齐备，具有规整有序的道路交通系统③。汉武帝茂陵、汉元帝渭陵、汉哀帝义陵、汉平帝康陵等也均钻探发现有数量不一、保存状况不等的道路遗迹④。

11. 陵邑

根据相关历史文献记载得知，西汉帝陵及其对应的陵邑修建时间大致相同，且前者名称或可替代后者，也就是说，西汉陵邑无论是从修建帝陵的过程，还是从陵墓建设规划的角度出发，均属于西汉帝陵的组成部分⑤。

陵邑是秦始皇的创举，"园邑之兴，始自强秦"⑥。西汉继承了集帝陵修建、保护、供奉、管理数项功能于一体的这一重要的举措，并借此完成了"迁徙关东大族、达官巨富，消除不安定因素，巩固中央统治，繁荣陵邑附近地区的经济和文化"⑦的政治目的。

有关西汉陵邑的记载较多。例如，"五年春正月，作阳陵邑。夏，募民徙阳陵，赐钱二十万。"⑧"春二月丙戌朔，日有蚀之。夏四月戊申，有如日夜出。初置茂陵邑。"⑨"是时起昌陵，作者数万人，徙郡国吏民五千余户以奉陵邑。作治五年不成，乃罢昌陵，还徙家。"⑩

根据有关专家研究："西汉时，朝廷对陵邑的设置控制十分严格。一般设陵邑只限于帝陵，或未与先帝合葬的皇帝之母的陵墓。以及死时未以帝陵礼仪入葬的皇帝父母的陵墓。""西汉时代，总计共置陵邑11座。"⑪

---

① （汉）班固：《汉书·高惠高后文功臣表》，中华书局，1962年。

② （汉）班固：《汉书·百官公卿表》，中华书局，1962年。

③ 焦南峰、杨武站、曹龙：《神道、徼道、司马门道——西汉帝陵道路初探》，《文物》2008年第12期；焦南峰：《宗庙道、游道、衣冠道——西汉帝陵道路再探》，《文物》2010年第1期。

④ 焦南峰、马永嬴、杨武站等：《"十一五"西汉帝陵大遗址考古新收获》，《中国文物报》2010年4月2日第5版；陕西省考古研究院、咸阳市文物考古研究所、茂陵博物馆：《汉武帝茂陵考古调查、勘探简报》，《考古与文物》2011年第2期；陕西省考古研究院、咸阳市文物考古研究所：《汉哀帝义陵考古调查、勘探简报》，《考古与文物》2012年第5期；陕西省考古研究院、咸阳市文物考古研究所：《汉平帝康陵考古调查、勘探简报》，《文物》2014年第6期；陕西省考古研究院、咸阳市文物考古研究所：《汉元帝渭陵考古调查、勘探简报》，《考古》2013年第11期。

⑤ 焦南峰：《试论西汉帝陵的建设理念》，《考古》2007年第11期。

⑥ （宋）范晔：《后汉书·东平宪王苍传》，中华书局，1965年。

⑦ 刘庆柱、李毓芳：《西汉十一陵》，陕西人民出版社，1987年。

⑧ （汉）班固：《汉书·景帝纪》，中华书局，1962年。

⑨ （汉）班固：《汉书·武帝纪》，中华书局，1962年。

⑩ （汉）班固：《汉书·五行志上》，中华书局，1962年。

⑪ 刘庆柱、李毓芳：《西汉十一陵》，陕西人民出版社，1987年。

西汉诸帝陵的陵邑，目前经过调查、钻探基本确认位置与形制的有汉高祖长陵邑、汉惠帝安陵邑、汉景帝阳陵邑、汉武帝茂陵邑、汉武帝钩弋夫人云陵邑等，其中汉景帝阳陵邑曾进行局部发掘[①]。

12. 刑徒墓地

如果从汉陵建设规划的角度来讲，刑徒墓地无疑不属于西汉帝陵的组成部分。今天，我们在叙述西汉帝陵各个建筑组成要素时，把刑徒墓地归列其中，是因为它的确是汉陵修建过程中的客观产物。它的出现既非偶然，也不会是孤立的现象。

据研究，西汉帝陵营建工程的主要劳动力大致有三个来源："一为刑徒，一为士卒、一为工匠和平民。"[②]

秦始皇"使丞相李斯将天下刑人隶徒七十二万人作陵"，是较早的陵墓修建使用刑徒的记载。

刑徒，即"刑人隶徒"，或曰"隐宫徒刑者"[③]。《汉书·景帝纪》记载，汉景帝中元四年"夏，蝗。秋，赦徒作阳陵者死罪；欲腐者，许之"[④]。

在严酷的管理、繁重的劳作、恶劣的生活条件下，参加帝陵营建的刑徒无疑会有大量的死亡，而偏居陵后的专有墓地的形成似乎成为一种必然。

早在1972年，汉景帝阳陵的刑徒墓地就发现于远距帝陵1.5千米的外陵园之外的西北一隅。墓地面积达8万平方米，估计葬于此地的刑徒在万人以上。发掘的29座墓葬中，发现了35具人骨架。其墓葬排列无序，尸骨凌乱，埋葬草率，均无随葬品。骨架上大多戴有"钳""钛"等类铁制刑具，有的还有明显的砍斫痕迹[⑤]。

2008年我们发现了汉武帝茂陵的刑徒墓地。茂陵刑徒墓地位于陈王村南1.4千米的台塬地带，西距茂陵外陵园西围墙约3.8千米。经过钻探，在冲沟两侧发现了大量排列密集的小型墓葬，面积约4万平方米。试掘在30平方米的探方内共发现长方形竖穴土坑墓16座，南北共四行。葬式多为仰身直肢葬，无葬具及随葬品。经推算，整个墓地埋葬尸骨在2万具以上[⑥]。

① 焦南峰、马永赢、杨武站等：《"十一五"西汉帝陵大遗址考古新收获》，《中国文物报》2010年4月2日第5版；咸阳市文物考古研究所：《西汉帝陵调查钻探报告》，文物出版社，2010年。

② 焦南峰：《有关阳陵营建的几个问题》，《汉阳陵与汉文化研究论文集》（第2辑），三秦出版社，2012年。

③ （唐）房玄龄等：《晋书·索靖列传》，中华书局，1974年。

④ （汉）班固：《汉书·景帝纪》，中华书局，1962年。

⑤ 秦中行：《汉阳陵附近钳徒墓的发现》，《考古》1972年第7期。

⑥ 焦南峰、马永赢、杨武站等：《"十一五"西汉帝陵大遗址考古新收获》，《中国文物报》2010年4月2日第5版。20世纪六七十年代，当地农民在这里平整土地时发现过大量戴刑具的人骨，茂陵博物馆保存有当时采集的刑具。

13. 园省

园省，先秦文献中未见记载，考古资料无披露，也未见有专家研究。

《后汉书·礼仪志下》注引《古今注》记载东汉明帝显节陵、章帝敬陵、和帝慎陵、顺帝宪陵时，四次提及"园省"，如"明帝显节陵，山方三百步，高八丈。无周垣，为行马，四出司马门。石殿、钟虡在行马内。寝殿、园省在东。园寺吏舍在殿北。堤封田七十四顷五亩。"① 可见东汉帝陵陵园内有园省，在帝陵的东侧。

此处园省之"园"，应指陵园；园省之"省"，意为官署名。汉制总群臣而听政为省，治公务之所为寺。"尚书、中书、门下各官署皆设于禁中，因称为省。"② 可见"园省"大致的意思是总领园内诸臣，管理陵园的官署。

西汉帝陵均设有"园令"，"相如拜为孝文园令"③。"先帝陵，每陵园令各一人"，其职责为"掌守陵园，案行扫除"④。出土的汉代封泥中有"孝昭园令印""孝昌园令"可为佐证。

截至目前，汉景帝阳陵、汉武帝茂陵等均发现了数量较多的建筑遗址，但由于多数没有发掘，因此西汉帝陵园令之官署"园省"的认定，则有待于进一步的考古发掘和研究。

14. 园寺吏舍

园寺吏舍者，陵园长奉职官舍⑤。

先秦陵墓中的园寺吏舍之类建筑，文献未见，考古资料也无披露。《周礼·春官宗伯》有云："墓大夫掌凡邦墓之地域。为之图。令国民族葬。而掌其禁令。正其位。掌其度数。使皆有私地域。凡争墓地者。听其狱讼。帅其属而巡墓厉。居其中之室以守之。"⑥ 此处的"居其中之室以守之"的"室"似乎与管理用建筑有关。秦始皇陵发现了目前所知最早、最确切的"丽山食官"遗址⑦。

《后汉书·礼仪志下》注引《古今注》描述东汉帝陵时，在明帝显节陵、章帝敬陵、和帝慎陵、殇帝康陵、安帝恭陵、顺帝宪陵、冲帝怀陵、质帝静陵八座帝陵中讲到"园寺吏舍"。如"章帝敬陵，山方三百步，高六丈二尺。无周垣，为行马，四出司马门。石殿、钟虡在行马内。寝殿、园省在东。园寺吏舍在殿北。堤封田二十五顷

① （宋）范晔：《后汉书·礼仪志下》，中华书局，1965年。

② 商务印书馆编辑部：《词源》，商务印书馆，1979年。

③ （汉）司马迁：《史记·司马相如列传》，中华书局，1962年。

④ （宋）范晔：《后汉书·百官志》，中华书局，1965年。

⑤ 袁仲一：《秦始皇陵兵马俑研究》，文物出版社，1990年。

⑥ 阮元校刻：《十三经注疏·周礼·春官宗伯》，中华书局，1980年。

⑦ 袁仲一：《秦始皇陵兵马俑研究》，文物出版社，1990年。

五十五亩。"①可见东汉帝陵多有园寺吏舍。

西汉帝陵的长奉职官种类不少，人数也相当多，如"园丞"、"校长"、"门吏"、"侯"、"寝园令"或"寝令"、"寝郎"或"寝中郎"、"庙令"、"庙郎"、"食官令"、"食官长丞"或"食官丞"等，"总计约五千人"②。

曾有专家对西汉帝陵的园寺吏舍进行过初步探索，认为："从汉宣帝杜陵的钻探情况来看，其食官寺舍可能在其寝园以南。""太上皇陵西北950米，有座小城，城址东西75米，南北130米，部分城墙至今尚存。或许此城就是'守陵'者的住地。"③

15. "夫人"居址

西汉帝陵陵园中，不但有总领"掌守陵园"的"园令"，有人数众多的长奉职官，还居住有皇帝生前为数众多的妃嫔宫人。"西汉初期，皇帝死后，其妃嫔宫人或赐诸侯王，或遣归，允其再嫁。汉武帝改变了这个做法，他死后，'皆以后宫女置于园陵'。""武帝以后，西汉诸帝承袭了这个做法。"

汉成帝班婕妤"充奉园陵"④时的居所，汉宣帝公孙婕妤"求守杜陵园"⑤时的居所我们暂且称为"夫人"居址。

西汉帝陵的"夫人"居址目前尚未确认，有待我们在今后的发掘、研究中进行甄别、确认。

16. 修陵人居址

《汉旧仪》云："天子即位，明年将作大匠营陵地。"西汉一朝基本上遵循上述，即位伊始开始修陵，至死方休。汉景帝"阳陵的营建工程前后用时不少于二十八年"⑥。"像汉武帝在位54年，茂陵就修了53年。"⑦在这漫长的修陵岁月里，众多参与修陵的官员、工匠和平民、士卒以及刑徒，理应有能够居住较长时间的住所，即我们所言的"修陵人居址"。与刑徒墓地相似，修陵人居址从汉陵建设规划的角度来讲，可能也不属于西汉帝陵的组成部分，但作为西汉帝陵营建过程中衍生的建筑构造，存在是必然的，研究也是有必要的。

---

① （宋）范晔：《后汉书·礼仪志下》，中华书局，1965年。

② 刘庆柱、李毓芳：《西汉十一陵》，陕西人民出版社，1987年。

③ 刘庆柱、李毓芳：《西汉十一陵》，陕西人民出版社，1987年。

④ （汉）班固：《汉书·外戚传下》，中华书局，1962年。

⑤ （汉）班固：《汉书·东平思王刘宇传》，中华书局，1962年。

⑥ 焦南峰：《有关阳陵营建的几个问题》，《汉阳陵与汉文化研究论文集》（第2辑），三秦出版社，2012年。

⑦ 王学理：《秦汉相承帝王同制——略论秦始皇帝和汉诸侯王陵园制度的继承和演变》，《考古与文物》2000年第6期。

客观地讲，从西汉帝陵营建管理、布局结构、性质内涵等角度分别进行考察，将上述十六个形制要素并列叙述并不十分合适，例如，修陵人居址、刑徒墓地是修陵过程中的产物，当时不应当是帝陵的组成部分；园省、园寺吏舍、"夫人"居址是陵墓建成之后管理和居住者使用的居住建筑；封土与墓穴、陵园与门阙、寝园与陵庙则分别是陵墓、陵园和礼制建筑的局部或部分构成；而封土、墓穴、陵园、门阙、寝园、陵庙、外藏坑、祔葬墓、园省、园寺吏舍、"夫人"居址和部分道路所组成的"陵园"以及陵园外的陪葬墓、陵邑等的综合实际上才是西汉帝陵不可或缺的结构主体。

本文之所以采取上述方式进行分析和叙述，是因为根据现代考古学的视角，西汉帝陵的考古工作不仅应当掌握代表西汉陵墓制度最高标尺和政治、经济、文化、礼仪典型范例的十多座帝陵的分布范围、布局组合、文化内涵，还有义务究明其选址、规划、营建、沿用、废弃这一漫长的历史过程。基于此，我们试图依据历史文献和田野考古资料对西汉帝陵应该和可能存在的建筑构造进行了一点粗浅的分析和推定，希望能够对西汉帝陵的田野考古工作有所促进，对中国古代帝王陵墓的宏观研究有所帮助。

疏漏和不足在所难免，敬请方家省教。

（原载《考古与文物》2013年第5期）

汉代诸侯王与列侯墓葬的形制分析

——兼论"周制"、"汉制"与"晋制"的三阶段性

俞伟超

商周秦汉的埋葬习俗，可以汉武帝前后为界，分为两大阶段。前一阶段的成熟形态即通常所谓的"周制"，"汉制"是后一阶段的典型形态。"晋制"的出现，又标志着另一种新形态的最终形成。

经济基础的变更，是"周制"演化为"汉制"又发展成"晋制"的根本原因。分析汉代诸侯王与列侯墓葬的形制的渊源和演化过程，则是探索"周制""汉制""晋制"这三阶段性的一个很有意义的方面。

一、"周制"中棺椁制度的等级分类

周代的奴隶主阶级主要实行天子、诸侯、卿、大夫、士和庶人这种等级制，棺椁制度即依此等级而分。

商代和西周之制，由于棺椁保存完好之例不足，至今尚不能言其详。战国的椁制，如据楚墓，除王制不明外，其余大略有四等：

第一等，有头箱、左右边箱、足箱和棺箱，如信阳长台关M1、M2，江陵天星观M1等（图一，1）。

第二等，在棺箱外有头箱和边箱各一，如长沙浏城桥M1，江陵望山M1、M2，江陵沙冢M1，江陵藤店M1等（图一，2）。

第三等，棺箱外只有一个头箱，如江陵太晖观M21等（图一，3）。或是虽无头箱隔板但棺前留出头箱位置；有的甚至无椁而将随葬品置于棺前或两侧，可是墓圹规模和随葬品规格却同于有头箱的，如江陵拍马山M1、M23、M26等。

第四等，有棺无椁甚至无棺无椁的小墓，其随葬品往往只有极少量的日用陶器或根本没有，如江陵太晖观M12、江陵雨台山M235（图一，4）等。

木椁本是作为地上居室的象征物而出现的，故早从商代起，便在椁底筑出腰坑，以模拟地上建筑物的"奠基坑"。先秦木椁既具有象征地上建筑的性质，自然可从各

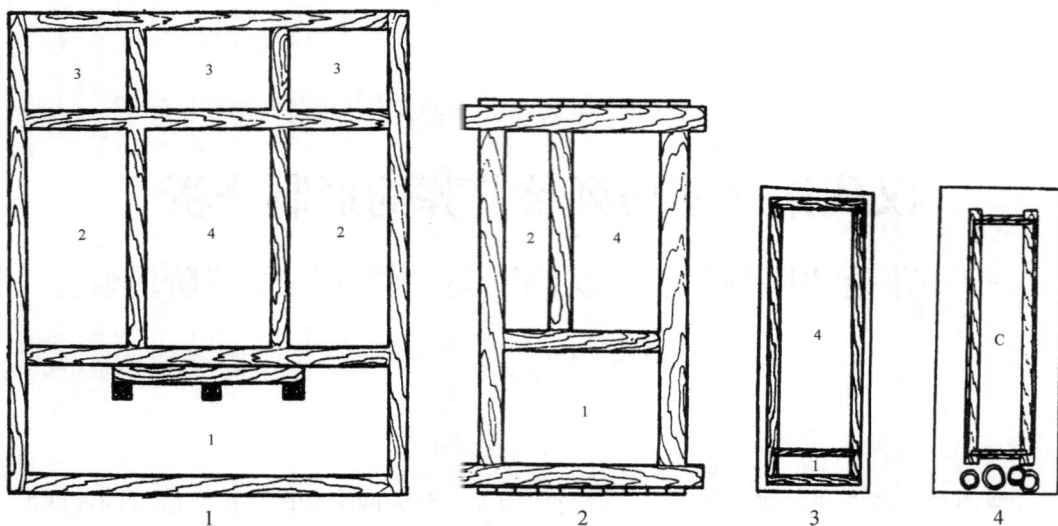

图一　战国楚墓椁制等级分类

1.信阳长台关M1　2.江陵望山M1（惡固墓）　3.江陵太晖观M21　4.江陵雨台山M235

（1.头箱　2.边箱　3.足箱　4.棺箱　C.木棺）

级贵族的居住制度来分析周代椁制。

　　按之周代宫室制度，诸侯有前朝（堂）、后寝（室）、左右房，房的后半部叫北堂，寝之后或有下室。对照战国楚墓木椁，其第一等，头箱当即象征前朝（堂），棺箱象征寝（室），边箱象征房，足箱或即象征北堂和下室，合乎诸侯之制。战国时的诸侯，几乎都已称王，所以原来"周制"中的诸侯之制，自然就是这时期列国中封君等最高贵族之制。信阳长台关M1出陶大牢九鼎，使用的是春秋中至战国早期的列国之内的卿制；江陵天星观M1的墓主又知是邸阳君番勶。这二例可证这类椁制是封君或卿一类贵族之制。大夫的宫室，虽亦可有左、右房，但其基本制度是有前堂与东房、西室，合乎第二等；而且，这一等的墓一般出少牢五鼎，正合大夫之制。仅仅是望山M1却出大牢九鼎，但已知其墓主是"未有爵位"，即未曾封君侯的王族年轻贵族，故木椁用大夫之制同其身份是不相矛盾的，其鼎制则又发生了僭越。第三等是象征前堂、后室之制，一般出特一鼎，知属士制。第四等往往是无随葬品的小墓，但从春秋到战国又都有一些只出日用陶器而不用仿铜陶礼器随葬的墓，可知本属庶人之制，只是由于战国时庶人与士之间的界限往往被冲破，所以与第三等墓的棺椁制度也往往相混。

　　其棺制，《礼记》之《檀弓》《丧大记》及郑注说：天子五层棺，上公四层棺，诸侯三层棺，大夫二层棺，士与庶人皆单棺。已知的战国楚墓的遗存是：第一等皆四或三层棺；第二等皆二层棺，仅望山M2为三层棺；第三、四等皆单棺，情况同上述椁制所属等级的推测正基本符合。

　　战国楚制的具体表现形式是后来才发生的，但当即承自"周制"传统，而"周制"的出现，无疑是适应于建立在井田制基础上的那种等级制度的需要。

二、汉初诸侯王、列侯实行的"梓宫"、"明堂"、后寝（室）、"便房"、"黄肠题凑"的"正藏"与"外藏椁"制度及其渊源

汉代实行二十等爵制。诸侯王、列侯这二级有食邑的最高爵级，可使用一些类似皇帝的、其他等级贵族所不能享用的制度。在墓形制度上，使用着包括了"明堂"、后寝（室）、"便房"、"梓宫"、"黄肠题凑"的"正藏"和"外藏椁"。

《汉书·霍光传》颜注引服虔说云："外藏椁"是"在正藏外，婢妾之藏也；或曰厨、厩之属也"。西周、春秋本无"外藏椁"之制，但到春秋晚期的莒南大店M1、M2之中，已经在放置墓主木棺的主椁即"正藏"以外，另辟木椁即"外藏椁"，以置铜、陶礼乐器等随葬品（图二，1）。随县擂鼓墩战国初年的曾侯乙墓，在"正藏"（东椁）外有三个"外藏椁"（口、北、西椁），一个主要置礼乐器，一个主要置车马器和兵器，一个置殉人，正和服虔说的三种"外藏椁"制度相符。后两种"外藏椁"，当然是从过去的车马坑和殉人坑发展来的，但从专置礼乐等器的"外藏椁"出现后，这种车马坑和殉人坑亦理应按服虔之说而称为"外藏椁"；何况从此开始，这种车马坑和殉人坑又一改过去的土圹筑法，而用木材做成椁状。据平山三汲战国中山王墓（图二，2）所出木牌上的文字，当时又把"外藏椁"叫作"库"。这些材料表明，把墓的结构分为"正藏"与"外藏椁"这种"汉制"，实际从春秋晚期已经发端，战国时至少已成为好几个诸侯国的王陵制度，到汉代，诸侯王与列侯的墓葬就沿用了这种特制。

在汉初，"正藏"中的"明堂"、后寝（室）、"便房"发展成最近发掘的长沙象鼻山墓那种样子："明堂"在前，后寝在"明堂"后，"便房"在周围，"外藏椁"做成外回廊形式。象鼻山墓应是文景时期的长沙恭王或靖王墓。附近的陡壁山曹㜿墓应即是靖王之后的墓。这种诸侯王及王后墓都有"黄肠题凑"（图二，3）。曹㜿墓没有见到"外藏椁"，估计在墓外。

"外藏椁"远离"正藏"而在墓外之例，又如咸阳杨家湾M4、M5这一对夫妇并穴合葬墓。墓内出银缕玉衣残片，按之西汉制度，当属列侯等级。M4在墓道内和墓道外共有"外藏椁"十八个，计车马库五、内置陶器的炊厨库三、陶俑坑十（图二，5），从"外藏椁"的内涵看，基本上仍继续了从前的制度。

列侯的"正藏"形制，在阜阳双古堆的汝阴侯及其王后墓中，可看清是分"明堂"、后寝（室）、左右"便房"几部分（图二，4）。这显然是从楚制中那种头箱、左右边箱的形制演化来的。看出了这种联系，自然也就可反过来证明前面讲的关于头箱、左右边箱所模拟的内容的推测。要说明的是，在当时的长沙国中，有些列侯等级的木椁，其形制还往往同战国楚制一样，如马王堆M1、M3，砂子塘M1等。这种差

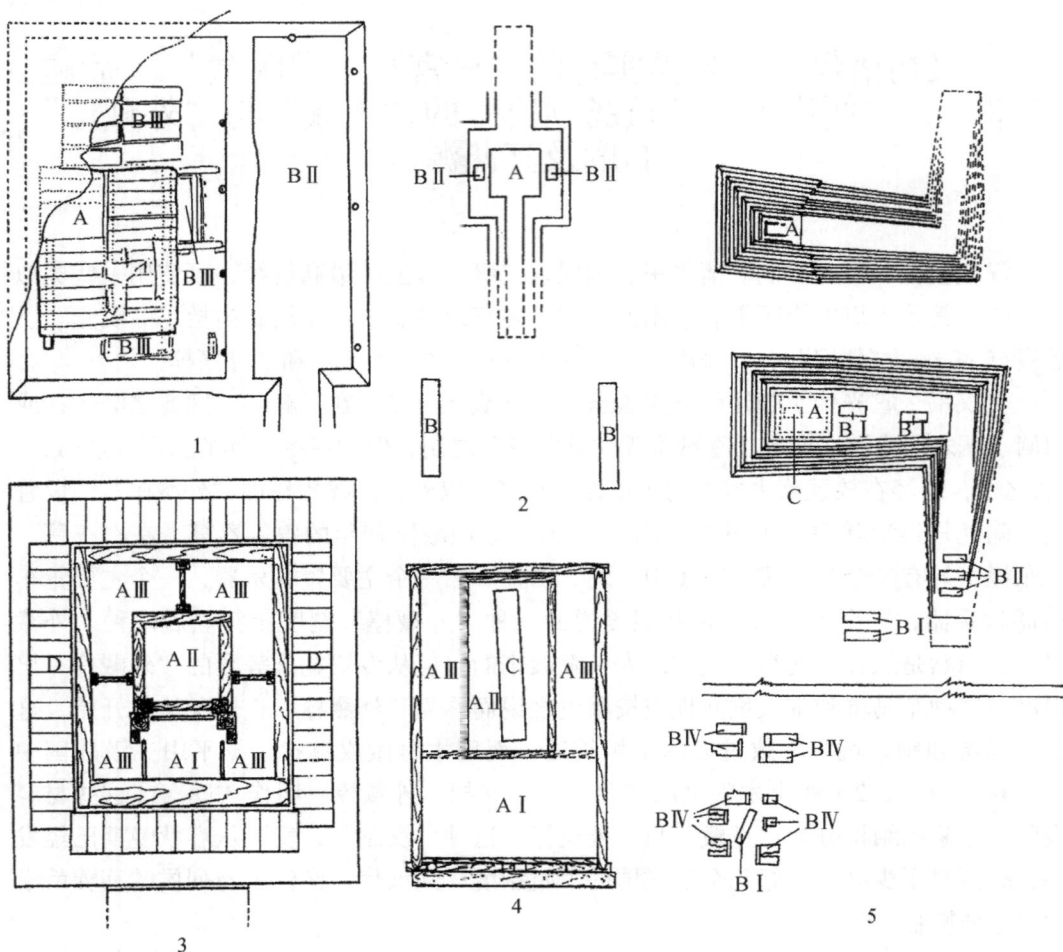

图二　春秋晚期至汉初墓葬正藏与外藏椁形制平面略图

1.莒南大店M1　2.平山三汲M6（中山王墓）　3.长沙陡壁山墓（长沙王后曹㜎墓）

4.阜阳双古堆M2（汝阴侯夫人墓）　5.咸阳杨家湾M4与M5

（A.正藏　AⅠ.明堂　AⅡ.后寝　AⅢ.偝房　B.外藏椁　BⅠ.车马库　BⅡ.炊厨库　BⅢ.殉人棺

BⅣ.陶俑坑　C.梓宫　D.黄肠题凑）

别，自然是各地区文化传统以及汉初所受他地影响不一等原因所造成的，也正反映了在全国范围内"汉制"代替"周制"的不平衡性。

　　概括这些情况，可知汉初的"汉制"就是由"周制"演化来的，它们的基本制度即模拟的内容是一致的，而其表现形式则发生了一定的变化。

三、汉武帝至东汉前期"正藏"与"外藏椁"制度的
两种发展系统

最迟在汉武帝时，一部分诸侯王墓就凿山为藏。这自然引起墓形的剧变，同穿土为圹的分成两个系统。

凿山为藏的，如满城陵山M1、M2这中山靖王、王后墓。"明堂"与后寝形成前、后（或左右）二室，"便房"做成回廊形式，"外藏椁"的车马库和炊厨库形成左右耳室（图三，1）。曲阜九龙山宣帝时的鲁孝王刘庆忌等五座墓，也是这样。这个系统产生后，对其他等级的墓形就产生很大影响，许多西汉中期以后的砖室墓的形制，显然是在其影响下产生的。

穿土为圹的，则大体继续旧形式，如北京大葆台M1这昭帝时的燕刺王墓（图三，2），同汉初的长沙王墓差不多。

定县八角郎M40这宣帝时的中山怀王墓，连同定县三盘山的中山王墓，都是在"正藏"内分"明堂"、后寝、左右"便房"，椁外有"黄肠题凑"；"外藏椁"两个，都是并列于墓道内，一置车马，一置陶器，只有车库和炊厨库。汉代殉人之风大杀，故瘗埋殉人的"外藏椁"消失。

定县北庄的东汉和帝初年所瘗的中山简王墓，已变成用砖修筑，外用石材作"题凑"。这是一个总平面略呈方形而内分前、后室并带回廊的墓。前面的甬道一侧有耳室，当即"外藏椁"；前室即"明堂"，后室即后寝，周围的回廊无疑就是"便房"（图三，3）。

去年发掘的唐河县新店的一座画像石墓，形制与中山简王墓极类似，有题刻说明一个出有车马明器的耳室叫"车库"，回廊叫"藏阁"，即"藏"中之"阁"。汉代把旁门叫"阁"，又把正室之旁的偏房叫"阁"，直到唐代还把"便殿"叫"阁"，可证回廊即"便房"（图三，4）。

此墓又有题刻"始建国天凤五年郁平大尹冯君孺久"，可见最迟到王莽时，"大尹"（即郡太守）这种二千石官吏也可使用类似诸侯王、列侯的墓形制度。南阳一带是东汉的"帝乡"，显然东汉的诸侯王等墓形制度正是继承了西汉末年南阳地区强宗豪右的墓形传统，而西汉末年一些地方豪强的势力已强大到可以僭用"便房"等制度的程度。这个变化的含义自然非常重要，因为它标志着"汉制"开始受到破坏，又表示出了地方豪右的强大正是促使"汉制"破坏的重大原因。

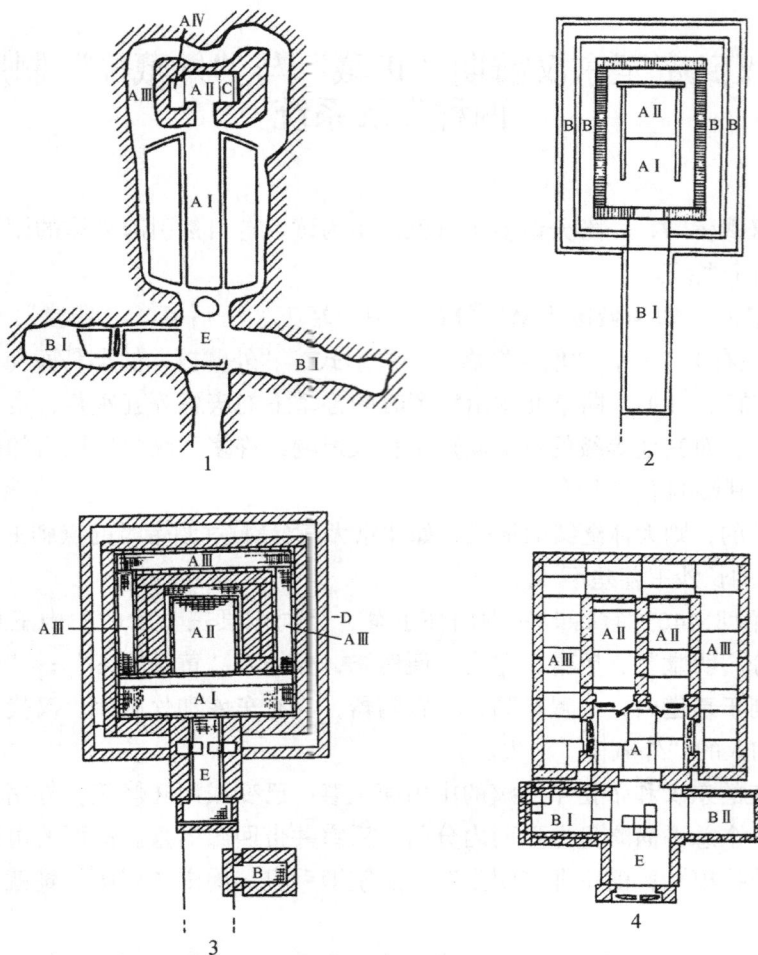

图三　西汉墓葬正藏与外藏椁形制平面略图

1.满城陵山M1（中山靖王墓）　2.北京大葆台M1（燕剌王墓）　3.定县北庄墓（中山简王墓）
4.唐河新店画像石墓（郁平大尹冯孺久墓）

［A.正藏　AⅠ.明堂　AⅡ.后寝（室）　AⅢ.偪房　AⅣ.更衣　B.外藏椁——耳室　BⅠ.车马库　BⅡ.炊厨库
C.木棺——梓宫　D.题凑　E.前室或甬道］

四、东汉后期诸侯王、列侯墓葬与地方豪强墓葬的形制相混及其社会根源

大约安帝以后，黄河流域的诸侯王与列侯都实行前、中、后三室之制，墓皆砖券顶，前室象征庭，中室即"明堂"，后室即后寝，三室的两侧又往往有耳室，即"外藏椁"。例如，在徐州土山探出了一座彭城王墓，其旁的一座较小的墓，墓主用银缕玉衣，属诸侯王或列侯始封等级，推测当为彭城王后墓，此墓即为三室。又如定县北陵头M43 这座灵帝时的中山穆王与王后合葬墓，每为前、中、后三室之制（图四，

1）。再如亳县董园村M1、M2这两座桓、灵时期的曹侯墓，也用三室之制。

但这时许多二千石官秩的地方豪右，也普遍使用这种三室之制。如望都所药村M2是迄今所发掘的规模最大的东汉三室墓（前、后室又各分为二），墓主却是灵帝光和五年死去的"太原太守中山蒲阴聚博成里刘公"；墓内还出土了从前只有列侯以上身份的贵族才能使用的玉衣残片，同样表明了那时的强宗豪右几乎可随便使用原来的诸侯王与列侯之制（图四，2）。其他如和林格尔小板申M1这护乌桓校尉墓（图四，3）、武威雷台M1这某某将军墓等，虽然规模较小，墓顶只用一层砖叠涩砌出，不像上述各墓都往往用三层砖起券，其平面亦多做成三室之制。当然，这个时期的耳室，已不似从前那样只分为车马库和炊厨库两种，而往往是作为大片农田、牧野的象征物而出现的。

从当时的历史环境来考虑，显然是由于大土地所有制的膨胀，到东汉后期，许多地方豪右的势力已扩展到可和诸侯王、列侯相比拟的地步，从而他们的墓形制度也就混同起来，至少已是差别甚微了。

约从三国西晋时期开始，除河西等较为边远的地区仍大体沿用东汉后期的旧制外，许多身份极高的贵族之墓，往往变成单室砖墓。墓形制度从此又进入一个新阶段："汉制"已被赶出历史舞台，"晋制"出现了。从整个两汉材料看，这种新制西汉末开始孕育，东汉后期眉目已见，三国以后瓜熟蒂落。可以认为，"汉制"是"周

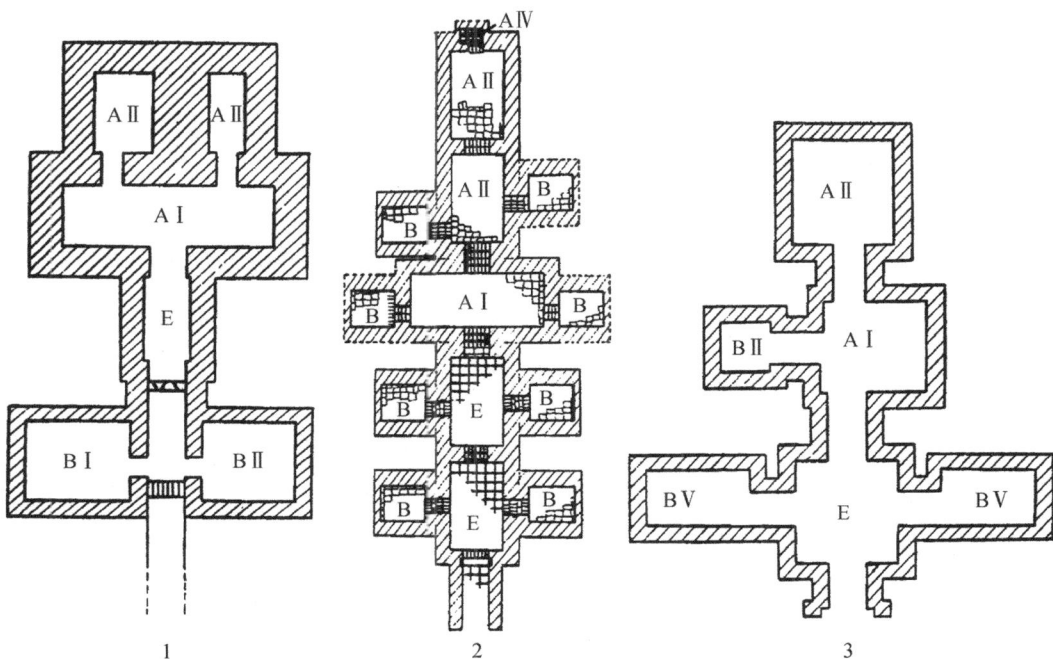

图四　东汉墓葬正藏与外藏椁形制平面略图

1.定县北陵头M43（中山穆王与王后墓）　2.望都所药村M2（太原太守中山蒲阴聚博成里刘公墓）

3.和林格尔小板申M1（护乌桓校尉墓）

[AⅠ.明堂　AⅡ.后寝（室）　AⅣ.更衣　B.外藏——耳室　BⅠ.车马库　BⅡ.炊厨库　BⅤ.象征农田、牧野的耳室　E.庭——前室或甬道]

制”的继续而发生了相当的变化，它同“晋制”相比明显应分属两大阶段。

墓形制度从“周制”到“汉制”以及向“晋制”的递变，正反映了社会历史变化的三个阶段。当然，要详细说明这三阶段性，应当仔细分析等级制度在这三个阶段中的变化；即使仅仅从埋葬制度方面来说，也还要分析随葬品制度的变化，等等。

附记：本文为《汉代诸侯王与列矦墓葬的形制流变研究》的提要。

（初载中国考古学会：《中国考古学会第一次年会论文集》，文物出版社，1980年；原载俞伟超：《先秦两汉考古学论集》，文物出版社，1985年）

器
以
藏
礼

周代用鼎制度研究

俞伟超　高　明

序　言

　　周代有一套严密的礼乐制度,人们衣、食、住、行的一切举动,几乎都必须按其规定才能进行。它实际是一套不成文法。

　　这种礼乐制度,是适应宗法奴隶制等级制度的需要而出现的。有许多内容,本是源于氏族社会的原始习俗,而在奴隶制产生后,又成为维系和巩固等级制度的锁链及其表现形式。所以,随着宗法奴隶制的瓦解,它也日益崩溃。

　　马克思说:"在不同的所有制形式上,在生存的社会条件上,耸立着由各种不同情感、幻想、思想方式和世界观构成的整个上层建筑。"[①]历史上不同形态的上层建筑,必然反映了其时社会生产方式的特点。通过研究先秦古礼来考察当时社会的具体形态,无疑是一个有希望的新鲜途径[②],而这种考察的第一步,当然要先搞清楚这套古礼的原来面貌。

　　整套先秦的礼乐制度,是一个庞杂而又变化着的体系。现知最迟在二里头文化第三期时,已出现了只有一部分人才有使用权的青铜礼器爵等[③],礼乐制度此时当已萌芽。经过后来的发展,到了周代,膨胀成一整套各种礼乐彝器都要按照贵族身份和礼仪隆杀不同而使用的烦琐制度。其中,用鼎制度占有核心位置。

　　鼎本是仰韶时期甚至更早的磁山文化时期就已出现的普通炊器,为什么后来从日用器皿中分化出来成为最重要的礼器呢? 这大约同祭祀有关。当原始社会进入父系氏

---

　　①　〔德〕马克思著:《路易·波拿巴的雾月十八日》,《马克思恩格斯全集》(第8卷),人民出版社,1961年,第149页。

　　②　在20世纪50年代后期,杨宽已经开始了这方面的工作。见所著《古史新探》,中华书局,1965年。

　　③　中国科学院考古研究所二里头工作队:《河南偃师二里头遗址三、八区发掘简报》,《考古》1975年第5期,第302、304页;中国科学院考古研究所二里头工作队:《偃师二里头遗址新发现的铜器和玉器》,《考古》1976年第4期,第259~261页。

族制以后，越来越发展了对天、地、山、川等神祇的崇拜，并发生了祖先崇拜。这种信仰，到商、周之时，达于极点，凡有大事，都要卜问和祭祀种种神祇与祖先。《左传·成公十三年》所说"国之大事，在祀与戎"，正反映出了这个特点。祭祀当然会用牲肉，而牲肉是要放在某个器皿中的。估计正因鼎是祭祀所用盛牲之器，就被赋上了神圣的意义，于是便从日用器皿中分化出来而成为重器。甲骨文中贞即鼎（🙰）字，在鼎字含义的孳衍过程中，还保留着这种痕迹。

在《左传·桓公二年》《左传·宣公三年》《墨子·耕柱》《逸周书·克殷》《国策·东周策》等篇章中，有夏铸九鼎、迁于商周以及其后楚、齐、秦诸国又企图从周天子手中夺取周鼎以作王权标志的传说和史实[1]，这反映出那时甚至把重鼎当作国家政权的象征物。鼎有如此重要的地位，周代自然会在礼乐制度中，把用鼎的规格作为各级贵族身份的一种重要标志。

周人的用鼎制度，应有自身的传统；当然，这并不是说用鼎有其制度是始于周人。在商代二里冈期墓葬中，已见到能否以鼎随葬和用鼎多寡的现象，应同墓主身份高低有关[2]。到了安阳期，大量的自由民小墓用仿铜的陶瓿、陶爵等礼器随葬，而不用仿铜陶鼎，鼎的使用权在贵族与平民之间，似已有了相当严格的界限。商人的用鼎制度目前虽因材料不足而不得其详，但商、周二代贵族等级制度的具体内容是不一样的，其用鼎制度当然有所差异。

周代实行的是一种天子、诸侯、卿、大夫、士的等级制度，它是建立在井田制那种经济基础上的。随着井田制的破坏，这套贵族等级制度及从属于它的用鼎等礼乐制度，自然相应地发生变化。讲具体一点，从西周到战国这八百年间，用鼎制度发生了从严格到崩坏的变化。但是，这个变化在最近几年中，却往往被弄扭曲了。这一则是因为现有的西周材料不多，况且就完整的鼎制材料来说，至今还有缺环，容易误以为西周前期时鼎制尚未严格起来；二则是对符合当时使用情况的本来分类没有搞明白，不可避免地会弄错一些现象；三则是忽略了经济基础与上层建筑关系的唯物主义基本原理，以致出现了论述一种上层建筑是在其经济基础走向破坏时才得到加强的理论上的混乱。

从分析周代鼎制的分类及其使用制度开始，进而考察使用制度发生的变化，以研究周代社会等级制度的部分内容，便是本文写作的步骤和目的。

---

①　关于周鼎的下落，不很清楚。《史记·封禅书》曰："……秦灭周，周之九鼎入于秦。或曰宋太丘社亡，而鼎没于泗水彭城下。其后百一十五年而秦并天下。"《史记·秦始皇本纪》亦曰："（二十八年）始皇还过彭城，斋戒祷祠，欲出周鼎泗水，使千人没水求之弗得。"

②　参湖北省博物馆、北京大学考古专业盘龙城发掘队：《盘龙城一九七四年度田野考古纪要》，《文物》1976年第2期，第13页。

一、周代鼎制分类及其使用制度

鼎的分类工作，可以从形态和使用制度等不同的方面来进行。对研究先秦古礼及其反映的宗法奴隶制的等级制度，并进而考察其发生、发展、衰亡过程来说，自然应先搞清楚它们在使用制度上的分类。当然，二者又是有联系的，功用不同的鼎在形态上也往往有所差别，但这总是两个不同的方面。这里着重考察的，就是其使用制度上的分类。

在先秦古礼中，周代的鼎按其使用目的不同，可分为三大类，即镬鼎、升鼎和羞鼎。这是周人自己的分类，它本来在经学家中一直是相当清楚的，但考古学家却几乎不用它来分析大量发现的遗物。只有把这种在考古学界中被遗忘的制度恢复起来，才可能比较准确地研究周代的用鼎制度。

（一）镬鼎的推定及其使用制度

鼎本是炊器，最初当兼有炊具和飨具两种功能。但后来发生分化，出现了专作炊具的镬和专作飨具的鼎，不过在其器物的自铭中，往往也可通称为鼎。当鼎在分化为镬鼎、升鼎、羞鼎三大类后，真正具有炊器意义的，只是镬鼎。

这种分化，最迟在商代安阳期已经开始。此时鼎、镬二字并见。甲骨文镬字作🦴（《乙》2762）、🦴（《前》6·45·8）等，周初的《引鼎》作🦴（《三代》3·14·6；《引觥》略同，《三代》18·21·3、4）[1]，字皆从鼎隻声，是此字古体。《引鼎》的镬字鼎符下从火，说明其本义就是煮牲的炊具。商代鼎字是象形字，镬字却是形声字，从文字发展的规律来考虑，最初出现的这种器皿就叫作鼎，随着用途上的分化，后来才出现镬。

周代把炊具之鼎叫镬，在"三礼"及郑玄注中说得很明白。例如：

《仪礼·少牢馈食礼》："羹定，雍人陈鼎五：三鼎在羊镬之西，二鼎在豕镬之西。"

郑玄注《仪礼·士冠礼》："煮于镬曰亨。"

郑玄注《仪礼·士虞礼》："亨于爨用镬。"

郑玄注《仪礼·特牲馈食礼》："亨，煮也；煮豕、鱼、腊以镬，各一爨。《诗》云：'谁能亨鱼，溉之釜鬵。'"

《周礼·天官·亨人》："掌共鼎、镬，以给水火之齐。"郑玄注："镬所以煮

---

① 罗振玉《辽居乙稿·文父丁鼎跋》首先释此为镬，见1931年石印本，第22页，此器情况可参容庚：《商周彝器通考》，哈佛燕京学社，1941年，上册第290页，图像见下册图22。

肉及鱼、腊之器。既孰，乃脀于鼎，齐多少之量。"

《周礼·春官·大宗伯》："凡祀大神，享大鬼，祭大示，帅执事而卜日宿，眡涤濯，莅玉鬯，省牲镬，奉玉盌，诏大号，治其大礼，诏相王之大礼。"郑玄注："镬，亨牲器也。"

《周礼·春官·小宗伯》："大祭祀，省牲，眡涤濯；祭之日，逆齍省镬，告时于王，告备于王。"郑玄注："省镬，视亨腥熟。"

《周礼·秋官·小司冦》："凡禋祀五帝，实镬水，纳亨，亦如之。"郑玄注："纳亨，致牲也，其时镬水当以洗解牲体肉。"

《周礼·秋官·士师》："祀五帝，则沃尸及王盥，泊镬水。"

《礼记·内则》："（炮豚、牂）矩镬汤，以小鼎芗脯于其中，使其汤毋灭鼎，三日三夜毋绝火，而后调之以醯醢。"

这都说明镬是贵族在祭祀、宴飨■时煮牲肉及鱼、腊的炊具。

镬既为亨牲之器，其名即由此而得。前引郑玄注曾谓"煮于镬曰亨"，"亨于爨用镬"。亨的古音在晓纽、阳部，镬的古音在匣纽、铎部，晓、匣属双声，阳，铎可通转，古为双声叠韵。前人曾谓"由音求义，即义准音"，周人把镬中煮牲肉的动作叫亨，亨所用的炊具又叫镬，亨、镬即对音字，镬的命名当即从其功用为亨这一声音而来。

镬虽本为鼎属，因汉代以后，由于灶的发达，三足炊具大都递变为无足的釜属，所以其时就都用釜来解释镬。如：

玄应《一切经音义》卷二引《方言》："鍑，或谓之镬。"又引郭璞注："镬，釜属也。"

《说文·金部》："镬，鑮也。""鑮，鬵也。"又，《说文·瓦部》："鬵，大盆也。"

高诱注《淮南子·说山训》："有足曰鼎，无足曰镬。"

其实，汉代的镬虽是釜形，以前的镬却是鼎属[1]。两周之时，有许多铜鼎自铭为"盂鼎"、"錳"、"钎鼎"、"鼎"、"鼎"和"黄镬"，便皆自称为镬。

把"盂"、"錳"、"钎"、"鼎"及"鼎"释为镬，是因为有了寿县蔡侯墓成组遗物的发现，才能够做出确切判断。

蔡侯墓出土铜鼎18件，最大的一件通高69厘米，形体很大，底部有黑烟炊痕，这就很像是煮牲之器。盖上又自铭为'蔡侯醽之饮鼎'[2]。过去，陈梦家曾以"大"释

---

[1]　郭宝钧在1935、1937年发掘了汲县山彪镇和辉县琉璃阁的东周墓以后，开始在鼎类中认出了镬，但未做任何说明。见郭宝钧：《山彪镇与琉璃阁》，科学出版社，1959年，第42、43、56、59页。

[2]　安徽省文物管理委员会、安徽省博物馆：《寿县蔡侯墓出土遗物》，科学出版社，1956年，第6页，图版叁，图版叁拾壹，1。

"于"，说"它可能是形制较大的一种特鼎"①。这完全弄错了。古音于在喻纽，镬在匣纽，喻、匣双声；古韵于在鱼部，镬属入声铎部，鱼、铎又为一声之转，于、蒦二字，古代是可以通用的。《广雅·释诂》："濩，污也"。污、汙同字，如《三国志·魏志·武帝纪》"赃污狼籍"，《后汉书》之《徐璆传》和《范滂传》即作"臧汙"。又，《史记·犀首传》"中国无事，秦得烧掇焚杅君之国"，《战国策·秦策二》则作"中国无事於秦，则秦且烧焫获君之国"。这些"蒦""于"相通之例，证明"蔡侯蘺之饫鐪"即"蔡侯蘺之饫镬"。从墓内全部铜鼎的组合看，此鼎亦正应为镬鼎（详见"周代用鼎制度的变化"）。

　　传世《猷侯之孙鼎》，铭文又作"猷侯之孙陈之鐪"②。鐪为镬字的又一别体。王引之《经义述闻》卷二十八曾谓："《说文》'桦，木也。'③以其皮裹松脂读若华，或作槿。《玉篇》'槿'、'桦'并胡霸、胡郭二切，字通作华。"罗振玉《猷侯之孙鼎跋》更直谓"彼作锰，作鐪，比作鐪，皆盃之变也"④。

　　镬、鐪、鐪既为音义相同的异体字，下列诸器，当并为镬鼎⑤：

　　《痰鼎》："王乎虢叔召痰，易驹两，拜稽，用乍皇且文考盃鼎。"⑥
　　《大鼎》："大拜稽首，对扬天子丕显休，用乍朕剌考己白盃鼎。"⑦
　　《硕鼎》："硕稽首受命，敢对扬天子丕显休，用乍朕皇考盃鼎。"⑧
　　《卫鼎》："卫乍文考□中姜氏盃鼎。"⑨
　　《都公平侯鼎》："佳都八月初吉癸未，都公平侯自乍障锰。"⑩

---

① 陈梦家：《寿县蔡侯墓铜器》，《考古学报》1956年第2期，第108页。
② 罗振玉：《贞松堂吉金图》上卷，1935年，第17页；又见《商周彝器通考》上册第302页，下册图97。
③ 段玉裁《说文解字注·桦字注》曾谓"各本桦与槿二篆互讹"。但桦、槿、槿都是同音字，王氏说桦、槿相通是对的。
④ 罗振玉：《辽居乙稿·文父丁鼎跋》，1931年石印本，第24页。
⑤ 周初有一种像《盂鼎》那样形体特大的鼎，往往自铭为 [象形字]，例如，《引鼎》："引乍文父丁 [象形字]。"（《故宫》24·1，1931年）《乃孙鼎》："乃孙乍且己宗宝齎 [象形字]。"（《故宫》27·6，1932年）《木工鼎》："乍匕戊 [象形字]。"（《三代》3·8·8）《堇鼎》："大保赏堇贝，用乍大子癸宝障 [象形字]。"（北京房山黄土坡M253所出，见《中匡古青铜器选》，文物出版社，1976年，第25器拓片图 [象形字] 像鼎在火上炊，并有匕取物，很像是镬鼎。但此字当释为鬻，是盛有菜之羹，则似为羞鼎，或为煮羞之镬，疑不能定，故此处暂不收入。
⑥ 薛尚功：《历代钟鼎彝器款识法帖》卷10，嘉庆阮元刊本，第1页下。
⑦ 罗振玉：《三代吉金文存》，1937年，4·32·2、4·33·1；图像见容庚：《商周彝器通考》，哈佛燕京学社，1941年，图78。
⑧ 刘体智：《小校经阁金文拓片》，1935年，3·26·1。
⑨ 西安市文物管理处：《陕西长安新旺村、马王村出土的西周铜器》，《考古》1974年第1期，第2页，图版贰，2。
⑩ 罗振玉：《三代吉金文存》，1937年，4·22·2、4·23·1。

《宋君夫人鼎》："宋君夫人之餴钎鼎。"[①]

《王子吴鼎》："隹正月初吉丁亥，王子吴择其吉金自乍臥駘。"[②]

《哀成叔鼎》："乍铸臥器黄镬。"[③]

《瘐鼎》为懿王三年时器[④]；《大鼎》郭沫若定为懿王时器，大抵与前器接近；《硕鼎》年代约亦与之相近；《卫鼎》稍晚一点；其余各鼎，除《哀成叔鼎》为战国初年物以外，皆属春秋。在整个周代，镬鼎是始终存在的。

分析西周窖藏与东周墓出土的成组礼器，又可推断出下列诸器亦并为镬鼎：陕西扶风任家村出土《大克鼎》1[⑤]；河南辉县琉璃阁M80铜鼎1；辉县琉璃阁M60铜鼎1[⑥]；河南汲县山彪镇M1铜鼎1[⑦]；山西长治分水岭M14铜鼎2（原报告Ⅰ式）[⑧]；长治分水岭M26铜鼎2（原报告Ⅰ式）；长治分水岭M25铜鼎1（原报告Ⅱ式）[⑨]；河北易县燕下都九女台M16陶鼎2（原报告Ⅰ、Ⅳ式）[⑩]；湖北江陵望山M1陶鼎1[⑪]；江陵藤店M1陶鼎

---

① 吕大临：《考古图》，乾隆槐荫亖堂刊本，1·21；又见王俅《啸堂集古录》，《四部丛刊》续编本，商务印书馆，1934年，上·19·3；薛尚功：《历代钟鼎彝器款识法帖》卷9误释"钎"为"铏"。

② 罗振玉：《三代吉金文存》，1937年，4·14·1；薛尚功《法帖》卷10亦误释"駘"为"铏鼎"二字。

③ 洛阳玻璃厂M439出土，据洛阳博物馆陈列品。

④ 唐兰：《略论西周微史家族窖藏铜器群的重要意义》，《文物》1978年第3期，第19页。

⑤ 罗振玉：《贞松堂集古遗文》，3·34、35："予近以询厂估赵信臣，言此器实出岐山县法门寺之任村任姓家……赵君尝为潘文勤公亲至任村购诸器，言当时出土凡百二十余器，《克钟》、《克鼎》及《中义父鼎》并在一窖中。于时光绪十六年也。"1930年石印本。按此窖同出《大克鼎》一件，《小克鼎》七件，《中义父鼎》八件（见中国科学院考古研究所：《美帝国主义劫掠的我国殷周铜器集录》，科学出版社，1962年，第20、21、52、53页）。《小克鼎》与《中义父鼎》皆为升鼎（详见"周代用鼎制度的变化"）《大克鼎》高93.1厘米，重201.5千克，是现知西周最大的铜器，当为镬鼎。图像见容庚：《商周彝器通考》，哈佛燕京学社，1941年，下册图66。

⑥ 琉璃阁M80、M60系春秋墓，材料被劫往台湾，未全部发表，今据郭宝钧：《山彪镇与琉璃阁》，科学出版社，1959年，第43、56、59页。

⑦ 郭宝钧：《山彪镇与琉璃阁》，科学出版社，1959年，第42、43页。

⑧ 山西省文物管理委员会：《山西长治市分水岭古墓的清理》，《考古学报》1957年第1期，第112页。

⑨ M26所出见山西省文物管理委员会、山西省考古研究所：《山西长治分水岭战国墓第二次发掘》，《考古》1964年第3期，第120页图九，1；第121、124页；M25所出见同书第112页图十一，1，第124页。

⑩ 河北省文化局文物工作队：《河北易县燕下都第十六号墓发掘》，《考古学报》1965年第2期，第83～85页，图版贰，2、4。

⑪ 湖北省文化局文物工作队：《湖北江陵三座楚墓出土大批重要文物》，《文物》1966年第5期，第42页，图十四，1。

1（原报告 I 式）①；安徽寿县朱家集楚幽王墓出土《楚王酓忑鼎》2②。

所有镬鼎，如与同出升鼎比较，一般是形体较大，形态有别。形态上的特点，在战国时是比较明显的。如上述分水岭、九女台、望山、藤店、朱家集所出，镬鼎大都最大，并皆无盖，往往保留更多的古式。同出的升鼎则大都有盖，仅见楚墓中有一种升鼎也是无盖，但又有兽纽、浅腹、平底诸特征，很容易同镬鼎区别开。不过，寿县蔡侯墓的镬鼎却是有盖的，同升鼎差别很小。特别是前述洛阳玻璃厂 M439 所出《哀成叔鼎》，既有鼎盖，形体又小，和同地同时的升鼎毫无差别③，所以要在成组鼎中把镬鼎区分出来，只能从镬鼎、升鼎、羞鼎三大类在用鼎制度上的关系出发，再尽可能地比较各类鼎在形体和形态上的差别。

在现存先秦史籍中，各级贵族使用镬鼎的制度已不得其详。唐贾公彦以为使用镬鼎的数字与升鼎相同，如《周礼·天官·亨人疏》曰："大夫（少牢）五鼎，羊、豕、肠胃、鱼、腊各异镬，镬别有一鼎，镬中肉孰，各升一鼎。"但孙诒让《周礼正义·亨人疏》以为："少牢肠胃与羊亦同镬，贾说未析。"孙诒让考为："王举牢鼎九，当有七镬：牛、羊、豕、鱼、腊、鲜鱼、鲜腊也，肠胃与牛、羊同镬，肤与豕同镬，其脊之则异鼎耳。"④

按照孙氏所说"肠胃与牛、羊同镬，肤与豕同镬"，镬鼎的使用制度为：升鼎九鼎用七镬；升鼎七鼎用五镬；升鼎五鼎用四镬；升鼎三鼎用三镬；升鼎一鼎用一镬。

现知最多的成组镬鼎，仅传世《大鼎》已见三件⑤，墓中出的，至多只有一两件。看来，随葬制度中使用的镬鼎，要远远少于此数。

（二）升鼎的命名及其使用制度

周代各级贵族用鼎的制度，是以升鼎为中心，所以古人又把它叫作"正作"（《周礼·秋官·掌客》郑玄注）。但现在却通行"列鼎"这一不确切的称呼。

列鼎之称，是1935年发掘河南汲县山彪镇M1以后出现的。郭宝钧说："列鼎制度

---

① 荆州地区博物馆：《湖北江陵藤店一号墓发掘简报》，《文物》1973年第9期，第10、17页，图三七。

② 楚文化展览会：《楚文物展览图录》，北京历史博物馆，1954年，第1~3页。李三孤堆此墓所出铜鼎以《楚王酓忑鼎》为最大，同出又有兽纽平底铜鼎和带盖圜底铜鼎各九件，应是镬鼎2和升鼎二套。

③ 此墓铜鼎仅此一件，估计正因这种镬鼎同升鼎形态无别，所以用来代替升鼎。

④ 孙诒让：《周礼正义》，《万有文库》本第3册，商务印书馆，1933年，第9、10页。

⑤ 容庚：《商周彝器通考》，哈佛燕京学社，1941年，上册，第299页："《大鼎》……《故宫》（二期）箸录。同铭者凡三器，一《古鉴》（二：十九），一《怀米》（下九）箸录，皆非附耳。"

在山彪镇发掘以前，我们是不晓得的。山彪镇五鼎[①]出土后，在整理过程中，感觉到这一组铜鼎的形状、花纹相似，只是尺寸大小，依次递减，恐怕就是古人所谓'列鼎而食'的列鼎吧？"又说："根据已出土十几组列鼎出土的实例，我们清楚地了解：周自厉宣以降，统治阶级中的一些阔绰者，都爱用三、五、七、九成组的大小相次的列鼎随葬。"[②]这是第一次接触到贵族墓葬的用鼎制度问题，在考古学上开始了这个问题的研究，无疑是有贡献的。但列鼎此名，其义不合古训，所规定的大小相次的概念，仅仅捕捉到当时鼎制中的局部现象而忽略了主要内容，容易引起某些混乱。

所谓"列鼎"之列，在先秦文献中，原意是指鼎的陈设形式，而不是用来表明其性质。例如：

《仪礼·聘礼》："腥二牢，鼎二七，无鲜鱼、鲜腊，设于阼阶前，西面南陈如饪鼎，二列。"

《特牲馈食礼》："执事之俎陈于阶间，二列，北上。"

"二列"显然指鼎的摆法，而不是某种鼎、俎的专门名称。郑玄注《周礼·秋官·掌客》曰："公腥鼎三十六，腥四牢也；侯、伯腥鼎二十七，腥三牢也；子、男腥鼎十八，腥二牢也。皆陈，陈列也。"这把"列"为陈列之义，讲得更明白。

当时，对其他物件也常用"列"字来表明其陈设形式。如《仪礼注疏·聘礼》："醯醢百瓮夹碑，十以为列，醯在东。"

又，"米百筥，筥半斛设于中庭，十以为列，北上；黍、粱、稻皆二行，稷四行。门外米三十车，车秉有五薮，设于门东，为三列，东陈。"

可见用"列鼎"一名来表明这种鼎所特有的性质，并不合古训。其实，如果按照用鼎的数字来称呼之，当时是根据所盛牲肉，把九鼎、七鼎叫作大牢，五鼎叫少牢，三鼎则曰牲，一鼎称特；凡一套大牢可统称为一牢，从来没有把一牢称为一列之例。

现在通行的"列鼎"概念，又造成了如下的误解，即必须造型相同、大小相次，才能相配成组，才能据而研究使用者的身份。其实，这类鼎固然至迟自昭、穆之际起已经有很多是形制相若、大小相次的[③]，但并不全是这样。有的是杂取各鼎，相配成套[④]；有的是形制相若而并非逐件大小相次[⑤]。判断这类鼎的成组数字，绝不能以此为

① 所谓五鼎，是指发掘品，加上以前的盗掘品，郭宝钧后定为列鼎七，实际加上所谓的"中鼎"2，应为九鼎。见郭宝钧：《山彪镇与琉璃阁》，科学出版社，1959年，第42、43页。

② 郭宝钧：《山彪镇与琉璃阁》，科学出版社，1959年，第11、13页。

③ 如宝鸡茹家庄M1甲椁室所出（M1甲：1~5），见宝鸡茹家庄西周墓发掘队：《陕西省宝鸡市茹家庄西周墓发掘简报》，《文物》1976年第4期，第37页，图版肆，2上。

④ 如茹家庄M2出铜鼎6，由直耳圆鼎2、附耳带盖圆鼎2、方鼎1、独柱带盘鼎1组成，但却是少牢五鼎一套和另外的特一鼎。同宝鸡茹家庄西周墓发掘队：《陕西省宝鸡市茹家庄西周墓发掘简报》，《文物》1976年第4期，第41、42页。

⑤ 如寿县蔡侯墓的一套大牢九鼎（3·1~9号），是六件成对，三件不成对。见安徽省文物管理委员会、安徽省博物馆：《寿县蔡侯墓出土遗物》，科学出版社，1956年，第7页。

唯一标准。

这类鼎的准确称谓是什么呢?

寿县蔡侯墓的出土物,又解答了这个问题。

蔡侯墓所出,除镬鼎外,还有两组铜鼎:一组九件,自铭为"鼎";一组七件,自铭为"鼎",全铭为"蔡侯𦉬之飤鼎"[①]。鼎是各类鼎属的泛称,鼎则是这类鼎的专门名称。

鼎的形符是鼎,声符是升,此字即由声符而得义,故可以把它叫作"升鼎"。

"升"本为动词,把镬中煮熟的牲肉实之于鼎这一动作即谓之"升"。如:

《仪礼·士冠礼》:"载合升"。郑玄注:"煮于镬曰亨,在鼎曰升,在俎曰载。"

《周礼·天官·内饔》:"王举,则陈其鼎俎,以牲体实之。"郑玄注:"取于镬以实鼎,取于鼎以实俎。实鼎曰脀[②];实俎曰载。"

清胡培翚在《仪礼正义》中为"载合升"作疏云:"凡牲煮于爨上之镬,谓之亨;由镬而实于鼎,谓之升;由鼎而盛于俎,谓之载。"[③]这对升的意义讲得很清楚。"升"字既具此义,古人便借其音、义而把升牲之鼎名之为鼎,它同前述镬、亨一样,都是借音得名。再扩大一些范围来考察,俎、载亦为同类例子。古音俎在庄纽,载在精纽,都是齿音,发声极近;古韵俎在鱼部,载在支部,支、鱼可旁转。俎、载古音既同,可知鼎升、镬亨、俎载正可互为证明,都是据其功用而借音得名的。鼎的命名渊源既明,这类鼎无疑即可省写为"升鼎"。

《礼记·礼器》曾云:"君子大牢而祭谓之礼,匹士大牢而祭谓之攘。"这段话,既说明当时对升鼎的使用制度是很严格的,又反映出它曾不断地受到各种力量的破坏。

在现存先秦文献中,有关升鼎使用制度的记述,主要见于《仪礼》。此书写定于战国,其内容虽然大都源于西周古礼,但具体规定却基本是东周制度。对西周用鼎制度的考察,主要只能依靠地下材料;这将在下节中讨论。但《左传·桓公二年》说:"武王克商,迁九鼎于雒邑。"战国时对西周的制度当然是清楚的,天子用九鼎为西周制度,应当是可靠的。这样,何休注《公羊·桓公二年传》所云"礼祭:天子九鼎,诸侯七,卿大夫五,元士三也",自然可认为就是西周古制。

----

① 安徽省文物管理委员会、安徽省博物馆:《寿县蔡侯墓出土遗物》,科学出版社,1956年,第6、7页,图版叁壹,2、3。

② "脀"即"升"字,也作"烝"。孙诒让《周礼正义·内饔疏》:"云'实鼎曰脀,实俎曰载'者,即据《少牢馈食礼》文,他篇脀多言升……《燕礼》'脀荐主人于洗水西面,脯醢无脀'注云'脀,俎实,脀字又作烝'。《国语·周语》有'全烝''房烝''肴烝'。《特牲馈食礼》作'郁脀'。此脀并谓俎实,是脀与载对文则异,散文亦通。"

③ 胡培翚:《仪礼正义·士冠礼疏》,《万有文库》本第1册,商务印书馆,1933年,第66页。

《仪礼》等战国书籍所记，正是东周制度。随宗法奴隶制走上衰亡阶段后，原有的等级制度及其从属的礼乐制度也就一步一步地受到破坏。《仪礼》等书中所见的制度，便已变化为诸侯用大牢九鼎；卿、上大夫用大牢七鼎；下大夫用少牢五鼎；士用牲三鼎或特一鼎。其详如下：

1. 诸侯用大牢九鼎

《周礼·天官·膳夫》："王日一举，鼎十有二，物皆有俎。"郑玄注："'鼎十有二'，牢鼎九，陪鼎三。"这里所谓的"王"，当为东周时期的周天子的泛称，此时周天子的用鼎制度，自然是承自西周古制。但《秋官·掌客》所载"诸侯之礼"又谓凡五等爵皆"鼎、簋十有二"。郑玄注亦云："鼎十有二者，飪一牢，正鼎九与陪鼎三。"这表明当时诸侯已经僭越天子之礼。同样的情况，《仪礼》中亦记之甚明。例如，《仪礼注疏·聘礼》宾致馆设食："飪一牢在西，鼎九，羞鼎三；腥一牢在东，鼎七。"

又，归饔饩于宾："飪一牢，鼎九，设于西阶前；陪鼎当内廉。东面北上，上当碑，南陈：牛、羊、豕、鱼、腊、肠胃同鼎、肤、鲜鱼、鲜腊；设扃鼏；臑、臐、胢，盖陪牛、羊、豕。"

贾疏引郑玄《三礼目录》曰："大问曰聘，诸侯相于无事，使卿相问之礼。小聘使大夫。""聘礼"既是诸侯彼此派卿、大夫致问之礼，用九鼎接待上宾，正说明诸侯可用九鼎；对前来致问的卿、大夫来说，接待之礼相当隆重，一般皆礼加一等[①]。又如，《公食大夫礼》："上大夫八豆、八簋、六铏、九俎，鱼、腊皆二俎。"

礼食之时，鼎有一俎，九俎即有九鼎。此"公食上大夫礼"亦礼加一等，又为诸侯可用九鼎之证。

2. 卿或上大夫用大牢七鼎

周代卿、大夫中间的等级划分，众说纷纭。《左传》所记有卿、上大夫、下大夫三级；《周礼》则为卿、中大夫、下大夫三级。《左传·桓公三年》孔疏云："《周礼·序官》唯有中大夫，无上大夫也。《礼记·王制》曰'诸侯之上大夫卿'，郑玄云'上大夫曰卿'，则上大夫即卿也，又无上大夫矣。而此云'上大夫'者，诸侯之制，三卿五大夫五人之中，又复分为上下。《成公三年传》曰：'次国之上卿，当大国之中，中当其下，下当其上大夫；小国之上卿，当大国之下卿，中当其上大夫，下当其下大夫'，是分大夫为上下也。"所谓上、中、下卿，不过三人，上大夫（即《周礼》的"中大夫"）亦仅数人，《王制》及郑玄所说，暗示出二者身份大概相同。史籍中通常讲的大夫，皆指下大夫而言。这里，就把卿和上大夫归并成一类而考

---

① 《国语·周语中》："周之《秩官》有之，曰：'……其贵国之宾至，则以班加一等益虔。'"韦注："贵国，大国也；班，次也。""聘礼"礼加一等，是周的传统制度。

察其使用升鼎的制度。

《仪礼》中有如下记载：

《聘礼》致馆设飧宾卿时用"饪一牢在西，鼎九，羞鼎三；腥一牢在东，鼎七"。

又，归饔饩于宾卿时用"饪一牢，鼎九，设于西阶前……腥二牢，鼎二七，无鲜鱼、鲜腊，设于阼阶前，西面南陈如饪鼎，二列"。

又，归饔饩于上介（即下大夫）时"上介饔饩三牢：饪一牢在西，鼎七，羞鼎三；腥一牢 在东，鼎七"。

《公食大夫礼》礼食小聘大夫（即下大夫）时"甸人陈鼎七，当门，南面西上，设扃鼏，鼏若束若编"。

又，礼食上大夫之加于下大夫时"上大夫八豆、八簋、六铏、九俎"（鼎有一俎，用九俎即有九鼎）。

"聘礼"是诸侯相问的嘉礼，先聘后食。这种礼仪既是礼加一等，诸侯接待异国宾卿用九鼎、接待下大夫用七鼎，可推知卿自身使用升鼎的制度当是大牢七鼎，公食上大夫亦用九鼎，则卿和上大夫的用鼎制度就是一样的。

3. 下大夫用少牢五鼎

下大夫（即大夫）所用常礼为少牢五鼎，《仪礼》记之甚明。例如，《少牢馈食礼》："羹定，雍人陈鼎五：三鼎在羊镬之西，二鼎在豕镬之西。"

贾疏引郑玄《三礼目录》讲这是"诸侯之卿大夫祭其祖祢于庙之礼"，此为大夫之礼很清楚。但贾公彦云："郑知诸侯之卿大夫者，《曲礼下》云'大夫以索牛'，用大牢是天子卿大夫，明此用少牢为诸侯之卿大夫。"把诸侯的卿大夫同周天子的卿大夫加以区别，恐为西周情况，东周之时是没有区别的，到春秋中、晚期时，至少是某些有力量的诸侯之卿甚至僭用了九鼎（详见"周代用鼎制度的变化"），诸侯的卿大夫并不比天子的卿大夫礼下一等。那么，《曲礼下》"大夫以索牛"的记载，是否又说明下大夫可通用大牢呢？胡培翚《仪礼正义·少牢馈食礼疏》对此辨之甚明：

> 今案天子、诸侯祭宗庙以大牢，大夫以少牢，士以特牲，此礼之定制也。万氏之说[1]，似为得之。《杂记》曰："上大夫之虞也少牢，卒哭成事时附皆大牢；下大夫之虞也特牲，卒哭成事附皆少牢。"大夫卒哭附亦用大牢，孔疏谓加一等，此亦如士之丧，遣奠用羊、豕，乃是盛礼，非常礼也。郑注《曲礼》"大夫以索牛"云："索，求得而用之"，不以大夫用牛为常礼矣。《王制》曰："诸侯无故不杀牛，大夫无故不杀羊，士无故不杀犬豕"，郑注"故谓祭飨"，尤可证也。

① 指万斯大《仪礼商》。

《仪礼注疏·聘礼》致食众介亦用少牢，众介是士，"聘礼"既加常礼一等，又为用少牢是大夫礼之证。《仪礼·既夕礼》所记大遣奠时士用少牢，郑玄彼注云"士礼特牲三鼎，盛葬奠，加一等，用少牢也"，这在上引胡培翚之书中已经解释清楚了。总之，下大夫礼的常制就是用少牢五鼎。

4. 士用牲三鼎或特一鼎

用五鼎还是三鼎，通常讲是大夫礼还是士礼的界限。《孟子·梁惠王下》有很清楚的记述：

> 乐正子入见曰："君奚为不见孟轲也？"曰："或告寡人曰：'孟子之后丧逾前丧'，是以不往见也。"曰："何哉？君所谓逾者，前以士，后以大夫，前以三鼎，而后以五鼎与？"赵岐注："乐正子曰：君所谓逾者，前者以士礼，后者以大夫礼，士祭三鼎，大夫祭五鼎故也。"

士用牲三鼎，《仪礼》中记载甚多。如：

《士昏礼》将亲迎豫陈馔："期初昏，陈三鼎于寝门外东方，北面北上：其实特豚，合升，去蹄，举肺脊二，祭胏二；鱼十有四；腊一肫，髀不升。皆饪，设扃鼏。"

《士丧礼》陈大敛衣奠及殡具："陈三鼎于门外北上：豚合升；鱼鱄鲋九；腊左胖，髀不升。"

又，朔月奠："用特豚、鱼、腊 陈三鼎如初。东方之馔，亦如之。"

《士虞礼》陈虞祭牲酒器具："陈三鼎于门外之右，北面北上，设扃鼏。"

《士虞记》牲杀体数鼎俎陈设之法："羹饪，升左，肩臂臑肫骼脊胁，离肺，肤祭三，取诸左臑上，肺祭一，实于上鼎；升鱼鱄鲋九，实于中鼎；升腊左胖，髀不升，实于下鼎。皆设扃鼏陈之。"

用特一鼎，亦为士礼常制。《仪礼》所记如：

《士冠礼》醮用酒："若杀，则特豚，载合升，离肺，实于鼎。设扃鼏。"

《士昏礼》妇馈舅姑："舅姑入于室，妇盥馈，特豚合升侧载，无鱼、腊，无稷，并南上，其他如取女礼。"

《士丧礼》小敛奠陈鼎实："陈一鼎于寝门外，当东塾少南，西面，其实特豚，四䰎去蹄，两胉脊肺。设扃鼏。"

从上列材料看，士礼用牲三鼎还是特一鼎，往往因用礼的隆盛或简杀之别。如"婚礼"的初婚将亲迎用三鼎，妇馈舅姑则用一鼎；"丧礼"的大敛奠用三鼎，小敛奠则用一鼎；丧祭的"虞礼"用三鼎，成丁的"冠礼"则用一鼎。但在墓葬材料中，用三鼎还是一鼎随葬，显然不是因为用礼的隆杀之别，大概这是由上士（即元士）、中士、下士这种等级上的差别所决定。

先秦古籍中关于东周时期各级贵族使用升鼎制度的记载，略如上述。这项工作，早在南宋绍定元年（1228年）就有杨复写定《仪礼旁通图·鼎数图》，整理了《仪礼》中的有关记述，至今仍可作为有用的索引。因此书在元、明时代虽屡经覆刊，自清代收入《通志堂经解》后，仅日本有宽政十一年（1799年）翻本，已不多见，故录其关于一鼎至九鼎的叙述于下，借而作为《仪礼》中所见升鼎使用制度的归纳[①]：

一鼎（特豚无配）：特豚。

《士冠》"醮子"。（特豚载合升。煮于镬曰亨，在鼎曰升，在俎曰载。载合升者，明亨与载皆合左、右胖。）

《士昏》"妇盥馈舅姑"。（特豚合升，侧载右胖，载之舅俎，左胖载之姑俎。）

〔《士丧》〕"小敛之奠"。（特豚四鬣去蹄，两胉脊肺。）

〔《既夕》〕"朝祢之奠"。（《既夕》朝庙有二庙则馔于祢庙，有小敛奠乃启。）

三鼎（特豚而以鱼、腊配之）：豚、鱼、腊。

《特牲》。（有上、中、下三鼎，牲上鼎，鱼中鼎，腊下[②]鼎。）

《昏礼》"共牢"。（陈三鼎于寝门外。）

〔《士丧》〕"大敛之奠"。（豚合升，鱼鱄鲋九，腊左胖。）

〔《士丧》〕"朔月奠"。（朔月用特豚、鱼、腊，陈三鼎如初。）

〔《士虞》〕"迁祖奠"。（陈鼎如殡。）

五鼎（羊、豕曰少牢。凡五鼎皆用羊、豕，而以鱼、腊配之）；羊、豕、鱼、腊、肤。

《少牢》。（雍人陈鼎五，鱼鼎从羊，三鼎在羊镬之西，肤从豕，二鼎在豕镬之西，伦肤九，鱼用鲋十有五，腊一纯。）

《聘礼》："致飧众介，皆少牢五鼎。"

《玉藻》："诸侯朔月少牢。"

少牢五鼎，大夫之常事。又有杀礼而用三鼎者，如《有司彻》"乃升羊、豕、鱼三鼎，腊为庶羞，肤从豕，去腊、肤二鼎，陈于门外如初"，以其绎祭杀于正祭，故用少牢而鼎三也。又士礼特牲三鼎，有以盛葬奠加一等用少牢者，如《既夕》"遣奠"："陈鼎五于门外"是也。

[①] 现存元刊本、明刊本、通志堂本、日本宽政刊本各本略同，今据通志堂本移录。原书省略的篇题，用方括弧补出；双行小注用圆括弧标明。原书分行者，今或据文义，并为一行。

[②] 元刊本、明刊本（皆北京图书馆藏）、通志堂本、日本宽政本皆误作"中"，今据《士虞礼》改正。

七鼎：牛、羊、豕、鱼、腊、肠胃、肤。

　　《公食大夫》。（甸人陈鼎七，此下大夫之礼。）

九鼎：牛、羊、豕、鱼、腊、肠胃、肤、鲜鱼、鲜腊。

　　《公食大夫》："上大夫九俎"，九俎即九鼎也。鱼、腊皆二俎，明加鲜鱼、鲜腊。

　　　　牛、羊、豕曰大牢。凡七鼎、九鼎皆大牢，而以鱼、腊、肠胃、肤配之者为七，又加鲜鱼、鲜腊者为九。

　　《鼎数图》在最后还有"十鼎""十二鼎"两栏，所论为陪鼎之制。但杨氏对于陪鼎制度的归纳，颇为粗疏，故不移录，我们将在下面一节做比较仔细的论述。

（三）羞鼎的功用及其使用制度

　　羞鼎是指升鼎以外的一种加馈之鼎。羞鼎之羞，义为滋味备至。如《周礼·天官·庖人》"与其荐羞之物"，郑玄注："备品物曰荐，致滋味乃为羞。"又如《膳夫》"凡王之馈食……羞用百有二十品。"郑注："羞出于牲及禽兽，以备滋味，谓之庶羞。"盛放"庶羞"的鼎，就叫作羞鼎。

　　羞鼎或称陪鼎。对于盛置大牢、少牢、特牲的升鼎而言，升鼎叫正鼎，羞鼎即曰陪鼎。郑玄注《周礼·天官·膳夫》和《秋官·掌客》，便以"牢鼎"、"正鼎"与"陪鼎"对言；郑玄注《仪礼·聘礼》所云"羞鼎则陪鼎也，以其实言之则曰羞，以其陈言之则曰陪"，又讲得更清楚。

　　羞鼎出现的原因，在于升鼎所盛肉羹往往淡而无味。《诗·鲁颂·閟宫》毛传："羹，大羹、铏羹也。"《周礼·天官·亨人》："祭祀，共大羹、铏羹。宾客亦如之。"郑司农注："大羹，不致五味也。铏羹，加盐菜矣。"铏羹是置于羞鼎中的，大羹则置于升鼎。所谓不致五味的大羹，拿今天的话来讲，就是白煮肉，它无疑是起源最古老的一种肉羹。《左传·桓公二年》臧哀伯谏宋庄公曰："君人者……是以清庙茅屋，大路越席，大羹不致，粢食不凿，昭其俭也。"《荀子·礼论》（《大戴礼记·礼三本》《吕氏春秋·仲夏纪·古乐》《礼记·乐记》略同）则说："大飨，尚玄尊，俎生鱼，先大羹，贵饮食之本也。"《礼记·郊特牲》（《礼器》略同）也说："大羹不和，贵其质也。"在先秦贵族眼里，大羹是诸羹之本，使用它，体现着崇高传统，用郑玄的话来讲，是"乃得交于神明之宜也"（《郊特牲》注），所以在礼仪活动中把它放在首要地位。但这种白煮的肉羹，肯定很不好吃，即《淮南子·泰族训》所云"大羹之和，可食而不可嗜也"，对于早已进入文明时代的先秦贵族来说，平日真正食用的自然是备极滋味的肉羹。于是，在盛放大羹的正鼎而外，就出现了盛放"庶羞"的陪鼎。

　　传世有些铜鼎自铭为"羞鼎"，如：

《武生致鼎》："武生致乍其羞鼎，子子孙孙永宝用之。"（二件）[①]

《嬶匕鼎》："白匕乍嬶匕羞鼎，其永宝用。"（四件）[②]

《姬𣄻鼎》："郆艛乍姬𣄻朕（媵）羞鼎，其万年子子孙孙永宝用。"[③]

《武生致鼎》的形态、纹饰同于《毛公鼎》，是西周晚期器物；其余二鼎未见图像，但铭文亦系西周字体。羞鼎肯定在西周已经出现[④]。

羞鼎既陪正鼎而用，其使用制度就和正鼎相配：正鼎用大牢，羞鼎也可用牛、羊、豕；正鼎用少牢，羞鼎则亦用羊、豕；正鼎是特牲，羞鼎就只能用豚。《仪礼注疏·聘礼》归饔饩于宾介云："臐、膮，盖陪牛、羊、豕。"郑玄注："陪鼎三牲，臐臐、膮陪之，庶羞加也。"郑玄又注《公食大夫礼》曰："臐、膮，今时臛也。牛曰臐，羊曰臐，豕曰膮，皆香美之名。"臐、臐、膮就是羞鼎所盛肉羹之名。

这种致五味的肉羹，又叫"铏芼"，即《公食大夫记》所云"铏芼：牛藿、羊苦、豕薇，皆有滑"，《士虞记》（《特牲馈食记》略同）所云"铏芼用苦若薇有滑，夏用葵，冬用萱"。藿是"豆叶"，苦是"苦荼"，薇是"山菜"，滑是用"堇萱之属"的干粉作芡（《公羊大夫记》郑注、陆机《毛诗草木鸟兽虫鱼疏上》、《礼记·内则》孔疏）。用菜调和牲肉并加芡的羹就是"铏芼"，所以《礼记·内则》郑玄注说："芼，谓菜酿也。"所谓"铏"，郑玄注《特牲馈食礼》谓"肉味之有菜和者"，注《公食大夫礼》又说是"菜和羹之器"，它既是这种肉羹之名，也是盛放这种肉羹的器名。《周礼·秋官·掌客》记载"诸侯之礼"为上公、侯伯、子男皆用"鼎、簋十有二"，郑玄彼注更曰"（牵牲以往）不杀，则无铏、鼎"，明指铏与鼎即"鼎十有二"中的羞鼎三与牢鼎九。细审"三礼"及郑注，凡陈馔处有正鼎与羞鼎相配的，郑玄即把羞鼎称为陪鼎；单独出现的羞鼎则都称之为铏，而有时把与正鼎相陪的羞鼎也叫作铏，郑玄把羞鼎又叫作铏是很清楚的。

---

① 罗振玉：《三代吉金文存》，1937年，3·35·3、4；图像见容庚：《善斋彝器图录》，1936年，图32、33，又3·22·3~6。

② 罗振玉：《三代吉金文存》，1937年，又3·22·3~6。

③ 刘体智：《小校经阁金文拓片》，1935年，2·77·4。

④ 传世又有商代晚期铜方鼎铭文作"羞"（《美帝国主义劫掠我国殷周铜器集录》A68、R449），又一鼎同铭（《三代》2·5·6），但应是族徽而不是器名。传世又有一些铜器自铭为"羞豆""羞㫊""羞钘"，当亦是盛放众羞的。例如《单芺生豆》："单芺生乍羞豆，用享。"（《博古》18·16）《郆姬𣄻㫊》："鲁白愈父乍郆姬𣄻朕（媵）羞㫊，其永宝用。"（5件，《三代》5·31·2，5·32·1、2，5·33·1、2）《郘妐㫊》："郘妐□母铸其羞㫊。"（《三代》5·23·2）《郑叔蒦父㫊》："郑叔蒦父乍羞㫊。"（《三代》5·22·3）《中姞㫊》："中姞乍羞㫊。乖。"（9件，《三代》5·16·4~7，5·17·1~5）《峕白㫊》："峕白乍□中□羞圖。"（3件，《三代》5·20·1、2，5·22·1）《洹子孟姜壶》："用铸尔羞钘，用御天子之事。"（2件，《三代》12·33·1、12·35·1）

颜师古《匡谬正俗》卷八"羹臛"曾曰："王叔师注《楚辞·招魂》云：'有菜曰羹，无菜曰臛。'案《礼》云：'羹之有菜者用梜，其无菜者不用梜'，又苹、藻二物即是铏羹之芼，案在其无菜乎？羹之与臛，烹者以异齐，调和不同，非系于菜也。今之膳者，空菜不废为臛，纯肉亦得名羹，皆取于旧名耳。"但清人胡培翚却以为颜说非，他说：脋、臐、膮与铏芼　正因有无菜而区别之①。其实，前引《閟宫》毛传与《亨人》及其郑司农注，都以大羹与铏羹并言，当时的肉羹显然主要只分此二大类，铏羹即铏芼，也就是脋、臐、膮。颜师古去古未远，其说还是可靠的。

这种关系，唐人都很清楚，故贾公彦《公食大夫礼疏》曰："据羹在铏言之，谓之铏羹；据器言之，谓之铏鼎；正鼎之后设之，谓之陪鼎；据入庶羞言之，谓之羞鼎，其实一也。"直到聂崇义的《三礼图》和杨复的《仪礼图》，还都是这样认识的。但清人却搞乱了这种关系，从王引之、胡培翚到孙诒让，一直夸大了"铏"与"陪鼎"二名之别，误以为"铏"根本不是鼎②。近马王堆M1所出遣册第27～29简为："牛苦羹一鼎"，"狗苦羹一鼎"，"｜右方苦羹二鼎"。苦是苦荼，苦羹无疑是和以苦荼的铏芼。又第19～22简为："狗巾羹一鼎"，"雁巾羹一鼎"，"鰿禺（藕）肉巾羹一鼎"，"｜右方巾羹三鼎"。巾羹即菫羹③，也是铏芼。由此可知，铏芼确系放在鼎内，贾疏是正确的。《诗·召南·采苹·释文》引郑玄说，又把铏解释为"三足两耳有盖和羹之器"，这除了鼎属以外，别无他物。

把羞鼎、陪鼎、铏鼎这三个名称的关系弄清楚，才能真正把"三礼"中所记的羞鼎使用制度读明白。《仪礼》中羞鼎的使用制度大略为：

（1）正鼎是大牢九鼎或七鼎，可陪羞鼎三，即脋（牛）、臐（羊）、膮（豕）俱全。如：

《仪礼注疏·聘礼》宾致馆设飧　"饪一牢在西：鼎九，羞鼎三。"

又，"上介饪一牢在西：鼎七，羞鼎三。"

《仪礼注疏·聘礼》归饔饩于宾介："饔，饪一牢，鼎九，设于西阶前；陪鼎当内廉。东面北上，上当碑，南陈：牛、羊、豕、鱼、腊、肠胃同鼎、肤、鲜鱼、鲜腊。设扃鼏。脋、臐、膮，盖陪牛、羊、豕。"

又，"上介饔饩三牢：饪一牢在西，鼎七，羞鼎三。"

---

① 胡培翚：《仪礼正义·士冠礼疏》，《万有文库》本，商务印书馆，1933年，第8册，第17页《聘礼疏》；第9册，第42页《公食大夫记疏》。

② 见王引之：《经义述闻·铏鼎》，《四部备要》本9卷，中华书局，1936年，第18页；胡说见胡培翚：《仪礼正义·士冠礼疏》，《万有文库》本，商务印书馆，1933年，第8册，第19、20页《聘礼疏》；孙说见孙诒让：《周礼正义》，《万有文库》本，商务印书馆，1933年，第21册，第52、53页《掌客疏》。

③ 湖南省博物馆、中国科学院考古研究所：《长沙马王堆一号汉墓》上册，文物出版社，1973年，第132、133页。

《公食大夫礼》上大夫之加于下大夫者："上大夫八豆、八簋、六铏、九俎，鱼、腊皆二俎。"九俎即九鼎，六铏当为臐、膷、膮二套。

但在不用正鼎而只陈羞鼎的地方，则或用铏鼎六，即牛、羊、豕各二鼎；或用铏鼎四，即牛二、羊一、豕一。如：

《仪礼注疏·聘礼》归饔饩于宾介："堂上……六铏继之：牛以西羊、豕，豕南牛，以东羊、豕。"

又"西夹……四铏继之：牛以南羊，羊东豕，豕以北牛。"

《公食大夫礼》为宾设正馔："宰夫设铏四于豆西，东上：牛以西羊，羊南豕，豕以东牛。"

（2）正鼎是少牢五鼎，因少牢无牛，羞鼎就只有羊、豕二鼎。如：

《少牢馈食礼》尸十一饭正祭："上佐食羞两铏，取一羊铏于房中，坐设于韭菹之南；下佐食又取一豕铏于房中，以从，上佐食受，坐设于羊铏之南。皆芼，皆有枏，尸扱以枏祭羊铏，遂以祭豕铏，尝羊铏。"

又，蕡："司士进一铏于上蕡，又进一铏于次蕡"。

《有司彻》主妇献尸："主妇西面于主人之席北拜，送爵，入于房，取一羊铏，坐莫于韭菹西。主妇赞者执豕铏以从，主妇不兴，受设于羊铏之西……尸坐，左执爵，祭糗糒，同祭于豆祭，以羊铏之枏挹羊铏，遂以挹豕铏，祭于豆祭，祭酒。"

（3）正鼎为牲三鼎或特一鼎，无牛、羊，只能陪豚一鼎。如：

《士虞礼》陈虞祭牲酒器具："特豕馈食，侧亨于庙门外之右，东面；鱼、腊爨亚之，北上……馔两豆菹醢于西楹之东，醢在西，一铏亚之。"

又，设馔飨神阴厌："鼎入，设于西阶前，东面北上，匕、俎从设……俎入设于豆东，鱼亚之，腊特。赞设二敦于俎南，黍其东稷。设一铏于豆南。"

上述皆以铏鼎一配牲三鼎之礼。但《特牲馈食礼》阴厌又云："及佐食举牲鼎，宾长在右；及执事举鱼、腊鼎，除鼏……主妇设两敦黍稷于俎南，西上，及两铏铏芼[①]于豆南，南陈。"这种以铏鼎二配牲三鼎之例，则必定都是膮而没有臐。总之，以牛膷陪大牢、羊臐陪少牢，豚膮陪特牲是羞鼎最基本的制度，而其使用数量则是从属于前者的第二位制度。

（四）鼎与簋的相配制度

在先秦古礼中，除鼎以外，其他各种礼乐器也大都有其使用制度。其中，以鼎与簋的相配制度最为明确，因为这两种礼器，其一盛置牲肉，其一盛置黍稷，都是食

① 宋严州本作"两铏芼"，《开成石经》及《诗·召南·采蘩》孔疏引皆作"两铏铏芼"，知唐人所见之本，皆重一铏字，且重一铏字，其义始明。见王引之：《经义述闻·铏鼎》，《四部备要》本10卷，中华书局，1936年，第37页"两铏芼"条。

之主，自然就把这二者作为标志贵族等级的主要礼器。为了在考察周代用鼎制度的地下遗存时，能多得到一些互为证明、互为补充的条件，有必要弄清楚鼎与簋的相配制度。

"三礼"中所见的这种制度是：

（1）大牢九鼎配八簋。如：

《周礼·秋官·掌客》记诸侯五等爵皆用"鼎、簋十有二"。郑玄注："簋十二者，堂上八，西夹、东夹各二。合言鼎、簋者，牲与黍稷，俱食之主也。"

《仪礼·聘礼》致馆设飧："饪一牢在西，鼎九，羞鼎三……堂上之馔八。"郑玄注："堂上八豆，八簋、六铏两簠、八壶。"

又，归饔饩于宾介，"饔，饪一牢，鼎九，设于西阶前；陪鼎当内廉……堂上八豆……八簋继之，黍其南稷，错。"

《公食大夫礼》："上大夫八豆、八簋、六铏、九俎。"

《礼记·祭统》："三牲之俎，八簋之实。"

所谓"三牲"，即牛、羊、豕。《祭统》也是说以八簋配大牢九鼎，故郑玄注："天子之祭八簋。"《明堂位》所言"周之八簋"，亦为此义。

（2）大牢七鼎配六簋。如：

《聘礼》致馆设飧："腥一牢在东，鼎七……西夹（之馔）六。"郑玄注："西夹六豆、六簋、四铏两簠、六壶。"

又，"上介饪一牢在西，鼎七，羞鼎三。堂上之馔六。"

又，归饔饩于宾介："腥二牢，鼎二七，无鲜鱼、鲜腊，设于阼阶前……西夹六豆……六簋继之，黍其东稷，错。"

又，"上介饔饩三牢。饪一牢在西，鼎七，羞鼎三。腥一牢在东，鼎七。堂上之馔六，西夹亦如之。"

《公食大夫礼》为宾设正馔："（甸人陈鼎七）宰夫设黍稷六簋于俎西，二以并，东北上黍当牛俎，其西稷，错以终，南陈。"

案：《礼记·祭统》孔疏曾言"诸侯之祭有六簋"。汉唐的注疏，大抵皆以天子九鼎、诸侯七鼎的西周古制为言，所以孔颖达归纳的制度，也就是七鼎配六簋。

（3）少牢五鼎配四簋。如：

《礼记·玉藻》："朔月少牢，五俎四簋。"

《聘礼》致馆设飧："众介皆少牢。"郑玄注："亦饪在西，鼎五：羊、豕、肠胃、鱼、腊，新至尚熟。堂上之馔：四豆、四簋、两铏、四壶，无簠。"

《少牢馈食礼》阴厌："（雍人陈鼎五）主妇自东房，执一金敦黍，有盖，坐设于羊俎之南；妇赞者执敦稷以授主妇，主妇兴受，坐设于鱼俎南；又兴受，赞者敦黍坐设于稷南；又兴受，赞者敦稷坐设于黍南。"

《仪礼》写定于战国，商周之簠此时已往往演变为敦①，所以许多记述亦变簠为敦，此处主妇亲设四敦之礼，也就是设四簠之礼。下面所引"士礼"之文，其敦字亦皆同于簠。

（4）牲三鼎配二簠。如：

《士丧礼》朔月奠："用特豚、鱼、腊，陈三鼎如初。东方之馔亦如之。无笾，有黍、稷，用瓦敦，有盖，当笾位。"瓦敦有黍有稷，其数即为二。

《士虞礼》陈虞祭牲酒器具："（于庙门外陈特豕馈食与鱼、腊三鼎）馔黍、稷二敦于阶间，西上，藉用苇席。"

又，阴厌："俎入设于豆东，鱼亚之，腊特。赞设二敦于俎南，黍其东稷。"

《特牲馈食礼》阴厌："（佐食及执事举牲、鱼、腊三鼎）主妇设两敦，黍、稷于俎南，西上。"

此外，《士昏礼》初婚将亲迎谓"陈三鼎于寝门外东方……馔于房中，醯酱二豆，菹醢四豆，兼巾之；黍、稷四敦，皆盖"；下文妇至成礼亦叙述了三俎、六豆、四敦的陈设位置，好像是以四簠配三鼎。其实，三鼎是夫妇共之，四敦则为"夫妇各二"②，仍是以二簠配三鼎。

牲三鼎配二簠为常制，但有时亦用二簠配特一鼎。如：

《特牲馈食礼》视濯视牲："陈鼎于门外北面，北上，有鼏……几席两敦在西堂。"

又，祭日陈设："羹饪实鼎，陈于门外如初……盛两敦陈于西堂。"

但据《士冠礼》醮用酒、《士昏礼》妇馈舅姑、《士丧礼》陈鼎实、代哭等处所记，凡用特一鼎时，又往往无簠相配。

总括起来，对正鼎而言，九鼎配八簠、七鼎配六簠、五鼎配四簠、三鼎配二簠、一鼎无簠，是周代常制。不过，周代丧祭时又有所谓"阴厌"（尸未入时设祭于奥，即室中西南隅）和"阳厌"（尸既出后改设祭于屋漏，即室中西北隅）的活动，要以簠等礼器供鬼神之食③。供厌就要拿出一部分礼器，留下的礼器叫作"蕡"（或作"餕"），所以又有所谓"天子八簠，蕡以六，诸侯六簠，蕡以四；大夫四簠，蕡以二；士二簠，则其蕡也一而已"④的复杂情况。

---

① 参高明：《中原地区东周时代青铜礼器研究》，《高明学术论集》，上海古籍出版社，2013年。

② 胡培翬：《仪礼正义·士冠礼疏》，《万有文库》本，商务印书馆，1933年，第2册，第14、23页《士昏礼疏》。

③ 参夏炘：《学礼管释》卷十七《释阴厌阳厌》，《皇清经解续编》第146卷，蜚英馆石印本，光绪十五年，第33页。

④ 胡培翬：《仪礼正义·士冠礼疏》，《万有文库》本，商务印书馆，1933年，第15册，第40页《特牲馈食礼疏》。

　　主要从古籍来整理周代的用鼎制度，当然不可能完全反映出实际存在的复杂情况。第一，这种制度不是一成不变的，而这在现存古籍中是看不清楚的；第二，各级贵族由于用礼隆杀的不同，除了允许使用所能达到的最高规格的鼎制外，还可使用较低规格的鼎制，所以往往见到许多套不同规格的鼎制同时存在的现象，而这在古籍中也是语焉不详的；第三，总是会有一些同规定制度略有出入而现在还未能判其原委的事例。这必须对发现越来越多的考古材料进行整理，上面做的简单的归纳，仅仅是为这项考察工作寻找一个进行分析的起点。

　　在下节"周代用鼎制度的变化"中，我们就分析考古遗存中的用鼎材料，看看周代贵族的用鼎制度，究竟经过了一个怎样的历史过程。

二、周代用鼎制度的变化

　　同世界上一切事物都有其发生、发展、衰亡的过程一样，用鼎制度也有这个过程。前文所述夏铸九鼎，迁于商、周，秦时遭到覆没的传说，暗示出这种制度大约发生于夏代，商、周继而用之，秦以后则崩坏殆尽。

　　在周文化以前的陕西龙山文化遗存中，从不见鼎类陶器，估计周人的用鼎制度最初受商人的影响而产生，以后又发展起了自身的特点。它在武王灭商以前究竟发展到什么程度，至今仍很不清楚。但已有考古材料可以表明，在西周前期就已经有了上节"周代鼎制分类及其使用制度"讲的那种完整形态，并受到周王室和五等爵的两套等级关系的约束；从西周后期开始，原有的制度则走上了破坏阶段；到战国时期，已处在急速崩坏的形势中；西汉中期以后，则几乎完全被另一套以大土地所有制为基础的庄园经济所制约的新礼俗代替。用鼎制度同宗法奴隶制的兴衰过程竟是如此吻合，足以表明后者正是前者的经济基础。

　　马克思指出："生产关系的总和构成社会的经济结构，即有法律的和政治的上层建筑竖立其上并有一定的社会意识形式与之相适应的现实基础。""随着经济基础的变更，全部庞大的上层建筑也或慢或快地发生变革。"[1]经济基础最终决定上层建筑命运的理论，正是打开用鼎制度兴衰根源之门的钥匙。但很早以前郭宝钧提出的这种制度形成于西周晚期说，却至今仍风靡于世。如果以这种看法为基点而逻辑地解释用鼎制度产生的因缘关系，就等于说建立在宗法奴隶制经济结构上的那种上层建筑，是要到它的经济基础走上破坏阶段时才出现。在理论上，这显然存在着矛盾。于是，几年以前便出现一种把包括用鼎制度在内的先秦礼乐制度，说成是西周中期以后为

---

　　① 马克思、恩格斯：《政治经济学批判·序言》，《马克思恩格斯全集》第13卷，人民出版社，1962年，第8、9页。

挽救奴隶制危机而"严格制度化"①的新解释。可是实际情况并没有解脱这个困难，周代用鼎制度的实物遗存，恰恰表明从此以后并非开始制度化，而是原有制度的逐步破坏。

现在，就具体观察一下体现这些制度的实物遗存吧！这当然不包括另有自身历史文化特点的遗存。像安徽屯溪墓这种西周遗存和江苏六合程桥墓、广东越人墓等东周遗存，属于吴、越文化系统，用鼎制度同周人有别，需另做考察。

（一）西周前期用鼎制度的考察

要了解周代用鼎制度是否发生变化，发生了什么变化，自然应先把西周制度，尤其是西周前期的情况搞清楚。

自汉以来，以为"三礼"所记皆三代古风、西周遗训的观念，统治人间达二千年之久。20世纪以来资产阶级史学的疑古学派，打破了这个传统，发现这顶多是东周制度的记录，以前究竟有无这些制度，尚需重新追索。于是，传统概念中的西周制度，一下子变为虚无缥缈、不可捉摸的东西。用鼎有其制度始于西周晚期说，实质上也是这种史学思潮的产物。中华人民共和国成立以来，特别是近几年来的考古发现，使古老的传统概念似乎又要复活。人们一次又一次地看到"三礼"所记用鼎制度的完整形态，确是西周就有，只是从西周后期开始，随着井田制和氏族宗法制的动摇，通过诸侯与天子之卿用"僭越"方式提高了自身的用鼎规格而一步一步地破坏下去。这真是"肯定、否定"—"否定之否定"，人们的认识似乎是简单的往复，实际上当然是向接触问题的本质方面大大深化了一步。

这里所谓的西周前期，大体指武王至恭王时期。《史记·周本纪》云："懿王之时，王室遂衰，诗人作刺。懿王崩，共王弟辟方立，是为孝王。孝王崩，诸侯复立懿王太子燮，是为夷王。"西周奴隶制是以氏族宗法制为其组织形式的，而这种宗法制又以长子继承制为其不可动摇的传统。懿王死后由其叔父继承王位一事在那样一种宗法制的环境中，对当时的周人来说，该有多么强烈的震动啊！从孝王篡权到诸侯复立懿王太子，无疑是一场激烈的政治斗争，而这场斗争当然正是氏族宗法制已发生尖锐矛盾的具体表现。就是从这时期开始，贵族之间转移土地的现象出现了，往日的贵族地位出现了变动，公社农民和贵族的矛盾随着土地私有现象的发生而逐步激化起来，用鼎制度也就开始变化。所谓"懿王之时，王室遂衰"，实际是整个宗法奴隶制走上衰亡阶段的开端，"共王弟辟方立"便是氏族宗法制发生动荡的体现物。从此以后接连出现的厉王时的国人暴动，共伯和的摄王政，乃至平王东迁，都是宗法奴隶制在衰亡道路上留下的明显踪迹，而懿、孝时期正是这个大变化的转折阶段。

---

① 邹衡：《从周代埋葬制度的变化剖析孔子提倡"礼治"的反动本质》，《文物》1974年第1期，第2页。

现能搜集到反映这时期用鼎制度的实物遗存38组。凡墓葬所出只要经过扰乱已无法确断原来成组情况的，为尽量避免不准确的估计，皆不收入；属于这时期的窖藏出土材料，因原有组合都是本来就不齐全，亦概不收入。

这些材料，以正鼎为准，还只有少牢五鼎、牲三鼎和特一鼎三类。下面就先逐类、逐组考察之，然后再归纳、分析这时期用鼎制度的基本形态。

1. 少牢五鼎类

（1）甘肃灵台白草坡M1所出铍圆鼎5、方鼎2与簋3等，皆成、康时物。同出铜尊、卣铭"潶白乍宝尊彝"，潶伯即墓主[1]。

圆鼎大小有别，三件柱足（5～7号），二件分裆（1、4号）。五件鼎虽分两种形态，从铜鼎的全部组合关系来考虑，应是少牢一套，加上方鼎二，当即少牢五鼎陪羞鼎二之制。如果按照过去所流行的"列鼎"概念来分析，则就会仅仅把柱足圆鼎理解为正鼎，而把分裆圆鼎和方鼎统统当羞鼎来看待，但牲三鼎一般不陪羞鼎二，这显然不合周人之制。按之周制，五鼎应配四簋，此墓却只出三簋，疑此墓因经崩坍而曾遗失一簋。

（2）白草坡M2所出铜方鼎2等，铭"冘白乍宝尊彝"[2]。此墓时代稍稍晚于M1，其规模及随葬品，除缺圆鼎及簋以外，皆与M1极相似，很像是未置正鼎及与之相配的簋而只用羞鼎随葬，故亦置于此类。

（3）陕西宝鸡竹园沟M1的铜圆鼎5与簋3等，时代约属康、昭[3]。此墓情况同白草坡M1近似，也是五鼎中有三鼎形制相同并大小相次（1、3、5号），并且只有三簋，但因又是农民挖出大部分遗物后再清理残墓的，故怀疑原来也是五鼎配四簋的完整组合。

（4）宝鸡茹家庄M1与M2所出强伯及其前、后妻的昭、穆之际的成组铜器。有M1乙椁室的圆鼎4，大小相次（乙：10～13号），另有带盘鸟足圆鼎1（乙：17号）；方鼎3，亦大小相次（乙：14～16号），双耳簋4（乙：4～7号）；双环簋1（乙：8号）等。M2有可分三种形态的圆鼎4（1～4号）和独柱带盘鼎1（6号）；方鼎1（5号）；双耳簋4（7～10号）；双环簋1（1号）等。M1甲椁室的圆鼎5（甲1～5号），大小相次；簋4（甲：6～9号）等[4]。

① 甘肃省博物馆文物队：《甘肃灵台白草坡西周墓》，《考古学报》1977年第2期，第99～129页。

② 甘肃省博物馆文物队：《甘肃灵台白草坡西周墓》，《考古学报》1977年第2期，第99～129页。

③ 宝鸡市博物馆：《宝鸡竹园沟、蒙峪沟西周墓地调查、发掘记》（待刊）。

④ 宝鸡茹家庄西周墓发掘队：《陕西省宝鸡市茹家庄西周墓发掘简报》，《文物》1976年第4期，第34～56页。

M1乙室所出鼎、簋之铭，主要为"弜白乍自为鼎殷"；M2的鼎铭主要为"弜白乍井姬用鼎"；M1甲室的鼎、簋之铭为"儿"。弜伯当为M1乙室墓主，M2墓主井姬是弜伯之妻，M1甲室墓主"儿"约为弜伯后妻。《礼记·玉藻》云"夫人与君同庖"，郑玄注《周礼·天官·膳夫》亦云"后与王同庖"，"同庖"当然意味着用鼎同制。贵族夫妇既然用鼎同制，这三室的用鼎规格自然基本相同。

分析各室鼎制，M1乙室是用少牢五鼎（乙：10～13、17号）配双耳簋四（乙：4～7号），还有牲三鼎（乙：14～16号）配双环簋一（乙：8号）；M2则用少牢五鼎（1～4、6号）配双耳簋四（7～10号），以及特一鼎（5号）配双环簋一（11号）；M1甲室只用少牢五鼎（甲：1～5号）配四簋（甲：6～9号）。

2. 牲三鼎类

（5）陕西扶风庄白录子伯或墓的铜鼎3与簋2等。鼎由带盖椭方鼎二（原报告Ⅰ、Ⅱ式）和圆鼎一（原报告Ⅲ式）组成。簋亦为两种形态[1]。这些鼎、簋，虽然形态有别，但从整个组合看，显然是很规整的一套牲三鼎配二簋。器上皆有伯或之铭。伯或是穆王时人，据传世《录或卣》《录簋》《录伯或簋》，其祖先为录国诸侯，成王时臣服于周，穆王时伯或称其父为麓王[2]。但传世《大保簋》铭曰"周伐录子耵"（《三代》8·40·1），可知周人对录国的封爵为子，王仅是录国诸侯的自称。伯或，从其称谓看是长子，按周代之制，当嗣为"录子"。此墓既在岐周发现，可证录子伯或直接致仕于周，从用鼎制度分析，官职与元士同。

（6）扶风刘家丰姬墓所出铜圆鼎3与簋2等。鼎大小相次，其一铭"白乍宝"。二簋形制全同。同出卣铭"窬季遗父乍丰姬宝尊彝"[3]。这是穆王时期的一套更规整的三鼎二簋。

（7）陕西长安普渡村长由墓的铜圆鼎4与簋2等。据同出《长由盉》铭，墓主长由亦穆王时人。四鼎大小相次，最大的通高37.5，最小的通高16.5厘米[4]，当是由牲三鼎和另一类鼎组成。在所有两周墓中，凡用牲三鼎和特一鼎的，都不加镬鼎而常陪羞鼎，羞鼎的形体又比同出的升鼎为小（详下），故可推知这是正鼎三和陪鼎一的组合，最小一鼎为羞鼎。

---

① 罗西章、吴镇烽、雒忠如：《陕西扶风出土西周伯或诸器》，《文物》1976年第6期，第51～60页，图版柒，3、5。

② 郭沫若：《两周金文辞大系图录考释》（第6册），科学出版社，1957年，第61～65页。

③ 扶风县文化馆：《扶风县历代出土西周青铜器略目》（初稿），扶风县文化馆出版，1976年油印本，第36、37页。

④ 陕西省文物管理委员会：《长安普渡村西周墓的发掘》，《考古学报》1957年第1期，第75～85页，图版贰、叁。

3. 特一鼎类

有一鼎、一鼎一簋、一鼎二簋、二鼎、二鼎一簋、二鼎二簋六种组合形式。

凡一鼎与一鼎一簋、一鼎二簋，显然都属于特一鼎之制。上节"周代鼎制分类及其使用制度"讲到，在《仪礼》中，一鼎无簋似为常制，一鼎二簋曾偶一用之。从实际遗存看，在西周前期，一鼎无簋固然常见，一鼎一簋则更为多见，一鼎二簋确较少见。

那些二鼎及二鼎一簋、二鼎二簋的组合，又该怎样解释呢？

《礼记·郊特牲》曰："鼎俎奇而笾豆偶。"这里所谓必为奇数之鼎，指正鼎正言，故知二鼎当为两类鼎的组合。上述二鼎，正差不多都由不同形态或不同纹饰以及大小差别显著的两种鼎组成，其一鼎当为升鼎，另一鼎从形体都不很大这方面来考虑，估计不会是镬鼎，而应当是羞鼎。《礼记·内则》曾云："钜镬汤，以小鼎芗脯于其中，使其汤毋灭鼎，三日三夜毋绝火。"这是讲用一种小鼎煮豚、羊，使放在大镬的汤中微热三日三夜而使之香美，所煮的豚、羊，当然就是所谓的羞味。烹煮羞味的小鼎虽然不是羞鼎本身，但从内容可知羞鼎当是比较小的。前述（1）例白草坡M1的羞鼎，以及后面将要论及的东周羞鼎，形体正都比同出升鼎为小，故二鼎中较小的一件，当为羞鼎。把这一点肯定下来后，就知二鼎一簋或二鼎二簋，也就是一鼎一簋或一鼎二簋再陪羞鼎一。传世《悤簋》有铭曰"王为周悤易贝五朋，用为宝器鼎二、殷二"（《三代》8·31·3；又《悤鼎》略同，见《三代》4·10·1），在西周后期的《郑季盨》、《函皇父簋》和春秋的《簠鼎》等铭文中，作鼎的数字都是正鼎加陪鼎的总和（皆详下述），可知此处"鼎二、殷二"之铭，正为正鼎一加陪鼎一配二簋这种组合之证。

已发现的这六种组合的材料如表一。

表一　六种组合鼎簋出土情况统计表

类别	出土单位	组合	材料来源
一鼎	（8）陕西扶风召李村M1	铜圆鼎1等	①
	（9）陕西长安张家坡M219	铜圆鼎1等	②
	（10）陕西长安张家坡M162	铜圆鼎1等	③

① 罗西章、吴镇烽、尚志儒：《陕西扶风县召李村一号周墓清理简报》，《文物》1976年第6期，第61～65页。墓中又出陶簋1，但这种陶簋属于日用器皿组合，并非仿铜礼器，故皆不计入。

② 中国科学院考古研究所：《沣西发掘报告——1955—1957年陕西长安县沣西乡考古发掘资料》，文物出版社，1963年，第121、170页。

③ 中国科学院考古研究所：《沣西发掘报告——1955—1957年陕西长安县沣西乡考古发掘资料》，文物出版社，1963年，第121、169页。其图版陆柒，5说明鼎内盛猪头，正合豚一鼎之制。

续表

类别	出土单位	组合	材料来源
一鼎	（11）河南浚县辛村M55	铜圆鼎1等	①
	（12）北京房山琉璃河M50	铜圆鼎1等	②
	（13）北京房山琉璃河M52	铜圆鼎1等	③
	（14）江苏溧水乌山镇墓	铜圆鼎1等	④
一鼎一簋	（15）河南上蔡田庄墓	铜方鼎1簋1等	⑤
	（16）河南洛阳北瑶墓	铜圆鼎1簋1等	⑥
	（17）河南襄县霍庄墓	铜圆鼎1簋1等	⑦
	（18）河南浚县辛村M60	铜圆鼎1簋1等	⑧
	（19）河南浚县辛村M76	铜圆鼎1簋1等	⑨
	（20）北京房山琉璃河M54	铜圆鼎1簋1等	⑩
	（21）北京昌平白浮M2	铜圆鼎1簋1等	⑪
	（22）甘肃灵台姚家河M1	铜圆鼎1簋1等	⑫
	（23）陕西岐山贺家M5	铜圆鼎1簋1等	⑬

① 郭宝钧：《浚县辛村》，科学出版社，1964年，第24、25、34页，图版拾，1。

② 中国科学院考古研究所、北京市文物管理处、房山县文教局琉璃河考古工作队：《北京附近发现的西周奴隶殉葬墓》，《考古》1974年第5期，第309～321页。

③ 中国科学院考古研究所、北京市文物管理处、房山县文教局琉璃河考古工作队：《北京附近发现的西周奴隶殉葬墓》，《考古》1974年第5期，第309～321页。

④ 刘兴、吴大林：《江苏溧水发现西周墓》，《考古》1976年第4期，第274页。

⑤ 河南省文化局文物工作队第一队：《河南上蔡出土的一批铜器》，《文物参考资料》1957年第11期，第66～69页。

⑥ 洛阳博物馆：《洛阳北瑶西周墓清理记》，《考古》1972年第2期，第35、36页。

⑦ 河南省博物馆：《河南省襄县西周墓发掘简报》，《文物》1977年第8期，第13～15页。

⑧ 郭宝钧：《浚县辛村》，科学出版社，1964年，第19、34、35页，图版玖，1，图版拾贰，1。

⑨ 郭宝钧：《浚县辛村》，科学出版社，1964年，第26、34、35页，图版玖，2，图版拾贰，2。

⑩ 中国科学院考古研究所、北京市文物管理处、房山县文教局琉璃河考古工作队：《北京附近发现的西周奴隶殉葬墓》，《考古》1974年第5期，第309～321页。

⑪ 北京市文物管理处：《北京地区的又一重要考古收获——昌平白浮西周木椁墓的新启示》，《考古》1976年第4期，第246～248、255、256页，图版贰，2、6。

⑫ 甘肃省博物馆文物队、灵台县文化馆：《甘肃灵台县两周墓葬》，《考古》1976年第1期，第39～41页。

⑬ 陕西省博物馆：《陕西岐山贺家村西周墓葬》，《考古》1976年第1期，第31～38页，图版贰，4、5。

续表

类别	出土单位	组合	材料来源
一鼎一簋	（24）陕西长安张家坡M178	铜圆鼎1簋1等	①
	（25）陕西长安张家坡M101	铜圆鼎1簋1等	②
	（26）陕西长安普渡村M2	铜圆鼎1簋1等	③
	（27）甘肃灵台西岭M1	铜圆鼎1簋1等	④
一鼎二簋	（28）陕西宝鸡峪泉墓	铜圆鼎1簋2等	⑤
	（29）河南浚县辛村M29	铜圆鼎1簋2等	⑥
二鼎	（30）甘肃灵台洞山M1	铜圆鼎2等，大小、形态不同	⑦
	（31）陕西扶风齐镇M3	铜《丕㫇方鼎》2等	⑧
	（32）山东黄县归城姜家墓	铜圆鼎2等，大小不同	⑨
二鼎一簋	（33）陕西长安马王村车站墓	铜圆鼎2，大小、形态不同；簋1等	⑩
	（34）河南洛阳东郊郑州铁路局钢铁二工地墓	铜圆鼎2，大小、形态不同；簋1等	⑪

① 中国科学院考古研究所：《沣西发掘报告——1955—1957年陕西长安县沣西乡考古发掘资料》，文物出版社，1963年，第119～121、169页，图版柒壹，1、2。

② 中国科学院考古研究所沣西发掘队：《1960年秋陕西长安张家坡发掘简报》，《考古》1962年第1期，第21页。

③ 石兴邦：《长安普渡村西周墓葬发掘记》，《考古学报》第8册，中国科学院，1954年，第109～126页。

④ 甘肃省博物馆文物队：《甘肃灵台县两周墓葬》，《考古》1976年第1期，第42、43页。

⑤ 王光永：《陕西省宝鸡市峪泉生产队发现西周早期墓葬》，《文物》1975年第3期，第72～75页。

⑥ 郭宝钧：《浚县辛村》，科学出版社，1964年，第19、20、34、35页，图版拾，2，图版拾壹，1、2。

⑦ 甘肃省博物馆文物队：《甘肃灵台县两周墓葬》，《考古》1976年第1期，第42页。

⑧ 周文：《新出土的几件西周铜器》，《文物》1972年第7期，第9、11页，图二；第12页，图八。墓号据扶风县文化馆：《扶风县历代出土西周青铜器略目》（初稿），扶风县文化馆出版，1976年油印本，第36页补。

⑨ 齐文涛：《概述近年来山东出土的商周青铜器》，《文物》1972年第5期，第7、8页。

⑩ 梁星彭、冯孝堂：《陕西长安、扶风出土西周铜器》，《考古》1963年第8期，第413、414页，图版壹，1、3。

⑪ 傅永魁：《洛阳东郊西周墓发掘简报》，《考古》1959年第4期，第187、188页，图版叁，5、6。

续表

类别	出土单位	组合	材料来源
二鼎 二簋	（35）陕西泾阳高家堡墓	铜圆鼎2，纹饰不同；簋2等	①
	（36）北京昌平白浮M3	铜圆鼎2，其一残；簋2等	②
	（37）陕西扶风上康村M2	铜圆鼎2，略有大小；簋2等	③
	（38）湖北江陵万城"北子"墓	铜圆鼎2，大小、形态同否未详；簋2等	④

4. 西周前期用鼎制度与五等爵制关系的推测

上述材料表明，最迟到昭、穆时期，少牢五鼎、牲三鼎、特一鼎的升鼎制度，以及正鼎五和陪鼎二、正鼎三或正鼎一和陪鼎一，还有五鼎配四簋、三鼎配二簋、一鼎无簋和一鼎配一簋或二簋的制度，都已具备，而其中除牲三鼎及与其相配的几种组合外，都已见到成、康时期的遗存，所有这些组合的出现时间，当不会晚于周初。这些组合方式，除一鼎配一簋文献阙载外，都和"三礼"所述相符，从而可推知"三礼"中的大牢九鼎、大牢七鼎以及正鼎九和陪鼎三配八簋、正鼎七和陪鼎三配六簋之制，当时也一定存在。从周初开始，这套用鼎制度显然已具完整形态。

据上述材料，又知把一套正鼎做成大小相次的形态，要到昭、穆时期才比较普遍，像（1）、（3）诸较早之例，就都是用两种形态的鼎来组成少牢五鼎。以后，也常用不同形态的鼎来相配成套，如（4）例茹家庄M1乙室和M2所出，即用二或三种形态的鼎来组成少牢五鼎。当然，后者的形成也可能是因原有的成套升鼎有所遗缺，才找他鼎配入补齐，但这至少说明形制相同、大小相次并非一套升鼎必须遵守的规定。

茹家庄M1乙室和M2中少牢五鼎和牲三鼎或特一鼎两种以上规格鼎制的同出之例，在时代更晚的窖藏或墓葬中所见甚多，这又说明当时因各种礼仪的内容不同，除最高规格的鼎制当依主人身份而有严格限制外，较低规格的鼎制则允许同时使用。对这些有多种规格鼎制共存的材料，自然应据其最高规格来判断主人的身份。

这种规格，在"三礼"中是天子与诸侯都用九鼎，他们属下的卿都用七鼎，大夫都用五鼎，士都用三鼎或一鼎，可是《公羊·桓公二年传》何休注则谓"天子九鼎，诸侯七，卿大夫五，元士三"，西周的本来制度究竟是哪一种呢？要肯定地回答这个

---

① 葛今：《泾阳高家堡早周墓葬发掘记》，《文物》1972年第7期，第5、6页。

② 北京市文物管理处：《北京地区的又一重要考古收获——昌平白浮西周木椁墓的新启示》，《考古》1976年第4期，第246~248、255、256页，图版贰，1、5。原报告曾说同出残陶鼎，实为带扉陶鬲残片。

③ 陕西省文物管理委员会：《陕西岐山、扶风周墓清理记》，《考古》1960年第8期，第8、9页。

④ 王毓彤：《江陵发现西周铜器》，《文物》1963年第2期，第53页。墓中所出鼎、簋、甗皆有"北子"之铭，故可定为北子墓。

问题，最好是等待西周前期各种用鼎规格的完整材料统统有所发现，但现有材料已多少提供了一些探明事实真相的线索。

从（1）、（2）、（4）例看，都用少牢五鼎随葬，墓主身份似都为大夫一级。然而（1）例白草坡M1的墓主叫潶伯，（2）例白草坡M2的墓主叫陎伯，（4）例茹家庄M1乙室的墓主叫强伯，其中是否有诸侯之伯呢？从金文中的称谓来考虑，凡诸侯皆作"某王""某公""某侯""某伯""某子""某男"等，行辈则习称"伯某父""孟某父""仲某父""叔某父""季某父"等，或下无"父"字，但亦偶见"某仲""某叔""某季"之称，故"某伯"究竟是指爵等还是行辈，现在还难以确断。不过，至少有些"某仲""某叔''某季"乃是氏称，如虢仲、虢叔、虢季等；而且周代又是实行嫡长制。"某伯"一称当然往往可兼有诸侯之伯与行辈之伯的两重意义。金文中常见的"某伯"，至少有相当一部分是诸侯。强伯从其墓的形制来分析，就应当是诸侯。

强伯及其夫人之墓都带墓道，墓道在周代称隧道或羡道，而在西周是只有天子及诸侯才能具有的。《左传·僖公二十五年》及《国语·晋语中》皆谓晋文公纳定周襄王于郏以后，曾"请隧"以葬，周襄王因为这是王制而弗许。贾谊在《新书·审微》中解释曰：

> 古者周礼，天子葬用隧，诸侯县下。周襄王出逃伯斗，晋文公率师诛贼，定周国之乱，复襄王之位。于是襄王赏以南阳之地。文公辞南阳，请即死得以隧下。襄王弗听，曰："周国虽微，未之或代也。天子用隧，伯父用隧，是二天子也。以地为少，余请益之。"文公乃退。

《国语》韦注引贾逵说及《左传》杜注，皆袭贾谊说而谓诸侯无墓道。但《史记·卫康叔世家》曰："（周宣王四十二年，卫之共伯弟和）以袭攻共伯于墓上，共伯入釐侯羡自杀。"羡道即隧道（《周礼·春官·冢人》郑玄注），可知诸侯墓至迟到西周后期也是有墓道的。后来，贾公彦以为隧道和羡道的形制有别，故在《冢人疏》中讲"天子有隧，诸侯已下有羡道"，孔颖达又以为二者无别，所以在《礼记·檀弓》疏中说《春秋》是讲"天子有隧，以羡道下棺"。这种争论可以先撇开，西周之时只有天子和诸侯这些最高等级的贵族之墓才能有墓道则是很清楚的。在已经发掘的西周墓中，除茹家庄墓以外，确实仅河南浚县辛村有八座大墓带墓道，而那些大墓又都是卫国"公侯或君夫人的墓"[①]。从筑墓制度看，强伯的身份就不像是大夫，而应是诸侯。

一个诸侯之伯，为什么只用少牢五鼎这种大夫之礼呢？

---

① 中国科学院考古研究所：《沣西发掘报告——1955—1957年陕西长安县沣西乡考古发掘资料》，文物出版社，1963年，第7页。

这当和周人的五等爵制有关。

《孟子·万章下》记述当时传闻的西周五等爵制曰："天子之卿，受地视侯；大夫受地视伯；元士受地视子、男。"这种受地之制，正如列宁在概括哲学上一般和个别的关系时所说："任何个别（不论怎样）都是一般。任何一般都是个别的（一部分，或一方面，或本质）。"[①]里面应当包含着五等爵和天子属下的卿、大夫、士之间等级比较关系的一般意义。从这种比较关系出发，可推知五等爵的用鼎制度当是：公、侯同于天子之卿；伯同于天子之大夫；子、男同于天子之士。上述虢伯乃至潶伯、𢀛伯皆用少牢五鼎，其制同于天子之大夫，恰恰合乎这种制度；（5）例录子伯㰫墓用牲三鼎随葬，（38）例北子墓用特一鼎随葬，皆用士礼，也正同这种制度相符。这就可知关于五等爵用鼎制度的推测，并非仅仅是逻辑的推理。

自从半个世纪以前傅斯年提出"五等爵之本由后人拼凑而成"之说[②]后，郭沫若同志亦发表了批判周人五服五等之制的文章[③]，西周的五等爵制以及与之相应的五服说，似乎很少有人相信了。尽管很多人见到康王时《盂鼎》铭中"隹殷边侯甸"（《三代》4·42·1下）的追述，知道早在商代就存在着邦畿之外的侯服、甸服之制，又见到成王时《令彝》铭中的"暨诸侯：侯、甸、男，舍四方命"（《三代》6·56·2），亦知这正和五等爵制相呼应，但总是以为金文中的公、侯、伯、子、男无定称，所谓西周有五等爵之制，是东周以后的捏造。其实，过去所谓的金文中的爵称无定制，往往可由以下几种情况造成：一是某些同名的封地本非一国，自然可因封爵本异而出现不同的爵称；二是某些诸侯因时代相移而发生过变动其爵称之事；三是某些在本国自称为王的封国，周王室则仍以初封的爵称来称呼之；如此等等。还应当考虑到，五等爵在当时实际主要是三等，如《孟子》谈到的受地之制，就明确分为侯、伯、与子男三等，没有提到的公，当与侯基本是同一等的；《周礼·秋官·掌客》所述亦仅公、侯伯、子男三等，以侯与伯、子与男为同等。从金文材料看，《孟子》之说更接近于西周实况，《周礼》中的说法大概是后起的。但不管怎样，都是把五等爵归并为三等。值得注意的是在上述《令彝》中也只是说到三等，甚至在甲骨文中也只有侯、伯二等或侯、伯、子三等，周初的爵等实际只有三等应当是没有问题的。既然五等爵实际是三等，某些实际为同一等的爵称，当时大概可通用，这样自然会出现一些所谓无定称的现象。

很久以来，因金文材料大多无可靠的出土地点和共存关系，便很容易造成错乱的

---

① 列宁：《谈谈辩证法问题》，《列宁全集》（第38卷），人民出版社，1959年，第409页。

② 最初略述于《与顾颉刚论古史书（续）·殷周间的故事》，《国立第一中山大学语言历史学研究所周刊》第2集第14期，1928年，第31、32页；后又详述于《论所谓"五等爵"》，前《历史语言研究所集刊》第二本第一分本，1930年，第110～129页。

③ 郭沫若：《中国古代社会研究》第四篇"五、周代彝铭中无五服五等之制"，人民出版社，1954年，第234～238页。

推论，现在出土情况明确的材料越来越多，就有可能追寻到西周五等爵制的真正踪迹。对弭伯、录子伯威、北子等墓用鼎制度的考察，便终于使我们看到几个能够反映西周前期确实存在五等爵制的例子。可以估计，对五等爵制的认识，也会像对用鼎制度的认识一样，经历着"否定之否定"的过程。

发现了西周前期五等爵与天子所属各级贵族用鼎制度的对应关系，当然可肯定《公羊传》何休注讲的用鼎规格，确是西周的本来制度。概括地说，这时期周王室自有一套天子九鼎，卿七鼎，大夫五鼎，士三鼎或一鼎的制度，而又有另一套公、侯七鼎，伯五鼎，子、男三鼎或一鼎的制度。存在这样两套严格对应的用鼎制度，无疑即意味着当时的贵族等级制度以及与之相适应的用鼎等礼乐制度，正处在何等严密的状态！所有这时期的用鼎遗存从未见任何逾制的迹象，又表明这种制度在当时该是多么稳定啊！

经济基础最终决定上层建筑命运的理论，是放之四海而皆准的真理。用鼎制度的严格和稳定，正反映出这时期的井田制和建立其上的等级制度，也处在稳定状态中。

（二）西周后期至春秋初的第一次破坏

考察懿、孝以后的遗存，可以看到西周前期已经形成完整形态的那套用鼎制度，从此进入逐步破坏的阶段。起初是一部分诸侯与天子之卿这一类的贵族僭用了过去的天子之礼；随后几乎所有诸侯和某些诸侯之卿也僭用了天子之礼；最后是传统的鼎制发生大紊乱。这是周初那种贵族等级制度一次又一次地遭到破坏的结果。

从西周后期到春秋初，是这个破坏过程的第一阶段。属于这阶段的用鼎遗存，排除掉被扰墓葬和窖藏中原有组合本来就不完整的材料，加上有铭文可说明鼎制的传世铜器，可收集到53组；其中，仅仅是长安张家坡M222的出土物，因是现知唯一能说明西周后期开始使用仿铜陶鼎的材料，故墓虽被盗，亦收入在内。这些材料，已基本包括了用鼎的五大类组合，各类升鼎都已具备。

1. 大牢九鼎类

（39）扶风庄白窖藏（76FZH1）所出懿王时微伯史痶的铜簋8等。作器者"痶"，或称"微伯痶"（簠、匕铭），又称"微痶"（釜铭），族徽为霝，在武王灭商后，自其烈祖起，世代为周王史官。《痶钟》铭谓"痶"为"左尹氏"，尹氏即作册尹，也就是内史，痶仍为史官。同出的鬲铭曾单称"微伯"，"微"既为封地，"微伯"当即封爵之称[①]。宋代出过一件《微伯娠氏鼎》，铭为"甹乍微白娠氏口鼎，永宝用。霝"（《啸堂》上·17·2）。其族徽既同，而娠氏亦称"微伯"，可证"微伯"确为爵

---

① 陕西周原考古队：《陕西扶风庄白一号西周青铜器窖藏发掘简报》，《文物》1978年第3期，第4~7页。

称。此窖虽基本未瘗铜鼎，但八簋是用来配九鼎的，微伯史疢当用大牢九鼎①。

（40）传出宝鸡厉王时的《虢仲盨盖》铭"兹盨友十有二"②。西周后期往往以盨代簋，"盨友十有二"等于说用簋十有二。《周礼·秋官·掌客》言五等爵皆用鼎、簋十有二，郑玄注："簋十二者，堂上八，西夹、东夹各二。"故王国维曾谓："虢中以畿内诸侯为天子三公，正宜用上公及侯、伯之礼也。"③由盨（簋）相推，虢仲氏的虢公用鼎当为十有二，即正鼎九和陪鼎三。

（41）岐山董家窖藏所出铜器群中的《此鼎》3与《此簋》8等。鼎、簋皆宣王十七年十二月乙卯铸，故知《此鼎》当有遗失，原来应是九鼎成组。鼎铭"王乎史翏册令此曰：'旅邑人善夫'"，此人的官职是膳夫④。

（42）扶风上康村窖藏出的幽王时函皇父组铜器，有鼎4、簋4和匜1、甗1、壶2、罍2、盘1、匜2等⑤。盘铭云"函皇父乍琱娟般、盂、障器、鼎、簋一具，自豕鼎降十有一，簋八，两镛，两镱"⑥。周人以正鼎九和陪鼎三或是正鼎七和陪鼎三为制，"自豕鼎降十有一"当为"十有二"之误。鼎、簋之铭则为"自豕鼎降十有"⑦，皆遗"二"字。今存窃曲纹的《函皇父鼎》，铭37字，通高57厘米，当为正鼎之一；重环纹的《函皇父鼎》，铭17字，通高29.5厘米，应为陪鼎之一⑧。《诗·小雅·十月之交》云"皇父卿士"，函皇父职至卿士，而卿士为西周的最高官职。

（43）传世《幻伯妊簋》铭"孟侍父乍幻白妊膌殴八"⑨，时代属两周之交。周制既然是"夫人与君同庖"（《礼记·玉藻》），幻伯的夫人用九鼎八簋，幻伯自身当亦用此制。

---

① 宋代曾出疢所用镬鼎，见薛尚功：《历代钟鼎彝器款识法帖》卷10，嘉庆阮元刊本，第1页下。但升鼎尚无踪迹。

② 商承祚：《十二家吉金图录》，金陵大学中国文化研究所，1935年，雪10、11。

③ 《观堂别集》卷二《虢仲簋跋》，《观堂集林》，中华书局，1961年，第1200、1201页。

④ 庞怀清、镇烽、忠如等：《陕西省岐山县董家村西周铜器窖穴发掘简报》，《文物》1976年第5期，第29页。

⑤ 陈梦家：《西周铜器断代》（三），《考古学报》1956年第1期，第70、71页。关于函皇父器的出土地点，曾有岐山清化镇与周家桥两说，今据扶风县文化馆的调查，实为扶风上康村所出。解放以前上康村一带属岐山清化镇管辖，故清化镇之说亦并不误。扶风县文化馆的调查结果，见罗西章：《陕西扶风县北桥出土一批西周青铜器》，《文物》1974年第11期，第20页，注①。

⑥ 陕西省博物馆、陕西省文物管理委员会：《陕西省博物馆、陕西省文物管理委员会藏青铜器图释》，文物出版社，1960年，图65。

⑦ 陕西省博物馆、陕西省文物管理委员会：《陕西省博物馆、陕西省文物管理委员会藏青铜器图释》，文物出版社，1960年，图61、64。

⑧ 陕西省博物馆、陕西省文物管理委员会：《陕西省博物馆、陕西省文物管理委员会藏青铜器图释》，文物出版社，1960年，图61、62。

⑨ 罗振玉：《三代吉金文存》，1937年，7·49·3、4。

（44）湖北京山苏家垄曾侯墓出铜圆鼎9与簋7等。鼎大小相次，最大的两件铭"曾侯中子游父自乍鼎彝"。簋由两种型式配成，已缺其一。时代为两周之际[1]。

作器者之名，在同出铜簠和铜壶中作"曾中游父"；传世《曾子游鼎》铭又作"曾子游择其吉金，用铸□彝"[2]。对比这几种称呼，可知"曾仲"即"曾侯仲"，"游"即"子游"，"父"为男子美称。郭沫若发现，周宣王时的"虢文公子段"（《虢文公子段鼎》）又称"虢季氏子段"（《虢季氏子段鬲》），"文公"是虢公生号，"子段"乃人名[3]。此例可证‘曾侯’是封爵之号，"曾仲"为氏称，"子游"是其名。

曾国有好几个，有的附庸于齐（《春秋经·僖公十四年》），有的附庸于郑（《左传·襄公元年》），有的与申国为邻（《国语·郑语》韦昭注），有的附庸于楚。宋代安陆曾出《曾侯钟》（《啸堂》下·90·1），与此《曾侯鼎》出土地近，这一带的曾国，就是附庸于楚国的。这个曾国，刘节曾据《叔姬邛妳匜》铭"叔姬霝乍黄邦，曾侯乍叔姬邛妳膡器鼎彝"（《三代》10·20·2）说："此器所谓叔姬，必为曾侯之妹或女嫁于黄国者。"又据《江仲妳钟》和《曾姬无卹壶》而谓："江、黄、曾、楚，皆互为姻娅。"[4]此墓出的铜鬲铭"佳黄□□用吉金乍鬲"，当为黄国膡器。墓中既有此膡器，则墓主可能是曾侯夫人，但曾侯同其夫人的鼎制是相同的。

2. 大牢七鼎类

（45）扶风任家窖藏所出铜器群中的《大克鼎》1、《小克鼎》7、《中义父鼎》5与《中义父鼎》3等[5]，皆厉王时器。柯昌济指出"仲义父即克，周人名克多字子仪"[6]，这些鼎正是一人之器，故同出一窖。《大克鼎》是现知最大的西周铜器，像这样巨型的大鼎，当为镬鼎。《小克鼎》无疑是一套大牢七鼎。《中义父鼎》有五件皆铭17字，末有族名"华"；三件皆铭6字。这八件《中义父鼎》，显然是少牢五鼎和牲

---

① 湖北省博物馆：《湖北京山发现曾国铜器》，《文物》1972年第2期，第47～53页。

② 马承源：《记上海博物馆新收集的青铜器》，《文物》1964年第7期，第10页，图版贰，1、2。

③ 郭沫若：《三门峡出土铜器二、三事》，《文物》1959年第1期，第13、14页。

④ 刘节：《寿县所出楚器考释》，《古史考存》，人民出版社，1958年，第122～124页。

⑤ 中国科学院考古研究所：《美帝国主义劫掠的我国殷周铜器集录》，科学出版社，1962年，第20、21、52、53页。

⑥ 柯昌济：《金文分域编》（第12卷），1930年，第10页"陕西省岐山县《中义父鼎》"条。柯氏所言，乃据王引之《春秋名字解诂》卷上"邾子克字仪父（《左传·隐公元年》）、周王子克字子仪（《左传·桓公十八年》）、楚斗克字子仪（《左传·僖公二十五年》）、宋桓司马之臣克字子仪（《左传·哀公十七年》）"条。

三鼎各一套。在厉王十八年至二十五年时，克为膳夫，在此以前或以后，克曾为师①，作《小克鼎》时，官职即为膳夫。

（46）河南三门峡市上村岭虢太子墓（M1052）所出两周之际的铜圆鼎7与簋6等②。其鼎大小相次，簋亦形制相同，是很整齐的一套大牢七鼎配六簋。

（47）传出陕西户县的《宗妇鄁嫛鼎》7与《宗妇鄁嫛簋》6等③，铭皆为"王子刺公之宗妇嫛为宗彝鼒彝，永宝月。以降大福，保辪鄁国。"郭沫若以为"王子"为宣王之子，断为幽王时器④。容庚定为春秋时器⑤。西周之时，某些边鄙的诸侯，已经自称为王。但"宗妇"诸器从铭文字体和器形特征看，都是典型的秦国风格，当是平王东迁后秦国势力已达到宗周之地时一个受秦文化控制支配的鄁国之器，时代属春秋初。鄁国王子的身份，同于虢国太子，故其宗妇的用鼎制度与虢太子一样。

3. 少牢五鼎及其杀礼三鼎类

（48）长安张家坡M222出土的仿铜陶鼎5与仿铜陶簋1等⑥，时代属懿、孝左右。墓虽被盗，但陶鼎大小相次，当无缺数；陶簋则大有缺失。墓内其他陶器，亦为仿铜礼器。这是已知西周仿铜陶礼器的最早之例。

（49）扶风召陈村窖藏所出铜《邘姞鼎》4与弦纹鼎1；《郹姞簋》5（报告Ⅰ式3件、Ⅱ式2件）与《叠姬簋》1，除末一簋为歸叔山父所作外，皆散伯车父作⑦。全都是懿、孝以后物。《邘姞鼎》大小相次，原来当是一套少牢五鼎，因丢失一鼎而配以弦纹鼎。其簋疑本为四簋两套或四簋与二簋各一套，亦因有所遗失而补以他簋。

① 陕西省博物馆、陕西省文物管理委员会：《陕西省博物馆、陕西省文物管理委员会藏青铜器图释》，文物出版社，1960年，唐兰《序言》，第6页。

② 中国科学院考古研究所：《上村岭虢国墓地》，科学出版社，1959年，第28～31、55页，图版叁叁，1、4，图版叁肆，3。

③ 清末出土时传为七鼎，六簋、二壶、一盘，见吴大澂：《愙斋集古录》第14册，商务印书馆，1917年影印本，第18页下。《三代吉金文存》著录为四鼎（4·4·4～4·5·3）、七簋（8·22·3～8·25·4）、二壶（12·23·1、4）、一盘（17·15·2），其中有一簋的盖、器二纸拓片，当为二鼎之误。其图像见容庚：《商周彝器通考》，哈佛燕京学社，1941年，下册图83、342。

④ 中国科学院考古研究所沣西发掘队：《1960年秋陕西长安张家坡发掘简报》，《考古》1962年第7册，第156页。

⑤ 容庚：《商周彝器通考》，哈佛燕京学社，1941年，上册，第300、354页。

⑥ 中国科学院考古研究所：《沣西发掘报告——1955—1957年陕西长安县沣西乡考古发掘资料》，文物出版社，1963年，第122、123、170页，图版柒拾叁。

⑦ 史言：《扶风庄白大队出土的一批西周铜器》，《文物》1972年第6期，第30～35页。

（50）长安张家坡东北郑季墓所出铜圆鼎3与盨4等[1]。盨皆铭"叔尃父乍奠季宝钟六，金障，盨四，鼎七"，"郑"始封于宣王二十二年（《史记·郑世家》），知为西周末年器。三鼎则皆西周前期物。铭中的"盨四"即相当于簋四，可知"鼎七"为正鼎五与陪鼎二。"盨四"未缺，而同铸的《郑季鼎》大概已经亡失，故随葬时配以他鼎。但这种与"盨四"相配的三鼎，当有如《仪礼·有司彻》所说，是一种"乃升羊、豕、鱼三鼎，无腊与肤"的用少牢而为三鼎的杀礼，即郑玄注讲的"腊为庶羞，肤从豕。去其鼎者，侯尸之礼杀于初"，三鼎所盛是羊、豕、鱼而不是豚、鱼、腊。

（51）、（52）三门峡市上村岭两周之际虢国墓中的M1706和M1810，皆出铜鼎5与簋4，鼎皆大小相次[2]。

（53）～（55）上村岭虢国墓地中的M1602、M1705、M1820，皆出铜鼎3与簋4[3]。鼎大小相次（M1602不详），簋亦形制相同。由于这三墓的规模与随葬品的丰富程度大体同于（51）和（52）的五鼎墓，应亦如（50）例的郑季墓，是用少牢杀礼而三鼎再配四簋。

（56）湖北随县均川区熊家老湾曾伯文墓所出两周之际的铜簋4等，鼎已遗失，原当为五件。簋铭"唯曾白文自乍宝段"，同出铜鬶亦铭"唯曾白文自乍"[4]。据下述（60）例，此地之曾既亦和黄国互为姻娅，当同属京山、安陆一带的曾国。这个曾国的封爵既称"曾侯"，"曾伯"当非爵称，它不是以"曾伯"为氏称，就是以"伯"为行辈之称。

（57）湖北枣阳熊集区茶庵公社段营大队两周之际曾子墓出的铜圆鼎3与簋4等[5]。铜鼎大小相次而铜簋形态一致，也是少牢杀礼三鼎配四簋。鼎铭"佳曾子中謨（谟）用其吉金，自乍鼎彝。对照（44）例"曾侯仲子遊父"的称谓法，知"曾子仲"即"曾仲"是氏称，"谟"为其名，"曾子"为爵称无疑。《国语·郑国》及韦昭注曾谓南阳有申国，附近又有曾国。此地既出曾子墓，下述（91）例又示知在此枣阳以北、南阳以南的河南新野县也发现了出曾子铜器的墓，这一带就是与申为邻的曾国之地是很清楚的。京山、安陆、随县一带的曾国，诸侯称"曾侯"，枣阳到新野一带的曾国，诸侯称"曾子"，两个曾国所封的爵等是不一样的，而此时"曾子"所用的鼎制，比起同时期的"曾侯"，显然要低得多。

---

① 中国科学院考古研究所沣西考古队：《陕西长安张家坡西周墓清理简报》，《考古》1965年第9期，第447～450页。

② 中国科学院考古研究所：《上村岭虢国墓地》，科学出版社，1959年，第33～35、37、66、75页，图版伍拾，2，图版伍壹，3。

③ 中国科学院考古研究所：《上村岭虢国墓地》，科学出版社，1959年，第33、37～41、55、65、76页，图版拾肆，4，图版拾伍，4，图版肆伍，1、4，图版陆壹，3，图版陆肆，1。

④ 鄂兵：《湖北随县发现曾国铜器》，《文物》1973年第5期，第21、22、25页。

⑤ 湖北省博物馆：《湖北枣阳县发现曾国墓葬》，《考古》1975年第4期，第222～225页。

（58）河南郏县太仆乡墓出的铜圆鼎5与簋4等[1]。鼎大小相次，其一铭"江小中母生自乍甬（用）鬲"，是江国之器。时代属春秋初。

4. 牲三鼎类

（59）上村岭虢国墓中的M1721，出有大小相次的铜圆鼎3，无簋[2]。

（60）随县均川区熊家老湾墓所出两周之际的铜圆鼎3与簋2等[3]。三鼎大小相次，最大一鼎铭"黄季乍季嬴宝鼎"；簋铭"曾中大父螽……自乍宝毁"。曾、黄姻国，季嬴当即曾仲螽妻，其鼎就是黄季为其女所作媵器。这是属于曾侯之国的很整齐的三鼎配二簋的组合。

（61）湖北枝江百里洲王家岗墓出的大小相次的铜圆鼎3与匜2等[4]，时代亦属两周之际。匜铭"考旨叔父"，同出匜铭作"塞公孙旨父"，墓主是一个诸侯的公孙，故用士礼。此墓无簋，匜二就是代替簋二的。

5. 特一鼎类

这一类，现知有一鼎、一鼎二簋（或以盨代）、二鼎、二鼎二匜（代簋）四种组合。上节"周代鼎制分类及其使用制度"讲到，在《仪礼》中，一鼎无簋是常制，一鼎二簋则偶尔用之；但西周前期的遗存，却又是一鼎一簋最为多见。从这些例子来看，《仪礼》所记，实际是西周后期以后的情况。在已发现的遗存中，除（62）例为铅质明器外，其他各例皆为铜器。

一鼎的，以（62）洛阳中州路一带M3出的为早[5]；其次为（63）长安张家坡西周末年的M420所出[6]；（64）～（85）上村岭虢国墓中的M1620、M1634、M1651、M1657、M1661、M1671、M1692、M1701、M1702、M1704、M1707、M1708、M1714、M1720、M1743、M1744、M1753、M1761、M1762、M1765、M1777、M1819[7]，皆属两周之际。

---

① 《河南郏县发现的古代铜器》，《文物参考资料》1954年第3期，第60、61页。

② 中国科学院考古研究所：《上村岭虢国墓地》，科学出版社，1959年，第35、67页，图版伍肆，1。

③ 鄂兵：《湖北随县发现曾国铜器》，《文物》1973年第5期，第21～25页。

④ 湖北省博物馆：《湖北枝江百里洲发现春秋铜器》，《文物》1972年第3期，第65～68页。

⑤ 河南省文化局文物工作队第二队：《洛阳的两个西周墓》，《考古通讯》1956年第1期，第27、28页。

⑥ 中国科学院考古研究所：《沣西发掘报告——1955—1957年陕西长安县沣西乡考古发掘资料》，文物出版社，1963年，第121、170页。

⑦ 中国科学院考古研究所：《上村岭虢国墓地》，科学出版社，1959年，第33、37、57、58、60～62、64～67、69～72、76页，图版拾叁，2～4，图版拾肆，2、3，图版拾伍，2、3、5、6，图版拾陆，1、2、4～6，图版肆贰，2，图版伍，2，图版陆肆，2。

一鼎二簋的有（86）西周末年的岐山贺家M3[①]和（87）两周之交的上村岭虢国墓M1640[②]二例。贺家M3是以盨2代簋，盨铭"白车父乍旅盨"。

二鼎的有（88）～（90）上村岭虢国墓中的M1612、M1711、M1715三例[③]，亦属两周之际。M1711所出二鼎形态相同，皆为浅腹，但大小未详，不知有无差别；其余二墓所出，皆有一鼎腹部很深，另一鼎即通常所见升鼎的样子。两种型式的鼎，表明这种组合同西周前期一样，仍为一升一羞。

二鼎二簋的，现知仅（91）河南新野小西关墓一例，系以匜代簋，亦属两周之际[④]。二鼎为铜圆鼎与腹部很深的敦形鼎各一，其形态上的差别，与上述虢国墓中的二鼎之别极为相似。同出瓹铭"佳曾子仲訵用其固圛，自乍旅献"。"曾子仲訵"是与申为邻的曾国诸侯，已详（57）例所述。（57）例之湖北枣阳墓出了《曾子鼎》。此墓又出《曾子瓹》，曾子墓地应在同一地点，似乎不可能都是曾子墓。从主要礼器看，枣阳的应当是曾子墓，此墓大概仅仅以曾子所遗铜瓹随葬。

6. 关于传统鼎制的僭越以及五等爵制和贵族等级制度开始破坏的推论

事物的变化，总是通过迂回曲折的途径。上述材料表明，懿王之时西周前期的那套用鼎规格开始发生变化，但表现为时而僭越旧制，时而有所恢复，某些等级是破坏旧制较烈，某些等级又变动不大的螺旋形和不平衡状态。这正是旧有制度刚刚破坏的应有现象。

（39）例懿王时微伯史可用九鼎，是已知西周传统鼎制发生破坏的最早一例。痍的封爵是伯，官职为尹氏即内史。内史在西周官制中占什么地位，现在还说不准确，从《诗·小雅·十月之交》以卿士、司徒、冢宰、膳夫、内史、趣马、师氏七职依次相列的情况看，很可能相当于六卿的地位。西周前期的伯只能用五鼎，内史如果是六卿之一，顶多也只能用七鼎，无论从哪一方面出发，微伯史痍的用鼎规格，肯定是发生了僭越的。

（41）例宣王时膳夫此使用的九鼎，也是僭用了西周前期的天子鼎制。在《周礼》中，膳夫仅仅是上士，当然不会是西周情况。据西周金文所见，天子之膳夫，同时不止一人，故郭沫若以为"宰亢、膳夫古均名善夫，而职有上下之别"[⑤]。但

---

① 陕西省博物馆：《陕西岐山贺家村西周墓葬》，《考古》1976年第1期，第31～38页，图版贰，4、5。

② 中国科学院考古研究所：《上村岭虢国墓地》，科学出版社，1959年，第69页。

③ 中国科学院考古研究所：《上村岭虢国墓地》，科学出版社，1959年，第31、35、56、66、67页，图版拾叁，1，图版拾陆，3，图版肆拾，3、4，图版伍壹，2。

④ 郑杰祥：《河南新野发现的曾国铜器》，《文物》1973年第5期，第14、15、18页，第20页图二二。

⑤ 郭沫若：《金文丛考·周官质疑》十六"善夫"，人民出版社，1954年，第76页。

《周礼》中的宰夫位次小宰之下，仅为下大夫，也未必可当西周的膳夫。唐兰则以为（45）例的厉王时的膳夫克，可以"出纳朕命"（《大克鼎》），"舍命于成周，遹正八师"（《小克鼎》），地位是很高的。唐说并据《十月之交》所列官职次序，推断膳夫职在师氏之上[①]。虽然在《诗·大雅·云汉》中，又以庶正、冢宰、趣马、师氏、膳夫并列而以膳夫居后，但其地位总是和内史差不多，无怪乎亦僭用了九鼎之制。应当注意的是，厉王时的膳夫克用大牢七鼎，宣王时的膳夫此却用了大牢九鼎，显然，前者大概又按传统鼎制行礼，而后者则是僭礼。以后，（42）例的幽王卿士函皇父，也使用着正鼎九、陪鼎三和八簋这种最高规格。从懿王至幽王时，天子周围六卿一类贵族反反复复发生的僭礼行为，表明这种现象是刚发生不久；不过，越是接近西周之末，已越是演成普遍的制度。

如果从五等爵制这一方面来考虑，西周前期致仕于周王室的诸侯，其官职与爵等本有严格的对应关系，但六卿一类的内史尹氏此时却封为"微伯"[②]，当然意味着以前那种对应关系开始遭到破坏，也就是说，五等爵制本身固有的爵等界限已被冲破缺口。当这个缺口一经扩大，过去所谓的五等爵本无定制的现象，才真正有所出现。从这个角度讲，这时期也发生了五等爵的僭越鼎制。

正是在这种情况下，从微伯史痕起，到（40）例厉王时的虢公（虢仲氏）、两周之际的（43）例幻伯和（44）例曾侯，都僭用天子之礼。（46）例的虢太子和（47）例的郜国王子用七鼎，又表明两周之际到春秋初的虢公和郜王也必定使用大牢九鼎之礼。

但（57）例的曾子仲谟用少牢杀礼三鼎配四簋，又说明并非所有爵等的诸侯一下子都僭用了天子之礼。当然，曾子仲谟的用鼎规格如果同过去那种子、男只准用牲三鼎或特一鼎的制度来比较，也已发生僭越，不过仅仅是稍有僭越。

当周初分封诸侯时，被封为公、侯的，几乎都是周王母弟；封伯的是许多同姓或异姓小国；所谓边鄙之国，则封子、男。周初所封数以百计的五等爵，后来不断兼并，力量的强弱发生新的分化，原有的爵等自然就产生名实不符的现象。看来，到了西周后期，特别是两周之际，随着周王室的衰微，某些力量较强的诸侯就不管原来爵等的高低，纷纷僭用天子之礼，而某些力量弱小的诸侯，还不敢过于僭越旧制。曾侯与曾子这两个相邻而存的诸侯，一个僭用大牢九鼎，一个仅用少牢杀礼二鼎，估计就是同力量强弱不同有关。

越来越多的天子之卿和五等爵僭用天子鼎制一事，当然意味着周人原有的那套

---

① 陕西省博物馆、陕西省文物管理委员会：《陕西省博物馆、陕西省文物管理委员会藏青铜器图释》，文物出版社，1960年，唐兰《序言》，第6页。

② 据庄白一号窖藏中全部铜器的铭文，史痕家族已知有七代，即高祖、微史剌祖、乙祖（乙公）、亚祖辛公乍册折、乙公丰、丁公卣墙、微伯史痕。在史痕以前六代的称谓中，均未见爵称，从史痕开始才称为"微伯"，疑到痕时才封为伯。

包括五等爵制在内的贵族等级制度的动荡，而这种动荡无疑是宗法奴隶制发生危机的讯号。

　　能够反映出懿、孝以后原有的贵族等级制度发生动荡的，还有（48）的长安张家坡M222出土仿铜鼎等陶礼器一例。

　　周人用仿铜陶礼器随葬是这时期新出现的现象，到了东周时期才日益增多。这种现象，在它尚未成为普遍习俗的时候，除了可直接反映墓主的相对不富裕外，还有别的意义吗？

　　有，这同墓主能否自备青铜礼器有关。

　　据《礼记》所记，能否自备青铜礼器，同有无"田禄"关系至大。如：

　　《曲礼下》："凡家造，祭器为先，牺赋为次，养器为后。无田禄者，不设祭器；有田禄者，先为祭服。君子虽贫，不粥祭器；虽寒，不衣祭服；为宫室，不斩于丘木。大夫、士去国，祭器不逾竟。大夫寓祭器于大夫，士寓祭器于士。"孔疏曾云："此据有地大夫故得造祭器。若无田禄者，但为祭服耳。其有地大夫，祭器、祭服俱造，则先造祭服，乃造祭器。"

　　《王制》："大夫祭器不假。祭器未成，不造燕器。"孔疏引皇侃说亦云："此谓有地大夫，故祭器不假；若无地大夫，则当假之。故《礼运》云：'大夫祭器不假，声乐皆具，非礼也'，谓无地大夫也。"

　　《王制》又曰："大夫、士宗庙之祭，有田则祭，无田则荐。"郑注："有田者，既祭又荐新。"

　　所谓"祭器"，就是鼎、簋之类的铜礼器。《礼记》说没有田禄的大夫、士不能自备祭器，只能假用，皇侃以采地来解释田禄，是很了解当时情况的。《周礼·地官·载师》郑玄注说："宅田，致仕之家所受田也……仕者亦受田，所谓圭田也，《孟子》曰：'自卿以下，必有圭田，圭田五十亩。'"这也是以采地作致仕者的俸禄来解释田禄的。《孟子·滕文公下》又说："士之失位也，犹诸侯之失国家也……惟士无田，则亦不祭。"这些说法，都是指田禄即以田为禄，有无田禄，就是有无官职。

　　无田禄的大夫、士既不能自备祭器，逢到吉凶之礼，则可以向闾里乃至六乡借用祭器。如：

　　《周礼·地官·乡师》："正岁，稽其乡器：比共吉凶二服；闾共祭器；族共丧器；党共射器；州共宾器；乡共吉凶礼乐之器。"

　　郑玄注："吉服者，祭服也；凶服者，吊服也；比长主集为之。祭器者，簠簋鼎俎之属，闾胥主集为之。丧器者，夷槃素俎楬豆輁轴之属，族师主集为之。此三者民所以相共也……乡大夫备集此（吉凶礼乐之器）四者，为州、党、族、闾有故而不共也。此乡器者，旁使相共则民无废事，上下相补则礼行而教成。"

　　这种从六乡到闾里都供有礼乐之器以备无田禄的大夫、士来借用的习惯，无疑是农村公社公有制的遗痕。在《周礼》写定的时代，农村公社已处在迅速解体阶段，这种制度当然不会是发生在农村公社的破坏阶段，而应当是承自农村公社还比较稳固的西周时代。那个时期，"大夫祭器不假"和"乡共吉凶礼乐之器"的制度，只会更加发达。在那种制度下，没有田禄的大夫、士既不能自备青铜礼器，当然就谈不上用青铜的鼎、簋等礼器随葬，以实用锅鼎等礼器随葬的主人，自然有权自备青铜礼器，也就是都有田禄。张家坡M222之所以用仿铜陶鼎等陶礼器随葬，恐怕就因主人是没有田禄的大夫。

再进而分析之，这种现象在西周前期根本见不到，像士这种最低等级的贵族几乎都以实用铜鼎随葬，可见那时士以上的贵族，几乎都有官职，士的特权地位明显地要比东周以后的同等贵族高得多和稳定得多。可以看到，宗法奴隶制的等级制度在西周前期该是相当风平浪静的。

懿、孝左右在长安张家坡M222中出现仿铜陶礼器的现象，直接揭示出那时甚至在宗周的心脏地区都发生了某些大夫已经失去田禄的情况，所谓"有地大夫"和"无地大夫"之别，大概到这时期刚刚出现，东周时期才越来越多；这也正和金文中开始出现转让土地内容的情况相吻合。井田制与建筑于其上的贵族等级制度，终于遇到了风浪。像（62）例洛阳中州路一带M3中铅鼎等明器的产生，恐怕也是这场风浪中的一朵浪花。尽管在全部西周后期的用鼎遗存中，这种浪花为数甚少，也就是说，这种等级制度的发生大动荡还要更晚一些，但是，从天子之卿到宗周大夫、成周之士，从姬姓公、侯到边鄙王子，在这时期纷纷僭越着过去的用鼎制度，总可说明一场大变动已经开始。

（三）春秋中期至战国早期的第二次破坏

周人用鼎制度的第二次大破坏，大致发生在春秋中期至战国早期。主要表现为：

（1）周初的诸侯，至战国初已兼并成十几个。他们都远比周王室强大，这自然导致所有诸侯统统僭用天子鼎制。原有的五等爵的鼎制，已荡然无存。

（2）由于土地私有制发展后世卿世禄制度的日遭破坏，旧氏族贵族的地位一天天被新兴贵族夺去，卿大夫纷纷擅了诸侯之权，于是，诸侯之卿也僭用了天子鼎制。

（3）随着庶人日益从村社中脱身为自由小农和旧贵族的衰微，往日的等级制度及其从属的用鼎制度便发生根本性动摇。当然，这是不平衡的：在东方诸国，贵族和庶人有无用鼎权力的界限已被冲破；而西方秦国则没有发生。

（4）旧贵族衰微后失去田禄的大夫与士自然越来越多，从而随葬仿铜陶礼器的现象不断增多。这时期，大夫、士一类贵族往往只用或与铜礼器一道并用陶礼器，它看来已丧失了区别"无地大夫"和"有地大夫"的意义。新获得可用士礼之权的庶人，更是几乎都用陶礼器。

许多这时期的重要遗存是出在被扰之墓，故下列用鼎遗存不限于未扰单位。凡扰乱过甚的，或虽未扰动而因材料发表不齐、不能判明鼎制①或所属分期阶段的②，则不加收入。

1. 大牢九鼎

（92）河南新郑南关郑伯墓的铜圆鼎21和簋10等。此墓于1923年被盗，出土物有蒋鸿元《新郑出土古器图志》（1923年）、孙海波《新郑彝器》（简称《彝器》）（1937年）、关伯益《新郑古器图录》（1929年）和《郑冢古器图考》（简称《图考》）（1940年）汇集著录。《图考》后出，核实遗物较准确，计有大牢九鼎一套（缺一），无盖，大小相次，是最大的一组（即《图考》"牢鼎"，《彝器》"虺螭夔文鼎"）；大牢七鼎一套，有盖，稍小，虽大小有别，但最大的三件尺寸一样，并非逐件相次（即《图考》"蟠螭簫"，《彝器》"虺螭云文鼎"）；羞鼎两套六件，每套三件，无盖，腹有六扉，尺寸皆近于七鼎中最小一鼎，正合乎陪上述九、七二牢之数（即《图考》"陪鼎"，《彝器》"虺螭文鼎"）；铜簋一组八件（即《图考》"敦"、《彝器》"夔文簋"），另一组二件（即《图考》"螭耳锜"，《彝器》"蟠螭文簋"）。八簋之组，自然是配九鼎的；二簋则当如《周礼·秋官·掌客》郑注"簋十二者，堂上八，西夹、东夹各二"，是与八簋相配之组。

现知春秋铜器以此为大，鼎制又为九、七二牢加羞鼎二套，墓主非郑伯莫属。同出有《王子婴次卢》，王国维考"婴次"即"楚令尹子重"③。当时，徐、楚称王，郑则为伯，诸子皆称"公子"（《左传·襄公八年》），"婴齐"如为郑人，不会称"王子"，况器上细线方格细乳纹正具南方铜器特征，铭文字体亦为楚风（《彝器》第129、130页），王说可从。但王氏以此为鄢陵役后遗于郑地之说，则诚如杨树达所称"斯不免于凿矣"④。从铜器的形态和组合看，应为春秋中期物。

（93）河南辉县琉璃阁墓甲的铺圆鼎15和簋14（或12）等⑤。此墓与墓乙发掘于1936年，抗战期间记录散失，中华人民共和国成立前夕部分器物又被劫往台湾，剩下的器物并和M2遗物相混⑥。其用鼎情况，郭宝钧记为："鼎13器又500碎鼎片，簫2器

---

① 如邯郸百家村M3的铜鼎1和陶鼎9，见河北省文化局文物工作队：《河北邯郸百家村战国墓》，《考古》1962年第12期，第613、614页。

② 如邢台东董村M14的陶少牢五鼎，见河北省文化局文物工作队：《邢台战国墓发掘报告》，河北省文化局文物工作队，1959年6月铅印本，表四。

③ 王国维：《王子婴次卢跋》，《观堂集林》，中华书局，1961年，第899、900页。

④ 杨树达：《王子婴次卢跋》，《积微居金文说》（增订本），科学出版社，1959年，第178页。

⑤ 郭宝钧：《山彪镇与琉璃阁》，科学出版社，1959年，第70页谓出簋14，但第43页登记了簋8、第71页登记了方座簋4，后两种合计只有簋12，未知孰是。

⑥ 河南省博物馆：《河南、陕西等地发现的古代青铜器·辉县战国甲墓和乙墓出土青铜器选记》，《文物》1965年第5期，第1页。

又2260碎薄片。13鼎是否列鼎制，无从证明。"①仅据这个简单记录，当然无法确断原来的鼎制。但簋中有一组是八件成套，而八簋是配九鼎的，这就可知其中必有大牢九鼎。

（94）辉县琉璃阁M60的铜圆鼎24、簋6等。郭宝钧说有"镬鼎1、有盖列鼎5、有盖列鼎9、无盖列鼎9、不成列的小鼎5"②。既有镬鼎一件和大牢九鼎两套、少牢五鼎一套，所谓"不成列的小鼎5"，应是陪大牢的羞鼎三和陪少牢的羞鼎二，不像是另一套少牢五鼎。

墓甲与M60是春秋中、晚期之际的墓。这时期，有什么能用九鼎的贵族会埋在这里呢？

按周初封康叔于朝歌（今河南淇县），辉县即为卫地。春秋以后，卫的领地东移缩小，辉县即属晋地。至春秋中叶，晋公室弱，六卿强，各占大片领地，辉县一带便归范氏所属。

据《左传·襄公二十四年》及杜预注、孔疏引贾逵说，范本为夏御龙氏，商的豕韦氏，殷末国于唐（今河北唐县一带）；成王灭唐，迁于今西安南郊为杜；宣王杀杜伯，其子逃于晋，即为士氏；后封于范，又以范为氏。《左传·宣公十二年》称士会为"随武子"，《左传·宣公十七年》即称为"范武子"。《左传·宣公十六年》曾曰："春，晋士会帅师灭赤狄甲氏及留吁、铎辰。"士会即因灭赤狄余党之功而受封于范。甲氏、留吁在今冀南的永年、鸡泽和晋东南的长治一带③，范即今鲁西的范县东南④。从此，自长治越太行山经河南、河北交界一带到山东的西部边缘，为范氏之地，淇县、辉县即在其中。

《左传》又记，自鲁昭公十三年起，范与中行二氏同赵鞅相争。先是范吉射、中行寅与邯郸午等攻赵鞅，后荀栎、韩简子、魏襄子等移兵伐二氏，自定公十四年至哀公三年，范与中行氏便固守朝歌达五年，这一带当是范氏经营已久的领地中心。

此后，辉县被知伯占领，《史记·晋世家》即曰："当是时……知伯遂有范、中行地，最强。"抗日战争前有《智君子鉴》二器出于辉县⑤，正为辉县一度属知氏之证。《史记·晋世家》又曰：晋出公二十二年（据《索隐》引《竹书纪年》）"赵襄子、韩康子、魏桓子共杀知伯，尽并其地"。这一带自邺（今河北临漳县西）以南，便为魏地。

---

① 郭宝钧：《山彪镇与琉璃阁》，科学出版社，1959年，第70页。

② 郭宝钧：《山彪镇与琉璃阁》，科学出版社，1959年，第59页。

③ 泷川龟太郎：《史记会注考证》（第39卷），东方文化学院东京研究所，1960年，第75、76页。

④ 《水经注·瓠子河》："瓠河自运城东北迳范县与济濮枝渠合。"（《武英殿聚珍版丛书》本第24卷第18页上）"运城"即今山东郓城一带，故知彼时范县在今范县和梁山县之间。

⑤ 唐兰：《智君子鉴考》，《辅仁学志》，《图书季刊》1946年第1、2期合刊。

同一墓地中，还有不少出七鼎或五鼎的墓，都属公元前6世纪至前5世纪初叶，正相当于范氏占有辉县的时期。这恐非范氏卿族的墓地莫属，其墓甲和M60的墓主，当为某两个范子。在六卿强、公室卑的形势下，范子自然是僭用了天子之礼。

（95）安徽寿县蔡昭侯墓所出铜圆鼎18和簠8、敦2等。许多铭文说明墓主是"蔡侯齾"，其尊、盘之铭"十年正月初吉辛亥蔡侯齾"，又说明在位十年以上，故只能是昭侯申、成侯朔、声侯产之一。陈梦家断为昭侯，其说可从[1]，这批铜器，当铸于公元前518～前491年。

鼎中最大一件有扁盖，带炊痕，自铭为鼐，即镬；其次七件无盖，腹有四兽扉，大小相次，自铭为鼒，是大牢七鼎；再次九件亦有扁盖，自铭为鼎，其中六件成对而整组仍大小相次，是大牢九鼎；最小一鼎形态同于九鼎而无铭文，疑属羞鼎而原有数量已有缺失[2]。正鼎为九、七二牢，与（92）郑伯墓相同；因此时簠已往往演变为敦，其八簠二敦，也就等于郑伯墓的八、二之簠。

（96）山东临淄尧王庄国子墓的铜圆鼎8等。1956年打井时挖出，共存器物未出全[3]，原来当是九鼎成套。各鼎大小相若，有"国子""大国"之铭，器形和同地郎家庄M1殉人坑中的陶鼎相似而足较矮[4]，当略早于郎家庄器而属春秋晚期。"国"为氏称，"大"为尊称。齐之高、国二氏自拥立桓公后，世为齐卿，至鲁哀公六年田乞立悼公而专齐政时，高、国二氏的势力被消灭殆尽。《国子鼎》的年代不会在此之后，所以这个国子是以卿的身份而使用九鼎。

（97）河南汲县山彪镇M1的铜圆鼎19和簠2（或4）等。此墓是1935年经盗掘后发掘的，资料未全部发表。郭宝钧曾统计出土物有："大鼎1……列鼎7……中鼎2……小

---

① 陈梦家：《寿县蔡侯墓铜器》，《考古学报》1956年第2期，第115～118页。又，《史记·蔡世家》谓昭侯及其高祖文侯皆名为申，高祖与玄孙不可能同名，必有一误。《春秋·宣公十七年》曰"蔡侯申卒"，这是蔡文侯，可见昭侯当作他名。陈梦家谓这个蔡侯名"卯"，小篆"卯""申"易混，昭侯原当名"卯"。安铭中䚂字，实为从齾甫声，四甫乃繁体，本应省写作"齾"。小篆"申"作申，"甫"作甫，金文"甫"多作甫或甫（容庚：《金文编》，科学出版社，1959年，第180页），汉初古隶作甫（马王堆M1第34～37、86简，见湖南省博物馆、中国科学院考古研究所：《长沙马王堆一号汉墓》下册，第226、227页），正易讹作"申"。

② 安徽省文物管理委员会、安徽省博物馆：《寿县蔡侯墓出土遗物》，科学出版社，1956年，第6、7页，图版叁、图版肆、图版伍，1，又，第7页与图版拾肆，1的"炊器"1，很像是小口鼎，但也许是甗的下部，故未计入。

③ 杨子范：《山东临淄出土的铜器》，《考古通讯》1958年第6期，第50～52页。有六鼎的图像见山东省文物管理处、山东省博物馆：《山东文物选集》（普查部分），文物出版社，1959年，图113。

④ 郎家庄墓的鼎，见山东省博物馆：《临淄郎家庄一号东周殉人墓》，《考古学报》1977年第1期，第88、89页，图二十，10，图版伍，1。

鼎9。"①所谓"大鼎1"，当是镬鼎。"小鼎9"高仅4.3厘米，出在殉人身旁，是专为殉人制作的明器，杀殉者既用九鼎，墓主的"列鼎7"和"中鼎2"，无疑应合并成一套大牢九鼎。

墓的时代，据四件华盖壶的形态，可断为前五世纪中叶。传世有《赵孟壶》，是前482年晋定公、吴王夫差黄池之会后所作②。又有传出洛阳金村的《令狐君嗣子壶》，陈梦家断为周威烈王十年（前416年）或周安王十年（前392年）之物③。这座墓的华盖壶，腹部最大径的位置介于《赵孟壶》与《嗣子壶》之间，其蟠螭纹也正是二器纹饰的中间形态，年代当就在二器之间。

此墓又有《大纻铸戈》与《周王叚之元用戈》出在墓主左肩侧④。按周敬王名丐，叚、丐是古代常用的通假字，春秋时人并多用丐、叚为相配的名字，如士文伯名丐，字伯瑕，楚令尹阳丐，字子瑕等，故《周王叚之元用戈》当为周敬王之戈。又魏襄子名多，纻多双声叠韵，通假极多，《大纻铸戈》无疑为魏襄子所铸。考魏多为晋卿时，敬王与王子朝争位，晋国曾四次出兵拥立敬王，魏多约正因此功而被赐敬王之戈，故随葬身侧，以示勤王之勋⑤。

魏的封邑最初在山西芮城。晋悼公十一年（前562年）魏绛徙治安邑，即今山西夏县禹王城⑥。后来又迁到大梁，其徙治时间众说不一。《史记·魏世家》说在魏惠王十一年（前359年），《集解》引《汲冢纪年》说在惠成王九年（前361年），《正义》引《陈留风俗传》则云"毕万十世徙大梁"。魏的世系，诸书所载，各有阙遗。今据秦嘉谟《世本辑补》，补以《魏世家》中的悼子、昭子，"毕万十世"的世次即为毕万、芒季、武子犨、悼子、庄子、昭子绛、献子荼、简子取、襄子多、桓子驹。

① 郭宝钧：《山彪镇与琉璃阁》，科学出版社，1956年，第11、43页。按第13、42页谓小鼎为8件，因偶数不合鼎制，故从9件之数；又第25页，图版贰肆，1、3、4；又第56、57、66页；《虎佁丘君戈》见第56、57页图二五，图版陆叁，1，传世又有铜鼎铭"虎佁君彖择其吉金，自乍□□□"，封君之号相同而非一人，见于省吾《商周金文录遗》，科学出版社，1957年，图79。

② 唐兰：《怀铅随录（续）·赵孟疥壶跋》，《考古社刊》（第6期），考古学社，1937年，第325～327页。

③ 中国科学院考古研究所：《美帝国主义劫掠的我国殷周铜器集录》，科学出版社，1962年，第134页，A714。

④ 郭宝钧：《山彪镇与琉璃阁》，科学出版社，1956年，第11、43页。按第13、42页谓小鼎为8件，因偶数不合鼎制，故从9件之数；又第25页，图版贰肆，1、3、4；又第56、57、66页；《虎佁丘君戈》见第56、57页图二五，图版陆叁，1，传世又有铜鼎铭"虎佁君彖择其吉金，自乍□□□"，封君之号相同而非一人，见于省吾《商周金文录遗》，科学出版社，1957年，图79。

⑤ 参高明：《中原地区东周时代青铜礼器研究》，《高明学术论集》，上海古籍出版社，2013年。

⑥ 陶正刚、叶学明：《古魏城和禹王古城调查简报》，《文物》1962年第4、5期合刊，第59～64页。

前文已述，自魏桓子、韩康子、赵襄子灭智后，淇水一带归魏，桓子将都邑东徙是有可能的。众所周知，《竹书纪年》等简册就是西晋时出在汲县的魏安釐王墓中。战国时魏的"公墓"（《周礼·春官·冢人》）区既在汲县，魏桓子迁都大梁后将其父葬于汲县，亦在情理之中。

墓主既同范子一样，都是晋卿，自然都用大牢九鼎。

2. 大牢七鼎类

（98）～（100）辉县琉璃阁M80、M55、M75的时代，大略同于上述墓甲和M60。M80与M55应是一对夫妇并穴合葬墓。郭宝钧说，M80有"大鼎1（镬）、有盖列鼎5、无盖列鼎7……簋4、敦2"；M55有"有盖列鼎5、无盖列鼎7、小鼎2（成对）……簋4"；M75有"有盖列鼎5、空足有盖列鼎（如鬲）7"[①]。三墓都用形态彼此相异的大牢七鼎和少牢五鼎各一套。M80的四簋二敦，就总数而言，等于六簋；M55的成对小鼎和四簋，则显然都是为配置少牢五鼎的。

如上所述，春秋中、晚期的琉璃阁墓地是范氏卿族的墓地。M80有铜戈一，铭"虎佁丘君□之元用"[②]。当时，凡封君的，都有食邑，身份是很高的，但他既用七鼎，显然又低于用九鼎的墓甲和M60的墓主。晋之六卿，其时犹同诸侯，他们属下也存在着卿、大夫、士这样一些级别。这些墓主，按其用鼎制度而言，大概相当于范子属下的上大夫。

（101）、（102）山东莒南大店春秋晚期的M2所出平盖仿铜陶鼎7和M1所出平盖铜圆鼎2、敦3与平盖陶鼎7、簋（原报告作敦）6等[③]。M1所出，是很整齐的一套陶七鼎配六簋；其铜鼎较大，且腹部远远深于陶鼎，应是镬鼎。M2的大牢七鼎，大小有别。

M2的铜编钟上有"簹叔之中子平自乍铸其游钟"等铭。簹即莒，说明是莒国贵族墓。传世春秋晚期的《簹侯簋》，铭为"姿乍皇妣金君中妃祭器八簋"等[④]，是莒侯及

---

① 郭宝钧：《山彪镇与琉璃阁》，科学出版社，1956年，第11、43页。按第13、42页谓小鼎为8件，因偶数不合鼎制，故从9件之数；又第25页，图版贰肆，1、3、4；又第56、57、66页；《虎佁丘君戈》见第56、57页图二五，图版陆叁，1，传世又有铜鼎铭"虎佁君豪择其吉金，自乍□□□"，封君之号相同而非一人，见于省吾：《商周金文录遗》，科学出版社，1957年，图79。

② 郭宝钧：《山彪镇与琉璃阁》，科学出版社，1956年，第11、43页。按第13、42页谓小鼎为8件，因偶数不合鼎制，故从9件之数；又第25页，图版贰肆，1、3、4；又第56、57、66页；《虎佁丘君戈》见第56、57页图二五，图版陆叁，1，传世又有铜鼎铭"虎佁君豪择其吉金，自乍□□□"，封君之号相同而非一人，见于省吾：《商周金文录遗》，科学出版社，1957年，图79。

③ 山东省博物馆、临沂地区文物组、莒南县文化馆：《莒南大店春秋时期莒国殉人墓》，《考古学报》1978年第3期，第320、321、330页，图版叁，2、4。

④ 罗振玉：《贞松堂吉金图》上卷，1935年，第36页，罗振玉：《三代吉金文存》，1937年，8·43·1。

其夫人用九鼎八簋之证。传世又有同时期的《籥太史申鼎》，铭"籥大史申乍其造鼎十"①，据前述金文中作鼎数的文例，"鼎十"当为正鼎七与陪鼎三。这二墓的用鼎情况，同"太史"那类官吏是差不多的。

（103）山西长治分水岭M14所出战国早期的铜圆鼎9等②。最大的二件无盖侈耳（原报告一式），当是镬鼎；其余的有圜盖，大小相次（原报告二式），是一套大牢七鼎。

（104）湖南长沙浏城桥M1所出战国早期的陶鼎10、簋6、敦2和铜鼎4等③。陶鼎中五件圜盖，其中最大的一件、中等的二件，小的二件（原报告I式）；还有二件小口鼎（原报告III式），最小。在战国楚器中，凡少牢以上的升鼎，其最末的一或二鼎几乎都是小口鼎，可知这是七件成套。另三件无盖侈耳（原报告II式），是陪七鼎的羞鼎。前述（95）蔡昭侯墓以八簋二敦配九、七二牢，这则以六簋二敦配七鼎，当此往往用敦代簋之时，在应配的簋数外再加二敦，同（92）郑伯墓以八、二之簋来配九鼎的制度是一样的。

3. 少牢五鼎及其杀礼三鼎类

（105）户县宋村春秋中期秦墓的大小相次的无盖铜圆鼎5和簋4等，组合很规整④。

（106）、（107）宝鸡阳平镇秦家沟M1、M2所出春秋中期的无盖铜圆鼎3和簋4各一套⑤，当是少牢杀礼三鼎，故配四簋。

（108）山西万荣庙前村春秋中期晋墓的有盖铜圆鼎7和簋2等⑥。五鼎大小相次，二鼎成对最小，显然是少牢五鼎陪二鼎。簋仅二件，（92）、（95）、（104）、（121）等例表明，这阶段在配九鼎的八簋、配七鼎的六簋、配五鼎的四簋之外，又常常附加二簋或二敦，此墓所出之簋，当是属于附加簋数的范畴。

---

① 罗振玉：《三代吉金文存》，1937年，4·15·1，图像见郭沫若：《两周金文辞大系图录考释》第1册《图编》，科学出版社，1957年，图44。

② 山西省文物管理委员会：《山西长治市分水岭古墓的清理》，《考古学报》1957年第1期，第112～114页，图版叁，1。

③ 湖南省博物馆：《长沙浏城桥一号墓》，《考古学报》1972年第1期，第60～63页，图版贰，1～3，图版叁，1、2、5。

④ 陕西省文管会秦墓发掘组：《陕西户县宋村春秋秦墓发掘简报》，《文物》1975年第10期，第56、57、63页，图十五、十六。原报告说各鼎分别有牛、羊、猪等骨骼。周人的少牢五鼎是不置牛的，这个记录似说明秦人已破坏了这种制度，但因目前仅见此例，故仍疑不能定。

⑤ 陕西省文物管理委员会：《陕西宝鸡阳平镇秦家沟村秦墓发掘记》，《考古》1965年第7期，第340～343页，图版贰，1，图版叁，1～3。

⑥ 杨富斗：《山西万荣县庙前村的战国墓》，《文物参考资料》1958年第12期，第34、35页。

（109）山西侯马上马村晋国M13所出春秋中期的铜圆鼎7和簋4等①。鼎中Ⅰ式一件最大，无盖侈耳；Ⅱ式二件稍小，无盖附耳，是"邾（徐）王之子庚儿"所作；Ⅲ式三件又稍小，有盖；Ⅳ式一件最小，略同上式而腹稍深。同出之簋既为四件，七件鼎应是少牢五鼎和陪鼎二。其《庚儿鼎》是徐器，可说明原有成套铜鼎已有缺失而杂取它鼎相配，所以型式很不整齐。

（110）山东莒县天井汪春秋中、晚期莒国墓的无盖铜圆鼎5与平盖铜圆鼎1等②。据（113）例，这一带与无盖鼎同出的平盖鼎往往是羞鼎，但当已遗阙一件。

（111）、（112）长治分水岭M270和M269的无盖铜圆鼎5、带盖铜圆鼎5和敦2等各一套，其M269缺有盖鼎1。二墓并列，M270的骨架为男性，M269为女性，当是夫妇，鼎制本应相同，故M269肯定是少放了一件有盖鼎。二敦亦如单置二簋。其时代都属春秋中、晚期之际，但M270较早③。

（113）山东临朐杨善公社齐墓的铜圆鼎7和敦2等④。五鼎是一组，另二件是成对的平盖鼎，也是少牢五鼎陪二鼎再加二敦。同出壶铭纪年为"公孙灶立事岁"。《左传·襄公二十七年》至《左传·昭公三年》载：公元前546年，齐的庆封当国执政；次年公孙灶等倒庆氏，执政莅事；公元前539年，公孙灶卒。铜壶铸于公元前546～前539年，铜鼎当亦为春秋晚期物。

（114）辉县琉璃阁墓乙的铜圆鼎10和簋4等。郭宝钧谓有"鼎5、甗5……簋4"，"（河南省博物馆）清册中列鼎5、甗5必为形状不同的二组"⑤。簋既为4件，鼎正应是两套少牢五鼎。时代略晚于墓甲。

（115）辉县琉璃阁M76所出春秋末的大小相次的圜盖铜圆鼎5等⑥。

（116）长治分水岭M53所出春秋晚期的大小相次的圜盖铜圆鼎5等⑦。

（117）洛阳中州路M2717的圜盖铜圆鼎5等⑧。1件最大，4件成对略小，属公元前

---

① 山西省文物管理委员会侯马工作站：《山西侯马上马村东周墓葬》，《考古》1963年第5期，第233～240页，图版壹，7，图版叁，□。

② 齐文涛：《概述近年来山东出土的商周青铜器》，《文物》1972年5期，第11页，图版捌，2。

③ 山西省文物工作委员会晋东南工作组、山西省长治市博物馆：《长治分水岭269、270号东周墓》，《考古学报》1974年第2期，第63～84页，图版贰，1，图版捌，2、3。

④ 齐文涛：《概述近年来山东出土的商周青铜器》，《文物》1972年第5期，第12～14页。

⑤ 郭宝钧：《山彪镇与琉璃阁》，科学出版社，1959年，第71页。

⑥ 郭宝钧：《山彪镇与琉璃阁》，科学出版社，1959年，第68页。

⑦ 山西省文物管理委员会、山西省考古研究所：《山西长治分水岭战国墓第二次发掘》，《考古》1964年第3期，第124、135页，图十三，第2、137页，图版叁，2。

⑧ 中国科学院考古研究所：《洛阳中州路（西工段）》，科学出版社，1959年，第92、157页，图版陆叁。

5世纪中叶。此墓无簋而出铜盖豆4①。带盖豆是春秋中、晚期之交在黄河流域出现并很快就盛行的。它最初和簋共存，似另有使用制度［如（93）琉璃阁墓甲等］，但很快就代替了簋的位置［如（128）南大汪M1］。战国时，黄河流域的三鼎以下之墓普遍用盖豆代簋，较大的墓则往往同时用簋；在楚国，则普遍用瑚或敦代替簋。此墓出五鼎和盖豆四，等于是五鼎四簋。

（118）洛阳中州路M2719所出战国之初的陶鼎5和盖豆5等②。从这时期起，盖豆之数往往与鼎数同。

（119）～（121）长治分水岭M12所出大小相次的铜圆盖鼎5和簋1、敦2等③；M25的无盖铜镬鼎1和圆盖鼎5及敦2等；M26的无盖铜镬鼎2和圆盖鼎5及簋4、敦2等④。它们连同（103）M14都属前四世纪中叶，在通常的青铜器分期中，可算战国中期。但因在鼎制变化过程中，是否并用铜、陶鼎，可作为划阶段的标志之一，而在三晋两周地区，此后凡少牢五鼎以上的墓，都并用铜、陶鼎，所以这里把战国早期的时间延伸到包括这几座墓在内。

分水岭的M14和M26、M12和M25都是夫妇并穴合葬墓。夫妇用鼎应当同制，但M14用大牢七鼎而M26却用少牢五鼎，怎样解释这种夫妇鼎制相殊的现象呢？

《礼记·中庸》曾云："父为大夫，子为士，葬以大夫，祭以士；父为士，子为大夫，葬以士，祭以大夫。"葬礼既从死者身份，就不能从其子身份的升降来寻找造成这种差异的原因，但后死的墓主如果身份有所升降，却可以造成区别。《礼记·王制》所云"大夫废其事，终身不仕，死以士礼葬之"，正说明贵族地位的下降，是会在葬礼上反映出来的。

4. 牲三鼎类

（122）洛阳中州路M4所出春秋中期的铜圆鼎3和簋1等⑤。二鼎无盖，一鼎圆盖，似经补配成套。簋似缺一。

（123）山东临沂俄庄花园公社鄅国墓的铜圆鼎3等⑥。原报告定为春秋中期。

（124）宝鸡福临堡秦墓M1所出春秋中期的无盖铜圆鼎3、簋3等。二簋双耳，一

---

① 这种带盖豆，在洛阳玻璃厂M439出的"哀成叔"器中自铭为"豂"（据洛阳博物馆陈列品），其命名似需重新考订，现暂从目前通行的名称。
② 中国科学院考古研究所：《洛阳中州路（西工段）》，科学出版社，1959年，第158页。
③ 山西省文物管理委员会：《山西长治市分水岭古墓的清理》，《考古学报》1957年第1期，第108、109页，图版叁，4、5。原报告中的椭圆形簋2，实为钲（图版叁，6），故不收入。
④ 山西省文物管理委员会、山西省考古研究所：《山西长治分水岭战国墓第二次发掘》，《考古》1964年第3期，第119～126、137页，图版叁，1、3、4。
⑤ 中国科学院考古研究所：《洛阳中州路（西工段）》，科学出版社，1959年，第152页。
⑥ 齐文涛：《概述近年来山东出土的商周青铜器》，《文物》1972年第5期，第12页。

簋无耳，是一套三鼎二簋再加簋一①。

（125）~（127）宝鸡福临堡M3、M6、M7各出仿铜陶鼎3等，M3和M6又各配簋2。鼎皆无盖直耳。②亦约属春秋中期。

（128）河北邢台南大汪M1所出春秋晚期的圜盖铜圆鼎3和盖豆2等③。

（129）、（130）侯马上马村春秋晚期的M5、M15各出圜盖铜圆鼎3等，M5又出铜簋1，M15又出铜盖豆2④。

（131）河北邯郸百家村M57所出春秋末年的圜盖铜圆鼎3和盖豆2等⑤。

（132）湖南浏阳北岭春秋、战国之际楚墓所出越式带盖撇足铜圆鼎3等⑥。

5. 特一鼎类

这时期，庶人已逐渐普遍使用仿铜陶鼎，以青铜特一鼎随葬的，因而骤然减少。已知青铜特一鼎的遗存，有一鼎、一鼎一簋、一鼎一簋一豆、一鼎二豆、二鼎、二鼎二簋、二鼎二豆七种组合。盖豆在这里完全是代替簋的位置的，所以一簋一豆或二豆，实际就是二簋。

一鼎的有：（133）江苏邳县刘林的春秋晚期姝鄀墓⑦；（134）长沙识字岭的春秋晚期M301等⑧。

一鼎一簋的有：（135）~（139）洛阳中州路春秋中期的M1、M6、M216、M1041（铅器）、M2415等⑨。

---

① 中国科学院考古研究所宝鸡发掘队：《陕西宝鸡福临堡东周墓葬发掘记》，《考古》1963年第10期，第536~543页，图版壹~图版肆。

② 中国科学院考古研究所宝鸡发掘队：《陕西宝鸡福临堡东周墓葬发掘记》，《考古》1963年第10期，第536~543页，图版壹~图版肆。

③ 河北省文化局文物工作队：《邢台战国墓发掘报告》，河北省文化局文物工作队，1959年6月铅印本，第5、6页，图版叁，2，图版肆，1、2；又见河北省文化局文物工作队：《河北邢台南大汪村战国墓简报》，《考古》1959年第7期，第347、348页。

④ M5见山西省文物管理委员会侯马工作站：《山西侯马上马村东周墓葬》，《考古》1963年第5期，第230、245页，图版壹，4、5，图版叁，9；M15的材料，承侯马工作站提供。

⑤ 河北省文化局文物工作队：《河北邯郸百家村战国墓》，《考古》1962年第12期，第622、632页，图版肆，2。

⑥ 张欣如：《湖南浏阳县北岭发现青铜器》，《考古》1965年第7期，第374页。

⑦ 南京博物院：《1959年冬徐州地区考古调查》，《考古》1960年第3期，第27页。

⑧ 中国科学院考古研究所：《长沙发掘报告》，科学出版社，1957年，第38、39、169页，表一，图版拾贰，1。

⑨ 中国科学院考古研究所：《洛阳中州路（西工段）》，科学出版社，1959年，第87、92、93、94页图六二，2、110、151~153页，图版肆伍，2、3，图版肆玖，3、4，图版伍拾，1、2，其M2415原报告定为东周Ⅰ期，但具体年代已到春秋中期。

一鼎一簋一豆的有：（140）、（141）河北唐山贾各庄春秋晚期的M18和战国早期的M28[①]；（142）易县燕下都战国早期的M31[②]等。

一鼎二豆的有：（143）洛阳中州路春秋晚期的M115等[③]。

二鼎的有：（144）湖南韶山灌区湘乡M1等，属春秋中期[④]。

二鼎二簋的有：（145）侯马上马村春秋晚期的M11[⑤]；（146）长安客省庄春秋晚期的M202[⑥]等。

二鼎二豆的有：（147）洛阳中州路春秋晚期的M2729[⑦]等。

用仿铜陶特一鼎随葬的小墓，从春秋中期开始发生，到春秋晚期已经多得举不胜举。此外，亦偶见殉人用陶一鼎之例，如：

（148）临淄郎家庄春战之际的M1殉人坑所出陶鼎等礼器。因被盗，墓主所用鼎制未详。其17个殉人坑内，各殉青年女子一，除掉10个坑只见陶鼎等残片外，其余的有一鼎一敦二豆（坑1、2、4、8）、一鼎二敦二豆（坑10）、一鼎三豆（坑12、13）等组合[⑧]。

6. 诸侯之卿僭用天子鼎制和庶人使用士礼特一鼎反映的社会变化

诸侯之卿僭用天子鼎制和东方诸国的庶人逐渐普遍使用士礼特一鼎，是这阶段鼎制变化中最重要的内容。

1952年，郭沫若把随着井田制崩溃而导致的公室衰微和卿大夫强大，生动地描绘为："由于私家逐渐肥于公家，下层便逐级超克上层。天子倒霉了，诸侯起来；诸侯

① 安志敏：《河北省唐山市贾各庄发掘报告》，《考古学报》（第6册），第67、68、85、87~89页，图版玖~图版拾肆，其第68页所记M18的"敦"为"簋"字之误，M18的Ⅲ式鼎实为簋，1953年。

② 河北省文化局文物工作队：《1964~1965年燕下都墓葬发掘报告》，《考古》1965年第11期，第548~550页，图版叁，1、2。原报告的Ⅱ式鼎同于贾各庄M18的Ⅲ式鼎，亦应为簋。

③ 中国科学院考古研究所：《洛阳中州路（西工段）》，科学出版社，1959年，第92、93、154页。

④ 湖南省博物馆：《湖南韶山灌区湘乡东周墓清理简报》，《文物》1977年第3期，第36、37页图二、43页。

⑤ 山西省文物管理委员会侯马工作站：《山西侯马上马村东周墓葬》，《考古》1963年第5期，第230、245页。

⑥ 中国科学院考古研究所：《沣西发掘报告——1955—1957年陕西长安县沣西乡考古发掘资料》，文物出版社，1963年，第134、135页，图八九，1、2，图版玖伍，2、3。

⑦ 中国科学院考古研究所：《洛阳中州路（西工段）》，科学出版社，1959年，第87、93、94页，图六二，7，第156页，图版伍捌，1、2。

⑧ 郎家庄墓的鼎，见山东省博物馆：《临淄郎家庄一号东周殉人墓》，《考古学报》1977年第1期，第88、89、92、93页，图版伍，1、2、7。

倒霉了，卿大夫起来；卿大夫倒霉了，陪臣起来。"①在"天子倒霉了，诸侯起来"的西周末至春秋初，诸侯正纷纷僭用天子鼎制，而在"诸侯倒霉了，卿大夫起来"的时候，也又出现了（93）、（94）、（97）诸例所揭示的晋卿范子、魏子僭用天子鼎制的情况。用鼎制度的变化，证实着西周后期以来发生的政治力量的二次兴衰。这就是代表土地私有制利益的新贵族，在春秋中期以后正在登上历史舞台，把旧的氏族奴隶主贵族排挤下去。

但最能深刻说明当时发生着普遍的社会变化的，还是庶人使用士礼这个事实。

周初以来，士以上的贵族皆用鼎、簋等礼器，庶人则只能用鬲、豆、盂、罐等日用陶器，始终不用鼎。《国语·楚语上》引《祭典》云："国君有牛享，大夫有羊馈，士有豚犬之奠，庶人有鱼炙之荐。""牛享"是大牢，"羊馈"是少牢，"豚犬之奠"即特牲，都是用鼎盛置的；其"鱼炙之荐"，据《诗·桧风·匪风》所云"谁能亨鱼，溉之釜䰝"，显然就是放在鬲、釜之中。从随葬品制度来看，以鬲等日用陶器随葬的小墓，无疑是庶人之墓。

但一到春秋中期，就有少量这类小墓出仿铜的陶一鼎；亦往往同出仿铜陶簋。洛阳中州路（西工段）26座属于这时期的东周二期陶器小墓中，就有M213出一鼎一簋，M212出一鼎二簋，M2202无鼎而出一簋。它们同只出日用陶器的小墓相比，墓主的财富及其社会地位显然差不多，这就知道有些庶人已冲破过去的限制，而可以用鼎、簋等礼器了。

更晚一些的同类小墓又表明，当这个界限一经冲破，庶人使用士礼，犹如洪水泛滥，迅速遍布大地。就在中州路（西工段）墓地中，属东周三期即春秋晚期的陶器小墓有37座，出陶特一鼎的（基本组合为鼎、盖豆、罐即罍），便达27座（一座缺鼎），战国早期的24座东周四期的陶器小墓，更是全部用鼎、盖豆、壶等仿铜陶礼器随葬，只有四墓因组合不齐而缺鼎②。

除了殉人坑，难以再找到当时的低于这种规格之墓，这说明墓主确实是普通平民。拿《仪礼》之《士丧礼》和《既夕礼》来对照这些小墓，又知这种葬俗确为士礼③。《既夕礼》并说士礼所用只有"明器"而"无祭器"，郑注谓"士礼略也，大夫以上兼用鬼器、人器也"。所谓"鬼器"，当即"明器"，是不能实用的仿铜陶礼器等；"人器"当即"祭器"，是实用的青铜礼器等。只要观察一下（104）浏城桥M1和下述使用少牢五鼎以上规格的贵族墓，就知郑玄所说确为战国的普遍情况。在春秋晚期以后，东方诸国的庶人已普遍使用士礼，是确然无疑的了。

---

① 郭沫若：《奴隶制时代》，人民出版社，1973年，第33页。

② 中国科学院考古研究所：《洛阳中州路（西工段）》，科学出版社，1959年，第152～158页。

③ 可参陈公柔：《〈士丧礼〉〈既夕礼〉中所记载的丧葬制度》，《考古学报》1956年第4期，第67～84页；沈文倬：《对〈《士丧礼》《既夕礼》中所记载的丧葬制度〉几点意见》，《考古学报》1958年第2期，第29～38页。

庶人可用士礼的深刻意义，在于意味着二者之间等级界限的消失。《国策·齐策四》有齐宣王和颜斶的对话云："今夫士之高者，乃称匹夫，徒步而处农亩；下则鄙野监门闾里。士之贱也亦甚矣！"这本来早已表明至迟到战国中期，士同耕田的庶人是没有多大差别的，现在根据鼎制的变化，就知他们二者之间界限的消失，是春秋中期开始、战国之初完成的。周人的传统等级制度遭到了多大的破坏啊！这自然又意味着旧贵族的衰微，也表现出解脱了公社羁绊的自由农民，在他们尚未破产的时候，至少在社会习俗的待遇方面，比从前是提高了一步。总而言之，土地私有制的发展，正在迫使社会来调整原有的等级制度。

这种社会现象，如果排除掉自身文化特点相当强烈的南方的吴、越和北方白狄族的鲜虞—中山等国，除秦国外，在东方诸国到处都出现着，而一旦庶人皆可用鼎，这种礼器的高贵属性，无疑将要消逝。于是，用鼎制度受到破坏的方面就越来越广，如庶人小墓的特一鼎，从春、战之际始，就常用二件完全一样的陶鼎，在形态上再也看不出有什么一升一羞的差别。整个用鼎制度从此便进入到崩溃的前夜了。

（四）战国中、晚期的第三次破坏

战国中期以后，用鼎制度加速了它的崩坏进程。这时，秦人和东方诸国的鼎制出现了比过去更为突出的差异，所以下面就分开考察之。

1. 东方诸国的大牢九鼎类

（149）河南信阳长台关战国中期楚墓M1的铜圆鼎5和敦2、陶圆鼎13和敦2等[1]。铜鼎皆圜盖，一件最大，其余成对缩小。陶鼎为无盖镬鼎二，腹带环鼻；圜盖升鼎九，大小有别，末一鼎为小口鼎；其他二件一为无盖浅腹平底鼎，据下例，这是羞鼎，另一件未详，大概也是羞鼎。组合为陶镬鼎二和大牢九鼎一套，再加铜少牢五鼎陪陶羞鼎二。铜、陶敦各二，亦犹（111）、（112）、（113）、（120）等只用二敦之例。此墓木椁是头箱、足箱、左右边箱俱全[2]，为现知楚墓椁制的最高规格，墓主当是封君的贵族，故鼎制规格很高。

（150）江陵望山楚墓M1所出战国中期的陶、铜鼎和簠、敦等各一套。陶鼎有无盖镬鼎二，腹带环鼻；圜盖大牢九鼎一套，二件稍大，六件较小，末一件为小口鼎；无盖无耳的少牢五鼎一套，腹有四扉；无盖侈耳的羞鼎三，浅腹平底并带兽形扉四。

---

① 河南省文物研究所：《信阳楚墓》，文物出版社，1986年；又见河南省文化局文物工作队：《河南信阳楚墓出土文物图录》，河南人民出版社，1959年，图四五～图四八、图五二、图六一、图一五五～图一五八。

② 河南省文化局文物工作队第一队：《我国考古史上的空前发现——信阳长台关发掘一座战国大墓》，《文物参考资料》1957年第9期，第21、23页，图二。

相配的有方座豆形陶簋六和带练盒形陶簋二，加在一起，正合八簋之制；另有陶敦二。铜鼎只有圜盖大牢九鼎一套，二件最大，四件稍小，又二件更小，一件亦为小口鼎。相配的有铜敦二[①]。

据竹简祷辞，墓主叫"悆固"[②]。楚有昭、屈、景三氏与王同姓。《楚辞·离骚序》曰："三闾之职，掌王族三姓，曰：昭、屈、景。"此墓以北的M2，椁板上有烙印戳记"邵吕竹□"[③]，其"邵吕"当即"昭闾"，是"三闾"之一。M1与M2当为同族之墓，故知"悆固"即昭氏。据尸骨，M1的墓主是二十多岁的男子，祷辞说他"趣（趋）事王大夫"而"未又（有）雀（爵）位"[④]，审之椁制，只有头箱和边箱各一，只达到通常所见的大夫规格。这种虽属王族而只相当于大夫一级的尚未封爵的贵族，居然也僭用九鼎，鼎制显然更趋紊乱。

（151）辉县固围村M1的陶大牢九鼎一套和簋2等[⑤]。墓已被盗，青铜礼器无存，陶鼎也只能根据残片来推出数字。从残片看，九鼎大小有别；从各器形态看，墓属战国中期。

（152）河北易县燕下都九女台M16的仿铜陶鼎29和簋12等。亦因被盗而铜礼器无存。鼎为无盖镬鼎二，一大一小（原报告Ⅰ、Ⅳ式）；圜盖大牢九鼎一套，大小相次（原报告Ⅱ、Ⅲ式）；无盖无耳带匕的小型大牢七鼎二套，一套腹有三扉（原报告Ⅱ式小鼎），一套无扉（原报告Ⅰ式小鼎）；羞鼎四件，皆为方鼎，一套三件，素耳素足（原报告Ⅰ式小方鼎），另一件鸟耳龙足（原报告Ⅱ式小方鼎），《仪礼·聘礼》和《公食大夫礼》都说到有二牛一羊一豕 的"四铏"之制，这四件羞鼎应当就是这种组合。陶簋二套，八（原报告Ⅰ式）、四（原报告Ⅱ式）为组。鼎、簋相配之制，这时期在其他诸国是早已紊乱了，但燕国则仍然保留着《周礼·秋官·掌客》中的"鼎、簋十有二"的老规矩，甚至羞鼎也还使用古老的方鼎的形态[⑥]。

---

① 湖北省文化局文物工作队：《湖北江陵三座楚墓出土大批重要文物》，《文物》1966年第5期，第33～55页。各类鼎的数字，承陈振裕同志见告。在"简报"中，陶镬鼎为图十四，1，陶九鼎为图十四，2、3，陶五鼎为图十五，10，陶羞鼎为图十四，4，陶豆形簋为图十五，2，陶盒形簋为图十五，4、7，铜九鼎为图十二，1～3，铜敦为图十二，4。

② 简中屡见"为悆固贞"，一简见日本北九州市教育委员会等主办：《中华人民共和国出土文物展》，日本北九州市立美术馆，1973年，图13。

③ 湖北省文化局文物工作队：《湖北江陵三座楚墓出土大批重要文物》，《文物》1966年第5期，第36页，图七。

④ 承朱德熙、裘锡圭、李家浩同志见告。

⑤ 中国科学院考古研究所：《辉县发掘报告》，科学出版社，1956年，第75页，图版肆陆，5、6。

⑥ 河北省文化局文物工作队：《河北易县燕下都第十六号墓发掘》，《考古学报》1965年第2期，第83～85、87、91～93页，图版贰，1～6，图版柒，1～4，图版捌，1、2。按第92页，图十四，6、7的小圆鼎互倒。

此墓所在的九女台墓区以及其北的虚粮冢墓区，在燕下都东城的西北角，周围有垣墙，当是"公墓"区，墓主应属王室之人，故鼎制隆重。燕下都主要是昭王以后修筑的[①]，墓的年代不会早于公元前4世纪末。

（153）寿县朱家集楚幽王墓的铜器群。此墓于1933、1938年两次被盗。李景聃统计1933年的盗掘品有：《楚王酓肯鼎》1、《楚王酓忎鼎》1、大牺鼎1、有盖大鼎1、细花大鼎2、四兽平底鼎9、有盖中鬲5、有盖小鬲8、有流鼎1、鼎盖1、小鼎足1、三足簠5、三足小簠3、四足簠3、簠3等[②]。1938年的盗掘品，内容不明。1952年寿县又收集铜鼎7和敦4等，又有《楚王酓忎鼎》1[③]，其他诸器不知是否与李景聃的统计物相重复。

此墓遗物因流散过甚，要把鼎、簠、敦的原来组合搞清楚是很困难的。据已发表的图像，二件《楚王酓忎鼎》最大[④]，当为镬鼎；"四兽平底鼎"九件同（95）蔡昭侯墓的鼒相似，是大牢九鼎[⑤]；圜盖高足鼎九件，李景聃统计为（甲）、（丁）铭"铸客为集胜为之"，（戊）铭"铸客为集胜"，（乙）铭"集胜，大子鼎"，（壬）铭"大子鼎"、"集胜"，（丙）、（己）、（庚）、（辛）铭"客铸愈"，也是一套大牢九鼎[⑥]。其他究竟还有几镬？几牢？几羞？尚不详。

楚自考烈王二十二年（前241年）迁都寿县后，至负刍五年（前223年）被秦所灭。《楚王酓忎鼎》已被公认为楚幽王熊悍之器，其"楚王酓肯"当以马衡、唐兰的考烈王说可信[⑦]。故此墓应为楚幽王墓，入葬于公元前228年左右。直到战国末，楚王还使用着西周后期以来的鼎制。

---

① 参傅振伦：《燕下都发掘品的初步整理与研究》，《考古通讯》1955年第4期，第24、25页。又，传出燕下都的铜兵器铭文，亦只见昭王以后的五王，见李学勤：《战国题铭概述（上）·燕国题铭》，《文物》1959年第7期，第54页。

② 李景聃：《寿县楚墓调查报告》，《田野考古报告》（第1册），国立中央研究院历史语言研究所，1936年，第268～276页。

③ 殷涤非：《关于寿县楚器》，《考古通讯》1955年第2期，第22页。

④ 楚文物展览会：《楚文物展览图录》，北京历史博物馆，1954年。

⑤ 刘节：《楚器图释·寿县所出楚器考释》，北平图书馆，1935年，附图十曾景出一鼎，无盖；《安徽省博物馆筹备处所藏楚器图录》（第1集），1953年影印散叶本，图三又景出一鼎，有扁盖。

⑥ 李景聃：《寿县楚墓调查报告》，《田野考古报告》（第1册），国立中央研究院历史语言研究所，1936年，第269、270页，器形见上注引《图录》图四～图十；又《图释》附图十一的小口鼎，疑为这套升鼎的最末一鼎。

⑦ 唐兰：《寿县所出铜器考略》，《国学季刊》1934年第1期，第3～5页。

2. 东方诸国的大牢七鼎类

（154）河南三门峡市后川M2040的铜圆鼎18和簋2、敦2、盖豆4等[①]。有六件春秋中期的无盖侈耳鼎，当是大牢七鼎缺一。又有七鼎是圜盖、环耳、矮足，五鼎是圜盖、附耳、矮足，为战国中期物[②]；簋、敦、盖豆也是战国式的。二簋、二敦当时常用，盖豆四应是配五鼎的[③]。

3. 东方诸国的少牢五鼎类

（155）辉县赵固M1所出大小相次的陶鼎5和盖豆4、铜圆鼎4和敦2等[④]。陶器是五鼎配四豆（代簋），铜鼎中二件附耳（6、8号）、二件环耳（2、7号），应是陪陶五鼎的羞鼎两套。时代属战国中期。

（156）江陵藤店M1的无盖陶镬鼎1，腹有环鼻（原报告I式）；圜盖陶五鼎一套，二件稍大（原报告II式），二件较小（原报告III式），一件是小口鼎（原报告IV式），圜盖铜鼎2，亦是陪陶五鼎的羞鼎[⑤]。又出"越王州勾剑"1，"州勾"即"朱勾"，卒于前412年，应是楚人在怀王二十三年（前306年）左右灭越时[⑥]得来的战利品，故墓的年代还要略晚于此。

（157）邯郸百家村M21的陶鼎5和盖豆3等[⑦]。

（158）长治分水岭M35的战国晚期陶鼎6、盖豆4和铜簋1（原报告作鬲）等[⑧]。各鼎未发表尺寸，当为镬鼎一和升鼎五，故以四豆（代簋）相配。

---

① 黄河水库考古工作队：《1957年河南陕县发掘简报》，《考古通讯》1958年第11期，第74、75页。简报所述鼎数缺一，据下注改正。

② 王世民：《陕县后川2040号墓的年代问题》，《考古》1959年第5期，第262、263页。

③ 上注又记还有二豆未见，如是盖豆，则当为配七鼎的。

④ 中国科学院考古研究所：《辉县发掘报告》，科学出版社，1956年，第110～114页，图版捌壹，1、2、5，图版捌陆，3，图版捌柒，2a、2b，图版捌捌，3～5。

⑤ 荆州地区博物馆：《湖北江陵藤店一号墓发掘简报》，《文物》1973年第9期，第8～10、17页，图三六、图三七、图三九、图四〇，图版贰，图版叁，1、4、5，图版伍，1、3。

⑥ 朱勾的卒年据范祥雍：《古本竹书纪年辑校订补》，新知识出版社，1956年，第48、92页；楚天越之年，据杨宽：《战国史》，上海人民出版社，1957年，第164页，注⑨。

⑦ 河北省文化局文化工作队：《河北邯郸百家村战国墓》，《考古》1962年第12期，第621页，图九，4，第630页。此墓附近的M20出陶鼎3和盖豆4，墓的规模和随葬品的丰富程度都和M21近似，使用的应即少牢杀礼，因未见器物图像，所属时期不敢遽断，故不收入。

⑧ 山西省文物管理委员会、山西省考古研究所：《山西长治分水岭战国墓第二次发掘》，《考古》1964年第3期，第119、125、129、137页，图版贰，1。

（159）长治分水岭M21的战国晚期陶鼎5和盛（即盒）4等[1]。无论是黄河流域盛行的盖豆还是江淮流域盛行的敦，战国晚期大都演变为盛，所以这仍是五鼎配四簋制度的延续。

4. 东方诸国的牲三鼎类（附四鼎类）

用青铜作牲三鼎的，又大大减少，仅见（160）韶山灌区湘乡M31一例，有铜圆鼎3、盖豆1与陶鼎2、敦2等同出[2]。其他各例，则全是仿铜陶器。如：

（161）、（162）北京昌平松园村M1、M2各出鼎3、簋2等[3]。

（163）、（164）邯郸百家村M40、M44各出鼎3、盖豆2等[4]。

（165）湖北宜昌前坪M27的鼎3、瓺2（代簋）等[5]。

（166）~（170）长沙左家公山M15[6]和伍家岭M260的鼎3、敦2，M248、M264的鼎3，敦3，M215的鼎3，敦4[7]等。这时，楚墓中五鼎以下的制度，往往脱离周人的传统轨道，故M215的三鼎四敦就不宜看作仍是少牢的杀礼。

楚人脱离旧轨道的明显表现，就是较多地出现了四鼎墓。其具体情况是：

（171）长沙识字岭M1的铜鼎与铁足铜鼎各2、铜盛2等，与陶鼎1等共存[8]。

（172）江陵太晖观M05的陶鼎4和敦2，瓺2等。鼎为两种型式，每种2件[9]。

其他的四鼎墓，也都是仿铜陶器。如（173）~（181）韶山灌区湘乡M65配敦2；M70配敦6；M74配敦2；M75配敦4；M76配敦2[10]；长沙沙湖桥MD8配敦4[11]；

---

① 山西省文物管理委员会、山西省考古研究所：《山西长治分水岭战国墓第二次发掘》，《考古》1964年第3期，第116、119页，图版壹，2、10。

② 湖南省博物馆：《湖南韶山灌区湘乡东周墓清理简报》，《文物》1977年第3期，第44、51页，图版壹，2、4。

③ 苏天钧：《北京昌平区松园村战国墓葬发掘记略》，《文物》1959年第9期，第53、54页。二墓所出陶鼎数字《记略》未详，承苏天钧同志见告。

④ 河北省文化局文化工作队：《河北邯郸百家村战国墓》，《考古》1962年第12期，第619、632、620页，图八，4、9。在这个墓地中，又有出陶三鼎一豆的M5、三鼎十豆的M8、四鼎四豆的M10，曾因所属阶段不能确定，故不收入。

⑤ 湖北省博物馆：《宜昌前坪战国两汉墓》，《考古学报》1976年第2期，第120、144页。

⑥ 湖南省文物管理委员会：《长沙出土的三座大型木椁墓》，《考古学报》1957年第1期，第95页。

⑦ 中国科学院考古研究所：《长沙发掘报告》，科学出版社，1957年，第169、170页。

⑧ 单先进、熊传新：《长沙识字岭战国墓》，《考古》1977年第1期，第62~64页。

⑨ 湖北省博物馆、华中师范学院历史系：《湖北江陵太晖观50号楚墓》，《考古》1977年第1期，第56~61页。

⑩ 湖南省博物馆：《湖南韶山灌区湘乡东周墓清理简报》，《文物》1977年第3期，第46页。

⑪ 湖南省文物管理委员会：《长沙沙湖桥一带古墓发掘报告》，《考古学报》1957年第4期，第65页。

伍家岭M237配敦3；M249配敦4；识字岭M302配敦1等[1]。

特一鼎类的二鼎从战国初起已是形态一样，故（171）、（172）二例便表明四鼎就是两套二鼎，可知四鼎仍应属于牲三鼎和特一鼎这个范畴。从二鼎的形态开始一样到四鼎的出现，意味着"鼎俎奇而笾豆偶"（《礼记·郊特牲》）那个周人鼎制的根本形态，亦终于受到了冲击。

5. 东方诸国的特一鼎类

随葬特一鼎的墓，绝大多数仍是方铜陶器。用铜鼎的，只有以下的少量遗存。

一鼎的有：（182）～（193）江陵拍马山M18[2]，湖南常德德山M37（铁足）[3]、M26（与陶鼎2等同出）、M47、M50、M76[4]，长沙柳家大山M35（铁鼎）[5]，长治分水岭M20[6]，长沙伍家岭M207（与陶鼎2、敦2等同出）[7]，长沙陈家大山墓（与陶鼎、敦等同出）[8]，宜昌前坪M23（铁足），宜昌葛洲坝M1[9]等。

一鼎一簠的有：（194）长治分水岭M36（原报告簠误作鬲），与陶鼎1、盖豆3同出[10]。

一鼎一敦的有：（195）长沙烈士公园M1[11]等。

一鼎二敦的有：（196）河南新郑烟厂空心砖墓[12]等。

---

① 中国科学院考古研究所：《长沙发掘报告》，科学出版社，1957年，第169、170页。

② 湖北省博物馆、荆州地区博物馆、江陵县文物工作组发掘小组：《湖北江陵拍马山楚墓发掘简报》，《考古》1973年第3期，第155、160页，图版伍，1。

③ 湖南省博物馆：《湖南常德德山战国墓葬》，《考古》1959年第12期，第661页。

④ 湖南省博物馆：《湖南常德德山楚墓发掘报告》，《考古》1963年第9期，第467、471页。

⑤ 湖南省博物馆：《长沙柳家大山古墓葬清理简报》，《文物》1960年第3期，第51、25页图16。

⑥ 山西省文物管理委员会、山西省考古研究所：《山西长治分水岭战国墓第二次发掘》，《考古》1964年第3期，第119、125、129、137页，图版贰，1。

⑦ 中国科学院考古研究所：《长沙发掘报告》，科学出版社，1957年，第169、170页。

⑧ 湖南省文物管理委员会：《湖南长沙陈家大山战国墓葬清理简报》，《考古》1958年第9期，第59页。

⑨ 湖北省博物馆：《宜昌前坪战国两汉墓》，《考古学报》1976年第2期，第118、144页，图版壹，1、2。《史记·秦本纪》谓公元前28年"司马错……因蜀攻楚黔中，拔之"，前278年"大良造白起攻楚，取郢为南郡"，宜昌彼时已为秦地。从同出铜壶形态看（图版壹，2、3），这二墓年代当在入秦以后，其前坪M23铜印上的"颏"字也具秦篆风格，但所出鼎、壶、镜等铜器皆楚器，墓主可能是楚人后裔并沿用楚之葬俗，故收入于此。

⑩ 山西省文物管理委员会、山西省考古研究所：《山西长治分水岭战国墓第二次发掘》，《考古》1964年第3期，第119、125、129、137页，图版贰，1。

⑪ 周世荣：《长沙烈士公园清理的战国墓葬》，《考古通讯》1958年第6期，第47页。

⑫ 孟昭东：《河南新郑出土的战国铜器》，《考古》1964年第7期，第368页。

二鼎的有：（197）长沙识字岭M323[①]，（198）长沙紫檀铺M30[②]、（199）长沙识字岭基M2[③]等。

二鼎一敦的有：（200）湖北鄂城鄂钢M53（铁足）[④]等。

二鼎二豆的有：（201）长治分水岭M10、与陶鼎2、盖豆2等同出[⑤]。

二鼎二敦的有：（202）长治分水岭M11[⑥]（203）、长沙识字岭M315（铁足）[⑦]等。

这些例子表明，东方诸国此时仅楚国还较多地使用青铜特一鼎，在黄河流域则只有较大的墓才用铜鼎。例如，（189）分水岭M20与（159）M21、（194）分水岭M36与（158）M35，都是有积石积炭的中型夫妇并穴合葬墓。其M21与M35用陶少牢五鼎，而M20与M36则用铜一鼎，本有使用五鼎资格的贵族忽然使用特一鼎，当然意味着鼎制又加紊乱。值得注意的是，M20与M36都是接近战国末年的墓，可能是入秦以后所埋。如果联系到当时秦人的鼎制来考虑，又可推测这种紊乱是被秦人所大大推进的。

6. 秦人鼎制的特点及其对传统鼎制的破坏

已发现的战国秦墓，出青铜礼器的寥寥可数，而陶器墓的分期问题尚未很好解决，所以要较准确地说明这时期秦人的鼎制，还有困难。但只要把眼睛转到秦人活动区，就马上可觉察到那里同东方诸国是大不一样的。

第一，庶人普遍用特一鼎的变化，基本上没有发生，连过去比东方诸国更多出现的部分贵族已用陶礼器的现象，这时也反而不见了。所以，在宝鸡斗鸡台[⑧]、宝鸡李家崖[⑨]、长安客省庄[⑩]、西安半坡[⑪]等春秋至战国的秦人墓地中，以及在陕西耀县

① 中国科学院考古研究所：《长沙发掘报告》，科学出版社，1957年，第169、170页。

② 湖南省文物管理委员会：《湖南长沙紫檀铺战国墓清理简报》，《考古通讯》1957年第1期，第21页。

③ 单先进、熊传新：《长沙识字岭战国墓》，《考古》1977年第1期，第62～64页。

④ 鄂基建指挥部文物小组、鄂城县博物馆：《湖北鄂城鄂钢五十三号墓发掘简报》，《考古》1978年第4期，第257、258、260页，图八，1、2。

⑤ 中国科学院考古研究所：《长沙发掘报告》，科学出版社，1957年，第106、107页。

⑥ 中国科学院考古研究所：《长沙发掘报告》，科学出版社，1957年，第106、107页。

⑦ 中国科学院考古研究所：《长沙发掘报告》，科学出版社，1957年，第169、170页。

⑧ 苏秉琦：《斗鸡台沟东区墓葬》，国立北平研究院史学研究所，1948年，屈肢葬墓部分；苏秉琦：《斗鸡台沟东区墓葬图说》，中国科学院，1954年，图版贰陆～图版叁叁。

⑨ 考古研究所陕西考古调查发掘队：《宝鸡和西安附近考古发掘简报》，《考古通讯》1955年第2期，据俞伟超发掘日记，M14出陶鼎、盛、瓮各1。

⑩ 中国科学院考古研究所：《沣西发掘报告——1955—1957年陕西长安县沣西乡考古发掘资料》，文物出版社，1963年，第131～138、175～177页，图版玖贰～图版壹零壹。

⑪ 金学山：《西安半坡的战国墓葬》，《考古学报》1957年第3期，第63～92页，图版壹～图版拾陆。

城东①、侯马乔村②、郑州岗杜③、湖北云梦睡虎地④、江陵凤凰山⑤、内蒙古准格尔旗八垧地梁⑥等战国晚期至汉初的秦人墓地中，仅仅于李家崖M14⑦、半坡M89⑧、侯马（乔村）M26⑨、凤凰山M38和M105⑩等很少几座战国晚期秦墓中，见到陶一鼎和陶盖豆或陶盛等礼器。至于铜的，更只在睡虎地M3⑪、凤凰山M90⑫这二座战国晚期秦墓中各发现楚鼎一。这说明相当于平民身份的秦人，从总体上说是始终不用鼎的，顶多是稍微受到一点东方的庶人亦用士礼的影响。

　　第二，少牢五鼎以上的规格，遭到很大破坏。例如，（204）四川成都羊子山M172之例，便表现出相当于从前大夫以上身份的贵族，最迟在战国末年已变得只用铜二鼎。

　　羊子山M172是底长约6米的木椁墓，按其规模，墓主身份至少相当于过去的大夫。墓内出无盖羽状蟠夔纹的楚式大铜鼎1和圜盖素面的秦式小铜鼎2。大鼎带炊烟痕，底有多次补痕，三足之一并补为铁足，当是使用已久的镬鼎。小鼎则为升鼎⑬。成都本为蜀地，自秦惠文王更元九年（前316年）司马错灭蜀后（从《史记》之《秦本

---

①　马建熙：《陕西耀县战国、西汉墓葬清理简报》，《考古》1959年第3期，第147页，图版叁，1、3、5。

②　中共侯马市委通讯组、侯马市文物管理站：《殉葬》，山西人民出版社，1974年，第1～13页，图1～32；山西省文物工作委员会写作小组：《侯马战国奴隶殉葬墓的发掘——奴隶制度的罪证》，《文物》1972年第1期，第63～67页。

③　河南省文物工作队第一队：《郑州岗杜附近古墓葬发掘简报》，《文物参考资料》1955年第10期，第3～23页。简报中的第一类第四组和第二类墓即秦人墓。

④　湖北孝感地区第二期亦工亦农文物考古训练班：《湖北云梦睡虎地十一座秦墓发掘简报》，《文物》1976年第9期，第51～62页。

⑤　《关于凤凰山一六八号汉墓座谈纪要》，《文物》1975年第9期，第11页。

⑥　崔璿：《秦汉广衍故城及其附近的墓葬》，《文物》1977年第5期，第27～30、32、33页。

⑦　考古研究所陕西考古调查发掘队：《宝鸡和西安附近考古发掘简报》，《考古通讯》1955年第2期，据俞伟超发掘日记，M14出陶鼎、盉、瓮各1。

⑧　金学山：《西安半坡的战国墓葬》，《考古学报》1957年第3期，M89曾出陶盛2，见第81页图十三，2，第91页，图版捌，3。

⑨　山西省文物管理委员会、山西省考古研究所：《侯马东周殉人墓》，《文物》1960年第8、9期合刊，第15～18页。此墓出陶鼎1与盖豆2等。

⑩　《关于凤凰山一六八号汉墓座谈纪要》，《文物》1975年第9期，M38曾出铜鼎、盛各1。

⑪　湖北孝感地区第二期亦工亦农文物考古训练班：《湖北云梦睡虎地十一座秦墓发掘简报》，《文物》1976年第9期，M3曾出铁足铜鼎1，见第55页，图八，第56页。

⑫　《关于凤凰山一六八号汉墓座谈纪要》，《文物》1975年第9期，M104曾出陶鼎1，M90曾出铜鼎1。

⑬　四川省文物管理委员会：《成都羊子山第172号墓发掘报告》，《考古学报》1956年第4期，第1～20页，图版贰，3、5，图版叁，4，图版伍，2。

纪》和《六国年表》）即为秦地。墓内的双耳铜鋬、圈足茧形陶壶和腹部弦纹突出甚高的素面铜鼎，都是秦代前后的典型秦器，墓的年代肯定在入秦以后很久。从同出有巴蜀铭文的铜罍、铜盘和巴蜀式铜戈看，墓主也许是蜀人后裔。但成都此时已是秦人控制很久之地，即使是蜀人后裔，其葬俗肯定要受到秦制的影响甚至制约。从这点出发，已可怀疑秦国其时对少牢以上的鼎制，作了很大变动。

当然，仅据孤例而作推论，自然是危险的。但还可拿稍晚一点的秦代情况，来验证战国末年的秦制。在三门峡市后川M2001这座出大半两的积石的秦代中型木椁墓中，也以成对的铜二鼎随葬[1]。按照墓葬的规模而言，如在战国的东方六国，肯定会用少牢以上的鼎制。所以，把羊子山M172和后川M2001联系在一起考虑，就可认为至迟在战国晚期秦人已往往把五鼎以上的规格，改为用铜二鼎。前述分水岭的M21、M20与M35、M36同样可说明这种变动，并多少暗示了这种变化是先从秦人那里发生，而后才影响他地。

可以看到，战国末的鼎制，尤其是秦国鼎制，同周初相比已是面目全非了。这自然是经济基础的变动以及由此而引起的等级制度的更改所造成。战国时，天子、诸侯、卿、大夫、士和庶人那种等级制度，皆被各国另一些新的等级制度所代替；其中，尤以秦国的二十等爵制同旧制的差异为突出。这恐怕也是秦国与东方诸国所以产生较大不同处的原因之一。

仅仅考虑这一点，当然还未能解释为什么春秋中期以后东方诸国的庶人已纷纷使用士礼而秦国没有变化？这只能首先着眼于秦国社会发展进程较为迟缓。东方诸国的土地私有制较早发生，农村公社和氏族宗法制也就较早受到破坏，旧礼制便首先受到冲击。秦国则直到商鞅变法时，才进一步摧垮家庭公社的残余、破坏村社土地所有制、发展私有制，自然当东方诸国冲破庶人不准使用士礼的界限时，秦国的庶民仍保留着质朴的村社成员气息。

历史的发展总是不平衡的。当商鞅变法时，为了推行土地私有制，就尽力排除当初在西周宗法奴隶制基础上建立起来的、对维持农村公社和旧等级制度有利的那套礼乐制度，并以秦国特有的二十等爵制为基础，大力实行军功爵。这样，战国中期以后秦国在改变旧的上层建筑的道路上，就不是像东方诸国那样用庶人使用士礼、卿大夫僭越王礼的方式来破坏往昔的鼎制，而是走着直接改变鼎制传统形式的道路。

春秋中期开始、战国中期以后特别明显的两条破坏旧鼎制道路的产生，自然又同各国历史文化传统的特点有关。秦国是后来发展起来的，所受周人制度的束缚本就较少，这大概也是后来能比较彻底地破坏周人鼎制传统的重要原因。

周初已经形成完整形态的鼎制，经过三次破坏，到了战国末，已经走到了崩溃的边缘。在第三次破坏过程中，秦人所做变革对摧毁整个用鼎制度来说，产生了大于其

---

① 黄河水库考古工作队：《一九五六年秋河南陕县发掘简报》，《考古通讯》1957年第4期，第7页。铜鼎数字，承叶小燕同志见告。

他各国的作用，因为秦人的新制度，通过统一六国的过程，显然对东方六国之地发生过很大影响，加速了周人传统鼎制的破坏。不过一到汉初，除秦人后裔，许多大体有八级以下民爵的小土地占有者的墓葬，又一度恢复过东方诸国的旧传统，使用着鼎、盛（即盒）、壶、钫等仿铜陶礼器；某些有高爵的贵族，也曾重新沿用六国鼎制。但历史条件毕竟已大不一样，天子、诸侯、卿、大夫、士和庶人那种等级制度既早已成为历史陈迹，社会就不会需要过去的用鼎制度了。于是，随着大土地所有制的发展，特别是汉武帝以后大土地所有制的加速膨胀，建立在这个基础上的就是与氏族宗法制性质不一样的宗族制度以及强调人身依附关系的伦理道德观念，造成了一套新的礼俗，把在井田制基础上形成的用鼎等礼乐制度，赶出了历史舞台；顶多是在不长的一段时间内，还保留着鼎这种器物。

　　附记：承丹徒县粮油化工厂工人胡顺利同志函示，前述（14）例江苏溧水乌山镇墓属吴越文化，不应在此论述。这点错误，谨予更正。

　　　　［原载《北京大学学报（哲学社会科学版）》1978年第1、2期，1979年第1期］

周代用鼎制度商榷

林　沄

周代有一套自天子至庶人的等级制度，在礼制上"名位不同，礼亦异数"（《左传·庄公十八年》）。20世纪70年代以来，先后有几篇文章把文献记载和考古资料结合起来探讨周代的与身份等级相应的用鼎制度[①]，引起考古学界和历史学界的普遍重视。其主要结论，经常被周墓发掘报告和研究论文引用。但也有人指出，这方面的研究"实际仍属探索性的工作"，有待继续探讨[②]。我因为讲授《商周考古》有关章节，翻检了一些文献和考古资料，感到关于周代用鼎制度的已有研究成果，确有不少尚待商榷之处，现在提出来，供大家讨论。

一

周代不同身份等级的用鼎定制究竟如何？杜文相信汉代何休之说："礼祭天子九鼎，诸侯七鼎，卿大夫五，元士三也。"（《公羊传·桓公二年》注）俞文根据《仪礼》等晚周文献作考证，认为东周是"诸侯用大牢九鼎；卿、上大夫用大牢七鼎；下大夫用少牢五鼎；士用牲三鼎或特一鼎"。而何休所言乃西周古制。邹文及《商周考古》则认为，依据《仪礼》《礼记》记载，天子和东周国君用九鼎，卿、上大夫用七鼎，下大夫用五鼎，士用三鼎或一鼎，这也就是西周中叶开始的鼎制。至于西周时诸侯用几鼎则未曾说明。

---

① 杜迺松：《从列鼎制度看"克己复礼"的反动性》，《考古》1976年第1期；俞伟超、高明：《周代用鼎制度研究》，《北京大学学报（哲学社会科学版）》1978年第1、2期，1979年第1期（又收入《先秦两汉考古学论集》，文物出版社，1985年）；邹衡、徐自强：《整理后记》，《商周铜器群综合研究》，文物出版社，1981年；北京大学历史系考古教研室商周组：《商周考古》，文物出版社，1979年，第三章第四节之四，第四章第四节之二、三。《周代用鼎制度研究》与《整理后记》两文均二人合作，但本文在下文引用时为简便起见，分别称为"俞文""邹文"。

② 王世民：《关于西周春秋高级贵族礼器制度的一些看法》，《文物与考古论集》，文物出版社，1986年，第163～166页。

另外，他们都认为从礼书中可以总结出九鼎配八簋、七鼎配六簋、五鼎配四簋，俞文还认为三鼎配二簋、一鼎无簋也是周代常制。

当然，汉人何休之说是否合乎周代实际，这在汉代就有争议。直接依据先秦文献来总结，比单相信何休之说要好。可惜，邹文引用文献似未细核原文而颇多失实。如谓《仪礼·有司彻》有五鼎，其实原文只有盛羊、豕、鱼的三鼎。又谓《礼记·礼器》有七鼎，其实原文是"七介七牢"，和鼎数无关。还把《周礼·膳夫》误引作《周礼·宰夫之制》，更令人难解。俞文引用文献相当详尽，考证也甚有见地，但仍有不少可商之处。

首先，现存先秦文献中有关用鼎制度的记载是互有矛盾的。例如，王（天子）平时吃饭用几个鼎？《周礼·膳夫》记载："王日一举（郑注：杀牲盛馔曰举），鼎十有二。"而《礼记·玉藻》则云："天子……日少牢，朔月大牢。"即平日只用五鼎，初一、十五才用七鼎（或九鼎）。这和《周礼》的说法相差很大。又如，《仪礼·士虞礼》记载，士的虞礼用特豕、鱼、腊三鼎。然而《礼记·杂记》却说："上大夫之虞也少牢，……下大夫之虞也特牲。"则下大夫和士的虞礼用鼎数就一样了。汉代经师在作注时，或墨守家法，排斥异说；或曲意弥缝，调和矛盾。像郑玄注《周礼·膳夫》，就把"鼎十有二"解释成"正鼎九、陪鼎三"。但他说得对不对，是值得怀疑的。俞文信从郑注，李学勤就不信，认为天子正鼎就有十二件[1]。王世民又详加论证[2]。所以，我们今天对待先秦文献，应该跳出汉代经注的窠臼，如实摆出各种矛盾，以求考古资料验证。

其次，从现存的先秦文献记载可以看出，某一身份等级的人在不同具体场合的用鼎数是有变化的。例如，从《仪礼》之《士丧礼》《既夕礼》可以看出，士死后到下葬会进行多次祭奠。始死之奠仅用一笾一豆、无鼎，小敛时用一鼎一笾一豆，大敛时用三鼎二笾二豆二筐，朔月之奠用三鼎二豆二敦，大遣之奠用五鼎四豆四笾[3]。也就是说，在士的丧礼过程中先后使用的鼎数便有〇、一、三、五共四个级别，所配的敦（簋）数也和俞文总结的"常制"多不合。由此推想，大夫以上身份的人在不同场合的用鼎数及器物组合情况一定很复杂。因为现存文献的片断性，我们当然无法对某一等级的人在所有各种礼仪活动中的用鼎数及器物组合做全面总结，也不可能对各等级的人在同一种礼仪活动中的用鼎数及器物组合做全面比较。但我们至少应该就现有文献全面列出每一等级的人所用鼎数的变化范围，以及器物组合的各种方式，这样才能避免在分析实际考古资料时因套用过分简单的公式而把本来是正常的现象当成"僭越""乱礼"，或造成其他误解。

① 李学勤：《东周与秦代文明》，文物出版社，1984年，第207、208页。
② 王世民：《关于西周春秋高级贵族礼器制度的一些看法》，《文物与考古论集》，文物出版社，1986年，第163～166页。
③ 陈公柔：《〈士丧礼〉〈既夕礼〉中所记载的丧葬制度》，《考古学报》1956年第4期。

再次，先秦文献中有一部分关于用鼎数的记载，并未言明使用者的身份等级。例如，《仪礼》中的少牢馈食礼用五鼎，经文本身未指明主祭者的身份等级。郑玄《三礼目录》说是"诸侯之卿大夫祭其祖祢于庙之礼"，贾公彦疏："郑知诸侯之卿大夫者，《曲礼下》云'大夫以索牛'，用大牢，是天子卿大夫。明此用少牢为诸侯之卿大夫。"其实，如果信从《仪礼·曲礼》，即"凡祭，……大夫以索牛，士以羊豕"，则少牢馈食礼不正是士的祭祖之礼吗？何必要绕一个弯说成是"诸侯之卿大夫"呢？但如信从《国语·楚语》的"大夫举以特牲，祀以少牢"，则少牢馈食礼正是大夫之礼，也不必解释成"诸侯之卿大夫"。由此可见，郑说也不过是可备一说的一家之言。又如《仪礼·聘礼》中主人身份是国君，来使的身份则不明。郑玄因为来使有五位介，根据《周礼·大行人》有关用介数的制度，推断来使是"诸侯之卿"。然而，诸侯之卿既然在祭祖时只用少牢五鼎，为什么在聘礼中能享用"饪一牢，在西鼎九，羞鼎三；腥一牢，在东鼎七"呢？显然，这并非俞文中解释的"礼加一等"，而是加了二等以上（正鼎由五加到九，又加陪鼎三），未免过分隆重了。可见郑注也未必可信。

最后要特别强调的是，先秦文献中有关用鼎制度的记载，不但有上述的互相矛盾、片断性和不明确性，而且因为这些记载几乎全是晚周或更晚的作品，所以只反映东周以降的实际行为或见解，一旦和西周的考古资料对照，便会发现明显的差异。举一个例子来说，俞文据"三礼"考定九鼎配八簋，但西周晚期的函皇父诸器的铭文记载同批铸造之器为"自豕鼎降十有一（或脱漏'一'字）、簋八、两罍、两壶"。俞文说，铭文的"十有一"应是"十有二"之误，应是正鼎九、陪鼎三。可是铭文明明说是"自豕鼎降"，如依礼书所载鼎实，以豕鼎为首只能有豕、鱼、腊三个正鼎，怎么能有九个正鼎呢？由此可见，西周时八簋是否必配九鼎，鼎实是否和"三礼"所载必符，都是值得怀疑的。再举一个例子，《仪礼·既夕礼》记载士下葬时用羊、豕、鱼、腊、鲜兽五鼎祭奠，然后把羊腿、猪腿各包一包葬入墓中。以此类推，则大夫下葬时当用大牢七鼎祭奠，才能用牛腿随葬。但在发掘甘肃灵台景家庄春秋早期秦墓时，这座铜三鼎墓也随葬"一条完整的牛后腿"[1]。把这种现象解释为秦人对周制的破坏是行不通的。因为，在周人的腹心地区，西周早、中期的铜一鼎墓中也发现过整条牛腿或牛骨（如长安张家坡1967年M54及M87[2]、宝鸡茹家庄西周早期墓[3]、凤翔南指挥西村西周中期的M42[4]）。可见晚周礼书所记的制度并非周初就已形成。

综上所述，从现存的先秦文献并不可能总结出整个周代的较可靠、较系统的用鼎

① 刘得祯、朱建唐：《甘肃灵台县景家庄春秋墓》，《考古》1981年第4期。
② 中国社会科学院考古研究所沣西发掘队：《1967年长安张家坡西周墓葬的发掘》，《考古学报》1980年第4期。
③ 王光永：《宝鸡市茹家庄发现西周早期铜器》，《考古与文物》1980年创刊号。
④ 雍城考古队：《凤翔南指挥西村周墓的发掘》，《考古与文物》1982年第4期。

制度，充其量只能梳理出周代后期的互有矛盾的、有待验证的鼎制片断。只有依据日益丰富的考古资料对这些记载逐一加以验证，不断地进行修正和补充，才能逐渐弄清周代用鼎制度的实际全貌。

二

　　从考古资料来研究周代的用鼎制度，大家都以周墓随葬的鼎作主要依据。但可以分为两种路子。

　　第一种路子是以同一形制的成套铜鼎或陶鼎为依据，这就是郭宝钧率先提出的"列鼎"[①]。他在20世纪50年代末已经指出："周自厉宣以降，统治阶级中的一些阔绰者，都爱用三、五、七、九成组的大小相次的列鼎随葬。"并已从寿县蔡侯墓出土的一套列鼎自铭为"鑐"认识到列鼎是用来升牲的鼎[②]。杜文和邹文都是根据墓中随葬的列鼎的鼎数来讨论周代的用鼎制度的。不过，杜文指出列鼎出现的年代应提早到西周中期，并举了长安张家坡M222[③]和扶风西周中期墓[④]这两个例子。前一例原报告定为穆王时代或稍晚，俞文改定为"懿孝左右"。后一例则从铭文、形制看也有可能属西周晚期。后来又发表了1974年发掘的宝鸡茹家庄M1和M2，M1甲随葬五件形制相同、大小相次的列鼎[⑤]，时代可定在昭穆之际，是目前已知列鼎之年代最早者。根据列鼎出现的实际年代，杜文认为"在西周中期已有了反映'礼制'的列鼎制度"。邹文则进而推断"从礼器制度来看，真正的'周礼'大概是从穆王时代才开始形成的"。

　　俞文的路子则是另外一种。该文批评郭宝钧提出的"列鼎"，认为"其义不合古训。所规定的大小相次的概念，仅仅捕捉到当时鼎制中的局部现象而忽略了主要内容，容易引起某些混乱"。该文认为，礼书所载的依身份等级而有相应数量限定的鼎，是升牲之鼎，故应名之为"升鼎"，或按郑玄注经的术语称为"正鼎"。又特别强调，升鼎"固然有很多是形制相若、大小相次的，但并不全是这样。有的是杂取各鼎，相配成套；有的是形制相若而并非逐件大小相次。判断这类鼎的成组数字，绝不能以此为唯一标准"。

---

　　① 郭宝钧：《山彪镇与琉璃阁》，科学出版社，1959年，第11~13、43、45页。

　　② 郭宝钧：《商周铜器群综合研究》，文物出版社，1981年，第87页。

　　③ 中国科学院考古研究所：《沣西发掘报告——1955—1957年陕西长安县沣西乡考古发掘资料》，文物出版社，1963年，第130、170页。

　　④ 史言：《扶风庄白大队出土的一批西周铜器》，《文物》1972年第6期，图一、图二、图十一~图十三、图十六。

　　⑤ 宝鸡茹家庄西周墓发掘队：《陕西省宝鸡市茹家庄西周墓发掘简报》，《文物》1976年第4期，图版肆，2上，图五六。

俞文指出在墓葬中存在"形制相若而并非逐件大小相次"的成套的鼎，这是对的。其实郭宝钧原已注意到寿县蔡侯墓中的同形同铭的九件盖鼎，"此九鼎中六鼎成对，依次递小，三鼎不成对，亦依次递小。此为列鼎的又一种排列式"①。可见"列鼎"的首要标准是形制相若，而并不一定非得逐件大小相次。而且，还存在形制相若、大小相同的成组鼎②。但是，俞文主张在判断墓葬中的鼎哪些件是成组的时候，可以不顾它们形制是否相若，而"杂取各鼎，相配成套"，那就使这种判断失去了客观依据，而有变成主观的数字游戏的危险。

举例来说，侯马上马村M13③实际出鼎七件，其中I式一件（无盖，口径60厘米），II式二件（无盖，耳与I式稍异，有"徐王之子庚儿"之铭，口径48厘米），III式三件（有盖，口径32厘米），IV式一件（有盖，盖纽与III式不同，更小）。郭宝钧对此分析说："这里的七鼎，形制不同花纹亦异，可是它的口径却依次渐小，是否它隐含有比照列鼎的用意，不敢臆测。"④态度比较客观。《商周考古》则分析为："两套列鼎各三件。"这是根据形制相若的原则，把I、II式算一套，III式算一套。俞文却以"五鼎配四簋"为由，判断说："同出之簋既为四件，七件鼎应是少牢五鼎和陪鼎二。其《庚儿鼎》是徐器，可说明原有成套铜鼎已有缺失而杂取它鼎相配，所以型式很不整齐。"该文虽未具体指明哪些鼎组成"少牢五鼎"，但显然至少得含有三种不同式别。其实四簋并不一定配五鼎，俞文所举（104）、（105）例即四簋配三鼎。所以把这七件鼎说成是"少牢五鼎和陪鼎二"的根据是并不充足的。再举江陵望山M1⑤为例：该墓出土铜鼎八件（小口鼎应为盥洗用具，故不计入），实际情况是I式二件同大，II式四件同大，III式二件同大。其中I式最大，II式次之，III式最小。而俞文判定为"少牢五鼎一套和牲三鼎一套"。同墓随葬的有盖陶鼎也是八件，其中一对较大，另六件同大，俞文判定为"圜盖少牢五鼎一套，二件稍大，三件较小，圆盖牲三鼎一套"。这样判断成组的鼎，显然有相当大的任意性。

正是由于俞文采取了"杂取各鼎，相配成套"的办法，所以分析西周墓葬材料也都能符合晚周文献中归纳出来的制度。例如，在分析甘肃灵台白草坡M1⑥出土的鼎时，把三件铜圆鼎和两件实际是鬲的"分裆鼎"合在一起算是少牢五鼎，把两件铜方

① 郭宝钧：《商周铜器群综合研究》，文物出版社，1981年，第88页。
② 山东诸城县博物馆：《山东诸城臧家庄与葛布口村战国墓》，《文物》1987年第12期，第49页，图一〇。
③ 山西省文物管理委员会侯马工作站：《山西侯马上马村东周墓葬》，《考古》1963年第5期，图版壹，7（I式），图版壹，1（II式），图版叁，1（III式）。
④ 郭宝钧：《商周铜器群综合研究》，文物出版社，1981年，第85页。
⑤ 湖北省文化局文物工作队：《湖北江陵三座楚墓出土大批重要文物》，《文物》1966年第5期，图一二，1、2，图一四，2；陈振裕：《略论九座楚墓的年代》，《考古》1981年第4期，图一，6、9，图四，6。
⑥ 甘肃省博物馆文物队：《甘肃灵台白草坡西周墓》，《考古学报》1977年第2期。

鼎算陪鼎。而在分析陕西扶风庄白的录伯戒墓①时，又把形式各异的两件方鼎和一件圆鼎合起来算牲三鼎。其实，既然是用这样的方法，墓中不论出多少鼎，总是可以配成一套或几套奇数的升鼎，余数则可算作陪鼎，大的又可说是镬鼎。如果数目还不对，还可以说是下葬时有缺漏。当然就不难得出周初墓葬中的鼎数"都和'三礼'所述相符"的结论，并断言"从周初开始，这套用鼎制度显然已具完整形态"。可是，用同样的方法，难道不可以把商代出鼎的墓也解释得符合周制吗？

　　当然，从情理上说，并不能排除古人在用鼎时有"杂取各鼎，相配成套"的可能。但是，在面对考古资料时，由于不能起死人而问之，唯一科学的途径只能是按器物本身的特征和摆放位置等客观现象来分组。像宋建对西周早期三鼎以上墓葬中诸鼎的形制、纹饰、大小做具体分析，从而探讨"列鼎"起源于西周早期的线索②，是有客观依据的。否则，不顾器物的形制、纹饰、大小如何，单凭文献中总结出来的认识对墓中随葬的鼎做主观的配套，考古资料就成了文献记载百依百顺的注脚，而失去了对文献验证、修正、补充的独立价值了。

　　郭宝钧提出的"列鼎"，正是以形制、纹饰相同（或基本相同）这一客观标准来分组的。而且，这一命名还跟周代器铭暗合。俞文只注意到寿县蔡侯墓有一组列鼎自名为"鼒"，便主张改称"升鼎"，其实"鼒"字之前还有一个形容词，由于过去有的研究者误识为"飤"，俞文亦误从之。实际上，那是个从二鬲、从水的字（此字有时还再加一个辵旁，下文均以×代之），见于以下各器：

　　（1）"蔡侯申之×鼒"（鼎，七件同形，大小相次）③。

　　（2）"蔡侯申之×簋"（簋，八件全同）④。

　　（3）"蔡侯申之×壶"（壶，两件全同）⑤。

　　（4）"王子午择其吉金，自作将彝×鼎"（鼎，七件同形，大小相次）⑥。

---

①　罗西章、吴镇烽、雒忠如：《陕西扶风出土西周伯戒诸器》，《文物》1976年第6期。

②　宋建：《关于西周时期的用鼎问题》，《考古与文物》1983年第1期，第76～78页。

③　安徽省文物管理委员会、安徽省博物馆：《寿县蔡侯墓出土遗物》，科学出版社，1956年，图版叁壹，2，图版叁叁，1，图版叁肆，1；上海博物馆编写组：《商周青铜器铭文选》，文物出版社，1987年，五九五篇，第381页。

④　安徽省文物管理委员会、安徽省博物馆：《寿县蔡侯墓出土遗物》，科学出版社，1956年，图版叁壹，2，图版叁叁，1，图版叁肆，1；上海博物馆编写组：《商周青铜器铭文选》，文物出版社，1987年，五九五篇，第381页。

⑤　安徽省文物管理委员会、安徽省博物馆：《寿县蔡侯墓出土遗物》，科学出版社，1956年，图版叁壹，2，图版叁叁，1，图版叁肆，1；上海博物馆编写组：《商周青铜器铭文选》，文物出版社，1987年，五九五篇，第381页。

⑥　河南省丹江库区文物发掘队：《河南省淅川县下寺春秋楚墓》，《文物》1980年第10期，图版壹，2，第15页；上海博物馆编写组：《商周青铜器铭文选》，文物出版社，1987年，六四四篇，第410页。

（5）"朋之×鼒"（同上鼎之盖）①。

（6）"瘵作其×贞"（鼎）②。

（7）"曾者子□用作×鼎"（鼎）③。

（8）"束仲□父作×簋"（簋盖）④。

（9）"上都府择其吉金，铸其×瑚"（瑚）⑤。

（10）"蔡公子□姬安之×□"（缶）⑥。

该字过去各家释读各异，最近吴振武考定该字即后世的"沥"字，读作"历"。吴振武认为，从（1）～（5）各例可知，凡自铭"历某"者都是形制相同的成组铜器。而"历"在古代本有列次、陈列之义，所以自铭"历某"之器即可按一定次序陈列的成组铜器⑦。我非常赞成他的意见。"历"和"列"古音不同，但字义是相通的。受铜器铭文的启发，我觉得今后在分析考古资料时，完全可以继续使用"列鼎"一名，而且可以再扩大范围，只要是形制相同的成组铜器，可分别名为"列簋""列盨""列壶""列罍"等。但应强调，这种命名只是对现象的客观描述，应视为现代考古学术语。过去的研究者往往一看到"列鼎"就都当作升牲之鼎，这是不对的。因为镬鼎、羞鼎或铏鼎不见得不可以采取"列鼎"的形式。在下一节中就要讨论这个问题。

三

周墓中随葬鼎的情况很复杂，单单挑出"列鼎"来和文献记载相对比，并不能完满解释复杂的现象。俞文的重要贡献，就在于依据先秦礼书，重申周代的鼎按用途应区分为镬鼎、升鼎、羞鼎等不同类别，并强调"只有把这种在考古学界中被遗忘的制度恢复起来，才可能比较准确地研究周代的用鼎制度"。俞文不仅从文献上详细讨论了上述三类鼎的区别和使用制度，而且按这种分类观点对大量周墓随葬的鼎做了具体分析，确实把这方面的研究大大推进了一步。但仍有一些问题需要重新商讨。

第一个问题是，究竟根据什么客观标准来确定镬鼎？

---

① 河南省文物研究所、河南省丹江库区文物发掘队、淅川县博物馆：《河南省淅川县下寺春秋楚墓》，文物出版社，1991年，第54页，图版肆伍。

② 罗振玉：《三代吉金文存》卷三·三七上。

③ 罗振玉：《三代吉金文存》卷三·三九下。

④ 湖南省博物馆：《湖南省博物馆新发现的几件铜器》，《文物》1966年第4期，第4页。

⑤ 杨权喜：《襄阳山湾出土的鄀国和邓国铜器》，《江汉考古》1983年第1期，第51页。

⑥ 湖北省博物馆：《襄阳蔡坡战国墓发掘报告》，《江汉考古》1985年第1期，第15页。

⑦ 吴振武：《释沥》，未刊稿。

　　郭宝钧在《山彪镇与琉璃阁》的"东周十八座墓葬随葬器物对照表之一"中，把不少墓例中最大的一两件鼎定为镬，并很简略地解释说："鼎栏内一般有一较大的鼎，或即熟羊镬豕镬之镬。"①俞文则对镬做了很详细的论述。论证的出发点是寿县蔡侯墓中有两件最大的鼎自名为"鬴"，底有烟炱，像是煮牲之器。这项材料郭宝钧也注意到了，他可能因信从陈梦家以"大"释"鬴"的说法②（但并未同意陈梦家把"鬴"解释成"形制较大的一种特鼎"），便在他头脑中形成了大鼎即镬的见解③。而俞文则完全摒弃了陈说，很充分地论证了古音"蒦"和"于"相通，"鬴"是"镬"的同音假借字，这是非常正确的。而且，俞文还列举了十件自名为"镬""蒦""盂鼎""钎贞""锰""鬴"的鼎，指出它们都是文献上所说的镬，这也是令人信服的。可是，这十件鼎有的有盖，有的无盖，有的大，有的小。因此，对于无铭的鼎如何根据形制特征判别是否为镬，并不能提供明确的线索。令人不解的是，俞文在进而讨论无铭的鼎时，并不说明理由就把每座墓中最大的一两件鼎当作镬，用这种思路分析了十一项资料后，又总结说，镬"如与同出鬴比较，一般是形体较大、形态有别"。其实这一结论已作为分析资料的先入之见，这种循环论证显然是没有说服力的。结果，俞文在"下篇"中分析各墓例时，实际上又回到郭宝钧的最大的鼎是镬的观点。

　　究竟是不是每墓中最大的鼎才是镬呢？1978年5月发掘了河南淅川下寺一号楚墓④，该墓中自名为"镬"的鼎，乃是成对的有盖鼎（原报告Ⅲ式），高46.5厘米。相同型式的鼎共八件，两两成对，递次渐小。而该墓最大的鼎则是无盖的，高60厘米。可见，镬是每墓中最大之鼎的设想，并不符合实际。

　　如果以底有烟炱作为镬的客观标志，情况也很复杂。例如，战国时期的荆门包山二号墓⑤，不仅最大的无盖鼎"器底残存炊痕"，还有十四件盖鼎"其中七件有炊痕"。又如战国时期的辉县赵固一号墓⑥，出土铜鼎三（形式各异，均有盖，其中一件三袋足如鬲）、铜鬲一，器底均有烟炱（按：另有陶列鼎五，俞文把铜鼎和铜鬲都算鼎，认为"应是陪陶五鼎的羞鼎两套"，似太牵强）。像这种一墓随葬的几件铜鼎全有烟炱的现象，从西周就有。如山东黄县庄头西周中期偏早的一座墓⑦，随葬三鼎，两件形制略同，大小不一，另一件形制不同。三件"底部均有烟炱痕"。还有的墓，小

---

①　郭宝钧：《山彪镇与琉璃阁》，科学出版社，1959年，第11～13、43、45页。

②　陈梦家：《寿县蔡侯墓铜器》，《考古学报》1956年第2期，第108页。

③　郭宝钧：《商周铜器群综合研究》，文物出版社，1981年，第87页。

④　河南省博物馆、淅川县文管会、南阳地区文管会：《河南淅川县下寺一号墓发掘简报》，《考古》1981年第2期。

⑤　湖北省荆沙铁路考古队包山墓地整理小组：《荆门市包山楚墓发掘简报》，《文物》1988年第5期。

⑥　中国科学院考古研究所：《辉县发掘报告》，科学出版社，1956年，第114页。

⑦　王锡平、唐禄庭：《山东黄县庄头西周墓清理简报》，《文物》1986年第8期。

的鼎反而有烟炱。如西周早期的客省庄77M1[①]，随葬三鼎。Ⅰ式二件，大小相同，高33.8厘米，底无烟炱。而Ⅱ式一件，高仅18.8厘米，"底部有烟炱痕迹"。当然，自名为镬的哀成叔鼎[②]，通高也不过34厘米，可见镬并不都是煮整牲的，但很小的鼎是否可称为镬，尚难论定。

由以上分析可以看出，就目前资料还找不出一种可靠的办法来确定无铭铜鼎中哪些是"镬"。俞文实际沿用郭宝钧的大鼎为镬的思路认为每墓顶多只有一两件镬，是靠不住的。按礼书记载，镬鼎和升鼎是配合使用的，因而也应像升鼎一样是成组的（参看俞文所引贾公彦、孙诒让两种说法）。从这种观点来看，随葬的列鼎中也可能存在成组的镬，这有待继续探讨。

和上一个问题相关的第二个问题，是对随葬之鼎中升鼎的确定和计数。

本来，从"列鼎"的观点来看，一件鼎是不成"列"的，所以杜文的表中所列墓例，是从三件的列鼎起算的。俞文则从升鼎的观点来看问题，所以把墓中出一鼎的都当作一件升鼎——"特一鼎"。出二鼎的多分析为"一升一羞"。邹文和《商周考古》在这个问题上和俞文的见解基本一致。然而，一鼎墓中的鼎究竟是不是升鼎，二鼎墓中的鼎是否为一升一羞，都大可怀疑。

俞文本已提到了春秋晚期的洛阳玻璃厂M439[③]中所出的哀成叔鼎自名"黄镬"，此鼎有盖，"底外有明显烟痕"。此墓器物组合为铜鼎一、铜盖豆一、铜铹一、铜勺一。这直接证明了当时一鼎墓中的鼎是镬。由此上溯西周，一鼎墓中的鼎，有大量是带烟炱的，不烦一一列举。据哀成叔墓类推，也可以解释为镬。至于二鼎墓，西周时确如俞文所言，"差不多都由不同形态或不同纹饰以及大小差别显著的两种鼎组成"。但在东周时却有很多墓随葬成对的铜鼎或陶鼎。目前所知时代最早的当推春秋早期的黄君孟夫妇墓[④]，该墓随葬铜器有鼎二、盆形豆二、壶二、罍二、盘一、匜一。张剑、彭浩、郭德维都提到东周楚墓有随葬成对鼎的现象[⑤]，认为这是不同于周礼的楚制。其实这种现象在东周时并非楚国特有。早在50年代发掘河南辉县赵固、褚邱和琉璃阁的战国墓[⑥]以及山西长治分水岭的战国墓[⑦]时，就已经有不少发现。这里再略举

①　中国社会科学院考古研究所沣西发掘队：《1976~1978年长安沣西发掘简报》，《考古》1981年第1期。

②　洛阳博物馆：《洛阳哀成叔墓清理简报》，《文物》1981年第7期。

③　洛阳博物馆：《洛阳哀成叔墓清理简报》，《文物》1981年第7期。

④　河南信阳地区文管会、光山县文管会：《春秋早期黄君孟夫妇墓发掘报告》，《考古》1984年第4期。

⑤　张剑：《从河南淅川春秋楚墓的发掘谈对楚文化的认识》，《文物》1980年第10期；彭浩：《楚墓葬制初探》，《中国考古学会第二次年会论文集》，文物出版社，1982年；郭德维：《楚墓分类问题探讨》，《考古》1983年第3期。

⑥　中国科学院考古研究所：《辉县发掘报告》，科学出版社，1956年，第38、39、121、125页。

⑦　山西省文物管理委员会：《山西长治市分水岭古墓的清理》，《考古学报》1957年第1期。

近年发现的数例：河南洛阳西工区M203[①]、河南新乡杨岗M3[②]、河北三河北淀M3[③]、陕西咸阳黄家沟M43[④]。而且，凡是随葬二鼎的，伴出的敦（或簋，或盖豆）和壶也常常是二件，而盘和匜则各为一件。应该注意到，在《仪礼·既夕礼》中记载士的随葬器物是"苞二（按：包羊腿、猪腿各一），筲三：黍、稷、麦，瓮三：醯、醢、屑，幂用疏布，甒二：醴、酒，幂用功布，用器：弓、矢、耒、耜、两敦、两杅、盘、匜。……"除了易朽的竹木器和纺织品外，能保存下来的是瓮（相当于现在考古上所谓的罐）、甒（相当于现在考古上所谓的壶）、敦（即今天考古上所谓的敦，以及功用相类的簋、盆、盖豆、簠、盒。盖豆实即古文献中的簠，而今天考古上习惯所称的簠，实即古文献中的瑚[⑤]）、杅（据陆德明《经典释文》，有的本子写作"芋"，应该都是"钁"的假借字，即鼎）、盘、匜。这说明《仪礼·既夕礼》的记载和今天考古发现的战国小型墓中的器物组合是相当符合的。过去郑玄注解说"杅盛汤浆"，贾公彦疏说"敦杅食器"，都没说明白"杅"是什么。我们现在却可以相当肯定地说，这里的"杅"，也就是铜器铭文中的"鬲"，又可写作"钎""盂"，就是钁，是作为炊器入葬的。春秋晚期以后盛行的鼎一、盖豆一、壶一、罐一的组合，也就是《仪礼·既夕礼》所记随葬器物组合的简化形式。由此可见，大量的春秋晚期以后的一鼎墓和二鼎墓中的鼎，都是钁而不是升鼎。至于有的墓随葬鼎四、盖豆四、壶四（如辉县琉璃阁M111[⑥]），可以看作《仪礼·既夕礼》所记器物组合的倍加形式。其所以不符合《礼记·郊特牲》"鼎俎奇而笾豆偶"的常规，正是因为这里的鼎是钁而不是升鼎。

由以上分析可知，周代一鼎墓和二鼎墓中的鼎，有可能都是钁（当然并不排除含有升鼎的可能）。而且，三鼎以上的墓，也有可能含有三件以上的钁鼎。特别是鼎数在三件以上而形制不一，就很难肯定它们都是升鼎。如俞文第（57）例，河南郏县太仆乡所出五鼎[⑦]被认为是"少牢五鼎"。但这五鼎并不成列，而最大两件有烟炱，如果认为其中有两件簋，又有何不可？俞文是因为同批出土的簋共四件，由四簋配五鼎而推定五件鼎都是升鼎。其实（52）、（53）、（54）、（56）各例都是四簋配三鼎，可见四簋并不是非得和五鼎相配。

---

① 洛阳市文物工作队：《洛阳市西工区203号战国墓清理简报》，《中原文物》1984年第3期，同墓尚有陶列鼎三。

② 新乡市博物馆：《河南新乡杨岗战国两汉墓发掘简报》，《考古》1987年第4期。

③ 廊坊地区文物管理所、三河县文化馆：《河北三河大唐迴、双村战国墓》，《考古》1987年第4期。

④ 秦都咸阳考古队：《咸阳市黄家沟战国墓发掘简报》，《考古与文物》1982年第6期。

⑤ 唐兰：《略论西周微史家族窖藏铜器群的重要意义——陕西扶风新出墙盘铭文解释》，《文物》1978年第3期；高明：《盠、簠考辨》，《文物》1982年第6期。

⑥ 中国科学院考古研究所：《辉县发掘报告》，科学出版社，1956年，第33、38页。

⑦ 《河南郏县发现的古代铜器》，《文物参考资料》1954年第3期。

第三个问题是铏究竟是不是羞鼎？

俞文说羞鼎就是陪鼎，这是对的。但是花了不少篇幅反复论述铏就是羞鼎，还硬说"郑玄把羞鼎又叫作铏是很清楚的"，是难以自圆其说的。《周礼·掌客》"凡诸侯之礼"以下，历数上公用铏四十有二，鼎簋十有二，侯伯用铏二十有八，鼎簋十有二，子男用铏十有八，鼎簋十有二。铏和鼎分明是两种不同的器物。郑玄对这段文字的注中说"铏，羹器也。……鼎十有二者，饪一牢，正鼎九与陪鼎三"。对铏和鼎也是分开解释的。所以这段注文中"不杀则无铏鼎"一语，铏和鼎是二物并举，按现代标点，应在铏字后加一顿号。贾公彦疏误将"铏鼎"连读而以为一物，遂云"铏鼎即陪鼎是也"。王引之在《经义述闻》中驳斥了贾疏，说："陪鼎已在鼎十有二之内，何得又以铏为陪鼎？"是击中要害的。俞文一方面完全同意郑注鼎十有二为正鼎九陪鼎三的说法，一方面又力主铏就是陪鼎，这是明显的自相矛盾。而且，《仪礼·聘礼》记述，当国君派卿"归饔饩五牢"于宾馆时，正鼎九是"设于西阶前，陪鼎当内廉东面北上"，而六铏则置于堂上，另有四铏置于西夹。铏和陪鼎显然不是一回事。《仪礼·聘礼》经文中还写明陪鼎所盛为"臐、膮、胾"。郑玄在《仪礼·公食大夫礼》的注中说："臐、膮、胾今时臛也。"（臛指不加菜的肉羹，《楚辞·招魂》王注："无菜曰臛。"）又说："铏，菜和羹之器。"可见铏和陪鼎所盛的内容也不同。俞文硬说《仪礼·公食大夫礼》"上大夫八豆·八簋、六铏、九俎"的六铏所盛为臐、膮、胾两套。其实该篇所附的记文明明说："铏芼：牛藿、羊苦、豕薇，皆有滑。"可见铏中所盛是和菜的肉羹。当然，俞文引用马王堆一号墓的遣册证明带菜的肉羹也盛在铏里，这是事实。但这只能据以推论先秦文献中的"铏"也可能是鼎形的，并不能因而把铏和陪鼎混为一谈。我们还应注意，在《仪礼》中提到陪鼎或羞鼎时，都是三件（从道理上说，九鼎和七鼎有牛、羊、豕三牲，故陪三鼎。若正鼎为五，则仅有羊、豕，应陪二鼎。若正鼎为三或一，仅有豕，应陪一鼎）。而提到铏时，都是二、四、六这样的偶数。《周礼·掌客》还有十八、二十八、四十二等很大的偶数。这也是铏和陪鼎的不同之处。

因此，我认为在分析墓中随葬的全部鼎时，至少应考虑分为四类：①炊煮用的镬，②盛三牲、鱼、腊等品所用的正鼎（升鼎），③盛美味的纯肉羹用的陪鼎（羞鼎），④盛和有菜的肉羹用的铏。其中②项应是奇数，④项应是偶数。①、③两项则奇偶不定。用这种观点去分析墓内全部的鼎，可能更接近于当时人的实际意识。

综合以上三个问题的讨论，可以看出，由于周代鼎有多种类别，而在分析随葬之鼎究竟属于何类时又往往缺乏明确无疑的客观依据，因此对每座墓随葬之鼎的分析就会有不止一种可能性。这样，究竟哪一组鼎是代表墓主身份的，有时也难以断言。举例来说，新近发表的太原金胜村251号春秋晚期大墓[①]，出鼎二十五件。Ⅰ式一件，无

---

① 山西省考古研究所、太原市文物管理委员会：《太原金胜村251号春秋大墓及车马坑发掘简报》，《文物》1989年第9期。

盖附耳，口径104厘米。Ⅱ式四件，无盖立耳，口径44～48.5厘米，约略相次。Ⅲ式七件，有盖附耳，口径25.5～45厘米，大小相次。Ⅳ式五件，铺首衔环，敦形，口径22～30厘米，大小相次。Ⅴ式六件，铺首衔环，鬲形，口径24～32厘米，大小相次。Ⅵ式一件，卧牛盖小鼎，口径10.3厘米。侯毅认为：Ⅰ式是镬，Ⅱ式和Ⅳ式是"一套大牢九鼎"，Ⅲ式是一套大牢七鼎，Ⅴ式"是为两套大牢正鼎而设置的陪鼎"，即每套陪三鼎[1]。但如果我们推测，Ⅰ式和Ⅱ式都是镬，Ⅲ式是一套大牢七鼎，Ⅳ式是一套少牢五鼎，也可以从中选三件作大牢七鼎的陪鼎，Ⅴ式是铏。是不是也言之成理呢？正因为如此，我们最好不要轻易断言某墓是"僭越"，某墓是"乱礼"。而且，在某些墓葬中随葬的鼎难以圆满解释之时，应该如实承认我们对周鼎的认识还不全面，需要在积累新的考古资料的过程中继续探索。

四

周墓随葬之鼎，有实用的，有非实用的。非实用的随葬器物现在考古界称为"明器"。用明器随葬在商晚期小墓中很盛行，但周初墓中罕见。非实用的仿铜陶鼎始见于前文已提过的西周中期的张家坡M222。西周晚到东周初，非实用铜鼎也开始流行[2]。非实用铅鼎则以春秋中期的洛阳中州路M1041所出年代最早[3]。春秋晚期以降，小墓中盛行陶明器，大中型墓中往往同时随葬实用器和陶、铜明器。

俞文对张家坡M222出现五件仿铜陶列鼎的解释是：墓主身份为大夫，但没有田禄。《礼记·曲礼下》："无田禄者，不设祭器。"所以他生前不能自备青铜列鼎，死后只能以仿铜陶鼎随葬。而且，还反过来推论西周前期都用实用铜鼎随葬，是因为当时"士以上贵族几乎都有官职"。又推论随葬仿铜陶鼎的现象之所以不断增多，是因为失去田禄的士和大夫增多。

但是，这种解释会引起一些疑问。第一，如果无田禄者生前无资格自备青铜列鼎，那么在这种制度严格奉行时，他们死后也无资格用陶列鼎随葬。如果因为是陶明器就可以不受制度约束，则凡是随葬陶列鼎的墓就不能按鼎数推定身份。第二，如果仿铜陶鼎是使生前不得自备青铜礼器的贵族在变鬼之后得到心理上的满足，那么有不少墓既已随葬了货真价实的青铜列鼎，又何必再随葬仿铜陶鼎呢？

所以，对春秋中期以后的情况，俞文又换了一种说法："这时期，大夫、士一类贵族往往只用陶礼器或与铜礼器一道并用陶礼器，它看来已丧失了区别'无地大夫'和'有地大夫'的意义。""《既夕礼》并说士礼所用只有'明器'而'无祭器'，

---

① 侯毅：《试论太原金胜村251号墓墓主身份》，《文物》1989年第9期。

② 中国科学院考古研究所：《上村岭虢国墓地》，科学出版社，1959年，第12页。

③ 中国科学院考古研究所：《洛阳中州路（西工段）》，科学出版社，1959年，第110、153页。

郑注谓'士礼略也，大夫以上兼用鬼器、人器也。'所谓'鬼器'，当即'明器'，是不能实用的仿铜陶礼器等，'人器'当即'祭器'，是实用的青铜礼器等。"也就是说，这时只有大夫以上的身份才能兼用青铜列鼎和仿铜陶鼎随葬，士则只能随葬仿铜陶鼎了。

我们姑且不论这两种解释在逻辑上能否前后衔接，单就后一种解释来说，也会引起疑问。如果制度规定士不可以随葬实用的青铜礼器，那么东周后期的一系列铜一鼎墓、铜二鼎墓、铜三鼎墓，是否都得看作大夫以上身份的墓？还是都视为"僭越"？

我认为，俞文对《仪礼·既夕礼》中有关士的随葬品的那一段文字的理解是不正确的。为了弄清这个问题，有必要把先秦文献中"明器"和"祭器"两词的含义，做一番讨论。

虽然我们今天使用"明器"一词是指非实用的模型性、象征性的随葬品，但在先秦文献中的"明器"一词，实际有两种不同的含义。第一种含义是广义的，而且可能是比较原始的，是泛指在墓中随葬的给亡灵用的东西。在《仪礼·既夕礼》"陈明器于乘车之西"以下，列举了苞、筲、瓮、甒、用器（弓、矢、耒、耜、敦、杅、盘、匜）、燕乐器、役器（甲、胄、干即盾、箙即箭筒）、燕器（杖、笠、翣即扇）。根据考古发掘，这些东西都可以是实用品，并不一定都是非实用品。所以郑玄在这里注"明器，藏器也"是比较贴切的。第二种含义是狭义的，可看作儒家对"明器"一词的解说或定义。细分又有两类：第一类含义最狭窄，《礼记·檀弓下》："孔子谓：为明器者，知丧道矣。备物而不可用也。哀哉，死者而用生者之器也，不殆于用殉乎哉？"这是说明器必须是和生者之器有别而不可用的东西，这和今天考古界使用的"明器"的词义相当。第二类含义稍宽，《礼记·檀弓上》："孔子曰：之死而致死之，不仁而不可为也。之死而致生之，不智而不可为也。"意思是，亲人死了就当他是死人看待，是没有仁心的错误行为；但当他是活人看待，又是愚昧的错误行为。"是故竹不成（盛）用，瓦不成（盛）味，木不成斫。瑟张而不平，竽笙备而不和，有钟磬而无簨虡。其曰明器，神明之也。"这是主张明器有半真半假的性质。钟磬是实用器，但没有挂钟磬的架子，就有了虚拟性了。瑟可以用真的，但张了弦不调均音律，就和真用有区别了。可见这里的"明器"本身并不一定是非实用物，只要下葬时弄得和实用状态有某种差别就行了。《礼记·檀弓》还记载，宋襄公葬其夫人，装了一百罐醋和肉酱。曾子批评说："既曰明器矣，而又实之。"并非批评他用不用实用器，只是批评他不该真的装了醋和肉酱。但是，我们应该注意，无论是第一类解释，还是第二类解释，都只是儒家在理论上的主张，并不等于社会实际。连《仪礼·既夕礼》中的明器，也明明记述着瓮中装有"醯、醢、屑"，甒中装着酒，所以上面都有苫布。而在考古实际中，随县曾侯墓中钟磬是有架的，而且挂在架上[1]。辉县赵固村

---

[1]　随县擂鼓墩一号墓考古发掘队：《湖北随县曾侯乙墓发掘简报》，《文物》1979年第7期。

M2、M3、M5、M6各墓随葬的是仿铜陶鼎，里面却径有兽骨①。可见儒家理论和社会实际是大相径庭的。郑玄不明白这个道理，在注《仪礼·既夕礼》时，在"明器，藏器也"之下，又引了《礼记·檀弓下》"孔子曰"的说法，还加上"言神明者，异于生器"，就把不同的概念弄混了。

《荀子·礼论》虽也是儒家著作，但明确指出可以随葬"生器"，而且理论上解释说："具生器以适墓，象徒道也。"即把死者的下葬比喻为搬家。《礼论》中所举的"生器"的实例是"舆"，并指出舆下葬而马不下葬，"金革辔靷而不入"，都是为了表明并不真用。"象徒道而又明不用也，是皆所以重哀也。"可见这里的"生器"实际仍有半真半假的性质，和前面《礼记·檀弓上》所说的"明器"同实而异名。《礼论》中还有和"生器"对举的"明器"，这里的"明器"显然只具有上文所说的第二种第一类的含义。

在《礼记·檀弓上》还有一段文字，把"明器"和"祭器"对举。"仲宪言于曾子曰：'夏后氏用明器，示民无知也。殷人用祭器，示民有知也。周人兼用之，示民疑也。'曾子曰：'其不然乎！其不然乎！夫明器，鬼器也。祭器，人器也。夫古之人，胡为而死其亲乎？'"从全文体察，这里的"明器"是狭义的，可能仅指非实用品，生人不能用，故解释为"鬼器"。"祭器"则应指生人可用的真实的祭祀用器，故解释为"人器"。曾子之所以不同意仲宪，重点在于仲宪以为周人兼用两者是"示民疑也"。因为按儒家的理论，既然说"之死而致生之"是"不智"，可见并不怀疑死人是否还"有知"，但因为把死者只当作"无知"，在心理上感到是"不仁"，所以才兼用鬼器和人器以尽其情。在《荀子·礼论》中把这解释为"饰哀"。而且，曾子认为古今人心是一致的，所以对仲宪所说的夏代情况表示怀疑说："古时候的人，为什么就把死去的亲人只当是死的呢？"

现在再回到《仪礼·既夕礼》上来。《仪礼·既夕礼》中的"明卷"一词的含义是广义的，并不是单指非实用的随葬器物。这段文字中"无祭器"一语，是插在"用器"和"燕乐器"之间，显然不是和"明器"对举的概念，而是和"用器""燕乐器""役器""燕器"并举的概念（可参看《仪礼·曲礼下》"凡家造，祭器为先……养器为后。"《礼记·王制》"祭器未成，不造燕器"）。所以，这里的"无祭器"自然只能解释为不随葬祭祀用器，也就是说不管是实用还是非实用的，只要是属于祭祀用器这一类的，都不用来随葬。可见，郑玄把《礼记·檀弓上》"明器，鬼器也；祭器，人器也"的说法拿来注释这里的"祭器"，实在是驴唇不对马嘴的。俞文未能就《仪礼·既夕礼》本文细察文义，而误信郑注，才造成了误解。

当然，这里的"祭器"究竟是指什么具体器物，是值得研究的。俞文往往把今天考古上所谓的"青铜礼器"和先秦文献中的"祭器"混为一谈，这是不对的。因为，

---

① 中国科学院考古研究所：《辉县发掘报告》，科学出版社，1956年，第121页，表七十。

有些青铜礼器的铭文把作器目的写得很明白："用飨朋友"（趞曹鼎①），"用征以达，以御宾客"（莒太史申鼎②），和祭祀无关。也有的是兼作多用，"唯用献于师尹、朋友、婚媾。……朝夕享于皇祖考"（克盨③），并非专用于祭祀。而且，本文第三节已经讨论过，东周后期小墓之随葬鼎、盖豆（或敦、簠、簋、盒）、壶，即《仪礼·既夕礼》中提到的杆、敦、甒。所以这些考古学上所谓的"仿铜陶礼器"，乃是"用器"而不是"祭器"。如果统观东周墓葬资料，有一个现象值得注意：在俞文列举的铜三鼎墓和陶三鼎墓中，根据发表的资料可判定确属列鼎者，均为春秋中期以前的，春秋晚期以后找不出来。而且，在俞文之后新发表的材料中春秋晚期以后的三件一组的列鼎也罕见。然而，五件、七件、九件的铜列鼎和陶列鼎则在战国墓中仍继续存在。因此，可否认为《仪礼·既夕礼》所说的"祭器"主要就是指祭祀用的成列升鼎？这尚待接触实际资料的同志们共同验证。

俞文的总倾向，是想把是否随葬实用的青铜礼器解释得含有身份地位差别的意义，但看来很难行得通。我认为，非实用的随葬器物之所以逐渐盛行，除了出于经济的考虑外，主要是由于民智的开化，对死人的事采取越来越唯物的态度。儒家对明器的主张和理论上的解释，正是在这种社会背景中产生的。儒家思想的基本倾向是要维护旧有的等级制度，固守旧有的礼制。如果随葬实用器与否本来真有区别身份等级的意义，儒家是不会这样笼统地主张随葬品都应该虚拟化、非实用化的。当然，在现实生活中，积极使用较廉价的非实用明器的首先是财力不足的人。财力充裕的高级贵族仍极力用大量实用品来填充自己的墓室。但在东周后期，在不少随葬了大量珍贵器物的大墓中，也有成批的非实用明器，这只能说明随葬非实用明器已成为一种全社会的习俗或社会意识。用不用这种明器随葬并无区别身份等级的意义。

五、结　语

研究周代用鼎制度的客观条件可以总结如下：

（1）有关的文献记载几乎都是晚周的（不排除有的是秦汉的可能），而且相当片断，有的缺乏明确性，有的互相矛盾。

偶见西周铜器铭文，又常和书上记载抵牾。

（2）在考古上，尚未发现关于天子用鼎组合的任何直接证据。西周时代还不曾发掘到任何一座未经盗掘的大型墓，中型墓的材料也相当少。战国时代的大中型墓，也只有零星发现。只有春秋时代的大、中、小型各类墓葬稍为齐全。

---

① 罗振玉：《三代吉金文存》卷四·二五上。
② 罗振玉：《三代吉金文存》卷四·一五上。
③ 罗振玉：《三代吉金文存》卷十·四四下。

上述资料只发表了一部分，发表的还有一部分语焉不详。

（3）要把文献资料和考古资料结合起来研究，则目前除了可以按形制和纹饰一致（或基本一致）的原则确定列鼎之外，尚无其他共同遵循的客观准则可用来对鼎进行用途上的分类和定性。

在这种情况下，任何一个研究者如试图恢复周代用鼎制度的完整体系，都不可能不包含许多推测和假设的成分。只有认清目前已有研究成果的这样的实际性质，才能在今后的考古工作中正确地利用已有成果，又结合新的考古发现，推进这方面的研究。

我既没有对现有文献资料和考古资料作全面整理，也不曾打算构建某种用鼎制度的体系。因此，当然不可能对杜文、邹文、俞文做全面的评述，只是把自己对于分析、整理和解释资料方面的一些不同看法提出来，在大家今后利用已有研究成果分析新的考古资料和利用新的考古资料继续进行该项研究时，或许可供参考。不当之处，敬祈诸位师友指正。

（原载《史学集刊》1990年第3期）

周代用鼎制度疏证

张闻捷

鼎是周代社会礼制生活的核心。冠、昏、丧、祭、乡、射、朝、聘，凡此八礼皆需用鼎以备飨食，所以鼎成为贵族身份乃至国家政权的象征。而关于周代用鼎制度的研究，也一直是学术界关注的焦点。古之经学家的众多注疏自不必论，近代以来，郭宝钧、杜迺松、俞伟超、邹衡、林沄、高明、李学勤、王世民、宋建、高崇文、王红星、刘彬徽、梁云、朱凤瀚等诸位先生对这一问题也做了许多深入而透彻的分析[①]。而其中尤以俞氏《周代用鼎制度研究》一文中所提倡的"周代鼎制三分法"最受瞩目，历来为学界奉为"圭臬"。然而，随着考古材料的日益丰富，其局限性也逐渐凸显，尤其是在面对偶数鼎制时难免给人"数字游戏"之嫌，这一点在林氏《周代用鼎制度商榷》一文中已多有提及。所以，本文在综合前贤的研究成果基础上，尝试从鼎实的角度来重新探讨鼎的分类方法，并进而结合考古资料分析用鼎制度在周代的变化过程。希望通过这一研究，能够进一步补充、检验、修正我们对于周代用鼎制度的已有认识，故而取名"疏证"。

[①] 郭宝钧：《山彪镇与琉璃阁》，科学出版社，1959年；郭宝钧：《商周铜器群综合研究》，文物出版社，1981年；杜迺松：《从列鼎制度看"克己复礼"的反动性》，《考古》1976年第1期；俞伟超、高明：《周代用鼎制度研究》，《北京大学学报（哲学社会科学版）》1978年第1、2期，1979年第1期，后收入俞伟超：《先秦两汉考古学论集》，文物出版社，1985年，第62～114页；北京大学历史系考古教研室商周组：《商周考古》，文物出版社，1979年；高明：《中原地区东周时代青铜礼器研究》，《考古与文物》1981年第2～4期；李学勤：《东周与秦代文明》，文物出版社，1984年；王世民：《关于西周春秋高级贵族礼器制度的一些看法》，《文物与考古论集》，文物出版社，1986年；林沄：《周代用鼎制度商榷》，《林沄学术文集》，中国大百科全书出版社，1998年，第192～206页；宋建：《关于西周时期的用鼎问题》，《考古与文物》1983年第1期；高崇文：《东周楚式鼎形态分析》，《江汉考古》1983年第1期；王红星、胡雅丽：《由包山二号楚墓看楚系高级贵族墓的用鼎制度——兼论周代鼎制的发展》，《包山楚墓》附录一五，文物出版社，1991年，第477～487页；刘彬徽：《楚系青铜器研究》，湖北教育出版社，1995年；梁云：《周代用鼎制度的东西差别》，《考古与文物》2005年第3期；朱凤瀚：《中国青铜器综论》，上海古籍出版社，2009年。其他研究尚有很多，恕不一一列举。

一、鼎实与鼎的类别

"鼎实"指盛于鼎内的馈飨，是辨别鼎的性质与类别的重要依据。在周代，依据鼎实的不同可以将鼎划分为四种类别：正鼎、镬鼎、陪鼎与铏鼎。

（一）正鼎

正鼎又名升鼎，《仪礼·士冠礼》"煮于镬曰烹，在鼎曰升"，《礼经释例》"凡物在鼎谓之升"，故而得名，楚墓遣策中又称为"登鼎"。其在墓葬中往往以列鼎（形制、花纹相近，尺寸相同或递减）的形式出现（图一）。正鼎的鼎实主要包括牲体、鱼、腊、肠、胃、肤、肺诸类。

若单以牲体而言，有"太牢""少牢""特牲"三种。"牢"本是圈养牲畜之地，"必有闲者，防禽兽触啮"（《周礼·地官·充人职》郑注）。按礼制，将祭祀前必先择牲系于牢而刍之，故又以"牢"来代指祭牲。太牢者，用牛、羊、豕；少牢者，用羊、豕。然一牲不得以"牢"称而唯名"特"，特犹一也。士冠、士昏、士丧礼皆用特豚（小猪），士虞、特牲馈食礼则用豕。乡饮酒记、乡射记、燕礼记中又有用犬之例，盖为取择人之意[1]。祭祀之时，凡牲又皆有其美号。《礼记·曲礼下》载：

图一　淅川下寺二号墓出土升鼎

---

[1]　《仪礼·乡射礼》："其牲，狗也。"郑注："狗取择人。"贾疏："《乡饮酒》《乡射》义取择贤士为宾，天子以下，燕亦用狗，亦取择人可与燕者。"李学勤主编：《十三经注疏（标点本）——仪礼注疏》，北京大学出版社，1999年，第231页。

"凡祭宗庙之礼，牛曰一元大武，豕曰刚鬣，豚曰腯肥，羊曰柔毛，鸡曰翰音，犬曰羹献，雉曰疏趾，兔曰明视。"①如《仪礼·少牢馈食礼》"敢用柔毛、刚鬣、嘉荐（菹醢）、普淖（黍稷），用荐岁事于皇祖伯某，以某妃配某氏，尚飨"即是此类祝辞。

牲体在镬中烹煮前皆需先依照骨节分解，称为"折"。周代折解牲体之法有二②：一为"豚解"，包括前后胫骨四、一脊、两胁共七体；一为"体解"，包括前胫骨的肩、臂、臑，后胫骨的肫、胳、觳，四肢则十二体，再加上三脊，两胁各三，共为二十一体。不同的用事场合则会采用不同的折解方法，如小敛奠、大敛奠、士虞礼记都是用"豚解"③，而少牢馈食、特牲馈食、士虞礼均是用"体解"④。《国语·周语中》又载："禘郊之事则有全烝，王公立饫则有房烝，亲戚燕飨则有肴烝。"韦昭注："全烝，全其牲体而升之。凡禘郊皆血腥。（房烝）谓半解其体，升之房也。（肴烝）升体解节折之俎也，谓之折俎。"即郊禘之礼方得用带血腥的全牲，天子、诸侯行享燕之礼可用半牲，而亲戚宴飨之时则多用体解之法。

牲体由镬升于鼎（升）后，又进载于俎（载）以供食用。此时主要遵循"前贵于后，上贵于下"的原则，贵者取贵骨，贱者取贱骨。而其中尤以"肩"为最贵，即《礼记·祭统》所云："殷人贵髀，周人贵肩。"但贵者之俎不宜过重，贱者之俎又不虚，以示惠之必均⑤。不过在食礼中，凡举食都是由脊始而由肩终，尊于终始也⑥。

---

① 孔疏云："牛肥则脚迹痕大，豕肥则毛鬣刚。腯，充满貌也。羊肥则毛细而柔弱，鸡肥则鸣声长。人将所食羹余与犬，犬食之肥，肥则可献于鬼神。雉肥则两足开张，趾相去疏，兔肥则目开而明视。"孙希旦《礼记集解》："犬肥则肉美而可献，故曰羹献。"

② 凌廷堪、陈祥道、朱文公等对此皆有精辟的论证，可参见凌廷堪：《仪礼释例》"饮食之例下"，《皇清经解》卷七八八，北京大学出版社，2012年，第111页。

③ 《仪礼·士丧礼》："（小敛奠）陈一鼎于寝门外……其实特豚，四鬄，去蹄，两胉、脊、肺。""（大遣奠）豕亦如之，豚解，无肠胃。"郑注："豚解，解之如解豚，亦前肩、后肫、脊、胁而已。"《仪礼·士虞礼·记》："杀于庙门西，主人不视。豚解。"郑注："豚解，解前后胫脊胁而已。"此皆是豚解之例。

④ 《仪礼·少牢馈食礼》："司马升羊右胖，髀不升，肩、臂、臑、肫、胳，正脊一、脡脊一、横脊一、短胁一、正胁一、代胁一，皆二骨以并……实于一鼎。"《特牲馈食礼·记》："尸俎：右肩、臂、臑、肫、胳，正脊两骨，横脊，长胁两骨，短胁。"郑注："士之正祭礼九体，贬于大夫，有并骨二，亦得十一之名，合《少牢》之体数，此所谓放而不致者。"即少牢馈食礼用右胖去觳则为十一体，特牲馈食礼贬于大夫，不用脡脊、代胁则为九体，士虞礼略仅用左肩、臂、臑、肫、胳、脊、胁共七体，此皆是体解之法。

⑤ 如特牲馈食礼时，尸俎载右肩、臂、臑、肫、胳、正脊、横脊、长胁、短胁、肤、肺、鱼、腊；胙俎（主人）载臂、正脊、横脊、长胁、短胁、肤、肺；祝俎载（腊）髀、脡脊、胁；主妇俎载觳折，脊、胁、肤、肺如主人俎；佐食俎载觳折、脊、胁三体，肤、肺；宾俎载胳；长兄弟及宗人俎载折，其余如佐食俎；众宾及众兄弟等人则皆载肴脊。即见其意。

⑥ 《仪礼·少牢馈食礼》贾疏云："正脊及肩，此体之贵者。故先举正脊为食之始，后举肩为食之终也。"

像特牲礼尸九饭而四举，脊、胁、膉、肩；少牢礼尸十一饭而六举，脊、胁、鱼、腊、胳、肩。而且，若是事生人之礼，则载体进膲（柢），如乡射、乡饮酒、公食大夫礼、小敛、大敛奠（未忍遽异于生也，尚以生人之礼事尸）、士虞礼（变礼反吉）等。"膲"是皮肤之理，进其理则本（骨之上端）在前，肉多味美（生人尚味）之故。若是事鬼神之礼，则载体进末（下），如特牲、少牢馈食礼等，"末"是骨之终，尚质之故。事生与事死的差异是周礼中一个十分重要的原则，下文中还将见到其对鼎的使用会产生巨大的影响。

牲体之外，尚有肺、心舌、鱼、腊、鲜鱼、鲜腊、肠、胃、肤九种。

周礼祭祀尚肺，因为肺以藏魄而为气之主。而心舌知滋味（舌之所尝五味，乃是心之所知酸苦也，故心舌并言之），所以事尸尚心舌，设俎时都是肵俎（尸俎）首载心舌设于阼阶西[①]。肺又有两种，一为举肺，一为祭肺。举肺又有三种别称，一名举肺，为食而举；一名离肺，即离而不提心；三名哜肺，以齿哜之。此三者皆据生人为食而有。它的形状据《礼记·少仪》郑注云"提犹绝也。刌离之，不绝中央少者，使易绝以祭耳"可知，是从四周向中央切割牛的两片肺叶而又不使切片断裂下来（午割勿没）[②]以便举肺时绝开。祭肺也有三种别称，一名祭肺，为祭先而有之；二名忖肺，忖，切之使断；三名切肺，名虽与忖肺异，实则一也。此三者皆为祭而有，都是直接将肺叶切成断片。"切肺、离肺指其形，余皆举其义称。"（《仪礼·士冠礼》贾疏）简言之，即凡是有食礼（如尸、宾等举食）时则祭肺、举肺俱有，余（如士丧礼设奠，冠礼醴，燕、乡饮酒、乡射、大射礼仅有饮酒礼等）则仅有祭肺。

鱼、腊、鲜鱼、鲜腊都是单独盛于一鼎中。其中鱼、腊是干肉，《周礼·腊人》郑注："小物全干为腊。"《仪礼·公食大夫礼》："鱼七，缩俎，寝右。"郑注："干鱼近腴，多骨鲠。"而鲜鱼、鲜腊则是新取之肉，《仪礼·既夕礼》郑注："鲜，新杀者。"鱼、鲜鱼无论吉凶礼都用鮒，即鲫鱼，以其味美之故。若生人食用则进"鬐"，也就是鱼脊，少骨鲠且肉美，因为生人尚味。若事鬼神则进"腴"，因为腴是气之所聚，而鬼神尚气[③]。其数量也均有定制，《仪礼·士昏礼》："鱼十有四。"郑注："凡鱼之正，十五而鼎，减一为十四者，欲其敌偶也。"其他事生人之礼则各依其命数，《仪礼·公食大夫礼》："鱼七，缩俎，寝右。""明日，宾朝服

---

① 《仪礼·少牢馈食礼》："佐食上利升牢心、舌，载于肵俎。"郑注："《周礼》祭尚肺，事尸尚心舌，心舌知滋味。"

② 《仪礼·特牲馈食礼·记》："离肺一。"郑注："离犹刌也。小而长，午割之，亦不提心，谓之举肺。""午割"据郑注云："午割，从横割之，亦勿没。"贾疏："云'亦勿没'者，亦《少牢》文，谓四面皆乡中央割之，不绝中央少许，谓之勿没也。"

③ 《仪礼·公食大夫礼》贾疏："鬐，脊也。进脊在北，乡宾，必以脊乡宾者，郑云'干鱼进腴，多骨鲠'，故不欲以腴乡宾，取脊少骨鲠者乡宾，优宾故也。若祭祀，则进腴，以鬼神尚气，腴者，气之所聚，故《少牢》进腴是也。"

拜赐于朝……鱼、肠胃、伦肤，若九若十有一，下大夫则若七若九。"郑注："此以命数为差也。"若事鬼神则无论尊卑皆用十五条，如特牲、少牢礼。《仪礼·特牲馈食礼》："鱼十有五。"郑注："鱼，水物，以头枚数，阴中之物，取数于月十有五日而盈。"士丧、士虞礼因丧祭略而仅用九只①。进载于俎时无论吉凶礼鱼首皆向右，周礼尊右之故②。

至于腊和鲜腊，士一等级或用兔，大夫用麛，大夫以上则尚未可知③。食用时腊及鲜腊皆如牲体一样折解，特牲记云"腊如牲骨"是也。《仪礼·少牢馈食礼》："司士又升鱼、腊，鱼十有五而鼎，脂一纯而鼎，腊用麛。"《仪礼·士虞礼》："升腊左胖，髀不升，实于下鼎。"故郑注云："凡腊用纯（全牲）者，据上、下大夫以上祭祀及士之嘉礼，士祭礼则腊不用纯，辟大夫。"进载于俎时亦如牲体之法（生人进腠，鬼神进下）④。肠、胃属于牛羊，二者同载于一鼎之中。肤是豕的胁革肉⑤。牛羊有肠胃而无肤，豕有肤而无肠胃，因为"君子不食溷腴"（《礼记·少仪》）。彼郑注云："谓犬豕之属，食米谷者也。腴有似人秽。"也就是说，犬豕和人一样以米谷为食，所以其肠胃和人的肠胃性质类似，为产生污秽之处，被周人所排斥。"《士丧礼》特豚皆无肤，以其皮薄故也。"（《仪礼·聘礼》贾疏）不过进载于俎时其数量尚未见到有何种规律⑥。

由此，我们可以结合《仪礼》的记载（表一）将正鼎的鼎实归纳如下：太牢主要为九鼎和七鼎，而且鼎实比较固定，为牛、羊、豕、鱼、腊、肠胃、肤、鲜鱼、鲜

---

① 《仪礼·士虞礼》："升鱼：鱄鲋九，实于中鼎。"郑注："差减之。"贾疏："案《特牲》鱼十有五，今为丧祭略而用九，故云差减之也。"

② 《仪礼·少牢馈食礼》："雍士三人，升鱼、腊、肤。鱼用鲋，十有五而俎，缩载，右首，进腴。"贾疏："生人、死人皆右首，陈设在地，地道尊右故也。"《仪礼·士丧礼》："（大敛奠）载，鱼左首，进鬐，三列。"郑注："左首进鬐，亦未异于生也。"贾疏："下文注'载者统于执，设者统于席'，彼《公食》言右首，据席而言，此左首，据载者统于执，若设于席前，则亦右首也。"

③ 《仪礼·既夕礼》："鱼，腊，鲜兽，皆如初。"郑注："士腊用兔。"贾疏："必知'士腊用兔'者，虽无正文，案《少牢礼》，大夫腊用麛，郑云：'大夫用麛，士用兔与？'以无正文，故云'与'以疑之。此亦云士腊用兔，虽不云与，亦同疑可知。但士腊宜小，故疑用兔也。"可见关于士一等级腊的使用，郑玄也只是推测之言，故记于此。

④ 《仪礼·士丧礼》："（小敛奠）皆覆进柢。""（大敛奠）腊进柢。"亲始远离，未忍遽异于生，故仍以生人之礼事死者。《少牢馈食礼》："腊一纯而俎，亦进下，肩在上。"郑注："如羊豕。凡腊之体，载礼在此。"

⑤ 《仪礼·少牢馈食礼》："雍人伦肤九，实于一鼎。"郑注："伦，择也。肤，胁革肉，择之，取美者。"

⑥ 公食大夫礼肠胃七，同俎，伦肤七。特牲馈食礼尸俎肤三，祝俎、佐俎、主妇俎、佐食俎都是肤一，降于尸。《少牢馈食礼》则肠三、胃三一俎，伦肤九一俎。有司彻尸俎肠一、胃一、肤五；侑俎、佐俎肠一、胃一、肤三；主妇俎肠一、胃一、肤一。

表一　《仪礼》中诸仪节正鼎及鼎实简表

用事		身份	鼎数	鼎实
士冠礼		士	一	豚，举肺
士昏礼	同牢	士	三	豚、鱼（十四）、鲜腊（纯），举肺二、祭肺二（夫妻各一）
	盥馈	士	一	豚，祭肺、举肺
乡射、乡饮酒、燕礼、大射礼		未见记载，是否因其重饮且宾客身份不定之致		有犬，举肺
聘礼	设飨	宾（诸侯）	饪一牢，鼎九（又陪鼎三）	牛、羊、豕、鱼、腊、肠胃、肤、鲜鱼、鲜腊，祭肺、举肺
			腥一牢，鼎七	牛、羊、豕、鱼、腊、肠胃、肤，祭肺、举肺
		上介（卿）	饪一牢，鼎七（又有陪鼎三）	牛、羊、豕、鱼、腊、肠胃、肤，祭肺、举肺
		众介（大夫）	五	羊、豕、鱼、腊、肠胃，祭肺、举肺
	君归饔饩	宾（诸侯）	饪一牢，鼎九（又陪鼎三）	牛、羊、豕、鱼、腊、肠胃、肤、鲜鱼、鲜腊，祭肺、举肺
			腥二牢，鼎二七（七鼎两套）	牛、羊、豕、鱼、腊、肠胃、肤，祭肺、举肺
	下大夫归饔饩	上介（卿）	饪一牢，鼎七（又陪鼎三）	牛、羊、豕、鱼、腊、肠胃、肤，祭肺、举肺
			腥一牢，鼎七	牛、羊、豕、鱼、腊、肠胃、肤，祭肺、举肺
公食大夫礼		下大夫（大夫）	七	牛、羊、豕、鱼、腊、肠胃、肤，祭肺、举肺
		上大夫（卿）	九	牛、羊、豕、鱼、腊、肠胃、肤，鲜鱼、鲜腊，祭肺、举肺
士丧礼	小敛奠	士	一	豚，祭肺
	大敛奠、朔月奠、迁祖奠、祖奠等	士	三	豚、鱼（九）、腊（左胖），祭肺
	大遣奠	士	五	羊（兼有肠胃）、豕、鱼（九）、腊（左胖）、鲜兽（鲜腊），举肺
士虞礼		士	三	豕（兼有肤三）、鱼（九）、腊（左胖），举肺、祭肺
特牲馈食礼		士	三	豕（兼有肤）、鱼（十五）、腊，举肺、祭肺
少牢馈食礼	少牢	大夫	五	羊（兼有肠胃）、豕、鱼（十五）、腊、肤，举肺一、祭肺三
	有司彻	大夫	三	羊、豕、鱼，祭肺、举肺

腊，七鼎则无鲜鱼、鲜腊，肺与正牲（牛、羊、豕）同盛于一鼎中；少牢主要为五鼎，若礼杀则只用三鼎，如少牢既祭宾尸于堂礼（有司彻）。其鼎实则略有变化，羊、豕、鱼、腊之外，或用肠胃，或用肤，或用鲜腊，具体视礼节而定；特牲则有三鼎和一鼎两种，三鼎的鼎实一般为豕或豚、鱼、腊，一鼎则只有豚。但同时也存在许多将肠胃同放在牛、羊鼎，肤放在豕鼎的情况，这是我们在辨别文献与考古材料时需要注意的。

（二）镬鼎

《周礼·烹人》郑注："镬，所以煮肉及鱼腊之器。"也就是说，镬鼎是烹煮牲体、鱼腊的鼎，一般在用事之前置于外门外的爨（孔子之后称灶）上，吉礼于门东，变礼反吉则于门西[①]。烹煮肉食的称为"雍爨"[②]，炊煮黍稷（用甑、甗）的称为"饎爨"[③]或"廪爨"[④]。凡物经过镬烹煮后称为"饪"，《仪礼·特牲馈食礼》郑注："饪，孰也。"而未经烹煮的称为"腥"。"腥，生也。"所以《仪礼·聘礼》中饩宾用饪一牢九鼎就应另有镬鼎和羞鼎，而腥一牢七鼎则是没有镬鼎和羞鼎的（不食之故）。《礼记·礼运》载："腥其俎，熟其殽，体其犬豕牛羊。""腥其俎"即是指生食，是上古之食法；"熟其殽"即焖之而实未熟，是中古之食法；"体其犬豕牛羊"则是体解牲体，分别骨肉之贵贱以为众俎也，是今世（周代）之食法[⑤]。由此可见设腥牢实是追尊古意，且卿（上大夫）以上方才有之。关于镬鼎的数量，孙诒让考证为："王（诸侯？）举牢鼎九，当有七镬：牛、羊、豕、鱼、腊、鲜鱼、鲜腊也。肠胃与牛、羊同镬，肤与豕同镬，其肴之则异鼎耳。"[⑥]归纳下来就是九鼎用七镬，七鼎用五镬，五鼎用四镬或五镬（大遣奠），三鼎用三镬，一鼎用一镬。不过究竟如何来辨认墓葬中的镬鼎，我想除了铭文材料外，还只能参考两个很重要的特征：一是有烌灸，二是形体巨大。因为镬鼎的体积必须足够容纳下牛、羊、豕等这样形体巨大的牲体。但或许正是因为镬鼎形体巨大且不具备身份等级意义，所以墓葬中未必会将它们

---

① 《仪礼·士虞礼》："侧烹于庙门外之右，东面。"郑注："烹于爨用镬，不于门东，未可以吉也。"

② 《仪礼·少牢馈食礼》："雍人概鼎、匕、俎于雍爨。"郑注："雍人，掌割烹之事。"

③ 《仪礼·士虞礼》："饎爨在东壁，西面。"郑注："炊黍稷曰饎。"《仪礼·特牲馈食礼》："主妇视饎爨于西堂下。"

④ 《仪礼·少牢馈食礼》："廪人概甑、甗、匕与敦于廪爨，廪爨在雍爨之北"郑注："廪人，掌米之入藏者。"

⑤ 可参见孙希旦：《礼记集解》，中华书局，1989年，第593、594页。但其认为"腥"是豚解，"熟"是体解，那"体其犬豕牛羊"又何解？

⑥ 孙诒让：《周礼正义》，《万有文库》第3册，商务印书馆，1933年，第9、10页。转引自俞文。

全部放入随葬，而可能只择取一两件以表其意即可。至于林沄先生所提到的"用什么客观标准来确定镬鼎"[①]，恐怕现阶段还难以有令人满意的答案。

此外，镬鼎还有一个很重要的用途往往被我们忽略了，那就是烹煮大羹。《周礼·烹人》："（烹人）祭祀，共大羹、铏羹。"郑司农云："大羹，不致五味也。铏羹，加盐菜也。"即大羹是不加盐菜调和、无有五味的肉湇（肉汁）。彼贾疏云："大羹，肉湇，盛于登，谓大古之羹，不调以盐菜及五味，谓镬中煮肉汁，一名湇，故郑云大羹肉湇。"表明大羹也是在镬鼎中烹煮后方才盛于登（瓦豆）[②]中的。昏礼、士虞、公食大夫、特牲、少牢礼等均设有大羹，但大羹不祭、不尝（唶），设之仅取尚质敬古之意[③]。不过既然镬鼎又可以用来烹煮大羹，想必应是与烹煮牲体、鱼、腊的镬鼎有所区别吧，而且数量也应该仅有一个。恰好我们在河北平山战国中山王𰯼墓中发现了一件带细孔流的铜鼎（图二），口径21、通高21.6厘米，三环纽、子母口、附耳、平底、三蹄足，腹部一侧带有一流，流有十细孔。鼎内残存干成结晶状的肉羹汁，上部周壁和盖顶部也有一层烟熏的黑灰。很显然，这应该就是一件烹煮大羹的镬鼎，因为只有肉湇而没有牲骨，所以腹部加设一流以使倾倒方便。由此我们还可以进一步推断一些周代墓葬中出现的带流的匜鼎也应该是此类用途（从现有资料推断，匜鼎当起源于晋国），如琉璃阁甲墓的蟠螭纹带流小鼎[④]、曾侯乙墓C.142[⑤]（底部有烟炱痕，按匜为盥洗器，不需烹煮，所以此匜鼎应与匜的功能不相关）、寿县楚幽王墓大匜鼎[⑥]等。

图二　战国中山王𰯼墓出土匜鼎

①　林沄：《周代用鼎制度商榷》，《林沄学术文集》，中国大百科全书出版社，1998年，第192～206页。

②　《仪礼·聘礼》："大羹湇不和，实于镫。"郑注："瓦豆谓之镫。"

③　《仪礼·士昏礼》："大羹湇在爨。"贾疏："《左传》桓二年臧哀伯云：'大羹不致'。《礼记·郊特牲》云：'大羹不和'，谓不致五味，故知不和盐菜。唐虞以上曰大古，有此羹。三王以来更有铏羹，则致以五味。虽有铏羹，犹存大羹，不忘古也。"

④　河南省博物馆、台北历史博物馆：《辉县琉璃阁甲、乙二墓》，大象出版社，2003年。

⑤　湖北省博物馆：《曾侯乙墓》，文物出版社，1989年，第238页。

⑥　转引自刘彬徽：《楚系青铜器研究》，湖北教育出版社，1995年，第138页，图五，8。

（三）陪鼎与铏鼎

陪鼎也即羞鼎，《仪礼·聘礼》郑注："羞鼎则陪鼎也，以其实言之，则曰羞；以其陈言之，则曰陪。"可见陪鼎是与列鼎（正鼎）相对应的概念，而所盛之物当属于庶羞。关于羞鼎与铏鼎的区别，林沄先生有十分精彩的考辨[1]，本文在此仅略做补充。首先从鼎实上看二者即是完全不同的。羞鼎内所盛的是"臐、膮、膮"，诸礼皆有明言。郑玄在《仪礼·公食大夫礼》的注中说："臐、膮、膮，今时臛也。"《楚辞·招魂》"露鸡臛蠵。"汉王逸注："有菜曰羹，无菜曰臛。"即羞鼎所盛的是没有菜的肉羹，而铏鼎恰是盛的菜羹。公食大夫、士虞、特牲、少牢礼均记载："铏芼，牛藿、羊苦、豕薇，皆有滑。"郑注："藿，豆叶也。苦，苦荼也。滑，堇苣之属。"薇指山菜[2]，滑指生葵与干苣[3]，和豆叶、苦荼均是蔬菜名。可见铏羹其实就是有菜调和的肉羹[4]。在周礼中，铏羹（吉语名普荐）是与大羹相对应的概念，与陪鼎所载的庶羞毫不相干。升鼎、羞鼎皆设匕，而铏鼎因为有菜所以设梬（类似勺），与醴尊是一样的。但有一点必须注意的是，羞鼎和铏鼎的鼎实都是指牛、羊、豕而言，特豚有没有羞鼎和铏鼎是值得怀疑的。所以林沄先生推测周代的一些两鼎墓中是一件升鼎和一件镬鼎而没有陪鼎是有道理的（三鼎方有豕），不过也没有必要为此就怀疑所有的一鼎墓也是随葬镬鼎而不用升鼎的[5]。

此外，更为关键的是，礼经中所记载的此二鼎的使用数量亦迥然有异。羞鼎之数盖视升鼎之数而定。《仪礼·公食大夫礼》郑注称："牛曰臐，羊曰膮，豕曰膮，皆香美之名也。"《聘礼》郑玄又言："陪鼎三牲，臛臐、膮、膮陪之，庶羞加也。"也就是说，羞鼎中盛牛的名臐，盛羊的名膮，盛豕的名膮。而周礼太牢方得用牛，故太牢当有羞鼎三；少牢只有羊、豕，故应该只有陪鼎二；特牲仅有豕或豚，所以也就只有陪鼎一了（特豚是否有陪鼎文献无征）。而铏鼎在周礼中属于"馈"，与豆、簋、簠、壶连用。如《仪礼·聘礼》"（飨宾）堂上之馈八"即包括八豆（昌本、菹醢之物）、八簋（盛黍稷）、六铏、两簠（盛稻粱）、八壶；"西夹（馈）六"包括

① 林沄：《周代用鼎制度商榷》，《林沄学术文集》，中国大百科全书出版社，1998年，第192～206页。

② 陆机：《毛诗草木鸟兽虫鱼疏上》，中华书局，2022年；俞伟超、高明：《周代用鼎制度研究》，《先秦两汉考古学论集》，文物出版社，1985年，第74页。

③ 《仪礼·士虞礼·记》："铏芼，用苦若薇，有滑。夏用葵，冬用苣。"郑注："苣，堇类也。干则滑。夏秋用生葵，冬春用干苣。"

④ 《礼记·内则》郑注："芼，谓菜酿也。"《仪礼·特牲馈食礼》郑注："（铏）谓肉味之有菜和者。"《仪礼·特牲馈食礼》郑注："（铏）菜和羹之器。"

⑤ 林沄：《周代用鼎制度商榷》，《林沄学术文集》，中国大百科全书出版社，1998年，第192～206页。

六豆、六簋、四铏（二牛、羊、豕）、两簠、六壶；"众介皆少牢"则堂上之馈四，四豆、四簋、两铏、四壶、无簠。少牢馈食礼正祭、祭毕宾尸皆用铏鼎二，特牲馈食礼也有两铏①，士虞礼略仅用一铏②。由此可见铏鼎的数量有六、四、二之数，并且与升鼎的数量存在对应关系。当然同一用事之中铏鼎可以是多套的（盖如堂上之馈与西夹之馈），《周礼·掌客》中即提到上公用铏四十二、侯伯用铏二十八、子男用铏十有八，肯定就不只是一套了。此外林沄先生还提到了铏鼎和陪鼎在聘礼时的摆放位置不同（铏鼎在堂上和西夹，陪鼎当内廉），也可以进一步帮助我们理解这两种鼎的区别。

二、鼎 制 组 合

上文已经从鼎实的角度对镬鼎、正鼎、陪鼎与铏鼎做出了明确的区分，下面我们将探讨其在不同的身份等级、用事场合时的数量搭配关系。

首先来看正鼎的数量，俞先生已经指明其有九、七、五、三、一之数，并且分别与诸侯、卿（上大夫）、大夫、士这四个等级相对应③（士兼用三鼎与一鼎之数，或有上士、中士、下士之别）。从鼎实的角度看亦是如此，《左传·襄公三十年》载"唯君用鲜"，即诸侯等级祭祀才能用升鲜鱼、鲜腊的九鼎。《春秋·掌客》所载"诸侯之礼"谓凡五等爵皆"鼎、簋十有二"，郑注："鼎十有二者，饪一牢，正鼎九与陪鼎三。"与《仪礼·聘礼》的记载是相吻合的（公食大夫礼飨上大夫也用到了鲜鱼、鲜腊，盖食礼尊宾摄盛之故）。

而王红星先生通过对包山二号墓的研究发现一些高等级贵族墓葬中往往会有升鼎两套，且数量多相差一个等级，这一意见是十分正确并富有建设性的。但他认为其分别属人器和鬼器。数量较多的一组为人器，是大遣奠时生者祭祀死者所陈之祭器；数量较少的一组为鬼器，代表墓主人的身份④，此观点还有待进一步研究。诚然，周礼之中确有事生人与事鬼神之礼有异的情况，如上文所提到的"载体生人进腠，鬼神进下"，"鱼生人进鬐，鬼神进腴"等。尤其在士丧礼中，确是先以生人之礼事死者，

---

① 《仪礼·特牲馈食礼》："主妇设两敦黍稷于俎南，西上，及两铏，芼设于豆南，南陈。"《仪礼·士虞礼》："普荐。"贾疏："但虞礼一铏，此云馈食，则与特牲同二铏，故云'普荐'也。"

② 《仪礼·士虞礼》："赞设二敦于俎南，黍，其东稷。设一铏于豆南。"

③ 俞伟超、高明：《周代用鼎制度研究》，《北京大学学报（哲学社会科学版）》1978年第1、2期，1979年第1期；收入俞伟超：《先秦两汉考古学论集》，文物出版社，1985年，第62~114页。

④ 王红星、胡雅丽：《由包山二号楚墓看楚系高级贵族墓的用鼎制度——兼论周代鼎制的发展》，《包山楚墓》附录一五，文物出版社，1991年，第477~487页。

因为"亲始远离，未忍遽异于生也"。大敛奠后方才以鬼神之礼事死者。从这个意义上讲，墓葬中出现人器和鬼器是说得通的。但问题是大遣奠应是遵循事鬼神之法，而小敛、大敛奠才是遵循事生人之法，所以又如何能将大遣奠陈放的祭器称为人器呢？而且，这种"大遣奠"加礼的说法需要有一个很重要的前提，那就是数量较少的那一组鼎代表了死者的身份等级，而数量较多的那一组才是大遣奠摄盛所致。这样就无形中限定了我们对于考古材料的判断。万一我们遇到了数量较多的那一组鼎才代表墓主人的身份的情况又该如何解释呢？以赵卿墓和曾侯乙墓为例：

太原金胜村251号赵卿墓（春战之际）共出土铜鼎25件[1]，可分为七类：Ⅰ式镬鼎（原报告的附耳牛头螭纹蹄足镬鼎）1件（图三，1），无盖附耳，口径102、通高93厘米；Ⅱ式（原报告的立耳凤螭纹蹄足羞鼎）5件（图三，2～6），无盖立耳，形制、大小完全相同，底部有烟炱痕，口径54～56、通高52～54厘米；Ⅲ式（原报告的附耳牛头螭纹蹄足升鼎）7件（图三，7～13），有盖附耳，口径24.4～45厘米，大小相次；Ⅳ式（原报告的铺首牛头螭纹蹄足升鼎）6件（图三，15～20），铺首衔环，扁形，口径24～32厘米，大小相次；Ⅴ式（原报告的铺首环耳螭纹蹄足升鼎）5件（图三，21～25），铺首衔环，敦形，口径22～30厘米，大小相次；Ⅵ式猪纽蹄足鼎2件（图三，26、27），形制、大小、花纹完全一样，口径13厘米左右；Ⅶ式1件（图三，14），卧牛盖小鼎，口径10.3厘米。林沄先生认为Ⅱ式也应是镬鼎[2]，尽管十分符合孙诒让的考证，但东周时期镬以列鼎的形式出现于墓葬中还决然未见，且使用成套的无盖列鼎在此时也是一个十分普遍的现象（古式），所以似还应该将其归入正鼎一类。不过无论怎样，赵卿墓中的升鼎至少有5件和7件两套。一般认为该墓的墓主人是赵简子或赵襄子，为晋国六卿之一，当不至于以五鼎代表其身份吧？

曾侯乙墓（战国早期）共出土了22件铜鼎，除去水器汤鼎、匜鼎以及2件燕游用鼎（图四，29、30）外[3]，余下的尚可分为五类：Ⅰ式镬鼎2件（图四，1、2），形体巨大，有罧（竹编的盖子），底部有烟炱痕；Ⅱ式束腰平底升鼎9件（图四，3～11），大小基本相同，并有牛、羊、鸡、猪等鼎实；Ⅲ式（原报告Ⅰ式）牛形纽盖子母口鼎5件（图四，12～16），形制、花纹、大小以及铭文基本相同，口径约39、通高约40厘

①　山西省考古研究所、太原市文物管理委员会：《太原晋国赵卿墓》，文物出版社，1996年。

②　林沄：《周代用鼎制度商榷》，《林沄学术文集》，中国大百科全书出版社，1998年，第200页。但其漏算了一件，不知是笔误或是印刷错误。

③　曾侯乙墓中出土了两个食具箱（C.129、C.60），箱体结构一致并有铜扣可以穿绳。其中C.129内用隔板分成两半，每半套各装铜盒、铜鼎一件，并有浅槽嵌合。两件铜鼎形制、花纹完全相同，但器身却无任何铭文，与其他放置于中室的鼎迥然有异。出土时还分别盛有一只去头、蹄的乳猪（特豚合升）和一只雁（庶羞），很显然这两件鼎自成特性一套。另一个食具箱内则盛有罐、勺、漆盒等水、食器，报告中推测它们是外出打猎或游玩的野炊用具，可能是有道理的。参见湖北省博物馆：《曾侯乙墓》，文物出版社，1989年，第359、360页。

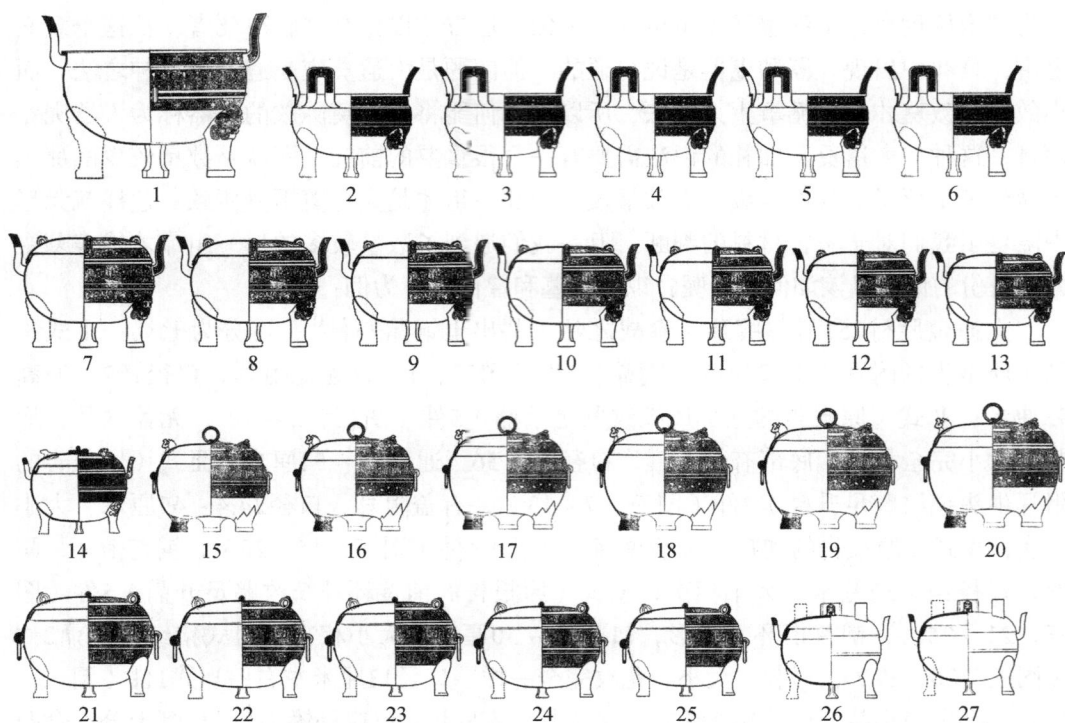

图三　山西太原赵卿墓出土铜鼎

1. 附耳牛头螭纹蹄足鼎（M251：541）　　2～6. 立耳凤螭纹蹄足鼎（M251：612、M251：609、M251：587、
M251：586、M251：593）　　7～13. 附耳牛头螭纹蹄足鼎（M251：610、M251：631、M251：621、M251：624、
M251：632、M251：634、M251：633）　　14. 卧牛纽蹄足小鼎（M251：559）　　15～20. 铺首牛头螭纹蹄足鼎
（M251：611、M251：604、M251：605、M251：567、M251：606、M251：542）　　21～25. 铺首环耳螭纹蹄足
鼎（M251：613、M251：616、M251：585、M251：586、M251：569）　　26、27. 猪纽蹄足鼎（M251：589、
M251：590）

米，所盛的也是牛、猪、鱼等牲体骨骼，可见也应该是自成升鼎一套，出土时位于中
室南部偏东；Ⅳ式（原报告的Ⅱ式）四环纽盖子母口鼎1件（图四，17），口径23.8、
通高23.2厘米，器体明显小于Ⅲ式鼎。盖顶中心为两兽面形的桥形纽，与Ⅲ式鼎盖中心
的蛇形纽也不同，同时还缺少了Ⅲ式鼎腹部重要的蟠龙纹。铭文"侯"字左撇中间缺
一段，鼎内盛的也是作为庶羞的雁，出土时位于大镬鼎以北，与Ⅲ式鼎相隔较远，可
见这二者并不能混为一类；Ⅴ式（原报告的Ⅲ式）三环纽盖箍口鼎1件（图四，28），
大小、铸造方法与Ⅳ式鼎接近但形制、花纹不同，铭文也有笔画增减的情况，故也不
能归为一类；所以这个墓内的正鼎应该是九鼎和五鼎各一套，而代表其身份的应该是
束腰平底升鼎9件，与京山苏家垄曾侯墓（两周之际）出土的铜圆鼎九是一致的[①]。

————————————

①　湖北省博物馆：《湖北京山发现曾国铜器》，《文物》1972年第2期。

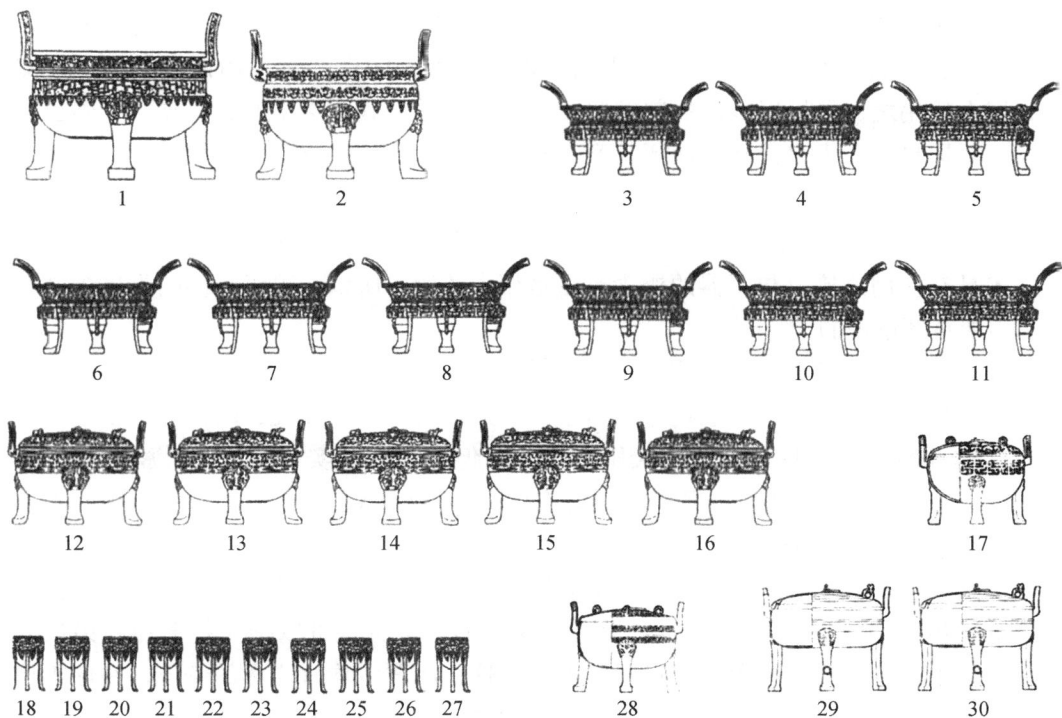

图四 曾侯乙墓出土铜鼎

1、2. 无盖大鼎（C.96、C.97） 3～11. 升鼎（C.87～C.95） 12～16. 牛形纽子口盖鼎（C.98～C.101、C.104）

17. 四环纽子口盖鼎（C.103） 18～27. 鼎形器（C.113～C.121、C.136） 28. 三环纽簠口鼎（C.102）

29、30. 兽纽盖鼎（C.235、C.236）

由此可见"大遣奠加礼一等"的说法并不能解释上述的这些墓葬。其实礼经中所提到的"人器、鬼器"或许并不是这样理解的。据《仪礼·士丧礼》记载，在迁祖奠时会将丧葬中所涉及的器物都摆放在院中，首先是明器（"陈明器于乘车之西"），即丧礼中专门置办的致送鬼神之器，其最大的特点就是"器不成用"。《礼记·檀弓上》载："孔子曰：'之死而致死之，不仁而不可为也。之死而致生之，不知而不可为也。是故竹不成用，瓦不成味，木不成斫，琴瑟张而不平，竽笙备而不和，有钟磬而无簨虡。其曰明器，神明之也。'"《仪礼》中亦称为"行器"，《仪礼·士丧礼》："（彻大遣奠时）行器，茵、苞、器序从，车从。"郑玄注："目葬行明器，在道之次。"贾疏："包牲讫，明器当行乡圹，故云'行器'。"彭林先生认为"明器不载于车，由人持而行之，故称为行器"[1]，亦可。

然后是"用器"，包括"弓矢、耒耜、两敦、两杅、槃、匜。匜实于槃中，南流"，为墓主人生前常用之器；再就是"祭器"，但"士礼略"所以"无祭器"，"大夫以上兼用鬼器、人器也"。鬼器即是上文提到的明器，为致鬼神之器，东周

---

① 彭林：《仪礼全译》，贵州人民出版社，1997年。

时代普遍流行的涂车刍马、人俑木剑即属于这一类；人器则是祭器，《礼记·檀弓上》："仲宪言于曾子曰：'夏后氏用明器，示民无知也；殷人用祭器，示民有知也；周人兼用之，示民疑也。'曾子曰：'其不然乎？其不然乎？夫明器，鬼器也；祭器，人器也。夫古之人胡为而死其亲乎？'"大遣奠为"奠"而非"祭"，其最大的区别就是不设"尸"，所以如何能言大遣奠时使用的是祭器呢？而且像曾侯乙墓、太原赵卿墓以及下文将要论及的大墓墓葬中，其两套铜正鼎均是器形厚重，装饰精美，多具有使用痕迹，与明器的概念实在是相去甚远。所以，关于它们的具体含义其实是需要重新审视的。

周天子的用鼎情况又是怎样的呢？《周礼·膳夫》有载："王日一举，鼎十有二，物皆有俎。"郑注："杀牲盛馈曰举……鼎十有二，牢鼎九，陪鼎三。物谓牢鼎之实，亦九俎。"可见这是描述天子的食礼。但陪鼎的鼎实（臐、膮、膷）属于庶羞，盛于豆而并不载于俎①，既然"物皆有俎"，何以郑玄又言"亦九俎"呢？将其隶定为十二个正鼎是否更符合经文的原意呢？《周礼·掌客》即明言："王合诸侯而飨礼，则具十有二牢。"贾疏称："上公以九为节，则十二者是王礼之数也。"又从祭礼的角度讲，士特牲三鼎，大夫少牢五鼎，那么是否也可以推测卿七鼎、诸侯九鼎而天子十二鼎呢？李学勤、王世民等先生对这一问题也均有详尽的论证，在此不再一一征引②。但必须承认的是，上述文献均是成书于战国之后的，所以西周时期的用鼎情况是否如此我们并不清楚。唯一能够确认的是，东周时期的天子应是可以用到正鼎十二个的（特定场合）。《续汉书·礼仪志下》载："（皇帝大丧）东园武士执事下明器……瓦鼎十二，容五升。"证明在东汉时期礼学家亦是认为天子应用正鼎十二。那么，相应的问题就是这十二个正鼎的鼎实又是什么呢？根据上述诸礼的"例"，前九鼎应该还是沿用牛、羊、豕、鱼、腊、肠胃、肤、鲜鱼、鲜腊，后三鼎则有两种可能，一是继续取牛、羊的体内部分（豕体内污秽，只取肤），二是另择牲体。笔者比较倾向于后种意见，因为牛、羊体内除去肠胃、肺、心、舌外，五脏（藏）仅余下了肝、脾、肾，虽然在礼经中也见到有取食肝和脾的记载，但均是作为庶羞在使用③，未见到载于正俎，而且形体太小也难以单独盛于一鼎中。至于另择牲体，《周礼·膳夫》载："凡王之馈，食用六谷，膳用六牲。"郑注："六牲，马牛羊豕犬鸡也。"《礼记·曲礼下》又提到祭祀用"一元大武"等八种牲畜，其中也有犬和鸡（兔为

---

① 《周礼·膳夫》："物皆有俎。"贾疏："陪鼎三，臐、膮、膷者，谓庶羞在于豆，唯牢鼎之物各在俎。"

② 李学勤：《东周与秦代文明》，文物出版社，1984年，第207、208页；王世民：《关于西周春秋高级贵族礼器的一些看法》，《文物与考古论集》，文物出版社，1986年。舒之梅等先生利用曾侯乙墓的乐悬制度也佐证了这一观点，详见舒之梅、王纪潮：《曾侯乙墓的发现与研究》，《鸿禧文物》（第二期），台湾鸿禧艺术馆，1992年。

③ 如三献之礼主人初献，宾长以肝从。

腊、雉为庶羞），故此推测，是否天子另有马、犬、鸡呢？在河北平山战国中山王𦩻墓中最大的一件三环纽子母口盖鼎内即发现有使用马的痕迹①。不过这一问题的最终解决还只能寄希望于考古发现了。而且东周以后王室衰微，实际情况是否如文献所载亦未可知。

镬鼎、羞鼎、铏鼎的数量则均视正鼎的数量而定。由此我们就可以将周代用鼎制度的组合情况简单归纳成表二。

表二　周代用鼎制度组合简表

身份	诸侯	卿（上大夫）	大夫	士	
镬鼎	七	五	四或五（四为常制）	三	一
升鼎	九	七	五	三	一
羞鼎	三	三	二	一	？
铏鼎	六	四	二	二	？
簋	八	六	四	二	二敦

然而必须注意的是，在周代除了身份等级的影响外，用事场合的不同亦会导致鼎数的差别。如表一所示，即便同为大夫阶层，公食大夫礼、殷祭即用到了七鼎，聘礼飨众大夫、少牢馈食礼则用五鼎，祭祖礼毕后宾尸于堂时（《仪礼·有司彻》）又只用三鼎。这在周礼之中分别被称为摄盛和杀礼，其实礼经中还有很多这样的例子，如殷祭、奠（月半的祭、奠）加礼而绎祭（正祭次日之祭）杀礼等，平日燕居之时的用鼎亦杀于正礼。《礼记·玉藻》载："天子……日少牢，朔月大（太）牢。""（君）又朝服以食，特牲，三俎，祭肺，夕深衣，祭牢肉。朔月少牢，五俎四簋。"也就是说，在平日饮食的时候，天子仅用少牢五鼎，诸侯用特牲三鼎，只是朔月才加礼一等。那这样推算下来，卿、大夫平日只有一鼎（鼎实有异？），士则无肉食之享而仅有笾豆黍稷之类了。也就是《礼记·玉藻》所言的："君无故不杀牛，大夫无故不杀羊，士无故不杀犬豕。"郑注："故，谓祭祀之属。"应该就是指和祭祀一样的礼仪活动，君平日和朔月分别用特牲和少牢，所以说"无故不杀牛"，大夫、士之理亦然。《左传·庄公十年》中提到的"肉食者"盖由此而来②。

这种现象也是可以出现在墓葬之中的。史书里多有加礼或杀礼以葬的记载，如《左传·哀公二年》："志父无罪，君实图之。若其有罪，绞缢以戮，桐棺三寸，不设属辟，素车朴马，无入于兆，下卿之罚也。"誓者赵简子（晋国上卿）即提到了若自己有罪即杀礼以葬的情况。《左传·隐公六年》："冬十二月辛巳，臧僖伯卒。公曰：'叔父有憾于寡人，寡人弗敢忘。'葬之加一等。"则又是加礼以葬的现象。有

---

① 河北省文物研究所：《𦩻墓——战国中山国国王之墓》，文物出版社，1996年，第111页。

② 《左传·庄公十年》："十年春，齐师伐我，公将战。曹刿请见。其乡人曰：'肉食者谋之，又何间焉？'"

周四百年中，战乱、纷争此起彼伏，赏赐、越礼等亦层出不穷，所以我们在面对纷繁复杂的考古材料时，一定要十分注意细节的斟酌。但同时这也给我们解释一些不合常制的墓葬现象提供了依据，当然这种解释是需要极其慎重的。

三、中原地区用鼎制度

通过以上对文献的详尽梳理，我们得以正确地了解正（升）鼎、陪（羞）鼎、镬鼎和铏鼎之间的差别以及它们在宗庙祭祀场合的器用制度。而下面，我们将以此为线索，来帮助理解和分析周代用鼎制度的考古发现与变迁情况。

（一）西周古制

列鼎制度主要形成于西周中后期，为"西周礼制改革"的重要组成部分[①]。早期多为形制相近、大小相次递减的形式，数量上一般与身份等级对应，但均仅有一套（表三）。

像河南三门峡虢国墓地（两周之际）[②]，M2001为国君虢季墓，实用礼器组合包括7鼎、6簋、8鬲、1甗、4盨、2簠、2铺、2圆壶、2方壶、1盘、1盉（图五）；M2012为其夫人墓，身份略低，使用列鼎一套5件；而身份再低者如M2006孟姞墓内则为3鼎、1甗、4鬲、4盨、1簠、2圆壶、1盘、1盉，虽然器物种类、数量和精美程度上不及于国君墓葬，但亦均为列鼎一套。

此外在天马-曲村晋侯墓地中[③]，M91被认为是厉王时期靖侯之墓，使用列鼎一套7件，但随后的M8、M64、M93三位晋侯却又都是列鼎一套5件。类似的情况亦见于陕西韩城梁带村芮国墓地中。M27为春秋早期芮桓公墓，7鼎；M28被认为是年代偏晚的又一芮国国君墓，却仅有5鼎。同样是身为诸侯的应侯、倗伯墓内也均只用5鼎，不同

---

① 卢连成、胡智生：《陕西地区西周墓葬和窖藏出土的青铜礼器》，《宝鸡𢎭国墓地》附录一，文物出版社，1988年，第470～529页；〔英〕罗森著，孙心菲等译：《古代中国的青铜礼器——来自商代和西周时期的墓葬与窖藏的例证》，《中国古代的艺术与文化》，北京大学出版社，2002年，第69～78页；罗泰：《有关西周晚期礼制改革及庄白微氏青铜器年代的新假设：从世系铭文说起》，《中国考古学与历史学之整合研究》，1997年，第651～676页；曹玮：《从青铜器的演化试论西周前后期之交的礼制变化》，《周秦文化研究》，陕西人民出版社，1998年；等等。

② 河南省文物考古研究所、三门峡市文物工作队：《三门峡虢国墓》（第一卷），文物出版社，1999年；河南省文物考古研究所、三门峡市文物工作队：《上村岭虢国墓地M2006的清理》，《文物》1995年第1期。

③ 历次发掘资料可参见《文物》1993年第3期、《文物》1994年第1期、《文物》1994年第8期、《文物》1995年第7期、《文物》2001年第8期、《文物》2009年第1期。

图五　虢季墓出土青铜礼器
1.鼎　2.鬲　3.簋　4.铺　5.簠　6.盨　7.盘　8.盉　9.圆壶　10.方壶

于虢季墓（尤其平顶山M1、M8年代与虢季墓相近）[1]。可见西周一朝诸侯等级的列鼎数量并非是固定不变的，但这究竟是与命数有关，还是由于国势、财富的差别造成的

① 梁带村墓地发掘资料分别参见：陕西省考古研究所、渭南市文物保护考古研究所、韩城市文物旅游局：《陕西韩城梁带村遗址M19发掘简报》，《考古与文物》2007年第2期；陕西省考古研究院、渭南市文物保护考古研究所、韩城市文物旅游局：《陕西韩城梁带村遗址M27发掘简报》，《考古与文物》2007年第6期；陕西省考古研究所、渭南市文物保护考古研究所、韩城市文物旅游局：《陕西韩城梁带村遗址M26发掘简报》，《文物》2008年第1期；陕西省考古研究院：《陕西韩城市梁带村芮国墓地M28的发掘》，《考古》2009年第4期。平顶山应国墓地资料参见河南省文物研究所、平顶山市文管会：《平顶山市北滍村两周墓地一号墓发掘简报》，《华夏考古》1988年第1期；河南省文物考古研究所、平顶山市文物管理局：《河南平顶山应国墓地八号墓发掘简报》，《华夏考古》2007年第1期；山西省考古研究所、运城市文物工作站、绛县文化局：《山西绛县横水西周墓发掘简报》，《文物》2006年第8期。

表三　西周至春秋初年中原地区贵族墓葬青铜器组合简表

墓葬	列鼎	盛盛器	酒器	水器	炊煮器
晋侯墓地M91	7鼎	5簋1铺	1方壶1圆壶	1盘1匜	2鬲1甗
三门峡M2001虢季墓	7鼎	6簋4盨2簠2铺	2方壶2圆壶	1盘1盉	8鬲1甗
三门峡M2011	7鼎	8簋1铺1盆	2方壶2圆壶	1盘1匜	8鬲1甗
三门峡M1052	7鼎	6簋1铺	2方壶	1盘1盉	6鬲1甗
梁带村M27	7鼎	6簋1盆	2方壶	1盘1盉	1甗
三门峡M2012	5鼎	4簋2簠2铺	2方壶	1盘1盉	8鬲1甗
三门峡M1706	5鼎	4簋1铺	2方壶	1盘1匜	4鬲
三门峡M1810	5鼎	4簋1铺	2方壶	1盘1盉	4鬲1甗
晋侯墓地M64	5鼎	4簋2（？）簠	2方壶	1盘1匜	1甗
晋侯墓地M93	5鼎	6簋	2方壶	1盘1匜	1甗
应国墓地M8	5鼎	4簋	2方壶	1盘1匜	1甗
应国墓地M1	5鼎	6簋	2方壶	1盘1盉	1甗
梁带村M26	5鼎	4簋2簠2盆	2方壶	1盉	4鬲1甗
梁带村M28	5鼎	4簋	2方壶	1盘1盉	4鬲1甗
应国墓地M95	3鼎	4簋2盨	2方壶	1盘1匜	4鬲1甗
晋侯墓地M102	3鼎	4簋	1方壶	1盘1匜	
晋侯墓地M31	3鼎	2簋	2方壶	1盘1匜	
晋侯墓地M63	3鼎	2簋	2圆壶	1盘1盉	
晋侯墓地M62	3鼎	4簋	?	1盘1匜	
三门峡M2006	3鼎	2盨1簋	2圆壶	1盘1盉	4鬲1甗
三门峡M1705	3鼎	4簋	2圆壶	1盘1盉	
三门峡M1820	3鼎	4簋1铺2簠	2圆壶	1盘1匜	2鬲1甗
梁带村M19	3鼎	4簋1盆	2方壶	1盘1盉	4鬲1甗
晋侯墓地M92	2鼎	2盨	2圆壶	1盘1盉	

还有待进一步研究。

（二）春秋时期

春秋中期以后，西周传统礼制开始发生重大变化。这不仅表现在青铜器的造型、纹饰上，同时列鼎的套数也开始增加。

新郑李家楼郑伯墓[①]（春秋中期偏晚）：据俞先生统计现存铜鼎21件[②]，其中Ⅰ式无盖、蟠虺纹、束颈曲耳、腹部有牛首纽的列鼎（图六，2、3）9件（缺一），并配有9件夔龙纹扉棱铜鬲、8件窃曲纹铜簋；Ⅱ式蟠螭纹立耳（沿耳）无盖铜鼎6件，大小相近，腹有扉棱（图六，1）；Ⅲ式蟠虺纹有盖深腹鼎7件，但大小略有区别（图六，4）。俞先生认为其有正鼎9件、7件两组，而6件沿耳鼎分为陪鼎两套各3件。

琉璃阁墓地：关于此墓地的年代与国属一直存在争议，主要有战国魏墓、春秋中晚期到战国时期卫墓以及春战之际范氏族墓地三种意见。而新近对于琉璃阁甲、乙墓的整理则为我们进一步了解这个墓地提供了契机（图七）。其中甲墓的材料公布最为齐全，记有Ⅰ式镬鼎1件，口径52.5、通高63.5厘米；Ⅱ式蟠螭纹三环纽盖鼎一套9件（口径约32、通高约40厘米），形制基本同于郑伯墓Ⅲ式鼎；Ⅲ式蟠虺纹无盖附耳鼎一套5件，形制略同于郑伯墓Ⅰ式鼎，口径约50、通高约49厘米；Ⅳ式蟠虺纹环形捉手盖鼎2件，形制与Ⅱ式鼎十分接近，但口径仅25.5～27、通高30厘米；蟠虺纹带流小鼎1

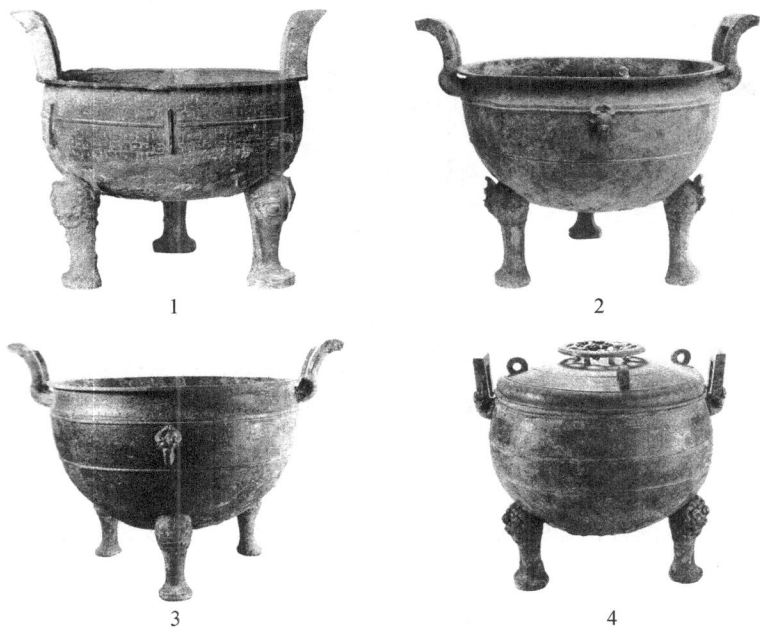

图六 新郑李家楼郑伯墓出土铜鼎

1.蟠螭纹立耳无盖鼎（6件） 2.无盖附耳大鼎 3.无盖束颈曲耳牛首纽列鼎
4.蟠虺纹有盖深腹鼎（7件）

---

① 河南博物院、台北历史博物馆：《新郑郑公大墓青铜器》，大象出版社，2001年。

② 俞伟超、高明：《周代用鼎制度研究》，《先秦两汉考古学论集》，文物出版社，1985年，第93、94页；河南博物院、台北历史博物馆：《新郑郑公大墓青铜器》，大象出版社，2001年。但在新郑祭祀遗址中出土的铜列鼎（9件组）却也均是无盖扉棱沿耳鼎，很显然是作为祭祀正鼎使用的。二者年代相差不远但铜鼎的性质变化何以如此之大？

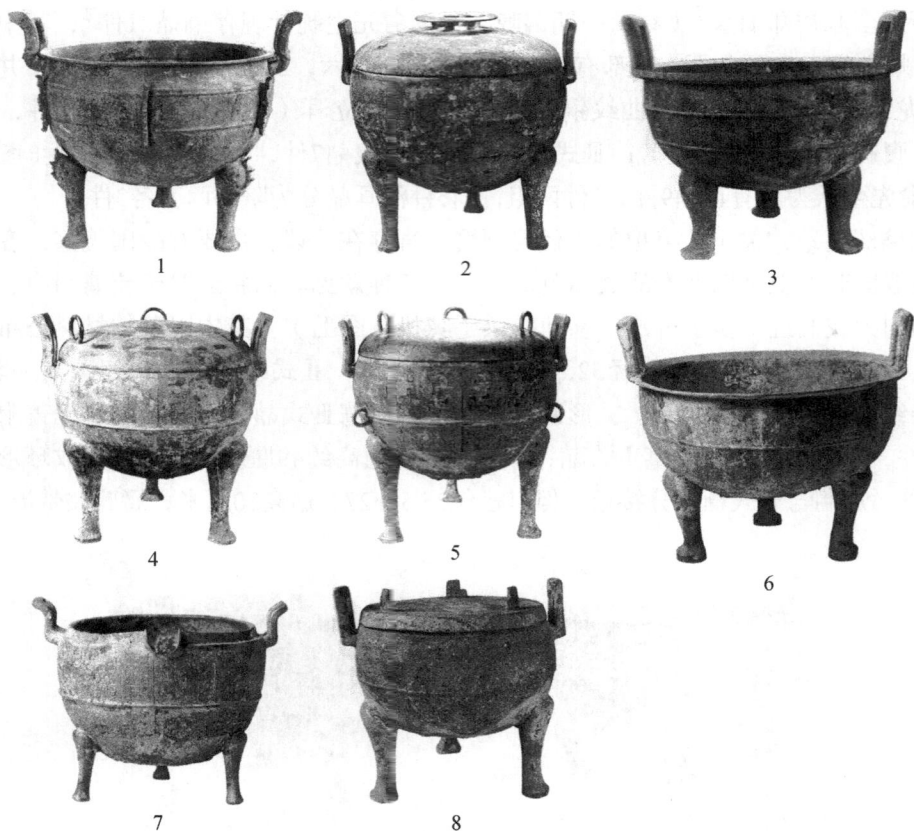

图七　辉县琉璃阁甲、乙墓出土铜鼎

甲墓：1. 蟠虺纹无盖附耳鼎（5件）　2. 蟠虺纹环形捉手盖鼎（2件）　4. 蟠虺纹三环纽盖镬鼎

5. 蟠螭纹三环纽盖鼎（9件）　7. 匜鼎（1件）

乙墓：3. 蟠虺纹沿耳无盖鼎（3件）　6. 弦纹素面沿耳鼎（1件）　8. 平盖深腹鼎（5件）

件（匜鼎）。即此墓也有正鼎9件、5件两套，而2件较小的环形捉手盖鼎则可能是配于正鼎5件的羞鼎[①]。

乙墓据报道有平盖鼎一套5件（山东地区风格），蟠螭纹沿耳无盖鼎一套3件，另有一件弦纹素面沿耳鼎，花纹差异较大，疑似正鼎3件一套的羞鼎。此外，据郭宝钧先生的介绍[②]，该墓地M80有"有盖列鼎5件（配4簋）、无盖列鼎7件"；M55"有盖列鼎5件（配4簋）、无盖列鼎7件、小鼎2件（配于列鼎5件的羞鼎）"；M75"有盖列鼎5件、空足有盖列鼎（如鬲）7件"；M60（战国）"大鼎1件，有盖列鼎5件（配6簋）、有盖列鼎9件、无盖列鼎9件、六成列鼎5件"。

---

① 河南省博物馆、台北历史博物馆：《辉县琉璃阁甲、乙二墓》，大象出版社，2003年。

② 郭宝钧：《山彪镇与琉璃阁》，科学出版社，1959年，第54、55页。

长治分水岭M269、M270（春秋晚期偏早）[①]： M270共出铜鼎10件，Ⅰ式立耳无盖鼎5件，大小略同；Ⅱ式圜底、深腹、三环纽盖鼎5件，大小略有差别。M269也基本相同（有盖鼎缺1件），唯铜鼎皆是大小相次成列。所以可以认为此二墓皆是正鼎两套各5件。

寿县蔡侯墓（春秋晚期晚段）[②]与曾侯乙墓（战国早期）：这两座墓葬虽然位于南方楚文化区，但用鼎情况却与中原地区更为类似，故合记于此。蔡侯墓中现存镬鼎（有自铭）1件，束腰平底升鼎7件（有自铭），再次9件均自铭为鼎。所以此墓也是正鼎9件、7件两组，另有一小鼎无铭文，尚无法判断。曾侯乙墓则有正鼎9件（Ⅱ式）和5件（Ⅲ式）两套，2件镬鼎形制、花纹有异，可能正是分别配于这两套正鼎的。该墓中另出土了10件小型的三足鼎形器（图四，18~27），亦位于中室，形制、大小、花纹基本相同，是否可以推测为铏鼎6、4两套，分别配于9、7（或被两件楚式鼎替换，详见下文）两组正鼎呢？

由以上诸例可以看出，这一时期中原地区的5鼎以上高级贵族墓葬内均有正鼎两套，且数量多相差一个等级或相同。形制上十分流行一套为无盖沿耳圜底鼎，而另一套则为有盖附耳深腹鼎。

此种现象在洛阳地区表现得尤其明显，且年代略早（图八）。像洛阳纱厂路JM32中，3件铜鼎即分为2件平盖、附耳、深腹鼎（原简报A型）和1件无盖、立耳、弧壁内收鼎（原简报B型）；润阳广场C1M9950中，5件铜鼎分别由3件无盖附耳鼎、1件平盖附耳鼎和1件罐形鼎（原简报C型）组成；又如洛阳西工区C1M3498中，5件铜鼎分为二型，A型2件无盖立耳外侈鼎，B型3件有盖三环纽深腹蹄足鼎；而C1M3427中则是3件无盖立耳外侈鼎（纹饰略有差别）和2件平盖三环纽附耳鼎；C1M6112三鼎墓中，2件无盖直口立耳鼎，大小不一，1件平盖附耳深腹鼎。且鼎的底部均有烟炱痕迹，鼎内盛装牲骨，当均属于实用器[③]。由此也就可以理解在山西侯马上马墓地M13（春秋中期）中为何有3件（原报告Ⅲ式）三环纽盖附耳深腹鼎和2件无盖立耳圜底鼎（原报告Ⅱ式，铭文"庚儿鼎"），以及河南郏县太仆乡（春秋早期晚段）5鼎墓中出土有3件无盖立耳深腹鼎和2件无盖附耳浅圜腹鼎[④]，均与洛阳地区的情况十分类似。

① 山西省文物工作委员会晋东南二作组、山西省长治市博物馆：《长治分水岭269、270号东周墓》，《考古学报》1974年第2期。

② 安徽省文物管理委员会、安徽省博物馆：《寿县蔡侯墓出土遗物》，科学出版社，1956年。

③ 洛阳市第二文物工作队：《洛阳市纱厂路东周墓（JM32）发掘简报》，《文物》2002年第11期；洛阳市文物工作队：《河南洛阳市润阳广场C1M9950号东周墓葬的发掘》，《考古》2009年第12期；洛阳市文物工作队：《洛阳西工区春秋墓发掘简报》，《文物》2010年第8期；洛阳市文物工作队：《洛阳市613所东周墓》，《文物》1999年第8期。

④ 山西省文物管理委员会侯马工作站：《山西侯马上马村东周墓葬》，《考古》1963年第5期；杨文胜：《郏县太仆乡出土青铜器研究》，《考古与文物》2002年第5期。

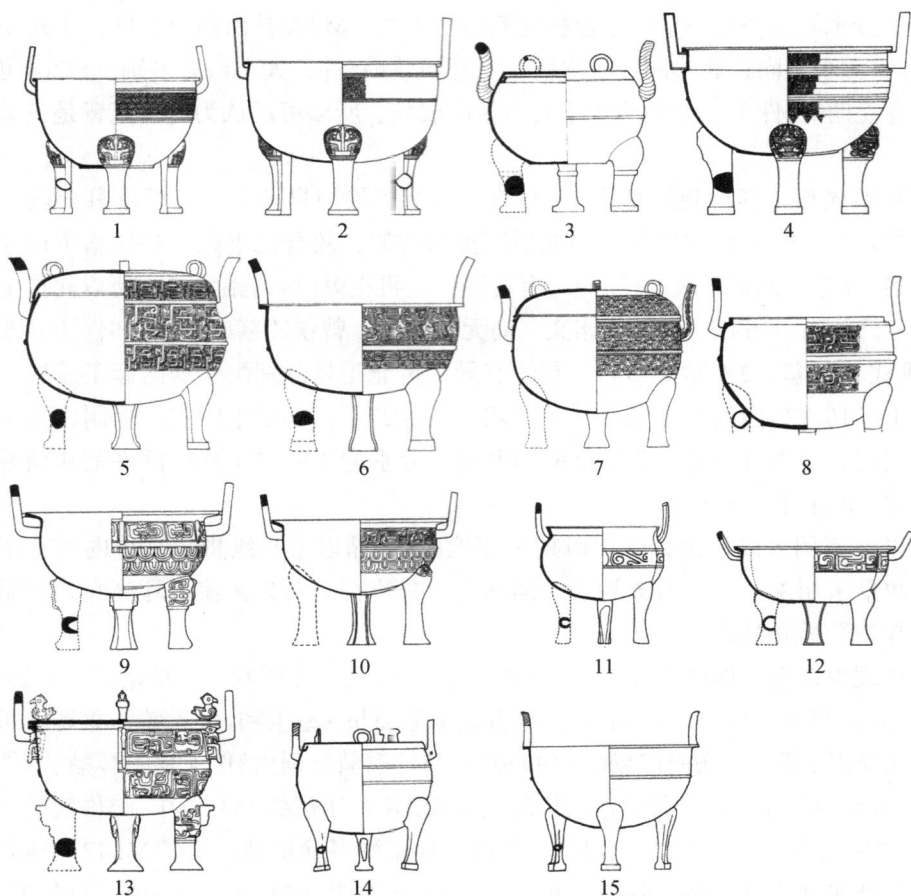

图八　洛阳地区春秋墓出土铜鼎

1~4. 洛阳C1M3427　5~8. 洛阳C1M3498　9~13. 洛阳C1M9950　14、15. 洛阳纱厂路JM32

从器物形态上考虑，立耳无盖鼎凸的形制要明显早于有盖附耳深腹鼎，所以这种同一墓葬内兼用"古式"和"今式"两套列鼎的现象应当是蕴含了十分特殊的礼制意义。

（三）战国时期

战国之后，鼎制组合更趋复杂。除去传统的立耳无盖鼎和有盖附耳鼎（腹部变浅、蹄足变矮）外，鬲形或敦形鼎又被进一步加入礼制组合中来。

像上述晋国赵卿墓（春战之际）中，共有正鼎7件（Ⅲ式附耳牛头螭纹蹄足鼎）、5件（Ⅴ式敦形）、5件（Ⅱ式立耳凤螭纹蹄足鼎）三套，相较于春秋时期很显然又添加了一套敦形正鼎，且三套正鼎之间的数量等差十分规范。另有6件Ⅳ式鬲形鼎和2件猪纽蹄足鼎（Ⅵ式）性质不明。至于最后的一件卧牛盖小鼎（口径10.4、通高11.3厘米）装饰华丽，出土时单独与2件精美的高柄小方壶放置在一起，恐怕是属于"弄器"

一类吧？

陕县后川M2040（战国中期偏早）：墓底面积6.9米×5.9米。共出土铜圆鼎17件，其中铺首环耳鬲形鼎7件，口径16.5～29.6、通高17～29.8厘米；圜盖、附耳、矮足鼎5件（类似于赵卿墓Ⅲ式鼎），大小相次，口径25～38.5、通高22.5～37.2厘米；立耳无盖鼎（类似于赵卿墓Ⅱ式鼎）5件，大小相次，口径50～78、通高38.2～62厘米。所以此墓与赵卿墓的情况十分相近，也是正鼎7、5、5三套，且出土时均盛牲骨，底下有烟炱痕迹。

河北平山M1战国中山王𰯄墓（战国中期晚段）[1]：报告中称铜升鼎共有9件，实则不然。西库内铜鼎XK：2、XK：3（图九，8、9）形制明显与其他7件三环纽子母口盖鼎不同，平盖、深腹，底部并不斜收。而其他升鼎都是圜形盖、收腹的。所以这2件鼎应该单独成套，而其余7件（图九，1～7）则形制一致，虽然铜鼎XK：1（图九，1，口径42、通高51.5厘米）的尺寸明显大于其他几件升鼎（通高17.4～36、口径15.8～32.8厘米，大小相次），恐怕是由于铸刻长篇铭文的缘故？由此可以发现，此墓的铜正鼎之数实为7件、5件两套（出土位置不同，7件套在西库，5件套在东库，图九，10～14）。再加上西库内的5件陶鼎（图九，15～19）当亦是正鼎7、5、5三套。

河北平山M6成公墓[2]：年代较M1略早，但鼎制组合十分接近。西库内西壁中部有铜鼎9件，但2～8号形制一致，附耳三环纽，圆鼓腹，平底，矮蹄足，器身素面，通

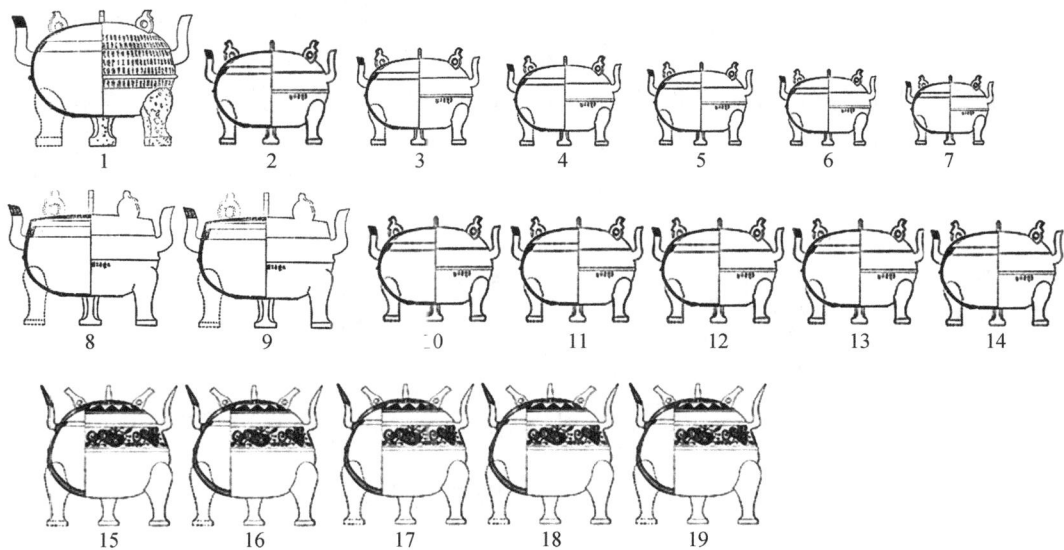

图九　战国中山王𰯄墓出土鼎

1～7.Ⅰ式铜鼎（西库）　　8、9.Ⅱ式铜鼎（西库）　　10～14.Ⅲ式铜鼎（东库）　　15～19.Ⅳ式陶鼎（西库）

---

① 河北省文物研究所：《𰯄墓——战国中山国国王之墓》，文物出版社，1996年，第111页。

② 河北省文物研究所：《战国中山国灵寿城——1975～1993年考古发掘报告》，文物出版社，2005年。

高20~33厘米，口径18.6~32.8厘米，大小依次递减。而第一件（通高46、口径41.8厘米，腹部有一道凸弦纹）和最后一件（大侈耳、高蹄足）明显为随后配入的，与M1西库内的9件铜鼎情况相同，应当是出于特殊的礼制考虑。西库内另有形制、大小完全一样的卧兽纽盖鼎5件，通高约12、口径约9厘米，附耳、鼓腹、圜底、三蹄足，整个器体近似球形，盖面和腹部装饰有四道椭圆形鸟纹，十分华丽。东库内则为泥质灰陶列鼎5件，大小依次递减。很显然，该墓主人的原始礼制组合应为正鼎7、5、5三套。

易县燕下都九女台M16（战国晚期）[①]：大小相次的圜盖陶列鼎9件一套；无盖无耳的小型大牢7鼎二套，一套腹有三扉，一套无扉；另有4件方鼎性质不明。

山西长子M7（战国早期偏早）[②]：墓底面积为5.74米×4.28米，共出土铜鼎7件，其中Ⅰ式列鼎一套5件，通高20.2~30、口径20.2~31.6厘米，大小依次递减。三环纽、鼓腹、圜底、蹄足，器身装饰蟠螭纹；Ⅱ式铺首衔环、卧牛纽鬲形鼎1件，通高19.2、口径18.3厘米；Ⅲ式绚纹小鼎1件，通高8.9、口径8.3厘米，和赵卿墓中的卧牛盖小鼎一样可能并不具有礼制意义。相较于同一时期的其他贵族墓葬，该墓内缺少了无盖立耳鼎一套，也即是说，该墓中的正鼎为5、1两套。

潞城潞河M7（战国早期）[③]：墓底6.4米×5.7米，共出土铜鼎13件，分为四式（图一〇）。Ⅰ式平沿无盖附耳大鼎1件，口径65、通高58厘米，下腹及底部留有厚厚的烟炱痕迹，当属于镬鼎；Ⅱ式立耳外侈无盖圜底鼎2件，形制同于赵卿墓Ⅱ式鼎；Ⅲ式圆盖、三环纽附耳蹄足鼎4件，形制同于赵卿墓Ⅲ式鼎，器身装饰云雷纹地夔龙纹，口径23~27、通高24~27.5厘米，大小依次递减；Ⅳ式敦形鼎4件，同于赵卿墓Ⅴ式鼎，腹中部饰一周绚索纹，口径17.2~23.6、通高17~24厘米，大小依次递减。该墓正鼎无论从器物形制还是装饰花纹上看，均与赵卿墓十分接近，当亦为正鼎4（圆盖三环纽附耳蹄足鼎）、4（敦形鼎）、2（立耳外侈无盖鼎）三套。但其数量均用偶数不知何故。

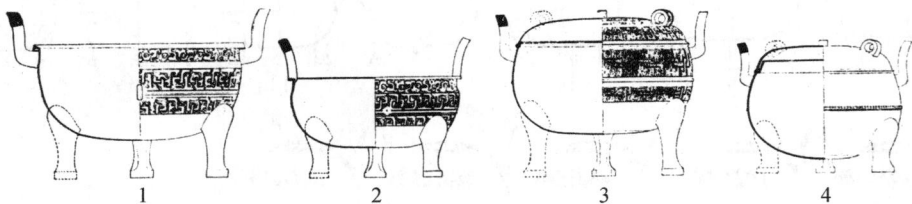

图一〇　山西潞城潞河M7出土铜鼎
1.平沿无盖附耳大鼎（1件）　2.立耳外侈无盖圜底鼎（2件）　3.三环纽附耳蹄足鼎（4件）
4.敦形鼎（4件）

---

① 此处参见俞伟超先生的分类观点，详见俞伟超、高明：《周代用鼎制度研究》，《先秦两汉考古学论集》，文物出版社，1985年，第101页。

② 山西省考古研究所：《山西长子县东周墓》，《考古学报》1984年第4期。

③ 山西省考古研究所、山西省晋东南地区文化局：《山西省潞城县潞河战国墓》，《文物》1986年第6期。

分水岭M25、M26（战国中期）[①]：M26中共有铜鼎7件，分为二式。Ⅰ式立耳无盖鼎2件，但蹄足较高，且膝面为饕餮兽面，纹饰比较独特。鼎内存有兽骨，为实用器。Ⅱ式扁圆形矮蹄足、圆盖三环纽鼎5件，器身素面，大小相次成列；M25中共有铜鼎6件，亦分为二式。Ⅰ式立耳外侈无盖鼎1件，器身装饰夔龙纹三周，形制、花纹均与上述贵族墓中的立耳外侈无盖鼎一致，鼎内存有兽骨，为实用器。Ⅱ式扁圆形矮蹄足、圆盖三环纽鼎5件，大小柜次成列，盖、腹部装饰有锐角"S"纹带（近似绹索纹，战国以后流行）。这两座墓葬与山西长子M7十分接近，5鼎级别，使用正鼎两套，一套为立耳外侈无盖鼎或鬲形鼎，数量为1～2件，另一套为5件战国阶段流行的三环纽圜盖矮蹄足鼎。

相关墓葬可参见表四。

表四　中原地区鼎制组合简表

墓葬 \ 鼎制	郑伯墓	蔡侯墓	琉璃阁M80	曾侯乙墓	分水岭M269、M270	上马M13	洛阳C1M3498	琉璃阁甲	琉璃阁乙
镬鼎		1		1	1	1		1	
升鼎	9	7	9　7	9　5	5　5或4	3　2	3　2	9　5	5　3
差鼎	3　3	1						2	
铏鼎				6　4		1			1
匜鼎				1				1	

墓葬 \ 鼎制	赵卿墓	后川M2040	易县M16	潞城潞河M7	长子M7	平山中山M1、M6	分水岭M25、M26
镬鼎	1		1	1			
升鼎	7　5　5	7　5　5	9　7	7	4　4　2　5　1	7（+2）　5，陶5	5　1或2
差鼎	2		2，4				
铏鼎	6						
匜鼎						1	

由上述诸例可以发现，战国以来中原地区7鼎及以上高级贵族墓葬中多有正鼎三套，且数量分别为9、7、7和7、5、5，等差有序。形制上除延续春秋以来的立耳无盖鼎和三环纽圜盖深腹蹄足鼎以外，进一步增加了鬲形或敦形鼎作为第三套正鼎。虽然燕、赵地区鼎的形制会略有区别，但器用制度上仍和韩、魏保持一致。5鼎级别墓葬中则仅有正鼎两套，且立耳无盖鼎的数量多不规则（战国中期以后消失）。与春秋时期

---

① 山西省文物管理委员会、山西省考古研究所：《山西长治分水岭战国墓第二次发掘》，《考古》1964年第3期。

所不同的是，此时的洛阳地区却并未见到有多套正鼎的现象。其他3鼎及以下小贵族墓内均只有一套正鼎。

　　由此我们可以将中原地区西周至战国以来用鼎制度的变迁情况简单勾勒如下（图一一）：西周中后期的贵族墓葬中无论身份高低均只有一套正鼎，且数量与身份等级相对应；春秋中期以后5鼎以上高级贵族墓葬中开始出现两套正鼎，一套为"古式"的立耳无盖鼎，另一套为"今式"的圜盖（或平盖）三环纽、深腹、高蹄足鼎，数量上多相差一个等级或相同（较少）。洛阳地区一些3~5鼎级别贵族墓葬中也会出现类似的现象，但数量多不十分规则；战国以后7鼎公卿以上贵族墓葬中进一步增加了鬲形或敦形鼎作为第三套正鼎，且数量多为9、7、7或7、5、5，等差有序。而5鼎大夫级别墓葬则一般仅有正鼎两套。战国中期晚段以后这种多套正鼎的现象就逐渐消失。

　　最后从这些墓葬残存的鼎实情况来看[1]，所用的牲体主要还是牛、羊、猪，但放置的情况却与礼经的记载难以吻合，很多时候会将两种牲体同置于一件鼎中，所以这也直接导致了镬鼎数量均为一件。不过我们在正鼎中确实见到有升牲体的"髀"和"觳"的情况（如太原赵卿墓M251：586、M251：604、M251：624等），这也可以帮助解决经学家关于"体解之法"的争论。腊和鱼也有见到使用，并且大夫等级的腊确实是用鹿（如擂鼓墩M2：54、M2：55等）[2]，鱼也主要是用鲫鱼（如曾侯乙墓

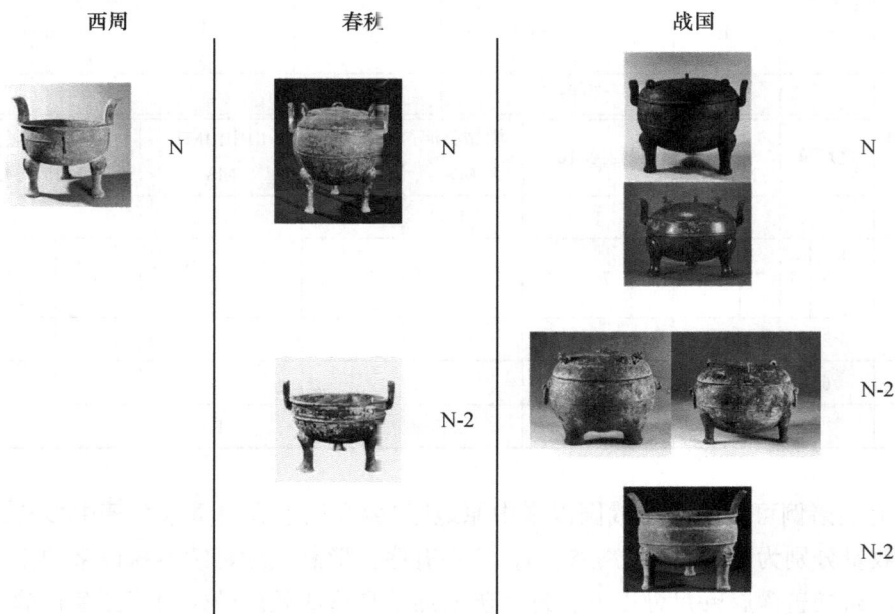

图一一　中原地区用鼎制度变化示意图

　　[1]　高耀亭等：《曾侯乙墓出土动物骨骼的鉴定》；中国科学院水生动物研究所第一研究室：《曾侯乙墓出土鱼骨的鉴定》，《曾侯乙墓》附录一七、附录一八，文物出版社，1989年，第651~654页。
　　[2]　随州市博物馆：《随州擂鼓墩二号墓》附表一，文物出版社，2008年；周本雄：《太原晋国赵卿墓动物骨骼鉴定》，《太原晋国赵卿墓》附录二，文物出版社，1996年，第248~252页。

C：93）。雁的使用十分频繁，而且似乎不光是作为庶羞。这些都有助于我们对于周代饮食的进一步了解。

四、楚国用鼎制度

楚是东周时期长江流域最为重要的诸侯国，其国力强盛之时，曾尽有南土，饮马黄河，成为华夏诸族强劲的竞争对手。虽然在其成长历程中曾受到了姬周文化的强烈影响，但成熟时期的楚国却又与周人刻意保持着诸多方面的不同，尤其是在礼仪制度的核心——青铜器器用制度上更是如此。

首先来看楚国独特的用鼎制度，分析的主要依据来自包山二号墓遣策中的记载。包山二号墓为战国中期晚段楚国左尹邵佗之墓，墓中出土了比较完整的记载随葬物品的遣策，其中有关鼎的部分包括"食、䭀室之金器"与"大兆之金器"两栏，均出土于东室，与遣策亦相对应（"相尾之器所以行"栏下无铜鼎记载，且主要对应西室和北室，为墓主人日常使用之物）。由于"大兆之金器"一栏保存较好，所以首先来看它的组成情况。共记有："一牛镬、一豕镬、二镛鼎、二□荐鼎、二贵鼎、二登鼎……一汤鼎、一贯耳鼎、一□□鼎。"其中"二镛鼎"就是墓中出土的两件折沿附耳无盖大鼎（图一二，1、6）；"二登鼎"即两件束腰平底升鼎（图一二，2、3）；"二镛鼎"目前尚有争议，原报告认为是两件铁足铜鼎（图一二，10、11），刘彬徽先生则考证为是两件箍口鼎（图一二，7、8）。似后说为善，因为寿县楚幽王墓中出土的两件箍口大鼎就自铭为"镛"，武汉市文物商店征集的"邓子午文䭀镛"鼎亦是箍口大鼎；"一汤鼎"指平顶盖上有四环纽的小口鼎（图一二，13），属水器（祭祀前煮汤沐浴之用）；"一贯耳鼎"为一件盖沿有对称方形平耳的子母口鼎（图一二，9）；另一鼎不详；所以最后仅余下"二□荐鼎"和"二贵鼎"有待重新认识了。

"荐"为荐食之意。凌廷堪《礼经释例》卷五"饮食之例下"中称："凡脯醢谓之荐出自东房。"《周礼·庖人》又载："庖人……以共王之膳与其荐羞之物及后、世子之膳羞。"郑注："荐亦进也。备品物曰荐，致滋味乃为羞。"可见"荐"是指进各种致滋味的品物，它不仅仅包括脯醢，也包括各种牲体庶羞。贾疏引郑玄云："羞出于牲及禽兽，以备滋味，谓之庶羞。"《周礼·笾人》"凡祭祀，共其笾荐羞之实"郑注更明言："未食未饮曰荐，已食已饮曰羞。"所以荐和羞对文则异，散文则通。荐鼎应该就是盛庶羞之属的羞鼎吧？"贵"即是馈，其意义就更加明确了，因为上文已经提到了铏鼎正是属于"馈"的。所以贵鼎也就是周礼中的铏鼎了。望山二号墓遣策中也记载（简46）："金器六贵（贵鼎）、有盖。"[①]由此还可进一步了解楚

---

① 湖北省文物考古研究所：《江陵望山沙冢楚墓》及附录二《望山一、二号墓竹简释文与考释》，文物出版社，1996年。

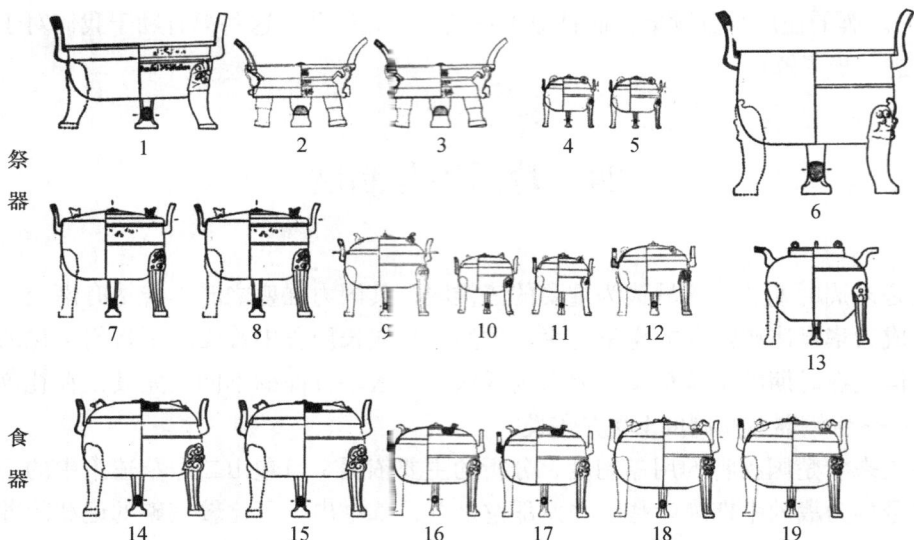

图一二　包山二号楚墓出土铜鼎

1. 豕鐎鼎（M2：146）　2、3. 升鼎（M2：5、M2：137）　4、5. 环耳环纽鼎（M2：130、M2：173）
6. 牛鐎鼎（M2：124）　7、8. 螭纽箍口鼎（M2：83、M2：109）　9. 串耳鼎（M2：106）　10、11. 铁足环纽鼎
（M2：150、M2：152）　12. 环耳环纽鼎（M2：132）　13. 小口鼎（M2：390）　14、15. 方耳卧牛纽鼎
（M2：72、M2：105）　16、17. 环耳卧牛纽鼎（M2：80、M2：140）　18、19. 方耳卧牛纽鼎（M2：127、M2：139）

墓中铡鼎的形制。通过比较，笔者以为两件环耳环纽铜鼎最为接近。也就是说，包山二号墓中的大兆之器包括"二镬鼎、二鐎鼎、二羞鼎、二铡鼎、二升鼎、一汤鼎"以及其他两件性质尚不明的单体鼎。

　　而恰好该墓中所出的19件铜鼎根据铸造工艺可分为两组，一组器形厚重，器表有光泽，底部有黑烟炊痕，应为实用器，包括一牛鐎、一汤鼎、一较大的环耳环纽鼎、二环耳卧牛纽鼎、四（两组）方耳卧牛纽鼎；而另一组器形轻薄，器内外均残留铸砂，无实用痕迹，包括一豕鐎、二束腰平底鼎、二螭纹箍口鼎、二铁足环纽鼎、二环耳环纽鼎（略小）。

　　这样参照对比下来，我们就可以明白后者即是遣策中所记载的"大兆之金器"组，为特定时候所用的祭器（兆或即桃，宗庙之意，《左传·襄公九年》）；而六件带有卧牛纽的子母口铜鼎则均属于"食室之金器"组，为实用性的食器，分为三组，两两成对，遵循楚人自身的礼制特色。旧藏郑季子鼎（战国中晚期）盖部亦有三卧兽纽，铭文"王四月，郑季子以庚寅之彐，命铸飤鼎鬲"（《商周彝器通考》图106）；四川新都战国墓出土卧兽纽子母口高足铜鼎，铭文即为"昭之飤鼎"，皆可佐证上述之结论。荐鼎和馈鼎虽然都是三环纽子母口盖鼎，但大小和足部装饰略有差异。

　　那么其他的楚墓是否也符合这样的分类原则呢？首先来看约同一时期的沙冢一号

墓（三室墓）①，铜器基本被盗而仿铜陶礼器保存完整，分布于头箱和边箱之中。笔者曾尝试着按照其出土位置来对陶鼎进行分类，但发现明显属于祭器的小口鼎和一件升鼎也放在了主要盛生活用品的边箱（望山一号墓中铜鼎和陶鼎均是置于头箱，包山二号墓铜礼器均是置于东室），所以最后决定还是将这些陶鼎放置在一起综合考虑。共计有：束腰平底升鼎2件（图一三，2、3）；无盖、方形附耳的大镬鼎1件（图一三，1，口径44.8、通高55.2厘米）；小口鼎1件（图一三，4）；三环纽兽蹄足鼎2件（图一三，7、8）；三环纽简化兽蹄足鼎2件（图一三，5、6）；鸟形纽和卧牛纽鼎各2件（图一三，9～12），盖面微平，异于三环纽鼎。所以，笔者认为该墓中祭器包括一镬鼎、二升鼎、荐鼎馈鼎各二（即两组三环纽子母口盖鼎）、一小口鼎，但并无箍口的鐈鼎；而另两组四件的鸟形纽鼎和卧牛纽鼎则均是食器。与包山二号墓的情况一样，

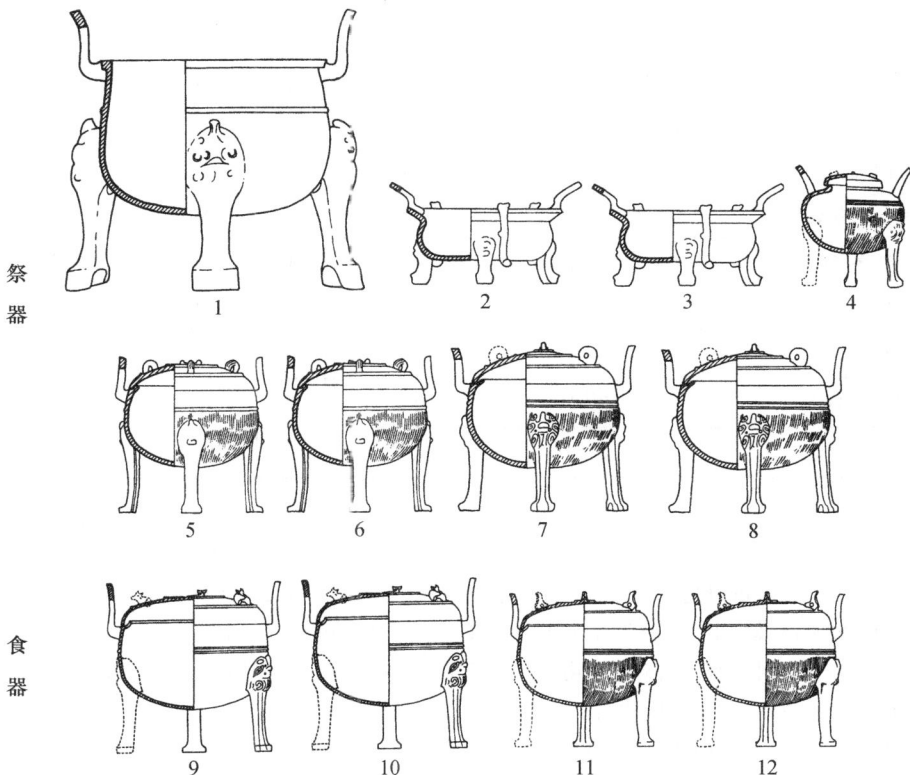

图一三　沙冢一号墓出土铜鼎

1.无盖镬鼎（SM1：2）　2、3.升鼎（SM1：6、SM1：61）　4.小口鼎（SM1：58）　5、6.三环纽盖鼎（SM1：1、SM1：3）　7、8.三环纽盖鼎（SM1：7、SM1：50）　9、10.卧牛纽盖鼎（SM1：8、SM1：28）　11、12.鸟形纽盖鼎（SM1：9、SM1：40）

① 湖北省文物考古研究所：《江陵望山沙冢楚墓》及附录二《望山一、二号墓竹简释文与考释》，文物出版社，1996年。

纽的形制是区别鼎的类别的重要依据。这一原则在雨台山①、九店②、当阳岱家山③、丹凤古城④等楚国墓地中（战国墓）均是十分适用的（表五）。

表五　战国时期楚国鼎制组合简表

鼎制\\墓葬	祭器						食器		备注
	镬鼎	升鼎	鐈鼎	荐鼎	馈鼎	汤鼎	卧牛或卧兽纽	鸟形或变形鸟形纽	
	无盖		箍口	三环纽	三环纽	小口			
包山M2	2	2	2	2	2	1	6铜，三组		
擂鼓墩M2⑤	1	9				1	6铜，三组		残
侯古堆M1⑥		3×2					4，圜盖	2，平盖	残
曹家岗M1⑦						1	4铜，两组		残
浏城桥M1⑧	1	3		2铜			2铜	4陶	残
望山M1	2	3	1			1+1	2铜	4+2	
望山M2	2	2		2	6+2	1			残
86长荷M1				2铜		1	2陶		
马益顺巷M1	1		2			1	1铜2陶		残
沙冢M1	1	2	无	2	2	1	2陶	2	残
藤店M1⑨	1		2	2	2	1			残
马山M1⑩							2铜	2陶	
白狮子地M1⑪							2铜		
荆州高台M1⑫							6陶		秦

---

① 湖北省荆州地区博物馆：《江陵雨台山楚墓》，文物出版社，1984年。

② 湖北省文物考古研究所：《江陵九店东周墓》，科学出版社，1995年。

③ 湖北省宜昌博物馆：《当阳岱家山楚汉墓》，科学出版社，2006年。

④ 陕西省考古研究所、商洛市博物馆：《丹凤古城楚墓》，三秦出版社，2006年。

⑤ 随州市博物馆：《随州擂鼓墩二号墓》，文物出版社，2008年。

⑥ 河南省文物考古研究所：《固始侯古堆一号墓》，大象出版社，2004年。

⑦ 黄冈市博物馆、黄州区博物馆：《湖北黄冈两座中型楚墓》，《考古学报》2000年第2期。

⑧ 湖南省博物馆、湖南省文物考古研究所、长沙市博物馆等：《长沙楚墓》，文物出版社，2000年。

⑨ 荆州地区博物馆：《湖北江陵藤店一号墓发掘简报》，《文物》1973年第9期。

⑩ 湖北省荆州地区博物馆：《江陵马山一号楚墓》，文物出版社，1985年。

⑪ 信阳地区文管会、固始县文化局：《固始白狮子地一号和二号墓清理简报》，《中原文物》1981年第4期。

⑫ 湖北省荆州博物馆：《荆州高台秦汉墓——宜黄公路荆州段田野考古报告之一》，科学出版社，2000年。

续表

鼎制　　　　　　墓葬	祭器						食器		备注
	镬鼎	升鼎	鐐鼎	荐鼎	馈鼎	汤鼎	卧牛或卧兽纽	鸟形或变形鸟形纽	
	无盖		箍口	三环纽	三环纽	小口			
荆州高台M4								2铜	汉
赵家湖JM15、雨台山M516、九店M485、M229，等等			2						
赵家湖JM36、LM13、雨台山M544、九店M19，等等							2陶		

可以发现，战国楚墓中的鼎均为两套，分属于祭器和食器两类，并以鼎盖纽的形制为主要区分标准。祭器一组（陶制或铜制明器为主）多效法中原礼制，而食器一组（铜制）则具有自身的礼制特色。所以衡量楚国贵族身份等级的不仅仅是祭器中束腰平底升鼎的件数，食器类卧牛纽或卧兽纽盖鼎的对数也是一个十分重要的参考指标。当然若要论起这种鼎的源流，恐怕还是从中原地区学习来的。因为春秋时期的楚国贵族墓中根本没有见到有这种形制的鼎盖，而目前所见最早者正是春战之交的赵卿墓中。鸟形或变形鸟形纽子母口盖鼎则可能是楚人改造的结果，并多见于楚国小型贵族墓中。

祭器一套中，若单从器物的配置来看倒是比较符合周礼规范的（箍口的鐐鼎又是楚人的自身特色），然而在器物数量上却又与周礼相去甚远。升鼎一套确实多能与身份等级相对应，如寿县楚幽王墓9件、曾侯乙墓9件、寿县蔡侯墓7件、下寺M2令尹墓7件、天星观二号封君夫人墓5件、望山M1和长沙浏城桥M1均3件等，这应该是向周人学习的结果，只是推行得不够彻底而已（很多贵族墓仍然只使用2件升鼎）。但荐鼎和馈鼎虽然名义上与周礼中的羞鼎、铏鼎一致，却几乎所有的贵族墓中均只有2件，可以说，楚人是"虽得其名，却未用其实"。

此外严格来讲，偶鼎制度也并非由楚人所创造，很可能是与汉淮诸国有关：目前所见最早使用偶鼎的正是春秋早期的黄君孟夫妇墓[①]。而且偶鼎随葬的现象在江淮地区十分盛行，只是随着楚人的崛起和强大，才将周礼与汉淮礼制融为一体，并对周边文化不断产生影响（如蔡侯墓中9件正鼎6件成对）。现在我们再回过头去看曾侯乙墓的用鼎时，就会豁然明白它余下的1件三环纽箍口鼎和1件卧牛纽子母口盖鼎明显是受到了楚制的影响，但其文化的核心仍然是周礼制度（不过考虑到曾侯乙墓中用音律不成套的楚惠王大镈钟替代原有镈钟的情况，这2件楚式鼎为楚人赠赙之物并替代原有7鼎

---

① 河南信阳地区文管会、光山县文管会：《春秋早期黄君孟夫妇墓发掘报告》，《考古》1984年第4期。

中的2件正鼎亦极有可能）。而年代略晚的擂鼓墩二号墓则已经完全被楚式化了。

　　不过以上所述的只是战国时期楚国贵族的用鼎情况，春秋之季又如何呢？很显然依靠纽形来区别的方法是行不通的，因为它在春秋时期还尚未出现，所以我们只能从器物铭文和器形入手。以淅川下寺墓地[①]和两岭墓地[②]为例（表六）。

　　淅川下寺M1、M2、M3中所有青铜礼器按照自铭是否带"飤"字均可分为不同的两组：A组（非飤器组）和B组（飤器组）。

　　M1飤器一组包括箍口的鼎2件（M1：61、M1：64），口径约27、通高约33厘米，残损未修复（M2鼎4件，分为两组，较小的一组自铭为"飤"，较大的一组无铭文，由此推测M1的情况也与此类似）；箍口小鼎1件（M1：58），口径17、通高22厘米，鼎内盛有绿色糊状结块，很明显不属于正鼎；折沿的飤于鼎2件（M1：66、M1：65），口径约50、通高约45厘米。而非飤器组则包括箍口的鼎2件（M1：57、M1：67），口径约33、通高约41.5厘米，均修复、无铭文；折沿的于鼎2件（M1：62、M1：63），口径约31、通高28厘米；小口濂（汤）鼎1件；束腰平底升鼎2件，一大一小；立耳无盖大鼎1件，口径44、通高49.6厘米，应是1件镬鼎。

　　M2（图一四）飤器一组包括箍口的鼎2件（M2：43、M2：47），口径39、

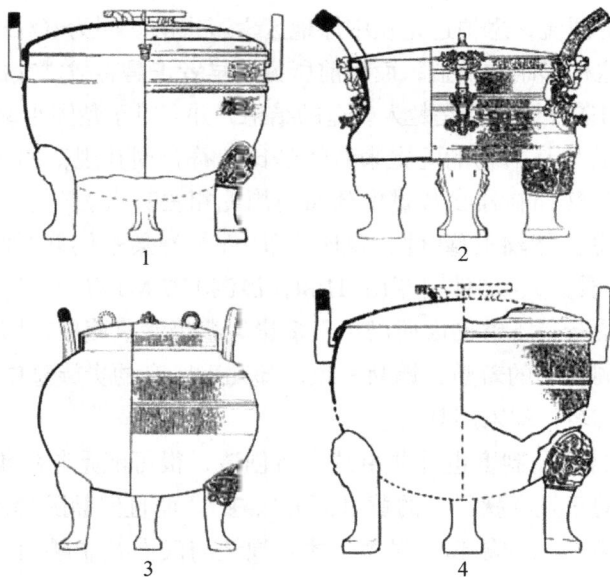

图一四　淅川下寺二号墓出土铜鼎

1.折沿于鼎　2.束腰平底升鼎　3.小口汤鼎　4.箍口鼎

　　① 河南省文物研究所、河南省丹江库区考古发掘队、淅川县博物馆：《淅川下寺春秋楚墓》，文物出版社，1991年。

　　② 河南省文物考古研究所、南阳市文物考古研究所、淅川县博物馆：《淅川和尚岭与徐家岭楚墓》，大象出版社，2004年。

通高约44厘米；飤于鼎6件（M2：46铭文残损），分为两组，一组口径约52厘米（M2：42、M2：48），一组口径约46厘米（M2：44、M2：46）。另2件于鼎仅剩鼎盖残片（M2：45、M2：233），口径约48厘米，未复原。但其大小明显是介于上面两组"飤于"之间的，所以恐怕也应该是2件飤于鼎；箍口小鼎1件（M2：203），口径约25、通高约25厘米。非飤器组则包括小口濂鼎1件（M2：56），王子午升鼎7件，自铭"用享以孝于我皇祖文考"。

M3飤器一组仅有箍口的小鼎1件（M3：12），口径26、通高27厘米。而非飤器组包括鲦鼎2件（M3：9、M3：10），均无铭文，口径34.3、通高约41厘米；于鼎2件（M3：10、M3：11），无铭文，口径47、通高46厘米；小口鼎1件（M3：4）。

表六　春秋时期楚国鼎制组合简表

鼎制　　　墓葬	A组					B组（飤器组）		
	鲦鼎	于鼎	升鼎	镬鼎	濂鼎	飤鼎	飤鲦	飤于
	箍口	折沿		立耳无盖	小口	中立环纽，箍口	箍口	折沿
下寺M1	2	2	2	1	1	1	2	2
下寺M2	2	2	7		1	1	2	6，三组
下寺M3	2	2			1	1		
南阳彭射墓[1]	3				1			2
下寺M11	2					1		
徐家岭M10			5	1		2		卧牛纽盖鼎3件
徐家岭M6	陶实心半圆饼形纽子母口盖鼎2件				1			铜卧牛纽盖鼎2件
徐家岭M1	三环纽1					1		卧牛纽3
徐家岭M9			3			1		
平顶山M301[2]	3							
乔家院M5、M6[3]	2							

很显然，飤器一组均是生人进食的食器，因为包山二号墓遣策"飤室"栏下所记载的全是各类食物，所以可以明白飤字应是表示与饮食有关。而A组应该就是祭器，这和战国时期的礼制是一致的。而且"飤于"鼎在这里也基本充当了卧牛或卧兽纽子母口盖鼎的地位，而箍口鼎的做法也被完整延续下来，并且数量一直只有2件（江陵、长

---

[1]　南阳市文物考古研究所：《河南南阳春秋楚彭射墓发掘简报》，《文物》2011年第3期。

[2]　河南省文物考古研究所、平顶山市文物管理局、河南大学历史文化学院：《河南平顶山春秋晚期M301发掘简报》，《文物》2012年第4期。

[3]　湖北省文物考古研究所、湖北省文物局南水北调办公室：《湖北郧县乔家院春秋殉人墓》，《考古》2008年第4期。

沙地区）。高级贵族依然用束腰平底升鼎来代表其身份，而中小贵族则倾向于只使用2件。但究竟如何将春秋与战国时代的礼制整合起来恐怕还需要颇费一番周折。结合徐家岭墓地的材料来看，似乎A组中折沿的于鼎地位相当于战国时期的三环纽荐鼎或馈鼎。而B组中折沿的"飤于"鼎似乎演变为卧牛纽盖鼎，并也以对数来表明身份等级。箍口的小"飤鼎"功用及演变目前还均不清楚，而箍口的"飤緐"鼎是否演变为鸟形或变形鸟形纽盖鼎也尚未可知。

关于楚人为何在食器上使用自己的礼制系统时，文献中亦是有所反映的。《国语·晋语》中载："（重耳）遂如楚，楚成王以周礼享之，九献，庭实旅百。"试想如果不是存在自己的享食之礼，又何须特书改以周礼呢？

五、结　语

通过以上的研究，我们可以初步归纳出以下几点认识：

（1）周代用鼎制度并非是一套静止不变的社会等级工具，而是随着经济的繁荣与社会的复杂而不断发展、变化。

（2）中原地区周代用鼎制度可分为西周、春秋、战国三个大的阶段。西周时期均仅有一套正鼎，且数量与身份等级对应；春秋中期后五鼎以上高级贵族墓葬中开始出现两套正鼎，一套为"古式"的立耳无盖鼎，另一套为"今式"的圜盖（或平盖）三环纽、深腹、高蹄足鼎，数量上多相差一个等级或相同（较少）；战国以后七鼎公卿以上贵族墓葬中进一步增加了鬲形或敦形鼎作为第三套正鼎，且数量多为9、7、7或7、5、5，等差有序[①]。而五鼎大夫级别墓葬则一般仍为正鼎两套。战国中期晚段以后这种多套正鼎的现象就逐渐消失。镬鼎春秋中期以后开始出现，一般每墓一件，体型巨大，底部并有烟炱痕迹；羞鼎和铏鼎从现有材料看尚难以完全辨别。同时匜鼎烹煮大羹的作用亦不容忽视。

（3）南方楚墓中的鼎可分为祭器和食器两套，战国阶段主要通过纽的形制来划分鼎的类别，这远比中原地区要规整和严谨。祭器一组包括镬鼎（高级楚墓中均有2件，中小型楚墓中则仅1件）、束腰平底升鼎、箍口鼎、小口汤鼎、荐鼎和馈鼎，仿效周制却并不彻底；而食器一组包括卧牛（兽）纽子口盖鼎和鸟形（变形鸟形）纽子口盖鼎两种，使用楚人特有的偶鼎制度。春秋时期虽然遵循同样的分类原则，但亦有细微的差别存在。

---

①　可参见张闻捷《试论马王堆一号汉墓用鼎制度》（《文物》2010年第6期）对这三套正鼎的出现原因和礼制功能曾做出的相应的探讨。

（4）从考古材料可以看出，《仪礼》中有关用鼎制度的记载应主要局限于中原地区，而与南方楚国无涉。尤其是《少牢馈食礼》中提到的大夫等级宗庙祭祀时分别使用正鼎五、三两套的记载，更表明该篇的创作年代至少应在春秋中期之后。

（5）在东周时期，偶鼎制度主要流行于南方楚国，以及齐鲁地区[1]和淮河流域，而在中原腹地较为罕见，很可能代表的是商代以来的旧有礼俗。礼经中有关"铏鼎"偶数使用的撰述恐怕只是出于弥合地区间礼制差异的考虑，正如其在盛实上与楚墓中的"馈鼎"极为相近。

（原载《考古学报》2012年第2期，本次收录略有修订）

---

[1]　中国社会科学院考古研究所：《中国考古学·两周卷》，中国社会科学出版社，2004年，第299～319页。

西周钟镈组合与器主身份、等级研究

常怀颖

先秦钟镈无论科学发掘、偶然发现的窖藏还是传世收藏，数量相当可观。对于其的研究，长期集中于三个问题：甬钟起源、钟镈名称考辨、编钟编镈所反映的周代音阶乐律。就礼制问题而言，却少有学者从钟镈组合关系入手，分析两周等级制度与乐制关系。既往研究中，罗泰[1]、王清雷[2]的研究最为接近这一问题，方建军也曾对商周时期的乐器器主做过初步整理[3]，但三人的研究均未侧重乐悬制度的器主等级关系。本文拟以北方地区[4]科学发现的西周钟镈组合关系与钟镈器主为线索，探讨周王朝腹心地区及周系统诸国在西周的"乐制"变迁问题。对于豫南、鄂北地区及汉淮间诸国及东周钟镈将另文讨论。

一、西周钟镈编列组合关系的演变

从分布看，西周时期甬钟的分布集中在陕、晋、豫三地，基本是周王朝的腹心地区。就发掘出土材料，北方地区所见西周甬钟大致有如下几种组合形式：

A类：3枚一组。时代最早的为弲国墓地竹园沟M7[5]，约在西周早期偏晚。
B类：4枚一组。时代最早的为北赵晋侯墓地M9[6]，约在西周早中期之际。
C类：5枚一组。时代最早的为绛县横水M1、M2[7]，约在西周中期。

---

① Lothar von Falkenhausen. Suspended Music: Chime-Bells in the Culture of Bronze Age China. Berkeley and Los Angeles: University of California Press, 1993.
② 王清雷：《西周乐悬制度的音乐考古学研究》，文物出版社，2007年。
③ 方建军：《商周礼乐制度中的乐器器主及演奏者》，《音乐研究》2006年第2期。
④ 本文所指的北方地区是相对于长江流域而言的，大体包括今陕、晋、豫、冀、鲁五省；以自然地理而言，大体包括燕山以南，秦岭、淮可以北的地区。
⑤ 卢连成、胡智生：《宝鸡弲国墓地》，文物出版社，1988年。
⑥ 资料现存北京大学考古文博学院。
⑦ 山西省考古研究所、运城市文物工作站、绛县文化局：《山西绛县横水西周墓发掘简报》，《文物》2006年第8期。

D类：7枚一组。时代最早的为平顶山应国墓地M95[①]，约在西周晚期早段。

E类：8枚一组。时代较早的为北赵晋侯墓地M8、M64[②]，属西周晚期。

从时代先后来看，编钟组合由最初3枚一组逐渐发展为8枚一组。

就目前的认识，商人高级贵族墓葬随葬铜乐器为编铙，大多3件为一组，使用较为固定[③]。个别如妇好墓随葬5件[④]、西北冈M1083随葬4件[⑤]。妇好墓5件中3件有"亚弜"之铭，当是一组，另外2件锈蚀严重，是否有铭文不得而知，所以妇好墓5件编铙中究竟是5件一编还是3件一编附加2件，有待推敲。M1083仅见于梁思永氏文章，实物材料未见，是否4件一编值得怀疑。西周初，殷遗长子口墓随葬6件[⑥]。从形制观察，或属两套之制。可见商系统乐制中编列乐器以每组3件编铙为常例。

西周早期的编钟材料很少，可确定仅竹园沟M7一例，年代约在康昭之际。其3件编钟中的1件属后配，可以看出，配器是为了凑足3件一组之数。可见竹园沟M7使用3件一组恐非偶然，其组合或袭自殷礼，加以变化后使用在甬钟上成为乐制组合[⑦]。

西周早中期之际材料较少，茹家庄M1乙或可划归这一时期，但其编钟亦为3件一组，与竹园沟M7相同，似尚不能说明西周早中期之际编钟编列方式是否存在变化。

西周中期材料较多。器主身份、组合比较确定的有普渡村长甶墓[⑧]、北赵晋侯墓地M9、横水M1、M2四例。另外，如平顶山魏庄窖藏[⑨]、扶风黄堆80M4[⑩]、临潼南罗[⑪]、洪洞永凝堡NDM11[⑫]、长安张家坡M163[⑬]等因被盗扰或其他原因无法确定器主身份与确切组合数目，情况不明。长甶墓情况特殊，后文将另作分析。北赵M9组合明确，4枚一

① 河南省文物考古研究所、平顶山市文物管理委员会：《平顶山应国墓地九十五号墓的发掘》，《华夏考古》1992年第3期。

② 马承源：《晋侯苏编钟》，《上海博物馆集刊》（七），上海书画出版社，1996年；山西省考古研究所、北京大学考古学系：《天马-曲村遗址北赵晋侯墓地第四次发掘》，《文物》1994年第8期。

③ 郜向平：《商系墓葬研究》，科学出版社，2011年。

④ 中国社会科学院考古学研究所：《殷墟妇好墓》，文物出版社，1980年。

⑤ 梁思永：《殷墟发掘展览图录》，《梁思永考古论文集》，科学出版社，1959年。

⑥ 河南省文物考古研究所、周口市文化局：《鹿邑太清宫长子口墓》，中州古籍出版社，2000年。

⑦ 翼城大河口M1新发掘的编钟与编铙表明，殷墟小铙3件编列的方式的确影响了西周早期甬钟的编列形式，甚至于甬钟的定型与敲击方式也在一定程度上深受殷墟小铙的影响。在这一意义上讲，周系乐制的形成可能受到了殷人乐制的强烈影响。

⑧ 陕西省文物管理委员会：《长安普渡村西周墓的发掘》，《考古学报》1957年第1期。

⑨ 孙清远、廖佳行：《河南平顶山发现西周甬钟》，《考古》1988年第5期。

⑩ 陕西周原考古队：《扶风黄堆西周墓地钻探清理简报》，《文物》1986年第8期。

⑪ 赵康民：《临潼零口再次发现西周铜器》，《考古与文物》1983年第3期。

⑫ 山西省文物工作委员会、洪洞县文化馆：《山西洪洞永凝堡西周墓葬》，《文物》1987年第2期。

⑬ 中国社会科学院考古研究所沣西发掘队：《长安张家坡西周井叔墓发掘简报》，《考古》1986年第1期；中国社会科学院考古研究所：《张家坡西周墓地》，中国大百科全书出版社，1999年。

组，时代约在穆、恭之际。横水墓葬年代在穆王前后。上述例证说明，西周中期的甬钟编列已渐增多，出现4枚一组和5枚一组的新组合，同时，3枚成组的组合仍有遗留。但此时似无定制，经音乐学者据音律复原的编钟组合中4枚一组的数量可能略多于5枚一组。

应侯见（视）①工钟出土时仅一枚②，但铭文可与藏于日本书道博物馆的另一件相缀合，内容完整③。对于应侯见工钟的年代，学界大体认为属于恭、懿之际④，唯彭裕商认为属于厉王时期⑤。据甬钟形制看应当属于西周中期，则恭王说较稳妥。发掘者认为见工钟应为两枚一肆⑥，但李纯一从侧鼓标识入手，对比同王世走钟数目，认为应侯钟应该"不会少于五件"⑦。注意到第二基音符号的标识固然无错，但不能因走钟著录存在五件就确定见工钟亦至少有五件。从侧鼓音标识角度推测，见工钟以四枚编组亦有可能。

庄白1号窖藏21枚甬钟，其中14枚可以确定为西周中晚期之际的㿟所作，另有7枚缺少铭文而不明器主⑧。研究者对于其分组与编列认识不同，分歧较大（表一）。依照分析，庄白窖藏钟至少应该有3肆或者更多，但多数学者认同每肆8枚。若此，确定属于孝夷之际的㿟钟，所编成的两肆编钟（两组有缺钟）可作为西周中期晚段8枚一肆编钟的代表。

西周晚期材料可以确定的基本都是8枚一肆，晚期早段厉、宣之际可以柞钟、中义钟为代表⑨，宣王时代以晋侯苏编钟⑩、晋侯邦父墓楚公逆钟⑪为代表；西周春秋之交以三门峡虢国墓M2001为代表⑫。这六组材料年代明确，皆以8枚为一肆，组合完整，

---

①　裘锡圭：《甲骨文中的见与视》，《纪念甲骨文发现一百周年国际学术研讨会论文集》，文史哲出版社，1999年。

②　韧松、樊维岳：《记陕西蓝田县新出土的应侯钟》，《文物》1975年第10期。

③　韧松：《〈记陕西蓝田县新出土的立侯钟〉一文补正》，《文物》1977年第8期。

④　王世民、陈公柔、张长寿：《西周青铜器分期断代研究》，文物出版社，1999年。

⑤　彭裕商：《西周青铜器年代综合研究》，巴蜀书社，2003年。

⑥　韧松：《〈记陕西蓝田县新出土的立侯钟〉一文补正》，《文物》1977年第8期。

⑦　李纯一：《中国上古出土乐器综论》，文物出版社，1996年。

⑧　陕西周原考古队：《陕西扶风庄白一号西周青铜器窖藏发掘简报》，《文物》1978年第3期。

⑨　陕西省博物馆、陕西省文物管理委员会：《扶风齐家村青铜器群》，文物出版社，1963年。

⑩　马承源：《晋侯苏编钟》，《上海博物馆集刊》（七），上海书画出版社，1996年；山西省考古研究所、北京大学考古学系：《天马-曲村遗址北赵晋侯墓地第四次发掘》，《文物》1994年第8期。

⑪　马承源：《晋侯苏编钟》，《上海博物馆集刊》（七），上海书画出版社，1996年；山西省考古研究所、北京大学考古学系：《天马-曲村遗址北赵晋侯墓地第四次发掘》，《文物》1994年第8期。

⑫　河南省文物考古研究所、三门峡市文物工作队：《三门峡虢国墓》（第一卷），文物出版社，1999年。

可以视作西周晚期的代表。晋侯苏钟、邦父墓楚公逆钟组合枚数原本不全，乃刻意凑成8枚之数，"显属有意而为"[①]。需要说明的是杨家村窖藏。杨家村窖藏现存乐器为10件甬钟，3件镈钟[②]。10件甬钟属逑（速），被分为三组，王清雷认为这三组编钟应分属两肆，每肆应该为8件[③]。据刘怀君所言，杨家村乐器坑窖藏的甬钟应为15件，有5件流散至美国克利夫兰博物馆[④]。若美国所藏5件属于前述两肆，则逑（速）钟至少应有两肆；若与前述两肆不合，则逑（速）钟肆数甚或更多。无论述（速）钟究竟有几肆，每肆组合当有8枚应该问题不大。可见，至西周晚期，编列数目已逐渐扩大到8枚一肆，并渐成定制。

表一　庄白一号窖藏编钟分组意见

刘士莪[⑤]、方建军[⑥]依形制分七组	64	9、10、29、32	8、16、30、33、62、65	28、31、57	61、66、63	58、60	59、67
孔义龙[⑦]四肆分组方式	第一肆（3枚）：64、59、67		第二肆（7枚）：9、10、29、32、28、31、57		第三肆（6枚）：8、16、30、33、62、65		第四肆（5枚）：58、60、61、66、63
李纯一[⑧]、蒋定穗[⑨]、陈双新[⑩]等癪钟分组	第一肆（6或8枚）：仅余64		第二肆（8枚缺2）：8、30、16、33、62、65		第三肆（8枚缺1）：9、10、29、32、28、31、57		
王清雷[⑪]三肆分组方式	第一肆（8枚缺2）：64、61、63、66、58、60		第二肆（8枚全）：59、67、8、16、30、33、62、65		第三肆（8枚缺1）：9、10、28、29、31、32、57		

注：蒋定穗未对76FZH1：64归属做判断。

① 刘绪：《晋侯邦父墓与楚公逆编钟》，《长江流域青铜文化研究》，科学出版社，2002年。
② 刘怀君：《眉县出土一批西周窖藏青铜乐器》，《文博》1987年第2期。
③ 王清雷：《西周乐悬制度的音乐考古学研究》，文物出版社，2007年，第148～152页。
④ 刘怀君：《眉县杨家村西周窖藏青铜器的初步认识》，《考古与文物》2003年第3期。
⑤ 刘士莪、尹盛平：《微氏家族青铜器群研究》，《西周微氏家族青铜器群研究》，文物出版社，1992年。
⑥ 方建军：《中国音乐文物大系·陕西卷天津卷》，大象出版社，1999年。
⑦ 孔义龙：《两周编钟音列研究》，中国艺术研究院，2005年。
⑧ 李纯一：《中国上古出土乐器综论》，文物出版社，1996年，第188～192页。
⑨ 蒋定穗：《试论陕西出土的西周钟》，《考古与文物》1984年第5期。
⑩ 陈双新：《两周青铜乐器辞铭研究》，河北大学出版社，2002年。
⑪ 王清雷：《西周乐悬制度的音乐考古学研究》，文物出版社，2007年，第96～107页。

西周晚期有两例材料是7枚共出的。一例是平顶山应国墓地M95，另一例是北赵晋侯墓地M91①。二者一般被认为皆属于厉王之世，两墓均未被盗扰。北赵M91编钟材料未发表无法讨论，平顶山M95经研究并非一肆，而由多件配合而成。既未被盗扰，则所出7枚编钟当有两种情况，一种是编钟原本8枚一肆，在下葬之际已缺少1枚；另一种可能则是在西周晚期偏早或有7件一肆的组合情况。

按照金文材料，西周晚期或有6枚一组的编列情况，1965年张家坡西周墓出土叔夨父盨记"叔夨父乍奠（郑）季宝钟六金"［《殷周金文集成》（以下简称《集成》）4454］②，但出土材料尚未发现这种组合形式。

镈钟进入周人的乐制系统较晚。周核心地区所见镈钟最早的是克镈。克镈年代说法较多，郭沫若以为夷王十六年③；马承源以为孝王④；唐兰则断为宣王⑤。从同出克钟、大小克鼎的形制与铭文看，应是宣王器。克镈为特镈，并不成编。另一组与之时代相近的材料为杨家村编镈，3枚一组⑥。假若杨家村乐器窖藏与2003年发现的"逑"（逨）器群属同时期铸造的器物⑦，则时代可能会迟至西周晚期宣王前后。此二例之前，西周时期北方地区尚未见有其他铜镈出现。可以大胆推测，编镈的流行应是在西周晚期。

二、钟镈编列与西周乐制的形成

商周之际是否存在周人制度化的"乐制"，尚难确认。在文献中，周初贵族能否用钟，是身份和地位的象征。《左传·定公四年》云："昔武王克商，成王定之，选建明德，以蕃屏周……分康叔以大路、少帛、綪茷、旃旌、大吕……分唐叔以大路，密须之鼓，阙巩，沽洗，怀姓九宗，职官五正……三者皆叔也，而有令德，故昭之以分物。"《礼记·明堂位》云："（成王）六年，朝诸侯于明堂，制礼作乐，颁度量，而天下大服。"

如上引文献可信，则周初用乐情况为：第一，周天子（武王）有权力使用钟；第

①　山西省考古研究所、北京大学考古学系：《天马-曲村遗址北赵晋侯墓地第五次发掘》，《文物》1995年第7期。

②　中国科学院考古研究所沣西考古队：《陕西长安张家坡西周墓清理简报》，《考古》1965年第9期。

③　郭沫若：《两周金文辞大系图录考释》，科学出版社，1957年。

④　马承源：《中国音乐文物大系·上海卷》，大象出版社，1996年。

⑤　唐兰：《西周铜器断代中的"康宫"问题》，《考古学报》1962年第1期。

⑥　刘怀君：《眉县出土一批西周窖藏青铜乐器》，《文博》1987年第2期。

⑦　陕西省考古研究所、宝鸡市考古工作队、眉县文化馆杨家村联合考古队：《陕西眉县杨家村西周青铜器窖藏发掘简报》，《文物》2003年第6期。

二，周初姬姓诸侯用钟或许尚需周王的许可[①]；第三，从"大吕""沽洗"之名来看，周初的钟已经有所区分，其音列音调应有差异，可能已经成编。但从文献记载，尚看不出当时用乐已经形成固定制度。即便文献描述的周公制礼是事实，周系乐制形成推广亦当在成、昭前后。

从现有材料推测，周初就已出现甬钟似乎可能性较小，不能排除文献记载的"钟"实际是铙的可能。张懋镕认为，编钟是周人新发明之物，最先为周氏族使用[②]。从对编列方式与使用人群的考察看，似乎周人继承商人旧制加以改革的可能性更大。殷周革命，周公改革礼乐，建立周礼体系是西周早期政治生活的大事。然就目前材料，难以确定成康两代的乐制面貌如何。倘推定不错，可能仍因殷礼。甬钟作为新出现器型，其推行可能和周人对殷礼的改造有关，这一问题牵涉甬钟的起源问题，此处暂且不表。西周乐制基本确立应在穆共之际，并逐渐在周人实际控制范围内普及与遵循。卢连成等在分析西周礼制时认为："毋庸讳言，穆、共时期的青铜礼器在组合、器型、纹饰方面的变化，正体现了这一变革时期礼乐制度的变化。实际上，康昭之际已经开始。穆、共时期基本完成。"[③]

从音列所反映的乐律关系与编列方式看，情况也大致相当。按照学者的研究，西周的钟有单音和双音之分。西周早期，强国墓地编甬钟未见侧鼓音标识，除个别学者认为存在侧鼓音外，一般认为属于单音钟。依测音结果，3枚一组编钟音列为"宫—角—宫"，在一个八度之内[④]。西周中期，北赵M9出现4枚一组的双音编钟组合方式，音列发展到"宫—角—徵—羽"的组合模式。音列结构一般在三个半八度以内。这种音列方式一直延续到西周晚期，在整个北方，这种音阶组合结构是非常统一的。

在《礼记·乐记》中，不用商音被认为是武王之制。从测音结果反映的乐律制看，西周时期的钟镈似皆不用商音[⑤]。绝大多数学者认为商周两代音列只有宫、角、徵、羽四声，加上变宫、变徵，一共六音。有学者甚至肯定西周时期"并不存在同一套编钟内完成旋宫的可能性"[⑥]。个别学者认为马王村窖藏非但能演奏商调音乐，还可以在不同的调高上构成多种调式，甚至可以在C宫上完成转五调，完成旋宫[⑦]。但马王村甬钟均未调音锉磨，属西周孤证，因此，西周是否存在"宫—角—徵—羽"之外的音阶编列还需新材料证实。

① 明人顾起元《说略》中以武王无赐周公重祭及天子礼乐事。清人杭世骏赞同，参杭世骏：《订讹类编》，中华书局，2007年。
② 张懋镕：《西周青铜器断代的两系说刍议》，《考古学报》2005年第1期。
③ 卢连成、胡智生：《宝鸡强国墓地》，文物出版社，1988年，第521页。
④ 方建军：《中国音乐文物大系·陕西卷天津卷》，大象出版社，1999年，第29页。
⑤ 王子初：《周乐戒商考》，《中国历史文物》2008年第4期。
⑥ 黄翔鹏：《新石器和青铜时代的已知音响资料与我国音阶发展史问题》，《溯流探源——中国传统音乐研究》，人民音乐出版社，1993年。
⑦ 王清雷：《西周乐悬制度的音乐考古学研究》，文物出版社，2007年，第132~137页。

　　由于镈钟在打击乐队中的作用是低音和弦与定音，因此演奏需求不大，所以编镈的个体数量较甬钟少，出现亦较晚。可能先以单个镈钟作为特镈与编甬钟配合，之后出现编镈。镈钟最初以3件成组，杨家村编镈3枚一组的成编方式与商人编铙、周人编甬钟最初的编列方式相同。由于目前所见的西周编镈仅杨家村一例，是否尚存其他组合方式暂不可知。东周时期编镈大多4枚成组。东周秦人编镈以三为单位成编，或是承西周旧制。

　　总体来看，无论从编列方式还是音列结构来看，周系钟镈乐制在西周早期尚看不出明确的制度性"范式"，周人形成自身乐制特点都是在西周中期穆王前后。大胆些推测，周人最初承袭商人编铙乐制，以三枚甬钟编组成肆，西周早中期之际开始建立自身乐制，编钟以4或5枚为基数成组，至西周中期偏晚以后逐渐以8枚成肆为制。

三、器主身份的考察

　　就既往研究而言，对西周编钟的使用人群有重新梳理的必要。《论语·阳货》云："子曰：'礼云礼云，玉帛云乎哉？乐云乐云，钟鼓云乎哉！'"等级社会中，乐器使用有严格的规定。对于不同身份地位人群可使用编钟的组合数目，《周礼·春官·小胥》及郑注、贾疏与《仪礼·燕礼》中有明确的说明。但文献记载与实际出土情况尚需考察。西周时期，北方地区徐晋陕豫之外，编钟极少发现，即便发现甬钟，也很少成编成列。铜器墓中，有乐器的等级一般较高。通过钟上铭文及有共出关系的铜器铭文可对不同时期的使用者做初步考察（表二）。

　　西周早期成康之际，使用编钟者就现有材料未见姬姓周人。弪伯为异姓，实际是周初位于关中边缘的附庸小邦，韩巍认为弪国"尽管其独立性比周室封建的畿内封君要大得多，但它们与周王室之间仍然存在形式上的君臣关系"[1]。与竹园沟M7年代相近的辛村M21卫侯墓、琉璃河M1193燕侯墓与北赵M114均经盗扰，情况不明。因此，无法确定周初姬姓高级贵族是否可以使用编钟。文献记载周王等用钟的情况亦无法通过实物确证。

　　需要注意的是，弪伯非姬姓周人，有人以弪国墓地出土的南方因素器物认为弪伯使用编甬钟是受南方的影响。其中牵涉甬钟的起源问题，这里不便展开，笔者将另文讨论。较之稍晚的平顶山魏庄窖藏编钟，学界一般将其与应国相联系，依应国位置靠南，较早使用南方流行的编列乐器似有可能。从现有出土材料看，最早使用编钟的或不是姬姓周人。姬姓贵族逐渐规范使用编钟则是在西周早中期之际的昭王以后，其中是否与昭王南征有一定关系，似可有进一步讨论的余地。但是，当编钟成为一种礼制之后，姬姓周人的执行较为严格。

---

① 韩巍：《西周金文世族研究》，北京大学博士学位论文，2007年。

表二 北方地区发掘所得西周时期部分钟与器主关系

序号	时期	出土地点	枚数	器主	等级	姓	氏
1	康昭之际	竹园沟M7	3	弜伯	卿	?	?
2	昭穆之际	茹家庄M1乙	3	弜伯			
3	西周早中期	魏庄窖藏	3	应伯?	诸侯	姬?	应?
4	穆王	长由墓	3	长由家族女性?		殷遗?	长
5	西周中期	北桥窖藏	2	白吉父?			?
6	西周中期	强家村窖藏	1	师㝨			虢
7	西周晚期	五郡西村窖藏	3	姑仲衍			?
8	懿孝之际	张家坡M163	3	井叔	上卿	姬	井
9	西周晚期、厉王	齐家村三号窖藏	1	柞			柞
10	西周晚期、厉王		1	中义			中
11	西周中期	庄白一号窖藏	21	㷻		姚	微
12	西周中晚期	丁家沟窖藏	4	殷或士戍	士?	殷遗?	
13	西周中晚期	东渠村窖藏	1	微氏家族（?）	上卿	姬?①	微
14	西周晚期	南阳豹子沟	1	司徒南宫乎			南宫
15	西周晚期	巨良海家窖藏	3	师宇（?）			
16	西周晚期厉王	白家村五祀默钟	1	周厉王默	周王		
17	西周晚期宣王	五郡村北窖藏甲组	3	琱生	卿	姬	召
	西周晚期宣王	五郡村北窖藏乙组	1				
	西周晚期宣王	五郡村北窖藏丙组	1				
18	西周晚期	杨家村窖藏	4	逨			单
19	西周中晚期	马王村窖藏	10	荣伯（?）	上卿		荣
20	西周中期	横水M1	5	毕姬	夫人		毕
21	西周中期	横水M2	5	倗伯		媿	倗
22	西周中期偏晚	北赵晋侯墓地M9	4	晋武侯	诸侯	姬	
	西周晚期	北赵晋侯墓地M8	16	晋侯苏			
	西周晚期	北赵晋侯墓地M64	8	晋侯邦父			

西周中期，姬姓贵族能够使用编甬钟的，有封国的诸侯、王室卿士一级贵族，可见编钟的使用人群有所扩大。目前所见中期以后的钟镈材料，虢、毕为文之昭，应、晋等为武之穆，柞、中、单等为宗支，荣、井等为极重要的高级贵族，可见使用编钟人群之显赫。与姬姓周人关系密切的部分诸侯与贵族，较早使用编钟的，有南宫氏、荣氏、姜姓、姚姓、媿姓等，南宫、荣氏在周初功业显赫，地位甚高。西周中期个别

———————————————

① 依韩巍意见，南宫氏、召氏、荣氏当是周初赐姓的诸氏。

有如殷或士戌这样的贵族使用编钟，这些人或与殷移民有关。韩巍认为，部分殷移民的身份地位在西周仍然较高，可达到"师""史""作册"这种等级①。可见此时非姬姓使用编钟镈的人群身份地位也非常高。

厉宣之后，编钟的使用人群有向下扩展的趋势，乐制或已开始有僭越崩乱之象。但西周晚期姬姓诸侯的礼制尚未完全破坏。前述善夫克即可有镈，则高于善夫以上的人群，使用镈钟也应该在情理之中。而身份远低于善夫克的单氏家族也能使用编镈，说明编列钟镈的使用人群已经不限于上卿以上的人群了。

从等级看，到西周晚期，能够使用编钟的人群大致有如下几个等级：

第一等：周王。早于西周晚期的周王钟尚未发现，但从周王以下的贵族使用情况推测，周王必应有钟。西周晚期出土有明确的王钟——默钟。

第二等：诸侯与王室之卿。前者如晋侯、应侯、佣伯；后者如虢仲、井叔、荣伯。另有部分女性贵族，如佣伯夫人、井叔夫人等。

第三等：王室高级官吏，但爵位似略低于诸侯一级。如殷或士戌、单氏逨、微氏癲等。

第四等：王室高级官吏的家臣及者侯之卿。如虢仲家臣公臣等。

应该注意到，西周晚期以前，乐制的制定与掌控权是掌握在周王手中的。在文献记载中，直到东周，对于乐制的解释或制定权力，名义上还是属于周王的。《左传·昭公二十一年》云："夫乐，天子之职也。夫音，乐之舆也；而钟，音之器也。"《国语·周语下》记周景王欲铸无射钟逾制之事，从另一角度说明，乐制的破坏虽已无法阻挡，但周王自己带头破坏乐制，在东周时人的心目中仍然是十分离谱的。

按照文献记载，从赏赐的身份而言，西周晚期以前，赏赐册命的对象，能够有钟的，身份地位较高，赏赐方也仅限于周王。马赛注意到周王册命赏赐之时"与铜器相关的，有赐金、吉金的，也有直接赐器物的……直接赏赐青铜器的，有鼎、爵、钟和泛称的'宗彝一肆'等，但数量非常之少"②。在西周晚期，依然可见周王赐钟的对象地位身份较高，如：

> 多友鼎："赐汝圭瓒一，汤钟一（肆），镱鍪百匀。"（《集成》2835）
> 大克鼎："赐汝史、小臣、霝龠鼓钟。"（《集成》2836）

但西周晚期开始，非但周王，一些权柄授重的公卿也可向下属或家臣赏赐钟镈，如：

---

① 韩巍：《西周金文世族研究》，北京大学博士学位论文，2007年，第262～265页。

② 马赛：《关于西周时期手工业生产的几个问题》，打印稿，未刊。

公臣簋："虢仲令公臣司朕百工，赐汝马乘，钟五金。"（《集成》4184~4187）

师𫗧簋："伯𫗧父若曰：'师𫗧……赐汝……锡钟一（肆）五金……'"（《集成》4311）

伯𫗧父、虢仲也可赐钟，说明编钟使用人群进一步扩大，西周乐制或许因之有所改变。但这种现象是否属于僭越，在没有完全确定西周乐制以前暂时无法确定。前文已经提及，西周时期编钟不用商音，唯一例外的是马王村窖藏。王清雷认为马王村窖藏器主在编甬钟数量组合上并不逾制，而在使用音列的问题上却"偷偷僭越"①。

由于钟的特殊功用，从钟的铸造来看，也非任一铸铜地点就可以生产。目前的西周铸铜遗址有明确材料公布的有五处，分别为周原李家②、长安张家坡③、马王村④、洛阳北窑⑤、天马-曲村⑥。其中仅有北窑与李家发现钟范。从花纹、枚的特征判断，前者年代大约在西周早中期之际，后者大致在西周中期偏晚铸造。

一方面，早期钟的使用人群范围有限，仅为王室或周王特许的诸侯使用；另一方面，西周中期以前，甬钟一般尚未预留调音槽，精确铸造难度较大，可能非一般铸造作坊所能生产。两个原因结合限制了钟的生产普及，因此目前仅发现成周铸铜作坊可以生产。西周中期以后，使用人群扩大和工艺的普及发展，各诸侯国甚至各贵族采邑内自属作坊当可以自行生产。

在编钟之外，西周时期有个别墓葬随葬单件甬钟，其中可以曲村M7092⑦为代表。该墓属西周早中期之际，随葬一件铜鼎，墓主为50余岁男性，其身份等级应在下士一

---

① 王清雷：《西周乐悬制度的音乐考古学研究》，文物出版社，2007年，第176~180页。

② 周原考古队：《陕西周原遗址发现西周墓葬与铸铜遗址》，《考古》2004年第1期；周原考古队：《2003年秋周原遗址（IVB2区与IVB3区）的发掘》，《古代文明》（第三卷），文物出版社，2004年。

③ 中国科学院考古研究所：《沣西发掘报告——1955—1957年陕西长安县沣西乡考古发掘资料》，文物出版社，1963年。

④ 中国科学院考古研究所沣西发掘队：《陕西长安鄠县调查与试掘简报》，《考古》1962年第6期。

⑤ 洛阳博物馆：《洛阳北窑村西周遗址1974年度发掘简报》，《文物》1981年第7期；洛阳市文物工作队：《1975~1979年洛阳北窑西周铸铜遗址的发掘》，《考古》1983年第5期。

⑥ 北京大学考古学系商周组、山西省考古研究所：《天马-曲村（1980~1989）》（一），科学出版社，2000年。

⑦ 北京大学考古学系商周组、山西省考古研究所：《天马-曲村（1980~1989）》（二），科学出版社，2000年。

级或更低，按同时期随葬编钟的人群分析，应不能使用编甬钟。永凝堡80SHYM12[①]墓葬年代接近，随葬两鼎，可能等级略高于曲村M7092，但应该仍不能使用编钟。

这种墓主身份与随葬及文献记载使用编钟的人群相差较大，但随葬单钟的现象，尚无法给出确定的解释。从出土情况分析大致有如下几种可能：第一，墓主身份不能用钟，因其功勋或家族关系，因赏赐、特命或赠赙方式得以使用；第二，墓主生前可以用乐，但仅能用特钟而不能成编，因此墓葬中仅有单钟；第三，墓主家人下葬时为墓主逾制。从现有情况看，似乎第一种推测最有可能。但因缺少更多材料，难以确定。

不论僭越与否，将出土编钟一并纳入讨论，终西周十二王之世尚无法发现与文献记载完全相合的用钟情况，这或因为汉人在解经理解中有所偏差，或因为那仅是理想的乐制而已。

四、钟镈所见周代乐制的性别差异

从性别角度讲，女性是否可以在乐制之下用钟，在以往的研究中较受忽视。在考察晋国葬制后，雍颖认为："钟是礼仪活动中非常重要的礼器，晋侯死后也要随葬，但她们的夫人却不能享受这种待遇，因此钟磬只是晋国男性贵族权力和权势的标识。"[②]印群认为，西周时期开始直到春秋中期使用金石之乐是男性的专利[③]。从现有材料看，西周乃至东周时期，女性使用编钟的比例的确远远低于同时期的男性。

但从新近的材料看，西周时期并非只有男性才能拥有编钟。西周中期较为明确的材料中横水墓地M1为女性墓，随葬编甬钟五枚；张家坡M163为女性墓，其中出井叔钟3枚。以上两例为确定的西周时期女性墓随葬编钟的例证。横水M1女子为姬姓，墓葬规格也略高于其夫倗伯，可能和其身份为姬姓有关，其夫家可能通过与姬姓的通婚抬高自身的地位[④]。

井叔夫人必不可能为姬姓，却随葬编钟。同样为姬姓诸侯的晋侯墓地所有的夫人墓却皆无编钟。孙华分析晋侯墓地铜器组合认为晋侯在此时仍是少牢五鼎之制，因为晋从一开始仅为"爵卑而贡重"的甸服之侯[⑤]。西周中期井叔地位高于晋侯，或许可以

① 临汾地区文化局：《洪洞永凝堡西周墓葬发掘报告》，《三晋考古》（第一辑），山西人民出版社，1994年。

② 雍颖：《晋侯墓地性别、地位、礼制和葬仪分析》，《性别研究与中国考古学》，科学出版社，2006年。

③ 印群：《黄河中下游地区的东周墓葬制度》，社会科学文献出版社，2001年。

④ 韩巍：《关于绛县倗伯夫妇墓的几个问题》，打印稿，未刊。

⑤ 孙华：《关于晋侯靫组墓的几个问题》，《文物》1995年第9期。

解释井叔夫人有钟而晋侯夫人普遍没有的现象。

值得推敲的还有普渡村长由墓。此墓清理过程较混乱，人骨更未鉴定。但此墓没有随葬兵器、车马器，若将其置于西周男性贵族墓则显特殊。此墓出土三足瓮两件，按照林永昌的梳理，在晋系墓葬中三足瓮仅见于女性墓葬[1]。因此长由墓或许有女性墓的可能。

从逻辑上讲，女性墓随葬编钟有几种情况：其一，如韩巍所言，是通过强调女子来抬高自身身份；其二，女性墓主早亡于其夫，其夫将编钟随葬，以强调其身份的高贵；其三，女性墓主较其夫晚逝，由其子为其随葬编钟，以强调其母身份的高贵。上述三种情况虽都是为了强调女性的身份较平常为高，但具体情况恐怕十分复杂，似乎不能一言蔽之。

从金文材料看，两周时期女性与编钟还是有密切关系的。这些材料可以分为两类，一类是作为媵嫁器物，如：

迟父钟："迟父作姬齐姜龢林钟。"（《集成》103）
铸侯求钟："铸侯求作季姜媵钟。"（《集成》47）
楚王钟："楚王媵江仲嬭南龢钟。"（《集成》72）
虩钟："……作朕文考釐伯龢林钟虩厥蔡姬永宝。"（《集成》92）

一类则作为祭祀用器提及女性，但女性往往作为与男性配祭的身份出现，如：

叔夷镈："用享于其皇祖皇妣、皇母皇考。"（《集成》285）
黧镈："……作子仲姜宝镈。用祈侯氏永命万年……用享用孝于皇祖圣叔、皇妣圣姜、于皇祖又成惠叔、皇妣又成惠姜、皇考齐仲、皇母。"（《集成》271）

就六例金文证据和两例较为明确的墓葬材料来看，西周男女于乐制存在性别差异，西周时期女子在周系乐制中的确不占重要地位，但在具体实施过程中，似乎也非是严格执行的。现有材料无法支持西周女性不用乐器的说法。在东周，性别差异之于乐制恐更加松散。

从文献材料观察，西周北方地区姬姓周人贵族对编钟的使用是逐渐推广普及的。综观出土实物，从编钟使用者的等级看，经历了从高到低不断下降的过程，这一过程似也可视作西周礼制的逐步形成确立并逐渐进入崩坏的过程。从乐制角度而言，编钟成肆的组合制度似乎在穆王前后才真正确立，昭王以前的周系乐制如何似尚需新材料说明。文献记载的编钟数目等级组合与西周考古的实际情况并不相合，文献所记大致

① 林永昌：《晋系墓葬性别的考古学研究》，北京大学硕士学位论文，2008年。

应是东周时人的理想情况。从性别角度而言，西周晚期以后男女都有使用，但两周时期女性的使用比例远远低于男性。

在将编钟研究的视野稍稍转移到乐制之后，可以发现由先秦编钟所牵涉的礼制问题极多，许多问题仅仅看出些许端倪。这些问题在一篇小文中不能尽得分析，因此这里只是提出诸多可能，提示探索的一些路径，以请师友斧正。

2008年5月定稿

附记：本文承刘绪师悉心修订，董致谢忱！

（原载《考古与文物》2010年第2期）

曾侯乙墓编钟的编次和乐悬

李纯一

湖北省随县曾侯乙墓出土的一架编钟，就其出土情况看来，好像分为九组（表一），但若细加考察，便会发现不少疑点。本文拟就其编次、分组和编次走向以及乐悬问题，试行探究和复原。

表一 曾侯乙墓编钟的分组

层＼架出土号	左侧	正面		钟的形制
上	上1：1～6	上2：1～6	上3：1～7	纽钟
中	中1：1～11	中2：1～12	中3：1～10	甬钟
下	下1：1～3	下2：1～5镈	下3：1～4	甬钟

一、编次和分组

要想知道这架编钟属于哪种乐悬，就得首先搞清它的编次和分组。

上层三组编钟的音列结构违反常规，或杂乱无章，或五音不全，令人起疑（参阅图一）。

上1组为通体光素的纽钟，仅一面标有阶名。其低音端三钟音列还符合一定的调式，并都按浊文王均（#D调）标音，而其余三钟的音列结构则颇为乖戾，又分别按浊曾钟均（G调）和无羊均（#F调）标音。仅此一端就足以表明这一组编钟当是勉强拼凑而成的。

上2、3两组纽钟，除纽上饰以绹纹外，别无他饰。它们都按无羊均标音，而且除掉这两组高音端四钟外，其余九钟还在背面钲间部位标出相当于某律（均）之宫。它们的音列结构十分规则，鼓中音都是依次相隔大三度，鼓旁音都较鼓中音高小三度。奇怪的是它们都是五音不全，不合实用。若将这两组合并在一起，正好互补所缺，不仅五音俱备，而且十二律齐全，可见它们本来是一组，而被强分为两组。按理说，高

音高	钟名	上一组	上二组	上三组
#D7	浊文王	羽		
D7	妥宾			
#C7	浊坪皇			
C7	割肆			
B6	浊割肆	①羽曾		羽曾
#A6	大族			
A6	浊穆钟	峜曾		
#G6	黄钟			①商
G6	浊兽钟		羽角	
#F6	无羊	（无羊均）		
F6	浊新钟	②峜角　商曾		峜角
E6	角音		①商曾	
#D6	浊文王		羽	
D6	妥宾			②宫曾
#C6	浊坪皇	③商角　（浊兽钟均）		峜
C6	割肆		②商角	
B6	浊割肆		羽曾	宫角
#A5	大族	峜		③穆音之宫
A5	浊穆钟		商	
#G5	黄钟	峜曾	③濉音之宫	峜曾
G5	浊兽钟			宫
#F5	无羊	④峜曾	羽角	④嬴羽之宫
F5	浊新钟		商曾	峜角
E5	角音	⑤羽角	④量音之宫	
#D5	浊文王	宫	羽	宫曾
D5	妥宾			⑤妥宾之宫
#C5	浊坪皇		商角	峜
C5	割肆		⑤割肆之宫	
#B4	浊割肆	⑥宫曾　（浊文王均）	羽曾	宫角
#A4	大族			⑥大族之宫
A4	浊穆钟		商	峜曾
#G4	黄钟		⑥黄钟之宫　（无羊均）	
G4	浊兽钟			宫
#F4	无羊			⑦无羊之宫　（无羊均）

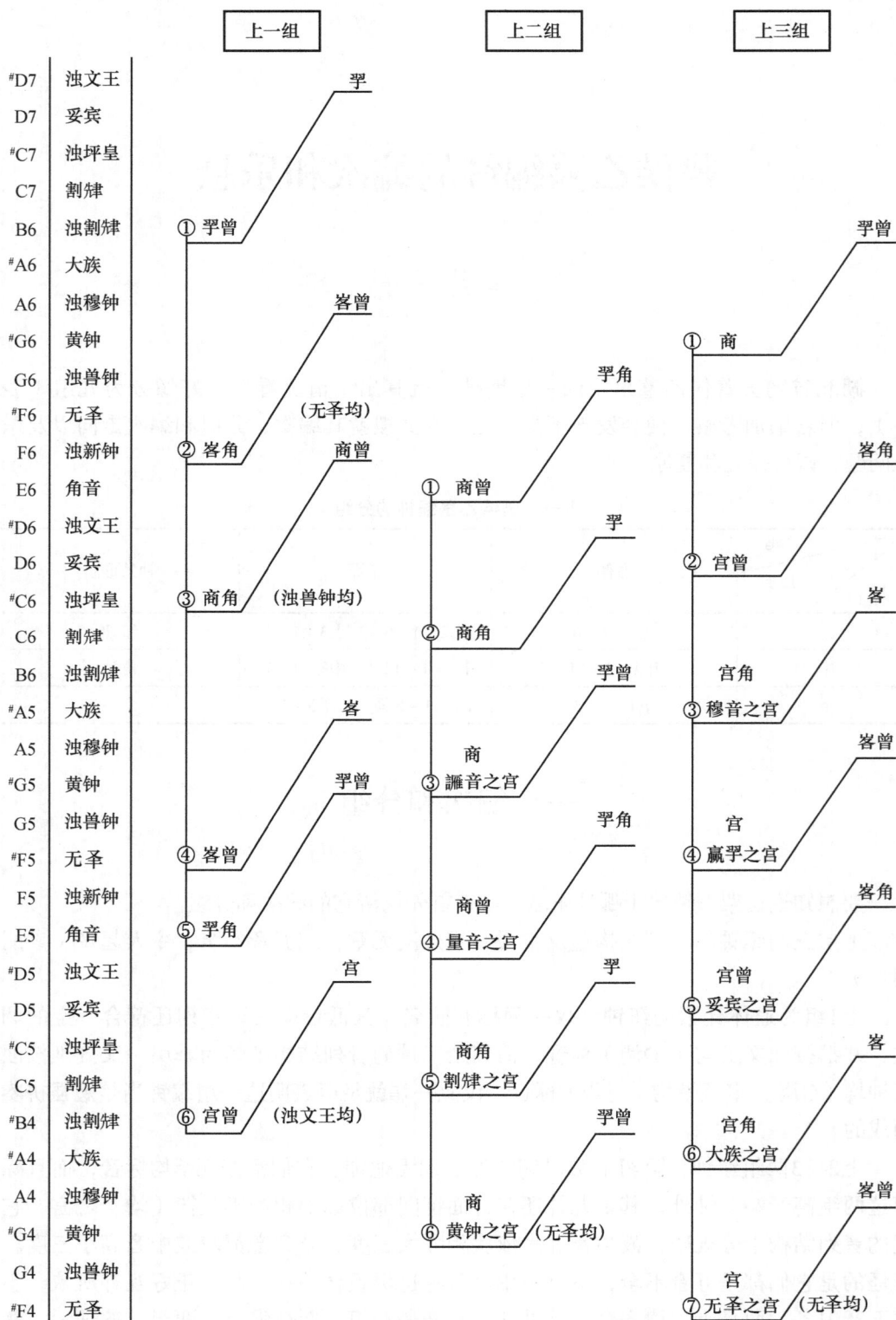

图一　曾侯乙墓编钟上层三组编钟的音列结构

音端还应缺少一件鼓中音高为 $^{\#}$F6 的宫音钟。所以，这一组本当为十四件。

中层三组都是纹饰精美的甬钟，但形制略有不同，即：中1组为短枚，中2组无枚，中3组长枚。其鼓中音的音列结构皆以五声或六声音阶结构为模式，鼓中铭文标音与篘上铭文标音也相吻合（仅中2：10、11两钟编悬次序颠倒，与篘铭标音不符，当系入葬时误悬所致），可见它们是三组完整无缺的编钟（表二）。

表二　曾侯乙墓编钟中层三组编钟的音列结构

出土号	鼓中铭	篘铭	出土亏	鼓中铭	篘铭	出土号	鼓中铭	篘铭
中1.1	翌反	箵肄之翌反	中2.1	翌	簵肄之翌反	中3.1	翌	簵肄之翌
2	角反	箵肄之角反	2	角反	簵肄之角反	2	商角	簵肄之商角
3	少商	箵肄之少商	3	少商	簵肄之少商	3	宫角	簵肄之宫角
4	少翌	箵肄之少翌	4	少翌	簵肄之少翌	4	商	箵肄之商
5	下角	箵肄之下角	5	下角	簵肄之下角	5	翌	箵肄之翌
6	商	箵肄之商	6	商	簵肄之商	6	宫角	箵肄之宫角
7	宫	箵肄之宫	7	宫	簵肄之宫	7	商	箵肄之商
8	翌	箵肄之翌	8	翌	簵肄之翌	8	宫	箵肄之宫
9	峇	箵肄之峇	9	峇	簵肄之峇	9	翌	箵肄之翌
10	宫角	箵肄之宫角	10	宫角	簵肄之商角	10	峇	箵肄之峇
11	商	箵肄之宫	11	商角	簵肄之宫角			
			12	商	簵肄之商			

下层为大型甬钟，形制相同。按其出土情况看来，好像分为三组。若以篘铭与鼓中铭互校，会发现一些不符之处，并且篘上有三处无标音铭文，有四处突然改用方形悬钟部件，其详如表三所示。

表三　曾侯乙墓编钟下层三组编钟的音列结构

出土编次	鼓中铭	篘铭	悬钟部件	备注
下1：1	滴（？）宫	箵肄之大翌	虎形	钟铭标音与下1：2篘铭相当
下1：2	商3翌曾	箵肄之大宫	虎形	翌曾乃鼓右标音
下1：3	峇顅	箵肄之翌曾	虎形	钟铭标音与是镈处篘铭相当，而铭[①]标音与下1：2鼓右标音相当
下2：1	鄅镈	箵肄之少峇	虎形	
下2：2	商角	箵肄之商顅	虎形	
下2：3	中镈	/	方形	
下2：4	商		方形	
下2：5	宫	/	方形	
镈（下2：6）	/	簵肄之峇顅	方形	
下3：1	翌	簵肄之大翌	虎形	

续表

出土编次	鼓中铭	簴铭	悬钟部件	备注
下3:2	峉	箣肆之大峉	虎形	
下3:3	鈤	箣肆之大䫓	虎形	"䫓"字钩铭作"䰟"。畏、鬼音形相近故可相通。因而"鈤"又作"䫓""䰟"
下3:4	滈(?)商	箣肆之商	虎形	

注：① "铭"字前缺一"簴"字，特补正。

据此可知：

（1）下1:1处原为大翠钟，但此钟未见出土。

（2）下1:2处原为滈（?）宫钟，而此钟出土于下1:1处。

（3）下1:3处原为商钟，而此钟出土于下1:2处。此处簴铭标音之所以为翠曾，大概是由于误把鼓旁标音当作鼓中标音的缘故。

足见原来的大羽、滈（?）宫、商三钟原为一组，其音列结构也符合羽调式。

（4）下1:3峉顱钟原在悬镈下2:6处。

此峉顱钟居于下2、3组之间，其发音恰好和这两组音列上下相接，足见它们原来是一组。

下层原来编次之所以发生这般变动，显然是后来加进楚王镈引起的。其情况很可能是这样：为了让楚王镈随葬，把下2:6处腾给它；而下2:6钟是下层唯一的峉顱钟，为了保留它而把它移到下1:3处；又为了使左侧的下1组维持一套编钟的外貌，将尺寸最大的大翠钟撤掉，而把尺寸相近的滈（?）宫钟和商钟依次下（左）移一位。

由上可知，簴铭所反映的编次应是入葬前原有编钟的编次，而出土编次则是入葬时变动过的编次。由此又可推知，簴铭是在原有编钟的编次确定之后刻上的，然后再按照簴铭来编悬。

现在我们可以对以下三个问题做出可能的解释。

（1）上层三组编钟之所以未刻簴铭，当是由于它们是在仓促间杂凑而成，无法标音。

（2）下层四处改用方形悬钟部件，而其三处又未刻簴铭，其原因可能是：当刻下层簴铭时，楚惠王为曾侯乙所制的四件无标音铭文编镈刚刚运到，当即决定用它们替换下层正面四件大钟来随葬。于是在下层改悬编镈处未刻簴铭（悬楚王镈下2:6处的簴铭或为决定改悬前所刻就，或为决定改悬后所误刻），并换上四副适于悬编镈的方形部件（因为镈纽顶宽而平，所以要用两个方形配件挂住纽顶两边，才能保持镈的平衡与稳定）。但在改悬一件（即出土的这一件）后，发现几乎不能悬起离地，因而又决定不再改悬其余更大的三件，把原来的三件大钟重新挂上了事。这样，下层正面的一组大钟被楚王镈打乱隔开，看起来好像是两组。

（3）据上所论，曾侯乙编钟和楚王镈的入葬时间不得早于镈铭所说的楚惠王五十六年，即公元前433年，并且很可能就在这一年或稍后。

综上所述，除掉楚王镈，入葬时这架编钟应是八组，而不是九组（表四）。

表四 曾侯乙墓编钟入葬时的分组

层＼架 出土号	左侧	正面
上	上1：1～6	上2：1～6　　上3：1～7
中	中1：1～11	中2：1～12　　中3：1～10
下	大镈+下1：1、2	下2：1～5+下1：3+下3：1～4

但是，还有一些问题须做进一步的探究。

中1组和中2组相比，除了少一件商角钟（中2：11）外，其余发音完全相同。按理说，这两组并无同悬于一架之必要。还有引人注意的不平常现象，这就是：中1组簨上仅能容下九钟，所余高音端二钟是将将就就地挂在焊在钟虡外侧簨端铜套上的钩子上。此外，簨上还有十四个一排的榫眼与横穿孔被填平的痕迹[①]。这些情况表明，中1组所在之处本来是悬挂十四件一组的小型纽钟，后因故撤下，改悬原来不属于本架的这十一件一组形体较大的甬钟，因而填平纳钟纽的榫眼和纳插销的横穿孔，改用方形悬钟部件挂上九钟，而把容纳不下的高音端二钟凑合挂在临时焊在虡外簨端铜套上的两个钩子上。

如前所论，上2、3两组原为一组，计十三件，加上所缺的一件共计十四件。现在又可进一步推测，这一组很可能就是原来挂在中1组簨上的。

上层簨高，左侧（上1组）为2.73米，正面（上2、3两组）为2.65米，而悬于其上的三组编钟的鼓部离地面约为2.3米。这样的高度不大便于演奏。这三组编钟的音列结构都不符合演奏乐曲的要求，也未见演奏它们用的钟槌出土，所悬之簨又无标音铭文。凡此种种情况都在表明，上层三组编钟及其钟架尽非原有，而是后加的；原来的钟架只有上下两层，共悬五组编钟（表五）。其发音当如图二所示，其音域为A1（A_1）～C7（c^4）。

表五 曾侯乙墓编钟原来的演奏分组

层＼架 出土号	左侧	正面
上	上2+上3+×	中2　　中3
下	大镈+下1：1、2	下2+下1：3+下3

① 谭维四、冯光生：《关于曾侯乙墓编钟纽钟音乐性能的浅见——兼与王湘同志商榷》，《音乐研究》1981年第1期。

图二　曾侯乙墓编钟的发音

二、编次走向

　　若欲确定各组编钟的编次走向，就得从下举这架编钟及其附属品的一些固有状态和出土情况去着手。

　　（1）钟架呈矩尺形，正面长7.84米，高2.65米，左侧面长3.35米，高2.73米。

　　（2）出土时，两根长2.17米的撞木斜倚在正面中层簨上，三对"T"形钟槌散见于钟架背面的地面上。

图三　曾侯乙墓出土鸳鸯形漆木盒所绘的奏乐图

　　（3）从正面看，上层三组编钟都是低音居右而高音在左；中层三组也是这样，并且都是朝着钟架背面侧悬着，甬在簨前，而鼓部向架后上方微翘；下层大型编钟的侧悬方向恰好与中层相反，甬在簨后，而鼓部向架前上方微翘，但下1组是低音居左，而下2组是低音居右。

　　此外，本墓同出的鸳鸯形彩漆木盒的一侧所绘的奏乐图（图三），也应作为很好的参证材料。

　　据此可以判断：

　　（1）两根撞木是供两名乐工站在架前演奏下层两组大型编钟之用（这又为下层编钟原为两组增添一个证据）。这两组编钟之所以朝前侧悬以使鼓部向前上方微翘，是"钟磬之鼓外向，于击者为便"的缘故[①]。从而可知它们的编次走向是：下1组低音居

————————————

　　① 王国维：《古磬跋》，《观堂别集》卷2，《王国维遗书》，上海古籍书店印行，1983年。

左而高音居右；下2组则相反，高音居左而低音居右。

（2）由于双手持两米多长撞木演奏下层编钟的两名乐工的活动半径相当大，所以架前没有多少容纳第三者的余地，因此，三名演奏中层三组编钟乐工的席位，只能设在各自相应的架后。这样才不会互相妨碍，而各得其所。三对钟槌出土于架后，三组编钟朝后侧悬以使鼓部向后上方微翘，皆可为证。那么，这三组的编次走向无疑都是低音居左而高音居右。

（3）为了凑数而虚设的上层三组编钟，虽然不合实用，但据其铭文标音看来，其编次也应是左低而右高。

战国时期器物上的编钟图像，如见于成都百花潭中学十号墓出土的和故宫博物院所藏的两件嵌错铜壶、《美帝国主义劫掠的我国殷周青铜器集录》著录的A271、272两件嵌错铜豆，以及本墓同出的鸳鸯形彩漆木盒等，它们的编次走向也都是左低右高。

在先秦典籍中缺乏有关编钟编次走向的直接记载，而间接涉及的仅于《战国策・魏策一》中一见：

> 魏文侯与田子方饮酒而称乐，文侯曰："钟声不比乎，左高。"田子方笑，文侯曰："奚笑？"子方曰："臣闻之，君明则乐官，不明则乐音。今君审于声，臣恐君之聋于官也。"

魏文侯说"钟声不比乎"是由于左面的钟发音高，因而田子方规劝他不要"乐音"而"审于声"。显然，这条记载也表明当时编钟的编次走向确为低音钟居左而高音钟居右。

总起来看，在战国时期，编钟左低右高的编次走向最为多见，这应是通例；左高右低的编次走向则很少见，当是变例。

下2组曾侯乙编钟为什么独反通例而取变例呢？我们所做的可能解释是：出于避免下层两组大型编钟发生强烈共振的考虑。不难想象，如果这两组都按通例编悬，演奏时就会使那些固有频率相等或者很接近其整数倍的大钟，因相距太近而发生强烈的共振，比方说，下1组复原编次的尾钟（即出土编次的下1：2）和下2组复原编次的首钟（即出土编次的下3：4）同为D_2，紧相毗邻，演奏时无论撞哪一个，都要引起另一个乐悬和钟别强烈共振，而互相干扰。

三、乐悬和钟别

为什么把原来两层五组的一架编钟增加成三层八组呢？这个问题的解答可以从随葬礼器那里得到启发。墓主人曾侯乙是一个小小的诸侯，而以九鼎八簋随葬，这明明是僭用天子的鼎制。以此类推，可知这原来是为了使用乐等级和用鼎等级对等起来。那么这一架八组（64枚）编钟加上出土于其右侧的一架四组（32枚）编磬，当即《邵钟》所说的"大钟八聿（肆），其䆷（簴）四鍺（堵）"。郭沫若认为，"邵黛所用钟磬实是宫县（悬）"[1]，这应是可信的高见。

依此说来，那原来的两层五组（45枚）编钟，可能属于《左传·成公二年》所说的"曲县（悬）"，或者《周礼·春官·小胥》所说的"轩县（悬）"。

因为这一架三层八组编钟是临时凑成的，所以不宜作为研究宫悬的信据；而复原的两层五组编钟可以认为是属于固有的正规曲悬，应该对它的构成即它包含哪几种编钟，以及它们的职能做一番探讨。

上层正面两组编钟（即出土时的中2、3两组）鼓中音音列大体上是以六声音阶为模式，加上鼓旁音可在一定声区内构成七声音阶乃至十二半音音阶，音高适中，音域又超出两个八度，看来当是能演奏旋律和伴奏歌唱的歌钟。这两组音域高低不同，恐非出于无心。比方说，若从今日声乐声部的划分来考察，前一组的D_4（d'）～C_7（c^4）比较适于女高音或男高音的伴奏，而后一组的G_3（g）～C_6（c^3）则较适于女中音或男中音的伴奏。

左侧上层十四件一组的编组钟的鼓中音音列结构则大不一样，它是以一种六全音音阶为模式，毗邻二音都相隔一个全音或二律。其鼓旁音都较鼓中音高小三度，毗邻二音亦相隔一个全音。鼓中音加上鼓旁音即可构成十二律。根据有九钟背面所标的"某律（均）之宫"铭文看来，鼓中音相当于六律，而鼓旁音相当于六吕。这种情况似在暗示，这组编钟是为了探求某种"钟律"或制定某种"律钟"而设的。

据测音结果（表六）看来，其发音除宫（$^\#F_4$，上3：7）、商（$^\#G_4$，上2：6）二音及其高八度（上3：4与上2：3）颇为准确外，其余大多数都嫌偏高，邻音音分差亦颇为悬殊，而且宫（$^\#F_4$，上3：7）—峉（$^\#C_5$，上3：6p）—商（$^\#G_5$，上2：3）—翠（$^\#D_6$，上2：2p）三个上下五度级之间都有三四个古代音差（24音分）的出入，因而使三度级的角（頾）、曾诸音偏高偏低不定。偏高的如商（$^\#G_4$，上2：6）—商角（C_5，上2：5）本为大三度，但相距竟达490音分，几乎讹变成纯四度（498音分）。偏低的如翠角（$G5$，上2：4p）—翠曾（B_5，上2：3p）本来也是大三度，但相距仅318音分，竟讹变成增二度，或者相当于纯律小三度（316音分）。

再者，在各钟的内壁上也很少见到因调音而磨锉的痕迹，背面"某律（均）之宫"的铭文也未全部刻上。

根据上述种种情况，可以初步认为，这套律钟的研究或调音工作大概是开始不久便中断了。

---

① 郭沫若：《两周金文辞大系图录考释》（第8册），科学出版社，1957年，第233页。

表六　曾侯乙墓编钟构成和编磬构成

出土号	标音	音高	音分值	邻音音分值
上3：7	宫	$^{\#}F_4$-37	5363	
上2：6	商	$^{\#}G_4$-32	5568	205
上3：7p$^{\#}$	徵曾	A_4+15	5715	147
上3：6	宫角	$^{\#}A_4$+11	5811	96
上3：6p	羽曾	B_4-12	5912	101
上2：5	商角	C_5+58	6058	146
上3：6	徵	$^{\#}C_5$+58	6146	88
上3：5	宫曾	D_5+35	6235	89
上2：5p	羽	$^{\#}D_5$+50	6350	115
上2：4	商曾	E_5+57	6457	107
上3：5p	徵角	F_5+37	6537	80
上3：4	宫	$^{\#}F_5$-27	6573	36
上2：4p	羽角	G_5+67	6767	194
上2：3	商	$^{\#}G_5$-25	6715	8
上3：4p	徵曾	A_5+11	6911	186
上3：3	宫角	$^{\#}A_5$+11	7011	100
上2：3p	羽曾	B_5-15	7085	74
上2：2	商角	C_6+78	7278	193
上3：3p	徵	$^{\#}C_6$+40	7340	62
上3：2	宫曾	D_6+90	7490	150
上2：2p	羽	$^{\#}D_6$+76	7576	86
上2：1	商曾	E_6'+81	7681	105
上3：2p	徵角	F_6+55	7755	74
上2：1p	羽角	G_6+108	8008	253
上3：1	商	$^{\#}G_6$+115	8115	107
上3：1p	羽曾	B_6+115	8415	300

注：p表示鼓旁。

　　根据铭文标音可以断定这套律钟是新钟（$^{\#}$F）均。鉴于它的音域适中，而共出的一部分磬石和两支篪同属新钟均[①]，所以不应排除它兼做歌钟的可能。
　　《白虎通·礼乐》："镈者……节度之所生也。"《说文解字》："镈，大钟、

---

　　①　李纯一：《曾侯乙墓编磬铭文初研》，《音乐艺术（上海音乐学院学报）》1983年第1期；吴钊：《篪笛辩》，《音乐研究》1981年第1期。

錞于之属，所以应钟磬也。"《仪礼·大射仪》郑注："镈如钟而大，奏乐以鼓镈为节。"据此可知，下层两组大钟实同于镈。下2：1、3两钟所以标音为鄘镈、中镈，楚王镈所以要悬在下2：6处，亦皆由此。

据上引汉儒解注，镈的职能在于配合钟磬和加强节拍，但据下2组音列结构与歌钟略同看来，应当也能演奏低音部旋律和伴奏低音唱奏。

属于这个曲悬的编钟构成的初步探讨暂且到此为止。关于其中的编磬构成，我们认为可能有两组，一组为无羊（新钟）为（#F），另一组为割肆均（C），每组十六石①。为了清楚起见，今再列为表七。

和这个曲悬共出于中室的其他乐器有：瑟7、箫2、笙竽3、篪2、建鼓1、有柄小鼓（鞞？）1和小扁鼓（应？）1。它们合在一起当是一个完整的曲悬乐队。鉴于十分贵重的金、石乐器尚且全部随葬，可以相信这些不太贵重的丝、竹、匏、革也不会有所省略。而这样的乐器配备，参证以战国器物上的一些合奏图像，如在战国嵌错纹铜豆上所见者（图四）②，可知它确是当时流行的一种乐队编制。

图四　战国嵌错纹铜豆上的合奏图像

表七　曲悬的编钟构成和编磬构成

器别	构成	均别	件数
编钟	律钟兼歌钟	无羊	14
	高音歌钟	割肆	12
	中音歌钟	割肆	10
	低音歌钟兼编镈	割肆	10
	编镈	割肆	3
编磬	编磬	无羊	16
	编磬	割肆	16

今据这些乐器的出土位置，来试行复原这个曲悬乐队原来的排列方位，则如图五所示。它所拥有的演奏者，可能是二十一或二十二人：编钟5人；编磬1人；瑟7人；箫2人；笙竽3人；篪2人；建鼓、鞞、应1或2人。至于本墓二十一名女性青少年殉葬者是否都是属于这个曲悬乐队，须另行探讨。

这个曲悬正如汉儒所说，是三面编悬，但它所缺的并非南面，而是东面。究竟是因为随葬而有所变通，还是汉儒所释不确，这也须另做专题研究。

① 李纯一：《曾侯乙墓编磬铭文初研》，《音乐艺术（上海音乐学院学报）》1983年第1期。
② 中国科学院考古研究所：《美帝国主义劫掠的我国殷周铜器集录》，科学出版社，1962年，A271、272。

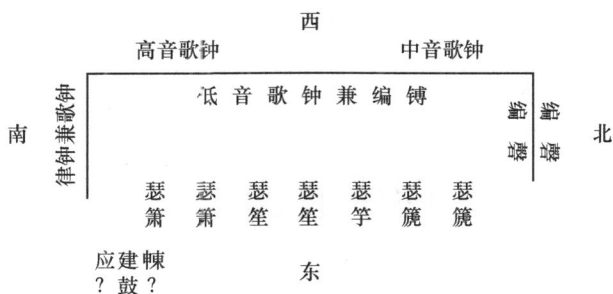

图五 曾侯乙墓出土曲悬乐队的排列方位

先秦文献中关于乐悬的记载很少，又很简略，无从得知其详；而其注解都是出自东汉儒生之手，也难尽确。曾侯乙墓出土的这个战国早期曲悬实例，不但它本身相当完整，编次清楚，而且它的主人身份、国别和年代也都很明确，这就使得我们对于当时的乐悬制度，以及"礼崩乐坏"情况，能够有一些确实而具体的了解。

1979年7月初稿
1981年2月修订

（原载《音乐研究》1985年第2期）

周乐戒商考

王子初

所谓"周乐戒商",一般是指"周代音乐不用商声"。这是一个聚讼千年的历史悬案。自汉儒郑玄作注于《周礼》起,历代凡论西周礼乐者几乎无不涉及。这一问题本身,始终是周代礼乐制度研究中的一个不能回避的重要课题,今天仍受到学者的不断关注。其实,关于周乐戒商的历史问题,远不止于人们热衷于讨论的"商声"还是"商调"的问题。如果不能全面地审视西周建立的礼乐制度,尤其是其中的重要组成部分——乐悬制度,这个问题是难以解决的。一切纷争均源自古代文献的简略和语焉不详,来源于秦火后文化断层的隔阂,也来源于传统历史学从文献到文献的基本研究方法而造成的处处充斥着历代文人大量臆说和猜测的局面。今天再把它提出来讨论,是因为随着近几十年来考古资料越来越丰富,具备了重新认识这一历史公案的基础;在大量的考古资料面前,有关周代礼乐的研究,已经具备了挣脱旧有资料和传统方法束缚的条件,从文献的雾里看花,到运用考古学方法走近琳琅满目的先秦文物,将会得到一些更为真切的印象;从而也可以对传统的文献记载,特别是历代文人关于周乐戒商的种种曲说,有一个全新的认识。

一、"周乐戒商"辨义

要理解"周乐戒商"比较准确的含义,必先阅读一下有关这一论题的两个最重要的原始文献。

(1)第一个是《礼记·乐记》中的一段记载。

这是当年孔子与宾牟贾在观看周初流传下来的经典乐舞《大武》时,由《大武》乐中出现了不该出现的"商声"而引发的一段对话:

> 宾牟贾侍坐于孔子,孔子与之言,及乐。曰……"声淫及商,何也?"
> 对曰:"非武音也。"子曰:"若非武音,则何音也?"对曰:"有司失其
> 传也。若非有司失其传,则武王之志荒矣。"子曰:"唯,丘之闻苌弘,亦

　　若吾子之言是也。"①

这段文字有几点值得注意。

　　其一，文中的"声淫及商"一语，指出了所谓"周乐戒商"的"商"，是指"商声"。

　　在先秦，"声""音""乐"三个概念有着比较严格的界定。"声"一般是指单个的乐音（或说音阶中的单个音级）。即《乐记》郑注中所谓"宫商角徵羽，杂比曰音，单出曰声"②。若干个乐音（声）有机地结合在一起，成为乐曲，就叫作"音"，此亦即《乐记·乐本》中说的"声成文，谓之音"；如果再配以有一定内容或情节的舞蹈和干戚羽旄等仪仗道具，就成为"乐"，《礼记》："凡音之起，由人心生也。人心之动，物使之然也。感于物而动，故形于声。声相应，故生变。变成方，谓之音。比音而乐之及干戚羽旄，谓之乐。"③"乐"，是指《乐记·乐象》中所说"诗，言其志也；歌，咏其声也；舞，动其容也"④。这是一种音乐结合诗歌，并配以干戚羽毛的舞蹈的综合表演形式，即所谓的"乐舞"。《乐记》的说法可能来自《尚书·舜典》："诗言志，歌永言，声依永，律和声，八音克谐，无相夺伦，神人以和。"⑤理解了先秦人的音、声、乐概念，这一段文字可得确解：诗篇表达人的思想感情，歌曲用来咏唱诗篇；乐音根据咏唱的需要形成曲调，律可决定乐音的音高，从而使同一律调下的不同乐音构成和美的曲调，再配上音调相协的各种乐器（八音），完美的祭祀可到达神人相和的境界。

　　先秦的"声""音"概念在后世已有较大的变化，如"声""音"不分，"五声"同"五音"无别；"商声"也可以说成"商音"。"乐"也未必一定指"乐舞"，更多的场合可能仅指音乐而已。但这里"声淫及商"的"商"是指"商声"，应该是没有疑义的。

　　其二，文中孔子对《大武》之乐"声淫及商，何也？"的发问，其前提必为"《大武》之声不可及商"。就是说，孔子的心目中存在着一个十分明确的观念：西

---

　　① （清）阮元校刻：《十三经注疏·礼记正义·卷第三十九·乐记》，中华书局，1980年，第1541、1542页。
　　② （清）阮元校刻：《十三经注疏·礼记正义·卷第三十七·乐记》，中华书局，1980年，第1527页。
　　③ （清）阮元校刻：《十三经注疏·礼记正义·卷第三十七·乐记》，中华书局，1980年，第1527页。
　　④ （清）阮元校刻：《十三经注疏·礼记正义·卷第三十八·乐记》，中华书局，1980年，第1536页。
　　⑤ （清）阮元校刻：《十三经注疏·尚书正义·卷第三·舜典》，中华书局，1980年，第131页。

周以来《大武》之乐中是不该出现商声的。所以当他发现眼前正在表演的《大武》乐出现了不该出现的商声，才会感到诧异，才会向宾牟贾提出"声淫及商，何也？"的问题。同时，孔子提出这一问题说明，《大武》的"声不及商"，应该是当时社会所公认的常识，至少也不会是鲜为人知的秘密。所以宾牟贾在回答孔子这一问题时，也没有对这一问题本身表示疑义，而是完全接受了孔子提问的《大武》"声不及商"的潜台词，径直对孔子的发问做了回答："对曰：'非武音也。'"

其三，从文中提到"武音""武王之志"看，"周乐戒商"应是西周武王订立的制度。由此可知这一政策的颁发和实施，应该是周初的事情，也即在武王伐纣之后至成王即位之前的时间内。根据"夏商周断代工程"对武王克商年选定的首选之年，应在公元前1046年[①]；成王即位为公元前1042年。由此可以推断，武王创制反映他克商功绩的《大武》之乐，只能在公元前1046～前1043年的四年，确立不用商声政策的时间，也应与之相当。

其四，从文中提到"有司失其传"语，可以见到不用商声这一政策的管理和实施，政府设有专门的管理机构"有司"。而且，根据《周礼·春官·大司乐》篇所记述的内容，可以推测，这个"有司"很可能就是"大司乐"所执掌的周朝皇家音乐机构。据《周礼》，可知大司乐的属下，有高级乐师大师、小师，中、下级乐官典同、典庸器和钟、磬、镈、舞各种乐师以及一些低级乐官，还有层次繁杂的各级乐工。特别重要的是，大司乐职掌国家的乐律、乐教和大合乐等事业，直接管理国家各种祭祀重典。《周礼·春官·大司乐》篇所记载的周代祭祀天、地和人鬼的用乐制度的情形，正为这个"有司"职能的真实写照。

其五，周初的《大武》音乐是不用商声的。但至晚在孔子（前551～前479）所处的时代，不用商声的规矩久已被废弃了。所以当时所见到的《大武》的音乐中，已经"声淫及商"。文中"子曰：'唯，丘之闻诸苌弘，亦若吾子之言是也'"语可证，这种现象早在苌弘（？～前492）就已存在，所以苌弘才会有与宾牟贾相同的解释。苌弘又称苌叔，为周景王、敬王时（前544～前476）的大夫，孔子曾问乐于他。

其六，孔子一生致力于恢复西周的礼乐制度，所谓"克己复礼"。无疑，不用商声正是周礼的内容之一。而《大武》是西周宗庙的经典祭祀大乐"六乐"之一，是推翻商朝的开国之君武王之乐。其音乐出现"声淫及商"的现象，自然是孔子极为关心的事情，所以才会如此追根究底、耿耿于怀。这段文字的记述，符合孔子的思想和身份，有其真实性。

（2）第二个重要的历史文献是《周礼·春官·大司乐》。

《周礼·春官·大司乐》篇记载了周代祭祀天、地和人鬼的用乐制度：

---

① 夏商周断代工程专家组：《夏商周断代工程1996～2000年阶段成果报告》，世界图书出版公司，2000年，第49页。

　　凡乐，圜钟为宫，黄钟为角，大蔟为徵，姑洗为羽，靁鼓靁鼗，孤竹之管，云和之琴瑟，《云门》之舞，冬日至，于地上之圜丘奏之，若乐六变，则天神皆降，可得而礼矣。

　　凡乐，函钟为宫，大蔟为角，姑洗为徵，南吕为羽，灵鼓灵鼗，孙竹之管，空桑之琴瑟，《咸池》之舞，夏日至，于泽中之方丘奏之，若乐八变，则地示皆出，可得而礼矣。

　　凡乐，黄钟为宫，大吕为角，大蔟为徵，应钟为羽，路鼓路鼗，阴竹之管，龙门之琴瑟，《九德》之歌，《九磬》之舞，于宗庙之中奏之，若乐九变，则人鬼可得而礼矣。[①]

这段文字均用"某律为某声"的排比句法，不厌其烦地表明了祭祀用乐的情况。值得注意的是，上述记载的周乐三大祭中，均依次叙述了所用音乐的律声关系："为宫""为角""为徵""为羽"，但唯独五声缺商，不见有"为商"之说。其中的"圜钟"应即古十二律中的夹钟；"函钟"应即古十二律中的林钟。如以圜钟为宫，律声对应，自可确定音阶其他各音的律声关系。所谓"为宫""为角""为徵""为羽"云云，应该皆指单个的音级——"声"；结合上文所引《乐记》及相关分析，语义是比较明确的。

　　根据这一段文字所表述的律调关系，可列为表一来表示。

表一　《周礼·春官·大司乐》所载三大祭用乐表

律名	黄钟	大吕	太簇	圜（夹）钟	姑洗	仲吕	蕤宾	函（林）钟	夷则	南吕	无射	应钟
祭天神	羽			为宫		商		角			徵	
	为角			徵		羽			宫		商	
			为徵		羽			宫		商		角
			徵		为羽			宫		商		角
祭地示			徵		羽			为宫		商		角
	商		为角			徵		羽			宫	
		角			为徵		羽			宫		商
	宫		商		角			徵		为羽		
祭人鬼	为宫		商		角			徵		羽		
		为角			徵		羽			宫		商
			为徵		羽			宫		商		角
			宫		商		角			徵		为羽

　　注："为宫""为徵"者为《周礼·春官·大司乐》载文。

---

　　① 　（清）阮元校刻：《十三经注疏·周礼注疏·卷第二十二·大司乐》，中华书局，1980年，第789、790页。

　　从表一中，可以看出三大祭的用乐，在宫调关系上并没有什么规范。如圜丘祭天用乐，"为宫""为角"云云，所用并非一宫；而"大簇为徵，姑洗为羽"分明均属函（林）钟宫。又如泽中的祭地和宗庙的祭祖用乐，所述四律分属于四宫。四宫之间也没有明显的规律可循。统观三祭用乐，所用宫调有七，分别为圜（夹）钟宫、夷则宫、函（林）钟宫、无射宫、南吕宫、黄钟宫和太蔟宫，宫调之间也看不出有某种内在的联系。唯函（林）钟宫出现四次，所用次数最多。但是，有一点是很明确的。至少从文字的表述来看，所谓某律"为宫"、某律"为角"，无疑是指该律在某个音阶（调）中的阶名。所以，杨荫浏在其巨著《中国古代音乐史稿》中，认为《周礼》所载三大祭用乐指的是乐调问题[①]，似乎并无不妥；但单纯地从《周礼》所载的字面上看，确实说的是"声"。所谓"为宫"，即是说此律在某调或某音阶中的阶名，单指个别的乐音。所谓"为宫""为角""为徵""为羽"云云，五声中用到了四声，唯独缺了个商声，这种情形在祭祀天、地、人鬼的用乐时一连重复了三次。但是如果看到这"为宫""为角""为徵""为羽"四声并非同宫的四声，而是分别代表了四个不同的宫调，那么《周礼》的这段话就不仅仅表示五声中缺了商声，而且应该也没有商调。无商声，实际上已决定了无商调。联系西周出土的大量编钟仅有宫、角、徵、羽四声音列，可知这些乐器上也不可能能奏出商调来！所以，杨荫浏认为《周礼》所载三大祭用乐指的是乐调问题，只是引申的意义，而非《周礼》所载的本意。

　　《周礼·春官·大司乐》的记载，扩大了上述《乐记·宾牟贾》篇中载不用商声制度所实施的范围。不用商声的并非仅仅是《大武》之乐，至少当时祭天所用的《云门》（相传为黄帝之乐）、祭地所用的《咸池》（相传为帝唐尧之乐，又称《大咸》）和祭人鬼所用的《九德之歌》与《九韶之舞》（相传为帝虞舜之乐，亦称《大韶》）均戒商声。依此推测，是否当时用于国家祭典的并与《大武》《云门》《咸池》《大韶》同等的"六乐"均不用商声？明确地说，即除了上述"四乐"之外，还有夏禹的《大夏》和商汤《大濩》，很可能也在"戒商"之列？

　　总之，《大武》不用商声，是周初订立的规矩；不用商声的这一现象，主要存在于西周时期。《礼记·乐记》所记载的，可表明是西周时期的《大武》乐不用商声。根据《周礼·春官·大司乐》所载推而广之，充其量也只能说明以《大武》乐为代表的西周"六乐"戒用商声。所以，"周乐戒商"是一个特定的概念，它有特定的对象和范围，笼统理解为"周代音不用商声"，既是不严密、不准确的，也是不符合历史事实的。至晚到了苌弘、孔子时代的春秋晚期，周初武王订立的规矩坏了，《大武》等经典乐舞中出现了本不该出现的商声。对此宾牟贾的解释是"有司失其传"——掌管礼仪的官署不再贯彻了，要不就是"武王之志荒矣"——当时的人们已经不在乎武王订立的规矩了。这应该就是春秋以往所谓的"礼崩乐坏"的重要表现之一。

① 杨荫浏：《中国古代音乐史稿》（上册），人民音乐出版社，1981年，第88页。

二、声、调的历史疑案

中国的传统历史学，是所谓的"狭义历史学"，是一部建立在单纯文献史料基础上的历史学。它的主要治学方法，是"引经据典"。只是到了近代以后，尤其在现代意义上的考古学发展起来的基础上，传统狭义的历史学才逐步向以文献史料、文物史料和人类学史料等综合史料为基础的"广义历史学"过渡，发展成为现代意义上的历史学。中国传统历史学的局限是显而易见的。同样一个"周乐戒商"的简单问题，在秦汉之后的2000余年间，被历代文人们搞得复杂纷繁，几乎到了无以复加的地步。其中的"商声""商调"（或"商音"）之争，纷纷扬扬2000余年不绝。这是有关"周乐戒商"的一个最大的历史疑案。除了著名中国音乐史学家杨荫浏在《中国古代音乐史稿》中提到，《周礼・春官・大司乐》中，"所谓'为宫''为角'……，是指宫调式、角调式而言"，作为中国音乐在战国时期已经十分普遍地运用了调式的证据之外，即便是已经研究考察过大量西周编钟的黄翔鹏先生，还是接受了有关"商调"的说法。他说："从《周礼・春官・大司乐》《礼记・礼运》对于旋宫转调问题的记载，可以看出西周不用'商'声作为调式主音。这一点，经过相当数量的编钟测音调查，确实如此。"[1]所谓"西周不用商声作为调式主音"，也就是说西周不用商调的意思。

有关《周礼・春官・大司乐》的这段记载，是周乐戒商问题的纷争之源。其焦点基本集中在《周礼・春官・大司乐》中不用"商"的记载，究竟指的是"商声"还是"商调（式）"？

对于《周礼・春官・大司乐》所载三大祭的调声问题，汉儒郑玄注道：

> 凡五声，宫之所生，浊者为角，清者为徵羽。此乐无商者，祭尚柔，商坚刚也。[2]

郑玄所说"凡五声，宫之所生"只是一句没什么有用的大白话。由宫起始五度相生，在先秦早已是乐律方面的常识。至于郑玄所谓五声清浊的问题，按《管子・地圆》所载五度相生的次序，其徵在宫下而为"下徵"，应为浊者；角、羽皆在宫之上，应为

① 黄翔鹏：《新石器和青铜时代的已知音响资料与我国音阶发展史问题》，《音乐论丛》第一辑（人民音乐出版社，1978年）、第三辑（人民音乐出版社，1980年）；黄翔鹏：《溯流探源——中国传统音乐研究》，人民音乐出版社，1993年，第24页。

② （清）阮元校刻：《十三经注疏・周礼注疏・卷第二十二・大司乐》，中华书局，1980年，第789、790页。

清者。郑玄"浊者为角，清者为徵羽"一说，实在难得确解。不过在另一方面，他注意到了这段文字中的一个重要问题，即无论其叙述"某律为某声"，却只涉及宫、角、徵、羽四声而独缺商声。故云"此乐无商"。自苌弘、孔子时代的春秋晚期，历经战国、秦火洗劫，再经西汉到郑玄所处的时代，"周乐戒商"的史迹已经淹没在历史的长河之中。而郑玄发现并正式提出了"周乐戒商"命题，这应该是他的一大历史功绩。只是他对此所作"祭尚柔，商坚刚"的解释，则把问题推入了千年纷争的深渊。

至唐贾公彦疏郑注，他一方面"疏不破注"，全面继承了郑玄的说法；另一方面则进一步把问题弄得愈加复杂：

> 云以此三者为宫，用声类求之者，若十二律相生，终于六十，即以黄钟为首终于南事。今此三者为宫，各于本宫上相生为角、徵、羽，粗细须品，或先生后用或后生先用，故云声类求之也。①

《周礼·春官·大司乐》三大祭中不用商声的问题，只是一个单纯的周代用乐制度的具体记述。其与生律法等问题没有直接的关系，更与后世西汉京房的"六十律"理论毫不相干；贾疏将这一问题，无端与"六十律"等生律法理论相比攀，除了显示他一知半解的乐律常识之外，实在于事无补。对郑注"凡五声，宫之所生"，贾疏道：

> 浊者为角，清者为徵羽者，此揔三者，宫之所生，以其或先生后用，谓若地宫所生，姑洗为徵，后生先用；南吕为羽，先生后用。人宫所生，大吕为角，后生先用；大蔟为徵，先生后用。以其后生丝多用角，先生丝少用徵。故云：凡宫之所生，浊者为角，清者为徵羽也。②

可以看出，贾疏对于郑注一无所改。贾疏对于郑玄发现并正式提出了"周乐戒商"命题的历史功绩并无阐发；而对于郑玄海阔天空的文人陋习，倒引用了《乐记》中一些无大相关的内容，做了变本加厉的推演。可以明确的是，无论是郑注还是贾疏，对于《周礼》三大祭的用乐制度是"戒用商声"这一点，并无异议。

贾疏还不是"周乐戒商"问题上混乱的最大策源地。自唐以降，后世的大多数文人却是一反郑注、贾疏"商声"的解释，把周乐戒用的商声解释为"商调"。这个论

---

① （清）阮元校刻：《十三经注疏·周礼注疏·卷第二十二·大司乐》，中华书局，1980年，第789、790页。

② （清）阮元校刻：《十三经注疏·周礼注疏·卷第二十二·大司乐》，中华书局，1980年，第790页。

点的始作俑者，是唐代的赵慎言。据《唐会要》载，开元八年（720年）九月，瀛州司法参军赵慎言上表论郊庙用乐。表曰：

> 祭天地宗庙，乐合用商音。又周礼三处大祭俱舞（无）商调。郑玄云此舞（无）商调者，祭商乐，商坚刚也。以臣愚智，斯义不当。但商金声也，周家木德，金能克木，作者去之。今皇唐土王，既殊周室，五音损益，须逐便宜，岂可将木德之仪施土德之用。又说者以商声配金，即作刚柔理解。殊不知声无定性，音无常主，刚柔之体，实由其人。人和则音柔，人怒则声烈。①

赵慎言的奏章用到了两个词，一为"商音"，二为"商调"，唯独不用"商声"。这里边有两个可能：一是赵慎言对"声""音""调"三个词的概念不清，随意混用；二是根据他对《周礼》原文的理解，有意识地使用了"商音"和"商调"。从以上所引全文分析，应该是后一种的可能性较大。因为赵慎言在引用郑注贾疏（文中所谓的"说者"）时明用"商声"一词，如"又说者以商声配金"云云；而于己论，皆用"商音"或"商调"。

赵慎言的"商调"论一开先河，后世儒生奇论迭出，至有过之而无不及。如宋咸淳庚午，黎靖德编《朱子语类》：

> 黄问：周礼天神、地示、人鬼之乐，何以无商音？曰：五音无一，则不成乐，非是无商音，只是无商调。先儒谓商调是杀声，鬼神畏商调。②

毫无疑问，宋朱熹已坐实了"商调"的悖论。大概清儒惠士奇的《礼说》可谓登峰造极。他从唐赵慎言"谓三大祭无商，商音金也，周木德，金克木，故去之……"说起，洋洋洒洒，引经据典，发表他"四宫四均（按：通韵）"的高论：

> 四宫四均：函钟宫以其宫为均，无射宫以其角为均，南吕宫以其徵为均，黄钟宫以其羽为均，黄钟宫以其宫为均，大吕宫以其角为均，林钟宫以其徵为均，太簇宫以其羽为均，是为四宫四均。宫君商臣，以商为均，君臣易位，革命之象。故商不为均，非无商也，商不为均也。均一名调，古者一宫四调，沿及魏晋，三调犹存。曰正宫调，曰清角调，曰下徵调。而羽调凶矣。函钟一名大林，其声函胡，浊而下。周语所谓黄钟之下宫也，六徵旨大

---

① （宋）王溥：《唐会要·卷三十二·雅乐上》，文渊阁四库全书，台湾商务印书馆，1983年，第606卷，442页。

② （宋）黎靖德：《朱子语类·卷八十六·礼三·周礼·论近世诸儒说·春官》，文渊阁四库全书，台湾商务印书馆，1983年，第701卷，第813页。

论曰，君位，臣则顺。臣位，君则逆。逆则其害速，顺则其害微，故宫可居商位而商不可居宫位。旋宫独无商者，以无射之宫太簇为角，南吕之宫姑洗为徵，黄钟之宫南吕为羽，南吕之宫大吕为角，林钟之宫太簇为徵，太簇之宫应钟为羽。此鹖冠子曰：东方者，万物立止焉，故调以徵。南方者，万方华羽焉，故调以羽。西方者，万物成章焉，故调以商。北方者，万物录藏焉，故调以角。中央者，太一之位，百神仰制焉，故调以宫。调犹均也。徵居角位，羽居徵位，角居羽位，更迭为均，谓之调。惟宫商君臣之位，不易其方，古者商不为均，信矣。[①]

透过其大量论述宫调关系常识的迷魂阵可以分析出，惠士奇并未有什么新见。他的"商不为均""均一名调"之语已经清楚地表明，他只是沿用了前人"商调"一说。类似的说法，还有方苞的《周官集注》[②]、江永的《周礼疑义举要》[③]、李光地的《周官笔记》[④]、陈澧的《声律通考》[⑤]等，无一不是人云亦云。

自唐至清，千百年来的文人史家多不愿意承认，周乐戒商的商为商声；而非要找出种种理由将其证明为"商调"，这是什么道理？其实道理很简单：自东汉董仲舒提出罢黜百家，独尊儒术以来，周代的礼乐制度早已成为儒家心目中的典范。后世儒家崇尚音乐中正平和，音调以使用宫商角徵羽五正声为最高准则，任何一个偏音，即变宫、清角、闰、变徵等五正声之外的音级，都被看作乱雅乐之中正的郑卫之音，均在排斥之列。而《周礼》这个"典范"却只用四声，"五音不全"，实在是大煞风景，难以容忍。更让文人比较头疼的事，莫过于周乐戒商的事迹见诸经典，已是不容置疑。于是如何能够找到一种又有脸面，又合情理的解释，成为历代儒人的一个心结。唐开元八年赵慎言提出的"商声实为商调"之论，实在是一场及时雨，无怪要为朱熹照单全收。其后历代儒生趋之若鹜，不仅罕有怀疑者，并不断有所阐发推演而汇集成为"周乐戒商"公案论的历史主流。

还有一个理由是音乐技术问题。历代帝王功成必作乐，作乐又必效法三代。三代古乐又唯周代六乐可考，于是"效法三代"只能落实到周代上去了。《魏书·乐志》载，当时的长孙稚和祖莹曾上奏本称："臣等谨详《周礼》……布置不得相生之次，

---

① （清）惠士奇：《礼说·卷七·春官二》，文渊阁四库全书，台湾商务印书馆，1983年，第101卷，第529页。

② （清）方苞：《周官集注·卷五·春官·宗伯第三》，文渊阁四库全书，台湾商务印书馆，1983年。

③ （清）江永：《周礼疑义举要·卷四·春官》，文渊阁四库全书，台湾商务印书馆，1983年。

④ （清）李光地：《榕村集·卷五·司官笔记·春官》，文渊阁四库全书，台湾商务印书馆，1983年。

⑤ （清）陈澧：《声律通考》，上海古籍出版社，1996年。

两均异宫，并无商声，而同用一徵……计五音不具，则声岂成文，莫晓其旨。"①看来，北魏的长孙稚和祖莹等确实曾准备实施《周礼》所载，结果是失败了。究其原因，正是这"五音不全"造成的困难。《隋书·音乐志》中也有类似的记载，说牛弘、姚察、许善心、刘臻、虞世基等人曾在朝中议论："后周之时，以四声降神，虽采《周礼》，而年代深远，其法久绝，不可依用。"②所说可能为北周宇文泰、苏绰等人托《周礼》改制，采用四声音乐祭祀的史迹。他们又说，《周礼》中只用"四声"，不但缺少商声，还与律管乖错；用这样的音乐，断无"克谐"之理！时过境迁，今古事异，实在不能效法③。不知牛弘等人是否进行了实际操作，其失败的结果也是可以想见的。

中华人民共和国成立至今，中国的考古事业获得了突飞猛进的发展，先秦时期的乐器文物已有了极为丰富的积累。特别是最近的30年中，音乐考古学方面连续出现了几个戏剧性的突破。如1977年以吕骥、黄翔鹏为首的西北四省音乐文物的考察，发现了先秦编钟的双音奥秘；1978年湖北随县曾侯乙墓的发现和出土曾侯乙编钟上先秦乐律学钟铭的解读；1984年河南舞阳贾湖骨笛的面世；几乎导致了数十年建立起来的一部以文献史料为基础的中国音乐史的彻底改写。在大量新颖史料的背景映衬之下，"周乐戒商"的老问题再一次受到了学者们的关注。

1977年3～5月，以吕骥为首的音乐学家一行四人，去甘肃、陕西、山西、河南四省进行了专门的音乐考古调查，他们的工作得到了国家文物事业管理局和上述四省文博部门的支持和协助，取得了重大收获。就在这次调查中，著名音乐学家黄翔鹏先生发现了中国青铜乐钟的"双音"奥秘。同时，有关西周编钟的音列中不用商声的现象，也为黄翔鹏所关注并撰文阐发。他在1977年9月所写的《新石器和青铜时代的已知音响资料与我国音阶发展史问题》一文中，较为详细地论述了上述的发现和他在理论时代认识④。可惜在当时，中国青铜乐钟的"一钟双音"现象的发现和把它看作中国古代一项重大科学成就的观点，受到了来自音乐学界和文博界的多方非难；幸运的是，就在这一观点提出的翌年，一个千载难逢的戏剧性事件出现了：1978年，人们发现曾侯乙编钟！

制作精美、总数达65件的曾侯乙编钟，不仅有着构造为三层八组的宏大规模，尤为可贵的是，每钟的正、侧鼓部分别可击发出相距大三度或小三度的二音。钟体及钟架和挂钟构件上刻有错金铭文3700余字，用来标明各钟所发的二音属于何律何调的

① （北齐）魏收：《魏书·卷一百九·乐志》，中华书局，1974年。

② （唐）魏徵等：《隋书·卷十五·志第十·音乐下》，中华书局，1973年，第351、352页。

③ （唐）魏徵等：《隋书·卷十五·志第十·音乐下》，中华书局，1973年，第351、352页。

④ 黄翔鹏：《新石器和青铜时代的已知音响资料与我国音阶发展史问题》，《音乐论丛》第一辑（人民音乐出版社，1978年）、第三辑（人民音乐出版社，1980年）；黄翔鹏：《溯流探源——中国传统音乐研究》，人民音乐出版社，1993年，第24页。

律名和阶名，以及这些名称与楚、周、晋、齐、申等国各律（调）的对应关系。其与保存完好的编钟音响相互印证，从而以无可辩驳的事实，证明了中国先秦青铜乐钟的"一钟双音"这一重大科学成就，证明了黄翔鹏的有关论断！

黄翔鹏在上文中，着重分析了西周中期的"中义钟"钟和西周中晚期的"柞钟"的测音资料，指出这2套编钟正侧鼓音所构成的音列为"羽—宫—角—羽"，均为明白无误的不用商声的典型例证。从而明确地指出："到目前为止，所有已知测音资料的西周钟，毫无例外地都和上两例相同。"黄翔鹏是从考古资料中发现西周编钟不用商声的第一人。

对西周编钟不用商声现象，他认为："从前文对甘肃埙的分析来看，这可能与我国民族音阶发展过程有关。"①他比较赞成宋代陈旸在他的《乐书》中的说法：

> 三宫不用商声者，商为金声而周以木王。其不用则避其所赴而已。太师掌六律六同，以合阴阳之声，皆文之以五声：宫、商、角、徵、羽，则五声之于乐，阙一不可。周之作乐，非不备五声。其无商者，文去实不去故也。荀卿以审诗商为太师之职。然则诗为乐章，商为乐声，乐章之有商声，太师必审之者，为避所赴而已。与周之佩玉左徵角、右宫羽，亦不用商同意。夫岂为祭尚柔而商坚刚也哉。②

这里，翔鹏师指出：

> （陈旸）前说不过是阴阳王行之论，后说才是陈旸的卓见。西周的宫廷音乐中不用商声作为调式的主音，不等于宫廷音乐的音阶中没有商声。前人认为西周礼乐是只用五声音阶的（其实，在反映西周制度的有关典籍中，也找不出宫廷中不用"二变"的证据，这也不过是后人的说法）。我们只能说，宫廷中至少已用全了五声；不过，商声却不在骨干音之列。也就是说，西周宫廷音乐，无论其为五声或七声音阶，其可用于不同调式作为主音的音阶骨干音却是"宫—角—徵—羽'的结构。③

---

① 黄翔鹏：《新石器和青铜时代的已知音响资料与我国音阶发展史问题》，《音乐论丛》第一辑（人民音乐出版社，1978年）、第三辑（人民音乐出版社，1980年）；黄翔鹏：《溯流探源——中国传统音乐研究》，人民音乐出版社，1993年，第24页。

② 黄翔鹏：《新石器和青铜时代的已知音响资料与我国音阶发展史问题》，《音乐论丛》第一辑（人民音乐出版社，1978年）、第三辑（人民音乐出版社，1980年）；黄翔鹏：《溯流探源——中国传统音乐研究》，人民音乐出版社，1993年，第24页。

③ 黄翔鹏：《新石器和青铜时代的已知音响资料与我国音阶发展史问题》，《音乐论丛》第一辑（人民音乐出版社，1978年）、第三辑（人民音乐出版社，1980年）；黄翔鹏：《溯流探源——中国传统音乐研究》，人民音乐出版社，1993年，第24页。

从而提出了他的"骨干音"之说。的确,在当时,面对考古发现的众多西周的四声音列编钟这一"严酷"事实,这可能是对"西周的宫廷音乐怎么可能是五音不全的"这一疑问做出的较为合理的解释。翔鹏先生的解释,离解决这个问题似乎尚存距离:从音乐技术的角度看,无商声,何来商调?商声与商调的关系问题并非如前人所论的那样水火不容、泾渭分明。

杨荫浏和黄翔鹏均介入了商声与商调的纷争,可见这一问题影响之深。

三、"周乐戒商"的考古学证据

要还"周乐戒商"这一历史疑案的本来面目,有必要对相关的历史资料做一次较为全面的清理。特别是对迄今发现的考古学资料的清理。笔者在20余年编撰《中国音乐文物大系》[①]的过程中,考察和研究了大量中国古代音乐文物,已经积累了较为完整的有关西周编钟的测音资料。今将《中国音乐文物大系》的各卷中所录保存较好、编列完整的西周编钟的音列分析结果列为表二,以供参阅。

表二中所列西周编钟中的许多钟的侧鼓部,都铭有一凤鸟纹,作为侧鼓音的敲击点标志。故均已是地地道道的双音编钟。这些编钟上的正、侧鼓音中,的确未出现商声。即使在笔者所掌握的大量尚未发表的西周编钟的资料中,同样可以证明这一点。更重要的是,在迄今发现的较为可靠的西周编钟上,还未发现有相反的证据,这充分地证明了西周编钟不用商声确是中国历史上曾经存在过的事实。但是,西周编钟的不用商声,能说明周代音乐没有商声吗?不能!能说明西周音乐没有商声吗?不能!能说明西周宫廷音乐没有商声吗?也不能!问题似乎还远远没有解决。那么,西周编钟不用商声的现象,究竟意味着什么?它与本文所研究的"周乐戒商"问题有着怎样的关系?这是本文需要展开讨论的又一个核心问题。

1. 周乐戒商的时间问题

前文中已经提到,从《乐记》所载"武音""武王之志"看,"周乐戒商"应是西周武王订立的制度。武王功成作乐,创制反映他克商功绩的《大武》之乐,应该是在武王伐纣之后至成王即位之前的时间内。即公元前1046~前1043年的四年;由此可知,"戒商"政策的颁发和实施的时间,也应与之相当。不过,"周乐戒商"制度在中国历史上实行的时间问题,远非如此简单。尤其涉及大量出土的西周编钟上戒用商声的问题,还大有进一步深究的必要。

---

① 参见黄翔鹏、王子初总主编《口国音乐文物大系》之各卷本。

表二　较完整的西周编钟音列一览表

序号	编钟名称	时代	正、侧鼓部由低到高的音位次序
1	強伯各编钟（3件）	西周早期	正鼓音：宫—角—宫 侧鼓音："徵曾"*—"宫曾"—角
2	強伯蛅编钟（3件）	西周早期	正鼓音：宫—角 —宫 侧鼓音："徵曾"—"宫曾"—角
3	晋侯苏编钟（16件）	西周早期	第一组 正鼓音：羽—宫—角—羽—角—羽—角—羽 侧鼓音：宫—角—徵—宫—徵—宫—徵—宫 第二组 正鼓音：羽—宫—角—羽—角—羽—角—羽 侧鼓音：宫—角—徵—宫—徵—宫—徵—宫
4	河南平顶山魏庄编钟（3件）	西周早期	正鼓音：角—宫—羽 侧鼓音：徵—角—宫
5	山西曲沃县曲村北赵九号墓晋侯编钟（4件）	西周早中期之际	正鼓音：宫—角—羽—宫 侧鼓音："徵曾"—徵—宫—角
6	长甶编钟（3件）	西周中期	正鼓音：宫—角—宫 侧鼓音："徵曾"—"徵曾"—"徵曾"
7	兴钟——七式组（3件）	西周中期	正鼓音：宫—角—羽 侧鼓音："徵曾"—徵—宫
8	兴钟二-四式组（7件）	西周中期	正鼓音：羽—宫—角—羽—角—羽—角 侧鼓音：? **—角—徵—宫—徵—宫—徵
9	兴钟三式组（6件）	西周中期	正鼓音：羽—宫—角—羽—角—羽 侧鼓音：? —角—徵—宫—徵—宫
10	兴钟五-六式组（5件）	西周中期	正鼓音：角—羽—宫—角—羽 侧鼓音：徵—宫—角—徵—宫
11	眉县杨家村编钟一组（6件）	西周中期	正鼓音：羽—宫—角—羽—（角）***—（羽）—角—羽 侧鼓音：? —角—徵—宫—（徵）—（宫）—徵—宫
12	眉县杨家村编钟二组（4件）	西周中期	正鼓音：宫—角—羽—（角）—（羽）—（角）—羽 侧鼓音：角—徵—宫—（徵）—（宫）—（徵）—宫
13	中义钟（8件）	西周晚期	正鼓音：羽—宫—角—羽—角—羽—角—羽 侧鼓音：羽—宫—徵—宫—徵—宫—徵—宫
14	柞钟（8件）	西周晚期	正鼓音：羽—宫—角—羽—角—羽—角—羽 侧鼓音：羽—宫—徵—宫—徵—宫—徵—宫
15	逆钟（4件）	西周晚期	正鼓音：羽—宫—角—羽—（角）—（羽）—（角）—（羽） 侧鼓音：宫—"商"—徵—宫—（徵）—（宫）—（徵）—（宫）
16	虢季编钟（8件）	西周晚期	正鼓音：（羽）—宫—角—羽—角—羽—角—羽 侧鼓音：? —（角）—徵 —宫—徵 —宫—徵 —宫

注：* 　""中的阶名表示其为非设计音高，一般出现于西周编钟的首二钟。

　　** 　? 表示因钟残损而失音。

　　*** 　（）表示因钟流失或残哑经推测的阶名。

所谓周代音乐，包含了西周和东周（春秋战国）这两个历史时期的音乐。西周编钟不用商声的现象究竟是什么时间开始的？考古资料表明，西周礼乐制度中的乐悬制度，并非如史书所载，为武王克商（约于公元1046年）后不久，就由周公"兴正礼乐"——颁布了礼乐制度的同时得到完美实施。

周公旦在总结殷商各种典章制度的基础上，制定了一套十分严密的封诸侯、建国家的等级制度，这就是周公"制礼作乐"的故事。乐悬成为西周礼乐制度的重要组成部分。周人对音乐的社会功能已有了充分的认识，他们把"乐"看得与"礼"同等重要，严格规定了各级贵族的用乐制度，亦即"乐悬"制度。等级森严的乐悬制度是周代礼乐制度的核心内容之一；所谓乐悬，其本意是指必须悬挂起来才能进行演奏的钟磬类大型编悬乐器。而钟磬类大型编悬乐器，则是乐悬制度实际体现者。钟磬类大型编悬乐器中，又因为钟为当时被称为"金"的青铜铸制，造一件大钟，动辄需要花费数十斤，甚至数百斤金，十分昂贵。从工艺上来说，青铜的冶铸需要很高的技术，涉及采矿、冶炼、合金比例、翻模技术等。不言而喻，钟磬乐悬中，编钟完全占据着核心地位。迄今得到的西周早期乐悬中的编钟资料，有山西曲沃县曲村镇北赵村西南天马-曲村遗址晋侯苏墓编钟和宝鸡市南郊竹园沟西周强国墓编钟。两座强国墓编钟出土的编钟仅为3件一套，从其中一墓主强伯各所作礼器和同出的丰公鼎、目父癸鼎等器看，其时代约当西周早期的康、昭之世，编钟的时代应与此相当，是目前所见出土年代最早的一组西周编钟[1]。晋侯苏墓编钟最初仅为2件一套，时代也为西周初期，很可能至恭王世前后的百余年间才逐步增扩为4件一套、8件一套，最后完成于16件一套[2]。

《周礼》中有"王宫悬，诸侯轩悬，卿大夫判悬，士特悬"的记载。所谓"宫悬"，是指王应该享用的编悬乐器，可以像宫室一样摆列四面；诸侯则要去其一面，享用摆列三面的"轩悬"之制；卿大夫再去其一面，享用摆列两面的"判悬"之制；士应再去一面，只能享用摆列一面的"特悬"之制。不难看出，如此完备的乐悬制度，远非强国墓编钟等西周早期乐悬所能承当，当时的编钟还没有形成如《周礼》中所记载的那样严密的规范。特别是16件成套的晋侯稣编钟，它们很可能是在自西周初期至恭王世前后的百余年间逐步发展增扩形成的，而并非为同一个时期的产品。研究表明，晋侯苏钟产生的时代，正是西周甬钟重要的变革时代。它们的形制特征，生动地展示了一条西周甬钟演变成形的典型轨迹[3]。表二中的资料显示，考古发现的大量戒用商声的四声编钟，其时代主要集中在西周的中期以后，其所反映的还不是西周初期面貌；就是说，武王作《大武》之乐时，或是在《大武》等祭祀大乐上实施戒商政

① 卢连成、胡智生：《宝鸡强国墓地》，文物出版社，1988年。

② 王子初：《晋侯苏钟的音乐学研究》，《文物》1998年第5期；北京大学考古学系、山西省考古研究所：《天马-曲村遗址北赵晋侯墓地第二次发掘》，《文物》1994年第1期。

③ 王子初：《晋侯苏钟的音乐学研究》，《文物》1998年第5期；北京大学考古学系、山西省考古研究所：《天马-曲村遗址北赵晋侯墓地第二次发掘》，《文物》1994年第1期。

策时，周朝的乐悬制度尚不健全，戒用商声的规矩还来不及依靠编钟来推行。以此观之，武王作《大武》之乐，未必是靠编钟来实施他的戒商政策，很可能主要是运用了五音戒商的四声音阶来构成《大武》之乐的曲调。河南舞阳出土的大量七音孔骨笛证明，中国人早在八九千年之前就已经创造和使用了七声音阶；《大武》的四声之乐，绝不是以往有些学者所认为的当时的音阶发展水平使然，亦非当时的编钟铸造水平使然；而完全是一种人为的或者说是政治的需要使然（详下文）。其后随着编钟乐悬的健全，《大武》戒商的规矩被逐步转移到乐悬的主体——编钟上来，编钟遂成为这种独特的四声音列主要体现者。

西周编钟不用商声的现象在中国历史上消退的时间问题，也是不可回避的问题。

西周末期以后，编钟的乐器功能（音乐性能）越来越受到了重视，编钟直接用于娱乐性的音乐活动也越来越频繁，对乐器的旋律性能相应提出了较高的要求。此时，另一种形式的编钟——纽钟应运而生。纽钟的一出现，便是不仅五声齐全，而且是七声齐全的好乐器了。西周编钟不用商声的情形，最早为山西闻喜上郭村210号墓的编钟所打破。这套编钟增设正、侧鼓音分别为商—变徵的第4、第7二钟，全套钟在两个八度上构成了规范的、带变徵音的六声音阶，商声得到了肯定和巩固[1]。上郭村210号墓的编钟为迄今所见时代最早的纽钟，一般认为其时代为西周末期，其基本特点为：形体较小，音域处于中、高音区，发音清脆，余音较短。而西周的甬编钟，则形体较大，音域处于中、低音区，发音浑厚，余音较长。相比之下，纽钟更适合于旋律的演奏。上郭村210号墓编钟的五声齐全，在西周末期或春秋初期尚是个例，这类破坏"戒商"规矩的情形尚在萌芽时期。但是在进入春秋以后，纽钟急剧发展，成为各国各族追求的一种时尚。今天考古发现的东周编纽钟，面广量大，不胜枚举，而且多为五音齐全、七声皆用；无一例外的是，在纽钟上再也见不到西周编钟那种不用商声的情形了。

进入春秋中期以后，编钟的音乐性能进一步得到各级贵族的重视。编钟的铸造和使用出现了重大变化，即编钟的组合化趋向。编钟的组合化一经产生，便愈演愈烈，直到战国早期曾侯乙编钟的面世，达到了无以比攀的顶峰。所谓的"组合化"，是指将2套以上异形或同形的编钟根据音律的需要组合在一起，构成一套音域宽广、音律复杂、规模更为庞大的编钟组群。不难看出，大型组合编钟的音列离开西周编钟的不用商声已经是越来越远。如河南新郑中国银行工地出土的11套编钟[2]、河南新郑郑公大墓

① 王子初：《太原晋国赵卿墓铜编镈和石编磬研究》，《太原晋国赵卿墓》，文物出版社，1996年。

② 王子初：《新郑中国银行工地出土编钟的音乐学研究》，《新郑郑国祭祀遗址》，大象出版社，2006年；蔡全法、马俊才：《新郑郑韩故城金城路考古取得重大成果》，《中国文物报》1994年1月2日；赵世纲：《中国音乐文物大系·河南卷》，大象出版社，1996年。

组合编钟①、河南辉县琉璃阁甲墓组合编钟②、鄱子成周组合编钟③、讹子受组合编钟④、河南叶县组合编钟⑤、蔡侯墓编钟⑥，直至大型组合编钟最为辉煌的典范、多至三层八组65口的曾侯乙编钟⑦。这些都是当时组合编钟的重要实例。以下表三、表四分别为较为重要的春秋和战国编钟的音列设置情形，可供参阅。

表三和表四中所列资料表明，春秋以往，编钟戒用商声的规矩已经废弛，无论纽钟、甬钟，还是编镈，其所设计的音列中，商声得到了稳定的地位。许多的编钟音阶，不仅五声齐全，甚至七声具备，可以旋宫转调的也不罕见。至战国初期的曾侯乙编钟，其中音区已是十二律齐备达三个八度。另外，在当时的音乐实践中，不用商声的规矩早被打破。这种情形，与前述《乐记》所载孔子与宾牟贾有关当时的《大武》乐"声淫及商，何也？"的对话，完全吻合。

这已是一个不争的事实：编钟"戒商"的规矩，确曾出现于西周时期，并在当时得到了严格而广泛的执行。但是进入春秋以后，随着周王室权威的衰微和"礼崩乐坏"形势的加剧，编钟"戒商"的规矩已经荡然无存。

2. 周乐戒商的范围问题

那么，西周音乐戒用商声，能说明西周时期所有形式的音乐都没有商声吗？显然不能！

"西周音乐"是一个笼统的概念。它可以包括西周时期的祭祀音乐，也可以包括周王室及各级大小各族的宫廷音乐，还可以包括当时社会流行的其他各种形式的娱乐音乐。这些音乐难道都不用商声吗？这是难以想象的。那么是西周时期的什么音乐不用商声呢？这是本文需要展开讨论的另一个核心问题。

从目前掌握的文献资料来看，西周时期出现过哪些形式的音乐呢？

历来最受音乐史学家们关注的当然是西周的"雅乐"。根据杨荫浏的研究，"西周时期，黄河流域普遍存在农村公社。新的生产关系使经济进一步得到显著的发展，

① 河南省博物院、台北历史博物馆：《新郑郑公大墓青铜器》，大象出版社，2001年；许敬参：《编钟编磬说（附图）》，《河南省博物馆馆刊》1937年第9期；靳云鹏：《新郑出土古器物图志》，中华民国十二年十二月版；关百益：《新郑古器图录　不分卷》，上海商务印书馆，1929年；容庚：《商周彝器通考》第二章"发见"，哈佛燕京学社，1941年。
② 河南博物院、台北历史博物馆：《辉县琉璃阁甲乙二墓》，大象出版社，2003年；郭宝钧：《山彪镇与琉璃阁》，科学出版社，1959年。
③ 赵世纲：《中国音乐文物大系·河南卷》，大象出版社，1996年。
④ 赵世纲：《中国音乐文物大系·河南卷》，大象出版社，1996年。
⑤ 王子初：《河南叶县出土编钟印象》，《文物》约稿（待发表）。
⑥ 袁荃猷：《中国音乐文物大系·北京卷》，大象出版社，1999年；部分编钟存安徽省博物馆，资料待发表。
⑦ 王子初：《中国音乐文物大系·湖北卷》，大象出版社，1999年。

表三　重要春秋编钟的正鼓音音列设置情形

序号	名称	时代	件套	正鼓音音列										
1	山西闻喜上郭村210号墓纽钟	春秋初期	9			徵	羽		宫	↓商	角	羽	商	角	羽
2	山西闻喜上郭村211号墓纽钟	春秋早期	9			徵	羽		宫	商	角	羽	商	角	羽
3	虢太子墓纽钟	两周之际	9			徵	羽		宫	商	角	羽	商	角	羽
4	山东长清仙人台6号墓纽钟	春秋早期	9			徵	羽		宫	商	角	羽	商	角	羽
5	莒南大店游钟	春秋中期	9			徵	羽		宫	商	↓角	羽	宫	↑角	羽
6	山东临沂凤凰岭编纽钟	春秋	9			徵	↑羽		宫	商	角	羽	↑商	角	羽
7	河南淅川下寺1号墓纽钟	春秋中期	9			徵	羽		宫	商	角	羽	商	角	羽
8	河南新郑中行4号坑编镈	春秋中期	4	羽	宫	角	徵								
	河南新郑中行4号坑编纽钟		10		角	徵	羽		宫	商	角	羽	商	角	羽
	河南新郑中行4号坑编纽钟		10		角	徵	羽		宫	商	角	羽	商	角	羽
9	河南新郑城信社编镈	春秋中期	4	羽	宫	角	徵								
	河南新郑城信社编纽钟		10		角	徵	羽		宫	商	角	羽	商	角	羽
	河南新郑城信社编纽钟		10		角	徵	羽		宫	商	角	羽	商	角	羽

续表

序号	名称	时代	件套	正鼓音音列																		
10	河南新郑金城路编镈	春秋中期	4		羽	宫		角	徵													
	河南新郑金城路编纽钟		10					角	徵	羽	宫	商	角		羽		商	角	羽			
	河南新郑金城路编纽钟		10					角	徵	羽	宫	商	角		羽		商	角	羽			
11	鄦镈	春秋中期	8			宫		角	徵	羽	宫	商	角	徵								
	鄦钟		9						徵	羽	宫	商	角		羽		商	徵	羽			
12	山东长清仙人台5号墓纽钟	春秋中晚期偏早	9						徵	羽	宫	商	角		羽		商	角	羽			
13	河南新郑螭凤纹甬钟	春秋中晚期	10					角	徵	羽	宫	商	角		羽		商	角	羽			
14	山西侯马上马13号墓编纽钟	春秋中晚之交	9						徵	羽	宫	商	角		羽		商	角	羽			
15	江苏邳州九女墩3号墓纽钟	春秋晚期	9	徵	羾	宫	商	角		羽		商	角	羽								
16	鄯子成周编镈	春秋晚期	8			宫		角	徵	羽	宫	商	角	徵								
	鄯子成周纽钟		9						徵	羽	宫	商	角		羽		商	角	羽			
17	河南淅川徐家岭3号墓编镈	春秋晚期	8			宫		角	徵	羽	宫	商	角	徵								
	河南淅川徐家岭3号墓纽钟		9						徵	羽	宫	商	角		羽		商	角	羽			
18	晋国赵卿墓编镈	春秋晚期	19	徵	羽	宫	商	角	徵	羽	宫	商	角	徵	羽	宫	商	角	羽	宫	羽	宫
19	江苏六合程桥1号墓纽钟	春秋末期	9						徵	羽	宫	商	角		羽		商	角	羽			

表四 重要战国编钟的音列设置情形

序号	名称	时代	件套	音列													
1	曾侯乙编甬钟中层一组	战国早期	11	正鼓音	商	角		徵	羽		宫	商	角		羽	商	角	羽
				侧鼓音	羽曾	宫曾		徵角	羽角		徵曾	羽曾	徵		宫	羽曾	徵	宫
	曾侯乙编甬钟中层二组		12	正鼓音	商	角	商辅	徵	羽		宫	商	角		羽	商	角	羽
				侧鼓音		宫曾	商曾	徵角	羽角		徵曾	羽曾	徵		宫	羽曾	徵	宫
	曾侯乙编甬钟中层三组		10	正鼓音				徵	羽		宫	商	角	羽	商	角	商辅	羽
				侧鼓音				徵角	羽角		徵曾	羽曾	徵	宫	羽曾	徵	商曾	宫
	曾侯乙编甬钟下层二组		10	正鼓音	商	角	↑徵	羽			宫	商	角			商辅	徵	
				侧鼓音	羽曾	宫曾	徵角	羽角			徵曾	羽曾	宫曾			商曾	徵角	
2	山东郯城纽钟	战国早期	9	正鼓音				徵	羽		宫	商	［角］		羽	商	角	徵
				侧鼓音				徵角	羽角		角	商角	［徵］		宫	羽	徵	商曾
3	河南信阳长台关1号墓纽钟	战国早中期之交	13	正鼓音		商角	徵	羽	宫	商	角	商角	徵	羽	宫	商	角	羽
				侧鼓音		羽	徵角	宫	徵曾	羽曾	徵	羽	商曾	宫	商	商角	宫曾	宫
4	山西平陆尧店纽钟	战国	9	正鼓音				徵	羽		宫	商	角		羽	商	角	羽
				侧鼓音				徵角	羽角		角	羽曾	徵		宫	羽曾	徵	宫
5	山东临淄商王纽钟	战国晚期	14	正鼓音	羽	商	角	徵角	羽	徵角	宫	商	角	羽	徵角	商	角	羽
				侧鼓音	宫	商角	徵	徵角	宫	商	角	商角	徵	宫	徵曾	商角	徵	羽角

文化也得到空前的提高。民间音乐的发展，呈露出崭新的面貌。有了这基础，统治者才能组织起庞大的音乐机构，建立起中国历史上头一个比较明确的宫廷'雅乐'体系以及完整的音乐教育制度"①。西周的雅乐体系草创于周初，是与其礼乐制度的建立并行的。可以说，西周的雅乐体系就是礼乐制度的重要组成部分。"周朝得了政权以后，不久，就在公元前1058年制定了礼乐。"②周礼把贵族和人民分成许多等级，规定了这些等级之间的区别和限制。当时的人们已经充分地认识到音乐的社会功能，所以在礼乐制度中，礼与乐互为表里，相辅相成，成为这个制度中紧密结合的两个最重要的组成部分，成为维持社会秩序、巩固王朝统治的有效手段。

从《周礼·春官·大司乐》等文献中，可以窥见周朝宫廷中的一些音乐内容。其一为"六乐"。即是"三大祭"所用的大型祭祀乐舞，有黄帝的《云门》，唐尧的《咸池》、虞舜的《大韶》、周武王的《大武》；另有，商汤的《大濩》和夏禹的《大夏》，共同组成所谓的"六乐"。这些都是歌颂各个朝代的贤明圣君的古典乐舞，具有史诗的性质。

《周礼·春官·大司乐》所载的"三大祭"，是商周社会祭祀巨典。"三大祭"中的圜丘之祭，亦即《礼记》中所说的"郊"，这是国家祭天大典，所谓"祭帝于郊，所以定天位也"③。祭用圜丘，以象征"天圆"；"三大祭"中的方丘之祭，即先秦文献中所说的"土"或"社"，是封土祭地的大典。《礼记·礼运》"祀社于国，所以列地利也。"④祭用方丘，象征"地方"；《诗·绵》有"乃立冢土"句，毛传："冢土，大社也。"⑤大社也就是王社，周王一级的社。"三大祭"中的宗庙之祭，即先秦文献中所说的"禘"或"帝"，是祭祀祖先以配上帝的国家大典。《礼记·大传》云："礼不王不禘，王者禘其祖之所自出，以其祖配之。"⑥国之大事，在戎与祀。这些乐舞本身有着极高的规格，使用上和表演上也有着极为严格的限制。从上文所引《礼记·乐记》记载孔子与宾牟贾议论周乐《大武》的内容来看，《大武》在西

---

① 赵世纲：《中国音乐文物大系·河南卷》，大象出版社，1996年。

② 杨荫浏：《中国古代音乐史稿》（上册），人民音乐出版社，1981年，第33页。清学者根据颛顼历推得武王克商的年代为公元前1066年。故荫浏先生将周公制礼作乐的时间定为公元前1058年。今据"夏商周断代工程"的成果，将克商的时间定为公元前1046年，故周公兴正礼乐的时间当更在此后。

③ （清）阮元校刻：《十三经注疏·礼记正义·卷第二十一·礼运第九》，中华书局，1980年，第1425页。

④ （清）阮元校刻：《十三经注疏·礼记正义·卷第二十一·礼运第九》，中华书局，1980年，第1425页。

⑤ （清）阮元校刻：《十三经注疏·毛诗正义·卷第十六·大雅·绵》，中华书局，1980年，第511页。

⑥ （清）阮元校刻：《十三经注疏·礼记正义·卷第三十四·大传》，中华书局，1980年，第1506页。

周时期正是不用商声的乐舞。而《周礼·春官·大司乐》所载"三大祭"所用的大型祭祀乐舞，还有黄帝的《云门》、唐尧的《咸池》和虞舜的《大韶》，均只用宫角徵羽四声。以此推测，同属"六乐"的其他两部乐舞，即商汤的《大濩》和夏禹的《大夏》，似也应该在戒用商声之列。

其二为小舞。包括帗舞、羽舞、皇舞、旄舞、干舞和人舞。帗舞是一种舞人手执五彩丝绸条带的乐舞，据《周礼·春官·乐师》，帗舞用于社祭。羽舞为舞人手执杂色散羽的一种乐舞。据《周礼·春官·乐师》，羽舞用于宗庙之祭，一说用于祭祀四方。皇舞为舞人手执五彩全羽的一种乐舞，用于求雨，一说用于祭祀四方。旄舞为舞人手执牦牛尾的一种乐舞，据《周礼·春官·乐师》，仅用于祭祀辟雍（西周的大学）。干舞为舞人手执盾牌的一种乐舞。干舞一称"兵舞"，显然是一种用于军事的乐舞，但也有说其用于祭祀山川。人舞为舞人挥动长袖的一种乐舞。同据《周礼·春官·乐师》，人舞用于祭祀星辰。一说也用于宗庙之祭。总之，六小舞也是用于祭祀的乐舞，但还没有直接的资料表明这六小舞的用乐是否戒用商声。其三为一些巫术或宗教性的乐舞。如求雨时用的雩、驱疫时用的傩等。没有资料表明这雩、傩表演时的用乐是否戒用商声。其四为广大的民间音乐"散乐"和周边民族的"四夷之乐"。应该说，散乐和四夷之乐不大可能会有戒用商声的限制。

总之，从目前所掌握的资料分析，西周初期实行戒用商声的政策，并不适用于当时所有形式和场合使用的音乐，这项政策有其特定的范围和指向性。根据上述西周时出现过的各种音乐的社会功能推测，戒用商声的政策主要适用于国家重大祭典所用的一些特定的经典乐舞，主要是当时的"六大舞"，即"六乐"，可能还包括"六小舞"中的部分曲目。我们实在无须再拘泥于"商声"和"商调"的无谓之争。试想，无有商声，又何来商调？再试想，仅有羽、宫、角、徵四声的那些西周编钟上，又如何奏出一个"商调"来！天下本无事，儒生自扰之。千百年来，历代名士鸿儒，在"商声"和"商调"之争中，穿凿之词、附会之言比比皆是，文人通病皆失在求之过深，它是文人"才学"的炫耀，却于事无补，徒耗笔墨和青春。

四、"周乐戒商"探因

最后一个难以回避的问题是：周朝初期为什么要在音乐上施行"戒用商声"？关于这一点，历代文人无不热衷于对此问题的猜测。无论是传世文献，还是出土文物，目前还没有直接与此相关的资料。似乎除非武王、周公再世，否则难以彻底解决这个问题。不过，与此相关的直接资料没有，间接资料和旁证还是有一些的。根据目前所掌握的资料，特别是对于历代全儒生们的种种猜测，我们还是可以做一些分析。

古今学者推测周初音乐"戒用商声"的原因，主要有木金相克之说、商主杀伐或靡靡之音说和政治原因说等。

1. 木金相克之说

对于《周礼·春官·大司乐》所载三大祭的音乐戒商的问题,郑玄注解释道:"此乐无商者,祭尚柔,商坚刚也。"①从文献的角度来看,东汉郑玄的注是最早的了。后世纷纷扬扬的说法皆来源于此。对郑注,贾公彦疏道:"此经三者皆不言商,以商是西方金故。云祭尚柔,商坚刚不用。"②加上了"以商是西方金故"一语,开了周乐戒商之五行说的先河。木金相克之说是周乐戒商问题上后世流传最广的说法。有关五行学说,历来学者颇有争议,有说汉代才有,也有说是战国学说。我们不知道周初武王之时,社会上是否已经流行了五行相克的学说。也不知道武王、周公制定戒商政策,是否真是因为为五行相克的观念所驱使。但是此后,郑玄的注和贾公彦的疏为唐赵慎言进一步加以淋漓地发挥:

> 郑玄云此舞(无)商调者,祭商乐,商坚刚也。以臣愚智,斯义不当。但商金声也,周家木德,金能克木,作者去之。今皇唐土王,即殊周室,五音损益,须逐便宜,岂可将木德之仪施土德之用。③

赵慎言认为声无定性,音无常主;音调问题,可以根据不同的时地、不同的对象加以变通、调整。崇尚音乐的"中正平和",是儒家确立的原则,故人和则音柔,人怒则声烈。并指出:

> 祗如宫声为君,商声为臣,岂以臣位配金,金为臣道,便为刚乎。是知周制无商,不为坚刚见阙。盖以扶木德应金行,故国祚灵长,后业昌盛,下代七百八十八年,是去金之应也。即人神之心可见,刚柔之理全乖。原夫圣人之情详,夫作者之旨。车服器械,为易代之通规。郊禋声调,避德王之刑,克此不疑之理也。④

① (清)阮元校刻:《十三经注疏·周礼注疏·卷第二十二·大司乐》,中华书局,1980年,第790页。
② (清)阮元校刻:《十三经注疏·周礼注疏·卷第二十二·大司乐》,中华书局,1980年,第790页。
③ (宋)王溥:《唐会要·卷三十二·雅乐上》,文渊阁四库全书,台湾商务印书馆,1983年,第606卷,第442页。
④ (宋)王溥:《唐会要·卷三十二·雅乐上》,文渊阁四库全书,台湾商务印书馆,1983年,第606卷,第442、433页。

赵慎言因而提出，以周之木德而唐之土德，所以唐之三祭之乐应该随时而加变通，可将周之戒商改为唐之戒角，三祭之乐可按《周礼·春官·大司乐》所载加上商调而去角调。总赵慎言所说一切，以及郑玄、贾公彦的说法，其目的均为国运的长久昌盛。说到底，并非艺术规律的需要，而是政治因素的驱使。后儒提及周乐戒商，多用前人的木金相克之说。如清江永（1681～1762）："三大祭不用商者，无商调，非无商声也。注谓'祭尚柔，商坚刚'未必然。愚疑周以木德王，不用商，避金克木也。是以佩玉右徵角，左宫羽，亦无商。"①表面上他说郑玄所注"未必然"，因而提出所谓"避金克木"云云；实际上这根本就是前人旧说，并非是他的什么"愚意"。所以孙诒让指出："江（永）说略本唐赵慎言奏。"可谓一针见血。

2. 商主杀伐和靡靡之音说

宋儒朱熹认为，《周礼》所载三大祭何以无商的原因，是："五音无一，则不成乐。非是无商音，只是无商调。先儒谓商调是杀声，鬼神畏商调。"②提出了商调是杀声的论点。只是朱熹未说他所说的"先儒"指的是何人，也许只是朱熹个人的猜测，伪托"先儒"说而已。但他的理论对后儒影响较大，清代学者，如方苞（1668～1749）即全从其说："朱子曰，五音无一，则不成乐。《周礼》祭祀非无商音，但无商调。先儒谓商调是杀声，鬼神畏商调。"③清末郭嵩涛（1818～1891）《礼记质疑》说："武王伐纣，吹律听声而音尚宫，皆取宽大之义。商者，西方金音，义主杀伐。"④今人孙希旦《礼记集解》："商，商声也。商声主杀伐。"⑤所幸今存《乐记》中尚有关于周乐《大武》的详细记述。近人高亨曾有《周乐大武考》文，中国音乐史巨擘杨荫浏也曾从音乐角度对周乐大武的内容形式进行过详细的考证⑥。《大武》乐所表现的内容，正是武王伐纣的伟大功烈。其核心是史诗般的战争场面，是武王挥师伐纣的赫赫武功，恰恰不在战争胜利之后的文治。所以，当年的孔子对《大武》之乐发表过"尽善而不尽美"的评论，正是因为《大武》之乐歌颂的不是文治而是武

---

① （清）江永：《周礼疑义举要·卷四·春官》，文渊阁四库全书，台湾商务印书馆，1983年，第101卷，第755页。

② （宋）黎靖德：《朱子语类·卷八十六·礼三·周礼·论近世诸儒说·春官》，文渊阁四库全书，台湾商务印书馆，1983年，第701卷，第813页。

③ （清）方苞：《周官集注卷五·春官·宗伯第三》，文渊阁四库全书，台湾商务印书馆，1983年，第101卷，第180页。

④ （清）郭嵩涛：《礼记质疑》，上海古籍出版社，1996，第482页。

⑤ （清）孙希旦：《礼记集解》，中华书局，1989年，第1022页。

⑥ 杨荫浏：《中国古代音乐史稿》（上册），人民音乐出版社，1981年，第31～33页。

功，不符合孔子政治理想①。春秋吴国的大贤公子季札，也曾对《大武》之乐发表过著名的见解："美哉！周之盛也，其若此乎！"②只是对赞美武王功绩的伟大；而与对虞舜的《大韶》之评议相比，则无疑有天壤之别："德至矣哉！大矣！如天之无不帱也！如地之无不载也！虽甚盛德，其蔑以加于此矣。观止矣！若有他乐，吾不敢请已。"③《季札观乐》从而成为史书上的名篇。再者，观郭嵩涛所说，所谓"杀伐"者，其对面似不应为"宽大"之义，或应为儒家所崇尚的"中正""平和"之类语词。郭持"宽大"与"杀伐"相对，似已经知道周乐《大武》所描述的内容；为自圆其说，不得已用了一个不知所云的"宽大"一词搪塞。以此观之，朱熹的所谓"商调是杀声"说，也仅是朱子及方苞等人的臆测，并无十分的根据。可以肯定的是，朱熹等人的说法，绝不是基于音乐技术方面的理论因素，它还是在历史上商周对立关系的基础上衍生出来的猜想，当与政治相关。

今人钱穆认为，前人所谓"周以木德王，不用商，避金克木"云云，不足为据。理由是："五德始终乃秦一统后始有齐人奏上，谓是邹衍所著，其前固未有。"④宋王应麟有"史记历书邹衍明于五德之传而散消息之分。沈约曰五德更王有二家之说：邹衍以相胜立体，刘向以相生为义"⑤之说。钱氏因而提出："清商乃亡国之乐，靡靡之音，所谓濮上之声者是。所以《周官》三大祭不用商，正为其是濮上遗声也。"⑥钱氏的说法，已从前人的商声（音阶中的一个音级）、商调（以商声为主音的一组乐音构成的音阶）之论，进一步推演到"靡靡之音"——某一种类型或风格的音乐，可谓离题千里了。钱氏在引述《乐记·宾牟贾》篇中孔子与宾牟贾关于周乐《大武》对话、《韩非子·十过》篇关于商乐靡靡之音的故事以及《周礼·春官·大司乐》篇的三大祭不用商声记载之后，又提出"乐戒商音二事，其实全起战国"⑦的论断。这不仅与春秋的孔子所述——这些现有的文献资料针锋相对，更有要与上述迄今所见的大量考古出土的西周文物对着干的意思了。

① 《十三经注疏·论语·卷第三·八佾第三》："子谓《韶》：'尽美矣，又尽善也。'谓《武》：'尽美矣，未尽善也。'"（清）阮元校刻：《十三经注疏》，中华书局，1980年，第2469页。
② （清）阮元校刻：《十三经注疏·左传·卷第三十九·襄公二十九年》，中华书局，1980年，第2008页。
③ （清）阮元校刻：《十三经注疏·左传·卷第三十九·襄公二十九年》，中华书局，1980年，第2008页。
④ 钱穆：《周官著作时代考》，《两汉经学今古文平议》，商务印书馆，2001年，第486页。
⑤ （宋）王应麟：《汉书艺文志考证》卷九，文渊阁四库全书，台湾商务印书馆，1983年，第675卷，第99页。
⑥ 钱穆：《周官著作时代考》，《两汉经学今古文平议》，商务印书馆，2001年，第488页。
⑦ 钱穆：《周官著作时代考》，《两汉经学今古文平议》，商务印书馆，2001年，第487页。

3. 政治原因说

笔者曾在《晋侯苏钟的音乐学研究》一文中提道："周承商制，但正如文献所载，周钟不用商音。这一方面反映了周人对商的敌视态度，另一方面也说明周人对其乐钟仍无追求旋律的强烈意识。五声缺商，其音乐表现力无疑受到很大的限制。"所谓"周人对商的敌视态度"[①]，是指'周承商制'时周人制定"戒商"政策的原因。笔者认为主要是政治因素使然，而非音乐技术因素使然。清惠士奇说："宫君商臣，以商为均，君臣易位，革命之象，故商不为均，非无商也，商不为均也。均一名调。"[②] 说的也有这个意思在内。其实笔者的这个思想，产生得比较简单：周乐戒商的结果，会造成音乐的五音不全，无疑会大大削弱音乐艺术的表现力。很难想象，这会是音乐艺术本身的要求。所以，不用商声的政策，只能来自与政治相关的因素。商周旧事，如文王被囚羑里，迫食亲子之肉云云，虽是传闻，但人们记忆深刻。武王伐纣、灭商而建立周朝却是史实。商周的对立，是国家与国家的对立，是民族与民族的对立，是一种基于根本利益的大对立。周初在其祭祀大典的部分音乐中，确立戒商的原则，实在是顺理成章的事。

其实，中国历史上类似的事不是没有。隋朝初年，隋高祖（文帝）功成作乐，曾颁布"但作黄钟一宫"的法令，似与周乐戒商异曲同工。史迹载在正史：

> 制礼作乐，圣人之事也。功成化洽方可议之。今宇内初平，正化未洽，遽有变革，我则未暇。晋王广又表请，帝乃许之。牛弘遂因郑译之旧，又请依古五声六律旋相为宫，雅乐每宫但一调，唯迎气奏五调，谓之五音缦乐。用七调，祭祀施用，各依声律尊卑为次。高祖犹忆妥言，注弘奏下，不许作旋宫之乐，但作黄钟一宫而已。[③]

隋文帝唯以天下一统为大。佞臣何妥等人迎合文帝心理，提出"黄钟者，以像人君之德"，文帝位尊九五，故功成作乐，但用黄钟一宫而不假余律。意思是天下只能有一个皇帝，音乐也只能使用一个乐调。结果高祖听说后龙心大悦，赶忙让何妥等人修订雅乐。有意思的是，就在隋代雅乐唯奏黄钟一宫政策刚刚推行的同时，有人在祭祀大典上演奏了蕤宾之宫，结果竟然无人察觉：

---

① 王子初：《晋侯苏钟的音乐学研究》，《文物》1998年第5期；北京大学考古学系、山西省考古研究所：《天马-曲村遗址北赵晋侯墓地第二次发掘》，《文物》1994年第1期。

② （清）惠士奇：《礼说卷七·春官二》，文渊阁四库全书，文渊阁四库全书，台湾商务印书馆，1983年，第101卷，第529页。

③ （唐）魏徵等：《隋书二·志第十·音乐下》，中华书局，1973年，第351页。

故隋代雅乐唯奏黄钟一宫。郊庙饗用一调，迎气用五调。旧工更尽其余声律，皆不复通。或有能为蕤宾之宫者享祀之际肆之，竟无觉者。①

这也算是一个笑话，但的确是一个史实。可以注意的是，中国历代的宫廷礼仪音乐的制定，往往是政治的因素第一，而艺术的需要是次要的。试想，如果今日的音乐只准使用一个C大调，其余23个大、小调均在被禁止之列，我们的音乐艺术会出现怎样的景象。还可以注意的是，隋代雅乐唯奏黄钟一宫的政策，毕竟不是针对当时的一切音乐活动。它只是适用于宫廷礼仪音乐，适用于国家的祭祀典礼等某些特定场合。严格地说，这是一种仪式，一种严重地边缘化了的"音乐"，离作为艺术的音乐已有一定的距离。西周戒商的音乐，又何尝不是如此呢？五音不全也罢，黄钟一宫也罢，这一切实在无须历代文人去费尽周章，讨论"商声"还是"商调"的无谓问题了。西周音乐戒商政策的出笼，无论是后人猜测的木金相克之说、靡靡之音说还是商主杀伐之说，它的根本原因均只能是基于历史上商周对立的缘由，只能是建立在此基础上的一种政治考虑的结果。

由此来看，历史上的另一个笔墨官司"审《诗》商"问题，几乎就没有什么理解上的障碍了。《荀子·王制》所谓："修宪命，审诗商，禁淫声，以时顺修，使夷俗邪音不敢乱雅。大师之事也。"②原意十分清楚：大师的一大职责，就是审查作为国家礼仪音乐之一的《诗》中，有没有在不该使用商声的地方出现了商声。前人将"审《诗》商"的"诗商"训为"诛赏"或"诗章"，似是过于离题了③。

五、结　　语

（1）周乐戒商是西周时期推行的一个政策，它是一个史实，同时得到了文献和出土文物的验证。

（2）周乐戒商的商，本意就是指"商声"，是音阶中的一个音级。因无商声，故亦无所谓商调。历史上的"商声""商调"之争，是文人的曲解，是基于儒家音乐观基础上的无谓之争。

（3）周乐戒商的政策被推行的时间，基本贯穿于整个西周时期。它由周初草创、逐渐繁荣而至盛极一时，衰落于西周末期。但它在中国历史上产生了重大的影响。

---

① （唐）魏徵等：《隋书二·志笫十·音乐下》，中华书局，1973年，第354页。
② （唐）杨倞：《荀子卷五·王制篇第九》，文渊阁四库全书，台湾商务印书馆，1983年，第695卷，第166、167页。
③ （清）王先谦：《荀子集解》，《诸子集成》本，上海书店，1986年影印版，第106、107页。

（4）周乐戒商政策的实施范围，仅于用作国典的"六乐"等少数音乐，而并非泛指西周的一切音乐。

（5）周乐戒商政策出现的根本原因，只能是当时商周民族对立的社会现实，此政策是建立在此基础上的一种政治考虑的结果。

（原载《中国历史文物》2008年第4期）

春秋战国葬制中乐器和礼器的组合情况[*]

王世民

  1986年，我们在《关于西周春秋高级贵族礼器制度的一些看法》（《文物与考古论集》，第158～166页）一文中，曾经列举西周春秋时代身份基本明确的器组，讨论当时包括乐器在内的礼器制度。指出西周后期主要有两类组合：一类是目前所见最高规格，主要有9件列鼎、8件簋和不止一套编钟，享用者为内史、"皇父卿士"等；另一类规格稍低，主要有7件列鼎、6件簋和一套编钟，享用者为膳夫、诸侯世子等。当时因该文篇幅有限，未能详述春秋时期的组合情况，更没有涉及战国时期。

  黄翔鹏先生所作《先秦编钟音阶结构的断代研究》（《江汉考古》1982年第2期，第7～12页），根据当时掌握的殷商至战国时期十来组编钟测音资料，简要地论述了先秦时代不同阶段编钟音阶的发展规律[①]。这对于我们考察当时礼制的变化有重要帮助。黄文讲道，西周中晚期的甬钟已经形成规范化的制度，一般是8件一套；春秋时期编钟的标准体制，则为9件一套。至于春秋晚期至战国的编钟，所举有13件的信阳钟，又有46件分组编列的曾侯乙钟，组合规律尚不明确。

  本文拟列举目前所知春秋战国时代的用乐情况时，结合部分测音资料，对照同出礼器进行排比分析，以期发现其间的某些规律。

一

  学者讨论春秋战国时代的用乐情况时，常引证《左传·襄公十一年》关于晋国大夫魏绛因"九合诸侯"之功获赐，"于是始有金石之乐"的记载，说明当时礼制的等

---

  * 本文原是1988年11月参加在武汉举行的"中国古代科学文化国际交流·曾侯乙编钟"活动的论文，载湖北省博物馆等：《曾侯乙编钟研究》，湖北人民出版社，1992年。1992年11月应松丸道雄教授的邀请，曾以其修订稿在日本东京大学东洋文化研究所东亚考古研究室讲演，译文载《日本中国考古学会会报》第4号，1994年。

  ① 参看蒋定穗：《试论陕西出土的西周钟》，《考古与文物》1984年第5期。

级森严。考古发掘中，出土编钟、编磬的春秋战国墓葬，确实仅限于个别葬制规格甚高的墓主。中原地区虢、郑、三晋和周的墓葬，已发掘2000余座，出土编钟、编磬的约占百分之一。

（1）～（3）三门峡虢太子墓（M1052）　西周末至春秋初。1956年发掘。所出乐器有纽钟9件、钲1件。同出的铜礼器，有无盖列鼎7件、簋6件，又有鬲6件、壶2件，以及甗、豆、盘、盉等（中国科学院考古研究所：《上村岭虢国墓地》，科学出版社，1959年）。

近年在同一墓地发掘的几座大墓，其中两座出土乐器。两墓的年代，应属西周晚期，或以为春秋早期。墓主均应为一代虢君。

2001号墓　所出乐器有甬钟8件、编磬10件、钲1件；同出的铜礼器，有无盖列鼎7件、簋6件，又有鬲8件、盨4件，簠、方壶各2件，以及甗、豆、盘、盉等。这些铜器，多有"虢季"作器铭文〔河南省文物考古研究所：《三门峡虢国墓》（第一卷），文物出版社，1999年〕。

2009号墓　所出乐器有甬钟、纽钟各8件，编磬10件的两套；同出的铜礼器，有鼎、簋、簠、盨、方壶、盘、匜等，件数尚待准确统计。这些铜器，多有"虢仲"作器铭文（姜涛、王龙正：《打开虢国神秘之门——三门峡上村岭虢季墓》，《中国十年百大考古新发现》，文物出版社，2002年）。

（4）新郑郑伯墓　春秋中期。1923年盗掘出土，见于著录的器物或有缺失。所出乐器有甬钟10件和9件，镈钟4件。同出的铜礼器，有无盖列鼎8件（原或为9件）、簋8件，又有鬲、甗、簠、圆壶、方壶、鉴、盘、匜等。一般认为，墓主非郑伯莫属（关葆谦：《郑冢古器图考》，中华书局，1940年；河南博物院、台北历史博物馆：《新郑郑公大墓青铜器》，大象出版社，2001年）。

（5）侯马上马村13号墓　春秋口期，1959年发掘。所出乐器有纽钟9件、编磬10件。同出的铜礼器，有鼎7件、敦4件、簋2件，以及方壶、鉴、盘、匜等。其中鼎的形制不一，带盖的4件，无盖的3件，不是规整的奇数鼎列。但后者包括两件来自徐国的"庚儿鼎"，墓主应具较高的身份（王克林：《山西侯马上马村东周墓葬》，《考古》1963年第5期）。

（6）太原金胜村251号墓　春秋晚期。1988年发掘。所出乐器有镈钟14件（小）和5件（大）、编磬13件。同出的铜礼器，有带盖列鼎7件、5件和6件、4件，鬲6件，有盖豆8件和4件，以及簋、盨、方壶、鉴、舟（？）[①]、盘、匜等（山西省考古研究所、太原市文物管理委员会：《太原晋国赵卿墓》，文物出版社，1996年，第69页）。

（7）万荣庙前村一墓　春秋晚期。1958年出土并清理。所出乐器有纽钟9件、编磬10件。同出的铜礼器，有带盖列鼎5件、簋2件，以及鉴、匜等（杨富斗：《山西万

① 　？表明不能完全确定名称的器物，下同。

荣县庙前村的战国墓》，《文物参考资料》1958年第12期）。

（8）、（9）临猗程桥二墓 春秋晚期。1987年盗掘后清理。据简要报道，大体情况如下（赵慧民、李百勤、李春喜：《山西临猗县程村两座东周墓》，《考古》1991年11期，后出版《临猗程村墓池》，中国大百科全书出版社，2003年）。

M1所出乐器有纽钟8件、编磬9件。同出的铜礼器，有鼎4件，以及簠（？）、舟、鉴等。

M2所出乐器有纽钟、镈钟和编磬各9件。同出的铜礼器有鼎7件，鬲、簠、方壶、鉴等各2件，以及盘、匜等。

（10）～（12）辉县琉璃阁三墓 春秋中晚期。1936、1937年发掘。俞伟超先生考证意见，当时辉县一带应是晋国六卿之一范氏的封地，该处"恐非范氏卿族的墓地莫属"[①]。三墓所出乐器，都是甬钟、纽钟、镈钟和编磬四种（郭宝钧：《山彪镇与琉璃阁》，科学出版社，1959年）。

60号墓 甬钟8件，纽钟9件，镈钟9件（小）和4件（大），编磬11件。同出的铜礼器主要有带盖列鼎9件和5件、无盖列鼎9件、簠6件、簋4件，以及方壶、鉴、舟、盘等。

75号墓 甬钟8件，纽钟9件，镈钟4件（大），编磬10件。同出的铜礼器，主要有带盖列鼎7件和5件，以及豆、壶、鉴和盘、匜等。

甲墓 甬钟8件，纽钟9件，镈钟9件（小）和4件（大），编磬11件。同出的铜礼器，主要有带盖列鼎7件（或更多）和5件、无盖镬鼎2件、簠8件、簋4件等（杨式昭：《瑰宝重现——辉县琉璃阁甲乙墓器物图集》，台北历史博物馆，2003年）。

（13）汲县山彪镇1号墓 春秋晚期。1935年被盗掘后清理，资料未能准确统计。现知所出乐器，有镈钟9件（小）和5件（大）。同出的铜礼器，有带盖列鼎7件、无盖镬鼎1件，又有鬲、簠、簋、华盖壶及鉴、盘、匜等。俞伟超推定墓主是同范氏一样的晋卿[②]，可备一说（郭宝钧：《山彪镇与琉璃阁》，科学出版社，1959年）。

（14）～（18）长治分水岭五墓 当地春秋属晋，战国为韩之"别都"，地名"上党"。所出乐器多为甬钟、纽钟、编磬三种，有的增镈钟，有的无甬钟。

269、270号墓 两墓为夫妇并穴合墓。年代属春秋晚期或战国早期。两墓随葬器物的组合基本一致，所出乐器都有甬钟9件或8件，纽钟9件，编磬10件或11件，即总数相同。同出的铜礼器，都有带盖和无盖的列鼎各一套（除M269的无盖鼎4件外，另三套均5件），敦、簠、壶各2件，以及舟、盘等（边成修、李秦山：《长治分水岭269、270号东周墓》，《考古学报》1974年第2期）。

---

① 俞伟超、高明：《周代用鼎制度研究》，《先秦两汉考古学论集》，文物出版社，1985年，第94、95页。

② 俞伟超、高明：《周代用鼎制度研究》，《先秦两汉考古学论集》，文物出版社，1985年，第96页。

14号墓　战国中期。所出乐器有纽钟8件、甬钟2件、编磬22件（两套）。同出的铜礼器，主要有带盖列鼎7件，又有无盖鼎2件、鬲4件等（畅文齐：《山西长治市分水岭古墓的清理》，《考古学报》1957年第1期）。

25号墓　战国中期。所出乐器有纽钟9件、编磬10件，又有甬钟5件、镈钟4件。同出的铜礼器，主要有带盖列鼎5件，敦、豆、壶各2件，以及鉴、盘、匜等（边成修、叶学明、沈振中：《山西长治水岭战国墓第二次发掘》，《考古》1964年第3期）。

126号墓　战国中期。所出乐器有纽钟（总数未详，1件完整）、编磬16件。同出的铜礼器有鼎、豆、壶、鉴、舟等，大多残破，件数未详（山西省文物工作委员会：《山西省十年来的文物考古新收获》，《文物》1972年第4期）。

（19）、（20）陕县后川二墓　年代属战国早中期间。1957年发掘（中国社会科学院考古研究所：《陕县东周秦汉墓》，科学出版社，1994年）。

2040号墓　甬钟20件（两套），镈钟9件，编磬10件。同出的铜礼器，主要有带盖列鼎7件和5件、无盖列鼎5件，敦、簠、豆、圆壶和华盖鼎各2件，以及鬲、甗、舟和盘、匜等。所出兵器中有一错金铭文铜戈，作器者"子孔"应属当时的公子。

2041号墓　纽钟9件，编磬10件。同出的铜礼器，有鼎、豆、壶等。

（21）洛阳中州大渠一墓　编磬10件。1957年清理，器物不全，又未详细发表。同出的铜礼器，仅知有一件26字铭文的鉴（自名为盂），系齐侯为仲姜所作媵器。年代属春秋中晚期。据《左传》记载，周室曾于定王和灵王时两次"逆王后于齐"，此鉴或与之有关（河南省文化局文物工作队：《洛阳兴修中州大渠工程中发现珍贵文物》，《文物》1960年第4期；张剑：《齐侯鉴铭文的新发现》，《文物》1977年第3期第75页）。

（22）洛阳解放路一墓　年代约属战国中期。1982年发掘。据简要报道，所出乐器有编钟9件、编磬23件。同出的铜礼器，有鼎、簋、敦、簠、豆、壶、盘、匜等（杨育彬：《河南考古》，中州古籍出版社，1985年，第189页）。

（23）洛阳长乐路小学一座。年代属战国中期。1989年发掘。所出乐器有纽钟9钟，镈钟4件，编磬10件。同出的铜礼器，有鼎7件，簋、豆、壶等各2件（中国考古学会：《中国考古学年鉴·1990》，文物出版社，1990年，第252页）。

传世中原出土的成套编钟，年代属春秋战国的主要有：

（24）《邵黛钟》　甬钟13件。1870年山西万荣庙前村一带出土。各钟铭文相同，均为87字。据考证，器主为晋国大夫魏锜之后，年代属战国早期（中国社会科学院考古研究所：《殷周金文集成》，中华书局，2007年，第225～237页）。

（25）《骉羌钟》　纽钟14件。1930年前后洛阳金村出土。第1～5钟，铭在前后钲间，各自合为全铭，记载周威烈王二十二年（前404年）韩景子奉命伐齐入长城事。第6～14钟，铭在前钲间，为"骉氏之钟"4字（中国社会科学院考古研究所：《殷周金文集成》，中华书局，2007年，第157～170页）。

二

　　吴季札出使鲁国，请观周乐，曾慨叹"周礼尽在鲁矣"。见于著录的山左诸侯国乐器，鲁却仅有西周晚期的《鲁原钟》一器，齐则有春秋时期的《齐侯镈》和《叔夷钟、镈》等，又有邾国的《邾公牼钟》等，但都不是全套，无从判别组合情况。历年在山东地区发掘的春秋战国墓葬为数不多，总计二三百座，发现乐器已有十余起，有的属零星出土，组合已不完整。

　　（26）、（27）莒南大店镇二墓　春秋晚期。1975年发掘。两墓均有墓道，并各殉葬10人，所出陶质礼器都有列鼎7件，表明墓主的身份一致（吴文祺、张其海：《莒南大店春秋时期莒国殉人墓》，《考古学报》1978年第3期）。

　　1号墓　纽钟9件，镈1件。

　　2号墓　纽钟9件，编磬12件。纽钟铭文中的作器者为"莒叔之仲子平"，身份低于莒国国君，应与虢太子相当。

　　（28）沂水刘家店子1号墓　年代属春秋中期，1978年出土后清理。所出乐器有甬钟9件和7件（另4件形制不同），小型纽钟9件（自名"铃钟"），编镈钟6件，又有镈于2件、钲1件。同出的铜礼器，主要有平盖鼎11件（待分组）、无盖镬鼎2件、鬲9件，簋、壶各7件，以及盆、盘、匜等，组合和形制都较特殊。出土铜器中，铃钟和盆的作器者分别为"陈大丧史中高""黄太子伯克"，又见"公簋"、"公铸壶"和"莒公"（戈）等铭文，发掘者推测，墓主似应为莒国国君。在1号墓南侧，又有一座规模稍小的2号墓。随葬编钟一套，形制和件数未详。同出的铜礼器，有平盖鼎9件、盆2件及盘、匜等（山东省文物考古研究所、沂水县文物管理站：《山东沂水刘家店子春秋墓发掘简报》，《文物》1984年第9期，第1页）。

　　（29）莒县天井汪　编钟6件，镈钟3件。非发掘出土。年代属春秋中晚期。同出的铜礼器，有列鼎5件，以及壶、鉴、盘等（齐文涛：《概述近年来山东出土的商周青铜器》，《文物》1972年第5期，第11页）。

　　（30）临沂城西涑河北岸　甬钟9件。非发掘出土。年代属春秋中晚期。同出的铜礼器，有鼎、豆、盘、匜等（齐文涛：《概述近年来山东出土的商周青铜器》，《文物》1972年第5期，第12页）。

　　（31）临沂凤凰岭一墓　春秋晚期。1982年发掘。所出乐器有纽钟、镈钟各9件，铎1件。同出的铜礼器，有列鼎6件（另4件属殉葬人），镬鼎1件，以及簋、簠、敦、壶、舟、盘等（山东兖石铁路文物考古工作队：《临沂凤凰岭东周墓》，齐鲁书社，1988年）。

　　（32）临朐杨善庄　编钟、编磬、编镈各若干件。非发掘出土。年代属春秋晚期。同出的铜礼器，有列鼎5件，敦、壶各2件，以及簠、舟等。另有一件提梁壶，具

39字铭文，系齐景公时执政公孙灶当政期间（公元前545～前539年）公子土折嫁女的媵器（齐文涛：《概述近年来山东出土的商周青铜器》，《文物》1972年第5期，第12页）。

（33）海阳嘴子前1号墓　春秋中晚期。1978年出土。乐器有甬钟5件，镈钟2件，同出的铜礼器，有鼎、豆、壶、舟、盆、盘等（滕鸿儒、王洪明：《山东海阳嘴子前村春秋墓出土铜器》，《文物》1985年第3期，第12页）。

（34）诸城臧家庄一墓　战国中期。1972年出土，1975年发掘。所出乐器有纽钟9件，编磬13件，镈钟7件。同出的铜礼器，有列鼎5件、豆5件，以及圆壶、杯形壶和鹰首提梁壶等。纽钟和镈钟有相同的铭文："陈𫘧立事岁十月己亥莒公孙朝子造器"。墓主应即"莒公朝子"（任日新：《山东诸城臧家庄与葛布口村战国墓》，《文物》1987年第12期，第47页）。

（35）、（36）滕县庄里西村二残墓　一墓存纽钟9件、镈钟4件，一墓存编磬13件，同出铜礼器情况未详。年代约属春秋战国之际①。

（37）临淄大夫观4号墓　甬钟8件，编磬8件。年代应属春秋时期。同出铜礼器情况未详②。

北方发现随葬编钟、编磬的大墓，还有燕下都16号墓和平山中山王墓，年代均属战国晚期。

（38）燕下都16号墓　1964年发掘。所出乐器均为陶质明器，有甬钟9件一套和8件二套，镈钟4件（大）和6件（小），以及编磬15件。墓室两端有墓道。同出的陶礼器，有列鼎9件、镬鼎2件、簋8件和4件，以及豆、壶、鉴、盘、匜等。该墓在燕下都东城西北隅的陵墓区内，原有高大封土，墓主身份较高（孙德海：《河北易县燕下都第十六号墓发掘》，《考古学报》1965年第2期）。

（39）平山中山王墓　1974年发掘。所出乐器有纽钟14件，编磬13件。同出的铜礼器，有列鼎9件、簋4件、豆二种4件、圆壶6件，又有陶鼎5件，盖豆和圆壶各4件。铜鼎、圆壶和方壶的长篇铭文，都提到公元前314年燕王哙让位于子之的事件，因而该墓的年代被推定为公元前310年左右（河北省文物研究所：《𰯼墓——战国中山国国王之墓》，文物出版社，1996年）。

三

历年发掘的楚墓至少3500余座，占东周墓发掘总数的一半以上。但出土"金石之乐"的墓为数很少，总计不到10座，仅占楚墓总数的千分之二。

---

① 笔者参观滕县博物馆所见。

② 笔者参观临淄故城所见。

（40）~（42）淅川下寺三墓　年代属春秋晚期的较早阶段。1978~1979年发掘（河南省文物研究所、河南省丹江库区考古发掘队、淅川县博物馆：《淅川下寺春秋楚墓》，文物出版社，1991年）。

2号墓　甬钟26件（包括8件的一组、9件的二组），编磬13件。同出的铜礼器，有列鼎7件一套、5件二套，又有簠4件，簋和尊缶各2件，以及盘、匜、俎、禁等。7件列鼎有相同的长篇铭文，作器者为见于文献记载的楚令尹司马子庚，卒于公元前552年。发掘者认为该墓墓主即司马子庚，有的学者认为是子庚的继任者蒍子冯或子庚之孙，均属楚王臣属中身份最高的人。

1号墓　纽钟9件，编磬13件。又有石排箫1件。同出的铜礼器，主要有8件一套的鼎和两种成对的鼎，又有簠、壶、尊缶、盥缶各2件，以及盘、匜等。此墓与居中的M2及其右侧的M3似为异穴合葬关系。

10号墓　纽钟9件，镈钟8件，编磬13件。同出的礼器，有鼎4件及簠、壶、缶各2件等。葬制规格低于前二墓。

（43）淅川和尚岭1号墓　春秋中期。1990年发掘。所出乐器有纽钟9件，镈钟8件，编磬12件。同出的铜礼器，有列鼎5件，簠和壶各2件，又有敦、缶、盘、匜等（河南省文物考古研究所：《淅川和尚岭与徐家岭楚墓》，大象出版社，2004年）。

（44）、（45）信阳长台关二墓　战国中期。1957和1958年发掘，墓葬形制基本相同，都是在有墓道的长方形竖穴底部构筑木质椁室。椁内分隔出居中的棺室和四周放置随葬品的边箱。随葬器物的组合也大体一致（河南省文物研究所：《信阳楚墓》，文物出版社，1986年）。

1号墓　纽钟13件。墓内所出遣策竹简记载："乐人之器，一桀壬肯，钟少（小）大十又三，……；一桀壬×，×少（小）大十又九……"前者与钟数相合，后者考证为磬，但未入葬。所出乐器又有瑟3件、虎座鸟架鼓和小鼓各1件。

2号墓　所出乐器为木质明器，有纽钟13件，编磬9件的两套，又有瑟3件、虎座鸟架鼓和小鼓各一件。

（46）江陵天星观1号墓　年代属战国中期偏晚阶段。1978年发掘。墓葬形制与信阳长台关二墓一致，也是墓坑有墓道，棺室四周均设边箱。此墓早年被盗，随葬器物不全。所出乐器，有编钟架和编磬架各一，瑟5件，虎座鸟架鼓和小鼓各1件。编钟架的横梁上有挂钟孔22个，是原挂22钟，现存纽钟4件（分组情况不明）。编磬架上有无挂孔未详，现存磬数因朽蚀未能判明。同出的铜礼器残存较少，组合情况不明。发掘者根据墓内所出卜筮竹简，推定该墓的年代为公元前340年前后，墓主可能是身份相当于上卿的一位封君（湖北省荆州地区博物馆：《江陵天星观1号楚墓》，《考古学报》1982年第1期）。

（47）淮阳平粮台16号墓　年代属楚都迁陈期间，即公元前278年白起拔郢之后。所出乐器为陶质明器，有编钟、编磬各5件。此墓有墓道。同出的陶礼器，有鼎4式9件，又有簠、壶等（楚文化研究会：《楚文化研究论集》，上海古籍出版社，2011

年，第63页）。

（48）临澧九里1号墓　年代属战国中期。1980年发掘。据简要报道。此墓是现已发掘的楚墓中规模最大的一座。所出乐器有编钟架、编磬架，以及瑟、虎座鸟架鼓等，件数未详（楚文化研究会：《楚文化考古大事记》，文物出版社，1984年，第124页）。

再有一些楚墓出土乐器，所见主要是瑟和鼓，有的两种同出，有的仅出一种，个别墓有笙，均为"丝竹之乐"，总计30余座。江陵地区便有望山M1、M2，拍马山M2、M4、M21，葛陂寺M34，藤店M1，以及雨台山的二十来座墓。再如荆门包山大冢、当阳曹家岗M1、临澧九里（1979年）M1、正阳苏庄M1等。其中有的葬制规格并不太低，有墓道，棺室的三面或两面设置边箱，随葬一定数量的礼器，但都没有编钟、编磬。这进一步说明，"金石之乐"的享用者身份是相当高的，楚国尤其如此，主要限于礼器采取周制的个别高级贵族[①]。

四

与楚邻近地区发现的随葬编钟、编磬墓葬，还有寿县蔡侯墓、六合程桥二墓、固始侯古堆1号墓，以及随县擂鼓墩二墓。

（49）寿县蔡侯墓　所出乐器有纽钟9件，甬钟12件（又残片颇多）[②]，镈钟8件，钲和錞于各1件。同出的铜礼器，有列鼎9件和7件、簋8件、簠4件，以及敦、豆、壶、尊缶、盥缶和鉴、盘、匜等。墓主已判定为卒于公元前496年的蔡昭侯（安徽省博物馆：《寿县蔡侯墓出土遗物》，科学出版社，1956年）。

（50）、（51）六合程桥二墓　年代属春秋晚期，为吴国墓葬。

M1　纽钟9件。同出有铜鼎、缶各1件及陶器若干。纽钟铭文表明，作器者为"攻敔仲终胈之外孙"（江苏省文物管理委员会、南京博物院：《江苏六合程桥东周墓》，《考古》第1965年第3期）。

M2　纽钟7件，镈钟5件。同出有铜鼎3件、匜1件及陶器若干（南京博物院：《江

---

① 参看王世民：《新中国的考古发现和研究·南方的楚墓》，文物出版社，1984年，第310页。

② 寿县蔡侯墓出土的9件纽钟和8件镈钟，有内容相同的铭文，作器者为"蔡侯申"（昭侯）。所出甬钟，完整者12件，残片40余块。原报道称，甬钟的第7件有铭文，当时因重锈所掩未能辨识。近年发表的郭若愚先生文《从有关蔡侯的若干资料论寿县蔡墓蔡器的年代》[《上海博物馆集刊》（第2期），上海古籍出版社，1983年]、曾宪通先生文《吴王钟铭考释》[《古文字研究》（第十七辑），中华书局，1989年]，判明原知有铭文的完整甬钟和40块残片属吴王光钟，大约可复原为10余件。另据友人检视12件完整甬钟，获知均有重锈掩盖下的铭文，但未能判定是否均属吴王光钟。如此则蔡侯墓甬钟的分组，尚待进一步研究。

苏六合程桥二号东周墓》，《考古》1974年第2期）。

（52）固始侯古堆1号墓 所出乐器有纽钟9件并木架，镈钟8件并木架（架作曲尺形）。又有瑟6件，大小鼓各1件。该墓有墓道，殉葬14人，另设器物坑。同出的铜礼器，主要有鼎三种9件，簠、方豆、方壶各2件。簠的铭文表明，该器系宋景公为句敔夫人所作媵器（河南省文物考古研究所：《固始侯古堆一号墓》，大象出版社，2004年）。

（53）随县擂鼓墩1号墓（曾侯乙墓） 大型镈钟的铭文表明，该墓下葬的年代应为楚惠王五十六年（公元前433年）或稍晚。墓内有殉葬者22人。同出的大量铜礼器，主要有列鼎9件、镬鼎2件、簋8件、簠4件，以及圆壶、尊缶、盥缶、方鉴、圆鉴和盘、匜等。

曲尺形的巨大钟架上，悬挂编钟64件及1件大型镈钟。其中，纽钟19件在上层，一、二组各6件，三组7件；甬钟45件在中、下层。依甬钟的形制差异划分，中层三组分别为11、12和10件，下层三组分别为3、5、4件。李纯一先生根据钟架上的刻文及测音情况复原（见后举文），认为上层一组系勉强拼凑而成。其二、三组合为本当14件的一套（高音端缺少一件）；中层三组共33件，完整无缺；下层则原为10件和3件二组（后者缺一）。磬架上悬挂编磬32件。李纯一认为可能是16件的两组。但木质磬匣的刻文表明，原为14件的二组、13件的一组，共计41件。

与编钟、编磬一同出自该墓中室的乐器。尚有瑟7件，篪和排箫各2件，笙、竽和鼓各3件（谭维四：《曾侯乙墓》，文物出版社，2001年）。

（54）随县擂鼓墩2号墓 年代与1号墓相近。所出乐器有甬钟36件（有枚者8件，无枚者28件）、编磬12件。同出的铜礼器，主要有列鼎9件、簋8件、簠4件，以及方壶、尊缶、盥缶和盘、匜等，组合与1号墓相近（刘彬徽、王世振、黄敬刚：《湖北随州擂鼓墩二号墓发掘简报》，《文物》1985年第1期）。

传世和零星出土的铜器中，还有几组春秋战国时代的成套编钟：

（55）《秦公钟、镈》 镈现存甬钟5件，镈钟3件。1978年宝鸡太公庙出土。年代属春秋中期。蒋定穗女士根据音阶结构和铭文排列，推断甬钟原为6件一套（卢连成、杨满仓：《陕西宝鸡县太公庙村发现秦公钟、秦公镈》，《文物》1978年第11期；蒋文见《试论陕西出土的西周钟》，《考古与文物》1984年第5期）。

（56）《者沪钟》 著录12件。根据钟铭行款和钟体大小排比，原应为14件的两组[①]。关于这批钟的年代，有越王勾践之子王翳与和勾践后五世翳太子诸咎二说，前说属战国早期，后说属战国中期（中国社会科学院考古研究所：《殷周金文集成》，中华书局，2007年，第121～132页）。

除此之外，两广和西南地区相当于春秋战国时代或稍晚的墓葬，也常发现成套的

---

① 王世民：《西周暨春秋战国时代编钟铭文的排列形式》，《中国考古学研究——夏鼐先生考古五十年纪念论文集》（二），科学出版社，1986年。

编钟，但其文化面貌多与列国差别较大。现举关系密切的二例：

（57）涪陵小田溪1号墓　纽钟14件。又有钲1件和若干钟的残片。同出巴蜀式铜容器和兵器。年代属战国晚期（四川省博物馆、重庆市博物馆、涪陵县文化馆：《四川涪陵地区小田溪战国土坑墓清理简报》，《文物》1974年第5期）。

（58）广州南越王墓　纽钟14件，甬钟5件，钲8件，编磬10件和8件。据考证，墓主为第二代南越王，下葬年代约当公元前2世纪末，即汉武帝时期（广州市文物管理委员会、中国社会科学院考古研究所、广东省博物馆：《西汉南越王墓》，文物出版社，1991年）。

五

以上列举的58组"金石之乐"，包含甬钟342件、纽钟395件、镈钟175件、编磬447件，合计1359件，数量相当可观。由此归纳，可以看出：

春秋战国墓葬所出乐器，最常见的是纽钟，分别出自39个单位，占上举单位总数的67%。其中，春秋和战国早期的20余组，几乎全是9件一套，仅六合程桥M2一例7件。从战国早期末尾开始，流行13件或14件1套，13件的2例，14件的7例，但9件一套的仍有个别存在。目前发表过测音资料的纽钟，有侯马上马村13号墓、陕县后川2041号墓、淅川下寺1号墓、寿县蔡侯墓、信阳长台关1号墓，随县曾侯乙墓，以及《䣄羌钟》等，至少已有七组。一般属小字一组至四组。音域跨中音区的三个八度。

甬钟和镈钟都以8件或9件一套的居多。有的所出镈钟，由较小的8件和较大的4件组成。如辉县琉璃阁60号墓和甲墓；汲县山彪镇1号墓则为较小的9件（通高16.6～30厘米）和较大的5件（通高32.4～47.5厘米）。组合复杂、件数较多的甬钟，有陕县后川2040号墓、淅川下寺2号墓、燕下都16号墓、曾侯乙墓和擂鼓墩2号墓五墓，分别为20、36、35、45和36件。目前做过测音的甬钟，有下寺2号墓、曾侯乙墓和后川2040号墓三墓。前二墓的测音资料，为大字组至小字组三组，音域跨五个八度，既有中高音，又有低音。镈钟因所作测音尚少，音列结构和音域范围都不够明确。

编磬见于36个单位，占上举单位的62%。其中，中原地区的春秋墓和战国早期墓，均为10件或11件一套；淅川下寺三墓、诸城臧家庄、滕县庄里西及平山中山王墓，为13件一套。有的件数更多，分组尚待明确。目前做过测音的编磬，有侯马上马村13号墓、洛阳中州大渠、后川2040号墓和2041号墓等组。一般属小字一组和二组，音域跨中音区的两个八度。

四种乐器的组合，大体有四种情况：

第一，纽钟一组，共9件。（1）虢太子墓，（26）莒县大店镇1号墓，（50）六合程桥1号墓。

　　第二，纽钟、编磬两种，各一组，总数20件左右。（5）侯马上马村13号墓，（7）万荣庙前村，（8）、（9）临猗程村二墓，（20）后川2041号墓（9件和10件），（27）大店镇2号墓（9件和12件），（41）下寺1号墓（9件和13件），（44）、（45）信阳长关台二墓（纽钟均13件。编磬1号墓无实物，竹简记19件，2号墓9+9件）。

　　第三，纽钟、甬钟（或镈钟）、编磬三种，各一组，总数不超过30件。（6）太原金胜村赵卿墓（14+5+13件），（14）长治分水岭269号墓（9+10+9件），（15）长治分水岭270号墓（9+11+8件），（32）临朐杨善庄（件数未详），（34）诸城臧家庄（9+13+7件），（42）下寺10号墓（9+13+8件）。

　　这三种情况的墓，同出铜礼器中凡有列鼎的，都是5件或7件。一般都有相当数量的兵器和车马器。表明墓主身份为大夫。由于资料所限和当时情况复杂，难以进一步区分。

　　第四，纽钟、甬钟、镈钟、编磬四种，各一组，总数近40件。（10）辉县琉璃阁60号墓，（11）琉璃阁甲墓（均为9+11+8+12件），（12）琉璃阁75号墓（9+10+8+4件）。前已提到，琉璃阁一带可能是晋六卿之一范氏的墓地。（40）淅川下寺2号墓所出乐器，虽仅编磬13件和甬钟26件两种，但甬钟为8+9+9三组，总数已有39件，情况与此接近。该墓墓主为楚令尹一类人物，身份也与此大体一致。又（19）后川2040号墓未出纽钟，所出甬钟（20件）、镈钟（9件）和编磬（10件）合计39件，墓主可能是"子孔"，暂归于此。这五座墓中的铜礼器，除琉璃阁60号墓可肯定为9件列鼎外，其余都是7件列鼎。

　　墓主身份明确又居国君地位的有：（49）寿县蔡侯墓，（53）随县曾侯乙墓，（39）平山中山王墓，以及地位可能接近的（26）沂水刘家店子1号墓，（38）燕下都16号墓、（54）擂鼓墩2号墓。这六座墓所出乐器，除中山王墓和蔡侯墓件数稍少外，其余均为40件或更多，但不是四种俱全，而是仅有三种，不过有的乐器（甬钟）出两组或三组以上。西汉早期的（58）广州南越王墓也是如此。同出铜礼器中凡有列鼎的均为9件。乐器组合最复杂的，当然是曾侯乙墓，详细情况无须赘述。李纯一先生的《曾侯乙墓编钟的编次和乐悬》一文（《音乐研究》1985年第2期），对此做了详缕的分析，指出曾侯乙墓"复原的两层五组编钟可以认为是属于固有正规曲悬"。这包括：无罩（新钟）均（$^{\#}$F）的"律钟兼歌钟"14件（形制为纽钟），割烽均（C）的"高音歌钟"12件、"中音歌钟"10件、"低音歌钟兼编镈"10件、"编镈"3件（形制均为甬钟）。再加编磬一架，实有三种乐器。

　　关于乐悬问题，《周礼·春官·小胥》记载："王宫悬，诸侯轩悬，卿大夫判悬，士特悬。"郑玄注："乐悬谓钟磬之属悬于笋簴者。郑司农云，宫悬四面悬，轩悬去其一面，判悬又去其一面，特悬又去其一面。"曾侯乙编钟悬挂在曲尺形的钟架上，另一面再加编磬一架，似应属于诸侯所享三面轩悬。该墓同出以9鼎8簋为中心的铜礼器，也与诸侯之制正相符合。《小胥》孔疏试图讲述钟、磬、镈三种乐器组合的等级差别，以为"天子诸侯悬皆有'镈'，卿大夫士直有钟磬无镈也"。强调乐悬中有没有镈，是区分等级的重要标志。《周礼·春官·镈师序官》和《仪礼·大射仪》的郑玄注，均谓"鑮如钟而大"。《仪礼·大射仪》注又称："奏乐以鼓鑮为节。"《说文解字》还有："鑮，大钟、镎于之属，所以应钟磬也。"李纯一先生根据这类汉儒解注，指出"镈的职能在于配合钟磬和加强节拍"；又根据曾侯乙编钟下二组大钟的音列结构与歌钟略同（该组大钟的标音铭文均自称"△镈"），判定这种大钟（镈）"应当也能演奏低音部旋律和伴奏低音唱奏"。

通观前述四种乐器组合，可知当时贵族享用乐器的繁简情况，确实同他们身份的高低密切相关，大概只有国君及个别上卿（其间或有僭越），方能配置起和声作用的大型低音钟、镈，而其他有资格享用"金石之乐"的贵族（主要是大夫），则仅备中高音编钟和编磬。

现在，春秋战国时代编钟、编磬的测音工作进行尚少，尤其缺乏成套编镈的测音资料，因而论证当时的用乐制度存在较大困难。我们热切地希望音乐界的朋友抓紧进行全面的测音工作，使考古学界和音乐史界共同关心的这一重要课题，逐步探讨得更加清楚。

1988年9月10日初稿

1992年10月25日修订

（原载王世民：《考古学史与商周铜器研究》，社会科学文献出版社，2017年）

霸伯盂铭文与西周朝聘礼

——兼论穆王制礼

黄益飞

霸伯盂出土于山西翼城大河口墓地M1017[①]，属西周中期穆王前后[②]。霸伯盂铭文是目前所见最为完整的关于西周朝聘礼的第一手史料，内容极为重要，学术价值突出。

霸伯盂铭文十行，凡一百一十六字：

> 隹（唯）三月，王事（使）白（伯）考（老）蔑尚麻（历），归柔埶（郁）、旁（芳）髟，戚（臧）。尚拜頴（稽）首，既頴（稽）首，征（延）宾，鼍（赞）宾，用虎皮再毁（贿），用章（璋）奉。竭（翌）日，命宾曰："拜頴（稽）首，天子蔑其臣麻（历），敢敏。"用章（璋）。遣宾，鼍（赞），用鱼皮两侧毁（贿），用章（璋）先马，邍（原）毁（贿）用玉。宾出，以俎或延。白（伯）或邍（原）毁（贿）用玉先车。宾出，白（伯）遗宾于蓴（郊），或舍宾马。霸白（伯）拜頴（稽）首，对颡（扬）王休，用乍（作）宝盂，孙子子其迈（万）年永宝。

铭文刊布后，学者研释不绝。然部分重要文字之释读仍存分歧，铭文所反映之朝聘礼及其仪节也有待深入探讨。兹不揣剪陋，就相关问题详为释证。

---

① 谢尧亭：《山西翼城大河口西周霸国墓地》，《2010中国重要考古发现》，文物出版社，2011年；山西省考古研究所大河口墓地联合考古队：《山西翼城县大河口西周墓地》，《考古》2011年第7期；山西省考古研究所、临汾市文物局、翼城县文物旅游局联合考古队、山西大学北方考古研究中心：《山西翼城大河口西周墓地1017号墓发掘》，《考古学报》2018年第1期。

② 李学勤：《翼城大河口尚盂铭文试释》，《文物》2011年第9期。

一、宾主身份

宾主身份的确定不仅是通读铭文之前提，也是研究铭文所记礼制的关键。

首先，铭文首言"唯三月，王使伯老蔑尚历"，后文复言"翌日，命宾曰：'拜稽首，天子蔑其臣历，敢敏。'"，可知"宾"及"臣"均指霸伯尚。

其次，天子无客礼。《礼记·郊特牲》："天子无客礼，莫敢为主焉。君适其臣，升自阼阶，不敢有其室也。"卫湜《集说》引马氏曰："'普天之下，莫非王土。率土之滨，莫非王臣。'故天子无客礼，莫敢为主焉。天子燕礼则以膳夫为主，诸侯燕礼则以宰夫为主，示其君之尊而莫敢与之抗礼也。"《春秋经·僖公二十四年》："冬，天子出居于郑。"《谷梁传》："天子无出。出，失天下也。居者，居其所也，虽失天下，莫敢有也。"廖平《疏》："王者无外，虽失京师，诸侯国皆王土，故出与居兼言之。"是天子虽失天下，犹为天下共主。

伯考，读为伯老，其制由周初厷西二伯演变而来，康王以后天下安定，代之而起的是在周初二伯制度基础上形成的伯老制度。伯老以上公充任，主职四方，总理百官，屏王位辅周室，地位尊崇仅次于天子①。天子命伯老蔑历霸伯，伯老代天行事，霸伯自不得为主而以客礼待之。

事实上，宾主关系在命宾之辞和赍赠动词中也有清晰反映。

（一）命宾之辞

盂铭所记命宾之辞与《仪礼》宾主对答之辞颇相类似。

《仪礼·士冠礼·记》记主人戒宾之辞云：

> （主人）戒宾，曰："某有子某，将加布于其首，愿吾子之教之也。"
> 宾对曰："某不敏，恐不能共事，以病吾子，敢辞。"主人曰："某犹愿吾子之终教之也。"宾对曰："吾子重有命，某敢不从。"

主人请事，宾常作否定回答，以示谦敬。宾应主人之请，也常作反问否定之回答，此处宾之答词"敢不从"，敢当训为"不敢"。《国语·晋语八》："臣敢忘其死而叛其君。"韦昭《注》："敢，不敢也。"是其证。

下文所举数例对霸伯盂铭宾主身份的认识颇有助益。《仪礼·士冠礼·记》载主

---

① 冯时：《周初二伯考——兼论周代伯老制度》，"商周青铜器与金文研究"学术研讨会，河南郑州，2017年10月。

人宿宾之时主、宾之辞曰：

> （主人）宿（宾）曰：“某将加布于某之首，吾子将莅之，敢宿。”宾
> 对曰：“某敢不夙兴。”

《仪礼·燕礼》主宾献酬之后，立司正安宾节云：

> 司正洗角觯，……西阶上北面命卿大夫：“君曰：‘以我安卿大
> 夫。’”皆对曰：“诺，敢不安。”……司正升受命，皆命：“君曰：‘无
> 不醉。’”宾及卿大夫皆兴，对曰：“诺，敢不醉。”

《仪礼·特牲馈食礼》记宗人摈者释主人宿尸之辞云：

> 筮子为某尸，占曰吉，敢宿。

《仪礼·特牲馈食礼》载主人宿宾之事云：

> 宾如主人服，……西面再拜。主人东面答再拜。宗人摈曰：“某荐岁
> 事，吾子将莅之，敢宿。”宾曰：“某敢不敬从。”

上揭诸例主人命宾曰：“敢×。”宾则对曰：“敢不××。”霸伯盂铭云：“命宾
曰：‘拜稽首，天子蔑其臣历，敢敏。’”“敢敏”与《仪礼·士冠礼》《仪礼·特
牲馈食礼》“敢宿”语境相同，因此命辞者为伯老而霸为伯宾，霸伯答辞应为“臣敢
不敏”之类。盂铭不记答辞者，或如《仪礼·特牲馈食礼》主人宿尸而尸许诺无答
辞，霸伯仅拜谢而无辞。

　　《仪礼》之《士冠礼》《特牲馈食礼》宾主地位相当，而伯老乃代天子行事，
故命宾之辞“敢敏”似有较强的命令语气，《玄应音义》卷十六：“敢，相敢。”
《注》引《三苍》云：“敢，必行也。”是也。

　　君淑臣敏方为君臣正道，《左传·襄公十四年》云：

> （鲁襄）公使厚成叔吊于卫，曰：“寡君使瘠，闻君不抚社稷，而越在
> 他竟，若之何不吊？以同盟之故，使瘠敢私于执事，曰：‘有君不吊，有臣
> 不敏，君不赦宥，臣亦不帅职，增淫发泄，其若之何？’”

所记即此。大盂鼎［《殷周金文集成》（以下简称《集成》），2837］记周康王命盂
之事曰：

王若曰："……今余唯命汝盂，诏荣敬擁德经。敏朝夕入谏，享奔走，畏天威。"……王曰："盂，逦诏夹死司戎，敏谏罚讼，夙夕诏我一人烝四方。"

周王命盂"敏朝夕入谏""敏谏罚讼"者，是为人臣子须敏于王事。霸伯作为臣子，自然要勤勉、敏疾。

金文常见"敢拜稽首""敢对扬王休"之语，"敢"则为冒昧之词。《仪礼·士虞礼·记》："始虞用柔日，曰：'……敢用絜牲刚鬣，……哀荐祫事，适尔皇祖某甫。'"郑玄《注》："敢，冒昧之词。"贾公彦《疏》："凡言敢者，皆是以卑触尊，不自明之意。"

（二）馈赠动词

霸伯盂铭文较为独特的馈赠动词为"毁"，学者读为贿①，说可从。盂铭言"贿"也与作器者的身份有关。彝铭显示，如果作器者为天子使者，则授受动词多为"宾（傧）"，其例如下。

> 唯五月既死霸辛未，王使小臣守使于夷，傧马两、金十钧。　小臣守簋（《集成》4179）
> 唯六月既生霸辛巳，王命南宮叔螖父归虞姬饴器，师黄傧苪璋一、马两，虞姬傧帛束，苪对扬天子休　用作尊簋季姜。　苪簋（《集成》4195）
> 唯十又九年，王在斥，王姜令作册睘安尸伯，尸伯傧睘贝、布，扬王姜休，用作文考癸宝尊器。　作册睘卣（《集成》5407）
> 唯王初秦于成周，王命盂宁邓伯，傧贝，用作父宝尊彝。　盂爵（《集成》9104）

如果天子使者非作器者，而作为第三者出现，作器者于其有所馈赠，授受动词也用宾（傧）：

> 唯十又二年三月既生霸丁亥，王在蠡偯宫，王呼吴师召大，赐趞睽里。王命膳夫豕曰趞睽曰："余既赐大乃里。"睽傧豕璋、帛束。睽令豕曰天子："余弗敢蓄。"豕以睽屡大赐里，大傧豕靓璋、马两，傧睽靓璋、帛束。　大簋盖铭（《集成》4299）

---

① 曹建墩：《霸伯盂与西周时期的宾礼》，《古文字研究》（第二十九辑），中华书局，2012年。

唯十又八年十又三月既生霸丙戌，王在周康宫夷宫，道入右吴虎。王命膳夫丰生、司空雍毅申厉王命，取吴许旧疆付吴虎。……吴虎拜稽首天子休，傧膳夫丰生璋、马匹，傧内司土寺蓁璧、瑗。书：尹友守史，白傧史蓁韦两。 吴虎鼎（《新收》[①]709）

霸伯盂铭显示，伯老为主人、作器者霸伯为宾，故馈赠动词用"贿"而不用"宾（傧）"。

朝聘言"贿"者，经有明文。《左传·宣公十四年》："孟献子言于公曰：'臣闻小国之免于大国也，聘而献物，于是有庭实旅百；朝而献功，于是有容貌采章，嘉淑而有加货，谋其不免也。诛而荐贿，则无及也。'"[②]是其明证。

二、盂铭所记朝聘礼

霸伯盂铭所记朝聘礼有三大仪程，即首日伯老赐物于霸伯，翌日命宾、聘享、饗礼、还玉和郊行赠贿。

（一）首日之礼

自"唯三月"至"用璋奉"为首日伯老赐物及霸伯行礼之事。

1. 铭文释义

我们先对铭文进行考释。

> 唯三月，王使伯老蔑尚历，归柔鬱、芳邕，臧。

"归柔鬱、芳邕"与貉子卣"王命士道归貉子鹿三"同例，方濬益《缀遗斋彝器考释》曰："《广雅·释诂》：'归，遗也。'《国语·晋语》：'敢归之下执政。'《注》：'归，馈也。'《书序》：'王命唐叔归周公于东，作《归禾》。'

---

① 锺柏生、陈昭容、黄铭崇等：《新收殷周青铜器铭文暨器影汇编》，艺文印书馆，2006年。文中以《新收》称之。

② 《仪礼》《左传》以郊行赠贿为聘礼之终。《左传·僖公三十三年》："齐庄子来聘，自郊劳至于赠贿，礼成而加之以敏。"杨伯峻《注》："郊劳为聘礼之始，赠贿为聘礼之终，句犹言自始至终。……赠贿者，聘事已毕，宾行，舍于郊，国君又使卿赠以礼物。"《左传·昭公五年》："公如晋，自郊劳至于贿赠无失礼。"皆是其例。

《史记·鲁周公世家》作'馈'。《论语》：'归孔子豚。'《孟子注》亦引作'馈'。"是"归""馈"音义俱同，互作不别。

《诗·小雅·采薇》："采薇采薇，薇亦柔止。"毛《传》："柔，始生也。"郑玄《笺》："柔，谓脆脘之时。"朱熹《集传》："始生而弱也。"《周礼·春官·鬱人》："凡祭祀、宾客之祼事，和鬱鬯，以实彝而陈之。"郑玄《注》引郑司农云："鬱，草名，十叶为贯。"黄以周《礼书通故》云："李时珍（《本草纲目》），……鬱金香用叶。……古所称香草皆用叶。先郑云'十叶为贯'，则所用者叶，非华亦非根也。"是鬱乃香草，其香来自叶。"柔鬱"即始生之嫩鬱叶。

"旁"，读为芳，芳鬯与柔鬱对举，知芳鬯即气味芳香之鬯酒[1]。

《国语·周语中》："晋侯使随会聘于周，定王享之，餚烝，原公相礼。范子私于原公曰：'吾闻王室之礼无毁折，今此何礼？'……王召士季曰：'子弗闻乎，郊禘之事，则有全烝。王公立饫，则有房烝。亲戚宴饗，则有餚烝。……女，今我王室之一二兄弟，以时相见，将和协典礼，以示民训则。无亦择其柔嘉，选其馨香，洁其酒醴，品其百笾，……体解节折而共饮食之。'"韦昭《注》："柔，脆也。嘉，美也。""择其柔嘉，选其馨香"，或即本铭之"柔鬱、芳鬯"。

大凡赐物有鬯者，多先于其他品类，其意与用挚相类。《礼记·曲礼下》："凡挚，天子鬯、诸侯圭、卿羔、大夫雁、士雉。"郑玄《注》："挚之言至也。天子无客礼，以鬯为挚者，所以唯用告神为至也。"孙希旦《集解》："愚谓挚之言致也，见于尊者，亲致之以为敬。天子无客礼，无所用挚，而祭祀之初，以鬱鬯降神，有似用挚之义，故以此配而言之。"伯老代天子蔑历霸伯，先赐柔鬱、芳鬯，当有用挚之意。

臧，即臧字[2]。《说文·臣部》："臧，善也。"段玉裁《注》："凡物善者必隐于内也。以从艸之藏为臧匿字，始于汉末，改易经典不可从也。"段说甚韪。《汉书·郊祀志》记汉宣帝美阳得鼎，张敞读奏之云："今鼎出于岐东，中有刻书曰：'王命尸臣：官此栒邑，赐尔旂鸾黼黻琱戈。尸臣拜手稽首曰：敢对扬天子丕显休命。'臣愚不足以迹古文，窃以传记言之，此鼎殆周之所以褒赐大臣，大臣子孙刻铭其先功，臧之于宫庙也。"臧即用正字。盂铭之臧亦训为臧匿。伯老以王命赐霸伯"柔鬱、芳鬯"，霸伯必亲受，然后转授有司，再与伯老行礼。《仪礼·聘礼》主国之君接受宾之聘圭后，"公侧授宰玉"，郑玄《注》："使藏之，授于序端。"盂铭言"臧"，犹《聘礼》之"公侧授宰玉"，此为礼仪中一个重要仪节。

尚拜稽首，既稽首。

---

① 李学勤：《翼城大河口尚盂铭文试释》，《文物》2011年第9期。

② 曹建敦：《霸伯盂与西周时期的宾礼》，《古文字研究》（第二十九辑），中华书局，2012年。

"尚拜稽首，既稽首"充分说明"拜稽首"为真实仪节，而非套话。故而，金文所见"拜稽首"与《仪礼》"拜稽首""再拜稽首"皆为真实仪节①。由此也明，《仪礼》经文所记渊源有自。

类似例子还见于叆簋（《集成》4194），其铭云：

> 唯四月初吉丁卯，王蔑叆历，赐牛三，叆既拜稽首，升于厥文祖考。叆对扬王休，用作厥文考尊毁，叆眔厥子子孙永宝。　　叆簋《集成》4194

细玩叆簋铭文，簋铭包含两个仪节。其一，"叆既拜稽首"，而后"升（牛）于厥文祖考"，那么王蔑历之礼当行于叆之宗庙，簋铭所记乃王遣使来蔑历叆。其二，对扬王休。对扬与拜稽首一样，均为真实、重要的仪节，于此我们已有详论②，兹不赘述。

延宾，赞宾。

延宾，接宾也。延，或于前引导，或自后相礼。《礼记·曲礼上》："主人延客祭。"郑玄《注》："延，道也。"即前导之义。《仪礼·觐礼》诸侯觐见之时，"侯氏坐取圭，升，致命。王受之玉。侯氏降阶，东北面再拜稽首，摈者延之曰：'升！'升成拜，乃出。"郑玄《注》："从后诏礼曰延。延，进也。"贾公彦《疏》："云'从后诏礼曰延。延，进也'者，以其宾升堂，摈者不升。若《特牲》、《少牢》祝延尸，使升，尸升，祝从升。与此文同，皆是从后诏礼之事。"前导宾客之延乃摈者引导宾入门至中廷。自后相礼之延乃诏宾升堂，无论摈者升堂与否，皆自后相礼。盂铭延宾或即诏宾升堂之谓，如此则馈赠鬱鬯之事当在廷中。

延宾、赞宾之仪，小盂鼎（《集成》2839）记之较详，其铭云：

> 唯八月既望，辰在甲申，昧爽，三左三右多君入服酒。明，王各周庙，□□□□宾。延邦宾，尊其旅服，东向。

旅服者，周王室之子弟，《诗·周颂·载芟》："侯主侯伯，侯亚侯旅，侯强侯以。"毛《传》："亚，仲叔也。旅，子弟也。""尊其旅服"，以旅服为尊。"东向"，即东面。此为堂下、庭中之位。故，此延乃前导之谓。

赞，佐赞。宾即位后，有司赞礼。小盂鼎又云：

① 黄益飞：《金文所见拜礼与〈周礼〉九拜》，《南方文物》2016年第3期。
② 黄益飞：《西周金文礼制研究》，中国社会科学院研究生院博士学位论文，2013年，第六章第二节。

盂以□入三门，即立中庭，北向，……即位。……宾即位、赞宾。

故彝铭皆先延宾而后赞宾。

前导之延，其礼行于庭，与后文"遣宾"有所不同。《玉篇·辵韵》："遣，送也。"送者，自后相礼，《尚书·尧典》："寅宾出日，寅饯纳日。"伪孔《传》："饯，送也。"孔颖达《疏》："导者，引前之言。送者，从后之称。"

用虎皮再贿，用璋奉。

"用虎皮再贿，用璋奉"，所记为霸伯馈赠伯老之事。

再，举也①。赠皮之事，礼经有兑。凡皮多为庭实，行礼之前，前后两足皆相向折叠以掩饰毛色花纹，《仪礼·士昏礼·记》："纳征，执皮摄之，内文。"敖继公《集说》："先儒读摄为摺，则训叠也。今人屈物而叠之谓之摺，古之遗言与？执皮摄之者，中屈其皮，叠而执之也。内文，兼执足摄之之法也。文，兽毛之文也。内文者，事未至也。"敖氏所谓"事未至"乃宾未致命、赠贿之谓。

聘礼设庭实之法与婚礼相类，《仪礼·聘礼》宾享主国之君"庭实，皮则摄之，毛在内，内摄之，入设也"。郑玄《注》："皮，虎豹之皮。摄之者，右手并执前足，左手并执后足，毛在内不欲文之豫见也。内摄之者，两手相向也。"贾公彦《疏》："云'摄之者，右手并执前足，左手并执后足'者，下云皮'右首'，故云右手执前两足。必以一手执两足者，取两足相向，得掩毛在内，俱放，又得毛向外，故郑云'内摄之者，两手相向也'。"

及宾入致命，执皮者张皮以见花纹，《仪礼·士昏礼·记》云："宾致命，释外足见文。"贾公彦《疏》："云'释外足'者，据人北面以足向上执之，足远身为外，受之则文见。"敖继公《集说》："'释外足见文'，所谓张皮也。见文者，事已至也。皮以文为美，故当授受之节宜释之，他时则否。"贾、敖两说甚晰。《仪礼·聘礼》则云："宾……升致命，张皮。"张尔岐《句读》："当宾于堂上致命之时，庭实则张之见文，相应为节也。"张、敖所论互为补充，皆是。

继而主人受币、有司受皮，受皮后又将其折叠。《仪礼·士昏礼·记》："主人受币，士受皮者自东出于后，自左受，遂坐摄皮。"《仪礼·聘礼》仪节较《仪礼·士昏礼》繁缛，其文曰："公再拜受币，士受皮者，自后右客。宾出，当之坐，摄之。"郑玄《注》："象受于宾。"张尔岐《句读》："士初受皮仍如前张之，及宾出降至庭，乃对宾坐而摄之。"由此可知，聘礼主人之士受皮后始张之，待宾降出乃面向宾坐敛皮，对宾而坐一如宾亲馈。

以上即《仪礼》赠皮之大凡。盂铭"用虎皮再贿"者，乃宾（霸伯）有司张皮待

---

① 李学勤：《翼城大河口尚盂铭文试释》，《文物》2011年第9期。

赠。赠皮之法与《聘礼》相类，即皮右首，左手执后足、右手执前足，放两外足，使毛色、花纹露出。伯老之有司自执皮者东方来，从其身后绕至行左侧，然后受皮。宾出，受皮者向宾而坐敛皮。

学者或以礼经"有司二人举皮"当盂铭"用虎皮再贿"①，此说可商。《聘礼》"有司二人举皮"乃上介私觌赠皮事。私觌，宾、上介皆先以臣礼见，故宾觌"北面奠币"，上介觌亦奠币与皮，经文云："上介奉束锦，……请觌，……上介奉币，俪皮二人赞。皆入门右，东上，奠币，皆再拜稽首。"郑玄《注》："皆者，皆众介也。赞者奠皮出。"摈者奉命辞谢上介以臣礼相见，并将上介等人所献之物拿出庙门，《仪礼·聘礼》经文记其事云："摈者执上币，士执众币，有司二人举皮从其币，出请受。"则"有司二人举皮"乃主国有司送还上介之赠皮。上介以客礼私觌之时，仍奠皮于地，经文曰："上介奉币，皮先入门左，奠皮"。私觌较享礼杀，而上介较宾亦卑，故上介私觌礼杀更甚。最终，"介出，宰自公左受币，有司二人坐举皮以东"。胡培翚《正义》："执皮者奠皮于地，故此坐举之也。"故《仪礼·聘礼》"有司二人举皮"皆上介私觌主国有司执皮事，盂铭"用虎皮再贿"乃宾主馈献之事，二者不宜混为一谈。

用璋奉。

𤔲，当为奉字。《古文四声韵》所录华岳碑奉字作"𤔲"，与盂铭相同。奉者，进献之谓。《广雅·释言》："奉，贡献也。"《周礼·地官·大司徒》："祀五帝，奉牛牲，羞其肆。"郑玄《注》："奉，犹进也。"并是其证。

盂铭赠皮、献璋之仪可与《聘礼》享礼相比况，《聘礼》以束帛加璧享、皮为庭实，故公受币、有司受皮，待宾出，公侧授宰币而有司敛皮。宾礼，主君受玉、有司受皮乃礼经通例，征之彝铭，亦不爽毫厘。此处赠虎皮者必为霸伯有司，后文霸伯亲馈鱼皮而曰"侧贿"，此不言者适可说明此献皮者乃有司。

霸伯进璋，伯老当亲受。对读《仪礼·觐礼》《仪礼·聘礼》，庭实授受皆于廷中，而圭璋玉瑞之授受皆于堂上。故用虎皮再者，乃有司举皮于廷中馈献；用璋奉者，乃霸伯亲自献璋于伯老。霸伯行礼于堂上，与前文"延宾"乃诏霸伯升堂适相吻合。而且从馈赠顺序来看，是有司先赠虎皮，而后霸伯再进献璋。

礼尚往来，伯老馈赠霸伯柔鬯、芳鬯，故霸伯报以虎皮、璋，此与下文霸伯赠贿所用鱼皮、璋皆《周礼·秋官·小行人》所合六币之"璋以皮"②，前揭芮篡师黄宾用璋马亦同于璋以皮。《仪礼·聘礼·记》："皮马相间可。"郑玄《注》："间，

---

①　李学勤：《翼城大河口尚盂铭文试释》，《文物》2011年第9期。

②　李学勤：《翼城大河口尚盂铭文试释》，《文物》2011年第9期；曹建墩：《霸伯盂与西周时期的宾礼》，《古文字研究》（第二十九辑），中华书局，2012年。

犹代也。土物有宜，君子不以所无为礼。畜兽同类，可以相代。"是皮马皆可合于璋。

2. 仪节分析

伯老与霸伯相互馈赠之仪对认识册命铭文相关仪节大有助益。

伯老"归柔鬱、芳邑"于霸伯，霸伯出门藏之，又入门拜稽首，并馈伯老虎皮及璋。其事与西周册命铭文相关仪节颇相类似。西周册命显示，天子册命之后，受命者携命书、赐物出门，又入门拜谢天子并晋璋（圭）。例如：

> 唯卅又七年正月初吉庚戌，王在周，……王呼史秦册命山。王曰："山，……赐汝玄衣黹屯、赤巿、朱黄、銮旂。"山拜稽首，受册、佩以出，返入，觐璋。 膳夫山鼎（《集成》2825）
>
> 唯三年五月既死霸甲戌，三在周康卲宫。……王呼史虢生册命颂。王曰："颂，……赐汝玄衣黹纯、赤市、朱黄、銮旂、攸勒，用事。"颂拜稽首，受命册、佩以出，返入，觐璋。 颂鼎（《集成》2827）
>
> 唯卅又二年五月既生霸乙卯，王在周康穆宫。……王呼史淢册赍逨。王若曰："……朕亲命，赍汝秬鬯一卣，田于雩卅田，于遅廿田。"逨拜稽首，受册、赍以出。 四十二年逨鼎（《新收》746）
>
> 唯卅又三年六月既生霸丁亥，王在周康宫穆宫。……王呼尹氏册命逨。……王曰："逨，赐汝秬鬯一卣、玄衮衣、赤舄、驹车，……马四匹，攸勒。敬夙夕勿废朕。"逨拜稽首，受册、佩以出，返入，觐圭。 四十三年逨鼎（《新收》747）

霸伯盂铭"藏"即上揭册命铭文"受册、佩以出""受册、赍以出"。"尚拜稽首，既稽首，延宾，赞宾，用虎皮再贿，用璋奉"则与册命铭文"返入，觐璋（圭）"仪节相同。只是二者表述方式及详略有所不同。这或许说明，西周晚期册命仪程、仪节已完全定型，因此铭文叙述也更加程式化。

这里对册命铭文"受册、佩以出，返入，觐璋"所涉仪节再略做讨论。

首先，受"册、佩（赍）"之仪。四十二年逨鼎逨"受册、赍以出"，"册、赍"即前文"王呼史虢生册、赍逨"之"册、赍"。册，即命册；赍，即赏赐，亦即"秬鬯一卣"。王赏赐逨之土田，应按程序交付。册命之时，天子赐物品类丰盛，大约有鬯（瓒）、命服、车及车饰、马及马饰、旂旗、兵器、土田、臣民、取贿[①]等。赐物不同，授受方式理应有别。由霸伯盂铭及四十二年逨鼎知，当场所赐之物若仅有鬯，则需受赐者亲受并出门藏之。

---

① 陈汉平：《西周册命制度研究》，学林出版社，1986年，第五章第一节。

若赐物中有命服，受赐者亦亲受而后出门藏之，此即册命铭文中"受册、佩以出"。册为命书，佩即命服，《说文·巾部》："大带佩也。从人，从凡，从巾。"段玉裁《注》："从人、凡、巾。从人者，人所以利用也。从凡者，所谓无所不佩也。从巾者，其一尚也。"引申之衣服也可称作佩，《文选·鲍明远〈拟古〉》："解佩袭犀渠，卷袠奉卢弓。"李周翰《注》："佩，文服。"是其证。瘐钟（《集成》247）及瘐簋（《集成》4170）皆记周王赐瘐佩之事，佩即命服。

受赐者亲受命书及命服之事，文献可征。《仪礼·觐礼》记诸侯觐毕天子赏赐之事云：

> 天子赐侯氏以车服。迎于外门外，再拜。路先设，西上，路下四，亚之。重赐无数，在车南。诸公奉篚服，加命书于其上，升自西阶东面，大史是右。侯氏升，西面立，大史述命。侯氏降两阶之间，北面再拜稽首，升成拜。大史加书于服上，侯氏受。

《觐礼》所记虽与册命铭文周王当面赏赐有所差异，然赐物之仪则颇相一致。由《觐礼》知，诸侯亲受者唯命书及命服，其他赏赐则陈于庭。册命铭文显示，册书及命服由受命者亲受，其他诸赐物如车及车饰、马及马饰、兵器等则陈于庭，由有司收受；土地、臣民等则按照程序交付。

其次，"返入""觐圭（璋）"之仪。册命铭文"返入""觐圭（璋）"应为两个不同仪节。晋侯稣钟（《新收》870～885）云：

> 六月初吉戊寅，旦，王各大室，即立。王呼膳夫曰："召晋侯。"稣入门，立中廷。王亲赐驹四匹，稣拜稽首，受驹以出，返入，拜稽首。

诸铭所记多有省文，四十二年逨鼎或省略了返入行礼之事，而颂鼎则省略入门拜稽首之仪。由晋侯稣钟知，臣子返入，也需行拜稽首礼。逨记受赏赐后"受册、赍以出"，而周宣王赏赐稣驹后，晋侯稣"受驹以出"。此两例也可助证册命铭文中"受册、佩以出"之册、佩皆为赐物。

以上诸铭觐当读为晋圭[①]，霸伯盂铭之"用璋奉"即"觐（晋）璋"。裘卫盉（《集成》9456）云：

> 唯三年三月既生霸壬寅，王爯旂于丰，矩伯庶人取觐（晋）璋于裘卫。

此觐亦读为晋。晋璋者，晋献天子之璋。

---

① 冯时：《珷生三器铭文研究》，《考古》2010年第1期。

《左传·僖公二十八年》晋楚城濮之战后，晋文公献楚俘于周襄王，"王命尹氏及王子虎、内史叔兴父策命晋侯为侯伯，赐之大辂之服、戎辂之服，彤弓一、彤矢百，旅弓、矢千，秬鬯一卣，虎贲三百人。……晋侯敢再拜稽首，奉扬天子丕显休命。受策以出，出入三觐"。策即命书，觐读为晋。"受策以出，出入三觐"，以周彝铭况之，"出入三觐"之"出"字或为衍文或"反（返）"之讹，"受册以出，〔返〕入三觐"即入门之后于周王有三次进献。霸伯盂铭则显示，霸伯于伯考进献虎皮和璋，似为两觐（晋），其礼杀于晋侯亲献周王之礼。

（二）翌日正礼

自"翌日"至"先车"为蔑历正礼。具体来说，自"翌日"至"用璋"乃命宾之礼；自"遣宾"至"用玉"为聘享之事；自"宾出"至"或延"为主人行飨礼以飨宾；自"伯或"至"先车"为主人还玉之事。

1. 命宾之礼

此记伯考代传天命之事。

翌日，命宾曰："拜稽首，天子蔑其臣历，敢敏。"用璋。

言拜手稽首者，亦见于它簋（《集成》4330）：

它曰：拜稽首，敢眣邵告朕。

《尚书·立政》："周公若曰：拜手稽首，告嗣天子王矣。"孔颖达《正义》："周公既拜手稽首，而后发言还自言拜手稽首，示己重其事，欲令受其言，故尽礼致敬以告王也。《召诰》云：'拜手稽首，旅王若公。'亦是召公自言己拜手稽首，与此同也。"依孔说自言拜手稽首者，皆先拜手稽首而后发言。若然，盂铭所记蔑历之事亦宾先拜，而后伯考答拜，并命宾。此乃宾礼之通例，凌廷堪《礼经释例·宾客之例》言之甚详，兹不备引。

上文伯考馈赠归霸伯柔鬯、芳邑，霸伯回赠虎皮及璋者，乃答谢之义。此伯考只传命无馈赠，而霸伯仍报璋者，乃尊王及伯考之义。《仪礼·觐礼》记天子遣使赐侯氏舍之事云："天子赐舍，曰：'伯父，女顺命于王所，赐伯父舍。'侯氏再拜稽首，傧之束帛、乘马。"郑玄《注》："王使人以命致馆，无礼，犹傧之者，尊王使也。"贾公彦《疏》："决《聘礼》卿无礼致馆，宾无束帛傧卿。此王使亦无礼致馆，其宾犹傧使者，用束帛、乘马，故云尊王使也。"礼义与霸伯盂相同。其礼亦见于瑁生诸器①。

> 唯五年正月己丑，瑁生有事，召来合事。余献，妇氏以壶，告曰："以
> 君氏命曰：余老止，公仆庸土田多扰，式伯氏从许，公宕其参，汝则宕其
> 贰，公宕其贰，汝则宕其一。"余惠于君氏大璋，报妇氏帛束、璜。召伯虎
> 曰："余既讯庆我考我母命，余弗敢乱，余或致我考我母命。"瑁生则觐
> 圭。　五年瑁生簋（《集成》4292）
>
> 唯五年九月初吉，召姜以瑁生帼五、寻、壶两，以君氏命曰："余老
> 止，我仆庸土田多刺。式许，勿使散亡。余宕其参，汝宕其贰。其兄公，其
> 弟乃。"余惠大璋，报妇氏帛束、璜一。……瑁生对扬朕宗君休，用作召公
> 尊盨。　五年瑁生盨②

五年瑁生簋召姜传君氏命、召伯虎转陈召公召姜命毕，瑁生皆有馈献，此亦无礼而傧
之事，乃尊宗君召公之义。五年瑁生盨召姜传君氏命毕，亦惠君氏大璋，报妇氏帛
束、璜一，其尊宗之义一也。惠有忧恤之义，《礼记·月令》："行庆施惠。"郑玄
《注》："惠，谓恤其不足也。"召公昏聩失德得罪于附庸，继而引发附庸的狱讼纷
扰，致使附庸有散亡之虞，故而瑁生两度惠于召公大璋，以致忧恤之义。

2. 聘享之礼

此为全铭之核心。

> 遣宾，赞。

此言遣宾者③，一则谓摈者于行礼之时恒于霸伯之后相礼。再则，与首日霸伯仅于
堂上献璋不同，是日霸伯先于廷中亲献鱼皮（说详后），后又升堂献瑞玉，故变"延
宾"为"遣宾"。

皮为庭实，故在廷中馈献无疑。而聘享献玉皆于堂上。聘礼，聘、享皆在堂上。
《仪礼·聘礼》记宾聘主国之君云：

---

① 瑁生三器考释参见冯时：《瑁生三器铭文研究》，《考古》2010年第1期。
② 宝鸡市考古研究所、扶风县博物馆：《陕西扶风五郡西村西周青铜器窖藏发掘简报》，《文物》2007年第8期。
③ 《仪礼·特牲馈食礼》亦有"遣宾"之事，其文云："主人朝服即位于阼阶东，西面。……宗人遣宾就主人。"此宾乃主人之臣、赞执事者，详参敖继公《集说》及胡培翚《正义》。礼经所记与霸伯盂铭"遣宾"不同。

> 宾袭，执圭。摈者入告，曰辞玉，纳宾。宾入门左。……三揖，至于阶，三让。公升二等，宾升，西楹西，东面。摈者退中庭。宾致命。公左还，北向。摈者进，公当楣再拜。宾三退，负序。公侧袭，受玉于中堂与东楹之间。摈者退，负东塾而立。宾降，介逆出，宾出。

是接受聘圭在堂上。《仪礼·聘礼》记享礼则云：

> 摈者出请，宾祸，奉束帛加璧享。摈者入告，出许。……宾入门左，揖让如初，升，致命，张皮。公再拜，受币。

敖继公《集说》："其仪亦如初，惟不袭耳。"故享礼亦在堂上。

《仪礼·觐礼》诸侯觐见天子云：

> 侯氏入门右，坐奠圭，再拜稽首。摈者谒。侯氏坐取圭，升，致命。王受之玉。侯氏降，阶东北面再拜稽首。摈者延之曰："升！"升，成拜，乃出。

诸侯享天子：

> 侯氏升，致命。王抚玉。侯氏降自西阶，东面授宰币，西阶前再拜稽首，以马出授人，九马随之。

诸侯觐见，觐礼及三享亦皆行于堂上。

"用鱼皮两侧贿，用璋先马，原贿用玉"为聘享之礼。其中"用鱼皮两侧贿，用璋先马"乃享礼，鱼皮、马、璋皆为庭实（说详后文）。"原贿用玉"则系聘礼。

> 用鱼皮两侧贿。

鱼皮在商周时期用途颇广，可制服饰，如包山楚简遣册（259）记送葬之物有"一鱼皮之屦"、望山2号墓遣册（23）则有"鱼皮之冢"。鱼皮亦可做车饰及矢箙等[1]。鱼皮与前文虎皮、《仪礼·士昏礼》之俪皮均为庭实。朝聘之时，庭实献国所有。霸国境内有汾、浍二水，上古时期应川泽广布，盛产鱼鳖，故以鱼皮为庭实。据下文，庭实除鱼皮还有马，霸国地在晋南，春秋属晋，《左传·僖公二年》记："晋荀息请以

---

① 曹建敦：《霸伯盂与西周时期的宾礼》，《古文字研究》（第二十九辑），中华书局，2012年；黄锦前：《霸伯盂铭文考释》，《中国国家博物馆馆刊》2012年第5期。

屈产之乘与垂棘之璧假道于虞，以伐虢。"屈地在山西吉县东北①。可见晋南也盛产良马，霸国或亦有之，故以马为庭实。

侧者，独也。《仪礼·聘礼》主国之君（公）受宾瑞玉时"侧袭"，郑玄《注》云："侧，犹独也。言独，见其尊宾也。他日公有事，必有赞为之者。"知"侧"乃公不用赞者而亲受玉之谓。文献罕有以鱼皮馈赠者，足知鱼皮珍贵，故霸伯亲馈鱼皮，于礼甚合。

馈赠鱼皮及前文馈赠虎皮之时，授皮者所处位置需加以讨论。前已论及，纳征所用俪皮左首而聘礼所用虎皮右首。纳征之时，赞俪皮者应有两人，两人前后相次、立于庭西西上，《仪礼·士昏礼·记》："纳征，执皮摄之。……随入，西上，三分庭一在南。"郑玄《注》："西上，中庭位并。"贾公彦《疏》："俱北面西上也。"敖继公《集说》："以其并设，嫌亦并行也。西上统于宾也。参分庭一在南者，参分庭深而所立之处当其三分之一，故二分在北，一分在南也。此设皮之位亦当在西方。"

霸伯盂鱼皮言两而虎皮不言者，其数似为四，与《仪礼·聘礼》享用乘皮相同，鱼皮聘享不常用，故特言其数耳。《仪礼·聘礼》经文、郑《注》贾《疏》皆未言及赞虎皮者之仪位。《仪礼·士昏礼》宾位在西，而俪皮适左（西）首，故执皮者西上统于宾。此宾位在西，而虎皮右（东）首，与《仪礼·士昏礼》不同，若赞皮者东上则不统于宾，故不得东上。若西上，皮首东而尾西，与宾位近则亵渎尊者，与宾位远（越过堂东西中线）则亦不统于宾。以礼义推之，虎皮再贿之位当在堂东西之中且三分庭一在南。

可鞣制鱼皮者多为体型较大之鱼，使用之时按需将数张鱼皮拼缝。而数百千克的大鱼，一鱼之皮无须拼缝即可使用，此类鱼皮尤为上品，其面积不亚于虎豹皮②。数百千克的大鱼捕获不易，其皮更弥足珍贵，因此霸伯馈献伯老的鱼皮应为此类大鱼皮。大鱼皮在剥取时虽已去掉头、尾和鳍，但仍能辨别首尾。故而，鱼皮贿赠应与《仪礼·聘礼》馈赠虎皮之法相同，赠贿鱼皮之仪也与俪皮、虎皮相似。鱼皮亦有花纹，以彼法例之，宾行礼之前，赞皮者需将花纹折叠在内。然鱼皮无足，故而无须举足。

"用鱼皮两侧贿"者，或两皮皆霸伯亲贿，或霸伯张一皮于前、有司张一皮于后，两说似皆可通。然以礼程论之，《仪礼·聘礼》众有司一同献皮，是为一献。若霸伯两度亲献，则为两献。如此则霸伯张一皮、有司张一皮为是。

用璋先马。

---

① 杨伯峻：《春秋左传注》，中华书局，1990年，第240页。
② 徐万邦：《赫哲族鱼皮工艺简论》，《内蒙古大学艺术学院学报》2004年第1期。我们曾就鱼皮制作等问题专门请教了中央民族大学徐万邦教授，蒙其赐教，颇有启发，在此对徐万邦教授表示感谢。

马、鱼皮均为庭实，马不言数，亦当为四，与《聘礼》相同。

"用璋先马"与《左传·襄公十九年》"公享晋六卿于蒲圃，……贿荀偃束锦加璧、乘马，先吴寿梦之鼎"所记相似，杜预《注》云："古之献物必有以先，今以璧、马为鼎之先。"孔颖达《疏》："古之献物，必有以先之。《老子》云：'虽有拱抱之璧，以先驷马。'谓以璧为马先也。僖三十三年，郑商人弦高以乘韦先牛十二犒师，谓以韦为牛先也。二十六年，郑伯赐子展先路、三命之服先八邑，谓以车、服为邑之先也。皆以轻物先重物。此锦、璧可执，马可牵行，皆轻于鼎，故以璧马为鼎之先。以轻先重，非以贱先贵，鼎价未必贵于璧、马也。"杨伯峻亦宗孔疏[1]。

然清儒颇不以孔疏为宜，沈钦韩《春秋左氏传补注》曰："杜预云：'以璧、马为鼎之先。'案：锦与璧、马赠贿之常礼也，故以吴鼎先将其意。惠（栋）云：'马为庭实，未闻以马为先。马不先上堂，安得先之。'"黄以周《礼书通故·聘礼通故一》云："又案：圭以马，璋以皮，马、皮皆陈于庭不上堂，而先之以圭、璋将礼，故老子曰'拱璧先驷马'。杜注《左传》谓鲁贿荀偃，以璧马先鼎，非。"案：清儒之说不足取。鲁公所贿乘马、吴寿梦之鼎及霸伯所致鱼皮、璋、马皆为庭实。霸伯享伯老用"鱼皮两侧贿、用璋先马"与《左传·襄公十九年》鲁襄公享晋六卿，而"贿荀偃束锦加璧、乘马，先吴寿梦之鼎"所记基本相同。不但馈赠动词皆用"贿"，而且诸赠物皆遵循先轻后重的顺序，即霸伯享伯老以鱼皮、璋、马为序，而鲁公赠贿则以束帛加璧、乘马、吴寿梦之鼎为序，首日之礼中霸伯贿伯老以虎皮、璋也遵循先轻后重的次序。

"用鱼皮两侧贿，用璋先马"者，乃记霸伯用币、马享伯老之事。《周礼·秋官·小行人》："合六币：圭以马，璋以皮，璧以帛，琮以锦，琥以绣，璜以黼。此六物者，以和诸侯之好故。"郑玄《注》："合，同也。六币所以享也。……用圭璋者，二王之后也。二王后尊，故享用圭璋而特之。《礼器》曰：'圭璋特。'义亦通于此。"享用璋和皮马，即圭璋特达。圭璋特达者，贾公彦《疏》云："言而特之者，惟有皮马无束帛可加，故云特。如是，皮马不上堂，陈于庭，则皮马之外别有庭实可知。"以特者无束帛，除皮马之外别有庭实。孙诒让《正义》则曰："郑知用圭璋而特之者，以经云'璧以帛，琮以锦，琥以绣，璜以黼'，帛、锦、绣、黼以外，仍有庭实之皮马，此圭璋直云皮马，不云帛锦绣黼，明惟有皮马，更无他币，故知其特也。"知孙氏以特者乃仅有皮马而无束帛及其他庭实之谓。证之盂铭，孙说甚覈！

郑康成又以享用圭璋而特乃二王之后享天子之事，此说并非西周制度。西周时期圭璋特达之事比比皆是，不独二王之后。霸伯首日行礼，进献伯老虎皮和璋，亦圭璋特达。皮马可相代，前揭繭簋之璋一、马两，吴虎鼎之璋、马匹，大簋之介璋、马两皆可谓圭璋特达。

---

① 杨伯峻：《春秋左传注》，中华书局，1990年，第1045、1046页。

《礼记·聘义》云：

> 圭璋特达，德也。

郑玄《注》：

> 特达，谓以朝聘也。璧琮则有币，惟有德者无所不达，不有须而成也。

孔颖达《疏》：

> 德者，得也。万物皆得，故无所不通达，不更须待外物而自成也。以聘享之礼，有圭璋璧琮，璧琮则有束帛加之乃得达，圭、璋则不用束帛，故云"特达"。然璧琮亦玉，所以璧琮则加于他物，圭璋得特达者，但玉既比德，于礼重处则特达，于礼轻处则加物。以玉可重可轻，美其重处言之，故云"特达"。

是其义。郑玄说亦见于《仪礼·聘礼》注，彼《注》云：

> 圭璋特达，瑞也；璧琮有加，往德也。

贾公彦《疏》：

> 云"璧琮有加，往德也"者，谓加于束帛之上。言往德者，《郊特牲》云："束帛加璧，往德也。"谓以束帛加璧，致厚往。为主君有德，故以玉致之。

皆是朝聘圭璋特达之义。

需要说明的是，圭璋可特，亦可与璧琮一样加束帛，如上揭大簋铭。圭璋加束帛与璧琮加束帛礼义相同，皆厚贿之义。圭璋还可加庭实。

> 唯三年五月丁巳，王在宗周，命史颂德苏……，苏侯璋、马四匹、吉金，用作彝。　史颂鼎（《集成》2787）

璋合马四匹为币，吉金则为庭实。《仪礼·觐礼》觐享庭实马十匹，《仪礼·聘礼》不言享实用马之数，以史颂鼎况之，当为四匹。

亦有享玉单独使用不加皮马者，如霸伯盂铭霸伯答伯老蔑历用璋，琱生三器琱生两度惠君氏大璋，珊生晋献召伯虎圭、报璧，及册命铭文中常见的"返入，晋璋（圭）"，皆用以答谢，此为西周常礼，非圭璋特达之谓也。

另外，聘享享实与觐享享实尚有差别，《仪礼·聘礼》记聘享之礼云："宾裼，奉束帛加璧享。……庭实，皮则摄之。"《仪礼·聘礼·记》云："凡庭实，皮马相间可也。"知享实除璧帛之外，皮、马皆可。《仪礼·聘礼》用璧以帛，而霸伯享伯老用璋以皮，别以马为庭实，颇合礼制。由此益明，"用鱼皮两侧贿，用璋先马"为享礼无疑。

觐礼享实不止皮马，《仪礼·觐礼》云："四享皆束帛加璧，庭实唯国所有。"郑玄《注》云："初享或用马，或用虎豹之皮。其次享，三牲鱼腊，笾豆之实，龟也，金也，丹漆丝纩竹箭也，其余无常货。此地物非一国所能有，唯所有分为三享，皆以璧帛致之。"贾公彦《疏》："案《聘礼》束帛加璧享君，束锦加琮享夫人。《小行人》亦云：'璧以帛，琮以锦。'是五等诸侯享天子与后。此云璧帛致之者，据享天子而言，若享后即用琮锦。但三享在庭分为三段一度致之，据三享而言，非谓三度致之为皆也。"是觐礼享实，以六币为挚，皮马等在廷分三段一度致之。所谓一度致之，乃献币一次而三享陆续晋献，非一同献上。由上揭史颂鼎知，苏享王使史颂庭实可用金，那么觐礼庭实当如郑贾所论。凌廷堪《礼经释例》以聘礼享实决觐礼，以为觐礼享实只有皮马，其说疏矣。

3. 聘礼

此为全铭所记礼制最重要的仪程。

> 原贿用玉。

此及下文两言"用玉"，玉即玉瑞，圭、璧之属[①]。《仪礼·聘礼》所用圭瑞，聘时则称玉，其文云：

> 宾袭，执圭。摈者入告，出辞玉。……公侧袭，受玉于中堂与东楹之间。……公侧授宰玉。

此玉即指聘圭而言。聘享之后，主国之君命卿还圭则称"还玉"，《聘礼》云："君使卿皮弁还玉于馆。"礼罢归国，宾璧还聘璋之时，亦称其为"玉"，《聘礼》云：

---

① 学者认为前一"遽毁"所用之玉即聘圭，说近是。详见黄锦前：《霸伯盂铭文考释》，《中国国家博物馆馆刊》2012年第5期。

使者执圭垂缲，北面。上介执璋屈缲，立于其左。……宰自公左受玉。
受上介璋、致命，亦如之。

此处圭、璋并举，仅称聘圭为玉，与盂铭以玉称聘圭（璧）而不及璋绝同。

遵与原为古今字，学者训再①，可从。原赗用玉，即再次用玉，对"用璋先马"为首次用玉而言。"原赗用玉"，即霸伯向伯老行聘礼。

礼，诸侯聘享享玉下聘玉一等。诸侯朝觐及自相朝皆执命圭，享则用璱玉，其数降命圭一寸。诸侯之臣朝聘，其礼下诸侯一等，聘玉、享玉皆杀于诸侯一寸。郑玄注《小行人》云："凡二王后、诸侯相享之玉，大小各降其瑞一等。及使卿大夫頫聘，亦如之。"贾公彦《疏》：'五等诸侯自相朝，圭璋亦如其命数，其相享璧琮等，则降一寸。……直言頫聘亦如之，不分别享与聘，则聘享皆降一寸，同。故《玉人》云：'璱圭璋八寸，璧琮八寸以頫聘。'此据上公之臣圭璋璧琮皆降一等，其余侯伯子男降一寸明矣。其子男之臣享诸侯不得过君，用琥璜可知。"贾说又见于《仪礼·觐礼》疏。此霸伯亲来，聘用"玉"，享则用璋。玉即命圭，享璋杀于命圭一寸可知。

霸伯盂铭所记聘享之礼与礼经所载颇不相同。

首先，聘、享仪程。《仪礼·聘礼》先行聘礼，然后宾出，再摈入行享礼，因此聘礼、享礼为两个仪程。而霸伯享后无"宾出"之节即行聘礼，与《仪礼》所记不同。

其次，聘、享顺序。《仪礼·聘礼》先聘后享。而霸伯则先享后聘。尊者之礼尚多仪，为突出聘礼的地位，在后来的礼制改革中又调整了聘享的次序。

将享礼置于聘礼之后，或与周初以来重视享礼有关。《尚书·洛诰》周公教诲成王曰："汝其敬识百辟享，亦识其有不享。享多仪，仪不及物，惟曰不享。"朱骏声《便读》："识，记也。辟，诸侯也。享，献也，朝贡之礼也。仪，义也，礼意也。物，币也。言御诸侯之道，当察其诚与不诚，轻财而重礼也，币美则没礼。若礼意简略不诚，犹之不享。"其说近是，惟仪当读本字，赵岐注《孟子·告子下》、伪孔《传》皆训为威仪，当为故训必有所本，未可轻疑。礼义通过礼仪来传达，正是古人制礼之精要，因此不必破读为义。

周初以来素重享礼的传统，因而将献聘玉一节置于享礼之后，以突出轻财重礼之义。而轻财而重礼的礼义，最后完全由献聘玉和还玉两个仪程来体现，享礼逐渐成为纯粹的财物贡纳。因此，后世调整聘享的顺序也势在必行。

对读霸伯盂铭文，两周聘礼之演进过程清晰可见。真正意义上的周礼已基本成型。

---

① 李学勤：《翼城大河口尚盂铭文试释》，《文物》2011年第9期；黄锦前：《霸伯盂铭文考释》，《中国国家博物馆馆刊》2012年第5期。

4. 饗宾之礼

霸伯聘享后，伯老饗宾。

> 宾出，以俎或延。

此为聘享之后，伯老饗霸伯之事。礼，觐（聘）后有饗宾之事。《仪礼·觐礼》："饗礼，乃归。"郑玄《注》："礼，谓食、燕也。王或不亲以其礼币致之，略言饗礼，互文也。《掌客职》曰：上公三饗、三食、三燕，侯伯再饗、再食、再燕，子男一饗、一食、一燕。'"《聘礼》则云："公于宾，壹食，再饗。燕与羞，俶献无常数。"

西周饗礼用俎，癲壶（《集成》9726）铭文云：

> 唯三年九月丁巳，王在郑，饗醴，呼虢叔召癲，赐羔俎。已丑，王在句陵，饗逆酒，呼师寿召癲，赐彘俎。

即是明证。

伯老饗宾之俎当为餚烝，《国语·周语中》："晋侯使随会聘于周，定王享之，餚烝。"韦昭《注》："餚烝，升体解节折之折俎也。"殽烝，亦名体解、折俎，乃解牲体为二十一体之谓。有关牲体肴解之法，孙诒让《周礼·夏官·小子》正义有详论，兹不备引。

铭言"宾出，以俎或延"者，延宾行饗礼者自为傧相。彝铭所记关乎周代迎宾之法，在此略加讨论。

《周礼·秋官·大行人》："上公之礼，……其朝位宾主之间九十步。"郑玄《注》："朝位，谓大门外宾下车及王车出迎所立处也。王始立大门内，交摈三辞乃乘车而迎之，齐仆为之节。"郑氏以朝无迎法，而享礼王则有迎宾之事，贾公彦此疏、孔颖达《礼记·曲礼》正义俱申郑说。清儒金鹗、孙诒让皆谓朝享无迎法，而朝享之后礼宾及行饗礼天子始有迎宾之事，说详《求古录礼说·天子迎宾考》《周礼正义》，二说甚合经意。

然由霸伯盂铭观之，《大行人》所记天子迎宾之事似非西周定制。盂铭言伯老饗霸伯而迎宾者为傧相，则伯老不亲迎宾可明。伯老尚不亲迎，天子岂有自迎宾客之礼乎？盂铭所记应为穆王以前的礼制。然而这一制度在西周中晚期发生了变化，前揭癲壶言："已丑，王在句陵，饗逆酒。"《说文·辵部》："逆，迎也。"是逆即迎宾之义，此乃天子行饗礼而迎宾之明证。瘐器属厉王世①，这说明至迟在厉王时期已有天子亲迎宾客之礼。

这种变化或许始于夷王之世，《礼记·郊特牲》："觐礼，天子不下堂而见诸侯。下堂而见诸侯，天子之失礼也，由夷王以下。"郑玄《注》："不下堂而见诸侯，正君臣也。夷王……时微弱，不敢自尊于诸侯。"诸侯行朝觐大礼以正君臣之分，天子微弱尚下堂见诸侯，礼制废弛可见一斑。接宾主之情的饗礼，天子有迎宾之事，亦在情理之中。盖诸侯行觐礼而天子下堂而见之者，终有悖君臣大义，其事不常有。而饗礼天子迎宾之事却逐渐变为正礼。

5. 还玉赠币

此为霸伯行前，伯老返还聘圭（璋）之事。

> 伯或原贿用玉先车。

伯者，伯老也。霸伯为作器者，又在礼仪过程中充当宾，因此盂铭叙事若无明确主语，皆指霸伯而言。否则，为不产生歧义，铭文一定有明朗的表述，若此处省略主语"伯"则极易产生混乱。

或者，又也。"伯或原贿用玉先车"，所记即还玉、赠币之事，且二者为同一仪程。《仪礼·聘礼》则分还玉、赠贿币为两个仪程。《聘礼》记还玉之事云：

> 君使卿皮弁还玉于馆。宾皮弁，袭，迎于外门外，不拜，帅大夫以入。大夫升自西阶，鈎楹。宾自碑内听命，升自西阶，自左，南面受圭，退，负右房而立。大夫降中庭，宾降，自碑内东面授上介于阼阶东。上介出请，宾迎。大夫还璋，如初入。

《仪礼·聘礼》记赠贿币之事则云：

> 宾裼，迎。大夫贿用束纺，礼玉、束帛、乘皮，皆如还玉礼。大夫出，宾送，不拜。

伯老为天子之使，所赠贿币则为车。诸侯觐见，天子有赐车之事。《仪礼·觐礼》："天子赐侯氏以车服。……路先设，西上，路下四，亚之。重赐无数，在车南。"郑玄《注》："路，谓车也。凡君所乘车曰路。路下四，谓乘马也。亚之，次

---

① 李学勤：《论应侯视工诸器的年代》，《文物中的古文明》，商务印书馆，2008年；彭裕商：《西周青铜器年代综合研究》，巴蜀书社，2003年。

车而东也。《诗》云：'君子来朝，何锡予之？虽无予之，路车乘马。又何予之，玄衮及黼。'"《左传·襄公二十四年》："齐人城郏。穆叔如周聘且贺城，王嘉其有礼也，赐之大路。"杜预《注》："大路为天子所赐车之总名。"

（三）郊送赠贿

自"宾出"至"稽首"为郊行赠贿之事。郊行赠贿乃朝聘礼之终。

　　　宾出，伯遗宾于郊。

"宾出"者，霸伯辞出返国。

遗，赠物也。《诗·大雅·云汉》："昊天上帝，则不我遗。"马瑞辰《传笺通释》："与人以物谓之问，亦谓之遗。""伯遗宾于郊"，即郊行赠贿之事。《仪礼·聘礼》乃遣臣聘问，故宾于主国之君及卿大夫有私觌之事。此系霸伯亲朝天子，而天子命伯老蔑历并礼宾，铭末亦有"对扬王休"之语，则馈赠皆来自天子可知。故霸伯于伯老无私觌，此虽为赠币，但与《聘礼》"公使卿赠如觌币"不同。盂铭省略贿赠仪物，其详暂不可考。

《仪礼》之《聘礼》及《觐礼》均有郊劳（郊迎）、郊送之事，郊劳礼备而郊送礼简。郊劳五等诸侯爵位不同，礼亦各异。《周礼·秋官·大行人》："上公之礼，三问、三劳。……诸侯（伯）之礼，……再问、再劳。诸子（男）之礼，……壹问、壹劳。"三劳即远郊劳、近郊劳及畿劳。孙诒让《正义》引胡培翚云："窃谓近郊之劳，五等诸侯皆有之，侯伯加以远郊劳，上公又加畿劳。爵尊者其劳远，爵卑者其劳近，礼宜然也。"说是。

郊送礼简，若遣臣往他国聘问，则主国之君亦遣卿在近郊赠币，而命士送至境。《仪礼·聘礼》云："遂行舍于郊，公使卿赠如觌币。……士送至于竟。"郑玄《注》："郊，近郊也。"若国君亲朝，则主国之君亦亲送至郊。《周礼·秋官·司仪》："致饔饩，还圭，飨、食，致赠，郊送，皆如将币之仪。"郑玄《注》："此六礼者，惟飨食速宾耳。其余主君亲往。亲往者，宾为主人，主人为宾。……赠送以财，既赠又送至于郊。"朝礼郊送所赠，经无明文，盂铭亦不载，暂付阙如。霸伯盂还玉、飨食、郊送皆伯老亲为，与《司仪》所记吻合。

　　　或舍宾马。

或，又也。舍，予也。《墨子·耕柱》："曰舍余食。"孙诒让《间诂》："舍，予之叚字。古赐予字或作舍。"《墨子·非攻》："施舍群萌。"孙诒让《间诂》："舍、予声近字通。""或舍宾马"，对前"遗宾于郊"而言。

伯老在例行贿赠之后又"舍宾马"，此系厚贿，乃礼之加隆者。《左传·宣公九年》："春，王使来征聘。夏孟献子聘于周。王以为有礼，厚贿之。"《左传·昭公元年》："晋侯有疾，郑伯使公孙侨如晋聘，且问疾。……晋侯闻子产之言，曰：'博物君子也。'重贿之。"《左传·襄公二十年》："冬，季武子如宋，报向戌之聘也。褚师段逆之以受享，赋《常棣》之七章以卒。宋人重贿之。"皆是厚贿之例。

《仪礼·觐礼》不记郊送之事，《诗·大雅·韩奕》则记韩侯觐毕天子命人赐饮食及乘马之事，其文云："韩侯出祖，出宿于屠。显父饯之，清酒百壶。……其赠维何？乘马路车。"郑玄《笺》："既觐而返国，必祖者，尊其所往，去则如始行焉。祖于国外，毕乃出宿。……赠，送也。王既使显父饯之，又使送以车马，所以赠厚意也。"所记虽非郊送，而与霸伯盂铭所记相类。

（四）霸伯盂与西周宾礼之"仪"

"仪"是礼仪的重要组成部分，目前所见两周金文涉礼者众多，而记仪者寥寥。霸伯盂的重要价值即在于此。盂铭详录朝聘之"仪"，涉及西周朝聘礼的诸多仪节。这不仅极大地提高了霸伯盂的学术价值，也增加了铭文释读的难度。本文对盂铭所记仪节的探索，或对相关研究有所启示。

霸伯盂铭文所涉之"仪"主要包括七个方面。

第一，赐物之仪。伯老馈赠霸伯"柔鬱、芳邑"之后，霸伯出门藏物，后又入门答谢，并于伯老有所进献。这与西周晚期册命彝铭之"受册、佩（赍）以出，返入，晋璋（圭）"的程式化仪节内容完全相同，霸伯盂铭是这一仪节的最早记录。这一仪节当与穆王时期礼制改革有关。

第二，拜仪。盂铭言拜仪有三。其一，霸伯受伯老馈赠而"拜稽首"，霸伯"既稽首"，伯老命人延宾行礼。其二，伯老蔑历霸伯之时，宾先拜，而后伯老答拜。其三，霸伯郊行之时，受天子馈赠，而"拜稽首"。这些都证明拜仪在礼仪中是最基本也是最重要的仪节之一，与《仪礼》经文所记密合。

第三，宾主对答。霸伯盂铭文所记命宾之辞，与《仪礼》经文基本一致，可见两周时期宾主对答之辞应大致相同，这也证明《仪礼》所记宾主对答之辞源于西周时期。

第四，摈相之仪。行礼地点不同，摈者导宾的方式也不相同。在后相礼诏宾升堂，则曰延宾。从后送宾，则言遣宾。

第五，宾出与延宾。依盂铭，每个重要仪程结束之后，都有"宾出"之语，与《仪礼》经文颇相一致。而且"宾出"之后，主人有延宾之礼，盂铭"宾出，以俎或延"即是。仪节与礼经相同。

第六，迎宾之仪。盂铭显示，至少在穆王之前，聘（觐）享之后的饗礼天子无迎宾之事。大约夷王之后，聘享后的饗礼，天子始有迎宾之仪。

第七，赠物之仪。行礼之时，馈赠方式因物而异，如虎皮言再贿、鱼皮言侧贿。

禹赂者，于中庭张皮而馈赠；侧赂者，霸伯亲馈。其他如用璋先马、用玉先车等，皆系赠物之仪。赠物不同，仪注各异，或可印证《仪礼》的记载，或补充礼经之阙。

三、穆王制礼

霸伯盂铭文的释读对深入认识周礼的形成及《仪礼》的成书提供了契机。

礼乃六艺之一，为周代学子必修科目，《论语·季氏》即云："不学礼，无以立。"其礼即后世之《仪礼》，故三礼之中唯《仪礼》称经。罗惇衍序《仪礼正义》云："夫礼者履也，礼者体也。使人约其心于登降、揖让、进退、酬酢之间，目以处义，足以步目，考中度衷，昭明物则，以是观其容而知其心，即其敬惰以考其吉凶之故，《春秋》所记其应如响，故先王所以教君子所以履，莫不于是尽心焉。"其说甚是。古人正是将深邃、高妙的礼义、礼旨寓于揖让进退、居处跪拜之间，故《仪礼》为礼之经根本。下文所谓周礼即指礼经而言。

载籍或以周礼乃周公创制，或以其为孔子修作。然求诸考古材料及周彝铭，真正意义上的周礼乃成于穆王时期。就青铜礼器而言，西周早期铜器更多延续殷商风格，具有西周特色的铜器至穆王时期方才确立[①]。就礼仪本身而言，《周礼·秋官·小行人》所合六币、《仪礼·聘礼》、《仪礼·士昏礼》都见于穆王世彝铭，因此全新的周礼也应成于穆王时期。

（一）六币的形成

商代金文事涉宾礼者，如帝辛时期的二祀邲其卣（《集成》5412），其铭云：

> 丙辰，王命邲其贶鬺，殷于逢，田潜。侯贝五朋。

铭言帝辛命邲其赐诸侯酒食，并于逢国行殷见之礼，又于潜地兼行田猎之事。逢侯以贝五朋报邲其[②]。西周早期彝铭中，报宾亦多用贝，如盂爵（《集成9104》）、作册睘尊（《集成》5989）、繁簋（《集成》4146）等。

西周中晚期，报宾基本不用贝，所用多为皮、马、礼玉（圭、璋、璧、璜、琥）、束帛等。如小臣守簋（《集成》4197）用马和金，两簋用璋、马和束帛，吴虎鼎亦用璋、马和束帛，史颂鼎用璋、马和金。西周报宾之物，从早期沿用殷礼，到后来逐渐自成体制。西周中晚期礼宾所用之物已多与三礼所记吻合。

---

① 张懋镕：《试论西周青铜器演变的非均衡性问题》，《考古学报》2008年第3期。

② 冯时：《中国古文字学概论》，中国社会科学出版社，2016年，第540～543页。

从霸伯盂看，《周礼·秋官·小行人》所合六币之璋以皮形成于穆王时期。六币之中圭璋合以皮马，璧琮琥璜则合以帛锦绣黼。孙诒让《周礼正义》以皮马可随宜而用，皆圭璋特达之义。上揭五年琱生簋和五年琱生盨皆以束帛合璜，是璧琮琥璜与帛锦绣黼亦可相宜而合。皮马可相互代替，而帛锦绣黼于礼则有高下之别。古人尚质，因此四品之中帛为贵。孔广森《礼学卮言·璧以帛琮以锦》即云：

> 六币，帛先于锦，考之礼典，皆大事用帛，小事用锦。如《聘礼》享以束帛，私觌以束锦。《公食大夫》侑以束帛，大夫相食以束锦。《冠礼》醴宾酬以束帛，《昏礼》缪从者，酬以束锦。大氐古人尚纯，于币亦然。锦有杂文，斯次帛之下矣。

琱生报召姜以帛合璜者，乃尊宗之义。亦有以琥合束帛者，其事见于裘卫盉（《集成》9456）。

> 唯三年三月既生霸壬寅，王爯旂于丰，矩伯庶人取瑾璋于裘卫，……矩或取赤琥两、麂币两、贲鞈一。

麂币即玄纁束帛[1]，此或即以赤琥合玄纁束帛也。如此，六币之中已有三币见于西周中晚期彝铭。锦亦见于西周中晚期彝铭，吴方彝（《集成》9898）之"叔金"，学者或读为素锦[2]，或读曰淑锦[3]，要之皆为锦。番生簋（《集成》4326）又有"膚金"即"膚锦"[4]，足证西周时期已有织锦。六瑞除琮外皆见于西周中晚期彝铭。故，六币应系穆王所制新礼。

需要说明的是，以价值低廉的六币代替贝、布等通行货币作为傧赠、享献之物，正是穆王繁游盗征而致财力匮乏、府库虚竭的鲜明反映[5]。傧赠之物价值低廉，故特别强调聘礼轻财重礼之义，此或亦《礼记·聘义》之所有来矣。因此，穆王所制并非治世盛礼而是衰世变礼，亦犹其所作《吕刑》乃乱世重典，不但不为时人称道，反饱受口诛笔伐，故典籍亦不载穆王制礼之事。穆王之后，国力日渐衰退，衰世变礼遂成后世正礼，反对后世中国乃至东亚、东南亚地区的历史文化产生了深远而广泛的影响。

---

① 黄益飞：《匍盉铭文研究》，《考古》2013年第2期。
② 郭沫若：《两周金文辞大系图录考释》（第七册），科学出版社，1957年，第75页。
③ 冯时：《二里头文化"常膚"及相关诸问题》，《考古学集刊》（第17集），科学出版社，2010年。
④ 冯时：《二里头文化"常膚"及相关诸问题》，《考古学集刊》（第17集），科学出版社，2010年。
⑤ 冯时：《貉子卣铭文与西周聘礼》，《南方文物》2018年第3期。

（二）《仪礼·聘礼》的成书

西周朝聘礼成于穆王时期，霸伯盂即是最直接的证据。霸伯盂铭文详录了西周朝聘礼的诸多议程、仪节，对认识《仪礼·聘礼》所记礼制的形成颇有助益。

首先，霸伯盂所记朝聘礼的聘礼献玉和享礼享实都与《仪礼·聘礼》所记相合，而上已论定享用六币乃穆王以后的礼制，凡此足证周代聘礼是穆王所制之礼。

其次，聘礼与享礼的顺序。《仪礼·聘礼》先聘后享，而霸伯盂铭由于享礼与聘礼之间无"宾出"之事，故西周聘、享二礼应系同一仪程。且朝聘礼乃先享后聘。《仪礼》为突出朝聘之礼，故将其与享礼分开，并调整了聘、享的顺序。这表明，礼经中朝聘礼的最终形成应在东周时期。

最后，还玉与赠送贿币的仪程。《仪礼·聘礼》还玉与赠送贿币是两个仪程，而霸伯盂所记西周朝聘礼中二者为同一仪程。还玉是聘礼中一个非常关键的仪节，关乎聘礼的礼旨。《礼记·聘义》：

> 以圭、璋聘，重礼也。已聘而还圭、璋，此轻财而重礼之义也。诸侯相厉以轻财重礼，则民作让矣。

孔颖达《疏》：

> 既聘之后，宾将归时，致此圭、璋付与聘使，而还其聘君也。凡行聘礼之后，享君用璧，享夫人用琮。圭、璋玉之质，惟玉而已。璧、琮则重其华美，加于束帛。聘使既了，还以圭璋之玉，重其礼，故还之；留其璧琮之财，是轻其财，故留之。重者难可报覆，故用本物还之。轻者易可酬偿，故更以他物赠之，此是"轻财重礼"之义也。

《仪礼》为使还玉之礼更加隆重，故将其与赠送贿币的仪程分开。

故而，霸伯盂铭文是目前所见最成体系、最为完整的关于西周朝聘礼的第一手史料，《仪礼·聘礼》是由西周穆王所制聘礼发展而来。

（三）西周婚礼的形成

匍盂出于平顶山应国墓地M50，年代属穆王时期，学者或认为盂铭所记乃周代聘礼^①。我们曾指出匍盉铭文所记乃西周婚礼中的纳征之礼^②。匍盉与霸伯盂皆属穆王时期，二者礼程、礼物及礼仪差异甚大，因此所记礼制必有差别。今既考定霸伯盂所记为朝聘礼，则匍盉与聘礼无涉更无可置疑。此处再就匍盉所记纳征礼补论如下。

首先，匍盉与婚礼主生养之义相合。盉铭所记麀币、韦两即纳征所用玄纁束帛及俪皮。三玄两纁之玄纁束帛及雌雄双鹿之俪皮，皆象征阴阳和合而主生养，与昏义相合。盉有自铭，其名称确切无疑。《说文·皿部》："盉，调味也。从皿禾声。"段玉裁《注》："调声曰龢，调味曰盉。……古器有名盉者，因其可以盉羹而名之盉也。"盉以调味以致和，与婚礼和两性而生养之理一致。

其次，俪皮与婚义。《仪礼》之《士昏礼》及《聘礼》贾公彦《疏》皆谓婚礼皮左首，聘礼皮右首，以婚礼象生之故。贾两疏殊不可解，左右若不与固定方位配伍，其阴阳属性便难以确定。婚礼皮左首向西属阴，乃指婚礼的属性而言，与象生无涉。《仪礼·士昏礼》郑玄《目录》云：

> 士娶妻之礼，以昏为期，因而名焉。必以昏者，阳往而阴来，日入三商为昏。

贾公彦《疏》：

> 商谓商量，是漏刻之名，故三光灵曜亦日入三刻为昏，不尽为明。案马氏云："日未出、日没后皆云二刻半，前后共五刻。"今云三商者，据整数而言，其实二刻半也。

婚礼因行于昏时而得名，故属阴礼，有幽阴之义。皮左首向西即指婚礼属阴礼而言，象生者乃雌雄双鹿之皮。

匍盉所记为婚礼纳征礼，而上详细记述了礼物和礼程，也可以看作《仪礼·士昏礼》的祖本。从六币的形成年代来看，匍盉所用束帛和皮（麀币和韦两）应不会早于穆王时期，而匍盉又属穆王时期，因此《仪礼·士昏礼》所记婚礼也很可能也是穆王时期形成的。

（四）《仪礼》的形成年代

六币形成年代的确定，对于认识《仪礼》部分篇章的形成年代有积极的意义。

---

① 王龙正、姜涛、娄金山：《匍鸭铜盉与觐聘礼》，《文物》1998年第4期；王龙正：《匍盉铭文补释并再论觐聘礼》，《考古学报》2007年第4期。

② 黄益飞：《匍盉铭文研究》，《考古》2013年第2期。

　　《仪礼·士冠礼》主人酬宾用皮帛，经文即云："乃醴宾以壹献之礼。主人酬宾，束帛、俪皮。"《仪礼·士昏礼》纳征用玄纁束帛、俪皮，舅姑礼送者则"舅饗送者以一献之礼，酬以束锦。姑饗妇人送者，酬以束锦。若异邦则赠丈夫送者以束锦"。馈赠不出皮帛。据西周早中期之交的昔鸡簋，韩侯赠送者昔鸡用贝、马，礼制迥别①。《仪礼·聘礼》郊劳之时，主国之君命卿以束帛劳，宾以乘皮（麋鹿皮）和束锦答劳者。主国夫人命大夫以枣栗劳宾，宾答以束锦。聘以命圭，享君以束帛加璧，皮马为庭实。享夫人以琮加束锦。私觌馈赠，饗宾侑币、酬币皆不过皮马锦帛之属。《仪礼·公食大夫礼》则以束帛侑食，"公受宰夫束帛以侑"是也。《仪礼·觐礼》郊劳、赐舍，诸侯皆候王使束帛、乘马。诸侯享王用束帛加璧，亦六币之属。馈赠用皮帛、享用六币，其礼不早于穆王之世。故，上述诸篇所记礼制的形成年代不会早于穆王时期。

　　丧礼遣奠之祭见于西周早期的我方鼎②，其礼甚古。然，《仪礼·士丧礼》之下篇《仪礼·既夕礼》公赗用玄纁束帛、马两，卿大夫亦以玄纁束帛及马赗赠。柩行至于邦门，公则命宰夫以玄纁束帛赠。主人赠送死者于墓圹亦用玄纁束帛。则《仪礼·士丧礼》所记礼制的形成亦不早于穆王之时。

　　西周婚礼纳征不用雁而匍作雁形盉，无疑暗示了其他五礼用雁。换句话说，以雁为挚之礼至迟在穆王时期已经形成。因此，《仪礼·士相见礼》"下大夫相见以雁"，其礼当不晚于穆王时期。《周礼·春官·大宗伯》："以禽作六挚，以等诸臣。孤执皮帛，卿执羔，大夫执雁，士执雉，庶人执鹜，工商执鸡。"郑玄《注》："皮帛者，束帛而表以皮为之饰。皮，虎豹皮。帛，如今璧色缯也。"孙诒让《正义》："郑云'束帛而表以皮为之饰'者，谓以皮包裹帛之表为饰也。"今知皮、帛之用于礼应在穆王之后，而执雁为挚不晚于穆王时期。那么，《周礼·春官·大宗伯》所谓禽作六挚及《士相见礼》所记礼制的形成时间或在穆王时期。

　　综上可知，《仪礼》中《士冠礼》《士昏礼》《士相见礼》《聘礼》《公食大夫礼》《觐礼》《士丧礼》等篇所记礼制的形成年代不会早于穆王时期。《仪礼·丧服》所记五等丧服制度则至少可以追溯到西周早期，应国墓地出土晏鼎铭文即是明证③。需要说明的是，《仪礼·聘礼》诸篇所记礼制的最终形成年代不早于穆王时期，但相关礼制的起源发展则至少可以追溯到殷商时期。

（原载《考古学报》2018年第1期，本次收录进行了部分删改）

---

①　黄益飞：《略论昔鸡簋铭文》，《中国国家博物馆馆刊》2018年第3期。
②　冯时：《我方鼎铭文与西周丧奠礼》，《考古学报》2013年第2期。
③　黄益飞：《平顶山应国墓地出土"无"鼎铭文研究》，《考古》2015年第4期。

出土资料所见的西周礼仪用玉

孙庆伟

中国素称礼仪之邦，"礼"是华夏文明的基本特征，《左传·定公十年》孔颖达疏云："中国有礼义之大，故称夏；有服章之美，谓之华。华、夏，一也。"

"礼"之起源尚矣，唐代杜佑曾谓："故自伏羲以来，五礼始彰。尧舜之时，五礼咸备。"（《通典》卷四十一《礼一·礼序》）将礼之萌芽上溯到伏羲时代，不免茫昧；但"讲礼"的孔子经常将"夏礼"、"殷礼"和"周礼"并称[1]，据此可知礼之形成至少不能晚于三代。而若论三代之礼，则又以周礼最为完备发达，其前有周公的"制礼作乐"，继之以孔子的"克己复礼"，而以荀子的"礼论"殿其后，"礼"实已成为周文明的核心。

虽然孔子曾经质疑道："礼云礼云，玉帛云乎哉？"（《论语·阳货》），但在古代中国"礼"和"玉"密不可分也是不争的事实，以致王国维论定"礼"之本义即是"盛玉以奉神人之器"[2]。正因为"礼"与"玉"之间存在如此密切关系，所以在西周时期各类礼仪场合均有玉的身影；而研究西周时期的礼仪用玉，也必将有助于了解当时的礼乐文明。

西周时期的"礼"涉及当时社会的各个领域，所以"周礼"是一个极其庞杂的体系，如《礼记·中庸》就号称："礼仪三百，威仪三千。"《礼记·礼器》也说："经礼三百，曲礼三千。"而《大戴礼记·本命》则说："礼经三百，威仪三千。"

---

① 如《论语·为政》："殷因于夏礼，所损益，可知也；周因于殷礼，所损益，可知也。"《论语·八佾》："夏礼，吾能言之，杞不足征。殷礼，吾能言之，宋不足征也。文献不足故也。足，则吾能征之矣。"《礼记·中庸》："吾说夏礼，杞不足征也。吾学殷礼，有宋存焉。吾学周礼，今用之，吾从周。"

② （清）王国维：《释礼》，《观堂集林》，中华书局，1959年，第291页。近年有学者对王国维关于"礼"字的阐释有所补正，如裘锡圭先生指出"礼"本是一种"用玉装饰的贵重大鼓"；而郑杰祥先生认为"礼"字"意即古人在鼓乐声中以玉来祭享天地鬼神之状"。参看裘锡圭：《甲骨文中的几种乐器名称》，《中华文史论丛》（第2辑），上海古籍出版社，1980年；郑杰祥：《释礼、玉》，《华夏文明》（第一集），北京大学出版社，1987年，第355~367页。虽然以上诸说对于"礼"的解释各有不同，但均承认"礼"与"玉"相关。

对于这种传统的"三百三千"之礼通常有两种分类：

一是按照具体的仪节分类，此种分类又有"六礼"、"八礼"和"九礼"之别。

六礼——《礼记·王制》："六礼：冠、昏、丧、祭、乡、相见。"

八礼——《礼记·礼运》："孔子曰：'……是故夫礼，必本于天，殽于地，列于鬼神，达于丧、祭、射、御、冠、昏、朝、聘。'"又，《礼记·昏义》："夫礼，始于冠，本于昏，重于丧、祭，尊于朝、聘，和于乡、射，此礼之大体也。"另外，《仪礼》十七篇也可以分别归为冠、昏、丧、祭、射、乡、朝、聘八礼之中。

九礼——《大戴礼记·本命》："礼义者，恩之主也。冠、昏、朝、聘、丧、祭、宾主、乡饮酒、军旅，此之谓九礼也。"

二是将各类具体礼仪进一步系统化的吉、凶、宾、军、嘉"五礼"分类法。

"五礼"的划分方法源自《周礼》，《春官·大宗伯》载其职掌为："以吉礼事邦国之鬼神示……以凶礼哀邦国之忧……以宾礼亲邦国……以军礼同邦国……以嘉礼亲万民……"

在其他文献中也有类似的记载，如：

《尚书·尧典》："舜修五礼。"伪孔传："修吉、凶、宾、军、嘉之礼。"

《礼记·祭统》："礼有五经，莫重于祭。"郑玄注"五经"为："谓吉礼、凶礼、宾礼、军礼、嘉礼也。"

上述两种分类方法各有优劣，但鉴于考古资料所见的西周玉器多为某项具体仪节中的遗留，所以本文采用前一种分类方法，着重探讨西周时期册命、祭祀、相见和丧葬等礼仪活动的用玉情况。

一、册命礼中的用玉

《左传·定公四年》载子鱼之语曰："昔武王克商，成王定之，选建明德，以蕃屏周。"此语扼要地揭示出周人克商后大规模推行分封制度的史实。而举凡封建诸侯、命官授职，均需举行特定的锡命礼；因锡命必有策，故其又多称为策（册）命。近代学者依据出土金文，已经基本复原了周代的册命礼[①]。

综合传世和出土文献资料，周代册命礼中的用玉主要有以下三类：

---

① 这一方面的代表著作有：齐思和：《周代锡命礼考》，《燕京学报》1947年第32期；张光裕：《金文中册命之典》，《香港中文大学中国文化研究所学报》（第十卷下册），1979年，后收入《雪斋学术论文集》，艺文印书馆，1989年，第1～31页；陈汉平：《西周册命制度研究》，学林出版社，1986年；黄盛璋：《西周铜器中册命制度及其关键问题新考》，《考古学研究》，三秦出版社，1993年；黄然伟：《殷周青铜器赏赐铭文研究》，《殷周史料论集》，香港三联书店，1995年。

1. 王所赐的命圭

命圭是西周册命礼仪中最为重要的瑞器，它是被册命者身份地位之象征，因此在文献中屡屡提及，如：

《诗·大雅·崧高》载周宣王封其母舅申伯于谢时谓："锡尔介圭，以作尔宝，往近王舅，南土是保。"

《国语·吴语》载晋大夫董褐之语曰："夫命圭有命，固曰吴伯，不曰吴王。"韦昭注："命圭，受锡圭之策命。"

《左传·僖公十一年》记周襄王册命晋惠公之事为："天王使召武公、内史过赐晋侯命，受玉惰。"杜预注："诸侯即位，天子赐之命圭为瑞。"

册命时周王所赐予的命圭事实上就是被册命者的符信，《周礼·考工记·玉人》郑玄注云："命圭者王所命之圭也，朝觐执焉，居则守之。"而《诗·大雅·韩奕》所谓"韩侯入觐，以其介圭，入觐于王"，正是韩侯朝觐周宣王时执圭以往的实录。

在周代，非但一般贵族或职官的册命与命圭密切相关，大者如周人之受天命也以玉圭为其祥瑞。《墨子·非攻下》记载商纣无道，"天不序其德"，而"赤鸟衔珪，降周之岐社，曰：'天命周文王伐殷有国'"[1]。墨子的说法固然有其虚妄之处，但据此也不难理解瑞圭在周代礼器中所占的重要地位。而在一些高等级的西周贵族墓如晋侯墓地M63[2]以及扶风强家一号墓[3]均可见到圭、鸟合体的玉器造型，这种器物和上述"赤鸟衔珪"的传说是巧合还是历史的必然，目前尚未有定论[4]（图一）。

成书于战国晚期或汉初的《周礼》对此种命圭制度有更系统化的描述，如《春官·大宗伯》曰："以玉作六瑞，以等邦国，王执镇圭，公执桓圭，侯执信圭，伯执躬圭，子执谷璧，男执蒲璧。"而《考工记·玉人》则对各种瑞圭的尺度有详细的记载："玉人之事，镇圭尺有二寸，天子守之；命圭九寸，谓之桓圭，公守之；命圭七寸，谓之信圭，侯守之；命圭七寸，谓之躬圭，伯守之。"

---

① 关于此段之记载，文献所见颇异，如"赤鸟"有作"赤乌"和"赤雀"者；而"衔珪"也有作"衔圭"或"衔书""衔丹书"者。说详吴毓江：《墨子校注》，中华书局，1993年，第237页。

② 此器在发掘简报中未收，但录于上海博物馆：《晋国奇珍——山西晋侯墓群出土文物精品》，上海人民美术出版社，2002年，第173页。

③ 周原扶风文管所：《陕西扶风强家一号西周墓》，《文博》1987年第4期。

④ 如孙华先生认为晋侯墓地M63：58这件器物的"戈形器与鸟之间必存在着某种内在的关联"，并引《非攻篇》的"赤鸟衔珪"以佐证之，参看孙华、苏荣誉：《神秘的王国——对三星堆文明的初步理解和解释》，巴蜀书社，2003年，第266、267页；但此类玉器的造型也可以通过"因料施工"的制作工艺来解释，即玉工根据玉料的形制，从充分利用玉料的角度出发来设计此种造型的器物，如此，则与所谓的"赤鸟衔珪"传说无任何牵扯。有关"因料施工"制玉工艺的论述可参看吴棠海：《认识古玉——古代玉器制作与形制》，台湾中华自然文化学会，1994年。

图一　西周圭、鸟合体造型的玉器
1. 晋侯墓地M63∶58　2. 扶风强家M1∶58

虽然圭是周代重要的瑞玉，但历代学者对其形制却有着不同的认识[1]。20世纪80年代，夏鼐先生著文考证圭是条形片状且有三角形尖首的一类玉器[2]，因这种形制的器物不仅合于汉碑上所见的圭，也多见于考古实物，所以这一意见已被学术界普遍接受。

在考古资料中，有一类器物和尖首圭的形制十分接近，这就是玉戈。一般而言，区分圭、戈的主要标准仅在于戈有一个明显的内部，而圭则无。但事实上，很多小型戈的内部并不明显，和圭很难区别。20世纪50年代在上村岭虢国墓地出土400多件石戈，其中既有内部明显者，也有在援、内交界处的两侧各刻出一凹槽以显示援、内者，更有援、内不分而呈圭状者，由此发掘者认为"圭、璋可能即从石戈演变而来"[3]；夏鼐先生也认为"玉圭……实际上是武器类的戈，仅柄部不显明区分"[4]。因此从本质讲戈与圭并无区别，两者仅存在着制作工艺上区别，简言之，圭就是简化了内部的戈。而有内部的"戈"和无内部的"圭"在很多墓葬中共存，如虢国墓地M2011外棺盖板上整齐叠放着小石戈和小石圭87件，它们"方向一致，周围有苇编与木灰痕，原应有盛装或包裹在某种箱匣之内"[5]，由此也可证明这些所谓的石圭和石戈并无根本的区别（图二）。

那么，戈与圭为何异名而同实就是一个值得考虑的问题。"戈"的名称在周代文献中很常见，如：

《尚书·牧誓》："称尔戈，比尔干，立尔矛，予其誓。"

《诗·秦风·无衣》："修我戈矛，与子同仇。"

---

① 孙庆伟：《西周玉圭及相关问题的初步研究》，《文物世界》2000年第2期。在该文中作者将历代学者的观点归纳为四个系统：《说文》系统、郑注《周礼》系统、汉碑画系统和吴大澂《古玉图考》系统。

② 夏鼐：《商代玉器的分类、定名和用途》，《考古》1983年第5期。

③ 中国科学院考古研究所：《上村岭虢国墓地》，科学出版社，1959年，图版叁拾，第20页。

④ 夏鼐：《商代玉器的分类、定名和用途》，《考古》1983年第5期。

⑤ 河南省文物考古研究所、三门峡市文物工作队：《三门峡虢国墓》（第一卷），文物出版社，1999年，第320页。

很显然，这些戈都是指实用的铜戈；玉戈不可能用于实战，而当是礼仪用器。在周代，当某种日常用器被用于礼仪和宗教场合时，它们通常被赋予新的名称，这在《礼记·曲礼下》罗列有多项，如："凡祭宗庙之礼，牛曰一元大武，豕曰刚鬣，豚曰腯肥，羊曰柔毛，鸡曰翰音，犬曰羹献，雉曰疏趾，兔曰明视；脯曰尹祭，槀鱼曰商祭，鲜鱼曰脡祭；水曰清涤，酒曰清酌，黍曰薌合，粱曰薌萁，稷曰明粢，稻曰嘉蔬，韭曰豐本，盐曰鹹鹾；玉曰嘉玉，币曰量币。"

由此推断，当一件形状为"戈"的瑞玉完成后，为区别于其日常用器以示珍重，故被赋予新名而称为"圭"。

玉圭（含"玉戈"，下同，不再注明）在西周墓葬中大量出现，但如果抛开器形上的细微差别不论，则西周时期的玉圭大致可以分为两类：一类是器体长度超过20厘米的大型玉圭；另一类则是器体长约10厘米的小型玉圭。毫无疑问，西周时期的瑞圭只能从前一类器物中寻求，而事实上，据作者的统计，这种大型玉圭主要见于周王

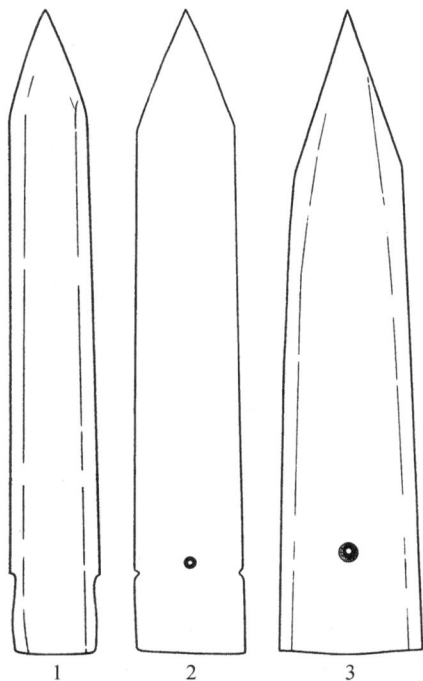

图二 戈与圭形制比较
1. M2011：352（有明显内部）
2. M2011：353（刻槽显示内部）
3. M2011：430（省略内部）

朝大夫和列国诸侯这一级别的贵族墓中，另有少量的列国大夫级贵族墓也见使用[1]。

这类大型玉圭在西周墓葬中的分布也很有规律，大抵见于两处：一是棺椁之间或棺椁盖板上；二是墓主的胸腹部。见于棺椁之间或棺椁盖板上者，通常数量较多，而且多与鸟形的薄铜片伴出，此类圭鸟组合的器物前人或称为"山"字形器、或称为椁饰，皆误，它们其实就是周代特有的丧葬用器翣的首部[2]（图三）。而见于墓主胸腹部者，不仅没有鸟形铜饰，而且多数情况仅有一件，那么，这一类的玉圭，即使并不一定就是周王所赐的命圭，但将其视为墓主身份地位象征的瑞信也不至大谬（图四）。

2. 册命礼中的其他赏赐玉器

"命"与"锡"是密不可分的，故凡册命必有赏赐。《韩诗外传》载天子赐诸侯之有德者："一锡车马，再锡衣服，三锡虎贲，四锡乐器，五锡纳陛，六锡朱户，七

---

① 孙庆伟：《周代墓葬所见用玉制度研究》，北京大学考古文博学院博士学位论文，2003年，第149页。

② 孙华：《中山王𰻝铜器四题》，《文物春秋》2003年第1期；孙庆伟：《周代墓葬所见用玉制度研究》，北京大学考古文博学院博士学位论文，2003年，第143～148页。

图三　周代的翼首
1. 日本出光美术馆藏品　2. 上村岭虢国墓地M1706：255

锡弓矢，八锡鈇钺，九锡秬鬯。"①考之周代的册命金文，可知上述记载当有所本，但不似礼家所言之整齐划一。除了上述赐物和前文所讨论的命圭，周代册命礼中尚有其他赏赐的玉器，这在周代册命金文中颇见其例，如毛公鼎铭载王册命毛公时的赐物包括"裸圭瓒宝"和"玉环玉璲"，番生簋盖铭文记王赐番生"玉环玉璲"，师询簋铭文载王赐师询"圭瓒"，卯簋盖铭则记荣伯册命卯并赐他"瓒璋四瑴"。

　　毛公鼎所谓的"裸圭瓒宝"其实就是师询簋的"圭瓒"，而卯簋盖的"瓒璋"实即文献中常见的璋瓒，两者都是周代重要的裸器。关于其形制功能，文献中有很多记载，如：

　　《诗·大雅·旱麓》："瑟彼玉瓒，黄流在中。"毛传："玉瓒，圭瓒也。"郑笺："圭瓒之状，以圭为柄，黄金为勺，青金为外，朱中央也。"

　　《左传·昭公十七年》："郑裨灶言于子产曰：'宋、卫、陈、郑将同日火。若我用瓘斝玉瓒，郑必不火。'"杜预注："瓘，珪也。斝，玉爵也。瓒，勺也。"

　　《礼记·祭统》："君执圭瓒裸尸，大宗执璋瓒亚裸。"郑玄注："圭瓒、璋瓒，裸器也。"

　　《周礼·春官·典瑞》："裸圭有瓒，以肆先王，以裸宾客。"郑玄注："郑司农云：'于圭头为器，可以挹鬯裸祭，谓之瓒。'"

　　《周礼·考工记·玉人》："裸圭尺有二寸，有瓒，以祀庙。"郑玄注："瓒如盘，其柄用圭，有流前注。"《玉人》又载："大璋、中璋九寸，边璋七寸，射四寸，厚寸，黄金勺，青金外，朱中，鼻寸，衡四寸，有缫，天子以巡守，宗祝以前马。"郑玄注："三璋之勺，形如圭瓒。"

① 屈守元：《韩诗外传笺疏》卷八，巴蜀书社，1996年，第698页。

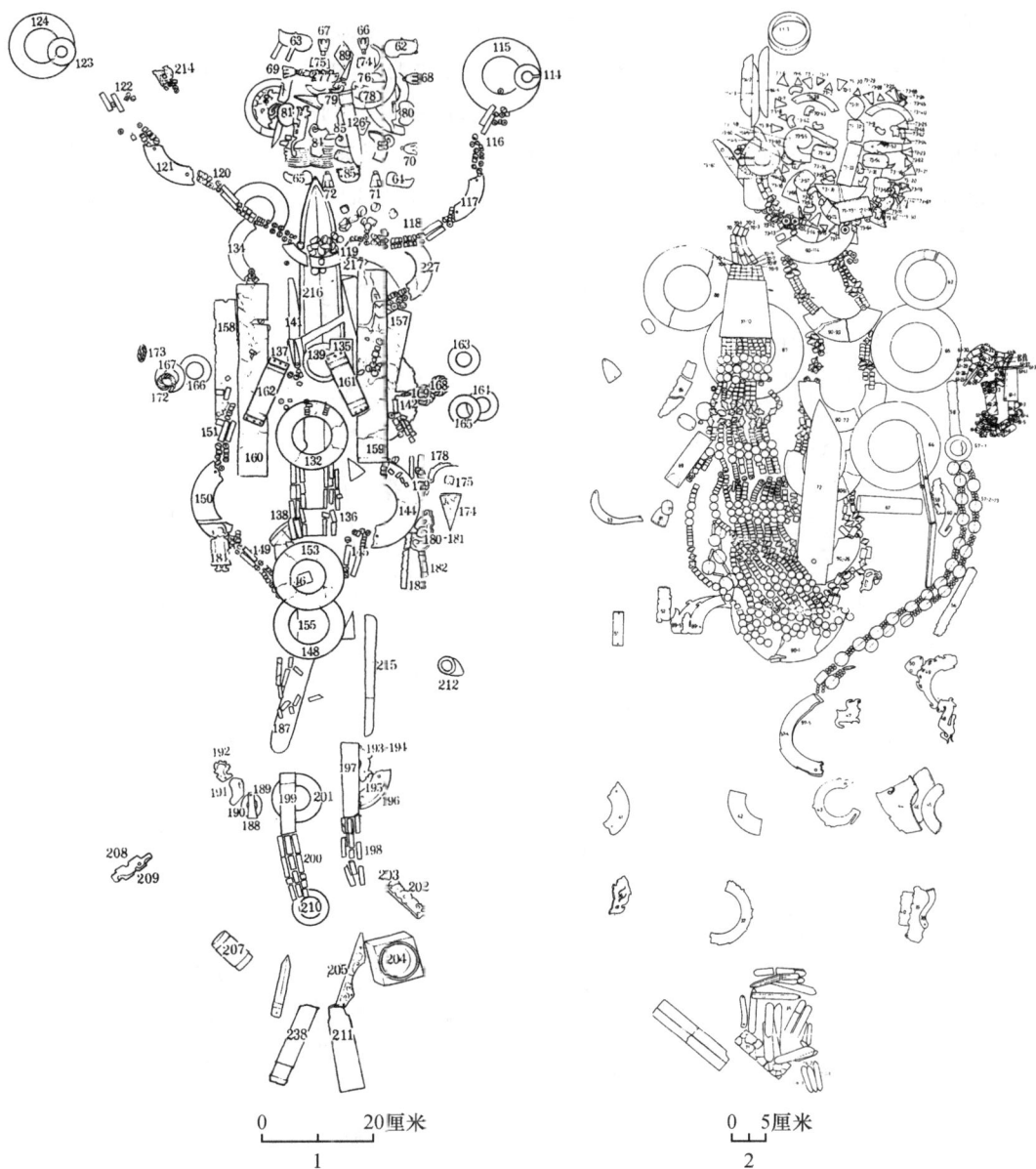

图四 墓主胸腹部所见的瑞圭
1 晋侯墓地M8 2. 晋侯墓地M31

据上引相关文献记载，圭瓒和璋瓒各由柄和勺两部分组成，柄为玉质而勺为金（铜）质；以玉圭为柄者称为圭瓒，以玉璋为柄者则称为璋瓒。不过从考古资料来看，以玉为器物之柄，在周代是罕见的，所以笔者曾经推测所谓的圭瓒和璋瓒或可能是指瓒的柄部呈圭形或璋形，而并不是说分别以玉圭、玉璋为瓒的柄部[①]；而柄部呈圭状的铜斗、铜勺类器物在西周时期是十分常见的，如扶风庄白一号铜器窖藏就出土数件[②]（图五）。

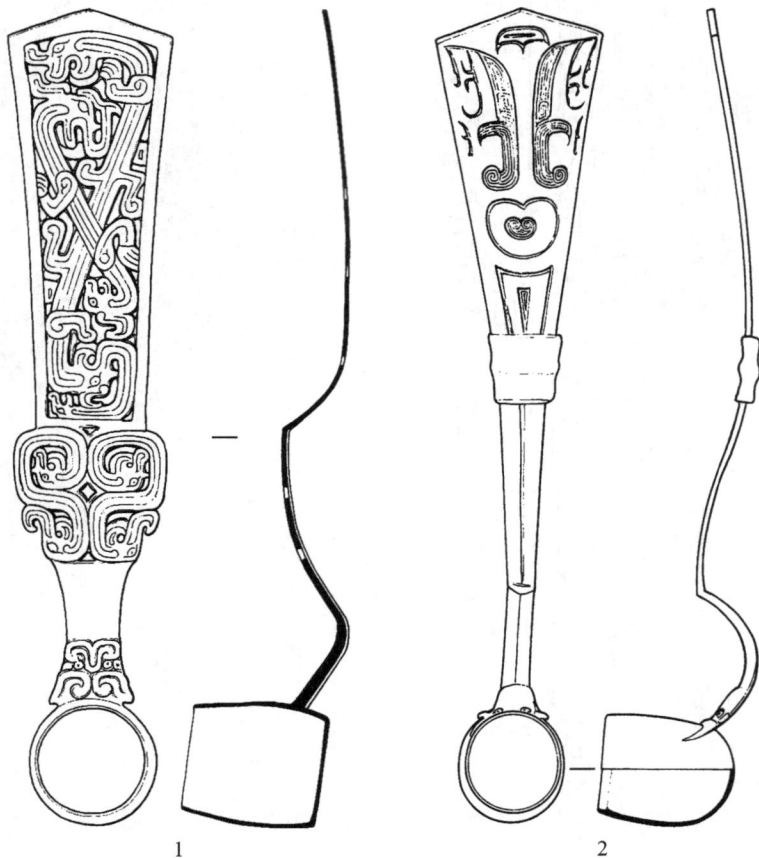

图五　扶风庄白一号铜器窖藏出土铜斗

1. 76FZH1 ∶ 101　　2. 76FZH1 ∶ 99

① 孙庆伟：《周代金文所见用玉事例研究》，《古代文明》（第3卷），文物出版社，2004年；孙庆伟：《周代裸礼的新证据——介绍震旦艺术博物馆新藏的两件战国玉瓒》，《中原文物》2005年第1期。

② 北京大学考古文博学院、北京大学古代文明研究中心、陕西省宝鸡市文物局等：《吉金铸国史——周原出土西周青铜器精粹》，文物出版社，2002年，第208～221页，第29～32器。按，这类铜斗、铜勺是否就是周代的"瓒"，目前学术界还有不同意见，笔者在上引《周代金文所见用玉事例研究》一文有罗列和分析。退一步来说，即使这些铜斗、勺不是"瓒"，但至少可以为我们了解"瓒"的形制提供某些参考。

毛公鼎和番生簋所载的玉环是周代常见的佩饰用器，而天子或诸侯赐臣属以玉环在周代并不罕见，如《左传》的《昭公四年》和《昭公三十二年》就分别记载鲁昭公赐仲壬和子家子玉环。

《尔雅·释器》谓："肉倍好，谓之璧。好倍肉，谓之瑗。肉好若一，谓之环。"但如据此标准鉴别出土器物中的璧、瑗、环，学者常感束手无策，以致夏鼐先生主张将此三者总称为璧环类，或简称为璧[1]。经对若干周代玉器"肉""好"比例的测定，笔者认为周代玉环孔径与器径之比大致为1：2，玉璧的孔径与器径之比约为1：3，而"瑗"则可能是后起的名称[2]；此外，"瑗"除了用作器名外，它也是某种玉料的专称，如《广韵》就释'瑗'为"玉名"。综合考古和文献资料，可知《尔雅·释器》对璧、瑗、环的划分不甚可靠。

毛公鼎和番生簋两器铭所载的"玉瑹"乃唐兰先生所隶定，唐先生并以"玉瑹"为诸侯所执之笏[3]。据文献记载，周代天子、诸侯、大夫各有所执之笏，但同物而异名，如：

《大戴礼记·虞戴德篇》："天子御珽，诸侯御荼，大夫服笏。"

《礼记·玉藻》："天子搢珽，方正于天下也。诸侯荼，前诎后直，让于天子也。大夫前诎后诎，无所不让也。"郑注："诎，谓圜杀其首，不为椎头。诸侯唯天子诎焉，是以谓笏为荼。大夫，奉君命出入者也，上有天子，下有己君，又杀其下而圜。"

《左传·桓公二年》杜预注："珽，玉笏也，若今吏之持薄。"

《说文·玉部》："珽，大圭，长三尺，杼上终葵首。"

《广雅·释器》："瑹、珽，笏也。"

如果"玉瑹"确如唐兰先生所释，倒可以和上文所讨论的周代命圭制度相呼应，但另一方面，释"瑹"为圭，也有与情理不通之处。因为命圭乃被册命者身份地位的象征，为其最重要的瑞器，那么它在毛公鼎和番生簋两器铭罗列的赐物中无疑当居于前列，又如何能够屈身于玉环这样的佩饰用器之后？唐兰先生注意到两器铭中"玉环玉瑹"均与"朱芾葱衡"相连，所以他以玉环为系在衡上的玉佩，而玉瑹则是插在大带或腰带上的笏。但从"瑹"在两器铭所赐之物的位置考之，它应是和玉环一样系在衡上的饰物而不太可能是王所赐的瑞圭。事实上，在文献中"瑹"也有他解，如《广韵》："瑹，美玉名。"《集韵》也谓："瑹，美玉。"按古人对于玉料的鉴别颇为注重，所以《说文·玉部》不仅有"璿""琳"等"美玉"，但也有"石之次玉"和

---

① 夏鼐：《商代玉器的分类、定名和用途》，《考古》1983年第5期。

② 孙庆伟：《周代墓葬所见用玉制度研究》，北京大学考古文博学院博士论文，2003年，第180～182页。

③ 唐兰：《毛公鼎"朱韨、葱衡、玉环、玉瑹"新解——驳汉人"葱珩佩玉"说》，原载《光明日报》1961年5月9日，收入《唐兰先生金文论集》，紫禁城出版社，1995年，第86～93页。

"石之似玉"者多种。所以综合来看，毛公鼎和番生簋铭文中的"璲"应按《广韵》《集韵》释作"美玉"或是以美玉制作的某种佩饰用器为妥。其实，不唯"璲"是一种美玉之名，在《说文·玉部》被释作"大圭"的"珽"在《广韵》中也被释为"玉名"。据此我们似可以推测周代的圭惯用"珽"和"璲"一类的玉料制作，以致这类瑞圭又可称为"珽"和"璲"。

在目前所见的周代金文中，因册命而赐玉的事例仅上引四例，严格上讲，圭瓒和璋瓒还不能算作玉器，而玉环、玉璲又仅见于毛公鼎和番生簋，而毛公、番生所获赐物中有少许的佩饰用玉可能和其格外尊崇的地位相关，所以总体而言，周代册命不以赐玉为通例。

3. 册命礼中被册命者的堇玉

在周代册命礼中，被册命者在"受（命）册佩以出"之后有固定的"反入堇章"的仪节，这是研究周代册命制度者都注意到的问题。如在西周晚期铜器颂鼎、颂簋、颂壶以及善夫山鼎的铭文中，都记载颂和山在受王册命后"反入堇章"；再如《左传·僖公二十八年》记晋文公受命后"受册以出，出入三觐"，郭沫若认为其礼即等同于颂鼎的"受命册佩以出，反入堇章"[①]；而据陕西宝鸡眉县杨家村铜器窖藏出土的四十三年逨鼎铭文，作器人逨在受王命后"受册佩以出，反入堇圭"[②]。

上引西周铜器铭文中被册命者"反入堇圭"与"反入堇章"之间的区别是一个值得注意的问题。张光裕先生在讨论金文中的册命之典时曾经指出："……圭是最贵重的符信，故多为对地位尊贵者或地位尊贵者本身所执用。使用璋之身份较低，或对身份较低者所用……因此觐见天子时或因受册命而觐见，其'执圭'与'执璋'的不同，无非也是表示身份之高下，以及礼的差异而已。"[③]如果仔细考察颂鼎、善夫山鼎和四十三年逨鼎铭文所揭示出此三人的身份地位，则张氏此说似可以作进一步的界定——在颂、山和逨三人中，逨的职掌是"官司歷人"，属于司寇一类的人物，大致可以归入大夫一级的贵族；而山为膳夫，颂的职掌近于膳夫山而略轻，其地位都是士级贵族，由此或可以推断在西周时期圭为大夫的瑞器，而璋为士人所执[④]。

关于西周和春秋时期周王赐予臣属"命圭"而臣属向周王"堇璋""堇圭"的实质，有学者认为就是相关文献如《国语·晋语九》所说的"策名委质"——周王的赐

---

① 郭沫若：《两周金文辞大系图录考释》（下），上海书店出版社，1999年，第73页。

② 陕西省文物局、中华世纪坛艺术馆：《盛世吉金——陕西宝鸡眉县青铜器窖藏》，北京出版社，2003年，第56、57页；陕西省考古研究所、宝鸡市考古工作队、眉县文化馆联合考古队：《陕西眉县杨家村西周青铜器窖藏》，《考古与文物》2003年第3期。

③ 见前揭张光裕《金文中册命之典》一文。

④ 孙庆伟：《说周代册命礼中的"反入堇璋"和"反入堇圭"》，《古代文明研究通讯》2004年总第23期。

圭为"策名（命）"，臣属的蓳玉为"委质"；而正是通过此种方式，周代的君臣关系得以确立①。从这个角度审视，则周代册命礼中的用玉行为所蕴含的礼仪意味可谓浓厚。

二、祭 祀 用 玉

"国之大事，在祀与戎"（《左传·成公十三年》），祭祀在周代社会生活中占有举足轻重的地位。周代祭祀的对象，《周礼·春官·大宗伯》概括为天神、地示、人鬼三大系统，如其中叙述大宗伯之职乃是"掌建邦之天神、人鬼、地示之礼，以佐王建保邦国"。而考之《诗经》的祭祀诗篇，可知《周礼》的这种概括是符合周代史实的②。

任何一种祭祀，其目的都是为了沟通神人。周代祭祀遵循"尚臭"的原则，即通过气味来感召神灵，这在《礼记·郊特牲》中有明确的记载："有虞氏之祭也，尚用气。血、腥、爓祭，用气也。殷人尚声，臭味未成，倏荡其声。乐三阕，然后出迎牲。声音之号，所以诏告于天地之间也。周人尚臭，灌用鬯臭，郁合鬯，臭阴达于渊泉。"不过，因祭祀对象的不同，在具体的沟通方式上也还存在着差异，那么祭祀使用玉器的方法和器类也各有特点。以下分别予以讨论。

1. 祭祀天神的用玉

按《周礼》的记载，周代祭祀天神主要有禋祀、实柴和槱燎三种方法，如《春官·大宗伯》曰："以禋祀祀昊天上帝，以实柴祀日、月、星、辰，以槱燎祀司中、司命、风师、雨师。"郑玄注曰："禋之言烟，周人尚臭，烟，气之臭闻者。槱，积也。诗曰'芃芃棫朴，薪之槱之。'三祀皆积柴实牲体焉，或有玉帛，燔燎而升烟，所以报阳也。"由郑注可知，如果抛开禋祀、实柴和槱燎可能存在的差别不论，则此三者都是通过积柴燔燎而使烟气上达于神这一方法来祭祀的，故《尔雅·释天》迳言"祭天曰燔柴"。

这种燔燎的祭祀方法所需之物共有三类：柴薪、牺牲和玉帛。柴薪是燃料，其中并无宗教上的含义，如《诗·大雅·棫朴》说"芃芃棫朴，薪之槱之"，是以棫树、朴树为柴薪；《大雅·旱麓》说"瑟彼柞棫，民所燎矣"，则是以柞树、棫树为燔燎之物。

---

① 杨宽：《"贽见礼"新探》，《古史新探》，中华书局，1965年，第338~370页。
② 孙庆伟：《周代祭祀及其用玉三题》，《古代文明》（第2卷），文物出版社，2003年，第213~229页。

　　在禋祀等燎祭中，只有牺牲和玉帛是燔燎的对象。燔燎牺牲的目的主要是取其臭，将牺牲置于柴薪上燔燎，其状况大致相当于今天的烤肉，自然香气四溢。

　　燔燎用玉，则和玉气的洁净有关。周人祭祀特别强调祭祀的洁净，不洁之祀，不如不祀，如《说文》就释"禋"为"絜祀也。一曰精意以享为禋。"《诗·小雅·楚茨》也特别强调祭祀时"絜尔牛羊"。在周代，玉被视为"精物"，乃是最为润洁之物，燔燎牺牲所产生的"臭"掺杂着玉的润洁之气，正可以满足祭祀在"臭"和"絜"这两方面的要求。

　　当然，无论是牺牲还是玉帛，不仅为祭祀提供了气臭，它们同时也是贡献给祭祀对象的礼神之物。至于祭祀时用何种玉器燔燎，因"玉石俱焚"的缘故而很难见到其实物，而只能从有关文献记载和考古发现中探寻，如《诗·大雅·云汉》是周宣王祭天祈雨之诗，其首章诵曰："靡神不举，靡爱斯牲。圭璧既卒，宁莫我听？"由此可知宣王以圭、璧为燔燎之器；又，《公羊传·僖公三十一年》何休注云："燎者，取俎上七体，与其圭宝，在辨中置于柴上烧之。"这又是仅以玉圭为燔燎的对象；而《吕氏春秋·季冬纪》高诱注云："燎者，积聚柴薪，置璧与牲于上而燎之，升其烟气。"则以璧为所燎之玉。

　　考古资料中，则以山东地区的两处发现最为重要。一例是1975年在山东烟台芝罘出土两组玉器，各有圭1、璧1、觿2，有研究者推测为秦始皇祭祀"阳主"的遗存[1]；另一例则是1979和1982年在山东荣成市的成山头发现的两组玉器，其中一组包括谷纹璧1、素面圭2，另一组则有双身龙纹玉璧1、谷纹璜（珩）和素面玉圭各1件，此两组玉器的性质，有研究者推测它们分别是秦皇汉武祠日的遗物（图六）[2]。但需说明的是，即使上述玉器确是祀日的遗迹，但它们是瘗埋的结果，而非燔燎的残余；虽然祭祀方法有异，但据此也可窥周代祭祀天神用玉之一斑。

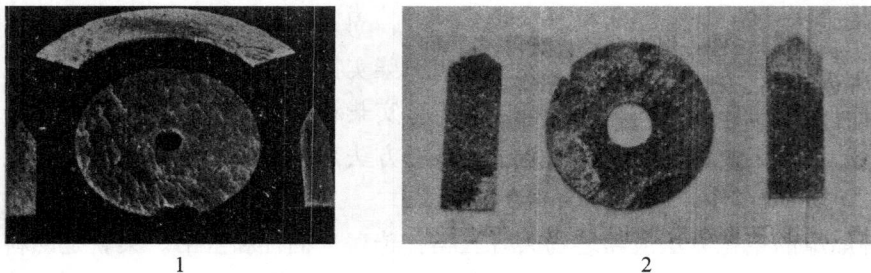

图六　成山玉器
1. 1979年发现的A组玉器　2. 1982年发现的B组玉器

①　烟台市博物馆：《烟台市芝罘岛发现一批文物》，《文物》1976年第8期。
②　王永波：《成山玉器与日主祭——兼论太阳神崇拜的有关问题》，《文物》1993年第1期。

2. 祭祀地示的用玉

和祭祀天神类似，周代祭祀地示时也包括略有差别的祭法三种，《周礼·春官·大宗伯》说："以血祭祭社稷、五祀、五岳，以狸沈祭山、林、川、泽，以疈辜祭四方百物。"简而言之，血祭、狸沈和疈辜这三种祭法的核心都是通过瘗埋牲玉于坎或沉牲玉于川泽来祭祀神灵的，所以《尔雅·释天》概括为"祭地曰瘗埋"。

这种埋沉之法，在传世和出土文献中有很多的证据，其中《左传》最为多见，这里称引几条重要的记载：

文公十二年："秦伯（秦康公）以璧祈战于河。"

襄公十八年："晋侯（晋平公）伐齐，将济河，献子以朱丝系玉二瑴，而祷曰'齐环怙恃其险，负其众庶，弃好背盟，陵虐神主。曾臣彪将率诸侯以讨焉，其官臣偃实先后之。苟捷有功，无作神羞，官臣偃无敢复济。唯尔有神裁之。'沈玉而济。"

襄公三十年："八月甲子，（游吉）奔晋。驷带追之，及酸枣。与子上（驷带）盟，用两圭质于河。"

昭公二十四年："冬十月癸酉，王子朝用成周之宝圭于河。"

在出土资料中则以两件"秦骃祷病玉版"最为重要。玉版上的朱书文字，经过李零先生的考释，大体可以通读[1]。其文记载秦骃因长期身患重病而往华山祭祀，故"秦骃敢以介圭、吉璧吉纽，以告于华太山"，而在秦骃"能自复如故"后再次到华山还愿，其祭祀所用之物，是"用牛牺贰，其赤七，□□□及羊、豙，路车四马，三人壹家，壹璧先之。□□用贰牺、羊、豙，壹璧先之"。而据考证，祭祀者秦骃就是秦惠文王；而"复（覆）华大山之阴阳"的祭祀方法，实即把玉和牺牲等祭祀用品同时掩埋在华山的南北[2]。

除此之外，同属秦系文字的三篇诅楚文也是祭祀地示时有埋沉之法的重要证据，据郭沫若的考释，此三篇文字开首均是"又秦嗣王敢用吉玉宣璧，使其宗祝邵鼛布憨告于丕显大神厥湫（亚驼、巫咸）"[3]，这里的"吉玉宣璧"显然就祭祀所用的沉玉而言。

沉于川泽的玉器，当然无迹可寻；但埋于祭祀坑中的玉器，考古发现中则不乏其例，仅在晋都新田附近就有以下多处：如1965年在浍河北岸发掘的侯马盟誓遗址[4]以及

---

① 李零：《秦骃祷病玉版研究》，《中国方术续考》，东方出版社，2000年，第451～474页。

② 李家浩：《秦骃玉版铭文研究》，《北京大学中国古文献研究中心集刊》（2），北京燕山出版社，2001年，第99～128页。

③ 郭沫若：《诅楚文考释》，《郭沫若全集·考古编》（第9卷），科学出版社，1982年，第295～298页。

④ 山西省文物工作委员会：《侯马盟书》，文物出版社，1976年，第11～24页。

近年在侯马西南张①、新田路②、虒祁③、西高村④等地所发掘的晋国祭祀遗址，均见瘗埋有牺牲和玉器的祭祀坑；而在天马–曲村遗址发掘的58座战国祭祀坑中，埋有玉器者共计12座⑤。

如果将考古所见祭祀用玉和相关出土文献进行比较，则有两点现象值得注意：

其一，上述周代祭祀坑中出土的祭祀用玉种类较多，举凡圭、璧（包括发掘者所言的瑗和环）、璜、珩、珑（龙形佩）、玦甚至于残玉片和边角废料均可用作祭玉；而在包山楚墓M2出土的简书中，则明确指出以环、少环、玦、璧和琥等玉器献祭于太、后土、司命、司祸、大水、二天子和峗山等天神和地示⑥，两者显现出一定程度上的呼应。

其二，侯马和曲村等地祭祀坑出土的玉器或见于祭祀坑底部的小龛中，或置于同坑所埋牺牲的底部，这种现象表明在瘗埋牲玉时必然是先放置玉器，然后才将牺牲置于坑中（图七）；而有意思的是，秦骃祷病玉版记载掩埋牲玉时特别强调"壹璧先之"，而后才是各类牺牲。因为周人在馈赠礼物时常以轻物为先⑦，而祭祀献神在本质上也是一种馈赠，所以祭祀用品放置的先后次序就非无意义的，而是反映了在上述祭祀中礼神用玉的重要性并不及同时所用的牺牲。

3. 祭祀人鬼的用玉

所谓的"人鬼"就是祖先神。在《诗经》的祭祀诗篇中，以祖先神为祭祀对象者占相当的比例⑧，而周代金文所见的祭祖礼则多达20余种⑨。周人尤其重视对祖先神的祭祀，这是由周代高度发达的宗法制度所决定的。

《周礼·春官·大宗伯》："以肆献祼享先王，以馈食享先王，以祠春享先王，以禴夏享先王，以尝秋享先王，以烝冬享先王。"郑注："宗庙之祭，有此六享……

① 山西省考古研究所侯马工作站：《侯马西南张祭祀遗址调查试掘简报》，《三晋考古》（第一辑），山西人民出版社，1994年，第208～212页。

② 李永敏：《侯马市省建一公司晋都新田祭祀遗址》，《中国考古学年鉴·2001》，文物出版社，2002年，第122页。

③ 范文谦、王金平：《侯马市虒祁东周遗址和战国至汉代墓地》，《中国考古学年鉴·2001》，文物出版社，2002年，第122、123页。

④ 谢尧亭、王金平：《山西侯马西高祭祀遗址》，《2001中国重要考古发现》，文物出版社，2002年，第62页。

⑤ 北京大学考古学系商周组、山西省考古研究所：《天马–曲村（1980～1989）》，科学出版社，2000年，第983～993页。

⑥ 陈伟：《包山楚简初探》，武汉大学出版社，1996年，第176页。

⑦ 杨伯峻：《春秋左传注》（修订本），中华书局，1990年，第1045、1046页。

⑧ 参看前揭拙作《周代祭祀及其用玉三题》。

⑨ 刘雨：《西周金文中的祭祖礼》，《考古学报》1989年第4期。

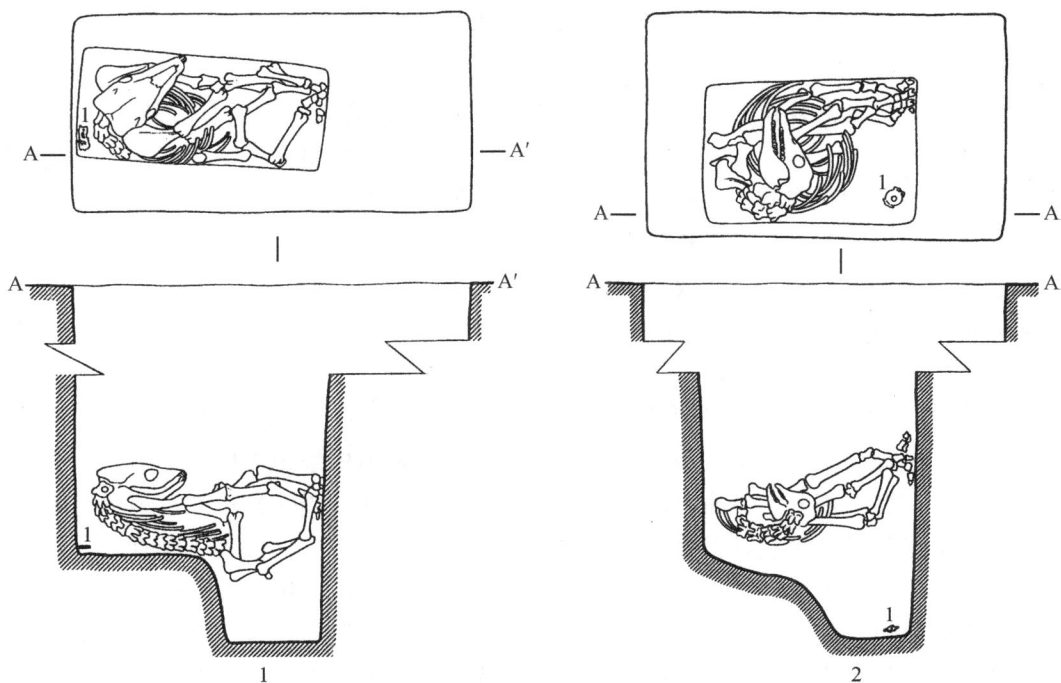

图七 曲村遗址祭祀坑祭祀用玉和牺牲出土情况
1. 祭祀坑M6588（坑内所标数字1为玉龙） 2. 祭祀坑M6577（坑内所标数字1为玉璧）

肆者，进所解牲体，谓荐孰时也。献，献醴，谓荐血腥也。裸之言灌，灌以鬯鬯，谓始献尸求神时也。"贾公彦疏："此六者皆言享者，对天言祀，地言祭，故宗庙言享。享，献也，谓献馔具于鬼神也。"

《诗·小雅·天保》："禴祠烝尝，于公先王。"毛传："春曰祠，夏曰禴，秋曰尝，冬曰烝。"禴祠烝尝，即周代宗庙的岁四时祭。董仲舒《春秋繁露·四祭篇》曰："古者岁四祭。四祭者，因四时之所生熟而祭其先祖父母也。"

从上述文献记载可知，周人在宗庙祭祀祖先神时所用物品主要是牺牲、酒醴和四季的应季食品而不须献玉。至于其中的原因，《周礼·春官·大司乐》贾公彦疏有明确解释，贾氏言："礼之以玉，据天地；而裸焉，据宗庙。以《小宰》注'天地大神，至尊不裸'，又《玉人》《典瑞》《宗伯》等不见有宗庙礼神之玉，是以知礼之以玉据天地，则苍璧礼天，黄琮礼地是也，而裸焉据宗庙，肆献裸是也。"由贾疏可知，因祭祀人鬼时有灌鬯而用九献，而祭祀天神、地示时均无灌鬯用七献，故祭天神、地示别有礼神之玉，祭人鬼时则否。

周代祭祀人鬼与祭祀天神、地示用玉上的差异，在某些考古资料中得到一定程度的证实。如据包山M2出土简书的记载，墓主用于祭祀的祭品共有玉饰、衣冠、酒食和牺牲等四类，但玉饰均用于天神、地示而不及人鬼，反之，酒食多用于人鬼而基本不献祭于其他神祇①。然而，在传世和出土文献资料中也可以见到祭祀人鬼用玉的若干例证，兹举三例：

《尚书·金縢》载武王有疾，而周公"植璧秉珪，乃告太王、王季、文王"。

《左传·哀公二年》记载铁之战时，卫太子蒯聩临阵畏惧而祷曰："曾孙蒯聩敢诏告皇祖文王、烈祖康叔、文祖襄公……敢告无绝筋，无折骨，无面伤，以集大事，无作三祖羞。大命不敢请，佩玉不敢爱。"

江陵望山一号楚墓出土简文中有多例祭祀人鬼用玉的记载，如简28"享归佩玉一环柬大王"，简106"归玉柬大王"，简109"圣亘王、邵王各佩玉一环，东宅公佩玉一环"②。

周人祭祀祖先神通常是在宗庙中完成的，上引《周礼·春官·大宗伯》所说的"六享"均是如此，至于周代有无墓祭——即是否在墓地中祭祀人鬼，却是一个有争议的问题。按照《周礼·春官·冢人》的记载以及郑玄注，周代虽有在墓地举行的祭祀活动，但是为了掘地造墓而祭祀后土之神。如《冢人》曰："大丧，既有日，请度甫竁，遂为之尸。"郑玄注："为尸者，成葬为祭墓地之尸也。郑司农云：'既有日，既有葬日也。始竁时，祭以告后土，冢人为之尸。'"《冢人》贾公彦疏也说："是墓新成，祭后土。"20世纪80年代，杨宽先生对此问题做了系统的考察，认为传统的"古不墓祭"说是真实可靠的，但同时也指出在遇到某些紧急事故如国家危亡时，周人也有在墓地祭祀祖先的礼仪，但这种墓祭制度的出现时间要晚在春秋战国之际③。近年来，由于晋侯墓地的数组墓葬均发现祭祀坑（图八），李伯谦先生据此认为

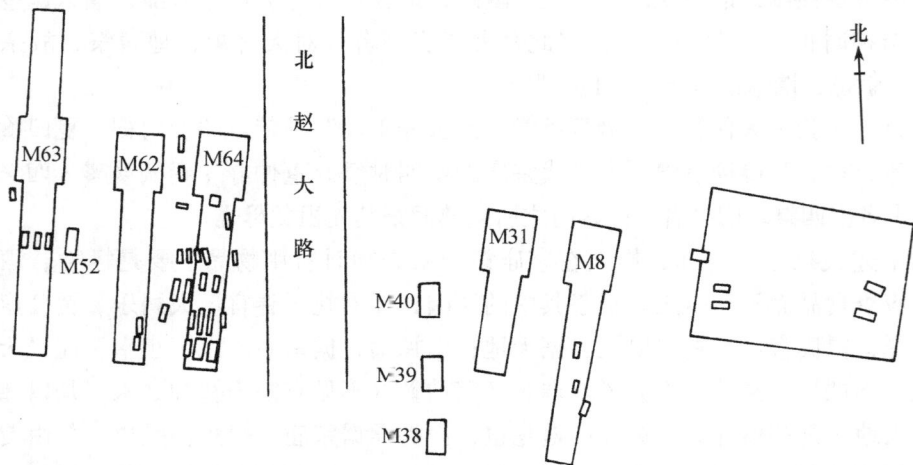

图八　晋侯墓地M8、M31组及M64、M62、M63组墓葬祭祀坑分布图

---

① 陈伟：《包山楚简初探》，武汉大学出版社，1996年，第174～176页。

② 朱德熙、裘锡圭、李家浩：《望山1、2号墓竹简铭文与考释》，《江陵望山沙冢楚墓》，文物出版社，1996年，第239、243页。

③ 杨宽：《中国古代陵寝制度史研究》，上海古籍出版社，1985年，第116页。

这些祭祀坑"不仅证明西周时期确实存在墓祭,而且证明有专门针对某一特定墓主举行的活动"①。

正如李伯谦先生所言,从晋侯墓地祭祀坑的分布情况来看,这些祭祀坑的祭祀对象只能是某一特定的墓主而不会是后土。而在其中的部分祭祀坑则瘗埋有玉器,所见的器类有戈、璧、琮、璇玑(牙璧)等,某些玉器则与马、人等牺牲伴出,这些新资料是西周祭祀人鬼用玉的又一确凿证据。当然,目前所见的西周祭祀坑数量远少于西周墓葬,一些高等级的墓地如辛村卫国墓地、琉璃河燕国墓地、宝鸡弪国墓地、张家坡井叔墓地均未见和墓葬时代一致的祭祀坑,这又反映出西周时期在墓地祭祀祖先神的行为确实具有一定的偶然性,那么,以玉来祭祀人鬼在当时也自然是偶发的。

4. 祭祀过程中用来书写祷辞的玉简、玉版、玉圭和玉璋

任何一种祭祀都是为了沟通神人,也就是要将祭祀者的愿望和希冀通过言语或文字的方式告知被祭祀的神灵,如《尚书·金縢》记载周公告"太王、王季、文王"的祝词就是书于"册"的,而周公在祷告完毕后还"乃纳册于金縢之匮中"。而有证据表明,在周代这种祷辞多书写在条形玉片上,对此李零先生已经有过详考②。这类条形玉片或称为简,如河南辉县固围村M1的祭祀坑中就出土无字玉简50枚;或称版,如李零先生考证命名的秦骃祷病玉版;或为圭,如山西侯马和河南温县出土的盟书就多载于玉圭,据《周礼·秋官·司盟》及郑玄注,周代举行盟誓时需书写"载书"两份,一份和牺牲同埋于坎,而另一份则藏在盟府以存档,侯马出土者即是举行盟誓时埋于坎者③;或为璋,如著名的诅楚文就自言"箸(书)者(诸)石章(璋)"(图九)。而如李零先生所论,1931年在山东泰山蒿里山出土的唐玄宗、宋真宗禅地玉册以及后来道教所用的投龙玉简都是周代此类条形玉片的变体。毋庸置疑,相对于周代日常使用的竹简、木牍,此类玉质版牍在祭祀场合的使用,必然会增加祭祀所应具有的庄重和礼仪氛围。

三、相见礼中的用玉

周代贵族相见时有烦琐的礼仪,而相互之间馈赠礼物更是必备的仪节,而玉正是当时用来馈赠的礼物之一。以下分别就来宾对主人的赠予以及主人对来宾的回赠用玉作一探讨。

---

① 李伯谦:《从晋侯墓地看西周公墓墓地制度的几个问题》,《考古》1997年第11期。

② 参看前揭李零先生《秦骃祷病玉版研究》一文。

③ 《周礼·秋官·司盟》:"司盟掌盟载之法……既盟,则贰之。"郑玄注:"载,盟辞也。盟者书其辞于策,杀其牲血,坎其牲,加书于其上而埋之,谓之载书……贰之者,写副当以授六官。"

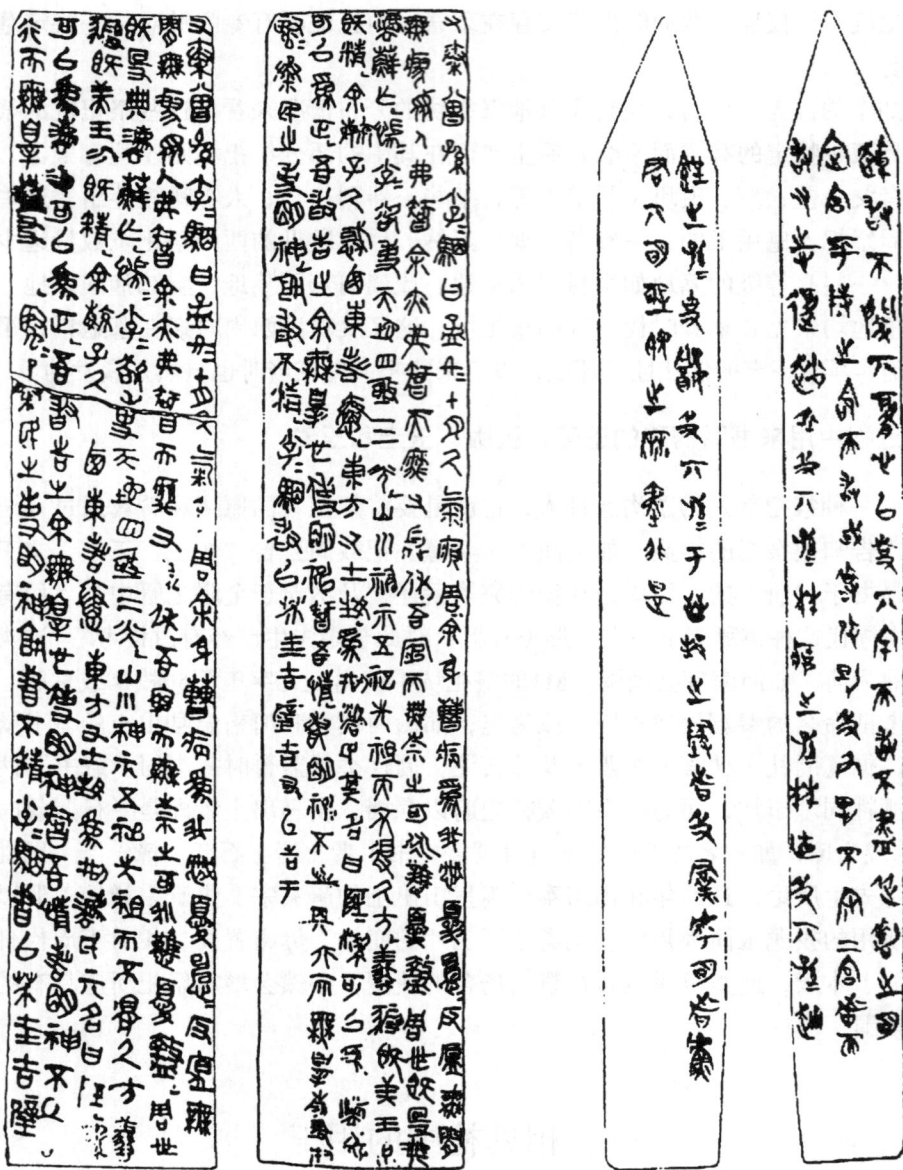

图九　玉版与玉圭

1.秦骃祷病玉版甲版、乙版正面铭文摹本　2.侯马盟书156∶1

1. 来宾的贽见用玉

在周代，来宾赠予主人的礼物统称为"挚"，《礼记·表记》载孔子之语曰："无辞不相接也，无礼不相见也。"郑玄注云："礼谓挚也。""挚"在文献中又作"贽"，所以有学者将这种来宾赠予主人礼物的礼仪统称为"贽见礼"①。

《左传·庄公二十四年》记载了鲁大夫御孙对周代男女贵族贽见用品的概括性描述："男贽，大者玉帛，小者禽鸟，以章物也。女贽，不过榛、栗、枣、脩，以告虔也。"

《礼记·曲礼下》的记载类似："凡贽，天子鬯，诸侯圭，卿羔，大夫雁，士雉，庶人之贽匹，童子委贽而退……妇人之贽椇、榛、脯、脩、枣、栗。"

考之周代的具体贽见事例，则御孙所谓"大者玉帛，小者禽鸟"的说法是有相当依据的。如《左传·定公八年》记载"公会晋师于瓦，范献子执羔，赵简子、中行文子皆执雁，鲁于是始尚羔"，这正表明范献子等晋卿向鲁定公行贽见礼时所用之物正是禽鸟等物。

西周的贽见用玉则多见于这一时期的铜器铭文中，兹举以下数例：

寓鼎：……寓献佩于王姒……

五年召伯虎簋：……余惠于君氏大璋，报妇氏束帛、璜……珊生则堇圭（于召伯虎）

六年召伯虎簋：……伯氏则报璧（于召伯虎）……

曶敖簋盖：……曶敖用报用璧用诏诣其佑子歆史孟……

觐礼其实也是贽见礼的一种，但它是最高级的贽见礼，贵族在觐见周王时就必备相关的玉器，《诗·大雅·韩奕》曰"韩侯入觐，以其介圭，入觐于王"，则韩侯觐礼所用之玉为其介圭；而裘卫盉则记载"唯三年三月既生霸壬寅王称旗于丰，矩伯庶人取堇章于裘卫，才八十朋……"，则矩伯为了觐见周王而从裘卫处换取了价值八十朋的玉璋，由此也可见玉乃高等级贵族相见时所必备之物。

上述贽见事例中所涉及的玉器包括圭、璋、璧、璜和佩等类，而《周礼·秋官·小行人》记载诸侯行觐礼时享天子、王后需要"合六币：圭以马，璋以皮，璧以帛，琮以锦，琥以繡，璜以黼"。两相比较，大致可以知道《小行人》的这种记载其实是《周礼》编撰者将周代贽见礼加以理想化、系统化的结果。

2. 主人对来宾的回赠——宾玉

礼尚往来，来而不往则非礼也。既然宾之于主有"贽"，那么主人对来宾必有回赠，如据上引的寓鼎铭文，在"寓献佩于王姒"之后，王姒就"赐寓曼丝"，王姒的

---

① 杨宽：《"贽见礼"新探》，《古史新探》，中华书局，1965年，第338～370页。

赏赐就是对寓的一种回赠。在西周时期，主人对来宾的这种回赠通常称为"宾"，对此王国维曾论曰："古者宾客至，必有物以赠之，其赠之之事谓之宾，故其字从贝，其义即礼经之傧字也……后世以宾为宾客字，而别造傧字以代宾字……宾则傧之本字也。"①而在西周金文中常见主人对来宾行"宾"礼的记载，如：

　　蒯簋：师黄宾蒯璋一马两，吴姬宾帛束……

　　大簋盖：睽宾豕璋、束帛……大宾豕馱璋、马两，宾睽馱璋、束帛……

　　史颂鼎：苏宾璋、马四匹、吉金……

　　在以上所列的"宾玉"事例中，虽然蒯、膳夫豕和史颂等人的职责各不相同，但他们都是王之使者，身份为宾，而被宣王命的师黄、吴姬、睽、大和苏则是主人，故均须对各自的来宾馈赠礼物。需要注意的是，上述事例所见的玉器均为"璋"而不见其他器类，这种现象究竟是巧合还是有着某种必然，仍是值得深入研究的问题。

　　据《仪礼·聘礼》，主国之君对于来宾的馈赠主要是"乘马束帛"，这正可以和上引西周金文所见的"宾"礼用物相呼应。但如史颂鼎铭文所载，苏"宾"史颂的礼物中尚有"吉金"，杨宽先生则据父鼎和小臣守簋等器铭证明西周时期用作"宾"的礼物还包括布和贝②；而据《左传·僖公二十二年》的记载，在泓之战后，郑文公以上公之礼飨楚成王以报答楚人伐宋以救郑，而成王竟然"取郑二姬以归"，这里的二姬也有"宾"的意味。不过，总体来看，西周时期贵族之间"宾"礼所用的礼物确以玉、帛和马为主。

四、丧 葬 用 玉

　　周人素重德孝两观念，德以对天，孝以对祖，故"有孝有德"（《诗·大雅·卷阿》）是贯通周代社会的道德纲领。正是在"孝"的观念指导下，周人发展出完备的丧葬礼仪，并形成了系统的丧葬用玉。

　　周人使用丧葬用玉的动机无外乎两点：首先，周人遵循"事死如事生，事亡如事存"（《礼记·中庸》）的丧葬习俗，所以死者的生前用玉通常被用作随葬之物；其次，周人视玉为精物，以玉随葬可以强健死者之魂，灵魂强健，则死者有知，而这又是沟通神人（主要途径就是祭祀）的前提基础③。

　　验之出土资料，西周时期的丧葬用玉主要包括饰棺用玉、玉覆面、玲玉、握玉、敛璧以及足端敛玉等类。以下就其特征分别加以概述。

---

　　①　王国维：《与林浩卿博士论洛诰书》，《观堂集林》，中华书局，1959年，第40～44页。

　　②　见前揭杨宽先生《"贽见礼"新探》一文。

　　③　关于周人使用丧葬用玉的动机，作者在博士论文《周代墓葬所见用玉制度研究》的第五章"周代的丧葬用玉及其制度"中有详细分析，兹不赘述。

1. 饰棺用玉

在周代高度发达的丧礼中，棺椁制度占有重要的地位。棺椁重数和棺椁饰物成为死者身份地位的标志物之一。西周时期最主要的棺饰是荒帷，《礼记·丧大记》对此有详细的记载：

> 饰棺，君龙帷，三池，振容，黼荒，火三列，黼三列，素锦褚，加伪荒，纁纽六，齐五采五贝，黼翣二，黻翣二，画翣二，皆戴圭，鱼跃拂池，君纁戴六，纁披六。大夫画帷，二池，不振容，画荒，火三列，黻三列，素锦褚，纁纽二，玄纽二，齐三采三贝，黻翣二，画翣二，皆戴绥，鱼跃拂池，大夫戴前纁后玄，披亦如之。士布帷布荒，一池，揄绞，纁纽二，缁纽二，齐三采一贝，画翣二，皆戴绥。士戴前纁后缁，二披用纁。

荒帷又称为墙柳，如《仪礼·既夕礼》郑玄注："饰柩为设墙柳也……墙有布帷，柳有布荒。"贾公彦疏曰："设墙柳也者，即加帷荒是也。"

设置荒帷或墙柳之目的，《周礼·天官·缝人》郑玄注有明确解释："孝子既启见棺，犹见亲之身，既载饰而以形，遂以葬，若存时居于帷幕而加文绣。"可知荒帷的设置乃是对死者生前居室中帷幄一类设施的模仿，但另一方面，在出殡时荒帷等棺饰还可起到"以华道路及圹中，不欲众恶其亲也"（《礼记·丧大记》郑玄注）的功用。

从《礼记·丧大记》的相关描述来看，荒帷自身也带有某些饰物，其中最主要的就是"鱼跃拂池"的"鱼"以及"齐五采五贝"的"贝"。而有意思的是，在很多西周墓葬，尤其是高等级墓葬如茹家庄M1強伯墓、张家坡井叔墓、虢国墓地M2001虢季墓及M2011虢太子墓、晋侯墓地的晋侯及其夫人墓的棺椁之间确可见到玉石鱼和玉石贝等物（图一〇）。依据张家坡井叔墓地出土的此类器物，张长寿先生将其视为墙柳上的饰物，这无疑是正确的[1]。

在目前所见资料中，出土这类器物的西周墓葬以晋侯夫人墓M113时代最早，约在穆王前期，但其同组的晋侯墓M114却不见此类器物，而M114的年代略早于M113，约在昭王晚期[2]；类似的现象也见于宝鸡強国墓地，穆王时期的茹家庄M1和M2出铜鱼等物，而该墓地中其他时代更早的強伯墓则不见此类器物，由此可以判定饰棺用玉的使用上限就是穆王早期。

---

① 张长寿：《墙柳与荒帷——1983～1986年沣西发掘资料之五》，《文物》1992年第4期。
② 北京大学考古文博院、山西省考古研究所：《天马-曲村遗址北赵晋侯墓地第六次发掘》，《文物》2001年第8期；孙庆伟：《晋侯墓地M114年代与墓主的推定》，《晋侯墓地出土青铜器国际学术研讨会论文集》，上海书画出版社，2002年，第239～248页。

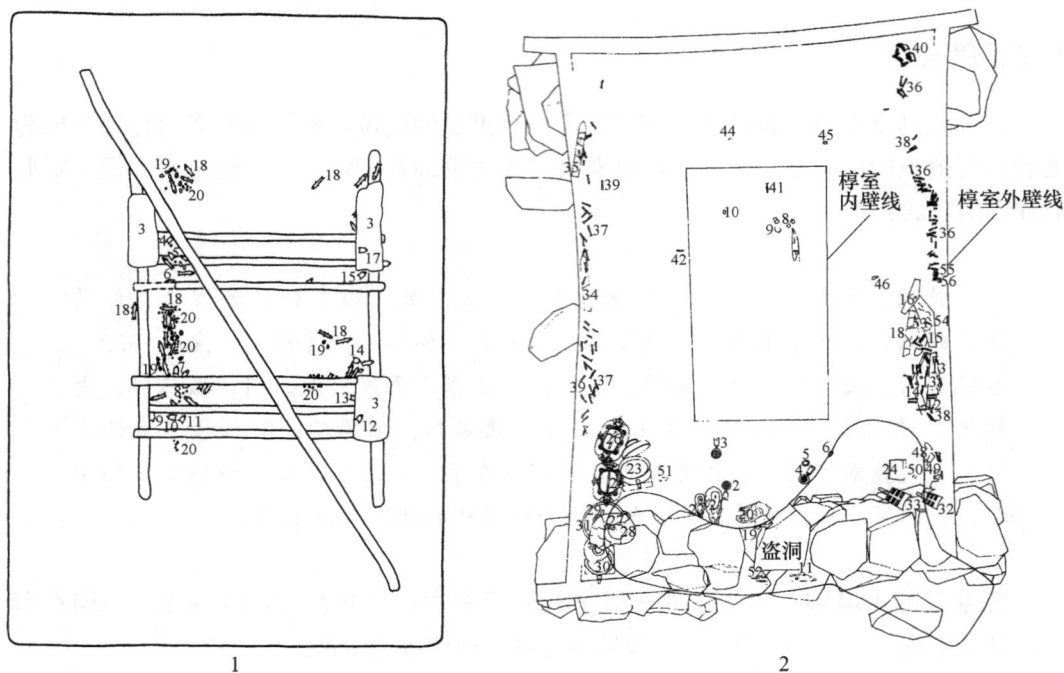

图一〇　西周墓葬棺椁之间饰棺铜、玉鱼的出土状况
1. 虢国墓地M2001　2. 晋侯墓地M8

　　西周中晚期至两周之际是这类器物最为盛行的时期，这在张家坡井叔墓地、晋侯墓地和虢国墓地表现得极为显著；饰棺用玉在东周墓葬中也很流行，但在器物的构成上也发生了明显的变化。西周时期以铜鱼、玉鱼、蚌鱼和玉石贝等器物最为常见，而春秋晚期以后则代之以滑石环、璜或珩以及骨石珠，而鱼形器和玉石贝则基本不见。如上文所论，墙柳其实是对墓主生前居室帷幄的模仿，因此，墙柳缀饰的不同其实反映了两周时期居室帷幄饰件的发展变化。

　　据上引《礼记·丧大记》，使用棺饰的主要是君（诸侯）、大夫和士等贵族阶层，而目前出土玉石鱼、玉石贝等棺饰用玉的墓葬确实多为贵族墓，一般的平民墓葬基本不见，这表明《礼记·丧大记》的记载自有所本；当然，各类墓葬出土的玉石鱼、玉石贝的具体数量又明显不合于《礼记·丧大记》的记载，由此可知更可能的史实是西周时期高等级贵族使用饰棺玉器的频率和数量在总体上高于低等级贵族，但其中当无某种定制。

2. 玉覆面

　　在一些高等级的西周墓葬中，常见用多件玉石器缝缀在丝织物上并组合成脸部五官的玉覆面，这是西周丧葬用玉的一个重要特征。

　　就目前的资料而言，西周时期的玉覆面是诸侯一级贵族的专用之物，如它们主要出土于张家坡井叔墓地、虢国墓地M2001虢季墓以及晋侯墓地等（图一一）。但少数大夫一级的贵族墓葬如张家坡墓地M303、M2、M327[①]以及虢国墓地M2006[②]也有覆面的构件，但很显然，大夫级贵族墓使用玉覆面者的概率远不如前者。

有证据表明玉覆面的起源应在西周中期的共王时代。在已知出土玉覆面的西周墓葬中，时代最早者为张家坡M157井叔墓，时代约在共懿时期；在晋侯墓地中，时代最早的几座墓葬如M114、M113、M9和M13均未出玉覆面，而西周晚期的晋侯和晋侯夫人墓则均出；类似地，尽管宝鸡竹园沟和茹家庄的多座强伯墓等级很高，但因为其时代最晚者也在穆王时期，所以未见一例使用玉覆面者。

一个值得注意的现象是，在出土玉覆面的西周墓葬中，墓主身份明确者多是姬姓贵族，如井叔、虢季和晋侯等位均是如此；此外，玉覆面在周原地区也颇流行，如在黄堆老堡M25[③]和岐山贺家村M110[④]这两座被盗的西周墓中均有玉覆面构件的残留。同时联系到在东周秦楚墓葬中均缺乏使用覆面的例证，作者认为玉覆面应是周人所特有的丧葬习俗。

进入东周时代，玉覆面开始趋于平民化；尤其是春秋晚期以后，三晋两周地区的平民墓开始普遍使用用石片拼组而成的覆面，至此玉覆面原有的礼制意义丧失殆尽。而玉覆面在两周时期的发展和衰变，实际上反映了"周礼"自形成到崩溃的轨迹。

图一一　西周墓葬出土的玉覆面

1.张家坡M157井叔墓残留覆面构件　2.虢国墓地M2001虢季墓玉覆面　3.晋侯墓地M92玉覆面

①　中国社会科学院考古研究所：《张家坡西周墓地》，中国大百科全书出版社，1999年，第254~259页。

②　河南省文物考古研究所、三门峡市文物工作队：《上村岭虢国墓地M2006的清理》，《文物》1995年第1期。

③　罗红侠：《扶风黄堆老堡三座西周残墓清理简报》，《考古与文物》1994年第3期。

④　刘云辉：《周原玉器》，台北中华文物学会，1996年，图版18。

3. 琀玉

据文献记载，周人有在死者口中放置口含物的习俗，如：

《周礼·地官·舍人》："丧纪，共饭米，熬谷。"

《荀子·礼论篇》："丧礼者……饭以生稻，唅以槁骨，反生术矣。"

除了谷物、枯贝之类，玉也用作口含物，并有"饭玉"和"含玉"的区别，如：

《周礼·春官·典瑞》："大丧，共饭玉，含玉，赠玉。"郑玄注云："饭玉，碎玉以杂米也。含玉，柱左右齻及在口中者。"按照郑玄的解释，饭玉是为杂米而设，故其形体碎而小；含玉则是为了从两侧和中间来撑开口腔，故其形体完整且较大。但《周礼》所载的制度多带有理想化色彩，而要在考古实物中分辨两者既无可能也无必要。又因《说文·玉部》释"琀"为"送死者口中玉也"，故可将置于墓主口腔内的玉器统称为"琀玉"。

《公羊传·定公五年》何休注曾称："含，天子以珠，诸侯以玉，大夫以碧，士以贝，春秋之制也。"但这种说法颇不合于考古资料，概括而言，西周墓葬所见的琀玉具有如下几点明显特征：

第一，几乎任何一种西周玉器器类均可用作琀玉，而以何种玉器为琀其实并不具备等级意义；

第二，琀玉常与海贝伴出，而某些琀玉则专门制作成贝形，显然，这是因为贝乃当时的货币，含贝包含赠予死者财富的意味；

第三，因为琀玉放置在死者的口腔之中，所以多用器体较小的玉器，或者将器形较大者打碎后再用作琀玉；

第四，不仅高等级墓葬使用琀玉，相当数量的平民墓葬也见这类玉器，由此可知使用琀玉是西周时期各阶层普遍流行的丧葬习俗。

4. 握玉

所谓的握玉就是指握于墓主手中的玉器，这也是西周墓葬中常见的一类丧葬用玉。和琀玉类似，西周握玉在器类的选择上也无定制，但以长条状器物如玉管、玉鱼、柄形器以及玉圭等物较为常见，而这显然是为了便于握在死者手中而不具有其他更深的内涵。此外，西周墓葬中墓主手握若干海贝的现象也十分常见，而握贝和含贝都应是财富的象征。

5. 敛璧

在上文的有关论述中，我们已经讨论了西周玉璧的诸多礼仪功能，而在西周时期，玉璧还是重要的丧葬用器。

玉璧在西周墓葬中的分布颇为复杂，或在墓室填土，或在棺椁之间，或在棺椁盖板上，但最为常见者则是放置在墓主胸腹部或压在墓主的背下，如：晋侯墓地M8墓主胸部有玉璧1件、背下又压着玉璧2件和玉钺1件①（图一二），晋侯墓地M93墓主胸腹部有玉璧6件②，而虢国墓地M2001墓主肩背之下也压有玉璧6件③。很显然，这些玉璧都是在袭敛过程中放置在死者身体周围的，故可称之为"敛璧"。这种敛尸用璧在两周时期流传有序，尤其是自战国中晚期以后，一些高等级贵族墓开始使用十余件甚至数十件带有双身龙纹的玉璧敛尸（图一三），这一传统在西汉时期得以继承，汉代诸侯王墓常见用璧敛尸再着玉衣的现象④。

《周礼·春官·典瑞》称："驵圭、璋、璧、琮、琥、璜之渠眉，疏璧琮以敛尸。"从考古实物来看，尽管圭、璋、璧、琮、琥、璜等类器物均见于周代墓葬，但最为常见的敛尸用玉仍推玉璧。自新石器时代以降，璧就是古代中国最为常见的玉器造型，而且这一传统延绵不绝，那么，我们的先民为何如此钟情于玉璧，这确实是一个饶有趣味的问题。敛尸用璧，固然是因为璧的造型扁平而易于袭敛，但除了这种单独的"技术性"因素之外是否尚有更深层次的含义，无疑值得我们做进一步的探讨。事实上，已经有不少学者对此问题做了有益的探索，但遗憾的是迄今未有得到广泛认同的意见⑤。

6. 足端敛玉

在有些西周墓葬中，墓主的足端也放置有少量的玉器。因为在文献中缺乏对此类玉器的记载，所以姑且称之为"足端敛玉"。虢国墓地的发掘者依据该墓地M2001的有关出土资料认为其中尚可分别为脚趾夹玉和踏玉，但这种区分很难具有普遍意义⑥。

---

① 北京大学考古学系、山西省考古研究所：《天马-曲村遗址北赵晋侯墓地第二次发掘》，《文物》1994年第1期。

② 北京大学考古学系、山西省考古研究所：《天马-曲村遗址北赵晋侯墓地第五次发掘》，《文物》1995年第7期。

③ 河南省文物考古研究所、三门峡市文物工作队：《三门峡虢国墓》（第一卷），文物出版社，1999年，第32页。

④ 关于战国和西汉墓葬出土的敛尸用璧可参看独立行政法人文化财研究所：《中国古代の葬玉》，奈良文化财研究所，2002年；蔡庆良：《试论器物学方法在玉器研究中的应用》，《古代文明》（第2卷），文物出版社，2003年，第328～355页；作者在《周代墓葬所见用玉制度研究》一文中对相关资料也有罗列。

⑤ 关于中国古代玉璧特有的地位和神秘含义，可参看邓淑苹：《试论新石器时代至汉代古玉的发展与演变》，《群玉别藏续集》，台北故宫博物院，1999年，第10～67页。

⑥ 河南省文物考古研究所、三门峡市文物工作队：《三门峡虢国墓》（第一卷），文物出版社，1999年，第170页。虢国墓地M2001墓主左右两脚端各有弯形玉片4件，另有大型玉板两件，故发掘者认为弯形玉片为脚趾的夹玉，而两件大型玉板则是左右两脚的"踏玉"，但这仅是孤例，多数墓葬所见的足端敛玉并非如此。

图一二　晋侯墓地M8墓主背下所压玉璧、玉钺

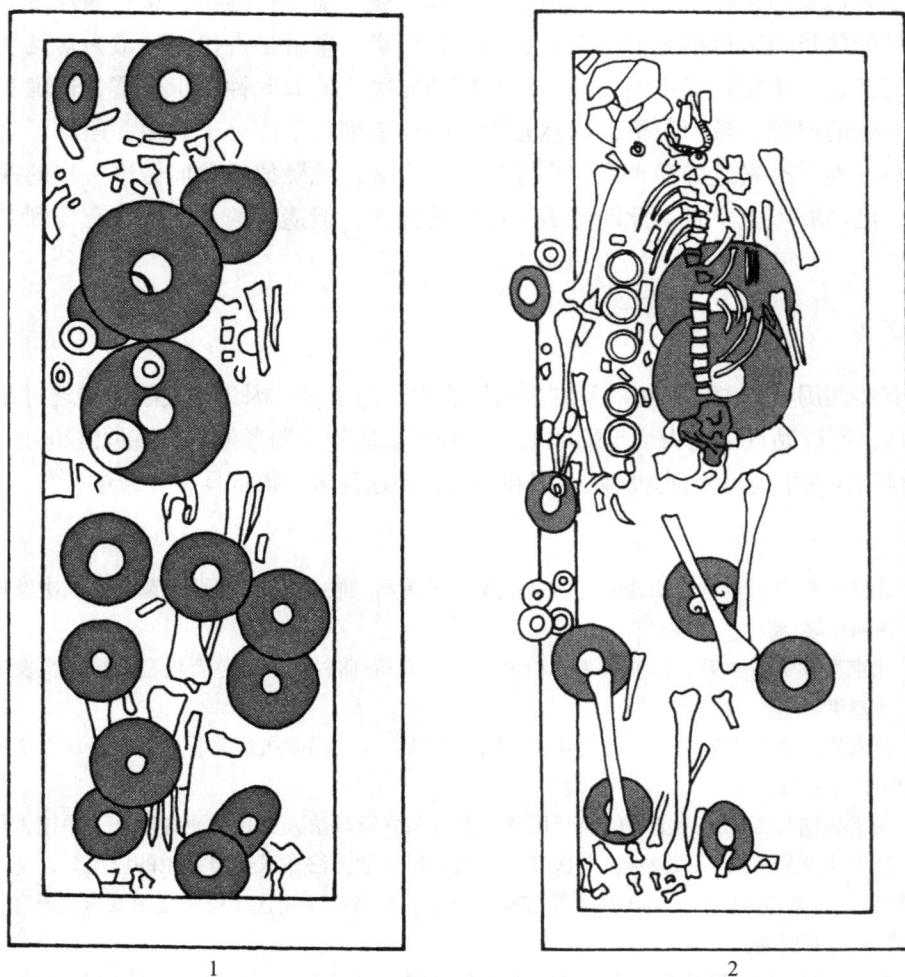

图一三　曲阜鲁国故城M52出土敛璧

1.墓主骨架上玉璧　2.墓主骨架下玉璧

（引自町田章《中国古代の葬玉》图二，6）

从现有资料看，虽然使用足端敛玉者多为等级较高的墓葬，但一些低等级墓葬也见在墓主足端放置少量圭状石片的现象。和琀玉、握玉类似，西周墓葬所见的足端敛玉在器类上较为随意，如以晋侯墓地为例，M113晋侯夫人足端放置镂空玉片两件，但M114晋侯墓则不用足端敛玉；M91晋侯墓在足端有玉圭两件，而其夫人墓M92则为玉板两件；M8晋侯墓的足端敛玉有玉琮2、柄形器1、戈1和玉板2件，而其夫人墓M31则是小玉圭1组10余件和条形玉片2件。周代墓葬所见的这类足端敛玉，不论其器类如何，我们认为都是为了为死者提供"物精"之用；而有学者注意到东周墓葬中墓主所踏之玉多饰勾云纹，并据此认为这些玉器具有"托着墓主升天"的功用[①]。这一现象和意见无疑值得注意，但还有待于更多资料加以证实。

从以上的概述可以看出，玉器在西周时期的礼仪活动中确实得到广泛的运用，可谓是"无玉不成礼"。尽管中国古代玉器自其出现伊始就具有深厚的宗教、礼仪意义，如新石器时代的良渚文化和红山文化均有发达的玉礼器和玉敛葬，但如果考虑到西周时期是所谓"礼乐文明"形成和完备的时代，或者说它是中国古代文明发展历程的"轴心时代"（Axial Period）[②]，那么，我们有理由相信西周时期的玉文化实乃中国古代玉文化的一座高峰，因此，洞察西周玉器的礼仪功能，必将有助于深入了解周文明乃至整个华夏文明的真谛。

（原载《南方文物》2007年第1期）

---

① 邓淑苹：《试论新石器时代至汉代古玉的发展与演变》，《群玉别藏续集》，台北故宫博物院，1999年，第38页。

② 〔美〕许倬云：《中国古代文化的特质》，《中国文化与世界文化》，贵州人民出版社，1991年，第17～119页。

"明器"的理论和实践

——战国时期礼仪美术中的观念化倾向

巫　鸿

《周易·系辞》中的一句话，"形而上者谓之道，形而下者谓之器"，可以说是中国古人对于"器"这个概念所作的最广泛的定义。虽然对这句话的解释很多且有所不同，联系到同一篇文章中"制器"等说法，"器"在这里所指的是由人类所创造、有着特定的形式和功能、可以被使用的具体事物，与抽象、不可见的"道"对立而共存。根据这个基本定义，任何对人造器物的分类和诠释都必然在"器"的范畴里进行，而实际上中国古人也并没有停留在"形而下"这个广泛的概念层次上，而是对许多器物的类别和象征意义进行了相当深入的思考，发展出一套在古代世界中罕见的器物学的阐释理论。

这套理论对现代的考古学和美术史研究既提供了有用的概念，也提出了一个严肃的学术课题。一方面，虽然考古学和美术史这两个学科所考虑的问题和使用的方法不尽相同，但其研究对象首先都是具体的实物，在一定程度上可以说是持续了古代对"器"的思考。在判定和解释考古和历史材料的时候，论者很自然地会参照和使用传统文献中对各种器物的分类和定义。但另一方面，这些传统的分类和说法并不是从来都存在的，也不是对现实的客观记录。它们出现于一定时期和地点，有着自身的历史性和目的性，因此也必须作为历史研究的对象来看待。举一个实际的例子来说，分析西周和春秋墓葬中铜器和陶器的文章常称某些对实用器或礼器的仿制品为"明器"，从而认为这些器物"貌而不用"，是为死者制作的特殊物品。虽然这种结论可能并不错，但是作为科学研究则不能如此简单、不加分析地达到。主要的一个原因是"明器"这个词并不见于西周和春秋时期的文献和铭文，而是最早出现于战国时期，因此应该是反映了战国时期的一种特殊观念。这种观念是什么？代表了什么人的思想？其背后是不是存在着一个更大的对"器"的分类和解释系统？这个系统产生的原因是什么？它和现代考古、美术史中的分类和解释系统之间有着什么样的关系？

这些问题指出考古和美术史研究中的一个新课题，即在考察具体器物的同时，我们也需要对古代的器物观念进行历史分析。这种研究有着它的独立性：其基础主要是文献材料，其目的则是探索古代文化中"话语"（discourse）系统的形成和发展，因此和思想史、礼制史等领域密切相关。但由于古代的器物观念在两种意义上和实际器物相关，对它的分析与考古和美术史中对实物的研究有着非常密切的关系。首先，古代思想家和礼家所讨论的"器"是当时社会中活生生的东西，既非抽象的原理也非纯然的历史遗迹。他们的观念因此往往是对约定俗成的社会行为的阐释和升华。有时这些社会行为渊源久远，因此这些观念又是他们对中国文化中某种根深蒂固传统的综括说明。再者，虽然作为一种理论，"器"的话语必然含有理想化和概念化的倾向，但是一旦出现它便会对现实发生作用，甚至被当作礼仪中的"正统"加以崇奉。在这种影响下，考古材料本身可能反映出某种与文献刻意对应的痕迹。本文的目的即是以"明器"为例，探讨中国古代的器物观念与考古材料之间的这些关系。虽然使用的都是很熟悉的材料，但是希望能够从一个新的角度重新发掘它们的历史意义。

一

"明器"作为丧葬专用器具的意义至迟在战国中期以前应该已经出现，但是对这种意义的系统阐释则见于战国晚期的《荀子》和战国至汉代写作编纂的《礼记》。荀子在《礼论》这篇文章中举出丧礼中陈列的一系列器具，其中几项是为这种礼仪场合特别制造、徒有其貌而不能在现实生活中使用的器具，包括"不成斫"的木器，"不成物"的陶器，以及"不成内"（即仅有外形）的竹苇器。根据他的说法，在丧礼中陈放这种器具的目的是"饰哀"、"饰终"和"明死生之义"。

在把这个理论作为战国中晚期的文化现象进行讨论以前，我们必须看到荀子所说的这个习俗有着极其深远的现实依据，考古发现甚至提供了史前时代的实例。如论者注意到山东龙山文化中晚期大墓常随葬不同类型的陶器，其中一些与居住遗址所出的实用器相同，但很多则是特殊的礼器，既包括蛋壳陶一类制作极其精美但不适于实用的器物，也包括一些制作粗糙、低温烧制的小型陶器。西朱封墓地M203内外椁之间西南角上的一组器皿可以作为后者的实例。这组泥质黑陶器共25件，放置时互相套叠，烧制火候很低，而且都作微型，发掘者认为"显然是一批非实用的冥器"[1]。

但是这些上古的实物已经对"明器"（或"冥器"）这个笼统的概念提出挑战。如一些学者认为由于蛋壳陶仅见于墓葬，这些精美的礼器可能也是为丧礼或墓葬专门设计制作的[2]。虽然它们和粗糙的低温陶器判然有别，但其特殊的器形（如高足，平敞

[1]　山东省文物考古研究所、林朐县文物保管所：《林朐县西朱封龙山文化重椁墓的清理》，《海岱考古》（第一辑），山东大学出版社，1989年；参见于海广：《山东龙山文化大型墓葬分析》，《考古》2000年第1期。

[2]　Anne Underhill. Craft Production and Social Change in Northern China. New York: Kluwer Academic/Plenum Publishers, 2002: 158.

图一　山东龙山文化新石器晚期黑陶杯

口沿）和脆弱的体质也可以说是"貌而不用"这一原理的具体表现（图一）。如果把粗糙的低温陶器称为明器的话，那么这种"高级"葬器又应该叫什么呢？这种困难在讨论历史时期的丧葬器物时变得更加明显，主要是由于墓葬中非实用器和仿实用器的种类不断增多，艺术风格和技术手段的跨度加大，在各个时期和地区又有着不同的表现。但是通过对这些器物的初步分析，我们也可以发现丧葬器物在造型、装饰和制作中具有若干基本倾向。试以西周末期到战国中期的一些发现为例，大约可以看出以下几种情况[①]：

（1）微型。西周晚期已经出现的小型丧葬器物主要包含铜、陶两种[②]，在墓中的出现似与死者的身份地位有关。如天马-曲村晋侯墓地晚期墓葬（如M62、M63和M93）和三门峡上村岭虢国墓地中的几个大墓（如M2001、M2006和M2009）都出土了成套的微型铜器[③]。而虢国墓地中超过一半的小型墓葬则仅有模仿日用陶器的小型低温陶器[④]。丧葬器物微型化的另一个典型例子是春秋至战国早期秦墓中出土的青铜仿制品。虽然其基本形态始终模仿西周晚期礼器，但体量则逐渐缩小，直至为原来器物的三分之一左右[⑤]。但值得注意的是并非所有微型器物都一定是为了丧葬制作的。浚县辛村M5、辉县琉璃阁M1、天马-曲村M2010等墓都出有制作精美的小型铜器，由于其在墓中的特殊位置和伴出物，一些学者提出这种器物应该是一种特殊的生活用具[⑥]。

---

① 讨论这个时期明器的文章包括：蔡永华：《随葬明器管窥》，《考古与文物》1986年第2期；Loewe M, Shaughnessy E L. The Cambridge History of Ancient Chin: From the Origins of Civilization to 221 BC. Cambridge: Cambridge University Press, 1999: 470-544, 727-744; Beckman J. Layers of Being: Bodies, Objects and Spaces in Warring States Burials. Chicago: University of Chicago, 2006.

② 实例见中国科学院考古研究所：《沣西发掘报告——1955—1957年陕西长安县沣西乡考古发掘资料》，文物出版社，1963年，图版73。

③ 山西省考古研究所、北京大学考古学系：《天马-曲村遗址北赵晋侯墓地第四次发掘》，《文物》1994年第8期；北京大学考古学系、山西省考古研究所：《天马-曲村遗址北赵晋侯墓地第五次发掘》，《文物》1995年第7期；河南省文物考古研究所、三门峡市文物工作队：《三门峡虢国墓》，文物出版社，1999年。

④ 中国科学院考古研究所：《上村岭虢国墓地》，科学出版社，1959年。

⑤ Loewe M, Shaughnessy E L. The Cambridge History of Ancient Chin: From the Origins of Civilization to 221 BC. Cambridge: Cambridge University Press, 1999: 489.

⑥ 陈耘：《三门峡虢季夫人墓出土青铜罐》，《典藏古美术》2006年第2期，第84～88页。

（2）拟古。这种丧葬器物并不是对古代礼器的忠实模仿，而常常是对某种"古意"的创造性发挥，因而经常给人稚拙粗略的印象。天马-曲村M93出土的一组八件小型铜器包括鼎、簋、尊、爵、觯、盘、方彝等各一件，形制多古拙，特别是爵、尊、觯和方彝模仿当时已不流行的商末周初的酒器而又加以简化（图二）。三门峡虢国墓地中几座大墓中出土的铜器也反映出同样倾向①。在这些和其他的发现中，早期礼器类型常常被微型化或变形，以强调与流行礼器或用器的区别。但是其设计样式并不反映严格的仿古规定，而是有着很大的随意性，也常有结合晚期的形制和装饰纹样，形成混合型风格。丧葬用具"拟古"的风尚在战国中晚期依旧流行，比如公元前4世纪末的湖北包山楚墓中就备有一套"古式"丧葬铜器②。

（3）变形。伴随着微型和拟古的倾向，一些丧葬铜器的器形被故意简化和蜕变，甚至改变整体机制。如天马-曲村和其他地方出土的丧葬铜器有时器、盖铸成一体，无法打开。有时则在体内留有陶范③。同样的现象也见于东周秦墓中的丧葬铜器，有的器皿甚至连底部也没有，明显无法实际使用。

（4）粗制。墓葬中的一些铜器虽然不作微型，但制作粗糙。这种情况在西周中期就已出现，如河北元氏的一座穆王时期的墓葬中出土的甗、盉、盘等器制作粗糙，铸痕明显，和同墓中出土的带铭礼器判然有别④。降至战国，包山二号墓中共出土59件礼器。据发掘者观察，其中"多数器物是专为下葬用的明器，少数为实用器。明器表面的制造痕迹略加处理或不予处理，器表不光洁和气孔较多，器底气孔和空洞不予补铸，器口或圈足内多残留铸沙"⑤。一些学者注意到春秋和战国早期大墓中的所谓"实用"礼器和乐器实际上也常常制造草率。如晋侯墓地出土的礼器虽然器形很大，但其

① 北京大学考古学系、山西省考古研究所：《天马-曲村遗址北赵晋侯墓地第五次发掘》，《文物》1995年第7期，第25、26页，图43～图47；Loewe M, Shaughnessy E L. The Cambridge History of Ancient Chin: From the Origins of Civilization to 221 BC. Cambridge: Cambridge University Press, 1999: 440-441；河南省文物考古研究所、三门峡市文物工作队：《三门峡虢国墓》，文物出版社，1999年，图版19、图版20（M2001），图版95～图版99（M2012）。

② 王红星、胡雅丽：《由包山二号楚墓看楚系高级贵族墓的用鼎制度——兼论周代鼎制的发展》，《包山楚墓》（上册），文物出版社，1991年，第96页。

③ 除了曲村出土的这类器物以外，洛阳白马寺墓葬中出土的一件铜壶口是实的，不能实用。见全国基本建设工程中出土文物展览会工作委员会：《全国基本建设工程中出土文物展览图录》，中国古典艺术出版社，1956年，图146。

④ 河北省文物管理处：《河北元氏县西张村的西周遗址和墓葬》，《考古》1979年第1期。此外，《文博》1987年第4期载扶风强家村出土类似西周铜器。这两条材料为李峰提供，特此致谢。

⑤ 王红星、胡雅丽：《由包山二号楚墓看楚系高级贵族墓的用鼎制度——兼论周代鼎制的发展》，《包山楚墓》（上册），文物出版社，1991年，第96页。

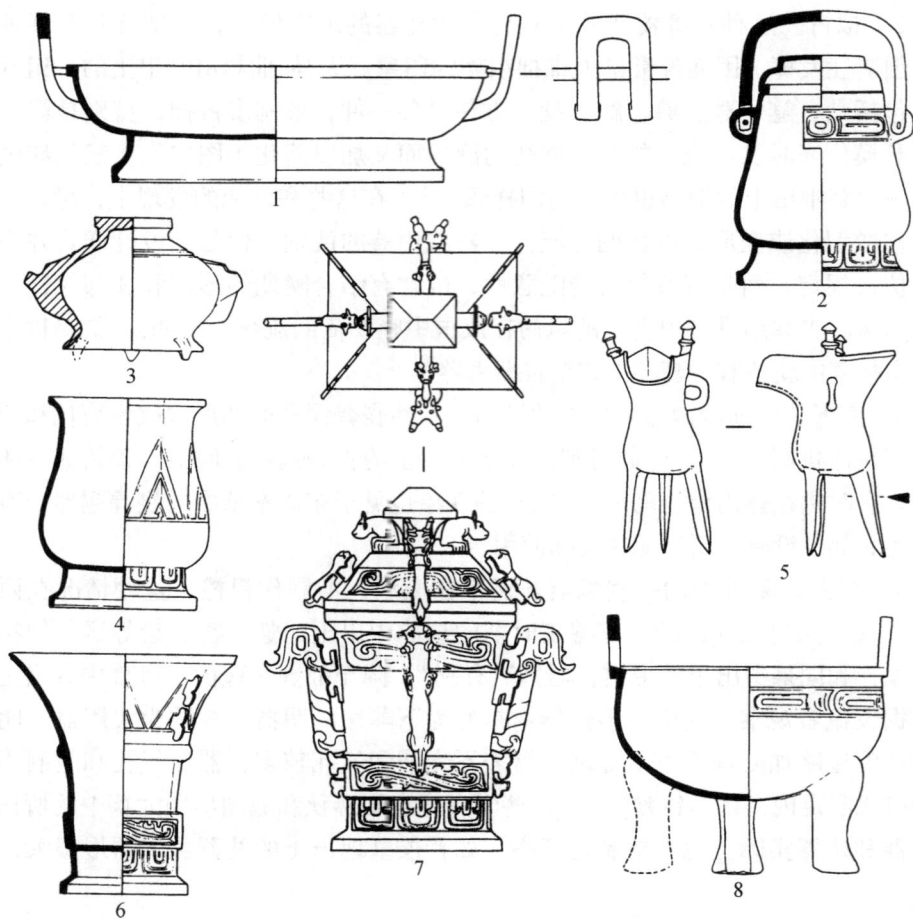

图二　山西天马-曲村M93出土东周早期丧葬铜器

1.盘（M93∶46）　　2.卣（M93∶53）　　3.簋（M93∶50）　　4.觯（M93∶48）　　5.爵（M93∶47）

6.尊（M93∶52）　　7.方彝（M93∶51）　　8.鼎（M93∶49）

（北京大学考古学系、山西省考古研究所：《天马-曲村遗址北赵晋侯墓地第五次发掘》，《文物》1995年
第7期，第30页）

质地与铸造精美的庙堂之器有着明显区别①。曾侯乙墓中出土的很多铜器虽然器形和装
饰极为复杂且底部有烟炱痕迹，但是往往留有铸造和焊接的痕迹。这些礼器是否为丧
礼专门制作是一个需要研究的问题。

　　除了铜器以外，其他材质的丧葬器物，如陶、木、漆器，也常常制作草率，装饰
简略。一个例子是包山二号墓出土的"大兆"礼中所用的25件木器，其中只有一件是

---

①　Loewe M, Shaughnessy E L. The Cambridge History of Ancient Chin: From the Origins of
Civilization to 221 BC. Cambridge: Cambridge University Press, 1999: 489.

比较考究的实用器，"其余诸器均制作粗糙，不髹漆，是为明器"①。

（5）素面。许多丧葬铜器朴素无纹，应该反映了一种特殊的对形式的考虑。比如天马-曲村晋侯墓地M93出土两件铜盘，属于实用礼器组的一件在器身和圈足上装饰有窃曲纹（图三，2），属于丧葬器组的一件则没有任何表面装饰（见图二，1）。第二组里的其他各器也都没有或很少装饰，与前组形成明显对比（图三）。有些丧葬铜器虽然不是完全没有装饰，但其风格和繁简程度则与当时的实用铜器判然有别。如论者注意到虽然天马-曲村晋国墓地与侯马铸铜遗址非常接近，但是出土的铜器不但器形单薄、制作草率，而且上面的纹饰常作阴纹，与同期侯马陶范所显示的精美浮雕花纹判然有别，应该是反映了纹饰和器物丧葬功能的关系②。

（6）仿铜。考古发现的仿铜丧葬器物主要是陶器，但是也包括一些漆、木、铅器（图四）。由于漆木器难以保存，原来随葬的数量应该远远超过实际发现。仿铜陶礼器虽然在西周时期已经存在，但是到春秋中期以后则变得相当普及，器形常模拟西周晚期礼器。大墓中出土的这类器物多形态复杂，饰以精致的彩画，与中小型墓葬中的简陋仿制品截然不同。以燕下都九女墩16号墓为例，这座可能属于燕国王室的墓葬具有高大封土，墓室北部平台上陈放了135件具有精美彩画纹样的仿铜陶器（图五）③。燕下都辛庄头30号墓也出土了大量同类器物，器形有鼎、簋、豆、壶、盘、匜、鉴、仓、盆、编镈、纽钟、甬钟、句镯、编磬等，众多的陶乐器有力地说明了这些器物的非实用性。

（7）重套。大墓中常有相互对应的成套丧葬器物与实用礼器，两套之间在材质、大小、形状、花纹、制作等各方面的异同应当具有特殊的礼仪意义。上文所举的不少例子都属于这种"重套"现象。比如天马-曲村晋侯墓地中的M62、M93等墓各有一套礼器和一套小型仿古铜器。包山二号墓出土的19件青铜鼎中，一套"古式"鼎和一套"今式"鼎相对应④。另一些墓葬中的"重套"则以仿铜陶器与铜礼器构成，如战国中期的望山1、2号墓就属于这种情况⑤。值得注意的是，不管两套器物均为铜质还是一铜一陶，它们总是既相互呼应而又不完全重合。这也意味着有些器形可能具有特殊的丧葬含义。以望山1号墓为例，该墓共出土14件陶鼎和9件铜鼎。铜鼎分二型，在陶鼎中都有对应物。但是为墓葬专门制作的这套陶器还具有铜鼎中不见的类型，特别是体形

①　王红星：《包山二号楚墓漆器群研究》，《包山楚墓》（上册），文物出版社，1991年，第488页。

②　Loewe M, Shaughnessy E L. The Cambridge History of Ancient Chin: From the Origins of Civilization to 221 BC. Cambridge: Cambridge University Press, 1999: 485.

③　河北省文化局文物工作队：《河北易县燕下都第十六号墓发掘》，《考古学报》1965年第2期。

④　王红星、胡雅丽：《由包山二号楚墓看楚系高级贵族墓的用鼎制度——兼论周代鼎制的发展》，《包山楚墓》（上册），文物出版社，1991年，第96页。

⑤　湖北省文物考古研究所：《江陵望山沙冢楚墓》，文物出版社，1996年。

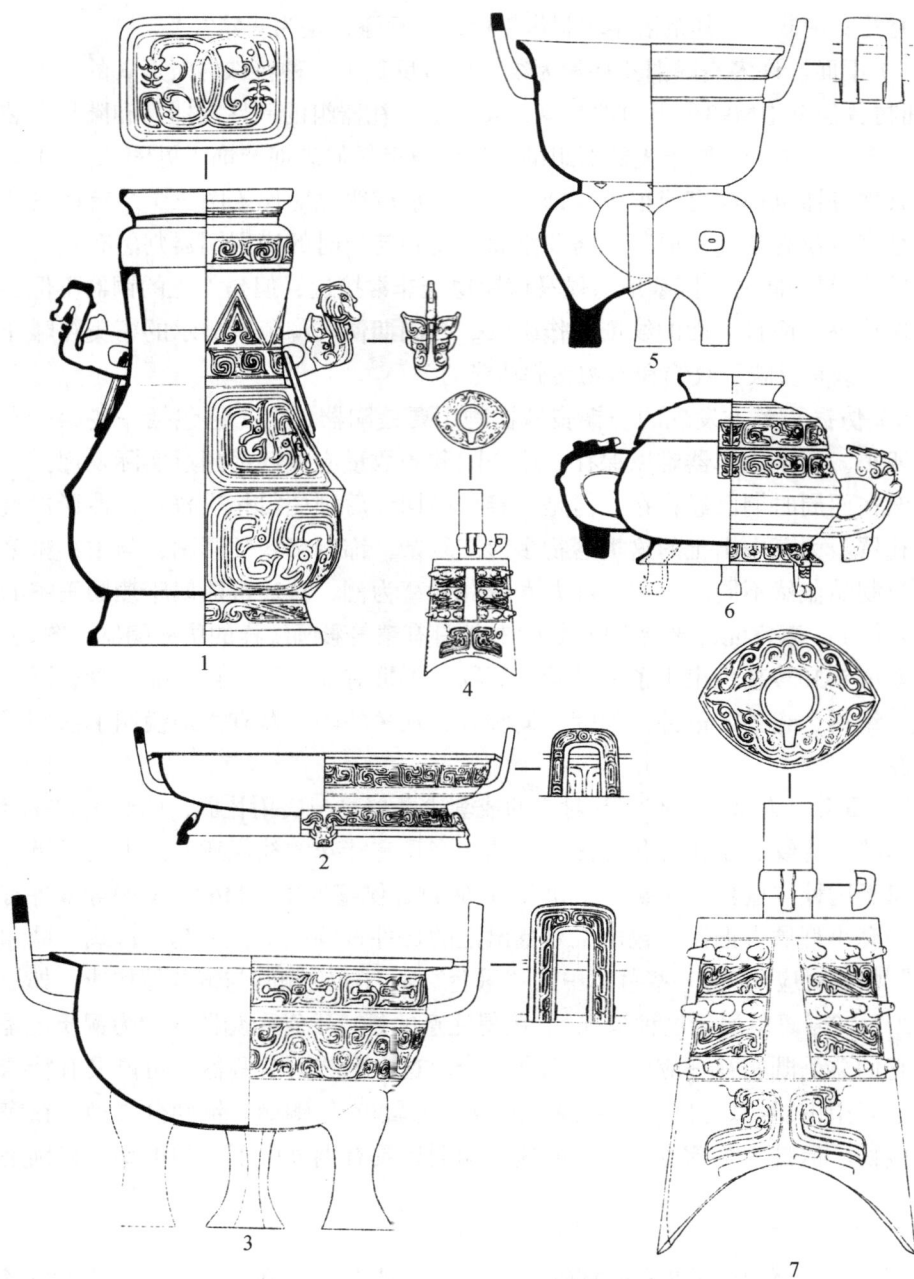

图三　山西天马-曲村M93出土东周早期青铜礼器

1. "晋侯家父"方壶（M93：31）　　2. 盘（M93　44）　　3. 鼎（M93：37）　　4、7. 编钟（M93：67、M93：72）

5. 甗（M93：32）　　6. 簋（M93：33）

（北京大学考古学系、山西省考古研究所：《天马-曲村遗址北赵晋侯墓地第五次发掘》，《文物》1995年第7期，第28页）

图四　湖北当阳赵巷M4出土东周中期仿铜漆簋和漆壶

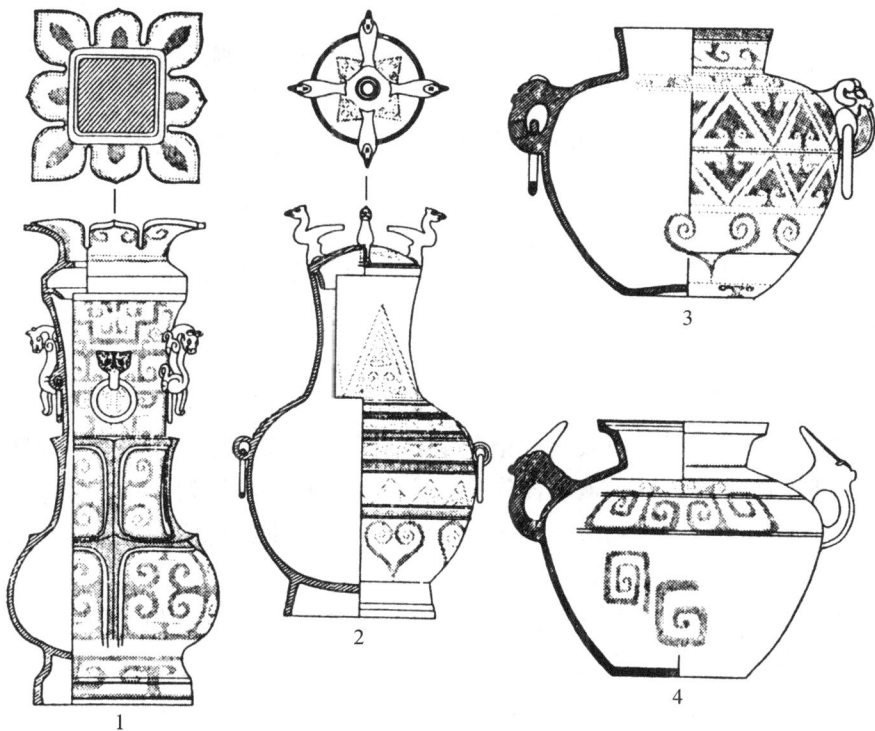

图五　河北燕下都九女墩M16出土东周中晚期仿铜彩画陶器

1. Ⅰ式壶（19）　2. Ⅱ式壶（103）　3. Ⅰ式罐（73）　4. Ⅱ式罐（121）

〔河北省文化局文物工作队：《河北易县燕下都第十六号墓发掘》，《考古学报》1965年第2期，第86页〕

特大的一件素面鼎和通体装饰蟠虺纹的一件升鼎[①]。

　　虽然远非详细的分析，这个简要的综述大约可以反映战国中晚期以前制作丧葬器物的一些基本倾向。换言之，当战国中晚期的礼家和思想家提出"明器"这个概念并加以阐释的时候，这也就是他们的历史背景和思考基础。

[①]　湖北省文物考古研究所：《江陵望山沙冢楚墓》，文物出版社，1996年。

二

　　"明器"一词首见于《左传》，但在该书中并不指丧葬器物，而是指周王分封诸侯时赏赐的宗庙重器①。《仪礼·既夕礼》中始以明器指示丧礼所陈器物，在"陈明器于乘车之西"这句话以后，描述了葬日在祖庙举行的大遣奠仪式中陈放的一组器物②。其中包括苇草编的苞，菅草编的盛放黍、稷、麦的筲，盛放醯、醢和姜葱末的陶瓮，装醴和酒的陶甒，以及死者生前用过的器物，包括兵器、农具和槃、匜等器皿。文中特别注明这组器物不应包括祭祖的礼器，但是可以包括死者生前待客时用的乐器（燕乐器）、服役时用的铠甲等军器（役器）和闲暇时用的杖、扇、斗笠等随身用具（燕器）。这组物品（也可能还包括其他器物）在下葬前将再次陈列于墓道东西两边，随后被一一放入墓穴。

　　分析一下这个记载，我们发现《仪礼》中的明器概念具有以下四个值得注意的特点：

　　（1）明器与祭器严格分开。

　　（2）明器中的几种容器均非铜器，而是以芦苇、菅草和陶土制造。

　　（3）明器并不专指为葬礼制造的器物，而且包括了死者生前的燕乐器、役器和燕器。

　　（4）记载的重点不在于器皿形态及其象征性，而在于它们盛放的食物和饮料。

　　把这些特点和《荀子》以及《礼记》中有关明器的文字加以比较，可以明显看出后者的两个重要的发展，一是从明器作为容器的实际功能转移到这些器物本身的象征意义；二是对明器进行哲理和道德的解释，结合其他类别的礼仪用具综合讨论，逐渐形成了一套对丧葬用具的系统阐释。

　　荀子对明器的重新定义是他的丧礼学说的一个重要部分③。在他看来，丧礼的本质在于"以生者饰死者"，以表示生者对死者始终如一的态度。这个道理贯穿于丧礼的所有细节，从对死者沐浴更衣到为他（她）饭唅设祭，从建造"象宫室"的墓穴棺椁到准备随葬器物，无一不是为了表达"象其生以送其死"的中心思想。和《仪礼》一致，荀子所记载的"荐器"只包括明器和生器而不含祭器。但与《仪礼》不同的是，他把明器和生器这两个词相提并论，作为两个相辅相成的概念使用④。因此明器在这

---

　　①　《左传·昭公十五年》。原文为："诸侯之封也，皆受明器于王室，以镇抚其社稷。"甚疑"明"应为"命"，这段话因此可以读成："诸侯之封也，皆受命、器于王室，以镇抚其社稷。"

　　②　（汉）郑玄注，（唐）贾公彦注：《仪礼注疏·既夕礼》，上海古籍出版社，2008年，第1157页。

　　③　（清）王先谦撰，沈啸寰、王星贤点校：《荀子集解》，中华书局，1988年，第369页。

　　④　如他说："故生器文而不功，明器貌而不用。"

个新的解释系统里不再包括生器,而是指为丧礼所特别制造的器物,即他所说的"木器不成斫,陶器不成物,薄器不成内"。生器所指的仍是死者生前的衣饰、乐器和起居用具,但荀子特别强调它们的陈放方式必须显示出"明不用"的含义:"冠有鍪而毋縰,瓮庑虚而不实,……有簟席而无床第,……笙竽具而不和,琴瑟张而不均,舆藏而马反,告不用也。"综合起来看,荀子的侧重点不再是丧葬器物的具体用途,而是它们"不可用"的意义。这种意义必须通过视觉形象表达出来,因此不管是"不成物"的陶器还是"无床第"的簟席,明器和生器都是"不完整"的,只有形式而无实际功能的器物。用荀子自己的话来说,就是"略而不尽,貌而不功"。在这段文字的结尾处,荀子进而抨击了墨家的薄葬主张和"杀生送死"的殉葬方式。其结论是:"大象其生以送其死,使死生终始莫不称宜而好善,是礼义之法式也,儒者是矣。"

我们因此可以理解明器对儒家礼制学说的重要意义:这个概念一方面支持儒家的仁义观念,另一方面也为具体的丧葬礼仪提供了一个基本手段。荀子所强调的可以说是明器的象征含义:通过使用这种象征物,儒家的丧礼得以用"比喻"的方式传达生者对死者的感情,因此可以避免同是强调物质性的薄葬和杀殉这两个极端。《礼记》对明器的象征意义进一步加以发挥。由于篇幅所限,本文不可能对《荀子》与《礼记》的关系进行详细论证。需要指出的是二者对明器的讨论明显属于一个体系。但比较《荀子》而言,《礼记》中的有关记载要详尽得多,观念化的倾向也更为强烈,并且往往通过孔子或孔门弟子之口说出一些关键的道理。如:

> 孔子曰:"之死而致死之,不仁而不可为也;之死而致生之,不知而不可为也。是故竹不成用,瓦不成味,木不成斫,琴瑟张而不平,竽笙备而不和,有钟磬而无簨虡。其曰明器,神明之也。"(《檀弓上》)
> 孔子谓:"为明器者,知丧道矣,备物而不可用也。哀哉!死者而用生者之器也。不殆于用殉乎哉?其曰明器,神明之也。涂车刍灵,自古有之,明器之道也。"(《檀弓下》)
> 仲宪言于曾子曰:"夏后氏用明器,示民无知也;殷人用祭器,示民有知也;周人兼用之,示民疑也。"曾子曰:"其不然乎!其不然乎!夫明器,鬼器也;祭器,人器也。夫古之人,胡为而死其亲乎?"(《檀弓上》)

这最后一段对话引入两个新的观念,一是解释明器的历史框架,二是"明器—祭器"与"鬼器—人器"的对应。实际上,正是通过这两个渠道,明器成为一个更为广泛的"器"的话语中的关键成分。先看第一点,《礼记·檀弓》中屡屡引证古史,几乎是在解说当代丧礼的同时构造一部中国古代的礼仪史:

> 有虞氏瓦棺,夏后氏墍周,殷人棺椁,周人墙置翣。周人以殷人之棺椁

葬长殇，以夏后氏之堲周葬中殇下殇，以有虞氏之瓦棺葬无服之殇。

　　　夏后氏尚黑，大事敛用昏，戎事乘骊，牲用玄。殷人尚白，大事敛用日中，戎事乘翰，牲用白。周人尚赤，大事敛用日出，戎事乘騵，牲用骍。

　　　夏后氏殡于东阶之上，则犹在阼也。殷人殡于两楹之间，则与宾主夹之也。周人殡于西阶之上，则犹宾之也。

　　　周人弁而葬，殷人冔而葬……殷既封而吊，周反哭而吊……殷练而祔，周卒哭而祔……殷朝而殡于祖，周朝而遂葬。

　　这些不同的习俗为儒家确定礼仪标准提供了历史根据。如孔子采纳周人之礼"反哭而吊"，但又同意殷商之礼"练而祔"。孔子死后公西赤为其操办丧事时，这位孔门弟子使用了周代的方式装饰灵柩，商代的方式陈设旌旗，夏代的方式设置魂幡。当原宪和曾子谈论明器的时候，他也是试图从类似的历史系统中寻找证据。曾子并不反对这个系统，但是不同意原宪对三代送死之器不同的解释。

　　《礼记》中所说的前代丧礼并非全然虚构，有不少可以在考古发现中找到对应。如"拟古"的倾向、有关"素器"的记载等，都可以和上文所举的考古实例相印证[①]。但是如此界限分明的历史框架则应该是战国中晚期以降儒家礼仪专家们的创造。我们可以推测当他们试图对葬礼（以及其他礼仪）作系统整理和说明的时候，他们把所知的不同丧葬习俗折射为迭代发生的历史进化。实际上，如果我们把原宪的话这样理解就可以发现它的现实根据：如上文所说，考古发现的周代墓葬确实有只随葬明器或礼器，或二者兼备的实例。

　　关于原宪所说周人在丧葬中兼用明器和祭器的制度，郑玄在对该条文字的注释中做了一个补充说明："然周惟大夫以上兼用尔，士惟用鬼器，不用人器也。"以往的讨论有时把人器等同于生器，这是一个误解[②]。人器是祭祀祖先的礼器，生器则是日常生活用品，这个区分在《仪礼》中已经很清楚。郑玄的话说得明白一点就是：士的丧礼只用鬼器（明器）和生器（这和《仪礼·士丧礼》一致），大夫以上的丧礼则可以包括鬼器（明器）、生器和祭器（人器）三种。由于此说不见于《荀子》，可能代表了战国至汉代礼家对丧礼作更严格规划的企图。值得注意的是，这种企图似乎在战国晚期高级墓葬中有明确体现，一个突出的例子就是河北平山中山王𰉹墓[③]。

　　这座公元前4世纪的大墓以其丰富精美的器物而闻名于世。但是仔细观察一下，

　　① 参见陈公柔对《仪礼》中记载与考古发现的对照考察。《〈士丧礼〉〈既夕礼〉中所记载的丧葬制度》，《考古学报》1956年第4期。

　　② 如陈公柔认为："祭器、人器、生器意义相同，皆与明器、鬼器相对而言；前者是实用器，后者则专为随葬而准备的。"参见陈公柔对《仪礼》中记载与考古发现的对照考察。《〈士丧礼〉〈既夕礼〉中所记载的丧葬制度》，《考古学报》1956年第4期。

　　③ 河北省文物研究所：《𰉹墓——战国中山国国王之墓》，文物出版社，1996年。

这些器物实际上属于三大类别，分别埋藏于墓中不同地点。第一大类是青铜礼乐器，包括铜鼎10件，壶7件，豆、簋、鬲各4件，纽钟一套14件，均出于西库。其中两件刻有长铭的铜器是中山王𰯼在世时铸造的重要礼器。中山王𰯼升鼎铭文77行469字，为目前发现战国铜器铭文字数最多者，在铭文中王𰯼告诫嗣子记取历史教训，不要忘记敌国时刻威胁本国安全的政治现实（图六）。同时所铸的中山王𰯼方壶铭文长450字，其中有"钌（铸）为彝壶，节于醒（禋）酺（齐），可法可尚，㠯（以）乡

图六　河北平山中山王𰯼墓出土东周晚期
中山王𰯼鼎

（餉）上帝，㠯（以）祀先王"。可知此壶及同出器物是用于祭祀的宗庙礼器。

　　该墓出土的第二大类器物是生活用具，均出于墓室另一侧的东库。除了南部成排放置的铜壶、鸟柱盆、筒形器等青铜用器以外，这个库房中最值得注意的是一整套厅堂中的陈设，包括一件以错金银虎噬鹿、犀、牛为插座的漆屏风（图七）、屏风两端放置的错金银神兽、屏风北端放置的错金银龙凤铜方案、方案东北处的方形小帐、库北部的一对双翼铜神兽及西北角的树形十五连盏铜灯。所有这些器物都是鬼斧神工之作，代表了战国晚期青铜器的最高艺术成就。它们令人目眩的色彩、生动的形象以及取自域外的风格和母题，与西库中的肃穆的青铜礼器形成极为鲜明的对照。

　　和青铜礼器同出于西库的还有一套压划纹磨光黑陶器，包括鼎（图八）、甗、釜、盘、匜、豆、碗、圆壶、球腹壶、鸭形尊、筒形器、鸟柱盘等器形。这些器物虽然构思巧妙、造型雅致，但实际上都是火候较低、质地松软的丧葬专用器。鸭形尊的流作曲折的鸭颈形，根本无法在现实

图七　河北平山中山王𰯼墓出土东周晚期
错金银虎噬鹿屏风座

图八　河北平山中山王𰯼墓出土东周晚期
压划纹黑陶鼎

生活中使用。值得注意的是这组器物中的有些器形，如鼎、鸟柱盘等，和同墓所出的青铜器相呼应（比较图六和图八）；而其他一些器形则不见于青铜器。

因此，这个墓中的随葬器物似乎是忠实地体现了大夫以上丧礼包括明器、祭器和生器三种器物的规定。这种安排肯定是有意的，有制可循的：这座大墓的6个陪葬墓虽然出土了相当数量的黑陶明器，但却基本没有青铜祭器，因此合乎大夫以下"惟用鬼器，不用人器"的记载[①]。发掘者在考古报告中并且提醒我们注意中山王䑜墓中的色彩似乎反映了特殊的礼仪考虑，如墓室涂成白色，许多青铜礼器表面涂朱，而明器又为纯黑色。他们因此提出这种设计有可能是根据《礼记·檀弓》中"夏后氏尚黑""殷人尚白""周人尚赤"的说法[②]。有意思的是，《礼记·檀弓》也提供了丧礼综合古法的例子，除了公西赤以三代礼仪为孔子办丧事以外，另一个记载是周人以虞、夏和商代的习俗设计和制造棺椁[③]。联系到中山王䑜墓中礼器的复古倾向和铭文中反映的儒家思想，以及史籍中有关中山国"专行仁义，贵儒学"的记载[④]，对中山王䑜的丧礼和随葬器物的计划时完全有可能采用当时儒家的礼制规定。

三

总的说来，战国时期"器"的理论是儒家在"器以藏礼"这一原理上发展出来的一种关于器物象征性的学说[⑤]。其他学派不是反对礼仪就是否定对器的执着，如墨家主张节葬，道家的社会理想是如《道德经》所说的"小国寡民，使有什伯之器而不用"[⑥]。因此也不可能发展出有关器的话语。而儒家学者本身就是现实生活中实行礼仪的专门家，他们对器的重视既和他们的职业有关，也符合他们对社会和人伦的关注。到了战国中晚期以后，儒家对器的论述已与不同学派结合而深入到各个层面。在哲理、抽象的层次上，《系辞》推论道、器、象的关系，可能与孔门易学有关。在五行

---

① 　一号陪葬墓出土17件磨光黑陶明器，无铜礼器。二号陪葬墓出一件铜鼎，30件陶器；三号陪葬墓发掘前被破坏，残留6件黑陶明器。四号和五号陪葬墓均出39件黑陶明器，无铜器。六号陪葬墓级别更低。河北省文物研究所：《䑜墓——战国中山国国王之墓》，文物出版社，1996年，第445～499页。

② 　河北省文物研究所：《䑜墓——战国中山国国王之墓》，文物出版社，1996年，第505页。

③ 　《礼记·檀弓上》："周人以殷人之棺椁葬长殇，以夏后氏之堲周葬中殇下殇，以有虞氏之瓦棺葬无服之殇。"

④ 　《太平寰宇记》卷六二引《战国策》。见何晋：《战国策佚文考辨》，《文献》1999年第1期（总第79期），第108～135页。

⑤ 　《左传·成公二年》孔子语。关于有关这一原理和中国古代礼仪美术的关系的讨论，参阅巫鸿：《中国古代艺术与建筑中的"纪念碑性"》，上海人民出版社，2009年，第18～24页。

⑥ 　（周）李耳著，（汉）河上公注：《道德经·第80章》，中华书局，1993年，第57页。

家的《月令》中，不同类型的器指示出宇宙的构造和五行、四时的循环往复①。《礼记》中《檀弓》《曲礼》《郊特牲》《礼器》等章则包含了礼家对器的解释，其中不但把明器作为一个新出现的重要概念加以说明，而且对传统礼制文化中宗庙祭器和日常用器（或称"养器"）的区别反复强调，加以系统化：

> 君子将营宫室。宗庙为先，厩库为次，居室为后。凡家造，祭器为先，牺赋为次，养器为后。无田禄者不设祭器；有田禄者，先为祭服。君子虽贫，不鬻祭器；虽寒，不衣祭服；为宫室，不斩于丘木。（《礼记·曲礼下》）

> 先王之荐，可食也，而不可嗜也。卷冕路车，可陈也，而不可好也。武壮，而不可乐也。宗庙之威，而不可安也。宗庙之器，可用也，而不可便其利也。所以交于神明者，不可以同于所安乐之义也。（《礼记·郊特牲》）

我们不难看到在这个关于器的话语系统中，祭器和明器的定义共同遵循着"不可用"的基本逻辑。众所周知的是，中国宗教在这个时期里的一个关键变化是传统宗庙位置的急速下降和丧礼及墓地重要性的迅速提高②。考虑到这个背景，这个话语中对祭器和明器的双重强调，既表达了儒家制礼者对周代的眷恋，也包含了他们对新兴潮流的回应。

（原载《文物》2006年第6期）

---

① 根据《礼记·月令》，与春天和东方对应的器"疏以达"；与夏天和南方对应的器"高以粗"；与中央对应的器"圜以闳"；与秋天和西方对应的器"廉以深"；与冬天和北方对应的器"闳以奄"。

② 参阅巫鸿：《从"庙"至"墓"》，《庆祝苏秉琦考古五十五年论文集》，文物出版社，1989年；重刊于巫鸿：《礼仪中的美术》，生活·读书·新知三联书店，2005年。

后　记

　　本书的编写到此算是告一段落了，按理应该有一个后记，说明我们编定文章的经过。在前言里我们已经对本书的主题"礼制考古"进行了较为详细的阐释，在此就不赘述了。本书的编写起初是为了服务我们所开设的相关课程。在课程中，我们会带着学生研读、讨论一些礼制考古的经典篇目，随着课程的不断开展，师生共读的篇目也逐渐积累，我们意识到有必要将这些文章积累成册，一方面可以方便日后选修这门课程的学生上课，另一方面也有利于对本领域感兴趣的同行选读。随后我们将这一想法呈示了高崇文师，他非常支持，并欣然同意担任本书的主编之一，这给我们的编写工作增强了信心。

　　此后，我们开始了相关篇目的初选工作。礼制考古各时段的研究成果丰富，编选时难免挂一漏万。经过我们与高崇文师的反复商讨，决定本次暂时将时段集中在先秦秦汉时期，而将主题集中在"礼制文明概观""都城礼制""丧葬礼制""器以藏礼"这几个礼制考古相对重要的领域。需要说明的是，我们曾广泛争取了许多经典篇目的作者原文，部分篇目未能及时联系上作者的，我们也尽可能选取了修订稿录入。但考虑到许多文章发表时间久远，体例不一，加之本书容量有限，我们最终进行了调整，一些经典篇目十分遗憾未能收入。此外为尊重作者文意，我们在录入文字时均按照原文或修订稿进行编录，但在图表、文字体例上进行了统一处理，极个别文字确有问题的，或引用文献版本颇难找寻的，为方便读者，我们也进行了增删与替换。在此要向各位支持、理解我们工作的作者郑重表示感谢。当然，如有不妥之处，也请各位批评。

　　本书编写过程中，我的课程助教、博士生张帅承担了许多工作。此外，王文轩、冯锋、柴政良、陈沁菲、陈世展、赵虎、徐钦蒙、叶恒、梅依洁、余惠等参与了本书最初的文字录入与核对工作，余惠、陈蕾亦、李美莎、潘君洁、黄惠敏、叶金阳等同学则参与了本书的校对工作。除了上述同学的辛苦付出外，科学出版社及编辑王光明先生的辛勤工作，也使得本书的出版效率大大提高，在此向他们表示最诚挚的感谢。

　　最后，我们本次选入的篇目虽集中于先秦秦汉时段，但未来还计划将较晚时段的重要篇目编定成册，以期形成一套系统的教材。因此，我们的工作仅仅是一个开始，希望能给学界及关注礼制考古的同人提供一些帮助。当然，本书如有不足之处，也请各位批评指正。

编　者
2024年3月11日